NomosLehrbuch

PD Dr. Andreas Engels
Universität zu Köln

PD Dr. Daniel Krausnick
Friedrich-Alexander-Universität Erlangen-Nürnberg

Kommunalrecht

Nomos

Die Deutsche Nationalbibliothek verzeichnet diese Publikation in
der Deutschen Nationalbibliografie; detaillierte bibliografische
Daten sind im Internet über http://dnb.d-nb.de abrufbar.

ISBN 978-3-8329-6387-3 (Print)
ISBN 978-3-8452-6374-8 (ePDF)

1. Auflage 2015
© Nomos Verlagsgesellschaft, Baden-Baden 2015. Printed in Germany. Alle Rechte, auch
die des Nachdrucks von Auszügen, der fotomechanischen Wiedergabe und der Übersetzung, vorbehalten. Gedruckt auf alterungsbeständigem Papier.

Vorwort

Das Kommunalrecht ist – dies dürfte unstreitig sein – in hohem Maße prüfungs- und praxisrelevant. Außerdem ist es traditionell dasjenige Teilgebiet des Verwaltungsrechts, bei dem die Unterschiede zwischen verschiedenen Landesgesetzen besonders deutlich hervortreten. Zum einen tragen aber auch und gerade diese Unterschiede zum dogmatischen Reiz des Kommunalrechts bei. Zum anderen hat sich in den letzten Jahren die süddeutsche Ratsverfassung als Grundlage für die kommunale Zuständigkeitsverteilung in nahezu allen Bundesländern durchgesetzt, so dass die Unterschiede geringer geworden sind.

Das vorliegende Lehrbuch behandelt das Kommunalrecht in seiner ganzen Breite und versucht die Gemeinsamkeiten in allen Flächen-Bundesländer aufzuzeigen, ohne dabei landestypische Unterschiede zu vernachlässigen. Es richtet sich insbesondere an Studierende und Referendare, aber auch an Praktiker, die Spaß daran haben, über den Tellerrand des eigenen Bundeslandes hinauszusehen und gerade dadurch den Blick für die spezifischen Probleme des für sie relevanten Kommunalrechts zu schärfen. Der Veranschaulichung und der besseren Nutzbarkeit des Buchs für die Prüfungsvorbereitung dienen Fälle (mit ausformulierten Lösungen) zu den examensrelevanten Problemen des Kommunalrechts sowie Wiederholungs- und Vertiefungsfragen.

PD Dr. Andreas Engels hat von Teil 2 des Buches die Paragrafen 4, 5, 7–9 und 11 verfasst, während PD Dr. Daniel Krausnick Autor von Teil 1 sowie von den Paragrafen 1–3, 6 und 10 des Teils 2 ist. Die Autoren verantworten das Buch inhaltlich gemeinsam und freuen sich, weil ein Lehrbuch gerade in seiner ersten Auflage kaum perfekt sein kann, über Verbesserungsvorschläge an folgende E-Mail-Adressen: andreas.engels@uni-koeln.de, daniel.krausnick@jura.uni-erlangen.de.

Andreas Engels   Daniel Krausnick

Inhalt

Vorwort — 5

Abkürzungsverzeichnis — 15

Literaturverzeichnis — 19

Teil 1 Grundlagen

§ 1 Einführung und Begriffsklärungen — 23
- I. Kommunalrecht in Studium und Praxis — 23
- II. Begriff der Kommune bzw. der kommunalen Gebietskörperschaft — 24
- III. Arten der kommunalen Gebietskörperschaften — 25
    1. Gemeinde und (Land-)Kreis — 25
    2. Kreisfreie Städte bzw. Stadtkreise — 26
    3. Sonstige kommunale Gebietskörperschaften — 26
        a) Oberhalb der Kreisebene — 26
        b) Unterhalb der Kreisebene — 26
        c) Ämter, Regionen u.Ä. — 27
    4. Sonderfall Stadtstaaten — 28
- IV. Historische Entwicklung im Überblick — 28
    1. Das neunzehnte Jahrhundert — 29
    2. Weimarer Republik — 30
    3. Nationalsozialismus — 31
    4. Bundesrepublik bis zur Wiedervereinigung — 31
    5. DDR — 33
    6. Entwicklung seit der Wiedervereinigung — 33
- V. Rechtsquellen des Kommunalrechts — 35
- VI. Wiederholungs- und Vertiefungsfragen — 36
- VII. Weiterführende Literatur — 37

§ 2 Die kommunale Gebietskörperschaft als juristische Person — 38
- I. Rechtsfähigkeit — 38
- II. Deliktsfähigkeit und Haftung — 38
- III. Auftreten vor Gericht — 39
- IV. Namensrecht der Kommunen — 39
- V. Sonstiges — 40
- VI. Wiederholungs- und Vertiefungsfragen — 41
- VII. Weiterführende Literatur — 41

§ 3 Verfassungsrechtliche Fragen — 42
- I. Kommunen im föderalen Aufbau der Bundesrepublik — 42
- II. Garantie der kommunalen Selbstverwaltung (Art. 28 Abs. 2 GG) — 43
    1. Selbstverwaltung als Verwaltungsorganisationstyp — 43

	2. Reichweite der Selbstverwaltung	44
	a) Gemeinden	44
	aa) Angelegenheiten der örtlichen Gemeinschaft	45
	bb) Eigenverantwortlichkeit	46
	cc) Art. 28 Abs. 2 S. 1 GG als subjektives Recht und institutionelle Garantie	47
	b) Gemeindeverbände	48
	3. Beschränkungen und Gesetzesvorbehalt	49
	a) Gemeinden	49
	b) Gemeindeverbände	51
	4. Finanzielle Gewährleistungen in Art. 28 Abs. 2 S. 3 GG (Überblick)	52
III.	Kommunale Selbstverwaltung und Demokratieprinzip	53
IV.	Kommunen im Landesverfassungsrecht	54
V.	Kommunen als Grundrechtsträger	55
VI.	Rechtsschutz	56
	1. Verfassungsgerichtlicher Rechtsschutz	56
	a) Vor dem BVerfG	56
	b) Vor dem Landesverfassungsgericht	58
	2. Verwaltungsgerichtlicher Rechtsschutz	60
VII.	Wiederholungs- und Vertiefungsfragen	62
VIII.	Weiterführende Literatur	63
§ 4	**Kommunen in Europa**	**64**
I.	Einfluss des EU-Rechts auf die kommunale Selbstverwaltung	64
II.	Rechtsstellung der Kommunen in der EU	66
III.	Europäische Charta der kommunalen Selbstverwaltung	67
IV.	Wiederholungs- und Vertiefungsfragen	70
V.	Weiterführende Literatur	70

Teil 2 Verwaltungsrechtliche Ausgestaltungen des Kommunalrechts

§ 1	**Die Kommune als Hoheitsträger**	**71**
I.	Gebietshoheit	71
II.	Personalhoheit	73
III.	Organisationshoheit	74
IV.	Planungshoheit	75
V.	Kulturhoheit	76
VI.	Finanz- und Abgabenhoheit	77
VII.	Satzungshoheit	77
VIII.	Wiederholungs- und Vertiefungsfragen	78
IX.	Weiterführende Literatur	78
§ 2	**Kommunale Aufgaben**	**79**
I.	Monistisches vs. dualistisches Modell der Aufgabenzuweisung	79

II.	Eigener Wirkungskreis bzw. weisungsfreie Aufgaben	79
1.	Zuordnung	79
2.	Freiwillige Aufgaben und Pflichtaufgaben	80
III.	Übertragener Wirkungskreis und Pflichtaufgaben nach Weisung	82
1.	Zuordnung	82
2.	Aufsichtsbefugnisse des Staates	83
IV.	Besonderheiten auf der Kreisebene	84
V.	Kreisfreie Städte/Stadtkreise, Große Kreisstädte	85
VI.	Organleihe als Sonderfall	85
VII.	Verwaltungsprozessuale Konsequenzen	86
VIII.	Wiederholungs- und Vertiefungsfragen	87
IX.	Weiterführende Literatur	87

§ 3 Öffentlich-rechtliche Handlungsformen der Kommunen 89
 I. Rechtssetzung 89
  1. Kommunale Satzungsautonomie 89
   a) Begriff der Satzung 90
   b) Rechtsgrundlagen 90
   c) Grenzen der Satzungsautonomie und materielle Rechtmäßigkeit der Satzung 91
  2. Arten von Satzungen 92
  3. Satzungserlass und formelle Rechtmäßigkeit der Satzung 93
   a) Zuständigkeit 93
   b) Verfahren und mögliche Mängel 94
   c) Anzeige- und Genehmigungspflicht 95
   d) Ausfertigung und Verkündung 95
  4. Interne und externe Kontrolle von Satzungen 96
   a) Interne Kontrolle durch den Hauptverwaltungsbeamten 96
   b) Verwaltungsgerichtliche Kontrolle 96
  5. Kommunale Rechtsverordnungen 97
 II. Verwaltungsakt 97
 III. Öffentlich-rechtlicher Vertrag 98
 IV. Wiederholungs- und Vertiefungsfragen 99
 V. Weiterführende Literatur 99

§ 4 Die kommunale Binnenorganisation 100
 I. Die Binnenorganisation der Gemeinden 100
  1. Die Gemeindevertretung 101
   a) Wahl und Zusammensetzung 101
    aa) Wahlverfahren 102
    bb) Wahlfehler und Wahlprüfung 105
   b) Kompetenzen der Gemeindevertretung 107
    aa) Gemeindliche Aufgabenwahrnehmung durch die Gemeindevertretung 107
    bb) Kontrolle der Verwaltung durch die Gemeindevertretung 111
   c) Rechte und Pflichten der Mitglieder der Gemeindevertretung 113
    aa) Inkompatibilitäten 113

			bb) Das freie Mandat	115
			cc) Pflichten der Mitglieder der Gemeindevertretung	118
		d)	Binnenorganisation der Gemeindevertretung	121
			aa) Ausschüsse	121
			bb) Fraktionen	125
	2.	Das Verwaltungsorgan		130
		a)	Rechtsstellung und Funktionen	130
			aa) Persönliche Rechtsstellung – Wahl und Abwahl	130
			bb) Aufgaben und Zuständigkeiten	133
		b)	Die Kommunalverwaltung	140
			aa) Beigeordnete (zweite und dritte Bürgermeister, Stadträte und leitende Beamte auf Zeit)	141
			bb) Hausrecht	143
	3.	Gemeindebezirke		144
II.	Die Binnenorganisation der Kreise			145
	1.	Kreistag		145
	2.	Landrat		146
		a)	Der Landrat als Verwaltungsorgan der Kreise	146
		b)	Doppelfunktion des Landrates	146
III.	Zur Binnenorganisation sonstiger Gemeindeverbände			147
	1.	Mehrstufige kommunale Organisationseinheiten		147
		a)	Samtgemeinden in Niedersachsen	148
		b)	Verbandsgemeinden in Rheinland-Pfalz und Sachsen-Anhalt	149
		c)	Ämter in Brandenburg, Mecklenburg-Vorpommern und Schleswig-Holstein	150
			aa) Brandenburg	150
			bb) Mecklenburg-Vorpommern	151
			cc) Schleswig-Holstein	152
	2.	Höhere Gemeindeverbände		153
IV.	Besonderheiten einzelner Bundesländer			153
	1.	Besondere Bedeutung des Hauptausschusses in Brandenburg und Niedersachsen		153
	2.	Gemeindevorstand (Magistrat) und Kreisausschuss in Hessen		154
V.	Wiederholungs- und Vertiefungsfragen			157
VI.	Weiterführende Literatur			157
§ 5	Die Sitzungen der Gemeindevertretung			159
I.	Geschäftsordnung der Gemeindevertretung			159
	1.	Rechtscharakter und Rechtsschutzfragen		159
	2.	Regelungsgegenstände		160
II.	Die Sitzungen der Gemeindevertretung im Einzelnen			161
	1.	Einberufung und Vorbereitung der Sitzungen		161
		a)	Einberufung der Sitzungen	161
		b)	Tagesordnung	162
		c)	Ladungsfrist und Form der Einberufung	164
		d)	Mitteilung der Tagesordnung	164
		e)	Öffentliche Bekanntmachung	165
	2.	Öffentlichkeit der Sitzungen		166

Inhalt

	3.	Leitung und Ablauf der Sitzungen der Gemeindevertretung	168
		a) Beschlussfähigkeit	169
		b) Mitwirkung befangener Mitglieder	170
		aa) Unmittelbarer Vor- oder Nachteil	170
		bb) Reichweite des Mitwirkungsverbotes	172
		cc) Rechtsfolgen der Mitwirkung befangener Mitglieder der Gemeindevertretung	173
		c) Sitzungsordnung und Ordnungsmaßnahmen	174
		aa) Handhabung der Ordnung	174
		bb) Hausrecht	177
	4.	Beschlüsse und Wahlen der Gemeindevertretung	178
		a) Beschlüsse der Gemeindevertretung	179
		b) Wahlen der Gemeindevertretung	180
		c) Rechtsfolgen rechtswidriger Beschlüsse und Wahlen	183
III.	Wiederholungs- und Vertiefungsfragen		186
IV.	Weiterführende Literatur		187

§ 6 Der Kommunalverfassungsstreit — 188
- I. Abgrenzung zum Außenrechtsstreit — 188
- II. Verwaltungsprozessuale Probleme — 189
  1. Verwaltungsrechtsweg — 189
  2. Statthafte Klageart — 189
  3. Klagebefugnis und Rechtsschutzbedürfnis — 191
  4. Sonstige Zulässigkeitsprobleme — 192
  5. Begründetheit — 193
- III. Wiederholungs- und Vertiefungsfragen — 194
- IV. Weiterführende Literatur — 195

§ 7 Bürger und Einwohner — 196
- I. Grundlegung — 196
- II. Rechte der Bürger und Einwohner — 197
  1. Wahlrecht — 197
  2. Bürger- und Einwohnerbeteiligung — 199
     - a) Allgemeines — 199
     - b) Formen der Bürger- und Einwohnerbeteiligung — 200
     - c) Bürgerbegehren und Bürgerentscheid — 201
       - aa) Voraussetzungen des Bürgerbegehrens — 201
       - bb) Entscheidung über die Zulässigkeit des Bürgerbegehrens — 209
       - cc) Durchführung des Bürgerentscheides — 211
       - dd) Rechtsschutzfragen — 212
  3. Öffentliche Einrichtungen — 213
     - a) Öffentliche Einrichtungen — 214
       - aa) Begriff der öffentlichen Einrichtung — 214
       - bb) Widmung — 214
       - cc) Organisationsformen — 216
     - b) Nutzung der öffentlichen Einrichtungen — 217
       - aa) Anspruch auf Zulassung — 218

		bb) Grenzen der Benutzung öffentlicher Einrichtungen	219
		cc) Gerichtliche Durchsetzung des Zulassungsanspruchs	221
		c) Das Benutzungsverhältnis (im Überblick)	221
	4.	Sonstige Rechte der Bürger und Einwohner	223
III.	Pflichten der Bürger und Einwohner		224
	1.	Anschluss- und Benutzungszwang	224
		a) Voraussetzungen	225
		b) Grenzen	228
	2.	Ehrenamt und ehrenamtliche Tätigkeit	229
	3.	Sonstige Pflichten	229
IV.	Wiederholungs- und Vertiefungsfragen		233
V.	Weiterführende Literatur		234

§ 8 Kommunales Wirtschaftsrecht — 236

I.	Allgemeines		237
	1.	Kommunale Wirtschaftsbetätigung – eine begriffliche Annäherung	237
	2.	Einfachgesetzliche Bereichsausnahmen: Nichtwirtschaftliche Unternehmen	237
II.	Zulässigkeit der kommunalen Wirtschaftsbetätigung		239
	1.	Gemeinderechtliche Schrankentrias	240
		a) Öffentlicher Zweck	242
		aa) Gewinnstreben und Gewinnmitnahme	243
		bb) Randnutzung	243
		b) Angemessenes Verhältnis zur Leistungsfähigkeit	244
		c) Subsidiarität kommunaler Wirtschaftstätigkeit	245
	2.	Kommunale Wirtschaftsbetätigung „extra muros"	246
		a) Gemeinderechtliche Voraussetzungen im Überblick	246
		b) Herausforderungen kommunalen Wirtschaftstätigkeit „extra muros"	247
	3.	Rechtsschutzfragen	248
III.	Kommunale Unternehmen		249
	1.	Öffentlich-rechtliche Organisationsformen	250
		a) Regiebetriebe	250
		b) Eigenbetriebe	251
		c) Kommunalunternehmen	252
	2.	Kommunale Unternehmen in Privatrechtsform	254
		a) Anwendbarkeit der gemeinderechtlichen Vorgaben für Unternehmen in Privatrechtsform	254
		b) Zulässigkeit privatrechtlicher Organisationsformen im Einzelnen	255
IV.	Bereichsspezifische Vorgaben für die kommunalen Wirtschaftsbetätigung		257
	1.	Beihilfenrecht	258
	2.	Vergaberecht	259
V.	Wiederholungs- und Vertiefungsfragen		262
VI.	Weiterführende Literatur		262

§ 9 Kommunales Finanz- und Haushaltsrecht — 264

I.	Einnahmequellen		265
	1.	Finanzverfassungsrechtliche Grundlagen	265

Inhalt

	2.	Anspruch auf eine angemessene Finanzausstattung	266
		a) Art. 28 Abs. 2 GG als Grundlage eines Anspruchs auf eine angemessene Finanzausstattung	267
		b) Bemessungskriterien für den Anspruch auf eine angemessene Finanzausstattung	267
		aa) Zur Kern- und Randbereichsdogmatik und zum Vorbehalt der Leistungsfähigkeit	267
		bb) Der Grundsatz der Verteilungssymmetrie	268
		cc) Der interkommunale Gleichbehandlungsgrundsatz	268
		c) Bezifferung des Anspruchs auf eine angemessene Finanzausstattung	269
		d) Proceduralisierung des Anspruchs auf eine angemessene Finanzausstattung	270
		e) Zur Rechtsprechung des Bundesverfassungsgerichts – zugleich zu Art. 28 Abs. 2 S. 3 GG	270
	3.	Landesverfassungsrechtliche Konnexitätsprinzipien	271
		a) Relative und strikte Konnexitätsprinzipien	271
		b) Tatbestandliche Reichweite	272
		c) Rechtsfolgen (strikter) Konnexitätsprinzipien	273
		d) Konnexitätsprinzipien und Aufgabenübertragungen im Mehrebenensystem	274
	4.	Insbesondere: Die Kreisumlage	275
		a) Allgemeines	275
		b) Zur Rechtsprechung des Bundesverwaltungsgerichts	275
II.	Kommunale Abgaben		277
	1.	Steuern	277
		a) Grund- und Gewerbesteuern	277
		b) Örtliche Verbrauch- und Aufwandsteuern	278
		aa) Verbrauchsteuern	278
		bb) Aufwandsteuern	278
		c) Grenzen der kommunalen Steuererhebung	279
		d) Steuererhebung durch Gemeindeverbände	280
	2.	Gebühren und Beiträge	280
		a) Gebühren	280
		aa) Verwaltungsgebühren	282
		bb) Benutzungsgebühren	283
		b) Beiträge	285
	3.	Verfahren der Abgabenerhebung und Rechtsschutz	287
III.	Kommunales Haushaltsrecht (im Überblick)		288
	1.	Haushaltssatzung und Haushaltsplan	288
	2.	Haushaltsgrundsätze	289
IV.	Wiederholungs- und Vertiefungsfragen		293
V.	Weiterführende Literatur		294
§ 10	**Die Staatsaufsicht über die Kommunen**		296
I.	Grundlagen		296
	1.	Vorgaben des Verfassungsrechts	296
	2.	Begrifflichkeiten und Abgrenzungen	297
	3.	Gemeinsamkeiten aller Aufsichtsmaßnahmen	297

II.	Die Rechtsaufsicht	298
	1. Anwendungsbereich und Umfang	299
	2. Zuständigkeit	299
	3. Befugnisse der Rechtsaufsicht	301
	a) Informationsrecht	301
	b) Beanstandungsrecht	302
	c) Ersatzvornahme	303
	d) Bestellung eines Beauftragten	304
	e) Auflösung von Organen	304
III.	Die Fachaufsicht	305
	1. Anwendungsbereich und Umfang	305
	2. Zuständigkeit	305
	3. Befugnisse der Fachaufsicht	306
IV.	Rechtsschutz gegen Aufsichtsmaßnahmen	306
	1. Rechtsschutz gestützt auf die Kommunalgesetze?	307
	2. Statthafte Klageart	307
	3. Sonstige verwaltungsprozessuale Probleme	308
V.	Staatsaufsicht und Haftung	308
VI.	Wiederholungs- und Vertiefungsfragen	310
VII.	Weiterführende Literatur	310

§ 11	Kommunale Zusammenarbeit	311
I.	Allgemeines	312
	1. Die kommunale Kooperationshoheit	312
	2. Kommunale Kooperationen als Träger des Selbstverwaltungsrechts	313
	3. Einfach-gesetzliche Vorgaben für die kommunale Kooperation	314
	a) Unterschiede und Gemeinsamkeiten der einzelnen Formen kommunaler Zusammenarbeit	314
	b) Grenzüberschreitende kommunale Zusammenarbeit	315
II.	Rechtsformen kommunaler Zusammenarbeit	316
	1. Zweckverband	316
	a) Mitgliedschaft und Zweckverbandsbildung	317
	b) Ausscheiden von Mitgliedern und Auflösung von Zweckverbänden	318
	c) Vorgaben für die zweckverbandliche Organisationsstruktur	319
	2. Kommunale Anstalten des öffentlichen Rechts	320
	3. Arbeitsgemeinschaften	321
	4. Öffentlich-rechtliche Vereinbarungen	321
	5. Gemeindeverwaltungsverbände und Verwaltungsgemeinschaften	323
III.	Wiederholungs- und Vertiefungsfragen	326
IV.	Weiterführende Literatur	327

Definitionen	329
Stichwortverzeichnis	335

Abkürzungsverzeichnis

aA	anderer Ansicht
aaO	am angegebenen Ort
abl.	ablehnend
Abs.	Absatz
Abschn.	Abschnitt
abw.	abweichend
aE	am Ende
aF	alte Fassung
AG	Amtsgericht
allg.	allgemein
allgA	allgemeine Ansicht
allgM	allgemeine Meinung
aM	anderer Meinung
Anh.	Anhang
Anm.	Anmerkung
Art.	Artikel
Aufl.	Auflage
ausdr.	ausdrücklich
ausf.	ausführlich
Az	Aktenzeichen
Bd.	Band
Begr.	Begründung
Bek.	Bekanntmachung
ber.	berichtigt
bes.	besonders
Beschl.	Beschluss
bespr.	besprochen
bestr.	bestritten
BGBl.	Bundesgesetzblatt
Bl.	Blatt
bspw	beispielsweise
bzgl	bezüglich
bzw	beziehungsweise
ders.	derselbe
dh	das heißt
Dok.	Dokument
Drucks.	Drucksache
e.V.	eingetragener Verein
ebd	ebenda
Einf.	Einführung
eingetr.	eingetragen
Einl.	Einleitung
einschl.	einschließlich
einschr.	einschränkend
Entsch.	Entscheidung
entspr.	entsprechend
Entw.	Entwurf
Erkl.	Erklärung
Erl.	Erlass; Erläuterung
evtl	eventuell
ff	fortfolgende

Abkürzungsverzeichnis

f	folgende
f, ff	folgende, fortfolgende
Fn	Fußnote
geänd.	geändert
gem.	gemäß
ggf	gegebenenfalls
grds.	grundsätzlich
hA	herrschende Auffassung
Hdb	Handbuch
hL	herrschende Lehre
hM	herrschende Meinung
Hrsg.	Herausgeber
hrsg.	herausgegeben
Hs	Halbsatz
iA	im Auftrag
idF	in der Fassung
idR	in der Regel
idS	in diesem Sinne
iE	im Ergebnis
ieS	im engeren Sinne
iHv	in Höhe von
inkl.	inklusive
insb.	insbesondere
insg.	insgesamt
iS	im Sinne
iSd	im Sinne des
iSv	im Sinne von
iÜ	im Übrigen
iVm	in Verbindung mit
iwS	im weiteren Sinne
Kap.	Kapitel
krit.	kritisch
lit.	littera
Lit.	Literatur
LS	Leitsatz
m.Anm.	mit Anmerkung
mE	meines Erachtens
mind.	mindestens
Mitt.	Mitteilung(en)
mN	mit Nachweisen
mwN	mit weiteren Nachweisen
mWv	mit Wirkung von
mzN	mit zahlreichen Nachweisen
n.r.	nicht rechtskräftig
n.v.	nicht veröffentlicht
Nachw.	Nachweise
nF	neue Fassung
Nov.	Novelle
Nr.	Nummer
o.a.	oben angegeben, angeführt
o.Ä.	oder Ähnliches
o.g.	oben genannt
resp.	respektive

Abkürzungsverzeichnis

Rn	Randnummer
Rspr	Rechtsprechung
s.	siehe
s.a.	siehe auch
s.o.	siehe oben
s.u.	siehe unten
Slg	Sammlung
sog.	sogenannt/so gennant
u.a.	unter anderem
u.a.m.	und anderes mehr
uä	und ähnlich
uÄ	und Ähnliches
uE	unseres Erachtens
umstr.	umstritten
unstr.	unstreitig
usw	und so weiter
uU	unter Umständen
uVm	und Vieles mehr
v.	von/vom
vgl	vergleiche
vorl.	vorläufig
wN	weitere Nachweise
zB	zum Beispiel
Ziff.	Ziffer
zit.	zitiert
zT	zum Teil
zust.	zustimmend
zutr.	zutreffend
zw.	zweifelhaft
zzgl	zuzüglich

Literaturverzeichnis

I. Länderübergreifende Darstellungen und Monographien

Brüning, Christoph, Kommunalverfassung, in: Ehlers, Dirk/Fehling, Michael/Pünder, Hermann (Hrsg.), Besonderes Verwaltungsrecht, Band 3, 3. Aufl. 2013
Burgi, Martin, Kommunalrecht, 5. Aufl. 2015
Engels, Andreas, Die Verfassungsgarantie kommunaler Selbstverwaltung, 2014
Franz, Thorsten, Gewinnerzielung durch kommunale Daseinsvorsorge, 2005
Geis, Max-Emanuel, Kommunalrecht, 3. Aufl. 2014
Gern, Alfons, Deutsches Kommunalrecht, 3. Aufl. 2003
Gönnenwein, Otto, Gemeinderecht, 1963
Hellermann, Johannes, Örtliche Daseinsvorsorge und gemeindliche Selbstverwaltung. Zum kommunalen Betätigungs- und Gestaltungsspielraum unter den Bedingungen europäischer und staatlicher Privatisierungs- und Deregulierungspolitik, 2000
Henneke, Hans-Günter/Pünder, Hermann/Waldhoff, Christian (Hrsg.), Recht der Kommunalfinanzen, 2006
Henneke, Hans-Günter/Strobl, Heinz/Diemert, Dörte (Hrsg.), Recht der Kommunalen Haushaltswirtschaft, 2008
Hoppe, Werner/Uechtritz, Michael/Reck, Hans-Joachim (Hrsg.), Handbuch Kommunale Unternehmen, 3. Aufl. 2012
Kluth, Winfried, Grundlagen des Rechts der kommunalen Selbstverwaltung, in: Wolff, Hans J./Bachof, Otto/Stober, Rolf/ders., Verwaltungsrecht, Band 2, 7. Aufl. 2010
Lange, Klaus, Kommunalrecht, 2013
Mann, Thomas/Püttner, Günter (Hrsg.), Handbuch der kommunalen Wissenschaft und Praxis, Band 1, 3. Aufl. 2007, Band 2, 3. Aufl. 2011
Pagenkopf, Hans, Kommunalrecht, Band 1, 2. Aufl. 1975, Band 2, 2. Aufl. 1976
Röhl, Hans Christian, Kommunalrecht, in: Schoch, Friedrich (Hrsg.), Besonderes Verwaltungsrecht, 15. Aufl. 2013
Schmidt, Thorsten Ingo, Kommunalrecht, 2. Aufl. 2014
ders., Kommunale Zusammenarbeit, in: Ehlers, Dirk/Fehling, Michael/Pünder, Hermann (Hrsg.), Besonderes Verwaltungsrecht, Band 3, 3. Aufl. 2013
ders., Kommunale Kooperation. Der Zweckverband als Nukleus des öffentlich-rechtlichen Gesellschaftsrechts, 2005
Schmidt-Eichstaedt, Gerd, Die Gemeindeordnungen und Kreisordnungen in der Bundesrepublik Deutschland, Loseblatt, Stand: September 2012
Schmidt-Jortzig, Ezard, Kommunalrecht, 1982
Scholler, Heinrich, Grundzüge des Kommunalrechts in der Bundesrepublik Deutschland, 4. Aufl. 1990
Schröder, Meinhard, Kommunalverfassungsrecht, in: Achterberg, Norbert/Püttner, Günther/Würtenberger, Thomas (Hrsg.), Besonderes Verwaltungsrecht, Bd. II, 2. Aufl. 2000
Seewald, Ottfried, Kommunalrecht, in: Steiner, Udo (Hrsg.), Besonderes Verwaltungsrecht, 8. Aufl. 2006
Stober, Rolf, Kommunalrecht in der Bundesrepublik Deutschland, 3. Aufl. 1996
Tettinger, Peter J./Erbguth, Wilfried/Mann, Thomas, Besonderes Verwaltungsrecht, 11. Aufl. 2012
Vogelgesang, Klaus/Lübking, Uwe/Ulbrich Ina-Maria, Kommunale Selbstverwaltung, 2005
von Mutius, Albert, Kommunalrecht, 1996
Waechter, Kay, Kommunalrecht, 3. Aufl. 1997

II. Kommunalrecht der Länder

1. Baden-Württemberg

Ade, Klaus/Stehle, Manfred/Waibel, Gerhard/Faiß, Konrad, Kommunalverfassungsrecht Baden-Württemberg, Loseblatt, Stand: Mai 2014
Aker, Bernd/Hafner, Wolfgang/Notheis, Klaus, Gemeindeordnung Baden-Württemberg, 2012
Dols, Heinz/Plate, Klaus/Schulze, Charlotte, Kommunalrecht Baden-Württemberg, 7. Aufl. 2011
Engel, Rüdiger/Heilshorn, Thorsten, Kommunalrecht Baden-Württemberg, 10. Aufl. 2015
Ennuschat, Jörg, Kommunalrecht, in: ders./Ibler, Martin/Remmert, Barbara, Öffentliches Recht in Baden-Württemberg, 2014
Gern, Alfons, Kommunalrecht für Baden-Württemberg, 9. Aufl. 2005
Kunze, Richard/Bronner,Otto/Katz, Alfred/Schmidt, Carl, Die Gemeindeordnung für Baden-Württemberg, Loseblatt, Stand: Oktober 2013
Püttner, Günter, Kommunalrecht Baden-Württemberg, 3. Aufl. 2005
Reichert, Bernd/Baumann, Roland, Kommunalrecht, 2000

2. Bayern

Bauer, Martin/Böhle, Thomas/Ecker, Gerhard, Bayerische Kommunalgesetze, Loseblatt, Stand: Februar 2014
Becker, Ulrich, Bayerisches Kommunalrecht, in: ders./Heckmann, Dirk/Kempen, Bernhard/Manssen, Gerrit, Öffentliches Recht in Bayern, 6. Aufl. 2015
Hölzl, Josef/Hien, Eckart/Huber, Thomas, Gemeindeordnung mit Verwaltungsgemeinschaftsordnung, Landkreisordnung und Bezirksordnung für den Freistaat Bayern, Loseblatt, Stand: März 2015
Knemeyer, Franz-Ludwig, Bayerisches Kommunalrecht, 12. Aufl. 2007
Lissack, Gernot, Bayerisches Kommunalrecht, 3. Aufl. 2009
Prandl, Josef/Zimmermann, Hans/Büchner, Hermann/Pahlke, Michael, Kommunalrecht in Bayern, Loseblatt, Stand: März 2015
Widtmann, Julius/Grasser, Walter/Glaser, Erhard, Bayerische Gemeindeordnung, Loseblatt, Stand: Dezember 2014

3. Brandenburg

Bauer, Hartmut/Peine, Franz-Joseph (Hrsg.), Landesrecht Brandenburg, 2. Aufl. 2011
Muth, Michael (Hrsg.), Potsdamer Kommentar Kommunalrecht und Kommunales Finanzrecht in Brandenburg, Loseblatt, Stand: März 2015
Nierhaus, Michael, Kommunalrecht für Brandenburg, 2003
Sundermann, Welf/Miltkau, Thomas, Kommunalrecht Brandenburg, 2. Aufl. 2004

4. Hessen

Birkenfeld-Pfeiffer, Daniela, Kommunalrecht, 5. Aufl. 2011
Hermes, Georg/Reimer, Franz (Hrsg.), Landesrecht Hessen, 8. Aufl. 2015
Rauber, David/Rupp, Matthias/Stein, Katrin u. a., Hessische Gemeindeordnung, 2. Aufl. 2014
Schmidt, Fritz W./Kneip, Hans-Otto, Hessische Gemeindeordnung, 2. Aufl. 2008
Schneider, Gerhard/Dressler, Ulrich, Hessische Gemeindeordnung, Loseblatt, Stand: April 2014

5. Mecklenburg-Vorpommern

Darsow, Thomas/Gentner, Sabine/Glaser, Klaus M./Meyer, Hubert, Schweriner Kommentierung der Kommunalverfassung des Landes Mecklenburg-Vorpommern, 4. Aufl. 2014
Schütz, Hans-Joachim/Classen, Claus Dieter (Hrsg.), Landesrecht Mecklenburg-Vorpommern 3. Aufl. 2014

6. Niedersachsen

Armbrust, Peter, Einführung in das niedersächsische Kommunalrecht, 2007
Ihnen, Hans-Jürgen, Kommunalrecht Niedersachsen, 6. Aufl. 2003
Ipsen, Jörn, Niedersächsisches Kommunalrecht, 4. Aufl. 2011
Sandfuchs, Klaus, Allgemeines Niedersächsisches Kommunalrecht, 19. Aufl. 2006
Thiele, Robert, Niedersächsisches Kommunalverfassungsgesetz, 2011

7. Nordrhein-Westfalen

Articus, Stephan/Schneider, Bernd Jürgen, Gemeindeordnung Nordrhein-Westfalen, 5. Aufl. 2015
Bösche, Ernst-Dieter, Kommunalverfassungsrecht in Nordrhein-Westfalen, 3. Aufl. 2013
Burgi, Martin, Kommunalrecht, in: Dietlein, Johannes/ders./Hellermann, Johannes, Öffentliches Recht in Nordrhein-Westfalen, 5. Aufl. 2013
Erichsen, Hans-Uwe, Kommunalrecht des Landes Nordrhein-Westfalen, 2. Aufl. 1997
Held, Friedrich Wilhelm/Winkel, Johannes/Wansleben, Rudolf, Kommunalverfassungsrecht Nordrhein-Westfalen, Loseblatt, Stand: Januar 2015
Hofmann, Harald/Theisen, Rolf Dieter/Bätge, Frank, Kommunalrecht in Nordrhein-Westfalen, 14. Aufl. 2010
Niedzwicki, Matthias, Kommunalrecht in Nordrhein-Westfalen, 3. Aufl. 2010
Rehn, Erich/Cronauge, Ulrich/von Lennep, Hans Gerd/Knirsch, Hanspeter, Gemeindeordnung für das Land Nordrhein-Westfalen, Loseblatt, Stand: März 2015
Zacharias, Diana, Nordrhein-Westfälisches Kommunalrecht, 2004

8. Rheinland-Pfalz

Gabler, Manfred/Höhlein, Burkhard u. a., Kommunalverfassungsrecht Rheinland-Pfalz, Loseblatt, Stand: November 2014
Gern, Alfons/Stubenrauch, Hubert, Kommunalrecht Rheinland-Pfalz, 2008
Hendler, Reinhard/Hufen, Friedhelm/Jutzi, Siegfried (Hrsg.), Landesrecht Rheinland-Pfalz, 7. Aufl. 2014
Nauheim-Skrobek, Ulrike/Schmitz, Hermann-Josef/Schmorleiz, Ralf, Kommunalrecht Rheinland-Pfalz, 2013

9. Saarland

Gröpl, Christoph/Guckelberger, Annette/Wohlfarth, Jürgen, Landesrecht Saarland, 2. Aufl. 2013
Wohlfarth, Jürgen, Kommunalrecht für das Saarland, 3. Aufl. 2003

10. Sachsen

Gern, Alfons, Sächsisches Kommunarecht, 2. Aufl. 2000
Hegele, Dorothea/Ewert, Klaus Peter, Kommunalrecht im Freistaat Sachsen, 3. Aufl. 2004
Quecke, Albrecht/Schmid, Hansdieter u. a., Gemeindeordnung für den Freistaat Sachsen, Loseblatt, Stand: April 2015
Wettling, Hans, Sächsisches Landesrecht, Kommunalrecht, 1995

11. Sachsen-Anhalt

Franz, Thorsten, Kommunalrecht Sachsen-Anhalt, 2004
Klang, Klaus A./Gundlach, Ulf, Gemeindeordnung Sachsen-Anhalt, 3. Aufl. 2011
Kluth, Winfried, Landesrecht Sachsen-Anhalt, 2. Aufl. 2010
Schmid, Hansdieter/Trommer, Friederike/Schmid, Willi (Hrsg.), Kommunalverfassung für das Land Sachsen-Anhalt, Loseblatt, Stand: März 2015
Wiegand, Bernd/Grimberg, Michael, Gemeindeordnung Sachsen-Anhalt, 3. Aufl. 2003

12. Schleswig-Holstein

Becker, Florian/Brüning Christoph, Öffentliches Recht in Schleswig-Holstein, 2014
Böttcher, Günter, Kommunalrecht, 1999
Dehn, Klaus-Dieter, Grundlagen des Kommunalverfassungsrechts in Schleswig-Holstein, 2014
von Mutius, Albert/Dehn, Klaus-Dieter, Kommunalverfassungsrecht Schleswig-Holstein, Band 1, 6. Aufl. 2003

13. Thüringen

Meyn, Karl Ulrich, Kommunalrecht, in: Huber, Peter M. (Hrsg.), Thüringer Staats- und Verwaltungsrecht, 2000
Rücker, Norbert/Dieter, Jürgen/Schmidt, Axel W. (Hrsg.), Kommunalverfassungsrecht Thüringen, Loseblatt, Stand: März 2015
Uckel, Herbert/Hauth, Rudolf u. a., Kommunalrecht in Thüringen, Loseblatt, Stand: November 2014
Wachsmuth, Hans-Joachim/Oehler, Gerhard, Thüringer Kommunalrecht, Loseblatt, Stand: März 2014

Teil 1 Grundlagen

§ 1 Einführung und Begriffsklärungen

I. Kommunalrecht in Studium und Praxis

Am Kommunalrecht kommt kein Studierender und kein Rechtsreferendar vorbei. Nach den Prüfungsordnungen aller Flächen-Bundesländer (zu den Besonderheiten der Stadtstaaten Teil 1 § 1 III 4) gehört dieses Rechtsgebiet zum Pflichtprogramm in der Juristenausbildung und in aller Regel kann man sich schon in der Fortgeschrittenenübung auf mindestens eine Klausur mit kommunalrechtlichen Bezügen einstellen. Kommunalrecht ist insbesondere auch deswegen ein sehr beliebtes Prüfungsfach, weil es maßgebliche Grundlage für andere Gebiete des besonderen Verwaltungsrechts ist. Im Sicherheits- und Ordnungsrecht handeln häufig kommunale Behörden und das Bau- und Umweltrecht thematisiert in erheblichem Umfang Planungsentscheidungen von Gemeinden. Aber auch zum Verfassungsrecht (sei es auf grundgesetzlicher, sei es auf Landesverfassungsebene) sowie zum Europarecht hat das Handeln von Kommunen, insbesondere der Gemeinden (näher zum Begriff „Kommunen" sogleich Teil 1 § 1 II.)intensive und durchaus komplexe Bezüge.

Die Bedeutung des Kommunalrechts im täglichen Leben ist ebenfalls kaum zu unterschätzen: Jede(r) kommt – eigentlich schon, wenn für ihn/sie auf dem Rathaus des Geburtsorts eine Geburtsurkunde ausgestellt wird, spätestens aber mit dem Besuch eines städtischen Horts oder Kindergartens – in Berührung mit dem Kommunalrecht. Die politische Arbeit in Gemeinderäten und anderen kommunalen Kollegialorganen bietet nach wie vor eine der besten Möglichkeiten, Demokratie in der Praxis zu erleben und Entwicklungen vor Ort aktiv mitgestalten zu können.. Gemeinden sind das demokratische Fundament des Staates oder, wie es Art. 11 Abs. 4 der Bayerischen Verfassung und Art. 3 Abs. 2 der Verfassung von Mecklenburg-Vorpommern (verallgemeinerungsfähig) formulieren: „Die Selbstverwaltung der Gemeinden dient dem Aufbau der Demokratie (…) von unten nach oben".

Wenn im Folgenden das Kommunal*recht* Gegenstand der Darstellung ist, wird damit ein anderer interessanter Bereich mit Bezug zu Gemeinden und anderen kommunalen Gebietskörperschaften weitgehend ausgeklammert, nämlich derjenige der Kommunalwissenschaften. Unter diesem Begriff werden Teilgebiete unterschiedlicher Geisteswissenschaften (insbesondere Politikwissenschaft, Soziologie, Ökonomie, Geschichtswissenschaft und Geographie) zusammengefasst, deren Forschungsgegenstand insbesondere Entwicklungen auf kommunaler Ebene sind[1]. Das wohl prominenteste Überschneidungsgebiet zwischen Kommunalrecht und Kommunalwissenschaften ist das sog. Neue Steuerungsmodell, mit dem seit Mitte der Neunzigerjahre des letzten Jahrhunderts versucht wird, die Verwaltung in den Kommunen in Anlehnung an Strukturen der Privatwirtschaft zu modernisieren. Das Neue Steuerungsmodell ist zugleich (darauf ist noch näher einzugehen; vgl. Teil 1 III. 6.)) ein gutes Beispiel dafür welche Friktionen zwischen Kommunalwissenschaften und Kommunalrecht einschließlich seiner Bezüge zum Verfassungsrecht sich ergeben können.

---

1 *Th. I. Schmidt*, KomR, Rn. 16. Näher *Spiegel*, in: Mann/Püttner (Hrsg.), HKWP, Band 1, S. 23 ff.

II. Begriff der Kommune bzw. der kommunalen Gebietskörperschaft

4 Die Begriffe „Kommunen" und „kommunale Gebietskörperschaften" wurden im vorhergehenden Abschnitt bereits verwendet. Hier sollen sie näher definiert werden. Beide Begriffe sind Synonyme bzw. „Kommune" ist gleichsam die Abkürzung für „kommunale Gebietskörperschaft". Der Begriff der kommunalen Gebietskörperschaft setzt sich aus drei Teilen zusammen: kommunal, Gebiet und Körperschaft.

5 Zunächst zum letzteren Teil: Die Körperschaft ist eine Variante der juristischen Personen des öffentlichen Rechts (neben Anstalten und öffentlich-rechtlichen Stiftungen)[2]. Sie setzt sich aus natürlichen und/oder juristischen Personen zusammensetzt, die ihre Mitglieder sind. Der Bestand der Körperschaft ist vom Wechsel der Mitgliederschaft unabhängig. Durch die mitgliedschaftliche Struktur unterscheidet sich die Körperschaft insbesondere von der Anstalt. Letztere ist eine auf Dauer angelegte und organisatorisch verselbstständigte (nicht notwendig rechtsfähige) Zusammenfassung personeller und/oder sachlicher Mittel, die einem bestimmten öffentlichen Zweck dient, und keine Mitglieder, sondern Benutzer hat[3]. Die öffentlich-rechtliche Stiftung hat hingegen weder Mitglieder noch Benutzer. Sie ist eine Organisationseinheit, die einen vom Stifter zur Verfügung gestellten Bestand an Vermögenswerten dauerhaft erhält und dessen Erträge nach den Vorgaben des Stiftungsgeschäfts zur Erfüllung eines öffentlichen Zwecks einsetzt.[4] Kommunen sind Körperschaften. Sie können jedoch, weil sie eigenständige Rechtsträger sind, ihrerseits Anstalten und Stiftungen gründen. Klassisches Beispiel ist die kommunale Badeanstalt (näher zu den öffentlichen Einrichtungen der Kommunen Teil 2 § 7 II. 3.)).

6 Was den Entstehungsgrund für die Mitgliedschaft betrifft, so sind Gebietskörperschaften von Personalkörperschaften zu unterscheiden. Bei Personalkörperschaften resultiert die Mitgliedschaft einer Person daraus, dass diese bestimmte persönliche Voraussetzungen erfüllt (z.B. eine Studentin, die, weil sie sich immatrikuliert hat, Mitglied der Personalkörperschaft Universität ist)[5]. Um Mitglied in einer Gebietskörperschaft zu werden, reicht es hingegen schon aus, in einem bestimmten Gebiet nicht nur vorübergehend ansässig zu sein[6]. Die Angehörigen der Gebietskörperschaft Gemeinde sind deren Mitglieder, weil sie sich im Gemeindegebiet niedergelassen haben. Regelmäßig wird in den Gemeindeordnungen hinsichtlich des Umfangs der mitgliedschaftlichen Rechte zwischen (bei Kommunalwahlen wahlberechtigten) Gemeindebürgern und sonstigen Gemeindeangehörigen bzw. Einwohnern differenziert[7] (näher zu dieser Differenzierung s. u. Teil 2 § 7 I.).

7 Neben kommunalen Gebietskörperschaften existieren auch kommunale Personalkörperschaften in Form von überörtlichen Kooperationen mehrerer kommunaler Gebietskörperschaften (diese sind als juristische Personen Mitglieder) auf teils vertraglicher, teils gesetzlicher Grundlage wie z.B. Ämter, Samtgemeinden oder Verwaltungsgemeinschaften (näher zur kommunalen Zusammenarbeit Teil 2 § 11). Keine kommunalen Personalkörperschaften, sondern privatrechtliche Organisationsformen sind in aller

---

2 Allgemein zur mittelbaren Staatsverwaltung durch juristische Personen des öffentlichen Rechts *Erbguth*, AVerwR, § 6 Rn. 14 ff.
3 *Burgi*, in: Erichsen/Ehlers, AVerwR, § 8 Rn. 13.
4 *Maurer*, § 23 Rn. 55.
5 *Erbguth*, AVerwR, § 6 Rn. 16.
6 *Burgi*, KomR, § 5 Rn. 2.
7 §§ 10 I, 12 I GemO BW; Art. 15 BayGO; § 11 BbgKVerf; § 8 HGO; § 13 KVMV; § 28 NKomVG; § 21 GO NRW; § 13 GemO RP; § 18 KSVG; §§ 10, 15 SächsGemO; § 21 KVG LSA; § 10 ThürKO.

§ 1 Einführung und Begriffsklärungen

Regel[8] die kommunalen Spitzenverbände (Deutscher Städtetag, Deutscher Landkreistag und Deutscher Städte- und Gemeindebund sowie entsprechende Verbände auf Landesebene), die die Interessen der Kommunen gegenüber der Bundes- und Landespolitik, aber auch gegenüber EU-Institutionen vertreten[9].

Zu definieren bleibt damit noch der Begriff „kommunal". Er stammt vom lateinischen „communis, commune", übersetzt: „gemein" oder „gemeinschaftlich". Die Begriffe „kommunal" und „Körperschaft" hängen eng zusammen, weil Mitglieder schon rein faktisch eine Gemeinschaft bilden. Dennoch ist der Bestandteil „kommunal" in „kommunale Gebietskörperschaft" nicht etwa entbehrlich. Durch ihn wird vielmehr besonders betont, dass die Mitglieder bzw. Einwohner/Bürger der Kommune ihre Angelegenheiten auch tatsächlich gemeinschaftlich regeln und gestalten. Teilweise wird der Gemeinschaftsgedanke in den Gemeindeordnungen der Bundesländer ausdrücklich betont[10]. Dies unterscheidet – jedenfalls in der Theorie (wie intensiv die politische Beteiligung der Einwohner/Bürger in der Praxis der jeweiligen Kommune ist, ist eine andere Frage) – kommunale Gebietskörperschaft von anderen mitgliedschaftlich strukturierten Gebilden wie z.B. Vereinen. Bei letzteren beschränken sich die Mitwirkungsrechte der Mitglieder in der Praxis regelmäßig auf die Stimmberechtigung in der (meist ein oder jedenfalls wenige Male im Jahr stattfindenden) Mitgliederversammlung und die Nutzung der vereinseigenen Einrichtungen[11]. Auf diese Weise grenzt das Adjektiv „kommunal" die kommunalen Gebietskörperschaften zugleich von anderen Gebietskörperschaften, insbesondere Staaten, ab, bei denen das Verhältnis zwischen Mitgliederebene (bzw. den Bürgern) und Leitungsebene (bzw. Parlament und Regierung) stärker durch den Repräsentationsgedanken und Über-Unterordnungs-Verhältnisse geprägt ist.

8

III. Arten der kommunalen Gebietskörperschaften

1. Gemeinde und (Land-)Kreis

Als Grundtypen kommunaler Gebietskörperschaften existieren in allen Flächen-Bundesländern, die Gemeinde und der (Land-)Kreis[12]. Die Gemeinden bilden die Grundeinheit auf der örtlichen Ebene. Gemeinden führen vielfach nicht den Namen „Gemeinde", sondern „Stadt", „Markt", „Landeshauptstadt", „Universitätsstadt" o. Ä. Rechtlich gesehen handelt es sich jedoch bei allen örtlichen kommunalen Gebietskörperschaften um Gemeinden (zum Namensrecht der Kommunen s. u. Teil 1 § 2 IV.). Der Kreis ist demgegenüber die Grundeinheit auf der überörtlichen Ebene. Jeder Kreis setzt sich aus mehreren Gemeinden zusammen, was allerdings nicht bedeutet, dass jede Gemeinde auch einem Kreis angehören muss (näher sogleich).

9

---

8 Ausnahmen sind die kommunalen Spitzenverbände in Bayern, die Körperschaften des öffentlichen Rechts sind (*Geis*, KomR, § 23 Rn. 7).
9 *Burgi*, KomR, § 1 Rn. 7; *Geis*, KomR, § 23 Rn. 6 ff.
10 Vgl. etwa § 1 Abs. 2 GO Bgb a.F.: *„Die Gemeinde ist Gebietskörperschaft. Sie erfüllt ihre Aufgaben in bürgerschaftlicher Selbstverwaltung zum gemeinsamen Wohl aller Einwohner. durch ihre von den Bürgern gewählten Organe und im Rahmen der Gesetze durch die Bürger unmittelbar. Sie fördert das gesellschaftliche Zusammenleben ihrer Einwohner".*
11 Zu den Rechten der Vereinsmitglieder vgl. etwa *Waldner/Wörle-Himmel*, in: Sauter/Schweyer/Waldner, Der eingetragene Verein, 19. Aufl. (2010), Rn. 335 ff.
12 Art. 87 Abs. 1 Verf LSA definiert sogar den Begriff „Kommune" als „Gemeinden und Landkreise".

2. Kreisfreie Städte bzw. Stadtkreise

10 Als kreisfreie Stadt oder Stadtkreis werden kommunale Gebietskörperschaften bezeichnet, die aufgrund ihrer Größe und/oder aus historischen Gründen in keinen Kreis eingegliedert sind und deshalb sämtliche (prinzipiell überörtlichen) Aufgaben, die normalerweise der Kreis erledigen würde, mit übernehmen. In Bundesländern mit dualistischem Aufgabensystem (näher Teil 2 § 2 I.) kommen noch diejenigen Aufgaben hinzu, die normalerweise das Landratsamt als Staatsbehörde erledigt.

11 Verwendung findet für derartige Kommunen sowohl der Begriff „kreisfreie Stadt" (in Bayern, Brandenburg, Niedersachsen, Nordrhein-Westfalen, Rheinland-Pfalz, Saarland, Sachsen, Sachsen-Anhalt, Schleswig-Holstein und Thüringen) als auch der Begriff „Stadtkreis" (in Baden-Württemberg). Als spezielle Variante kommunaler Gebietskörperschaften auf der örtlichen Ebene existieren auch kreisfreie Städte bzw. Stadtkreise in allen Flächen-Bundesländern. In Hessen besteht die Besonderheit, dass die kreisfreien Städte (Darmstadt, Frankfurt am Main, Kassel, Offenbach und Wiesbaden) nicht in der Gemeindeordnung erwähnt werden[13]. Ähnlich ist die Rechtslage in Mecklenburg-Vorpommern; auch dort existieren mit Rostock und Schwerin zwei kreisfreie Städte.

3. Sonstige kommunale Gebietskörperschaften

12 Neben (kreisangehöriger) Gemeinde, (Land-)Kreis und kreisfreier Stadt bzw. Stadtkreis existieren verschiedene andere Varianten kommunaler Gebietskörperschaften. Die Terminologie ist heterogen, das Grundprinzip hinter der Schaffung dieser Kommunen jedoch allen Ländern gemeinsam:

a) Oberhalb der Kreisebene

13 Zum einen existieren in Bayern (in Form von Oberfranken, Unterfranken, Mittelfranken, Schwaben, Oberbayern, Niederbayern und der Oberpfalz) und Rheinland-Pfalz (in Form des Bezirksverbands Pfalz) kommunale Gebietskörperschaften noch oberhalb der Kreisebene[14]. Sie werden als Bezirke bezeichnet und sind für die Erfüllung derjenigen kommunalen Aufgaben zuständig, die die Leistungsfähigkeit eines (Land-)Kreises übersteigen. Nicht verwechselt werden dürfen derartige (kommunale) Bezirke mit Regierungsbezirken, die von Regierungspräsidien (in Bayern: Regierungen) verwaltet werden. Bei letzteren handelt es sich nicht um kommunale Gebietskörperschaften, sondern um bloße Untergliederungen der unmittelbaren staatlichen Verwaltung. Regierungspräsidien haben im Kommunalrecht dennoch Bedeutung, weil sie regelmäßig für die Staatsaufsicht über die (Land-)Kreise und die kreisfreien Städte bzw. Stadtkreise zuständig sind (näher zur Kommunalaufsicht s. u. § 10).

b) Unterhalb der Kreisebene

14 Zum anderen gibt es in fast allen Flächen-Bundesländern – eine Ausnahme bildet Sachsen-Anhalt – kreisangehörige Gemeinden, denen einzelne Aufgaben zugewiesen sind, die normalerweise der (Land-)Kreis oder der Staat zu erledigen hätte. Sie werden Große Kreisstädte (in Bayern, Baden-Württemberg und Sachsen) oder große kreisangehöri-

---

13 § 146a HGO, der eine Regelung zu kreisfreien Städten enthielt, wurde aufgehoben.
14 Dass solche kommunalen Gebietskörperschaften gerade in diesen beiden Bundesländern existieren rührt daher, dass die Pfalz von 1816 bis 1945 zu Bayern gehörte; so i. E. auch *Th. I. Schmidt*, KomR, Rn. 208.

§ 1 Einführung und Begriffsklärungen

ge Städte (in Brandenburg, Mecklenburg-Vorpommern, Rheinland-Pfalz und Thüringen) genannt. Teilweise wird – nach Einwohnerzahl und Umfang der zusätzlich zu den Aufgaben kreisangehöriger Gemeinden übertragenen Befugnisse – noch weiter differenziert zwischen großen und mittleren kreisangehörigen Gemeinden/Städten (in Brandenburg und Nordrhein-Westfalen). Niedersachsen verwendet die Bezeichnungen „selbständige Gemeinden" und „große selbständige Städte"; das Saarländische Kommunalselbstverwaltungsgesetz spricht von Mittelstädten. Die Rechtslage nach der Hessischen Gemeindeordnung ist jedenfalls insoweit ein Sonderfall als dort zwar vorgesehen ist, dass Städten mit mehr als 50.000 Einwohnern durch Gesetz weitere Aufgaben übertragen werden können. Eine eigene Bezeichnung für diese Städte existiert im Gesetz jedoch nicht. Sie werden meist „Sonderstatus-Städte" genannt[15]. Kreisangehörige Gemeinden mit einem besonderen rechtlichen Status sind auch die Modellkommunen in Bayern[16] und Niedersachsen[17], für die gesetzlich Erleichterungen bei der kommunalen Zusammenarbeit vorgesehen sind.

c) Ämter, Regionen u.Ä.

Keine eigenständige Kategorie kommunaler *Gebiets*körperschaften bilden die Ämter, wie sie in Brandenburg[18], Mecklenburg-Vorpommern[19] und Schleswig-Holstein[20] existieren. Ämter erledigen einzelne Verwaltungsaufgaben für ihre Mitgliedsgemeinden (kreisangehörige, kleinere Gemeinden), sind also Formen kommunaler Zusammenarbeit bzw. kommunale *Personal*körperschaften[21]. Ähnliches gilt für die niedersächsischen Samtgemeinden[22].

15

Teils zu den kommunalen Gebiets-, teils zu den Personalkörperschaften gehören auch die sog. Regionen bzw. Stadt-Umland-Verbände[23]. Bei ihnen handelt es sich um meist durch Gesetz geschaffene Gemeindeverbände. Beispiele sind:

16

- die Region Hannover[24], die in § 3 NKomVG als Gebietskörperschaft definiert wird,
- die Region Stuttgart[25], die nur einzelne regionalbedeutsame Aufgaben der an ihr beteiligten Kommunen, insbesondere Planungsaufgaben, übernimmt,
- der Stadtverband Saarbrücken[26], der in § 194 Abs. 3 S. 1 KSVGebenfalls zur Gebietskörperschaft erklärt wird, sowie

---

15 Vgl. etwa VG Gießen, NVwZ-RR 2002, 862; *Schmidt/Kneip*, Hessische Gemeindeordnung, 2. Aufl. (2008), § 4a.
16 Gesetz vom 10.4.2007 (BayGVBl. 2007, S. 271 ff.).
17 Gesetz vom 8.12.2005 (NdsGVBl. 2005, S. 386 ff.).
18 §§ 133 ff. KV Bbg.
19 §§ 125 ff. KVMV.
20 §§ 1 ff. AO SH.
21 A. A. wohl *Th. I. Schmidt*, KomR, Rn. 174 und 211. Die einschlägigen landesrechtlichen Regelungen bezeichnen die Ämter zu Recht nicht als Gebietskörperschaften, sondern lediglich als Körperschaften und Gemeindeverbände (vgl. etwa § 133 Abs. 1 KV Bbg.).
22 Vgl. § 2 Abs. 3 NKomVG: „Die Samtgemeinden sind Gemeindeverbände" im Gegensatz zu § 2 Abs. 1 NKomVG, der Gemeinden als Gebietskörperschaften bezeichnet, und zu § 3 Abs. 1 NKomVG, wonach nur die Landkreise und die Region Hannover Gemeindeverbände *und* Gebietskörperschaften sind.
23 Letzterer Begriff nach *Th. I. Schmidt*, KomR, Rn. 209.
24 §§ 3, 159 ff. NKomVG.
25 Vgl. das „Gesetz über die Errichtung des Verbands Region Stuttgart (GVRS)", BWGBl. 1994, S. 92, zuletzt geändert durch Gesetz vom 4.5.2009 (BWGBl. 2009, S. 185).
26 §§ 194 ff. KSVG.

- die Metropolregion Frankfurt/Rhein-Main[27], die ähnlich wie die Region Stuttgart kommunale Personalkörperschaft ist und Aufgaben im Bereich Planung, Wirtschaft und Kultur erfüllt.

4. Sonderfall Stadtstaaten

17 Die Stadtstaaten Bremen, Hamburg und Berlin stellen deshalb einen Sonderfall im Kommunalrecht dar, weil sie zugleich Städte und Bundesländer sind, wobei die letztere Eigenschaft die erstere meist völlig in den Hintergrund drängt. Verfassungsprozessual betrachtet, können die Stadtstaaten regelmäßig nicht Kommunalverfassungsbeschwerde nach Art. 93 I Nr. 4b GG erheben, wohl aber Antragsteller im Bund-Länder-Streit nach Art. 93 I Nr. 3 GG sein. Daraus folgt jedoch nicht, dass in Berlin, Hamburg und Bremen keinerlei kommunalrechtliche Strukturen und Regelungen existieren würden. So wird in Art. 143 BremVerf die Freie Hansestadt Bremen als Staat, zugleich aber als „Gemeindeverband höherer Ordnung", der sich aus den Gemeinden Bremen und Bremerhaven zusammensetzt, definiert.In Bremerhaven existiert mit der „Verfassung für die Stadt Bremerhaven" eine eigenständige (einer Gemeindeordnung vergleichbare) kommunalrechtliche Regelung. In Berlin und Hamburg sind mit den Bezirksverwaltungsgesetzen ebenfalls kommunalrechtliche Regelungen vorhanden. Die (Stadt-)Bezirke nehmen hier in etwa die Rolle von Gemeinden ein, haben jedoch in Berlin keine eigene Rechtspersönlichkeit (§ 2 I BzVwGBln). In Hamburg reichen die Aufsicht und das Weisungsrecht des Senats gegenüber den Bezirken nach §§ 42 ff. HbgBezV weiter als die Rechte des Staates gegenüber Gemeinden in anderen Bundesländern.

IV. Historische Entwicklung im Überblick

18 Wollte man die Geschichte der Städte und Gemeinden auch nur annähernd vollständig untersuchen, müsste man weit zurückgreifen und im Grunde bei der griechischen Polis ansetzen. Auch die Rolle der Städte im Mittelalter und der frühen Neuzeit, insbesondere diejenige der – vielfach noch als Römerstädte gegründeten – freien und Reichsstädte (z.B. Augsburg, Köln, Frankfurt am Main und Ulm) sowie der Hansestädte (z.B. Bremen, Hamburg, Lübeck, Wismar und Stralsund) wäre zu beleuchten. Das Werden des Staatswesens und dasjenige der Städte/Gemeinde fallen historisch allerdings zum einen in erheblichem Umfang zusammen, so dass sich Staatsverwaltung und kommunale Selbstverwaltung, häufig schwer voneinander trennen lassen[28]. Zum anderen wurde in der Zeit zwischen dem Ende des Dreißigjährigen Krieg und dem Beginn des neunzehnten Jahrhunderts die rechtliche Eigenständigkeit der Kommunen außerdem so weit zurückgedrängt, dass sich eine Verbindungslinie zwischen Entwicklungen vor dieser Zeit und der heutigen Situation historisch überzeugend kaum ziehen lässt[29]. Aus diesem Grund soll es an dieser Stelle lediglich darum gehen, einen Überblick über Eckpunkte der Geschichte von Kommunen und Kommunalrecht in Deutschland seit dem neunzehnten Jahrhundert zu geben[30]:

---

27 Vgl. das „Gesetz über die Metropolregion Frankfurt/Rhein-Main (MetropolG)" vom 8.3.2011, HessGVBl. II, 330.
28 Zum Zusammenhang beider Entwicklungen *Haack*, JöR 57 (2009), 301 ff.
29 So i. E. auch *Burgi*, KomR, § 3 Rn. 3.
30 Vertiefend u. a. *Geis*, KomR, § 2; *Gern*, Deutsches Kommunalrecht, 3. Aufl. (2003), S. 27 ff.

§ 1 Einführung und Begriffsklärungen

1. Das neunzehnte Jahrhundert

Prägend für die Rechtsstellung der Städte und Gemeinden in dieser Zeit war die preußische Städteordnung von 1808. Sie war Teil der v. a. von den preußischen Staatsministern Karl Reichsfreiherr vom und zum Stein und Karl August Graf von Hardenberg ausgearbeiteten preußischen Reformen, mit denen im Wege einer „Revolution von oben" versucht wurde, das Staatswesen in Preußen nach der Niederlage gegen Napoleon in der Schlacht von Jena und Auerstedt (1806) wieder zu errichten[31]. Die preußische Städteordnung kann insoweit als Vorläufer der heutigen Gemeindeordnungen angesehen werden, als sie in § 108 erstmals den Gemeinden das Recht einräumte, ihre Angelegenheiten in eigener Verantwortung und im eigenen Namen zu erledigen[32]. Dadurch sollte der Bürgersinn gestärkt werden. Die in der Städteordnung vorgegebene Organstruktur (von den Bürgern gewählte Stadtverordnetenversammlung als Beschlussorgan, von dieser gewählter Magistrat als ausführendes Organ; beide kollegial strukturiert) hat sich bis heute zumindest in Hessen erhalten. Ebenso ist die bereits mit der Städteordnung begründete Zuständigkeit des Magistrats für laufende Angelegenheiten ein auch heute noch typisches Element der innergemeindlichen Kompetenzverteilung. Bemerkenswert ist ferner, dass das Polizeiwesen (im Sinne des wohlfahrtsstaatlichen Begriffs der „guten Polizey", der letztlich die gesamte innere Verwaltung umfasste[33]) vollständig in staatlicher Hand blieb und so bereits in der damaligen Zeit die heutige Trennung zwischen eigenem (örtlichen) Wirkungskreis und übertragenem (ursprünglich staatlichen) Wirkungskreis angelegt wurde[34].

19

Andererseits war die preußische Gesellschaft noch deutlich ständisch geprägt und erst Bürger ab einer bestimmten Einkommensschwelle waren stimmberechtigt. Schon dies spricht dagegen, die Städteordnung in eine Reihe mit heutigen (egalitär) demokratischen Gemeindeordnungen zu stellen. In ihrer revidierten Fassung von 1831 wurde in der Städteordnung die gemeindliche Selbstverwaltung außerdem dadurch zurückgedrängt, dass Kompetenzen von der Stadtverordnetenversammlung auf den Magistrat verlagert wurden und der Staat bei Uneinigkeit der kommunalen Organe ein Letztentscheidungsrecht erhielt. Auch die preußische Gemeindeordnung von 1850 brachte – obschon sie explizit den Begriff „Selbstverwaltung" verwendete – keine Hinwendung zu demokratischen Strukturen. Insbesondere wurden die Ungleichheiten im Wahlrecht durch das sog. Drei-Klassen-Wahlrecht noch verfestigt[35].

20

Die Paulskirchenverfassung von 1848/49 sprach in § 184 das Selbstverwaltungsrecht der Gemeinden ausdrücklich an, ordnete es jedoch bei den Grundrechten ein. Dies stand zwar schon damals im Gegensatz zur Rechtspraxis, die die Gemeinden als Verwaltungseinheiten, nicht als Grundrechtsträger begriff[36]. Auch die Weimarer Reichsverfassung von 1919 nahm jedoch eine ähnliche Verortung vor. Der Streit um die rechtsdogmatische Einordnung der kommunalen Selbstverwaltung dauert– zumindest im Landesverfassungsrecht[37] – bis heute an.

21

---

31 von Unruh, in: Mann/Püttner (Hrsg.), HKWP, Bd. 1, 3. Aufl. 2007 § 4 Rn. 1 ff.; Th. I. Schmidt, KomR, § 2 Rn. 21 ff.
32 Burgi, KomR § 3 Rn. 6; Geis, KomR, § 2 Rn. 18.
33 Statt vieler Thiel, Polizei- und Ordnungsrecht, § 2.
34 So auch Burgi, KomR, § 3 Rn. 6.
35 Burgi, KomR, § 3 Rn. 10; Geis, KomR, § 2 Rn. 19.
36 Th. I. Schmidt, KomR, § 2 Rn. 27 f.
37 Vgl. etwa die Rechtsprechung des BayVerfGH, die Art. 11 Abs. 2 BV als „grundrechtsähnliches Recht" interpretiert (BayVerfGHE 29, 105 (122 ff.); 36, 15 (18); 60, 30 (34) und st.Rspr.). Näher hierzu F. Wollenschläger, in: Meder/Brechmann, BV, Art. 11 Rn. 14.

22 Demgegenüber erwähnte die Verfassung des Deutschen Reiches von 1871 die kommunale Selbstverwaltung nicht und überließ diesen Bereich den Ländern. Konsequenz war eine weitgehende Zersplitterung des Kommunalrechts: In Preußen galt für die sechs östlichen Provinzen die Städteordnung von 1853, während in den übrigen Landesteilen die Gemeindeordnung von 1850 fort galt. Bayern, wo die Gemeinden 1808 auf Veranlassung des Ministers Maximilian Joseph Graf von Montgelas zunächst unter staatliche Kuratel gestellt worden waren, hatte bereits 1818 eine durchaus liberale Gemeindeordnung erlassen. Dort existierte anstelle des Magistrats allerdings ein Bürgermeister bzw. ein Maire nach französischem Vorbild, der vom Staat eingesetzt wurde[38]. Mit der Neufassung der Gemeindeordnung von 1869 wurde die kommunale Selbstverwaltung weiter gestärkt und den Gemeinden auch polizeiliche Aufgaben anvertraut. Allerdings bestand das Selbstverwaltungsrecht in Bayern nur nach Maßgabe der Gesetze. In anderen Staaten des deutschen Bundes verlief die Entwicklung der Gemeinden von unteren staatlichen Verwaltungsbehörden zu Selbstverwaltungskörperschaften ähnlich. So wurde etwa in Baden mit der Gemeindeordnung von 1831 die Selbstverwaltung eingeführt.

23 Auch in der Rechtsphilosophie und -theorie der damaligen Zeit war das Verhältnis zwischen Staat und Kommunen ein Thema, insbesondere bei *Rudolf von Gneist* (1816–1895), *Lorenz von Stein* (1815–1890) und *Otto von Gierke* (1841–1921). Von Gneist orientierte sich dabei stark an der englischen Idee des „local government" und betonte die Bedeutung des Ehrenamts, sah aber die Gemeinden als Teile des Staates an. Im Gegensatz dazu ordnete von Stein die Gemeinden als Teile der Gesellschaft ein und stellte deren sozialstaatliche Funktion in den Vordergrund. Von Gierkes Vorstellung von den Gemeinden als genossenschaftlichen Verbänden kommt der heutigen Idee der kommunalen Gebietskörperschaften, als einem mitgliedschaftlich strukturierten Verband von Bürgern wohl am nächsten.

2. Weimarer Republik

24 In der Weimarer Reichsverfassung fand die kommunale Selbstverwaltung, wie bereits erwähnt, Aufnahme in den Grundrechtsteil. Art. 127 WRV lautete „Gemeinden und Gemeindeverbände haben das Recht der Selbstverwaltung innerhalb der Schranken der Gesetze". Diese, vorwiegend als institutionelle Garantie interpretierte[39] Regelung stand derjenigen des Art. 28 Abs. 2 GG also insoweit nach, als sie den Gemeinden keine Allzuständigkeit für die örtlichen Angelegenheiten gewährte, sondern sie mit den Gemeindeverbänden gleichstellte. Die Auslegung des Selbstverwaltungsrechts primär als institutionelle Garantie entsprach der damals herrschenden Grundrechtsdogmatik. Das subjektivrechtliche Verständnis der Grundrechte (auch als Rechte gegen den Gesetzgeber) setzte sich erst Anfang der Dreißigerjahre durch[40].

25 In Art. 17 Abs. 2 enthielt die WRV eine weitere für das Kommunalrecht relevante Regelung. Dort wurde – ähnlich wie heute in Art. 28 Abs. 1 S. 2 GG – festgelegt, dass auch bei Kommunalwahlen die Grundsätze für die Reichstagswahl anzuwenden sind, die Wahlen also frei, gleich, geheim und unmittelbar sein müssen.

---

38 *Geis*, KomR, § 3 Rn. 21.
39 *Rudloff*, in: Mann/Püttner (Hrsg.), HKWP, Bd. 1, 3. Aufl. 2007, § 6 Rn. 4 ff.; *Geis*, KomR, § 3 Rn. 26 m.w.N.
40 Näher etwa *H. Dreier*, in: D. Merten/H.-J. Papier (Hrsg.), Handbuch der Grundrechte, Bd. 1, 2004, § 4 Rn. 38 ff.

§ 1 Einführung und Begriffsklärungen

Eine Vereinheitlichung des Kommunalrechts auf der Ebene des einfachen Rechts wurde in der Weimarer Zeit zwar angestrebt, gelang aber letztlich nicht. Insbesondere der mangels Bundeskompetenz unverbindliche Entwurf einer Reichsstädteordnung fand kaum Resonanz[41].

3. Nationalsozialismus

Der Nationalsozialismus errichtete seinen totalitären Führerstaat durch die Politik der Gleichschaltung insbesondere aller föderalen Verwaltungsstrukturen[42]. Dabei machte das Regime auch vor den Gemeinden nicht Halt und schuf im Mai 1933 zunächst den Deutschen Gemeindetag, in dem die kommunalen Spitzenverbände der Länder zusammengeschlossen wurden und der von einem NSDAP-Mitglied geleitet wurde.

Bereits im Dezember desselben Jahres wurde in Preußen das Gemeindeverfassungsgesetz eingeführt, nach dem die Bürgermeister und Gemeinderäte nicht mehr gewählt, sondern im Benehmen mit dem von der NSDAP eingesetzten Gauleiter bestellt wurden[43].

Durch den Erlass der Deutschen Gemeindeordnung (DGO) 1935, der das preußische Gemeindeverfassungsgesetz als Vorbild diente, wurde die kommunale Selbstverwaltung dann, obwohl das Selbstverwaltungsrecht formal noch Teil der Gemeindeordnung war (§ 1 Abs. 2 S. 2 DGO), de facto vollständig abgeschafft und die Gemeinden auf die „Ziele der Staatsführung" verpflichtet (§ 1 Abs. 2 S. 3 DGO). Die Entscheidungsbefugnisse wurden von den Gemeinderäten vollständig auf die Bürgermeister verlagert. Zusätzlich hatten die Gauleiter die bereits erwähnten Mitwirkungsbefugnisse bei der Binnenorganisation der Gemeinden (z.B. Ernennung der Gemeinderäte nach § 48 Abs. 2 DGO) und sollten dafür sorgen, dass die Vorstellungen der NSDAP auch in den Gemeinden vollständig umgesetzt werden. Für die Staatsaufsicht war in § 106 DGO keinerlei Beschränkung vorgesehen. Die nationalsozialistische Staatsführung war gegen ein Handeln der Gemeinden, das ihr nicht ausreichend linientreu erschien, also in doppelter Weise gesichert. Die DGO enthielt andererseits auch durchaus fortschrittliche Bestimmungen (z.B. im Gemeindewirtschaftrecht, wo bereits eine Subsidiaritätsklausel zugunsten der Privatwirtschaft enthalten war).

4. Bundesrepublik bis zur Wiedervereinigung

In der Zeit nach dem Ende des Zweiten Weltkrieges wurde zunächst versucht, die kommunale Selbstverwaltung in den westlichen Besatzungszonen wieder aufzubauen. Ziel war es, Westdeutschland den Weg in die Demokratie zu ebnen, indem diese quasi von unten nach oben wieder errichtet wurde[44]. Die Dezentralisierung schien außerdem ein probates Mittel, um die von einem erneuten Erstarken eines deutschen Zentralstaats ausgehenden Gefahren für den Frieden in Europa effektiv zu bekämpfen. Vorbild beim Wiederaufbau der deutschen Kommunalverwaltung waren zum einen die bis 1933 vorhandenen Strukturen und neuere Entwürfe, die die wieder gegründeten

---

41 *Rudloff*, in: Mann/Püttner (Hrsg.), HKWP, Bd. 1, 3. Aufl. 2007, § 6 Rn. 10; *Geis*, KomR, § 2 Rn. 27.
42 Zur Gleichschaltungspolitik der Nationalsozialisten statt vieler *Mau/H. Krausnick*, Deutsche Geschichte der jüngsten Vergangenheit 1933-1945, 1956, S. 39 ff.
43 *Geis*, KomR, § 2 Rn. 28.
44 Vgl. hierzu erneut die Formulierung in Art. 11 Abs. 4 der bereits Ende 1946 neu erlassenen Bayerischen Verfassung: „Die Selbstverwaltung der Gemeinden dient dem Aufbau der Demokratie in Bayern von unten nach oben".

kommunalen Spitzenverbände zusammen mit den Innenministern der Bundesländer erarbeitet hatten wie etwa der Weinheimer Entwurf von 1948[45]. Zum anderen galten auch nach Inkrafttreten des Grundgesetzes gemäß dessen Art. 123 Abs. 1 die eher rechtstechnischen (ideologieneutralen und damit grundgesetzkonformen) Regelungen der DGO fort. Art. 30, 70 ff. GG bestätigten allerdings die Landeskompetenz für das Kommunalrecht und in den Ländern der – mit Inkrafttreten des Grundgesetzes formell aufgelösten – drei Besatzungszonen kam es nach und nach zur Entstehung von Kommunalgesetzen mit unterschiedlichen Systemen der Binnenorganisation, die anstelle der DGO traten:

31 Die Länder der ehemals amerikanischen Besatzungszone (Bayern, Württemberg-Baden und Hessen) führten die sog. süddeutsche Ratsverfassung ein, nach der sowohl der Gemeinderat als auch der Bürgermeister direkt von den Gemeindebürgern gewählt wurde.

32 Demgegenüber wurde in der früheren britischen Besatzungszone zumindest in Nordrhein-Westfalen und Niedersachsen die sog. norddeutsche Ratsverfassung etabliert. Dieses Modell zeichnete sich dadurch aus, dass der Rat im Grunde das einzige Gemeindeorgan mit echten Handlungsbefugnissen war, während dem (vom Rat gewählten) Bürgermeister neben dem Vorsitz im Gemeinderat primär repräsentative Funktionen zukamen. Vollzogen wurden die Ratsbeschlüsse nach der norddeutschen Ratsverfassung nicht vom Bürgermeister, sondern von einem Verwaltungsbeamten, dem sog. Stadtdirektor.

33 Einen wiederum anderen Weg gingen Bremen und Schleswig-Holstein. Dort wurde die Magistratsverfassung eingeführt, nach der die Gemeinde – ähnlich dem System der Preußischen Städteordnung – durch zwei Organe verwaltet wird, den Gemeinderat als Beschlussorgan (mit einem aus dessen Mitte gewählten Vorsitzenden) und den Magistrat als Ausführungsorgan (bestehend aus dem Bürgermeister und seinen Stellvertretern, den Beigeordneten). Der Unterschied zur süddeutschen Ratsverfassung besteht hier also vor allem darin, dass die „Gewalten" der Gemeinde strikter voneinander getrennt sind, weil Bürgermeister und Gemeinderatsvorsitzender personell verschieden sein müssen. Hessen änderte 1952 seine Gemeindeordnung ebenfalls in Richtung der Magistratsverfassung.

34 In den Ländern der ehemals französischen Besatzungszone (Baden, Rheinland-Pfalz und Württemberg-Hohenzollern) und im Saarland war die Lage eher uneinheitlich. Rheinland-Pfalz und nach seinem Beitritt zum Bundesgebiet auch das Saarland führten die sog. Rheinische Bürgermeisterverfassung, eine Variante der süddeutschen Ratsverfassung ein, die sich dadurch auszeichnete, dass der Bürgermeister nicht vom Volk, sondern durch den Gemeinderat (also indirekt) gewählt wurde. Baden und Württemberg-Hohenzollern übernahmen nach ihrer Vereinigung mit Württemberg-Baden zum Land Baden-Württemberg das herkömmliche Modell der süddeutschen Ratsverfassung.

35 Die 1970er Jahre waren in der Bundesrepublik durch umfassende Gebietsreformen geprägt, bei denen die Gesamtzahl der kreisangehörigen Gemeinden auf etwa ein Drittel des bisherigen Bestandes reduziert und diejenige der Landkreise ungefähr halbiert wurde. Dadurch sollten leistungs- und wirtschaftlich überlebensfähigere Verwaltungseinheiten geschaffen werden, was allerdings vielfach zu Widerständen unter den betroffe-

---

45 *Th. I. Schmidt*, KomR, § 2 Rn. 45; *Tettinger/Erbguth/Mann*, BesVerwR, Rn. 5.

nen Gemeindebürgern führte[46]. In der Folgezeit verlief die Entwicklung der Kommunen und des Kommunalrechts in der Bundesrepublik eher ruhig, die Kommunalverfassungssysteme begannen jedoch zunehmend sich an einander anzunähern, indem insbesondere die meisten Länder des norddeutschen, des rheinischen und des Magistratsmodells die Direktwahl der Bürgermeisters einführten. Standardmodell für die kommunale Binnenorganisation wurde somit zunehmend die süddeutsche Ratsverfassung.

5. DDR

Bereits 1946 fanden in der sowjetischen Besatzungszone Kommunalwahlen statt. Nachdem diese jedoch nicht die von der Besatzungsmacht erstrebte, klare Mehrheit für die aus KPD und SPD zwangsvereinigte SED brachten, blieben sie bis zur Wiedervereinigung die einzigen ihrer Art. Die Rechtsstellung der Gemeinden in der DDR war im Übrigen für einige Zeit in etwa mit derjenigen im Nationalsozialismus vergleichbar, d. h. es existierte formal gesehen kommunale Selbstverwaltung, eine Abweichung von den Vorgaben der SED für Politik und Verwaltung war den Gemeinden jedoch de facto unmöglich[47]. 36

1952 wurden dann die Länder der DDR aufgelöst und in den Folgejahren die Gemeinden, Landkreise und Bezirke von (zumindest theoretisch) autonomen Gebietskörperschaften zu staatlichen Untergliederungen mit örtlichen Volksvertretungen als de facto obersten Organen umgewandelt. Die örtlichen Volksvertretungen waren für die Kommunalaufsicht umfassend zuständig und standen ihrerseits unter vollständiger Kontrolle der Volkskammer. 1957 erging ergänzend das Gesetz über die örtlichen Organe der Staatsmacht, das den Kommunen die ihnen noch verbliebene Möglichkeit nahm, zumindest die Organe, die die Beschlüsse der örtlichen Volksvertretungen auszuführen hatten (Gemeinderäte und Kreistage), zu bestimmen. Die Wahl dieser Organe wurde den örtlichen Volksvertretungen übertragen. Durch Änderungen der DDR-Verfassung von 1968 und 1974 wurde die Beseitigung kommunaler Selbstverwaltung auch auf der Verfassungsebene nachvollzogen. 37

Am 17. Mai 1990 wurde von der erstmals frei gewählten Volkskammer mit dem „Gesetz über die Selbstverwaltung der Gemeinden und Landkreise in der Deutschen Demokratischen Republik"[48] die kommunale Selbstverwaltung nach dem Vorbild des Art. 28 Abs. 2 GG und der Europäischen Charta der Kommunalen Selbstverwaltung (zu ihr s. u. Teil 1 § 4 III.) wieder eingeführt. Dieses Gesetz galt bis zum Inkrafttreten von Kommunalgesetzen in den neuen Bundesländern nach der Wiedervereinigung. 38

6. Entwicklung seit der Wiedervereinigung

Wie bereits angedeutet entstanden nach der Wiedervereinigung zunächst in den neuen Bundesländern Kommunalgesetze. Die Länder orientierten sich dabei an westdeutschen Partnerländern: Brandenburg an Nordrhein-Westfalen, Mecklenburg-Vorpommern an Niedersachsen und Schleswig-Holstein, Sachsen und Sachsen-Anhalt an Baden-Württemberg sowie Thüringen an Bayern. 39

Spätestens seit den 1990er Jahren glichen sich außerdem die Kommunalverfassungssysteme aller Bundesländer endgültig weitgehend aneinander an, so dass sich mittler- 40

---

46 Näher *Geis*, KomR, § 2 Rn. 36 f.
47 *Burgi*, KomR, § 4 Rn. 26.
48 *Geis*, KomR, § 2 Rn. 41.

weile in allen Ländern bis auf Hessen das System der süddeutschen Ratsverfassung durchgesetzt hat. In Hessen existiert formal noch die Magistratsverfassung, der Bürgermeister wird allerding auch dort direkt gewählt[49].

41 Im etwa gleichen Zeitraum wurde in die Landesverfassungen als Reaktion auf den Zuwachs an kommunalen Aufgaben trotz allgemein schlechter Finanzlage der Kommunen das sog. Konnexitätsprinzip aufgenommen. Danach dürfen den Kommunen nur dann neue Aufgaben übertragen oder bestehende Aufgaben erweitert werden, wenn die Finanzierung sichergestellt ist. Zusätzliche Unterstützung fand dieser Ansatz, der drohenden (wirtschaftlichen und kompetentiellen) Überforderung der Kommunen Herr zu werden, auf der Bundesebene. Im Zuge der Föderalismusreform I 2006 wurde es dem Bund untersagt, Aufgaben direkt an Gemeinden und Gemeindeverbände zu übertragen (Art. 84 Abs. 1 S. 7, 85 Abs. 1 S. 2 GG). Eine mittelbare Aufgabenübertragung (vom Bund auf die Länder und von diesen auf die Kommunen) bleibt möglich, ist jedoch an das landesverfassungsrechtliche Konnexitätsprinzip gebunden[50]. Durch die Föderalismusreform II wurde insbesondere in Art. 109 Abs. 3 GG und 115 GG die sog. Schuldenbremse aufgenommen, eine Verpflichtung für Bund und Länder, ihre Haushalte künftig in aller Regel ohne Kreditaufnahmen auszugleichen. Soweit dadurch eine übermäßige Verschuldung von Bund und Ländern effektiv verhindert werden kann, sichert dies auch den finanziellen Rückhalt der Kommunen.

42 Für intensive Diskussionen seit Ende der 1990er Jahre sorgt das von der Kommunalen Gemeinschaftsstelle für Verwaltungsmanagement (KGSt), einer von den deutschen Kommunen gemeinsam getragenen und schon 1949 gegründeten Beratungseinrichtung, entwickelte sog. Neue Steuerungsmodell (NSM). Ziel dieses Modells ist es, die Verwaltung von Gemeinden und Kreisen durch Dezentralisierung bürgernäher, flexibler und v. a. wirtschaftlicher zu machen[51]. Die Beziehungen zwischen Politik und Verwaltung werden vorrangig vertraglich durch Zielvereinbarungen und Controlling anstatt wie bisher überwiegend hierarchisch geordnet. Politische Steuerungsimpulse sollen sich primär am „output" bzw. an den Leistungen der Verwaltung orientieren. Im kommunalen Haushalts- und Finanzrecht wird durch Einführung von Globalhaushalten für einzelne Abteilungen die Ressourcenverantwortung dezentralisiert und die Haushaltsführung von der Kameralistik auf die Doppik umgestellt. Das NSM oder zumindest einige seiner Elemente wird mittlerweile in einer Vielzahl von Kommunen praktiziert. Insbesondere die stark betriebswirtschaftliche Ausrichtung des Modells schafft allerdings auch Probleme (z.B. Wie lassen sich die Produkte der Verwaltung definieren und wie lässt sich ihre Qualität messen). Deshalb fällt die Bewertung des NSM in der politik- und verwaltungswissenschaftlichen Literatur durchaus kritisch aus[52].

43 Aktuell stehen die Kommunen – wie bereits angedeutet – insbesondere vor wirtschaftlichen Problemen. Diese haben sich durch die Banken- und Finanzkrise der letzten Jahre, die auch die Kapitalanlagen von Gemeinden und Kreisen erheblich betroffen hat, noch gesteigert. Aus diesen wirtschaftlichen wie auch aus kommunalpolitischen Grün-

---

49 Näher zu den dogmatischen Unterschieden der Kommunalverfassungssysteme s. u. Teil 2 § 4 Rn. 3 f.
50 Näher dazu Teil 1 § 1 Rn. 47 und Teil 2 § 9 Rn. 19 ff.
51 Hierzu u. a.: KGSt-Bericht 5/1993, Das Neue Steuerungsmodell – Begründung, Konturen, Umsetzung; KGSt-Bericht Nr. 2/2007, Das Neue Steuerungsmodell: Bilanz der Umsetzung; *D. Budäus*, in: ders./P. Conrad/G. Schreyögg (Hrsg.), New Public Management, 1998, S. 1 ff.; *Geis*, KomR, § 2 Rn. 44; *Th. I. Schmidt*, KomR, Rn. 506 ff.
52 Vgl. etwa *J. Bogumil/St. Grohs/S. Kuhlmann/A. K. Ohm*, Zehn Jahre Neues Steuerungsmodell, 2007; *L. Holtkamp*, Das Scheitern des Neuen Steuerungsmodells, dms 2008, 423 ff.

den bleibt außerdem das vom NSM thematisierte Problem einer teilweise ineffizienten und zu bürgerfernen Kommunalverwaltung auf der Tagesordnung. Die Vorgänge um den Neubau des Stuttgarter Hauptbahnhofs (Stuttgart 21) vor allem in den Jahren 2010 bis 2012 haben deutlich gemacht, dass ein wichtiges Betätigungsfeld der Gemeinden zukünftig die Vermittlung zwischen von einer Planung betroffenen Einzelnen und den Planungsträgern sein wird. Die bisherigen gesetzlichen Regelungen scheinen teilweise defizitär zu sein[53], bedürfen aber jedenfalls einer konsequent bürgerfreundlichen Anwendung durch die Kommunen. Schließlich ist noch zu berücksichtigen, dass die Kommunen (wie das gesamte Staatswesen) zwei weiteren maßgeblichen Problemen ausgesetzt sind, der zunehmenden Europäisierung aller Rechtsbereiche und – noch schwerer zu bewältigen – dem demografischen Wandel in der Bevölkerungsstruktur.

V. Rechtsquellen des Kommunalrechts

Rechtsquellen des Kommunalrechts finden sich primär auf der nationalen, teilweise aber auch auf der europäischen und internationalen Ebene:

44

Hervorzuheben sind dabei zunächst die Bestimmungen des Grundgesetzes und der Landesverfassungen, die Kommunen explizit ansprechen, so kommunales Handeln verfassungsrechtlich ermöglichen und zugleich seine Grenzen abstecken. Die zentrale Norm ist Art. 28 Abs. 2 GG, der nicht nur (in S. 1) den Gemeinden das Selbstverwaltungsrecht garantiert, sondern sich auch an die „Gemeindeverbände" richtet, hier nicht verstanden als kommunale Personalkörperschaften, sondern als Kommunen oberhalb der Gemeindeebene (insbesondere Landkreise[54]). Art. 84 Abs. 1 S. 7 und 85 Abs. 1 S. 2 GG verbieten es – wie bereits erwähnt - dem Bund, Aufgaben auf Gemeinden und Gemeindeverbände zu übertragen und verhindern so, dass Kommunen ihren primären Funktionen für die örtliche und überörtliche Verwaltung faktisch dadurch zumindest teilweise beraubt werden, dass sie in großem Umfang als verlängerter Arm des Staates handeln müssen.

45

Auf der Ebene des Landesverfassungsrechts existieren zum einen Regelungen, die ähnlich wie Art. 28 Abs. 2 GG den Wirkungskreis von Gemeinden und überörtlichen kommunalen Gebietskörperschaften näher bestimmen[55]. Zumindest in der Bayerischen Verfassung wird dabei auch der Begriff der gemeindlichen Selbstverwaltung definiert, indem bestimmte Aufgaben aus dem Selbstverwaltungsbereich bzw. örtliche Aufgaben genannt werden[56]. Derartige Regelungen erleichtern die Zuordnung einer im konkreten Einzelfall wahrgenommenen Aufgabe zum eigenen oder übertragenen Wirkungskreis bzw. zu den Selbstverwaltungsaufgaben oder den Weisungsaufgaben. Zugleich werden damit die Grenzen abgesteckt, innerhalb derer der Staat die Aufgabenerfüllung beaufsichtigen darf (näher zur Staatsaufsicht über die Kommunen s. u. Teil 2 § 10). Andere Landesverfassungen erwähnen zwar einzelne Aufgabenbereiche der Kommu-

46

---

53 Hierzu *Th. Mann*, Großvorhaben als Herausforderung für den demokratischen Rechtsstaat, VVDStRL 2013, 544; *K. Waechter*, Großvorhaben als Herausforderung für den demokratischen Rechtsstaat, VVDStRL 2013, 499.
54 Näher zum Begriff „Gemeindeverbände" in Art. 28 Abs. 2 S. 1 GG s. u. Teil 1 § 3 II. 2.) b).
55 Art. 71 ff. BWLV; Art. 10 ff. BV; Art. 1 Abs. 2, Art. 97 ff. BbgVerf.; Art. 137 f. HV; Art. 3 Abs. 2, Art. 72 ff. LVMV; Art. 57 ff. NV; Art. 1 Abs. 1 S. 2, 3 Abs. 2, 78 f. Verf NRW; Art. 49 f. RPLV; Art. 64 S. 2, Art. 117 ff. SVerf.; Art. 82 ff. SächsVerf; Art. 87 ff. Verf LSA; Art. 46 ff. Verf SH; Art. 91 ff. ThürLV.
56 Art. 83 Abs. 1 BV.

nen, insbesondere im Bildungs- und Kulturbereich[57], klären jedoch nicht, um welchen Aufgabentyp es sich dabei handeln.

47 Ferner enthalten die meisten Landesverfassungen ein Konnexitätsprinzip, wonach Aufgabenübertragungen auf Kommunen durch Landesgesetz nur zulässig sind, wenn der Gesetzgeber zugleich Regelungen trifft, die die aus der zusätzlichen *Aufgaben*last meist notwendig folgende zusätzliche *Ausgaben*last kompensieren (näher s. o. Teil 1 § 1 IV. 6.))[58]. Dadurch wird die Fähigkeit der Kommunen, den ihnen primär zugewiesenen Aufgaben für die örtliche (Gemeinden) und überörtliche Gemeinschaft (Landkreise und andere überörtliche kommunale Gebietskörperschaften) auf Dauer nachgehen zu können, zusätzlich auf finanzieller Ebene abgesichert.

48 Verfassungsrechtlich liegt es im Übrigen auf der Hand, dass Kommunalrecht Landesrecht sein muss und ein Blick in Art. 70 Abs. 1 i. V. m. Art. 73 f. GG bestätigt diesen Befund. Die entsprechenden Parlamentsgesetze und Rechtsverordnungen der Länder gestalten die konkreten Handlungsmöglichkeiten der Kommunen, ihre innere Organisation, ihr Verhältnis zu ihren Bürgern sowie zur staatlichen Aufsicht detailliert aus. Hervorzuheben sind dabei insbesondere die Gemeindeordnungen und die (Land-)Kreisordnungen. Brandenburg, das Saarland, Mecklenburg-Vorpommern und Thüringen fassen Gemeinden, Kreise und z.T. noch weitere kommunale Körperschaften wie die niedersächsischen Samtgemeinden in einheitlichen Gesetzen, zusammen. Neben diesen grundlegenden Regelungen ist auf der Landesebene auch an Spezialgesetze im Kommunalbereich wie die Kommunalabgabengesetze, die Kommunalwahlgesetze, die Gesetze über die kommunale Zusammenarbeit, aber auch an die Sparkassengesetze zu denken[59].

49 Auf der europäischen und internationalen Ebene ist zunächst an die Charta der kommunalen Selbstverwaltung, einen völkerrechtlichen im Rahmen des Europarates geschlossenen Vertrag zu erinnern (näher s. u. Teil 1 § 4 III.). Auf der europäischen, genauer gesagt: EU-Ebene hat spätestens der Vertrag von Lissabon es mit Art. 4 Abs. 2 S. 1 EUV bewirkt, dass die Rolle der kommunalen Gebietskörperschaften im Unionsrecht explizite Erwähnung findet und die europäische Politik so intensiver als bisher für diese Thematik sensibilisiert wird. Das Europarecht überformt das Kommunalrecht allerdings dennoch nicht in gleichem Umfang wie es andere Rechtsbereiche überformt (näher s. u. Teil 1 § 4).

VI. Wiederholungs- und Vertiefungsfragen

50

1. Wodurch unterscheiden sich Kommunalrecht und Kommunalwissenschaft?
2. Definieren Sie den Begriff „kommunale Gebietskörperschaft".
3. Wodurch unterscheiden sich (kreisangehörige) Gemeinde, (Land-)Kreis und kreisfreie Stadt/Stadtkreis?
4. Gibt es auch kommunale Gebietskörperschaften zwischen kreisangehöriger Gemeinde und (Land-)Kreis?
5. Welche kommunalen Gebietskörperschaften existieren in Ihrem Bundesland?

---

57 Vgl. etwa Art. 3c, 11 Abs. 3, 22 BWLV; Art. 62, 62a HV; Art. 8 Abs. 3 S. 1, 17 S. 2, 18 Abs. 1–3 Verf NRW.
58 Art. 71 Abs. 3 BWLV; Art. 83 Abs. 3 BV; Art. 97 Abs. 3 BbgVerf; Art. 137 Abs. 6 HV; Art. 72 Abs. 3 LVMV; Art. 57 Abs. 4 NV; Art. 78 Abs. 3 Verf NRW; Art. 49 Abs. 5 RPLV; Art. 120 SVerf; Art. 84 Abs. 1 und 2 SächsVerf; Art. 87 Abs. 3 Verf LSA; Art. 49 Abs. 2 Verf SH; Art. 93 Abs. 1 S. 2 ThürLV.
59 Weitere Beispiele bei *Th. I. Schmidt*, KomR, Rn. 177 ff.

§ 1 Einführung und Begriffsklärungen

6. Wo enthält das Grundgesetz und wo enthält die Landesverfassung Ihres Bundeslandes Regelungen, die die Kommunen betreffen?

VII. Weiterführende Literatur

Bogumil/Holtkamp, Kommunalpolitik und Kommunalverwaltung. Eine policyorientierte Einführung, 2006; *Deutelmoser*, Die Rechtsstellung der Bezirke in den Stadtstaaten Berlin und Hamburg, 2000; *Dierksen/Freitag*, Die Kommunalverfassung der Stadt Bremerhaven, NordÖR 2000, 51; *Engeli/Haus*, Quellen zum modernen Gemeindeverfassungsrecht in Deutschland, 1975; *Heberlein*, Kommunale Deutschlandpolitik, NVwZ 1991, 531; *Heffter*, Die deutsche Selbstverwaltung im 19. Jahrhundert, 1950; *Jeserich/Pohl/von Unruh*, Deutsche Verwaltungsgeschichte, 1983; *Knemeyer (Hrsg.)*, Die Bayerische Gemeindeordnung 1808 bis 1945, 1994; *Kost*, Kommunalpolitik in den deutschen Ländern, 2003; *Löw*, Kommunalgesetzgebung im NS-Staat am Beispiel der DGO 1935, 1993; *Matzerath*, Nationalsozialismus und kommunale Selbstverwaltung, 1970; *Mecking/Wirsching (Hrsg.)*, Stadtverwaltung im Nationalsozialismus, 2005; *Musil/Kirchner*, Das Recht der Berliner Verwaltung – unter Berücksichtigung kommunalrechtlicher Bezüge, 2. Aufl. 2007; *von Oertzen/Thieme (Hrsg.)*, Die Kommunale Gebietsreform, 1981; *Pohl*, Wurzeln und Anfänge der Selbstverwaltung, dargestellt am Beispiel der Städte, in: FG von Unruh, 1983, 25; *Püttner*, 200 Jahre preußische Städteordnung, DÖV 2008, 973; *Püttner/Rösler*, Gemeinden und Gemeindereform in der ehemaligen DDR, 1997; *Remmert*, Zur Bedeutung der kommunalen Selbstverwaltungsgarantie des Art. 28 II 1 im Land und für das Land Berlin, LKV 2004, 341; *Thiel*, Gemeindliche Selbstverwaltung und kommunales Verfassungsrecht im neuzeitlichen Preussen, Die Verwaltung 35 (2002), 25; *Wollmann*, Kommunalpolitik: Politisches Handeln in den Gemeinden 1999

§ 2 Die kommunale Gebietskörperschaft als juristische Person

1 ▶ **FALL 1:** E hat von der Stadt S ein Grundstück gekauft und dort entsprechend den Festsetzungen des Bebauungsplans ein Wohnhaus für sich und seine Familie errichtet. Ein Jahr, nachdem Familie E das Haus bezogen hat, bekommen alle Familienmitglieder gesundheitliche Probleme in Form von Asthma und Hautausschlägen. Ein auf Veranlassung des Hausarztes hinzugezogener Sachverständiger stellt fest, dass das Grundstück, auf dem sich das Haus befindet, in hohem Maße mit Altlasten verseucht ist und in diesem Zustand nie für Wohnbebauung hätte ausgewiesen werden dürfen. E wendet sich an seinen Anwalt und fragt, ob es grundsätzlich möglich ist, die Stadt auf Schadensersatz zu verklagen. ◀

2 ▶ **FALL 2:** E (vgl. Fall 1) überlegt eventuell auch den Kaufvertrag rückgängig zu machen und auf Rückzahlung des Kaufpreises zu klagen. Der Anwalt stellt fest, dass den Kaufvertrag zwar Bürgermeister B und E unterschrieben haben, dass es für den Grundstücksverkauf aber offenbar keinen Stadtratsbeschluss gab. ◀

3 Wie bereits angedeutet, ist die kommunale Gebietskörperschaft eine juristische Person. Dies hat verschiedene Konsequenzen für ihre Rechtsbeziehungen:

I. Rechtsfähigkeit

4 Aus der Eigenschaft als juristische Person folgt zunächst die Rechtsfähigkeit. Kommunale Gebietskörperschaften (und z.T. auch kommunale Personalkörperschaften; dazu s. u. Teil 2 § 11) können Träger von Rechten und Pflichten sein, insbesondere sich – vertreten von ihrem monokratischen Organ (näher s. u. Teil 2 § 4 II.) – durch privat- oder öffentlich-rechtliche Verträge verpflichten und Eigentum i.S.d. §§ 903 ff. BGB erwerben[1].

5 Weil sie rechtsfähig ist, kann die Kommune Inhaberin privat- oder öffentlich-rechtlicher Ansprüche, z.B. auch von Schadensersatzansprüchen gegen andere öffentlich-rechtliche Rechtsträger sein[2]. Ein Beispiel sind Amtshaftungsansprüche nach § 839 BGB i. V. m. Art. 34 GG gegen die Rechtsaufsichtsbehörde wegen der Unterlassung von Aufsichtsmaßnahmen (dazu s. u. Teil 2 § 10 Rn. 52)[3].

II. Deliktsfähigkeit und Haftung

6 Als juristische Personen sind die Kommunen ferner deliktsfähig, d. h. ein Handeln ihrer Organe kann sie nach §§ 823 ff. BGB schadensersatzpflichtig machen. Insbesondere kommt für das öffentlich-rechtliche Handeln die Amtshaftung nach § 839 BGB i. V. m. Art. 34 GG in Betracht, sofern ein Beamter der Kommune (im haftungsrechtlichen Sinne) schuldhaft eine drittgerichtete Amtspflicht verletzt[4]. Dritter in diesem Sinne kann z.B. ein Bauherr sein, der Schaden dadurch erlitten hat, dass die Gemeinde zu Unrecht ihr nach § 36 BauGB erforderliches Einvernehmen verweigert hat[5] oder ein Altlastengrundstück fehlerhaft überplant hat[6].

---

1 *Geis*, KomR, § 5 Rn. 12. Ob dieses Eigentum auch Grundrechtsschutz genießt bzw. ob kommunale Gebietskörperschaften grundrechtsfähig sind, ist indes eine andere Frage; dazu s. u. Teil 1 § 3 V.
2 Ausführlich dazu *von Komorowski*, VerwArch 93 (2002), 6.
3 Vgl. in diesem Zusammenhang auch BGH, DVBl. 2003, 400; kritisch zu dieser Entscheidung *Burgi*, KomR, § 9 Rn. 29.
4 Allgemein zur Amtshaftung nach § 839 BGB i. V. m. Art. 34 GG statt vieler *Erbguth*, AVR, § 33.
5 Vgl. etwa BGH, DÖV 2011, 44.
6 Dazu u. a. BGHZ 123, 363; 121, 65; 109, 380.

Das Organverschulden im Privatrechtsverkehr sowohl des monokratischen Organs als auch der Mitglieder des Kollegialorgans wird der Kommune nach §§ 31, 89 BGB zugerechnet[7]. Ausnahmen bilden Handlungen von Organwaltern, die diese nicht in ihrer amtlichen Eigenschaft vornehmen. So haftet die Gemeinde etwa regelmäßig nicht für Äußerungen ihres Bürgermeisters, die dieser erkennbar als Privatperson bzw. in seiner Freizeit getan hat[8]. § 831 BGB greift nur dann ein, wenn die Kommune im Einzelfall einen Verrichtungsgehilfen bestellt hat. Dies kann auch ein Gemeindebediensteter sein.

III. Auftreten vor Gericht

Vor allen Gerichten, vor denen juristische Personen auftreten dürfen, sind Kommunen partei- bzw. beteiligungsfähig. Sie werden, weil sie als juristische Personen nicht selbst prozessfähig sind, im Prozess – soweit kein Anwaltszwang besteht – durch ihre vertretungsberechtigten Organe, meist durch die monokratischen Organe vertreten.

Speziell für den Verwaltungsprozess folgen Beteiligungs- und Prozessfähigkeit aus § 61 Nr. 1 2. Var. VwGO und § 62 Abs. 3 VwGO. Weil die Kommunen rechtsfähig bzw. eigenständige Rechtsträger sind, sind sie insbesondere auch passiv prozessführungsbefugt nach § 78 Abs. 1 Nr. 1 VwGO[9].

Soweit ein Anwaltszwang besteht, wie z.B. im Verwaltungsprozess vor dem Bundesverwaltungsgericht und den Oberverwaltungsgerichten (§ 67 Abs. 4 VwGO) sowie im Zivilprozess vor dem Landgericht und höheren Instanzen (§ 78 Abs. 1 ZPO) kommt eine Vertretung durch Organwalter mit Rechtsanwaltszulassung unproblematisch in Betracht. Die kommunalrechtlichen Vertretungsverbote (dazu s. u. Teil 2 § 4 Rn. 37 f.) finden insoweit keine Anwendung, weil Ansprüche für, nicht gegen die Kommune geltend gemacht werden. Im Fall der Nichtzulassungsbeschwerde ist nach § 78 Abs. 2 ZPO sogar eine Vertretung durch sonstige Beschäftigte mit der Befähigung zum Richteramt möglich.

IV. Namensrecht der Kommunen

Nach den Kommunalgesetzen haben die Kommunen ein Recht auf ihren eigenen Namen[10]. Der Name steht dabei schon wegen seiner identitätsstiftenden Wirkung für die Einwohner in engem Zusammenhang mit dem Selbstverwaltungsrecht aus Art. 28 Abs. 2 GG und den Landesverfassungen[11]. Bei den Gemeinden ist die Entscheidung über den eigenen Namen eine typische örtliche Angelegenheit i. S. d. Art. 28 Abs. 2 Satz 1 GG. Namensänderungen und neue Namensgebungen sind – einerseits zum Schutz des Selbstverwaltungsrechts, andererseits aus Gründen der Rechtssicherheit – selbst, wenn sie freiwillig erfolgen, nur eingeschränkt (i. d. R. mindestens Mitgliedermehrheit im Kollegialorgan und Mitwirkung der (obersten) Rechtsaufsichtsbehörde) möglich[12]. Gegen den Willen einer Gemeinde kann deren Namen wegen des Zusam-

---

7 Ausführlich hierzu *Rotermund/Krafft*, Kommunales Haftungsrecht, 5. Aufl. (2013), S. 67 ff., 125 ff.
8 *Ossenbühl/Cornils*, Staatshaftungsrecht, 6. Aufl. 2013, S. 357 f.
9 Zum Streit um die Einordnung des § 78 VwGO als passive Prozessführungsbefugnis (so die h. Lit.) oder Passivlegitimation (so das BVerwG) näher *Krausnick*, in: Gärditz, VwGO, § 78 Rn. 12 ff.
10 § 5 GemO BW; § 4 LKrO BW; Art. 2 BayGO; Art. 2 BayLKrO; §§ 9, 125 BbgKVerf; § 12 HGO; § 11 HKO; §§ 8, 94 KVMV; § 19 NKomVG; § 13 GO NRW; § 12 KrO NRW; § 4 GemO RP; § 3 LKrO RP; §§ 2, 141 KSVG; § 5 SächsGemO; § 4 SächsLKrO; § 13 KVG LSA; § 11 GO SH; § 11 KrO SH; §§ 4, 89 ThürKO.
11 So u. a. auch *Burgi*, KomR, § 5 Rn. 10.
12 § 5 Abs. 1 S. 2 GemO BW; § 4 Abs. 1 S. 2 LKrO BW; Art. 2 Abs. 2 BayGO; Art. 2 BayLKrO (Zustimmung des Landtags); §§ 9 Abs. 1 S. 2 u. 3, 125 Abs. 1 S. 2 u. 3 BbgKVerf; § 12 S. 2 und 3 HGO; § 11 Abs. 1 S. 2 HKO; §§ 8 Abs. 1 S. 2–

menhangs zwischen Namens- und Selbstverwaltungsrecht zumindest nicht ohne Anhörung geändert werden.

12 Wird ihr Name unbefugt gebraucht, kann die betroffene Kommune sich im Privatrechtsverkehr auf § 12 BGB berufen. Erfolgt der Missbrauch durch Hoheitsträger steht ihr ein öffentlich-rechtlicher Unterlassungsanspruch zu[13].

13 Im systematischen Zusammenhang mit dem Namensrecht der Kommunen stehen deren, ebenfalls in den Kommunalgesetzen, festgelegte Rechte, bestimmte Bezeichnungen zur Ergänzung des Gemeindenamens zu führen (z. B. die Bezeichnung Stadt oder Landeshauptstadt)[14], eigene Dienstsiegel, Wappen und Flaggen zu führen[15] sowie Ortsteile, Straßen und Wege zu bezeichnen[16]. Soweit sie von dem zuletzt genannten Recht Gebrauch macht, muss eine Gemeinde auch den Interessen der betroffenen Bürger, z. B. der Straßen- und Wegeanlieger angemessen Rechnung tragen[17].

V. Sonstiges

14 Kommunen sind nach § 2 BeamtStG dienstherrnfähig, d. h. sie dürfen eigene Beamte haben und haben diesen gegenüber die beamtenrechtlichen Rechte und Pflichten, insbesondere auch disziplinarische Befugnisse[18].

15 Insolvenzfähig sind kommunale Gebietskörperschaften nach § 12 Abs. 1 Nr. 2 InsO und den entsprechenden Ausführungsgesetzen der Länder nicht[19]. Dies schließt allerdings eine Insolvenz kommunaler Unternehmen (zur kommunalen Wirtschaftstätigkeit s. u. Teil 2 § 8) nicht von vornherein aus.

16 Ebenso wenig kommt, da juristische Personen sich nicht strafbar machen können, eine strafrechtliche Haftung der Kommunen in Betracht. Die Organwalter können jedoch, da der Amtsträgerbegriff des § 11 Abs. 1 Nr. 2 StGB weit gefasst ist, Täter von Amtsdelikten im Sinne des Strafgesetzbuchs sein. Strafbegründende persönliche Eigenschaften, Verhältnisse oder Umstände, die bei der Kommune, nicht aber bei ihrem Vertreter vorliegen, sind diesem nach § 14 Abs. 1 Nr. 1 StGB zuzurechnen.

17 ▶ **LÖSUNGSHINWEISE ZU FALL 1:** Für den E und seiner Familie in Folge der Belastung des Grundstücks mit Altlasten entstandenen Schaden kommt ein Amtshaftungsanspruch gegen die Stadt S nach § 839 Abs. 1 i. V. m. Art. 34 GG in Betracht. Die Mitglieder des Gemeinderats, der den Bebauungsplan beschlossen hat, handelten insoweit in Ausübung eines öf-

---

6, 94 Abs. 2 KVMV; § 19 Abs. 1 S. 2 u. 3, Abs. 2 NKomVG; § 13 Abs. 1 S. 2–4 GO NRW; § 12 Abs. 1 S. 2–4 KrO NRW; § 4 Abs. 1 S. 2 GemO RP; § 3 Abs. 1 S. 2 LKrO RP; § 2 Abs. 1 S. 2 u. 3, 141 Abs. 1 S. 3 KSVG; § 5 Abs. 1 S. 2 SächsGemO; § 4 Abs. 1 S. 2 SächsLKrO; § 13 Abs. 2 KVG LSA; § 11 Abs. 1 S. 2 u. 3 GO SH (keine Mitwirkung der Aufsicht); §§ 4 Abs. 1 S. 2, 89 Abs. 1 ThürKO;

13 *Geis*, KomR, § 5 Rn. 6.

14 § 5 Abs. 2 u. 3 GemO BW; §§ 9 Abs. 2 u. 3 BbgKVerf; § 13 HGO; § 8 Abs. 3–5 KVMV; § 20 NKomVG; § 13 Abs. 2 GO NRW; § 4 Abs. 2 u. 3 GemO RP; § 2 Abs. 2–4 KSVG; § 5 Abs. 2 u. 3 SächsGemO; § 4 Abs. 1 S. 3 SächsLKrO; § 14 KVG LSA; §§ 5, 89 Abs. 3 ThürKO. Die Bezeichnung „Bad" ist nach Art. 2 Abs. 3 BayGO, § 19 Abs. 4 NKomVG, § 11 Abs. 2 S. 2 GO SH und § 4 Abs. 3 ThürKO keine Bezeichnung, sondern ein Namensbestandteil.

15 § 6 GemO BW; § 6 LKrO BW; Art. 4 BayGO; Art. 3 BayLKrO; § 10 BbgKVerf; § 14 HGO; § 12 HKO; §§ 9, 95 KVMV; § 22 NKomVG; § 14 GO NRW; § 13 KrO NRW; § 5 GemO RP; § 4 LKrO RP; §§ 3, 142 KSVG; § 6 SächsGemO; § 5 SächsLKrO; § 12 GO SH; § 15 KVG LSA; §§ 7, 90 ThürKO.

16 § 5 Abs. 4 GemO BW; § 5 Abs. 4 SächsGemO. In den übrigen Ländern ist diese Frage in den Straßen- und Wegegesetzen geregelt.

17 *Burgi*, KomR, § 5 Rn. 12.

18 *Geis*, KomR, § 5 Rn. 21.

19 Näher *Th. I. Schmidt*, KomR, Rn. 218; *Geis*, KomR, § 5 Rn. 22; ausführlich *K. von Lewinsky*, Öffentlichrechtliche Insolvenz und Staatsbankrott, 2011, S. 98 ff.

fentlichen Amts. Aus § 1 Abs. 6 Nr. 1 BauGB i. V. m. Art. 2 Abs. 2 S. 1 GG folgt eine drittgerichtete Amtspflicht zur Wahrung gesunder Wohn- und Arbeitsverhältnisse bei der Bauleitplanung, die durch die Überplanung des betreffenden Gebiets mit einer Wohnbaufläche verletzt wurde. Soweit sie von der Belastung des Plangebiets wussten, bzw. soweit das Wissen der Gemeindeverwaltung ihnen aufgrund ihrer Organwaltereigenschaft zuzurechnen ist, handelten sie auch schuldhaft. Ersatzfähig sind allerdings nur Schäden, deren Entstehung in adäquat kausalem Zusammenhang mit der Überplanung liegen und die im Schutzbereich der verletzten Amtspflicht liegen (also z.b. Familie Es Arztkosten, nicht aber die Wertminderung des Grundstücks). Daneben kommt auch eine Haftung des B nach § 839 Abs. 1 BGB in Betracht, weil er offenbar von seinem Beanstandungsrecht (s. u. Teil 2 § 4 Rn. 68 f.) keinen Gebrauch gemacht hat. ◀

▶ **LÖSUNGSHINWEISE ZU FALL 2:** Was die Rückgängigmachung des Kaufvertrages betrifft, so ist zu klären, ob B, der bei Abschluss des Vertrages als Vertreter der Stadt tätig geworden ist (zur Vertretung der Gemeinde Teil 2 § 4 Rn. 70 ff.), hier von der Altlastenbelastung wusste und sie arglistig verschwiegen hat. In diesem Fall käme eine Anfechtung nach § 123 BGB in Betracht. Eine Anfechtung nach § 119 Abs. 2 BGB scheidet hingegen aus, weil insoweit das Sachmängelgewährleistungsrecht nach §§ 437 ff. BGB vorrangig ist.

Das Anfechtungsproblem könnte dahinstehen, wenn gar kein wirksamer Kaufvertrag zu Stande gekommen wäre, weil B beim Abschluss die Vertretungsmacht fehlte. Ein Grundstücksverkauf dürfte zwar wohl auch bei einer Großstadt kein Geschäft der laufenden Verwaltung sein (dann hätte B ohnehin Vertretungsmacht gehabt; näher Teil 2 § 4 Rn. 63). Weil B und E bei Abschluss des Vertrages weder kollusiv zusammengewirkt haben, noch das Fehlen des Ratsbeschlusses für E erkennbar war, wird die Vertretungsmacht des B fingiert (näher dazu Teil 2 § 4 Rn. 71 ff.; dort auch zur a.A. der bayerischen Rechtsprechung).

In einem etwaigen Prozess vor dem Landgericht (§§ 71 Abs. 1, Abs. 2 Nr. 2 GVG) wäre die Stadt S nach §§ 50 Abs. 1, 51 Abs. 1 ZPO partei- und prozessfähig, müsste sich jedoch nach § 78 Abs. 1 S. 1 ZPO anwaltlich vertreten lassen. ◀

VI. WIEDERHOLUNGS- UND VERTIEFUNGSFRAGEN

1. Welche Auswirkungen hat die Eigenschaft der Kommunen als juristische Personen auf ihre Stellung im Rechtsverkehr?
2. Nach welchen Vorschriften richtet sich die deliktische Haftung der Kommunen?
3. Wie kann eine Kommune im Verwaltungs- und Zivilprozess auftreten?

VII. Weiterführende Literatur

Bergmann/Schumacher, Die Kommunalhaftung: ein Handbuch des Staatshaftungsrechts, 4. Aufl. 2007; *Brüning*, Die Haftung der kommunalen Entscheidungsträger, 2. Aufl. 2013; *Hornfischer*, Die Insolvenzfähigkeit von Kommunen, 2010; *Kleinevoss*, Der zivilrechtliche Namensschutz der Gemeinde, 2007; *Kühn*, Die Amtshaftung der Gemeinden wegen der Überplanung von Altlasten, 1997; *Pappermann*, Das Namensrecht der kommunalen Gebietskörperschaften, DÖV 1980, 353; *Prell*, Das Namensrecht der Gemeinden, 1989; *Teschner*, Die Amtshaftung der Gemeinden nach rechtswidrigen Beschlüssen ihrer Kollegialorgane, 1990; *Winkelmann*, Das Recht der öffentlich-rechtlichen Namen und Bezeichnungen, 1984.

§ 3 Verfassungsrechtliche Fragen

I. Kommunen im föderalen Aufbau der Bundesrepublik

1 Vielfach werden die im Grundgesetz festgelegten Verwaltungsträger als Trias aus Bund, Ländern und Kommunen dargestellt. Rechtlich ist dies indes meist nicht zutreffend, denn dem Bund treten in aller Regel die (Bundes-)Länder gegenüber und nicht die Kommunen als Teile der Länder[1]. Dies zeigt sich u. a. darin, dass Kommunen weder in der abstrakten Normenkontrolle (Art. 93 Abs. 1 Nr. 2 GG) noch im Bund-Länder-Streit (Art. 93 Abs. 1 Nr. 3 GG) parteifähig sind. Durch Art. 84 Abs. 1 S. 7 und Art. 85 Abs. 1 S. 2 GG, wonach Gemeinden und Gemeindeverbänden durch Bundesgesetz keine Aufgaben übertragen werden dürfen, wird dieses Prinzip der Zweigliedrigkeit des deutschen Bundesstaats noch verstärkt. Auch Art. 106 Abs. 9 GG, wonach Einnahmen und Ausgaben der Kommunen als solche der Länder gelten, deutet klar in diese Richtung[2].

2 Allerdings kann der Bund gestützt auf Art. 104b GG Kommunen vermittelt durch die Länder Geldleistungen zukommen lassen[3]. Art. 84 Abs. 1 S. 7 und 85 Abs. 1 S. 2 GG verbieten dem Bund zwar die Übertragung neuer Aufgaben auf die Kommunen, vor Schaffung dieser Regelungen erfolgte Aufgabenzuweisungen bestehen nach Art. 125a Abs. 1 GG jedoch fort[4]. Ebenso schafft die Kommunalverfassungsbeschwerde nach Art. 93 Abs. 1 Nr. 4b GG eine unmittelbare Beziehung zwischen Gemeinden und dem BVerfG als Institution des Bundes. Es existieren also in der Realität des Verfassungslebens sehr wohl Beziehungen zwischen dem Bund und den Kommunen. Politisch gesehen ist die Trias „Bund, Länder, Kommunen" ebenfalls zutreffend, weil für den einzelnen Bürger Bund, Länder und Kommunen im täglichen Leben ähnliche Bedeutung haben.

3 Die Kommunen sind nicht Teil der unmittelbaren Staatsverwaltung, weil sie eigenständige Verwaltungsträger sind. Zweifelhaft ist jedoch, ob die kommunale Selbstverwaltung als Teil der mittelbaren Staatsverwaltung eingeordnet werden kann[5]. Diese Fragestellung hat nicht nur verfassungspolitische, sondern durchaus auch verfassungsrechtliche Bedeutung. Wird nämlich kommunale Selbstverwaltung als eigenständiger Verwaltungstyp verstanden, sind Eingriffe des Staates in noch höherem Maße rechtfertigungsbedürftig als wenn die Kommunen Teile der (mittelbaren) *Staats*verwaltung sind. Für die Einordnung als mittelbare Staatsverwaltung spricht, dass dieser Verwaltungstyp auch ansonsten durch juristische Personen des öffentlichen Rechts erbracht wird (dies folgt für die Bundesverwaltung aus Art. 87 GG)[6]. Ebenso ist die Gemeinde als Rechtssubjekt unstreitig durch den Staat geschaffen und mit Hoheitsmacht ausgestattet worden[7]. Der maßgebliche Unterschied zwischen der kommunalen Selbstverwaltung und der mittelbaren Staatsverwaltung besteht jedoch zum einen darin, dass der Einfluss der Rechtsunterworfenen bzw. der Bürger auf die Rechtssetzung in den Kommunen wesentlich intensiver ist als auf der staatlichen Ebene (näher zur Bürgerbeteiligung auf

---

1 *Lange*, KomR, Kap. 2 Rn. 85.
2 Darauf abstellend *Burgi*, KomR, § 2 Rn. 3.
3 Näher *Hellermann*, in: von Mangoldt/Klein/Starck, GG, 6. Aufl. (2010), Art. 104b Rn. 6 ff.
4 Zur umstrittenen Abgrenzung zwischen alten und neuen Aufgabenübertragungen bei Art. 84 Abs. 1 S. 7, 85 Abs. 1 S. 2, 125a Abs. 1 GG statt vieler *Lange*, KomR, Kap. 2 Rn. 86 ff.
5 Bejahend BVerfG (Kammer), DVBl. 1995, 286; *Burgi*, KomR, § 2 Rn. 2 ff.
6 Statt vieler *Burgi*, in: von Mangoldt/Klein/Starck, GG, 6. Aufl. (2011), Art. 86 Rn. 49 ff.
7 BVerfGE 73, 118 (191); *Lange*, KomR, Kap. 2 Rn. 68 m.w.N.

kommunaler Ebene s. u. Teil 2 § 7 Rn. 10 ff.)[8]. Zum anderen deutet auch die Verfassungssystematik auf eine Trennung zwischen kommunaler Selbstverwaltung und mittelbarer Staatsverwaltung hin: Die mittelbare Staatsverwaltung wird vom Grundgesetz in Art. 87 GG lediglich erwähnt, während es den Kommunen, insbesondere den Gemeinden in Art. 28 Abs. 2 GG eigene Rechte zubilligt. Diese Rechte können, wie schon angedeutet, sogar – ähnlich wie Grundrechte – nach Art. 93 Abs. 1 Nr. 4b GG vor dem BVerfG verteidigt werden (dazu sogleich Teil 1 § 3 VI. 1.) a)). Die Kommunalverwaltung ist deshalb ein eigenständiger Verwaltungstyp und nicht Teil der mittelbaren Staatsverwaltung[9].

II. Garantie der kommunalen Selbstverwaltung (Art. 28 Abs. 2 GG)

Von zentraler Bedeutung für Kommunen und Kommunalrecht ist auf der Ebene des Grundgesetzes Art. 28 Abs. 2 GG:

1. Selbstverwaltung als Verwaltungsorganisationstyp

Art. 28 Abs. 2 GG garantiert Gemeinden und Gemeindeverbänden ein Selbstverwaltungsrecht. Der Begriff „Selbstverwaltung" taucht dabei zwar prinzipiell nur in Art. 28 Abs. 2 S. 2 auf, aus der Formulierung „Auch" folgt jedoch klar, dass Art. 28 Abs. 2 S. 1 den Gemeinden ebenfalls (bzw. erst recht; zur unterschiedlichen Reichweite der Selbstverwaltung von Gemeinden und Gemeindeverbänden sogleich Teil 1 § 3 II. 2.)) ein Selbstverwaltungsrecht garantiert.

Es wurde bereits deutlich gemacht, dass Selbstverwaltung von Staatsverwaltung zu unterscheiden ist (Rn. 3). Was Selbstverwaltung im Übrigen ist, lässt sich mit *R. Hendler*[10], folgendermaßen definieren: *„Bei der Selbstverwaltung handelt es sich um öffentlich-rechtliche Organisationseinheiten, die gegenüber dem staatsunmittelbaren Behördensystem institutionell verselbstständigt, aber gleichwohl dem Staatsverband eingegliedert sind und sich dadurch auszeichnen, daß bestimmte öffentliche Angelegenheiten von den davon besonders berührten Personen, den Betroffenen, eigenverantwortlich (das heißt höchstens unter staatlicher Rechtsaufsicht) verwaltet werden"*.

Der erste Teil dieser Definition (institutionell verselbstständigt und dennoch dem Staatsverband eingegliedert) beschreibt das spannungsreiche Verhältnis zwischen Selbstverwaltung öffentlich-rechtlicher Rechtsträger und Staatsverwaltung. Selbstverwaltung kann aus verfassungsrechtlichen Gründen keine völlig freie bzw. rechtlich ungebundene Verwaltung sein. Das Rechtsstaatsprinzip sowie insbesondere das Demokratieprinzip nach Art. 20 Abs. 2 und 3 GG verlangen eine möglichst weitgehende Bindung jeder Ausübung von Staatsgewalt an Recht und Gesetz sowie eine effektive Kontrolle des handelnden Hoheitsträgers durch übergeordnete, ihrerseits an den Willen des Staatsvolkes gebundene Verwaltungseinheiten (näher s. u. Rn. 42 ff.)[11]. Um diesen Vorgaben des Grundgesetzes gerecht werden zu können, muss der Bereich, in dem ein Selbstverwaltungsrecht eines Verwaltungsträgers besteht, hinreichend begrenzt sein. Das ist in Hendlers Definition mit „bestimmte öffentliche Angelegenheiten" gemeint. Dass Selbstverwaltung schließlich bereits dem Wortsinn nach eine eigenverantwortli-

---

[8] BVerfGE 79, 127 (150); *W. Kahl*, Die Staatsaufsicht, 2000, S. 442 ff.
[9] So u. a. *R. Hendler*, in: Isensee/Kirchhof, HdBStR VI, § 143 Rn. 40 ff.; *Lange*, KomR, Kap. 2 Rn. 69 f.; *Geis*, KomR, § 5 Rn. 2.
[10] *R. Hendler*, in: Isensee/Kirchhof, HdBStR VI, § 143 Rn. 19.
[11] Statt vieler *Sommermann*, in: von Mangoldt/Klein/Starck, GG, 6. Aufl. (2011), Art. 20 Rn. 163 ff.

che Verwaltung durch die Betroffenen ist, bewirkt, dass Entscheidungen eines Selbstverwaltungsträgers auch stets durch die Betroffenen oder deren Repräsentanten (die Organe des Selbstverwaltungsträgers) getragen werden müssen.

8 Kommunale Selbstverwaltung ist im Übrigen nicht die einzige Variante von Selbstverwaltung, die das Grundgesetz anerkennt oder jedenfalls zulässt[12]. Neben der kommunalen Selbstverwaltung, die durch Gebietskörperschaften (z.T. auch durch Personalkörperschaften wie Zweckverbände; zur kommunalen Zusammenarbeit s. u. Teil 2 § 11) ausgeübt wird, existiert die funktionale Selbstverwaltung[13]. Sie wird ausschließlich von Personalkörperschaften ausgeübt. Beispiele sind berufsständische Kammern, Universitäten oder auch Wasserverbände. Diesen Körperschaften ist ein Selbstverwaltungsrecht deswegen übertragen worden, damit in einem bestimmten Sachbereich anfallende Angelegenheiten unmittelbar durch die davon Betroffenen effektiv geregelt werden können. Im Gegensatz dazu ist kommunale Selbstverwaltung nicht sach-, sondern gebietsbezogen. Sie existiert, damit in einem bestimmten Gebiet, diejenigen Angelegenheiten, die zu diesem Gebiet einen spezifischen Bezug aufweisen, durch dessen Bewohner geregelt werden können.

2. Reichweite der Selbstverwaltung

9 Die Reichweite des in Art. 28 Abs. 2 GG garantierten Selbstverwaltungsrechts ist unterschiedlich, je nachdem, ob es sich um die Selbstverwaltung der Gemeinden oder um diejenige der Gemeindeverbände handelt.

10 ▶ **Fall 3 (nach BVerwG, NVwZ 2014, 527 und BayVerfGH, NVwZ-RR 2012, 50):** Der Stadtrat der Stadt S beschließt eine Satzung, nach der auf den städtischen Friedhöfen nur Grabmale aufgestellt werden dürfen, die nachweislich ohne ausbeuterische Kinderarbeit im Sinne der Konvention Nr. 182 der Internationalen Arbeitsorganisation (ILO) hergestellt wurden. Den in S tätigen Steinmetzen werden entsprechende Nachweispflichten auferlegt. Oberbürgermeister O hält den Beschluss schon deswegen für rechtswidrig, weil die Stadt S damit ihre Verbandszuständigkeit überschreite. Im einschlägigen Landesrecht existiert keine spezielle Rechtsgrundlage für derartige Satzungen, wohl aber eine Regelung, nach der die Gemeinden örtliche Angelegenheiten durch Satzung regeln dürfen. Trifft Os Ansicht zu? ◀

a) Gemeinden

11 Art. 28 Abs. 2 S. 1 GG stellt klar, dass den Gemeinden „das Recht gewährleistet sein [muss], alle Angelegenheiten der örtlichen Gemeinschaft im Rahmen der Gesetze in eigener Verantwortung zu regeln". Bereits aus dem Wortlaut dieser Grundgesetzbestimmung lassen sich folgende Schlüsse ziehen:

12 Die Selbstverwaltung, die Art. 28 Abs. 2 GG meint, wird als „Recht" bezeichnet, was auf einen subjektiv-rechtlichen Charakter hindeutet. Die Gesetze bestimmen den „Rahmen" des Selbstverwaltungsrechts, d. h. das Recht kann eingeschränkt werden. Ferner bezieht sich das Selbstverwaltungsrecht auf „alle" Angelegenheiten der örtlichen Gemeinschaft. Außer, dass Ortsbezug vorhanden sein muss, gibt es also keine inhaltlichen Einschränkungen für den Kreis der gemeindlichen Selbstverwaltungsaufga-

---

[12] Explizit erwähnt wird die Selbstverwaltung im Grundgesetz nur in Art. 28 Abs. 2 S. 2 und 90 Abs. 2; näher etwa *R. Hendler*, in: Isensee/Kirchhof, HdBStR VI, § 143 Rn. 51.
[13] Ausführlich hierzu *Kluth*, Funktionale Selbstverwaltung, 1997.

ben. Im örtlichen Bereich haben die Gemeinden somit eine Allzuständigkeit[14]. Aus dieser folgt ein Recht, neue Aufgaben mit Ortsbezug zu schaffen und wahrzunehmen (Aufgabenfindungsrecht)[15].

aa) Angelegenheiten der örtlichen Gemeinschaft

Das zentrale Problem des Art. 28 Abs. 2 S. 1 GG ist, wann eine Angelegenheit der örtlichen Gemeinschaft vorliegt. Davon hängt nicht nur ab, ob die Gemeinde für die Erledigung der betreffenden Angelegenheit ein Selbstverwaltungsrecht hat. Der Begriff „Angelegenheiten der örtlichen Gemeinschaft" oder kürzer „örtliche Angelegenheiten" ist auch maßgeblich dafür, in welchem Umfang der Staat die Gemeinde bei der Erfüllung ihrer Aufgaben beaufsichtigen darf (dazu Teil 2 § 10) und ob er ihr eine Aufgabe durch Gesetz entziehen und auf eine andere Stelle übertragen kann (dazu sogleich Rn. 27 ff.).

Das BVerfG definiert in seiner Rastede-Entscheidung den Bereich der örtlichen Angelegenheiten als *„diejenigen Bedürfnisse und Interessen, die in der örtlichen Gemeinschaft wurzeln oder auf sie einen spezifischen Bezug haben (...), die also den Gemeindeeinwohnern gerade als solchen gemeinsam sind, indem sie das Zusammenleben und -wohnen der Menschen in der politischen Gemeinde betreffen..."*[16]. Diese Definition hilft allerdings meist wenig, denn sie lässt offen, welche Voraussetzungen erfüllt sein müssen, damit ein Wurzeln in der örtlichen Gemeinschaft angenommen werden kann[17].

Eine andere Variante, den Kreis der örtlichen Angelegenheiten einzugrenzen ist, darauf abzustellen, welche Aufgaben traditionell Aufgaben der Kommunen sind[18]. Indizien dafür, dass eine Aufgabe der örtlichen Gemeinschaft gegeben ist, liefert die Tradition auch zweifelsohne. Allein kann auf sie jedoch nicht abgestellt werden, denn dann könnte eine Art Versteinerung des Aufgabenbestandes eintreten. Sinn der in Art. 28 Abs. 2 S. 1 den Gemeinden eingeräumten Allzuständigkeit im örtlichen Bereich ist jedoch, wie erwähnt, dass diese sich auch neue Aufgaben erschließen können.

So wenig wie allein auf die Tradition kann es jedoch allein auf die Verwaltungskraft der jeweils handelnden Gemeinde ankommen[19]. Dies würde dazu führen, dass der Aufgabenbestand je nach Leistungsfähigkeit schwankt. Außerdem können weniger leistungsfähige Gemeinden sich zur gemeinsamen Erfüllung örtlicher Aufgaben zu einem Gemeindeverband zusammenschließen (näher zur kommunalen Zusammenarbeit s. u. § 10).

Nützlich bei der Bestimmung dessen, was örtliche Aufgaben sind, sind Regelungen wie Art. 83 BV oder Art. 57 BayGO[20], die beispielhaft Angelegenheiten der örtlichen Gemeinschaft aufzählen. Zwar kann aus Gründen der Normenhierarchie eine Regelung des Grundgesetzes wie Art. 28 Abs. 2 S. 1 GG nicht verbindlich durch Landesverfas-

---

14 Statt vieler *Burgi*, KomR, § 6 Rn. 27.
15 BVerfGE 79, 127 (146 f.); BVerwGE 87, 228 (230); *Th. I. Schmidt*, KomR, Rn. 73; *Geis*, KomR, § 3 Rn. 2.
16 BVerfGE 79, 127 (151 f.) und st.Rspr. (vgl. etwa BVerfGE 110, 370 (400 m.w.N.).
17 So i. E. auch *Geis*, KomR, § 6 Rn. 2; ausführlich zum Begriff der Angelegenheiten der örtlichen Gemeinschaft *Lange*, KomR, Kap. 1 Rn. 18 ff.
18 Dafür etwa *Geis*, KomR, § 6 Rn. 2.
19 So auch *Hellermann*, in: Epping/Hillgruber, GG, Art. 28 Rn. 41.
20 Ähnlich § 2 Abs. 2 BbgKVerf; § 2 Abs. 2 KVMV; § 5 Abs. 2 KSVG; § 2 Abs. 2 ThürKO; mittelbar auch: § 98 Abs. 1 S. 1 NKomVG; § 67 Abs. 1 GemO RP.

sungsrecht geschweige denn durch einfaches Landesrecht ausgelegt werden. Zumindest ein Indiz für die Auslegung des Begriffs „Angelegenheiten der örtlichen Gemeinschaft" lässt sich aus dem Landesrecht jedoch ableiten. Das Auslegungsproblem ist damit freilich nicht gelöst: Zum einen ist die Aufzählung in den genannten Bestimmungen des Landesrechts nicht abschließend (im Wortlaut ist regelmäßig ein „insbesondere" enthalten), zum anderen sind solche Bestimmungen nicht in allen Ländern vorhanden.

18 Ein (negatives) Abgrenzungskriterium zwischen örtlichen und sonstigen Aufgaben der Gemeinden ergibt sich aus der Kompetenzordnung des Grundgesetzes. Die Kommunen können als Teile der Länder keine Kompetenzen haben, soweit eine ausschließliche Bundeskompetenz i.S.d. Art. 73 GG besteht. Bei konkurrierenden Bundeskompetenzen nach Art. 74 GG ist es ähnlich, soweit durch ein Bundesgesetz die Kompetenzsperre nach Art. 72 Abs. 1 GG ausgelöst wurde. Aufgaben, die sich auf Sachmaterien aus Art. 73, 74 GG beziehen, sind deshalb im Zweifel keine Aufgaben der örtlichen Gemeinschaft i.S.d. Art. 28 Abs. 2 GG[21]. Allerdings ist auf den Einzelfall abzustellen. So kann im klassischen Fall, dass sich eine Gemeinde zur atomwaffenfreien Zone erklärt, diese Erklärung keine Angelegenheit der örtlichen Gemeinschaft sein, wenn sie aus verteidigungspolitischen Gründen erfolgt, denn für Verteidigungspolitik ist nach Art. 73 Abs. 1 Nr. 1 GG allein der Bund zuständig. Wenn hingegen die Gemeinde sich dagegen wehren will, dass konkret auf ihrem Gebiet Atomwaffen stationiert werden sollen, ist die gemeindliche Gebietshoheit und damit eine Angelegenheit der örtlichen Gemeinschaft betroffen[22]. Ebenso darf eine Gemeinde keine Außenpolitik i.S.d. Art. 73 Abs. 1 Nr. 1 GG betreiben, Städtepartnerschaften sind jedoch regelmäßig Angelegenheiten der örtlichen Gemeinschaft[23]. Ebenso steht es der Annahme einer Angelegenheit nach Art. 28 Abs. 2 S. 1 GG nicht entgegen, wenn eine Gemeinde mit einer Aufgabenwahrnehmung zugleich ein weltweites politisches Anliegen verfolgt[24].

19 Wie ist mit dem Definitionsproblem in der Klausurpraxis umzugehen? Ausgangspunkt sollte die Definition des BVerfG sein. Sodann ist negativ abzugrenzen, ob eine Bundeskompetenz besteht. Ist dies nicht der Fall, ist im jeweiligen Einzelfall festzustellen, ob ein konkreter Ortsbezug der Aufgabe besteht. Auf diesen können u. a. entsprechende Regelungen im Landesrecht hindeuten.

bb) Eigenverantwortlichkeit

20 Nach Art. 28 Abs. 2 S. 1 regeln die Gemeinden die örtlichen Angelegenheiten „in eigener Verantwortung". Mit diesem Grundsatz der Eigenverantwortlichkeit ist selbstverständlich nicht gemeint, dass die Gemeinden ihre (grund-)rechtlichen Bindungen nach Art. 1 Abs. 3 und 20 Abs. 3 GG abschütteln können. Eigenverantwortlichkeit schließt insbesondere Rechtsaufsicht nicht aus, sondern ist vielmehr – entsprechend der obigen Selbstverwaltungsdefinition und gemessen am Demokratieprinzip (dazu Rn. 7 und 42 ff.) – nur verfassungsrechtlich zulässig, wenn Rechtsaufsicht besteht. Der Grundsatz der Eigenverantwortlichkeit unterliegt zahlreichen rechtlichen und fakti-

---

21 Geis, KomR, § 6 Rn. 3.
22 BVerwGE 87, 228 (229 ff.); BayVGH, NVwZ-RR 1989, 207 (208 f.).
23 Dazu Koreng, SächsVBl. 2008, 157.
24 So für den Fall einer Friedhofssatzung, die das Aufstellen von in Kinderarbeit hergestellten Grabsteinen verbot BayVerfGH, NVwZ-RR 2012, 50 (52 f.).

schen Bedrohungen (Vorgaben der Landes- und Bundespolitik, Einfluss des Europarechts usw.)[25].

Ein Eingriff in das Recht (zum subjektiv-rechtlichen Charakter des Art. 28 Abs. 2 S. 1 GG sogleich Rn. 22 ff.) der eigenverantwortlichen Aufgabenwahrnehmung liegt sowohl beim Aufgabenentzug als auch dann vor, wenn eine örtliche Angelegenheit zur Pflichtaufgabe (näher zu den Aufgabenkategorien s. u. Teil 2 § 2) umgewandelt wird[26]. Der zuletzt genannte Eingriff ist jedoch leichter zu rechtfertigen als der Aufgabenentzug, weil die Gemeinde zumindest, was das „Wie" der Aufgabenerfüllung betrifft, weiterhin ihre Eigenverantwortlichkeit behält.

cc) Art. 28 Abs. 2 S. 1 GG als subjektives Recht und institutionelle Garantie

Wie bereits erwähnt, deutet die Formulierung „Recht" in Art. 28 Abs. 2 S. 1 GG klar darauf hin, dass die Selbstverwaltung ein subjektives Recht der Gemeinden ist[27]. Das BVerfG und Teile der Literatur taten sich dennoch lange schwer damit, den subjektiv-rechtlichen Charakter des Art. 28 Abs. 2 S. 1 GG anzuerkennen[28]. Dies liegt insbesondere daran, dass die Gemeinden Teile der Verwaltung sind und Träger der Verwaltung grundsätzlich nur Kompetenzen und keine Rechte haben. Klar ist auch, dass Art. 28 Abs. 2 S. 1 GG kein Grundrecht oder grundrechtsgleiches Recht ist. Dies folgt daraus, dass Art. 28 GG in Art. 93 Abs. 1 Nr. 4a GG nicht als verfassungsbeschwerdefähiges Recht erwähnt wird und dass mit Art. 93 Abs. 1 Nr. 4b GG sogar eine eigene Regelung dafür existiert, um das Selbstverwaltungsrecht der Kommunen zum Gegenstand verfassungsgerichtlicher Entscheidungen zu machen. Dennoch ist Art. 28 Abs. 2 S. 1 GG jedenfalls für die Gemeinden (zu den Gemeindeverbänden sogleich Teil 1 § 3 II. 2.) b)) ein subjektives Recht. Teile der Literatur sind indes zurückhaltender und sprechen in Bezug auf Art. 28 Abs. 2 S. 1 nicht von einem subjektiven Recht, sondern von einer „Rechtssubjektsgarantie" oder einer „subjektiven Rechtsstellungsgarantie"[29]. Ihnen ist zuzugeben, dass sich auch das BVerfG bisher (auch wenn es mittlerweile Eingriffe gegenüber Gemeinden am Verhältnismäßigkeitsgrundsatz misst[30]; näher sogleich Teil 1 § 3 II. 3.)) nur zögernd dazu durchgerungen hat, die kommunale Selbstverwaltung als subjektives Recht zu bezeichnen. Praktische Konsequenzen für die Klausurbearbeitung hat diese dogmatische Streitigkeit jedenfalls dann nicht, wenn man mit dem BVerfG Eingriffe in Art. 28 Abs. 2 S. 1 GG, insbesondere solche durch Aufgabenentzug unabhängig vom Rechtscharakter des Selbstverwaltungsrechts einer Verhältnismäßigkeitsprüfung unterzieht.

Art. 28 Abs. 2 GG kommt nach ständiger Rechtsprechung des BVerfG und der allgemeinen Meinung in der Literatur mindestens gleichberechtigt mit dem subjektiv-rechtlichen auch objektiv-rechtlicher Charakter zu, nämlich in Form einer Einrichtungsga-

---

25 Näher *Krausnick*, VerwArch 102 (2011), 359 ff.; *Geis*, KomR, § 6 Rn. 6.
26 Das BVerfG hat in einer Kammerentscheidung (BVerfG, NVwZ 1999, 520) zwar gefordert, dass nur Eingriffe in die gemeindliche Eigenverantwortlichkeit ab einer gewissen Intensität und mit spezifischem Bezug zum Selbstverwaltungsrecht an Art. 28 Abs. 2 Satz 1 GG zu messen sind. Zumindest in Klausuren werden diese Voraussetzungen jedoch regelmäßig als erfüllt betrachtet werden können.
27 Mittlerweile wohl h.M. (vgl. etwa *Tettinger/Schwarz*, in: von Mangoldt/Klein/Starck, GG, 6. Aufl. (2011), Art. 28 Rn. 158 f.).
28 Zu diesem Streit etwa *Maurer*, DVBl. 1995, 1037 (1041 ff.).
29 Vgl. etwa *Burgi*, KomR, § 6 Rn. 20 ff.
30 BVerfGE 103, 332 (366 f.).

rantie bzw. einer institutionellen Garantie[31]. Diese Einrichtungsgarantie bewirkt, dass es im Geltungsbereich des Grundgesetzes Gemeinden geben muss. Ein individuelles Bestandsrecht einer einzelnen Gemeinde folgt aus Art. 28 Abs. 2 S. 1 GG nicht. Der Staat darf Gemeinden auflösen oder im Wege eine Gebietsreform bestehen Gemeinden zu neuen Gemeinden zusammenlegen. Die h.M. leitet jedoch zu Recht aus der Einrichtungsgarantie nach Art. 28 Abs. 2 S. 1 GG ab, dass diejenige Gemeinde, die aufgelöst oder mit ihrer Nachbargemeinde zusammengelegt werden soll, vor Ergehen einer entsprechenden staatlichen Entscheidung angehört werden muss und dass die Auflösung/Eingemeindung aus tatsächlich vorhandenen und gegen die Weiterexistenz der Gemeinde ausreichen abgewogenen Gründen des Gemeinwohls erfolgt[32].

b) Gemeindeverbände

24 Der Begriff „Gemeindeverbände" wird auch für kommunale Personalkörperschaften auf gesetzlicher oder vertraglicher Basis wie z.B. Zweckverbände verwendet (näher zur kommunalen Zusammenarbeit § 10). In Art. 28 Abs. 2 S. 2 GG meint der Begriff „Gemeindeverbände" hingegen kommunale Gebietskörperschaften oberhalb der Gemeindeebene, also insbesondere die in Art. 28 Abs. 1 S. 2 und 3 GG erwähnten (Land-)Kreise[33].

25 Der Unterschied zwischen dem Selbstverwaltungsrecht der Gemeinden und demjenigen der Gemeindeverbände ergibt sich schon aus dem Wortlaut des Art. 28 Abs. 2 GG: Während die Gemeinden „alle Angelegenheiten der örtlichen Gemeinschaft im Rahmen der Gesetze in eigener Verantwortung" regeln dürfen, haben die Gemeindeverbände ein Selbstverwaltungsrecht „im Rahmen ihres gesetzlichen Aufgabenbereichs nach Maßgabe der Gesetze". Gesetzlich festgelegt werden für die Gemeindeverbände also nicht nur die Grenzen des Selbstverwaltungsrechts (wie bei den Gemeinden), sondern schon der Aufgabenbereich, innerhalb dessen autonomes Handeln möglich sein soll bzw. der Schutzbereich des Selbstverwaltungsrechts. Die Gemeindeverbände haben von Verfassungswegen also gerade nicht – wie die Gemeinden – eine Allzuständigkeit in ihrem Gebiet bzw. für alle überörtlichen Angelegenheiten[34]. Der Gesetzgeber darf den Landkreisen zwar dennoch die überörtlichen Angelegenheiten oder alle Angelegenheiten, die die Leistungsfähigkeit kreisangehöriger Gemeinden übersteigen, generalklauselartig zuweisen[35]. Für die Aufhebung einer solchen Zuweisung und die Reduzierung der Kreiszuständigkeit auf bestimmte Angelegenheiten bestehen jedoch kaum verfassungsrechtliche Hindernisse (näher sogleich Teil 1 § 3 II. 3.)).

26 Im Übrigen enthält Art. 28 Abs. 2 S. 2 GG auch eine Einrichtungsgarantie bzw. institutionelle Garantie der Gemeindeverbände, d. h. es muss im Geltungsbereich des Grund-

---

31 Statt vieler *Lange*, KomR, Kap. 1 Rn. 16 ff. Die früher h.M. unterschied bei verfassungsrechtlich garantierten Rechtsinstituten zwischen Institutgarantien (Rechtsinstitute des Privatrechts, z.B. die Ehe i.S.d. Art. 6 Abs. 1 GG) und institutionellen Garantien (Rechtsinstitute des öffentlichen Rechts, z.B. gemeindliche Selbstverwaltung i.S.d. Art. 28 Abs. 2 S. 1 GG). Mittlerweile wird häufig für beide Varianten der Begriff Einrichtungsgarantien verwendet (näher *U. Mager*, Einrichtungsgarantien, 2003).
32 Vgl. etwa *Tettinger/Erbguth/Mann*, BesVerwR, § 2 Rn. 50; *Tettinger/Schwarz*, in: von Mangoldt/Klein/Starck, GG, 6. Aufl. (2011), Art. 28 Rn. 232 ff.
33 So u. a. auch *Geis*, KomR, § 4 Rn. 7, § 14 Rn. 2.
34 Rn. 13 ff.
35 So die Regelungen in allen einschlägigen Kommunalgesetzen: § 2 Abs. 1 S. 1 LKrO BW; Art. 4 Abs. 1 BayLKrO; § 122 Abs. 2 S. 1 BbgKVerf; § 2 Abs. 1 S. 1 HKO; § 89 Abs. 1 KVMV; § 3 Abs. 2 S. 1 NKomVG; § 2 Abs. 1 S. 1 KrO NRW; § 2 Abs. 1 S. 1 LKrO RP; § 143 Abs. 1 S. 1 KSVG; § 2 Abs. 1 S. 1 SächsLKrO; § 3 Abs. 2 KVG LSA; § 2 Abs. 1 S. 1 KrO SH; § 87 Abs. 1 ThürKO.

§ 3 Verfassungsrechtliche Fragen

gesetzes Gemeindeverbände geben[36]. Welche Art von Gemeindeverbänden dies zu sein haben, lässt Art. 28 Abs. 2 S. 2 GG seinem Wortlaut nach offen. Aus dem Zusammenhang mit Art. 28 Abs. 1 GG ergibt sich jedoch, dass insbesondere die (Land-)Kreise angesprochen sind[37]. Einzelne Kreise genießen hingegen ähnlich wie Gemeinden kein individuelles Bestandsrecht.

3. Beschränkungen und Gesetzesvorbehalt

▶ **FALL 4 (IN ANLEHNUNG AN BVERFGE 76, 107):** Um in Deutschland bessere Bedingungen für große Einzelhandelsunternehmen zu schaffen und so die Handelsliberalisierung zwischen Europa und den USA voranzutreiben, schafft die Bundesregierung durch ein am 1.4.2013 in Kraft getretenes Gesetz § 34 Abs. 3 BauGB ab. Die Stadt S fürchtet, dass der dann leichter mögliche Zuzug von Großkonzernen in ihre Innenstadt erhebliche negative Auswirkungen auf die örtlichen Einzelhändler und sonstigen Gewerbetreibenden haben kann. Einige der bisher in der Innenstadt von S ansässigen Einzelhändler, die Flächen in gemeindeeigenen Immobilien gemietet hätten, hätten bereits gedroht, aus S wegzuziehen. Dadurch könnten auch bauplanerische Maßnahmen notwendig werden. Gestützt auf Art. 12 Abs. 1, 14 Abs. 1 und 28 Abs. 2 S. 1 GG erhebt S deshalb gegen das Gesetz am 2.2.2014 schriftlich Verfassungsbeschwerde zum BVerfG.
Ist die Beschwerde zulässig? ◀

27

a) Gemeinden

Als subjektives Recht schützt Art. 28 Abs. 2 S. 1 GG die Gemeinden gegen Eingriffe durch andere Behörden (z.B. Aufsichtsbehörden oder auch die Nachbargemeinde i.S.d. § 2 Abs. 2 BauGB[38]), aber auch durch den Gesetzgeber. Letzterer kann in das gemeindliche Selbstverwaltungsrecht insbesondere dadurch eingreifen, dass er einer Gemeinde Aufgaben entzieht und sie selbst übernimmt oder auf eine höhere Behörde/Gebietskörperschaft überträgt (sog. Hochzonung). Ein denkbarer, in der Praxis aber seltenerer Eingriff ist die Übertragung der Zuständigkeit von einer Gemeinde auf eine andere (sog. Querzonung). Ebenso wird in das Recht aus Art. 28 Abs. 2 S. 1 GG eingegriffen, wenn der Staat Gemeinden in so großem Umfang mit Aufgaben außerhalb des Selbstverwaltungsbereichs überhäuft (sog. übertragener Wirkungskreis bzw. Pflichtaufgaben nach Weisung; näher s. u. Teil 2 § 2), dass sie ihre Selbstverwaltungsaufgaben nur noch erschwert wahrnehmen können[39].

28

Als Eingriff in Art. 28 Abs. 2 S. 1 GG könnte man prinzipiell auch die Auflösung einer Gemeinde oder die Zusammenlegung mit einer anderen qualifizieren, denn eine Gemeinde, die gar nicht mehr existiert, kann auch ihr Selbstverwaltungsrecht nicht mehr ausüben. Die h.M. sieht dies jedoch anders und verlangt für die Auflösung lediglich eine Anhörung der betroffenen Gemeinde und, dass die Auflösung aus Gründen des öffentlichen Wohls erfolgt[40]. Dies überzeugt, weil Art. 28 Abs. 2 S. 1 GG eben nur die Gemeinde als Typus der kommunalen Gebietskörperschaft, nicht aber bestimmte einzelne Gemeinden garantieren will.

29

---

36 Statt vieler *Nierhaus*, in: Sachs, GG, 6. Aufl. (2011), Art. 28 Rn. 79.
37 BVerfGE 83, 363 (383); a.A. wohl *Tettinger/Erbguth/Mann*, BesVerwR, § 2 Rn. 77.
38 Zum Zusammenhang zwischen § 2 Abs. 2 BauGB und Art. 28 Abs. 2 S. 1 GG statt vieler *Battis*, in: ders./Krautzberger/Löhr, BauGB, 11. Aufl. (2009), § 2 Rn. 20 ff.
39 *Hufen*, DÖV 1998, 276 ff.
40 Vgl. etwa *Tettinger/Schwarz*, in: von Mangoldt/Klein/Starck, GG, 6. Aufl. (2011), Art. 28 Rn. 232 ff.

30 Zur verfassungsrechtlichen Rechtfertigung eines Eingriffs in Art. 28 Abs. 2 S. 1 GG muss zunächst der Vorbehalt des Gesetzes gewahrt sein, d. h. die Aufgabenentziehung muss – wie sich schon aus dem Wortlaut des Art. 28 Abs. 2 S. 1 GG („Rahmen der Gesetze") ergibt – durch oder aufgrund eines Gesetzes im materiellen Sinne erfolgen[41].

31 Außerdem muss nach der Rechtsprechung des BVerfG die Hochzonung/Querzonung dazu geeignet sein, den mit ihr verfolgten verfassungsrechtlich legitimen Zweck zu erreichen und darf nicht über das dazu Erforderliche hinausgehen[42]. Dies erinnert deutlich an die grundrechtliche Verhältnismäßigkeitsprüfung[43]. Das BVerfG verwendet den Begriff „Verhältnismäßigkeit" allerdings, offenbar um den Unterschied zwischen Art. 28 Abs. 2 GG und den Grundrechten nicht zu verwischen, erst in neueren Entscheidungen[44]. Für diese Zurückhaltung spricht, dass die Figur der Verhältnismäßigkeit in staatsorganisationsrechtlichen Beziehungen (und eine solche ist auch diejenige zwischen Staat und Kommunen) nicht anwendbar ist[45]. Ihre Anwendung zumindest auf Art. 28 Abs. 2 S. 1 GG ist dennoch zutreffend, denn Art. 28 Abs. 2 S. 1 GG ist eben im Gegensatz zu sonstigen Rechten im Staatsorganisationsrechtsteil des Grundgesetzes auch ein subjektives Recht[46]. Im Rahmen der Verhältnismäßigkeitsprüfung ist (am sinnvollsten bei der Angemessenheit) auch zu berücksichtigen, dass sich Art. 28 Abs. 2 GG ein Vorrang der Gemeinden gegenüber Gemeindeverbänden entnehmen lässt. Dies folgt aus der Formulierung „Auch" in Art. 28 Abs. 2 S. 2 GG sowie daraus, dass Gemeinden ein Selbstverwaltungsrecht „im Rahmen der Gesetze", Gemeindeverbänden aber nur eines „nach Maßgabe der Gesetze" haben[47].

32 Welche Zwecke verfassungsrechtlich legitim sind, um das Selbstverwaltungsrecht der Gemeinden einzuschränken, ist umstritten. Weil sich das Grundgesetz klar für die kommunale Selbstverwaltung entschieden hat, kann jedoch die bloße Verwaltungsvereinfachung nicht ausreichen[48]. Ein Verwaltungssystem mit drei Ebenen (Bund, Länder, Gemeinden und Gemeindeverbände) ist notwendig komplexer als eines mit nur zwei Ebenen (Bund und Länder). Auch Kostengründe können einen Aufgabenentzug höchstens im Extremfall rechtfertigen.

33 Eine Verhältnismäßigkeitsprüfung ist prinzipiell auch dann durchzuführen, wenn lediglich ein Teilentzug von Aufgaben stattfindet bzw. wenn der Gesetzgeber Vorgaben für die Aufgabenerledigung macht und dadurch insbesondere in die Personal- und Organisationshoheit der Gemeinden eingreift. Die Rechtfertigungsanforderungen sind allerdings geringer als beim vollständigen Aufgabenentzug. Insbesondere können bei derartigen Maßnahmen Gründe der Verwaltungsvereinfachung sowie der Wirtschaftlichkeit und Sparsamkeit eher Berücksichtigung finden[49]. Andererseits muss der Gesetzgeber auch hier der von Art. 28 Abs. 2 S. 1 GG anerkannten Bedeutung der gemeindlichen Selbstverwaltung angemessen Rechnung tragen.

---

41 *Geis*, KomR, § 6 Rn. 7; *Th. I. Schmidt*, KomR, Rn. 79.
42 BVerfGE 103, 332 (367); 79, 127 (153).
43 Dazu *Michael/Morlok*, Grundrechte, 3. Aufl. (2012), § 23.
44 Explizit BVerfGE 103, 332 (366 f.).
45 *Jestaedt*, HdBStR II, 3. Aufl. (2004), § 29 Rn. 65.
46 A. A. *Burgi*, KomR, § 6 Rn. 40.
47 So i. E. auch BVerfGE 107, 1 (13); *Th. I. Schmidt*, KomR, Rn. 80; *Burgi*, KomR, § 6 Rn. 42.
48 BVerfGE 107, 1 (13); *Burgi*, KomR § 6 Rn. 42.
49 BVerfGE 119, 331 (363); 91, 228 (240 f.).

In keinem Fall darf der Kernbereich des Selbstverwaltungsrechts der Gemeinden angetastet werden[50]. Dieser Kernbereich ist allerdings nicht einfach zu bestimmen. Früher wurde vertreten, dass der Kernbereich verletzt sei, wenn das was nach Entzug einer Selbstverwaltungsaufgabe übrig blieb, nicht mehr dem traditionellen Bild der Selbstverwaltung der Gemeinden entsprach (sog. Subtraktionsmethode)[51]. Dagegen spricht, dass dann der Staat im Wege einer „Salamitaktik" den Gemeinden Aufgaben entziehen und so die Selbstverwaltung schrittweise aushöhlen kann[52]. Das BVerfG nimmt eine Kernbereichsverletzung an, wenn *„die kommunale Selbstverwaltung völlig beseitigt oder derart ausgehöhlt wird, dass die Gemeinde keinen ausreichenden Spielraum zu ihrer Ausübung mehr hat"*[53]. Dass ein Gesetz in die Gemeindehoheiten (näher dazu Teil 2 § 1) eingreift, reicht grundsätzlich nicht aus. Dies überzeugt, denn jeder Aufgabenentzug führt insbesondere dazu, dass die Gemeinden ihre Verwaltung umorganisieren und entsprechendes Personal anders einsetzen müssen. In diesen Fällen läge also immer ein mittelbarer Eingriff in die Organisations- und Personalhoheit vor, so dass dann jeder Aufgabenentzug ein Kernbereichseingriff wäre. Nur dann, wenn eine Gemeindehoheit vom Gesetzgeber grundlegend negiert bzw. in ihrer praktischen Ausübung unmöglich gemacht wird, ist der Kernbereich des Selbstverwaltungsrechts aus Art. 28 Abs. 2 S. 1 GG betroffen[54].

34

b) Gemeindeverbände

Grundlegend anders ist die Rechtslage beim Selbstverwaltungsrecht der Gemeindeverbände: Hier wird der Bereich, in dem das Selbstverwaltungsrecht ausgeübt werden kann, nach dem Wortlaut des Art. 28 Abs. 2 S. 2 GG („gesetzliche[r] Aufgabenbereich") erst durch den Gesetzgeber bestimmt. Damit stellt sich die Frage, ob eine solche Ausgestaltung des Aufgabenbereichs ein Eingriff ist. Die Problematik ist ähnlich wie bei Inhalts- und Schrankenbestimmungen des Eigentums i.S.d. Art. 14 Abs. 1 S. 2 GG[55]. Jedenfalls markiert die institutionelle Garantie der Gemeindeverbände eine äußerste Grenze, d. h. der Aufgabenbereich dieser kommunalen Ebene darf nicht so eng gefasst werden, dass von effektiver Selbstverwaltung nicht mehr gesprochen werden kann. Deshalb muss der Gesetzgeber den Kreisen einen gewissen Mindestbestand an Aufgaben garantieren[56]. Ebenso gilt der Vorbehalt des Gesetzes für Ausgestaltungen des Aufgabenbereichs der Gemeindeverbände in gleicher Weise wie für Eingriffe in diesen Aufgabenbereich. Dies folgt klar aus dem Wortlaut des Art. 28 Abs. 2 S. 2 GG („gesetzlich" und „des Gesetzes").

35

Ob sich Art. 28 Abs. 2 S. 2 GG sonstige Schranken für den Aufgabenentzug zulasten von Gemeindeverbänden entnehmen lassen, ist streitig: Die Literatur hatte lange Zeit angenommen, dass Aufgaben der Gemeindeverbände, die ihnen durch den Gesetzgeber zugewiesen wurden, nach dieser Zuweisung auch verfassungsrechtlich geschützt sind.

36

---

50 BVerfGE 103, 332 (365 ff.); 76, 107 (118 m.w.N.); *Lange*, KomR, Kap. 1 Rn. 93 ff.; *Tettinger/Erbguth/Mann*, BesVerwR, § 2 Rn. 63.
51 So BVerwGE 6, 19 (25); i. E. BVerfGE 83, 363 (381); 22, 180 (205); 50, 195 (201).
52 Ähnlich *Geis*, KomR, § 6 Rn. 8.
53 Wörtlich BVerfGE 103, 332 (366); vgl. auch bereits 56, 298 (312 m.w.N.).
54 Für die Planungshoheit BVerfGE 103, 332 (366 ff.); vgl. auch BVerfGE 119, 331 (361 ff.).
55 Der Gesetzgeber definiert (v. a. im bürgerlichen Recht), was Eigentum i.S.d. Art. 14 GG ist. Diese Definition des grundrechtlichen Schutzbereichs ist eigentlich kein Grundrechtseingriff. Sie wird aber wie ein Eingriff behandelt, wenn sie „alte Rechte", also Befugnisse, die vor der Definition dem Eigentümer zustanden, aufhebt (näher hierzu etwa *Axer*, in: Epping/Hillgruber, BeckOK GG, Art. 14 Rn. 70).
56 So u. a. *Tettinger/Erbguth/Mann*, BesVerwR, § 2 Rn. 75.

Ein Aufgabenentzug zulasten der Gemeindeverbände war nach dieser Ansicht an Art. 28 Abs. 2 S. 2 GG in ähnlicher Weise zu messen, wie ein solcher zulasten der Gemeinden an Art. 28 Abs. 2 S. 1 GG[57]. Das BVerfG hat dem im Urteil zu den Hartz IV-Arbeitsgemeinschaften jedoch klar widersprochen. Es unterzieht Eingriffe in Art. 28 Abs. 2 S. 2 GG durch Aufgabenentzug im Ergebnis einer bloßen Willkürkontrolle[58]. Dies begegnet Bedenken, weil das BVerfG zu wenig berücksichtigt, dass das Grundgesetz in Art. 28 Abs. 2 GG neben den Gemeinden eben auch den Gemeindeverbänden eigenständige verfassungsrechtliche Bedeutung zumisst[59]. Zu überzeugen vermag die Rechtsprechung des BVerfG zumindest in Fällen, in denen eine Herunterzonung von der Gemeindeverbands- auf die Gemeindeebene stattfindet, denn aus Art. 28 Abs. 2 S. 1 folgt – wie dargelegt (Rn. 31) – ein Vorrang der Gemeindeebene. In Hoch- und Querzonungsfällen sollte (zumindest auch) die Verhältnismäßigkeit der Maßnahme geprüft werden, jedoch mit im Vergleich zu Eingriffen gegenüber Gemeinden, abgesenkten Anforderungen. Sofern der geprüfte Eingriff danach verhältnismäßig ist, erübrigt sich ein Eingehen auf die Rechtsprechung.

4. Finanzielle Gewährleistungen in Art. 28 Abs. 2 S. 3 GG (Überblick)

37 Nach Art. 28 Abs. 2 S. 3 GG umfasst die Garantie der kommunalen Selbstverwaltung auch die Grundlagen der finanziellen Eigenverantwortung, zu denen eine den Gemeinden (nicht den Gemeindeverbänden[60]) mit Hebesatzrecht zustehende, wirtschaftskraftbezogene Steuerquelle gehört. Näher ausgestaltet werden die Vorgaben des Art. 28 Abs. 2 S. 3 GG im finanzverfassungsrechtlichen Teil des Grundgesetzes. Darauf soll hier zumindest überblicksmäßig eingegangen werden (näher beim kommunalen Finanzrecht, Teil 2 § 9 Rn. 9 ff.):

38 Auf die Möglichkeit für den Bund, den Gemeinden und Gemeindeverbänden nach Art. 104b GG Finanzhilfen für besonders bedeutsame Investitionen[61] zu gewähren, wurde bereits hingewiesen. Es sind jedoch mehrere Einschränkungen zu beachten: Aus dem Begriff „bedeutsame Investitionen" folgt, dass der Bund gestützt auf Art. 104b GG nicht eine allgemeine Finanzschwäche der Gemeinden ausgleichen darf[62]. Dies ist allein möglich, soweit die Regelungen über den Finanzausgleich in Art. 106, 107 GG es zulassen[63]. Ferner sind Finanzhilfen nach Art. 104b Abs. 2 GG außer in Fällen von Naturkatastrophen und außergewöhnlichen Notsituationen nur möglich, wenn der Bund auch eine entsprechende Gesetzgebungskompetenz hat. In Bereichen, die in die ausschließliche Kompetenz der Länder fallen (z. B. Schulwesen, Versammlungswesen), ist dem Bund die finanzielle Unterstützung der Gemeinden und Gemeinde versagt. Die Vorgängerregelung zu Art. 104b GG, Art. 104a Abs. 4 GG a. F. war hier großzügiger. Für auf Art. 104a Abs. 4 GG a. F. gestützte Finanzhilferegelungen enthalten die Art. 125c Abs. 2 und 143c GG Übergangsregelungen.

39 Art. 106 Abs. 5 und 5a GG sehen vor, dass den Gemeinden Anteile am Aufkommen aus der Einkommens- und der Umsatzsteuer nach näherer bundesgesetzlicher Ausge-

---

57 Hierzu etwa *Schoch*, DVBl. 2008, 937 ff.; *Kluth*, ZG 2008, 292 ff.
58 BVerfGE 119, 331 (354 f.).
59 Kritisch auch *Schoch*, DVBl. 2008, 937 ff.
60 So zu Recht *Th. I. Schmidt*, KomR, § 3 Rn. 87.
61 Gemeint sind Investitionen, die „in Ausmaß und Wirkung besonderes Gewicht" haben (so BVerfGE 39, 96 (115) zur Vorgängerregelung Art. 104a Abs. 4 GG a.F.).
62 So u. a. auch *Kube*, in: Epping/Hillgruber, GG, Art. 104b Rn. 4.
63 BVerfGE 39, 96 (108) zur Vorgängerregelung Art. 104a Abs. 4 GG a.F.

staltung zustehen. Die Länder leiten diese Anteile an ihre jeweiligen Gemeinden entsprechend der örtlichen Leistungsfähigkeit weiter. Bundesgesetzliche Regelungen über ein Hebesatzrecht der Gemeinden für ihren Steueranteil, wie Art. 106 Abs. 5 S. 3 GG sie vorsieht, existieren bisher nicht. Nach Art. 106 Abs. 7 GG fließt den Gemeinden und Gemeindeverbänden außerdem ein von der Landesregierung zu bestimmender Prozentsatz am Gesamtaufkommen der Gemeinschaftssteuern zu und die Länder können regeln, in welchem Umfang die Kommunen an den Landessteuern beteiligt werden.

Die in Art. 28 Abs. 2 S. 3 GG erwähnte, „den Gemeinden mit Hebesatzrecht zustehende wirtschaftskraftbezogene Steuerquelle" findet sich in Art. 106 Abs. 6 GG in Form der Grundsteuer und der Gewerbesteuer (sog. Realsteuern). Nicht garantiert ist, dass diese Steuern auf Dauer bestehen bleiben oder gar dass die Einnahmen aus ihnen immer eine bestimmte Mindesthöhe haben müssen[64]. Ferner steht den Gemeinden oder, soweit es landesgesetzlich vorgesehen ist, den Gemeindeverbänden i.S.d. Art. 28 Abs. 2 S. 2 GG das Aufkommen aus den, örtlichen Verbrauchs- und Aufwandssteuern zu. Bei der Festlegung dieser zuletzt genannten Steuern ist nach der Rechtsprechung des BVerfG der Grundsatz der Einheitlichkeit der Rechtsordnung zu wahren. Im Urteil zur kommunalen Verpackungssteuer[65] hatte das Gericht festgestellt, dieser Grundsatz verbiete es den Kommunen, das Kooperationsprinzip im (Bundes-)Umweltrecht zu untergraben.

40

Nicht unmittelbar aus dem Grundgesetz ableiten lässt sich ein Konnexitätsprinzip in dem Sinne, dass Aufgabenübertragungen an Gemeinden nur zulässig sind, wenn ihnen auch die entsprechenden Finanzmittel übertragen bzw. bereitgestellt werden[66]. Der Begriff „Grundlagen der finanziellen Eigenverantwortung" in Art. 28 Abs. 2 S. 3 GG wäre dafür zwar prinzipiell offen. Weil der Bund nach Art. 84 Abs. 1 S. 7 und 85 Abs. 1 S. 2 GG den Gemeinden ohnehin keine Aufgaben mehr übertragen darf, besteht für ein grundgesetzliches Konnexitätsprinzip jedoch kein verfassungsrechtliches Bedürfnis. Der Sonderlastenausgleich nach Art. 106 Abs. 8 GG erfasst lediglich den (Ausnahme-)Fall, dass der Bund in Gemeinden oder Gemeindeverbänden besondere Einrichtungen veranlasst, die dort unmittelbar zu Mehrausgaben oder Mindereinnahmen führen. Ein entsprechender Ausgleich durch den Bund steht außerdem unter dem Vorbehalt, dass es den Ländern, Gemeinden und Gemeindeverbänden nicht zugemutet werden kann, die finanzielle Belastung selbst zu tragen. Ein „echtes" (von Zumutbarkeitserwägungen grundsätzlich unabhängiges) Konnexitätsprinzip folgt jedoch aus den Landesverfassungen und schützt damit die Kommunen vor (verfassungsrechtlich grundsätzlich zulässigen) Aufgabenübertragungen durch die Länder (näher s. u. Teil 2 § 9 Rn. 19 ff.).

41

III. Kommunale Selbstverwaltung und Demokratieprinzip

Auch wenn die Kommunalverwaltung, wie dargelegt, keine mittelbare Staatsverwaltung ist, ist das hoheitliche Handeln der Kommunen dennoch ein amtliches Handeln mit Entscheidungscharakter und es bedarf deshalb i.S.d. Art. 20 Abs. 2 GG der demokratischen Legitimation[67].

42

---

64 *Heintzen*, in: von Münch/Kunig, GG, Art. 106 Rn. 45.
65 BVerfGE 98, 106 (118 ff.).
66 Dazu etwa *Wagner/Reichenbach*, ZRP 2003, 308.
67 BVerfGE 107, 59 (87) und st. Rspr.

43 Diese Legitimation erhält das kommunale Handeln zum einen jedenfalls auf Gemeinde- und Kreisebene durch die im jeweiligen Gebiet regelmäßig stattfindenden Wahlen zu den Kollegialorganen (Kommunalwahlen)[68]. Zum anderen gilt die Bindung an die Bundes- und Landesgesetze (sachlich-inhaltliche Legitimation[69]) unproblematisch auch dann, wenn Kommunen diese anwenden. Die Staatsaufsicht über die Kommunen (näher § 10), die immer zumindest Rechtsaufsicht ist, verstärkt diesen Legitimationsstrang noch.

44 Dass die Wahlen auf kommunaler Ebene auch tatsächlich demokratische Legitimation vermitteln können, stellt Art. 28 Abs. 1 S. 2 GG sicher, indem er die Wahlrechtsgrundsätze aus Art. 38 Abs. 1 S. 1 GG auf die kommunale Ebene überträgt[70]. Daran ändert auch die Tatsache nichts, dass auf kommunaler Ebene nach Art. 28 Abs. 1 S. 3 GG auch EU-Bürger wahlberechtigt sind. Diese sind zwar nicht Teil des deutschen Staatsvolks, das „Volk" i.S.d. Art. 20 Abs. 2 GG[71] und somit Subjekt der demokratischen Legitimation ist. Insoweit ist jedoch das Demokratieprinzip mit dem u. a. in Art. 23 GG verankerten Prinzip der Europarechtsfreundlichkeit des Grundgesetzes in praktische Konkordanz zu bringen.

45 Nach dem Grundsatz der praktischen Konkordanz ist auch der allgemeine Konflikt zwischen Selbstverwaltung und Demokratieprinzip zu lösen: Selbstverwaltung setzt eigenständiges d. h. grundsätzlich weisungsfreies Handeln voraus. Die Weisungsfreiheit lockert aber die Bindung an den Volkswillen und schwächt damit die demokratische Legitimation. Diese Schwächung ist in dem Umfang hinzunehmen, in dem sie im verfassungsrechtlich für die Verwaltung der jeweiligen Kommune vorgegebenen Rahmen bleibt (Gemeinden: örtliche Aufgaben; Gemeindeverbände: gesetzlich festgelegte Selbstverwaltungsaufgaben) und soweit sie erforderlich ist, damit Selbstverwaltung auch tatsächlich *Selbst*verwaltung sein kann.

IV. Kommunen im Landesverfassungsrecht

46 Die Landesverfassungen enthalten, wie bereits erwähnt, ebenfalls Regelungen, die die Kommunen betreffen und die in ihrer Reichweite teilweise noch über den Gehalt des Art. 28 Abs. 2 GG hinausgehen. Insbesondere das Konnexitätsprinzip (näher Teil 2 § 9 Rn. 42 ff.) schafft für die Kommunen eine zusätzliche Absicherung dagegen, dass ihnen die Länder in übermäßigem Umfang Aufgaben übertragen. Die in den entsprechenden Normen der Landesverfassungen verwendeten Begriffe lassen sich jedoch, soweit sie Begriffen in Art. 28 Abs. 2 GG entsprechen, im Lichte dieser Grundgesetzbestimmung auslegen. So entspricht etwa der Begriff „Selbstverwaltung" in Art. 10 und 11 BV demjenigen in Art. 28 Abs. 2 GG[72].

---

[68] Die in Art. 28 Abs. 1 S. 4 GG angesprochene Möglichkeit einer direkteren demokratischen Legitimation durch eine Bürgerversammlung hat kaum praktische Bedeutung (so u. a. auch *Hellermann*, in: BeckOK GG, Art. 28 Rn. 19).

[69] Zu den beiden Legitimationssträngen der sachlich-inhaltlichen und der personell-organisatorischen demokratischen Legitimation statt vieler *E. W. Böckenförde*, in: J. Isensee/P.Kirchhof (Hrsg.), Handbuch des Staatsrechts, Bd. 2, 3. Aufl. (2004), § 24 Rn. 11 ff.

[70] Die Kollegialorgane auf kommunaler Ebene werden damit allerdings nicht zu Parlamenten, sondern bleiben Organe eines (Selbst-)Verwaltungsträgers; näher zur fehlenden Parlamentsqualität insbesondere des Gemeinderats s. u. Teil 2 § 4 Rn. 5.

[71] Zum Volksbegriff des Art. 20 Abs. 2 GG BVerfGE 83, 37 (50 ff.); *M. Jestaedt*, JuS 2004, 649 (650).

[72] Vgl. etwa *F. Wollenschläger*, in: Meder/Brechmann, BV, Art. 10 Rn. 5 ff.

Im Übrigen folgen aus Art. 28 GG für die Existenz von Kommunen in den Ländern eher weitmaschige Vorgaben. Das Beispiel der Stadtstaaten, deren Existenz bei Schaffung des Grundgesetzes zweifelsohne nicht in Frage gestellt werden sollte, zeigt deutlich, dass Art. 28 Abs. 2 GG nicht dazu zwingen will, dass in allen Bundesländern Gemeinden und Gemeindeverbände existieren müssen. Dass die Länder prinzipiell berechtigt sind, auf kommunale Gebietskörperschaften zu verzichten, ergibt sich im Übrigen auch aus Art. 28 Abs. 1 GG. Danach müssen die Verfassungsräume von Bund und Ländern im Bezug auf die wesentlichen Strukturprinzipien des Art. 20 und 38 GG homogen sein. Homogen heißt jedoch nicht identisch und eine Pflicht, kommunale Gebietskörperschaften zu haben, folgt weder aus Art. 20 GG (eine demokratische, rechts- und sozialstaatliche Verfassung ist auch ohne kommunale Gebietskörperschaften möglich), noch aus Art. 28 Abs. 1 und 2 GG. Art. 28 Abs. 1 S. 2 und 3 GG sowie Art. 28 Abs. 2 GG machen verfassungsrechtliche Vorgaben für Wahlen zu den Vertretungsorganen und für die Kommunalverwaltung, *wenn* in einem Land Gemeinden und Gemeindeverbände existieren. Darin liegt kein Widerspruch zur obigen Aussage, dass Art. 28 Abs. 2 S. 1 GG eine institutionelle Garantie der Gemeinden enthält, denn Art. 28 Abs. 2 S. 1 GG ist solange nicht verletzt wie es im Geltungsbereich des Grundgesetzes – nicht zwingend jedoch in jedem Bundesland – Gemeinden gibt.

Abweichungen zwischen den Ebenen von Bundes- und Landesverfassungsrecht ergeben sich im Übrigen teilweise aus der Rechtsprechung der Landesverfassungsgerichte insbesondere zu den Grundrechten. Darauf ist sogleich näher einzugehen.

V. Kommunen als Grundrechtsträger

Wie erwähnt (s. o. Teil 1 § 3 II. 2.) a) cc)), ist Art. 28 Abs. 2 GG zwar ein subjektiv-öffentliches Recht aber weder ein Grundrecht noch ein grundrechtsgleiches Recht. Dies beantwortet allerdings noch nicht die Frage, ob sich Kommunen auf Grundrechte berufen können.

Eine Grundrechtsfähigkeit juristischer Personen des öffentlichen Rechts ist, wie das Beispiel der Kirchen, der Rundfunkanstalten und der Universitäten zeigt, deren Existenz der Verwirklichung bestimmter Grundrechte dient, prinzipiell möglich[73]. Kommunen existieren hingegen nicht oder jedenfalls nicht in erster Linie dazu, damit die Bürger in ihnen ihre Grundrechte verwirklichen können. Sie sind vielmehr nicht nur formal juristische Personen des öffentlichen Rechts, sondern auch materiell gesehen in erster Linie Hoheitsträger bzw. Verpflichtete der Grundrechte. Deshalb können Kommunen grundsätzlich nicht grundrechtsberechtigt sein[74]. Dies gilt selbst dann, wenn sie privatrechtlich oder durch von ihnen mehrheitlich beherrschte juristische Personen des Privatrechts handeln[75].

Dagegen wird zwar vorgebracht, dass sich auch Kommunen (z.B. als Beteiligte in Planungsverfahren) im Verhältnis zum Staat in einer grundrechtstypischen Gefährdungslage befinden könnten[76]. U. a. aus diesem Grund hat etwa der Bayerische Verfassungsgerichtshof den bayerischen Gemeinden eine Berufung auf die Eigentumsgarantie der

---

73 Zur Grundrechtsberechtigung dieser Einrichtungen aufgrund ihrer grundrechtsdienenden Funktion vgl. nur *Michael/Morlok*, Grundrechte, S. 237 ff.
74 BVerfGE 26, 228 (244); 61, 82 (103) und st.Rspr.
75 BVerfG, NVwZ 2005, 963; BVerfG (Kammer), NJW 1990, 1783.
76 So etwa *Schnapp*, in: D. Merten/H.-J. Papier, Handbuch der Grundrechte, Bd. 2, 2006, § 52.

Bayerischen Verfassung zugebilligt[77]. Gegen diese Ansicht spricht zum einen, dass sie eine für den Wert der Grundrechte als Schutzrechte des privaten Individuums möglicherweise schädliche Vermengung von Grundrechtberechtigung und – verpflichtung bewirken kann. Zum anderen dient das Handeln der Kommunen dem öffentlichen Interesse und nicht dem Individualinteresse oder gar der Persönlichkeitsentfaltung[78]. Außerdem zeigt die Existenz der speziell auf den Schutz der Rechte aus Art. 28 Abs. 2 GG ausgerichteten Verfassungsbeschwerde nach Art. 93 Abs. 1 Nr. 4b GG, dass der Verfassungsgeber eine Grundrechteberechtigung der Kommunen jedenfalls für die Ebene des Grundgesetzes nicht beabsichtigt hat.

52 Ein staatlicher Eingriff, der im Verhältnis zu einer juristischen Person des Privatrechts an deren Grundrechten zu messen wäre, kann gegenüber einer Kommune jedoch ein Eingriff in deren u. a. durch Art. 28 Abs. 2 GG geschütztes Selbstverwaltungsrecht sein[79]. Unstreitig berechtigt sind Kommunen außerdem (wie alle juristischen Personen des öffentlichen Rechts) aus den Justizgrundrechten[80]. Dadurch wird hinreichende Waffengleichheit aller Beteiligten von Gerichtsverfahren hergestellt.

VI. Rechtsschutz

53 Ihre verfassungsrechtlich verbürgten Rechte können Gemeinden und Gemeindeverbände vor den Verfassungs- und Verwaltungsgerichten geltend machen:

1. Verfassungsgerichtlicher Rechtsschutz

a) Vor dem BVerfG

54 Art. 93 Abs. 1 Nr. 4b GG räumt den Gemeinden und Gemeindeverbänden, also allen Trägern des Selbstverwaltungsrechts aus Art. 28 GG[81], die Möglichkeit ein, wegen Verletzung dieses Rechts Verfassungsbeschwerde zu erheben. Die Bezeichnung „Verfassungsbeschwerde" darf hierbei nicht darüber hinwegtäuschen, dass erhebliche Unterschiede zur in Art. 93 Abs. 1 Nr. 4a GG geregelten Verfassungsbeschwerde bestehen. Eine Verfassungsbeschwerde i.S.d. Art. 93 Abs. 1 Nr. 4a GG können Kommunen, weil sie sich – wie dargelegt - grundsätzlich nicht auf Grundrechte des Grundgesetzes berufen können, lediglich gestützt auf die Justizgrundrechte erheben[82].

55 Folgende besonderen Voraussetzungen bestehen für die kommunale Verfassungsbeschwerde nach Art. 93 Abs. 1 Nr. 4b GG:

56 Kommunen können sich im Rahmen des Art. 93 Abs. 1 Nr. 4b GG nur auf eine Verletzung des Selbstverwaltungsrechts nach Art. 28 Abs. 2 GG berufen. Sie müssen in ihrem Antrag also die Umstände angeben, aus denen sich im konkreten Fall eine Verletzung des Selbstverwaltungsrechts ergeben kann[83].

---

[77] BayVerfGHE 37, 101 ff.
[78] *Lange*, KomR, Kap. 2 Rn. 75.
[79] So zu Recht *Lange*, KomR, Kap. 2 Rn. 78 f.
[80] BVerfGE 61, 82 (104 f.).
[81] Nicht umfasst sind die Stadtstaaten (diese können ihre Recht im Bund-Länder-Streit nach Art. 93 Abs. 1 Nr. 3 GG verfolgen) und deren Untergliederungen, soweit sie nicht selbst als Kommunen anzusehen sind. Taugliche Antragsteller sind deshalb die Freie Hansestadt Bremen und die Stadt Bremerhaven, nicht aber der Berliner und Hamburger Bezirke (vgl. nur *St. Magen*, in: Umbach/Clemens/Dollinger (Hrsg.), BVerfGG, 2. Aufl. (2005), § 91 Rn. 15).
[82] *Tettinger/Erbguth/Mann*, BesVerwR, § 2 Rn. 90.
[83] BVerfG (Kammer), NVwZ 1987, 123.

Der mit der Beschwerde geltend gemachte Eingriff in das Selbstverwaltungsrecht muss durch (Bundes- oder Landes-)Gesetz erfolgen und kann dann nicht vor dem BVerfG geltend gemacht werden, wenn er durch Landesgesetz erfolgt ist und Beschwerde zum Landesverfassungsgericht erhoben werden kann. Den Begriff des Gesetzes in Art. 93 Abs. 1 Nr. 4b GG legt das BVerfG im Lichte des Art. 28 Abs. 2 GG weit aus und erstreckt ihn auf alle (formellen und materiellen) Rechtsnormen mit Außenwirkung also insbesondere auch Rechtsverordnungen. Damit soll vermieden werden, dass die Kommunalverfassungsbeschwerde durch bloße Rechtsformwahl umgangen werden kann[84]. Ob Gegenstand der kommunalen Verfassungsbeschwerde auch ein Unterlassen des Gesetzgebers sein kann, ist umstritten[85]. Der Wortlaut des Art. 93 Abs. 1 Nr. 4b GG spricht dagegen.

Die Subsidiaritätsklausel in Art. 93 Abs. 1 Nr. 4b GG wird hingegen eng ausgelegt und steht einer Kommunalverfassungsbeschwerde zum BVerfG nur dann entgegen, wenn das entsprechende Landesverfassungsgericht (nicht notwendig in prozessualer, aber zumindest in materieller Hinsicht) gleichwertigen Schutz für die kommunale Selbstverwaltung bietet[86].

Im Übrigen ähneln die Zulässigkeitsvoraussetzungen der Kommunalverfassungsbeschwerde denjenigen der Verfassungsbeschwerde nach Art. 93 Abs. 1 Nr. 4a GG[87]. An die unmittelbare Betroffenheit im Rahmen der Beschwerdebefugnis sind allerdings geringere Anforderungen zu stellen. Tauglicher Beschwerdegegenstand nach Art. 93 Abs. 1 Nr. 4b GG sind nur Gesetze. Gesetze bedürfen, um in Rechte einzugreifen, normalerweise erst der Konkretisierung durch Einzelakte. Einzelakte sind mit der Kommunalverfassungsbeschwerde jedoch nicht angreifbar. Deshalb sind Kommunen schon dann nach Art. 93 Abs. 1 Nr. 4b GG beschwerdebefugt (bzw. unmittelbar in Art. 28 Abs. 2 GG betroffen), wenn ein Gesetz noch durch Einzelakte umgesetzt werden müsste. Die unmittelbare Betroffenheit und damit die Beschwerdebefugnis fehlt nur dann, wenn das angegriffene Gesetz noch durch weiter formelle Gesetze umgesetzt werden müsste[88]. Was das Erfordernis der Rechtswegerschöpfung nach § 90 Abs. 2 BVerfGG betrifft, so ist dieses (was auch schon aus dem Wortlaut der Regelung „Ist...zulässig" folgt) nur einzuhalten, wenn sich die Kommunalverfassungsbeschwerde gegen untergesetzliche Rechtsnormen richtet, denn diese können Gegenstand einer Normenkontrolle nach § 47 VwGO sein.

Es ergibt sich folgendes Prüfungsschema für die Zulässigkeit einer Kommunalverfassungsbeschwerde nach Art. 93 Abs. 1 Nr. 4b GG:

I. *Zuständigkeit des BVerfG*
   – besteht nicht, soweit die Subsidiaritätsklausel zugunsten der Landesverfassungsgerichte eingreift
II. *Beschwerdeberechtigung bzw. tauglicher Antragsteller*
   – Gemeinde oder Gemeindeverband i.S.d. Art. 28 GG
III. *Tauglicher Beschwerdegegenstand*
   – Bundes- oder Landesgesetz im formellen und/oder materiellen Sinne

---

84 BVerfGE 107, 1 (8 ff.); 26, 228 (236).
85 Näher hierzu statt vieler *Lange*, KomR, Kap. 1 Rn. 141.
86 BVerfGE 107, 1 (10).
87 Näher *Magen*, a. a. O., Rn. 18 ff.
88 BVerfGE 71, 25 (34 ff.).

IV. *Beschwerdebefugnis*
    1.) Eigene, gegenwärtige und unmittelbare Betroffenheit im Selbstverwaltungsrecht
        – nur dann nicht gegeben, wenn angegriffenes Gesetz noch durch weitere Gesetze umgesetzt werden muss
    2.) Mögliche Verletzung des Selbstverwaltungsrechts
V. *Rechtswegerschöpfung*
    – nur bei untergesetzlichen Rechtsnormen
VI. *Rechtsschutzbedürfnis*
VII. *Form und Frist*
    – §§ 23 I, 92, 93 III BVerfGG

61 In der Begründetheit prüft das BVerfG, ob das Selbstverwaltungsrecht aus Art. 28 Abs. 2 GG verletzt ist. Prüfungsmaßstab ist dabei jedoch nicht nur Art. 28 Abs. 2 GG selbst, sondern nach ständiger Rechtsprechung auch solche Grundgesetzbestimmungen, die „ihrem Gehalt nach das verfassungsrechtliche Bild der Selbstverwaltung mitzubestimmen geeignet sind"[89]. Dazu gehören die grundlegenden Verfassungsprinzipien des Art. 20 Abs. 1 bis 3 GG, die Verteilung der Gesetzgebungs- und Verwaltungskompetenzen in Art. 70 ff. GG und 83 ff. GG[90] sowie die Verteilung der Ausgabelasten und Steuererträge zwischen Bund und Ländern[91].

b) Vor dem Landesverfassungsgericht

62 Der Rechtsschutz der Kommunen vor dem Landesverfassungsgericht, der – soweit er auch gegen Landesgesetze möglich ist – die Sperrklausel in Art. 93 Abs. 1 Nr. 4b GG auslöst, ist in den Ländern unterschiedlich ausgestaltet:

- **Baden-Württemberg** sieht in Art. 76 LV vor, dass Gemeinden und Gemeinden unter Berufung auf ihr Selbstverwaltungsrecht Normenkontrolle gegen Landesgesetze einreichen können. Ein verfassungsgerichtlicher Schutz der Gemeinden gegen Einzelfallmaßnahmen existierte bisher nicht. Der neue § 55 StGHG, mit dem erstmalig eine Verfassungsbeschwerde zum Staatsgerichtshof eingeführt wird, erfasst jedoch nicht nur Grundrechte, sondern alle verfassungsrechtlichen Individualrechte, also auch das Recht der kommunalen Selbstverwaltung aus Art. 71 LV. Kommunen genießen in Baden-Württemberg somit umfassenden verfassungsgerichtlichen Rechtsschutz.
- Im Freistaat **Bayern** fehlt eine explizite Regelung über eine Kommunalverfassungsbeschwerde o. Ä. auf Verfassungsebene. Die Popularklage gegen Landesgesetze nach Art. 98 S. 4 BV, 2 Nr. 7, 55 VerfGHG kann jedoch, weil der BayVerfGH das Selbstverwaltungsrecht aus Art. 11 Abs. 2 BV als Grundrecht interpretiert, auch von Gemeinden erhoben werden. Ähnliches gilt für die – in Bayern nur gegen Einzelakte mögliche – Verfassungsbeschwerde nach Art. 120 BV, 2 Nr. 6, 51 ff. VerfGHG.
- **Brandenburg** eröffnet Gemeinden und Gemeindeverbänden in Art. 100 BbgVerf., §§ 12 Nr. 5, 51 VerfGG ausdrücklich die Möglichkeit einer Verfassungsbeschwerde gegen ein Gesetz, das möglicherweise das Recht der kommunalen Selbstverwaltung

---

[89] Wörtlich BVerfGE 91, 228 (242 m.w.N.).
[90] So i. E. auch *Tettinger/Erbguth/Mann*, BesVerwR, § 2 Rn. 89; a.A. für Art. 84 GG: BVerfGE 119, 331 (356 ff.).
[91] BVerfGE 1, 167 (183); 71, 25 (37 f.).

§ 3 Verfassungsrechtliche Fragen

verletzt. Verfassungsgerichtlicher Rechtsschutz gegen Einzelakte ist nach Art. 6 Abs. 2 BbgVerf. hingegen nur für Grundrechtsträger möglich.

- In **Hessen** wird den Gemeinden und Gemeindeverbänden nicht auf Verfassungsebene, sondern lediglich im Staatsgerichtshofsgesetz (§§ 19 Abs. 2 Nr. 10, 46 StGHG) die sog. kommunale Grundrechtsklage ermöglicht. Mit dieser können Gemeinden und Gemeindeverbände die Verletzung ihres Selbstverwaltungsrechts durch Landesrecht (also nicht nur Gesetze) geltend machen.

- Nach Art. 53 Nr. 8 der Landesverfassung von **Mecklenburg-Vorpommern** können Gemeinden, Kreise und Landschaftsverbände wegen Verletzung ihres verfassungsrechtlich garantierten Selbstverwaltungsrechts durch ein Landesgesetz Verfassungsbeschwerde einreichen. Eine Verfassungsbeschwerde gegen Einzelakte ist nach Art. 53 Nr. 7 Verf. hingegen nur Grundrechtsträgern möglich.

- Die Rechtslage in **Niedersachsen** entspricht weitgehend derjenigen in Mecklenburg-Vorpommern: Auch hier ist eine Kommunalverfassungsbeschwerde gegen Landesgesetze möglich (Art. 54 Nr. 5 Verf.), eine Verfassungsbeschwerde gegen Einzelakte jedoch nicht.

- In **Nordrhein-Westfalen** wird den Gemeinden und Gemeindeverbänden im Gesetz über den Verfassungsgerichtshof (§ 12 Nr. 8, 52 VGHG), nicht aber in der Landesverfassung die Möglichkeit der Verfassungsbeschwerde gegen Landesgesetze unter Berufung auf ihr Selbstverwaltungsrecht eingeräumt. Gegenstand der Beschwerde kann jedoch – ähnlich wie in Hessen – „Landesrecht", also nicht nur ein Landesgesetz sein.

- Die Rechtslage in **Rheinland-Pfalz** weicht von derjenigen in den bisher dargestellten Bundesländern dadurch ab, dass weder die Landesverfassung noch das Gesetz über den Verfassungsgerichtshof Kommunen als Antragsteller im Verfassungsprozess erwähnen. Art. 130 Abs. 1 S. 2 Verf. sieht jedoch vor, dass Körperschaften des öffentlichen Rechts (also auch kommunale Gebietskörperschaften) Normenkontrolle wegen Verletzung ihrer verfassungsmäßigen Rechte gegen Landesgesetze und sonstige Akte von Verfassungsorganen (ausgenommen Gesetzesvorlagen) einreichen können. Nach Art. 130a Verf. kann außerdem jeder „mit der Behauptung durch die öffentliche Gewalt des Landes in einem seiner in dieser Verfassung enthaltenen Rechte verletzt zu sein" Verfassungsbeschwerde einlegen. Die Verfassungsbeschwerde gegen Einzelakte ist insoweit also nicht auf Grundrechtsträger beschränkt und steht damit auch Kommunen offen.

- Im **Saarland** garantiert Art. 123 der Landesverfassung Gemeinden und Gemeindeverbänden das Recht, den Verfassungsgerichtshof anzurufen, wenn sie geltend machen, durch ein Gesetz in ihrem Selbstverwaltungsrecht verletzt zu sein. Außerdem sehen §§ 9 Nr. 13, 55 VerfGHG vor, dass Verfassungsbeschwerde nicht nur wegen möglicher Grundrechtsverletzungen, sondern wegen der Verletzung aller verfassungsmäßiger Rechte (also auch gestützt auf das Recht der kommunalen Selbstverwaltung) erhoben werden kann.

- Art. 90 der Verfassung des Freistaats **Sachsen** garantiert den kommunalen Trägern der Selbstverwaltung das Recht, den Verfassungsgerichtshof mit der Behauptung anzurufen, dass ein Gesetz die Regelungen der Landesverfassung über die Kommunen (also nicht etwa nur das Selbstverwaltungsrecht) verletze. Die Verfassungsbeschwerde nach Art. 81 Abs. 1 Nr. 4 Verf. kann hingegen nur auf Grundrechtsverletzungen gestützt werden.

- In **Sachsen-Anhalt** ermöglicht Art. 75 Nr. 7 LVerf. den „Kommunen und Gemeindeverbänden", wegen einer möglichen Verletzung ihres Selbstverwaltungsrechts gegen ein Landesgesetz Verfassungsbeschwerde zu erheben. Eine Verfassungsbeschwerde gegen Einzelakte sieht das Landesrecht von Sachsen-Anhalt weder für Kommunen noch für Grundrechtsträger vor.
- Gemäß Art. 44 Abs. 2 Nr. 4 der Landesverfassung von **Schleswig-Holstein** entscheidet das – erst 2008 eingerichtete – Landesverfassungsgericht über Verfassungsbeschwerden von Gemeinden und Gemeindeverbänden wegen Verletzung ihres Selbstverwaltungsrechts durch ein Landesgesetz. Eine Verfassungsbeschwerde gegen Einzelakte zum Landesverfassungsgericht ist im schleswig-holsteinischen Recht nicht vorgesehen.
- Der Verfassungsgerichtshof des Freistaats **Thüringen** entscheidet nach Art. 80 Abs. 1 Nr. 2 LVerf über Verfassungsbeschwerden von Gemeinden und Gemeindeverbänden wegen der Verletzung des landesverfassungsrechtlich garantierten Rechts auf kommunale Selbstverwaltung. Gegenstand der Beschwerde können, wie aus §§ 11 Nr. 2, 31 VerfGHG folgt, sowohl Gesetze als auch Einzelakte sein.

2. Verwaltungsgerichtlicher Rechtsschutz

63 Das Selbstverwaltungsrecht der Kommunen ist ein subjektives Recht. Seine mögliche Verletzung begründet deshalb eine Klagebefugnis nach § 42 Abs. 2 VwGO. Eine Kommune kann deshalb, wenn ein Verwaltungsakt an sie gerichtet ist oder sie jedenfalls in ihren Rechten aus Art. 28 Abs. 2 S. 1 GG betrifft, Anfechtungsklage nach § 42 Abs. 1 1. Var. VwGO erheben. Falsch wäre es allerdings bei der Klagebefugnis auf Art. 2 Abs. 1 GG abzustellen, weil die Kommunen – wie gezeigt – nicht grundrechtsberechtigt sind. Eine Anfechtungsklage einer Gemeinde kommt etwa im Baurecht in Betracht, wenn bei der Erteilung der Baugenehmigung das nach § 36 BauGB erforderliche[92] gemeindliche Einvernehmen von der Baugenehmigungsbehörde ersetzt wurde und die betroffene Gemeinde sich dagegen wehren will[93]. Verpflichtungsklagen einer Kommune i.S.d. § 42 Abs. 1 2. Var. VwGO sind theoretisch denkbar, in der Praxis jedoch selten. Häufig kann nämlich die Kommune, statt einen Anspruch auf Erlass eines VA gerichtlich geltend zu machen, schlicht selbst einen VA erlassen.

64 Eine Normenkontrolle einer Kommune nach § 47 VwGO gestützt auf Art. 28 Abs. 2 GG (§ 47 Abs. 2 S. 1 GG verweist implizit auf § 42 Abs. 2 GG) ist prinzipiell denkbar; nicht allerdings, wenn die Kommune die entsprechende Norm selbst erlassen hat. Dann besteht kein Rechtsschutzbedürfnis, weil die Kommune die Norm einfach aufheben oder ändern kann[94]. Eine Gemeinde kann also beispielsweise ihren eigenen Bebauungsplan nicht im Wege der Normenkontrolle vom OVG/VGH „absegnen" lassen. Soweit Streitgegenstand Normen i.S.d. § 47 Abs. 1 S. 2 VwGO sind, muss außerdem das einschlägige Landesrecht die Normenkontrolle zugelassen haben[95]. Zum Sonderfall der Normenkontrolle gegen Regelungen der (nicht in Form einer kommunalen Satzung

---

92 Nicht erforderlich ist das Einvernehmen, wenn die Gemeinde selbst Baugenehmigungsbehörde ist, weil sie ihre planerischen Vorstellungen schon durch Verweigerung der Genehmigung durchsetzen kann (hierzu BVerwG, NVwZ 2005, 83).
93 Zu dieser Konstellation BVerwG, NVwZ 1982, 310.
94 BVerwG, NVwZ 1989, 654 (655); a.A. *Hufen*, Verwaltungsprozessrecht, § 19 Rn. 36.
95 Dies ist der Fall in allen Bundesländern außer Nordrhein-Westfalen.

§ 3 Verfassungsrechtliche Fragen §3

erlassenen) Geschäftsordnung eines Kollegialorgans nach § 47 Abs. 1 Nr. 2 VwGO s. u. Teil 2 § 6 Rn. 15.

▶ **LÖSUNGSHINWEISE ZU FALL 3:** Os Ansicht trifft zu, wenn die Satzung deswegen nicht auf die Generalklausel gestützt werden kann, weil ihr Regelungsgegenstand keine örtliche Angelegenheit der Stadt S ist:

Örtliche Angelegenheiten sind nach der Rechtsprechung des BVerfG alle Angelegenheiten „die in der örtlichen Gemeinschaft wurzeln oder auf sie einen spezifischen Bezug haben (...), die also den Gemeindeeinwohnern gerade als solchen gemeinsam sind". Ein solches Wurzeln in der örtlichen Gemeinschaft kann insbesondere für Rechtsnormen bejaht werden, die die Benutzung der örtlichen öffentlichen Einrichtungen regeln.

Die Friedhöfe der Stadt S sind örtliche öffentliche Einrichtungen (näher s. u. Teil 2 § 7 Rn. 38 ff.) und die Satzung regelt objektiv deren Benutzung. Problematisch könnte jedoch sein, dass mit ihr auch einrichtungsfremde Zwecke verfolgt werden, nämlich die Bekämpfung der Kinderarbeit.

Darin liegt jedenfalls kein Verstoß gegen Bundesrecht. Der Handel mit aus Kinderarbeit stammenden Grabsteinen ist zwar „Warenverkehr mit dem Ausland" i.S.d. Art. 73 Abs. 1 Nr. 5 GG, so dass für die gezielte Eindämmung dieses Handels durch gesetzliche Regelungen allein der Bund zuständig wäre. Die Satzung bewirkt jedoch nur, dass in S keine derartigen Grabsteine mehr aufgestellt werden dürfen. Der Einfluss auf den in Art. 73 Abs. 1 Nr. 5 GG angesprochenen internationalen Warenhandel ist deshalb zu gering als dass ein Verstoß gegen die Kompetenzordnung angenommen werden könnte. Auch das Vorliegen einer auf Art. 74 Abs. 1 Nr. 11 GG gestützten abschließenden bundesrechtlichen Regelung, die eine Kompetenzsperre nach Art. 72 Abs. 1 GG auslösen würde, ist hier nicht ersichtlich.

Solange eine Regelung – wie hier – objektiven Bezug zu den örtlichen Angelegenheiten hat, sind die Motive der sie erlassenden Gemeinde dafür prinzipiell gleichgültig. Zu berücksichtigen ist auch zum einen, dass zwischen örtlichen und überörtlichen Belangen in der Praxis vielfältige Überschneidungen stattfinden. Zum anderen muss der Gemeinde bei der Beurteilung der Frage, ob und wie eine objektiv ortbezogene Angelegenheit i.S.d. Art. 28 Abs. 2 S. 1 GG entsprechen den spezifischen Bedürfnissen vor Ort zu regeln ist, ein hinreichend großer normativer Einschätzungsspielraum zugestanden werden.

Os Ansicht trifft also nicht zu. ◀

▶ **LÖSUNGSHINWEIS ZU FALL 4:** Da S ihre Verfassungsbeschwerde sowohl auf Grundrechte (Art. 12 Abs. 1 und 14 Abs. 1 GG) als auch auf ihr Selbstverwaltungsrecht (Art. 28 Abs. 2 S. 1 GG) stützt, ist eine Individualverfassungsbeschwerde nach Art. 93 Abs. 1 Nr. 4a GG und eine Kommunalverfassungsbeschwerde nach Art. 93 Abs. 1 Nr. 4b GG zu prüfen:

Die Verfassungsbeschwerde nach Art. 93 Abs. 1 Nr. 4a GG ist unzulässig, weil S nicht beschwerdeberechtigt, zumindest aber nicht beschwerdebefugt ist. Soweit S ihre eigenen Grundrechte (hier Art. 14 GG im Hinblick auf die zurückgehenden Mieteinnahmen) geltend machen will, fehlt die Antragsberechtigung, denn Gemeinden als juristische Personen des öffentlichen Rechts und somit Adressaten der Grundrechte können nicht zugleich deren Träger sein. Speziell bei Art. 14 Abs. 1 GG folgt dies auch daraus, dass das Grundrecht dem einzelnen ermöglichen soll, sich materielle Grundlagen für seine freie Persönlichkeitsentfaltung zu schaffen. Art. 14 Abs. 1 GG schützt – anders ausgedrückt – also nicht das Privateigentum, sondern das Eigentum Privater. S ist insoweit also nicht antragsberechtigt. Die möglicherweise beeinträchtigte Berufsfreiheit der örtlichen Einzelhändler nach Art. 12 Abs. 1 GG kann S jedenfalls deswegen nicht geltend machen, weil die Antragsbefugnis bei Art. 93 Abs. 1 Nr. 4a GG eine eigene, gegenwärtige und unmittelbare Betroffenheit in Grundrechten des Grundgesetzes voraussetzt. S ist hier nicht in ihrer eigenen Berufsfreiheit betroffen und somit nicht antragsbefugt. Darauf, dass Art. 12 Abs. 1 GG nicht vor Konkurrenz schützt kommt es nicht an.

Für die Verfassungsbeschwerde nach Art. 93 Abs. 1 Nr. 4b GG ist S als Gemeinde unproblematisch antragsberechtigt. Ein Bundesgesetz istein tauglicher Antragsgegenstand. Weil gegen Bundesgesetze ein Vorgehen vor dem Landesverfassungsgericht unmöglich ist, steht auch die Subsidiaritätsklausel in Art. 93 Abs. 1 Nr. 4b GG a.E. der Zulässigkeit nicht entgegen. Der Rechtsweg i.S.d. § 90 Abs. 2 BVerfGG ist ebenfalls erschöpft, weil gegen (Bundes-)Gesetze die Normenkontrolle nach § 47 VwGO unstatthaft ist.

Ob S antragsbefugt ist, ist nicht unproblematisch: Das Selbstverwaltungsrecht nach Art. 28 Abs. 2 S. 1 GG ist zwar, was gerade Art. 93 Abs. 1 Nr. 4b GG belegt, ein subjektives Recht und nicht lediglich eine Einrichtungsgarantie. Art. 28 Abs. 2 S. 1 GG schützt außerdem auch die gemeindliche (Bau-)Planungshoheit (näher s.u. Teil 2 § 1 Rn. 15 ff.). Somit ist S durch das Gesetz selbst und gegenwärtig in ihrem Selbstverwaltungsrecht betroffen. Dass S durch die Abschaffung des § 34 Abs. 3 GG zu bauplanerischen Maßnahmen genötigt wird, ist auch nicht objektiv unmöglich. Vollkommen offen ist zwar, wann und wie diese der Fall sein wird. Deshalb lässt sich an der Unmittelbarkeit der Betroffenheit von S zweifeln. Zu berücksichtigen ist jedoch, dass an diese Unmittelbarkeit bei Art. 93 Abs. 1 Nr. 4b GG weniger strenge Maßstäbe anzulegen sind als bei Art. 93 Abs. 1 Nr. 4a GG, weil die Kommunalverfassungsbeschwerde nur gegen Gesetze erhoben werden kann. Anders wäre es allenfalls dann, wenn das Gesetz im vorliegenden Fall noch durch eine Rechtsverordnung zu konkretisieren wäre, die S dann ebenfalls mit der Beschwerde nach Art. 93 Abs. 1 Nr. 4b GG angreifen könnte. Dies ist hier jedoch nicht der Fall. Auch die unmittelbare Betroffenheit von S in ihrem Recht aus Art. 28 Abs. 2 S. 1 GG lässt sich hier somit bejahen (a.A. vertretbar mit dem Argument, dass Gemeinden dann letztlich gegen alle Gesetze, die Rechte aus Art. 28 Abs. 2 S. 1 GG in irgendeiner Weise betreffen, vorgehen können, die systematische Nähe des Art. 93 Abs. 1 Nr. 4b zu Art. 93 Abs. 1 Nr. 4a GG aber zeigt, dass auch die Kommunalverfassungsbeschwerde primär ein Instrument des Individualrechtsschutzes ist). Da S die Form der §§ 23 Abs. 1, 92 BVerfGG offenbar eingehalten hat und auch die Beschwerdefrist nach § 93 Abs. 3 BVerfGG gewahrt ist, ist die Kommunalverfassungsbeschwerde nach Art. 93 Abs. 1 Nr. 4b GG zulässig. ◀

VII. Wiederholungs- und Vertiefungsfragen

1. Ist die Kommunalverwaltung ein Fall der mittelbaren Staatsverwaltung?
2. Was versteht man unter Selbstverwaltung? Welche weiteren Arten von Selbstverwaltung gibt es neben der kommunalen Selbstverwaltung?
3. Was sind Angelegenheiten der örtlichen Gemeinschaft i.S.d. Art. 28 Abs. 2 S. 1 GG?
4. Welche Unterschiede bestehen zwischen dem Selbstverwaltungsrecht der Gemeinden und demjenigen der Gemeindeverbände?
5. In welcher Beziehung stehen das Selbstverwaltungsrecht der Kommunen und das Demokratieprinzip?

6. Können sich Kommunen auf Grundrechte berufen?
7. Wie können Kommunen vor den Verfassungs- und Verwaltungsgerichten Rechtsschutz erlangen?

VIII. Weiterführende Literatur

Blümel, Gemeinden und Kreise vor den öffentlichen Aufgaben der Gegenwart, VVDStRL 36 (1978), 171; *Brohm*, Die Eigenständigkeit der Gemeinden, DÖV 1986, 397; *Burgi*, Selbstverwaltung angesichts von Europäisierung und Ökonomisierung, VVDStRL 62 (2003), 405; *Clemens*, Kommunale Selbstverwaltung und institutionelle Garantie, NVwZ 1990, 834; *Ehlers*, Die verfassungsrechtliche Garantie der kommunalen Selbstverwaltung, DVBl. 2000, 1301; *Englisch*, Die verfassungsrechtliche Garantie kommunalen Eigentums, 1994; *Grawert*, Gemeinden und Kreise vor den öffentlichen Aufgaben der Gegenwart, VVDStRL 36 (1978), 277; *Hoppe*, Probleme des verfassungsrechtlichen Rechtsschutzes der kommunalen Selbstverwaltung, DVBl. 1995, 179; *Jestaedt*, Selbtsverwaltung als „Verbundbegriff", Die Verwaltung 35 (2002), 293; *Katz/Ritgen*, Bedeutung und Gewicht der kommunalen Selbstverwaltungsgarantie, DVBl. 2008, 1525; *Kluth*, Funktionale Selbstverwaltung, 1997; *ders.*, Funktionale Selbstverwaltung, Die Verwaltung 35 (2002), 349; *Knemeyer/Wehr*, Die Garantie der kommunalen Selbstverwaltung nach Art. 28 Abs. 2 GG in der Rechtsprechung des Bundesverfassungsgerichts, VerwArch 92 (2001), 317; *Maurer*, Verfassungsrechtliche Grundlagen der kommunalen Selbstverwaltung, 1995, 1037; *Oebbecke*, Selbstverwaltung angesichts von Europäisierung und Ökonomisierung, VVDStRL 62 (2003), 366; *Schoch*, Der verfassungsrechtliche Schutz der kommunalen Selbstverwaltung, Jura 2001, 121; *ders.*, Zur Situation der kommunalen Selbstverwaltung nach der Rastede-Entscheidung des Bundesverfassungsgerichts, VerwArch 81 (1990), 18; *Starke*, Grundfälle zur Kommunalverfassungsbeschwerde, JuS 2008, 319.

§ 4 Kommunen in Europa

1 ▶ **FALL 5:** Um die Sicherheit ihrer Bürger zu erhöhen und sie vor drohenden terroristischen Anschlägen zu schützen, gründet die Stadt S einen in Form einer GmbH organisierten privaten Sicherheitsdienst. Eingestellt werden können nach den Vorgaben von S nur EU-Bürger, die mindestens seit 5 Jahren in S wohnen und eine entsprechende Ausbildung nachweisen können. Ein Mitarbeiter der EU-Kommission hält dies für europarechtlich unzulässig. Zu Recht? ◀

2 Wie bereits angedeutet, hat nicht nur das Verfassungsrecht, sondern auch das europäische internationale Recht, insbesondere das EU-Recht erheblichen Einfluss auf das Handeln und die Rechtsstellung der Kommunen in Deutschland:

I. Einfluss des EU-Rechts auf die kommunale Selbstverwaltung

3 Nach dem Grundsatz der Unionstreue in Art. 4 Abs. 3 EUV sind die Mitgliedsstaaten der EU als ganze verpflichtet, dem europäischen Primär- und Sekundärrecht zur praktischen Wirksamkeit zu verhelfen. Hierbei besteht zwischen innerstaatlichen Hoheitsträgern verschiedener Art kein rechtlicher Unterschied. Auch die deutschen Gemeinden und Gemeindeverbände sind somit Verpflichtete des EU-Rechts, also insbesondere an das allgemeine Diskriminierungsverbot aus Art. 18 AEUV und an die Grundfreiheiten gebunden[1]. Natürliche und juristische Personen aus dem Inland und dem EU-Ausland können sich gegenüber deutschen Kommunen auf alle unmittelbar anwendbaren Bestimmungen des Unionsrechts berufen.

4 Das Unionsrecht genießt Anwendungsvorrang, d. h. es verdrängt bei Sachverhalten mit grenzüberschreitendem Bezug innerstaatliches Recht einschließlich des Verfassungsrechts (also auch Art. 28 Abs. 2 und 3 GG) und u.U. auch von einer Kommune gesetztes Recht. Die Satzungsautonomie wird dadurch eingeschränkt. Aus dem Anwendungsvorrang des EU-Rechts folgt eine Pflicht, deutsches Recht – soweit als möglich – unionsrechtskonform auszulegen und anzuwenden. Anwendungsvorrang genießt das Unionsrecht allerdings regelmäßig nur dann, wenn es unmittelbar anwendbar ist. Unmittelbar anwendbar in diesem Sinne sind jedenfalls subjektive Rechte des Primärrechts (insbesondere aus den Grundfreiheiten nach Art. 26 ff. AEUV) und Verordnungen i.S.d. Art. 288 Abs. 2 AEUV. Richtlinien nach Art. 288 Abs. 3 AEUV sind vor Ablauf der Umsetzungsfrist in aller Regel nicht unmittelbar anwendbar. Nach (fruchtlosem) Ablauf der Umsetzungsfrist sind sie es, soweit sie dem einzelnen EU-Bürger Rechte verleihen, die inhaltlich hinreichend bestimmt sind und unbedingt gewährleistet sind (d. h. unabhängig von einer Entscheidung des Mitgliedsstaates über das „Ob" der Gewährleistung[2].

5 Dass das Handeln der Kommunen stark europarechtlich determiniert ist, zeigt sich in nahezu allen Bereichen der Kommunalverwaltung und betrifft alle Gemeindehoheiten: So hat etwa eine Gemeinde, wenn sie Stände in einer Markthalle vergibt, die europäische Niederlassungsfreiheit nach Art. 49 AEUV zu beachten und darf deshalb nicht ausschließlich das Kriterium „bekannt und bewährt" anwenden, weil ansonsten ein

---

1 Statt vieler *Geis*, KomR, § 4 Rn. 18.
2 Näher zur unmittelbaren Anwendbarkeit des Unionsrechts Streinz, Europarecht, 9. Aufl. 2012, S. 194 ff.

Zugang von Bewerbern aus der EU ausgeschlossen wäre[3]. Die Personalhoheit der Gemeinden wird insoweit tangiert, als bei Stellenvergaben der Einfluss der Arbeitnehmerfreizügigkeit nach Art. 45 AEUV zu beachten ist. Ausnahmeregelungen wie Art. 45 Abs. 4 oder 51 AEUV legt der EuGH eng aus, so dass nur Personen erfasst sind, die unmittelbar an der Ausübung von Hoheitsgewalt beteiligt sind[4]. Da im Bau-, Umwelt und Planungsrecht vielfach EU-Richtlinien Vorgaben machen (so ist etwa das UVPG aufgrund einer EU-Richtlinie geschaffen wurden; das Änderungsgesetz zum BauGB von 2004 hieß nicht umsonst „Gesetz zur Anpassung des Baugesetzbuchs an EU-Richtlinien"), wird die kommunale Planungshoheit ebenfalls intensiv beeinflusst. Auch die kommunale Kulturhoheit ist nicht unabhängig vom Unionsrecht, denn für die Kulturförderung sind vielfach EU-Förderprogramme relevant. Was schließlich die Finanzhoheit betrifft, so kann diese insbesondere dadurch beeinträchtigt werden, dass für kommunale Unternehmen und Zuwendungen der Kommunen an diese die Regeln des EU-Wettbewerbsrechts nach Art. 101 ff. AEUV gelten. Besonders deutlich hat sich dies in den letzten Jahren in Bezug auf die Sparkassen gezeigt[5].

Vergeben Gemeinden Subventionen (dies kann z.B. eine Bürgschaft, ein verlorener Zuschuss, aber auch die kostenlose Überlassung einer öffentlichen Einrichtung sein), haben sie die Regelungen des EU-Beihilfenrechts nach Art. 107 ff. AEUV einzuhalten (dazu auch Teil 2 § 8 Rn. 45 f.). Soweit die Subventionen nicht so geringen Wert haben, dass sie unter die sog. de-minimis-Verordnung[6] fallen (dies ist i. d. R. bei Subventionen unter 200.000 € der Fall), sind sie bei der Kommission anzumelden und – soweit tatsächlich eine unzulässige Beihilfe vorliegt – von dieser zu genehmigen[7]. Sonstige Teile des EU-Wettbewerbsrechts (insbesondere Art. 101, 102 AEUV) finden auf das Handeln kommunaler Unternehmen (Verpflichtete der Art. 101, 102 AEUV sind Unternehmen, nicht die Mitgliedstaaten) dann Anwendung finden, wenn diese groß genug sind, um durch ihr Marktverhalten eine spürbare Wettbewerbsverfälschung verursachen zu können. Dabei ist auch zu berücksichtigen, dass kommunale Unternehmen häufig im Bereich der Daseinsvorsorge aktiv sind, so dass die Ausnahmeklausel nach Art. 106 Abs. 2 AEUV einschlägig sein kann.

Wie außerdem bereits am Kommunalwahlrecht für EU-Ausländer nach Art. 28 Abs. 1 S. 3 GG gezeigt wurde, das europarechtlich in Art. 22 Abs. 1 AEUV geregelt ist, hat das Europarecht auch auf verfassungsrechtliche Fragen des Kommunalrechts Einfluss. Die Kommunen müssen insbesondere, weil sie nach Art. 1 Abs. 3 GG an die Grundrechte gebunden sind, beachten, dass EU-Ausländer wegen der unmittelbar anwendbaren Diskriminierungsverbote des AEUV für ein Handeln im Schutzbereich eines Deutschen-Grundrechts (z.B. Art. 8 Abs. 1 oder 12 Abs. 1 GG) gleichen Schutz wie Deutsche genießen[8]. Soweit Kommunen Unionsrecht durchführen (dies ist immer dann der Fall, wenn sie in irgendeiner Weise unmittelbar anwendbares Primär- oder Sekundär-

---

3 Zur Pflicht zur EU-weiten Ausschreibung öffentlicher Aufträge vgl. EuGH, U. v. 26. 1. 1993, Rs. C-112/91 (Coname), Slg. 1993, I-429; U. v. 13. 9. 2007, Rs. C-260/04 (Kommission./. Italien).
4 Vgl. etwa EuGH, U. v. 21.6.1974, Rs. 2/74 (Reyners), Slg. 1974, 631 ff.; U. v. 3.7.1986, Rs. 66/85 (Lawrie-Blum), Slg. 1986, 2121 ff.
5 Hierzu etwa *Oebbecke*, VerwArch 93 (2002), 278 ff.
6 VO 1998/2006/EG vom 15.12.2006, ABl. Nr. L 379 vom 28.12.2006, S. 5 ff.
7 Zum Verfahren der Beihilfenaufsicht vgl. etwa *Bieber/Epiney/Haag*, Die Europäische Union, 11. Aufl. (2015), S. 423 ff.
8 Ob der Schutz aus einer analogen Anwendung dieser Grundrechte folgt oder, ob Art. 2 Abs. 1 GG im Lichte des Europarechts so „aufzuladen" ist, dass er das Schutzniveau der Deutschenrechte erreicht, sei hier dahingestellt; dazu *Michael/Morlok*, Grundrechte, S. 220 ff.

recht der EU anwenden also auch z.B. auch dann, wenn sie Grundfreiheiten beschränken[9]), sind sie außerdem nach Art. 51 Abs. 1 S. 1 der EU-Grundrechtscharta an die Unionsgrundrechte gebunden.

II. Rechtsstellung der Kommunen in der EU

8   Die Kommunen werden vom EU-Recht nicht nur – wie soeben dargestellt – gleichsam passiv verpflichtet, sondern können auch aktiv an seiner Gestaltung mitwirken. Die Mittel, die ihnen dafür zur Verfügung stehen, sind allerdings begrenzt:

9   Aus der Sicht des EU-Rechts, sind die Kommunen, wie ebenfalls bereits erwähnt, Teile des Mitgliedstaates Bundesrepublik Deutschland. Im Gegensatz zu den Bundesländern, denen (bzw. deren Parlamenten) das primäre Unionsrecht zumindest im Hinblick auf das Subsidiaritätsprinzip Rechte einräumt[10], werden die Kommunen jedoch lediglich in Art. 4 Abs. 2 S. 1 und 5 Abs. 3 S. 1 EUV als „regionale und lokale Selbstverwaltung" angesprochen. Ob dieser Regelung angesichts ihrer doch recht vagen Formulierung für die Rechtsstellung der Kommunen im EU-Recht allzu große Bedeutung zukommt, erscheint zweifelhaft[11]. Zumindest wird der politische Wille der Mitgliedstaaten deutlich, diese Frage zu einem Thema der EU zu machen. Das EU-Primärrecht enthält aber jedenfalls keine Garantie der kommunalen Selbstverwaltung und auch die beiden genannten Regelungen betreffen letztlich das Verhältnis zwischen EU und den Mitgliedstaaten als Ganzen.

10 Auf die europäische Rechtssetzung haben die Kommunen zumindest mittelbaren Einfluss: Vertreter der deutschen Kommunen sind gemäß § 14 Abs. 2 S. 2 des Gesetzes über die Zusammenarbeit von Bund und Ländern in Angelegenheiten der Europäischen Union[12] Mitglied im Ausschuss der Regionen nach Art. 300, 305 ff. AEUV[13]. Dieser Ausschuss hat zwar nur beratende Funktion (vgl. die Überschrift über Kapitel 3 des AEUV), kann also das Zustandekommen eines Rechtsakts nicht verhindern. Auch die Tatsache, dass der EU-Vertrag den Ausschuss nicht bei den Organen der Union (Art. 13 Abs. 1 UAbs. 2 EUV) erwähnt, sondern erst in Art. 13 Abs. 4 EUV macht deutlich, dass er nicht gleichrangig neben den anderen Organen (insbesondere Rat, Kommission und Europäisches Parlament) steht. Wird der Ausschuss entgegen Art. 307 AEUV im Rahmen des Rechtssetzungsverfahrens nicht angehört, kann er jedoch nach Art. 263 Abs. 3 AEUV Nichtigkeitsklage beim EuGH erheben. Auf andere Gründe als die Verletzung des Art. 307 AEUV kann die Klage allerdings nicht gestützt werden; dies folgt aus dem Wortlaut des Art. 263 Abs. 3 AEUV „Wahrung ihrer Rechte".

11 Im Übrigen können Vertreter der Kommunen und/oder ihrer Spitzenverbände versuchen, auf die Bundesregierung einzuwirken, ihre Interessen bei der unionsrechtlichen Rechtssetzung im Rat zu berücksichtigen. Eine entsprechende (Schutz-)Pflicht des Bundes zugunsten der Kommunen lässt sich aus Art. 23, 28 Abs. 2 GG herleiten und ist in

---

9   Näher etwa *Bieber/Epiney/Haag*, Die Europäische Union, 11. Aufl. (2015), S. 58 ff.
10 Die Landtage können nach Art. 5 Abs. 3 UAbs. 2 AEUV i. V. m. dem „Protokoll über die Anwendung der Grundsätze der Subsidiarität und der Verhältnismäßigkeit" und dem „Protokoll über die Rolle der nationalen Parlamente in der Europäischen Union" (ABl. C 115 vom 9.5.2008, S. 203 ff.) einen Normenkontrollantrag beim EuGH stellen, wenn sie meinen, dass ein Sekundärrechtsakt gegen das Subsidiaritätsprinzip nach Art. 5 Abs. 3 AEUV verstößt.
11 So i. E. auch *Geis*, KomR, § 4 Rn. 14; optimistischer *Th. I. Schmidt*, KomR, Rn. 150.
12 Gesetz vom 12.3.1993 (BGBl. I, S. 313) zuletzt geändert durch Gesetz vom 22.9.2009 (BGBl. I, S. 3031).
13 Näher hierzu etwa *Bieber/Epiney/Haag*, Die Europäische Union, 11. Aufl. (2015), S. 159.

§ 10 des Gesetzes über die Zusammenarbeit von Bund und Ländern in Angelegenheiten der Europäischen Union. Speziell bei Änderungen der Gründungsverträge der EU können sich die Kommunen auch an die Bundesratsvertreter ihres Landes oder an Bundestagsabgeordnete, in deren Wahlkreis sie liegen, wenden und so Einfluss auf das Verfahren nach Art. 23 GG erlangen.

Die Kommunen sind juristische Personen und können deshalb gemäß Art. 263 Abs. 4 AEUV gegen an sie gerichtete oder sie unmittelbar und individuell betreffende Handlungen der EU-Institutionen sowie gegen Rechtsakte mit Verordnungscharakter, die sie unmittelbar betreffen und keine Durchführungsmaßnahmen nach sich ziehen, Klage zum Europäischen Gericht erster Instanz (Art. 256 Abs. 1 UAbs. 1 AEUV i. V. m. Art. 51 EuGH-Satzung) erheben. Unmittelbar an eine Kommune gerichtete EU-Rechtsakte dürften in der Praxis allerdings kaum vorkommen, weil Adressaten dieser Akte in aller Regel die Mitgliedstaaten und im Fall von wettbewerbsrechtlichen Entscheidungen der Kommission Wirtschaftsunternehmen i.S.d. Art. 101 ff. AEUV (prinzipiell auch Kommunalunternehmen) sind. Um antragsbefugt gemäß Art. 263 IV AEUV zu sein, muss die Kommune deshalb im Zweifel dartun, dass der Rechtsakt sie unmittelbar und individuell betrifft[14]. Im Zusammenhang zwischen dem Rechtsschutz zu EU-Gerichten und dem Kommunalrecht ist schließlich noch an die Möglichkeit der Kommunen zu denken, sofern ein deutsches Gericht eine Vorlage an den EuGH nach Art. 267 AEUV abgelehnt hat, sich dagegen unter Berufung auf Art. 101 Abs. 1 S. 2 GG (zur Berechtigung der Kommunen aus diesem grundrechtsgleichen Recht s. o. Teil 1 § 3 Rn. 52) an das BVerfG mit einer Verfassungsbeschwerde nach Art. 93 Abs. 1 Nr. 4a GG zu wenden[15].

III. Europäische Charta der kommunalen Selbstverwaltung

1985 wurde im Rahmen des Europarates die Europäische Charta der kommunalen Selbstverwaltung vereinbart. Hierbei handelt es sich um einen Vertrag des regionalen Völkerrechts (nicht etwa des Europarechts bzw. des Rechts der Europäischen Union im in diesem Kapitel bisher behandelten Sinne[16]), dem alle Staaten beitreten können, die Mitglieder des Europarates sind. Die Bundesrepublik Deutschland hat die Charta 1988 ratifiziert[17], d. h. sie ist seitdem für die Bundesrepublik völkerrechtlich verbindlich[18]. Für den Vertragsabschluss zuständig war – wie in der verfassungsrechtlichen Praxis üblich – trotz der Gesetzgebungszuständigkeit der Länder nach Art. 32 Abs. 1 GG der Bund[19]. Die Charta nimmt nach Art. 59 Abs. 2 GG den Rang eines Bundesgesetzes ein, die Gesetzgebungskompetenz für eventuelle Umsetzungsmaßnahmen (zum Bedürfnis

---

14 Nach der EuGH-Rechtsprechung ist dies der Fall, wenn der Rechtsakt den Kläger „wegen bestimmter persönlicher Eigenschaften oder besonderer, ihn aus dem Kreis aller übrigen Personen heraushebender Umstände berührt und ihn daher in ähnlicher Weise individualisiert wie einen Adressaten" (vgl. EuGH, Rs. 25/62 (Plaumann), Slg. 1963, 199).
15 BVerfG, NJW 2011, 1427 und st. Rspr.
16 Zur Unterscheidung von Völkerrecht, das speziell für europäische Staaten gilt (sog. Europarecht im weiteren Sinne) und dem (supranationalen) Recht der Europäischen Union statt vieler *Bieber/Epiney/Haag*, Die Europäische Union, 11. Aufl. (2015), S. 39 ff..
17 BGBl. II 1987, S. 65.
18 Eine deutsche Übersetzung ist zu finden unter: http://conventions.coe.int/Treaty/ger/Treaties/Html/122.htm.
19 Zur Vertragsschlusskompetenz nach Art. 32, 59 GG statt vieler *Degenhart*, Staatsrecht I, 28. Aufl. (2012), Rn. 556 ff. Im Übrigen folgt die Zuständigkeit des Bundes auch daraus, dass allein die Bundesrepublik Mitglied des Europarates ist, nicht aber ihre Länder (so *Th. I. Schmidt*, KomR, Rn. 127).

nach einer Umsetzung sogleich Rn. 16) richtet sich jedoch nach Art. 70 ff. GG, d. h. die Länder wären zuständig.

14 Dass die Mitgliedstaaten des Europarates untereinander völkerrechtliche Verträge schließen, ist nichts Ungewöhnliches; prominentestes Beispiel eines solchen Vertrages ist die Europäische Menschenrechtskonvention (EMRK). Eine so herausgehobene Bedeutung wie der EMRK im Recht des Europarates kommt der Europäischen Charta der kommunalen Selbstverwaltung indes nicht zu. Dies zeigt sich schon darin, dass nur die Gewährleistung der Menschenrechte und Grundfreiheiten gegenüber den der eigenen Hoheitsgewalt unterliegenden Rechtssubjekten nach Art. 3 der Satzung des Europarates zwingende Voraussetzung für den Beitritt eines Staates zum Europarat ist. Für die Achtung der kommunalen Selbstverwaltung gilt nichts Entsprechendes.

15 Die Europäische Charta der kommunalen Selbstverwaltung hat zum Teil geradezu überschwängliche Aufnahme gefunden[20]. Dieses Lob verdient die Charta nicht zu Unrecht, da sie zweifelsohne ein wichtiger Impuls für die politische Stellung der Kommunen und der kommunalen Selbstverwaltung in Europa ist und den Gedanken der Dezentralisierung und der Subsidiarität überzeugend betont. Dies gilt auch im Verhältnis zur EU, obwohl diese nicht Vertragspartei der Charta ist.

16 Die rechtliche Bedeutung der Charta ist – jedenfalls für die Bundesrepublik Deutschland – derzeit dennoch gering, weil die Rechtslage in Deutschland für die Kommunen meist noch über den von der Charta geforderten Mindeststandard hinausgeht: So gewährleistet die deutsche Rechtsordnung den Kommunen etwa wie von Art. 5 und 4 Nr. 6 der Charta gefordert, Anhörungsrechte bei Gebietsänderungen (näher s. u. Teil 2 § 1 I.) und bei die Kommune betreffenden Planungsentscheidungen, die Abstimmungspflicht in § 2 Abs. 2 BauGB geht über eine bloße Anhörung jedoch erheblich hinaus[21]. Die verfassungsrechtlich garantierte Allzuständigkeit und Eigenverantwortung der Gemeinden nach Art. 28 Abs. 2 S. 1 GG, die Rechtsstellung der Gemeindeverbände nach Art. 28 Abs. 2 S. 2 GG, die Binnenorganisation der Kommunen und ihr Verhältnis zum Staat entspricht vollständig den Forderungen der Charta in Art. 3 und 4[22]. Für die An-

---

20 Vgl. etwa die Stellungnahme des Rates der Gemeinden und Regionen Europas (RGRE), der sie als „Magna Charta der kommunalen Grundrechte" bezeichnet (vgl. http://www.rgre.de/ecvs_hintergrund.html). Der RGRE ist eine Organisation europäischer Gemeinden und Regionen mit Sitz in Paris, die in der europäischen Städtepartnerschaftsbewegung wurzelt und die europäischen Gemeinden und Regionen (u. a. auch gegenüber der EU) repräsentiert.
21 Zur interkommunalen Abstimmung im Baurecht vgl. etwa *Ferner*, in: ders./Kröninger/Aschke (Hrsg.), BauGB, 3. Aufl. (2013), § 2 Rn. 8 ff.
22 Die Bestimmungen lauten in der deutschen Fassung auszugsweise (zitiert nach http://conventions.coe.int/ Treaty/ger/Treaties/Html/122.htm): Art. 3: „1. Kommunale Selbstverwaltung bedeutet das Recht und die tatsächliche Fähigkeit der kommunalen Gebietskörperschaften, im Rahmen der Gesetze einen wesentlichen Teil der öffentlichen Angelegenheiten in eigener Verantwortung zum Wohl ihrer Einwohner zu regeln und zu gestalten, 2. Dieses Recht wird von Räten oder Versammlungen ausgeübt, deren Mitglieder aus freien, geheimen, gleichen, unmittelbaren und allgemeinen Wahlen hervorgegangen sind und die über Exekutivorgane verfügen können, die ihnen gegenüber verantwortlich sind (...)"; Art. 4: „1. Die grundlegenden Zuständigkeiten der kommunalen Gebietskörperschaften werden durch die Verfassung oder durch Gesetz festgelegt. Diese Bestimmung schließt jedoch nicht aus, daß den kommunalen Gebietskörperschaften im Einklang mit dem Gesetz Zuständigkeiten zu bestimmten Zwecken übertragen werden, 2. Die kommunalen Gebietskörperschaften haben im Rahmen der Gesetze das Recht, sich mit allen Angelegenheiten zu befassen, die nicht von ihrer Zuständigkeit ausgeschlossen oder einer anderen Stelle übertragen sind, 3. Die Wahrnehmung öffentlicher Aufgaben obliegt im allgemeinen vorzugsweise den Behörden, die den Bürgern am nächsten sind. Bei der Aufgabenzuweisung an andere Stellen sollte Umfang und Art der Aufgabe sowie den Erfordernissen der Wirksamkeit und Wirtschaftlichkeit Rechnung getragen werden, 4. Die den kommunalen Gebietskörperschaften übertragenen Zuständigkeiten sind in der Regel umfassend und ausschließlich. Sie sollen von einer anderen zentralen oder regionalen Stelle nicht ausgehöhlt oder eingeschränkt

forderungen, die die Charta an die finanziellen Gewährleistungen gegenüber Kommunen stellt (Art. 9), gilt spätestens, seit sich das Konnexitätsprinzip flächendeckend durchgesetzt hat, Ähnliches. Solange die deutsche Rechtsordnung dem Charta-Standard entspricht oder über ihn zugunsten der Kommunen hinausgeht, bedarf es keiner Umsetzung der Charta durch den (Landes-)Gesetzgeber[23]. Bedeutung hat die Charta demnach vorwiegend für Staaten, in denen die Rechtsstellung der Kommunen (u. U. auch deswegen, weil sich der betreffende Staat erst nach und nach vom zentralistischen zum föderalistischen Staat wandelt) noch hinter dem Charta-Standard zurückbleibt.

Auf den ersten Blick als nicht unproblematisch erscheint Art. 12 der Charta, der es den Vertragsstaaten ermöglicht, von den Bestimmungen der Charta nur einen Teil als für ihre Rechtsordnung verbindlich anzuerkennen. Die Auswahlmöglichkeiten sind jedoch in Art. 12 so eingegrenzt, dass die Charta ihren Sinn und Zweck, einen gemeinsamen europäischen Standard für die kommunale Selbstverwaltung zu schaffen, nicht verfehlen kann. Außerdem erhöht eine Klausel wie Art. 12 der Charta, die Chancen, dass sich mehr Staaten für einen Beitritt entscheiden, weil ihnen politische Handlungsspielräume verbleiben[24].

▶ **LÖSUNGSHINWEIS ZU FALL 5:** Die von S aufgestellten Kriterien für eine Anstellung bei dem Sicherheitsdienst, insbesondere die Pflicht, mindestens 5 Jahre lang in S wohnhaft gewesen zu sein, könnten gegen die Arbeitnehmerfreizügigkeit (Art. 45 Abs. 1 bis 3 AEUV) und gegen die Niederlassungsfreiheit (Art. 49 AEUV) verstoßen. Soweit Angestellte der GmbH abhängig beschäftigt sind, ist die Arbeitnehmerfreizügigkeit, soweit sie leitende Angestellte sind, die Niederlassungsfreiheit einschlägig. Beide Grundfreiheiten sind nach der EuGH-Rechtsprechung Beschränkungsverbote, d. h. jede mittelbare oder unmittelbare, tatsächliche oder nur potenzielle Beschränkung ist zu rechtfertigen.

Fraglich ist jedoch zunächst, ob sich S darauf berufen kann, dass die Grundfreiheiten wegen Art. 45 Abs. 4 AEUV (Tätigkeit in der öffentlichen Verwaltung) oder Art. 52 Abs. 1 AEUV (Ausübung öffentlicher Gewalt) hier keine Anwendung finden. Dies ist nicht der Fall: Art. 45 Abs. 4 AEUV ist schon deswegen nicht einschlägig, weil die Tätigkeit in einer privaten GmbH, selbst wenn diese von einer öffentlich-rechtlichen juristischen Person getragen wird, keine Tätigkeit „in der öffentlichen Verwaltung" ist. Art. 52 Abs. 1 AEUV scheidet aus, weil die für den Sicherheitsdienst Tätigen (auch im Hinblick auf das Festnahmerecht nach § 127a StPO) keine weiterreichenden Befugnisse zur Gewaltanwendung als Private haben.

Das Erfordernis eines mindestens fünfjährigen Wohnsitzes in S, das beide Grundfreiheiten beschränkt, können grundsätzlich Deutsche und EU-Ausländer gleichermaßen erfüllen. Für Deutsche ist dies jedoch so wesentlich einfacher, dass von einer mittelbaren bzw. versteckten Diskriminierung auszugehen ist. Die Rechtfertigungsanforderungen sind somit höher als bei einer bloßen Beschränkung und niedriger als bei einer unmittelbaren bzw. offenen Diskriminierung. Ziel ist hier der Schutz der öffentlichen Sicherheit (ein nach Art. 45 Abs. 3 AEUV und Art. 52 Abs. 1 AEUV prinzipiell legitimes Ziel). Mit 5 Jahren geht das genannte Wohnsitzerfordernis jedoch sogar weit über den Zeitraum hinaus, den ein potenzieller Bürgermeisterkandidat nach allen einschlägigen Kommunalgesetzen in den der Gemeinde ge-

---
werden, es sei denn, daß dies gesetzlich vorgesehen ist, 5. (...), 6. Die kommunalen Gebietskörperschaften werden soweit wie möglich bei Planungs- und Entscheidungsprozessen für alle Angelegenheiten, die sie unmittelbar betreffen, rechtzeitig und in geeigneter Weise angehört".
23 So auch *Th. I. Schmidt*, KomR, Rn. 134.
24 So i. E. auch *Th. I. Schmidt*, KomR, Rn. 130.

wohnt haben muss, um (für ein Amt, das unzweifelhaft mit der Ausübung öffentlicher Gewalt verbunden ist) wählbar zu sein. Damit ist es jedenfalls unverhältnismäßig. Die Ansicht des Kommissionsmitarbeiters trifft zu. ◄

IV. Wiederholungs- und Vertiefungsfragen

1. Welchen Einfluss haben die Grundfreiheiten des AEUV auf die kommunale Selbstverwaltung insbesondere die Gemeindehoheiten?
2. In welchem Umfang sind die deutschen Kommunen an das EU-Wettbewerbsrecht nach Art. 101 ff. AEUV gebunden?
3. Wie können die deutschen Kommunen die europäische Rechtssetzung beeinflussen?
4. Was ist die Europäische Charta der kommunalen Selbstverwaltung und welche Bedeutung kommt ihr im deutschen Recht zu?

V. Weiterführende Literatur

Gabriel, Kommunale Aufgaben im Europäischen Binnenmarkt, 2010; *Hasselbach*, Europäisches Kommunalrecht, ZG 1997, 49; *Hobe/Biehl/Schroeter*, Europarechtliche Einflüsse auf das Recht der kommunalen Selbstverwaltung, 2004; *Knemeyer*, Die Europäische Charta der kommunalen Selbstverwaltung, DÖV 1988, 997; ders., Kommunale Selbstverwaltung in Europa – die Schutzfunktion des Europarates, BayVBl. 2000, 449; *Schäfer*, Die deutsche kommunale Selbstverwaltung in der Europäischen Union, 1998; *Schaffarzik*, Handbuch der Europäischen Charta der kommunalen Selbstverwaltung, 2002; *Schmahl*, Europäisierung der kommunalen Selbstverwaltung, DÖV 1999, 852; *Schmidt-Eichstaedt*, Kommunale Selbstverwaltung in der Europäischen Union, KommJur 2009, 249; *Schneider*, Kommunaler Einfluss in Europa, 2004; *Theissen*, Der Ausschuss der Regionen, 1996; *von Süßkind-Schwendi*, Good Governance als Absicherung kommunaler Handlungsspielräume im europäischen Recht, 2011; *Zimmermann-Wienhues*, Kommunale Selbstverwaltung in der Europäischen Union, 1997.

Teil 2 Verwaltungsrechtliche Ausgestaltungen des Kommunalrechts

Im vorhergehenden Abschnitt wurde die Rechtsstellung der Kommunen im Verfassungsrecht und im EU-Recht näher bestimmt. Thema des folgenden Abschnitts ist demgegenüber, wie diese Rechtsstellung verwaltungsrechtlich von den Landesgesetzgebern in Gemeinde- und Landkreisordnungen sowie anderen kommunalrechtlichen Gesetzen ausgeformt wurde. Hierbei ist es zwar nicht möglich auf alle Details des Kommunalrechts aller Länder einzugehen. Zumindest aber sollen die allen oder jedenfalls einer Gruppe von Ländern gemeinsamen Grundkonstanten herausgearbeitet und diejenigen Besonderheiten einzelner Länder aufgezeigt werden, die ein anderes gesetzgeberisches Konzept und nicht nur eine andere Formulierung desselben Konzepts beinhalten:

§ 1 Die Kommune als Hoheitsträger

Kommunen sind Gebietskörperschaft des öffentlichen Rechts und deshalb Hoheitsträger. Diese Eigenschaft prägt sich bei den Gemeinden – wie bereits angedeutet – in den sog. Gemeindehoheiten aus. Die Gemeindehoheiten sind zumindest, soweit sie für die eigenverantwortliche Erledigung der Angelegenheiten der örtlichen Gemeinschaft Voraussetzung sind, Bestandteil des Kernbereichs des Art. 28 Abs. 2 S. 1 GG. Inhalt und Umfang der Gemeindehoheiten sollen im Folgenden näher erläutert werden. Die Ergebnisse lassen sich auf die Hoheiten der Gemeindeverbände i.S.d. Art. 28 Abs. 2 S. 2 GG (über diese, wie z.B. Kreishoheiten wird in der Literatur kaum diskutiert) mit der Maßgabe übertragen, dass der Umfang dieser (Gemeindeverbands-)Hoheiten durch den Gesetzgeber bestimmt wird (s. o. Teil 1 § 3 II. 2.) b)).

I. Gebietshoheit

Die Gebietshoheit ist die Rechtsmacht der Gebietskörperschaften, allen Personen und Sachen, die sich in ihrem Gebiet befinden, hoheitlich gegenüber zu treten und rechtserheblich handeln zu können[1]. Die Verbandskompetenz für Angelegenheiten im Gebiet einer Kommune liegt also grundsätzlich bei dieser. Zum Kernbereich des Art. 28 Abs. 2 S. 1 GG gehört allerdings nur die Tatsache, dass ein näher definiertes Gemeindegebiet existiert, in dem Gebietshoheit ausgeübt werden kann. Nicht verfassungsrechtlich garantiert sind bestimmte Grenzen dieses Gebiets. Gebietsänderungen sind im Rahmen der Gesetze also zulässig.

Wichtig ist, dass sich die Gebietshoheit der Kommune auch auf nicht Ortsansässige bzw. auf „Nichtmitglieder" der Kommune bezieht, etwa auf Ausländer, Durchreisende und Zweitwohnungsinhaber. Die durch Ortsansässigkeit begründete Mitgliedschaft in einer Gemeinde wird erst bei anderen Fragen relevant, z.B. bei der Benutzung öffentlicher Einrichtungen (dazu Teil 2 § 7 II. 3.)).

Was den Umfang des Gemeindegebiets betrifft, so ist zunächst zu unterscheiden zwischen dem Gemeindegebiet bzw. der Gemarkung (= alle zu einer Gemeinde gehörenden

---

[1] BVerfGE 52, 95 (117 f.).

Grundstücke) und gemeindefreien bzw. ausmärkischen Gebieten (= alle Grundstücke, die keiner Gemeinde angehören)[2]. Im **Saarland** und in **Rheinland-Pfalz** gibt es keine gemeindefreien Gebiete[3]. Die Gemeindeordnungen **Nordrhein-Westfalens** und die **Schleswig-Holsteins** sowie die Kommunalverfassungen **Sachsen-Anhalts** und **Brandenburgs** sprechen die gemeindefreien Gebiete jedenfalls nicht explizit an[4]. Ausmärkische bzw. gemeindefreie Gebiete sind meist gar nicht oder nur dünn besiedelt oder haben sich aus historischen Gründen erhalten. Sie werden regelmäßig durch die (privaten) Grundstückseigentümer und/oder, soweit hoheitlich gehandelt werden soll, durch die Landkreise und Landratsämter verwaltet[5]. Typische Beispiele für ausmärkische Gebiete sind Seen, Wald- und Berggebiete oder Truppenübungsplätze. Das Kreisgebiet ist die Gesamtfläche der einem Landkreis zugeordneten Gemeinden und – soweit vorhanden – gemeindefreien Gebiete[6].

5   Die Gebietshoheit zweier Kommunen kann etwa dann konfligieren, wenn eine Kommune ein Unternehmen auf dem Gebiet einer anderen betreibt (näher dazu § 8 Rn. 26 f.). Dies ist zumindest so lange unproblematisch, wie die betroffene Kommune zustimmt. Haben Planungs- oder Genehmigungsentscheidungen einer Gemeinde Auswirkungen auf das Gebiet einer anderen, ist nicht die Gebiets-, sondern die Planungshoheit betroffen (dazu sogleich Teil 2 § 1 IV.).

6   Für Gebietsänderungen lässt sich der Grundsatz aufstellen, dass für diese umso höhere Anforderungen zu erfüllen sind, je gravierendere Auswirkungen sie haben. So ist etwa die Eingliederung gemeindefreier Gebiete in das Gebiet einer Gemeinde regelmäßig unproblematisch möglich[7]. In den meisten Gemeindeordnungen ist vorgesehen, dass sich benachbarte Gemeinden freiwillig durch (koordinationsrechtliche) öffentlich-rechtlichen Vertrag, der der Genehmigung der Aufsichtsbehörde bedarf, über Grenzänderungen einigen können[8]. Andere Gemeindeordnungen lassen eine Änderung von Gemeindegrenzen mit Einverständnis der beteiligten Gemeinden zumindest unter erleichterten Bedingungen zu[9]. Die Genehmigung der Aufsichtsbehörde ist ein die Gemeinden begünstigender (Ermessens-)Verwaltungsakt. Demgegenüber ist bei einer Gebietsänderung, die gegen den Willen einer Gemeinde erfolgen soll oder zur Auflösung einer oder mehrerer Gemeinden führt, eine gesetzliche Grundlage[10] erforderlich und die Gebiets-

---

2 Vgl. die Definitionen in § 7 Abs. 1 und Abs. 3 S. 2 GemO BW; ähnlich: Art. 10 Abs. 1 S. 2, Art. 10a BayGO; § 15 HGO; § 10 KVMV; § 23 NKomVG; § 7 SächsGemO; § 16 KVG LSA; § 8 Abs. 1 ThürKO.
3 § 13 Abs. 2 KSVG, § 9 Abs. 1 S. 2 GemO RP.
4 § 16 Abs. 2 GO NRW; § 13 Abs. 2 GO SH; § 16 Abs. 1 KVG LSA; ähnlich § 5 S. 2 BbgKVerf.
5 So Art. 10a BayGO; § 8 Abs. 2 und 3 ThürKO. Häufig enthalten die Gemeindeordnungen nur entsprechende Verordnungsermächtigungen (§ 144 Nr. 4 GemO BW; § 15 Abs. 2 S. 4 HGO; § 23 Abs. 4 S. 3 NKomVG; § 127 Abs. 1 Nr. 6 SächsGemO). In Mecklenburg-Vorpommern sind die angrenzenden Gemeinden zuständige (§ 175 Abs. 2 KVMV).
6 § 6 LKrO BW; Art. 7 BayLKrO; § 123 S. 1 BbgKVerf; § 13 HKO; § 96 KVMV; § 14 KrO NRW; § 23 Abs. 1 S. 2 NKomVG; § 148 KSVG; § 6 SächsLKrO; § 16 Abs. 1 S. 2 KVG LSA; § 5 KrO SH; § 91 S. 1 ThürKO.
7 Ausdrücklich erwähnt nur in Art. 11 Abs. 1 S. 1 und 2 BayGO sowie in § 25 Abs. 2 NKomVG. Einige Gemeindeordnungen (etwa § 6 Abs. 6 BbgKVerf; § 19 Abs. 3 S. 2–4 GO NRW) enthalten Regelungen über Gebietsänderungen geringer Bedeutung, die sich häufig deswegen anwenden lassen, weil die gemeindefreien Gebiete i. d. R. flächenmäßig klein und kaum bewohnt sind. In anderen Ländern dürften solche Änderungen deswegen meist unproblematisch sein, weil die aufnehmenden Gemeinden einverstanden sein werden.
8 § 8 Abs. 2 GemO BW; § 6 Abs. 2–5 BbgKVerf; §§ 11 Abs. 2, 12 KV M-V; §§ 25 Abs. 1 S. 2, 26 NKomVG; §§ 18, 19 GO NRW; § 15 Abs. 1 und 2 KSVG; §§ 8 Abs. 2, 9 SächsGemO; § 18 Abs. 1 KVG LSA; § 9 Abs. 2 ThürKO.
9 § 11 Abs. 2 S. 1 Nr. 1 BayGO; § 17 Abs. 1 HGO; § 11 Abs. 1 GemO RP; § 15 Abs. 2 GO SH.
10 Im Saarland ist nach § 15 Abs. 3 KSVG eine Rechtsverordnung ausreichend, während die anderen Länder ein formelles Gesetz fordern.

änderung muss außerdem Gründen des öffentlichen Wohls dienen[11]. In aller Regel ebenfalls nur durch Gesetz (im materiellen Sinne) und aus Gründen des öffentlichen Wohls ist eine Änderung von Landkreisgrenzen zulässig[12].

Vor einer Gebietsänderung sind die Betroffenen zu hören, also diejenigen Gebietskörperschaften, deren Grenzen sich verändern (Gemeinden, Gemeindeverbände), Grundstückseigentümer deren Eigentum (Eigentümer gemeindefreier Gebiete) betroffen ist, und grundsätzlich auch die Einwohner der betroffenen Gebiete[13]. Diese Anhörung ist eine materielle Rechtmäßigkeitsvoraussetzung, ihr Fehlen bzw. ihre Fehlerhaftigkeit also nicht nach §§ 45, 46 VwVfG heilbar oder unbeachtlich.

Der Rechtsschutz betroffener Gemeinden oder Einzelner gegen Gebietsänderungen hängt davon ab, was die Rechtsgrundlage für die Änderung ist. Änderungen durch Rechtsverordnung können von Gemeinden unter Berufung auf Art. 28 Abs. 2 S. 1 GG im Wege der Normenkontrolle nach § 47 Abs. 1 Nr. 2 VwGO vor dem OVG/VGH angegriffen werden, soweit ein Land entsprechende Ausführungsregelungen erlassen hat (nicht also in Nordrhein-Westfalen). Demgegenüber sind Änderungen durch formelles Landesgesetz nur auf verfassungsgerichtlichem Wege angreifbar (dazu s. o. Teil 1 § 3 VI. 1.)). Einzelne sind regelmäßig, weil durch die Änderung ihre subjektiven Rechte nicht unmittelbar betroffen sind, nicht i.S.d. § 47 Abs. 2 i. V. m. 42 Abs. 2 VwGO antragsbefugt. Ein Vorgehen gegen Änderungen durch öffentlich-rechtlichen Vertrag der betroffenen Gemeinden dürfte Einzelnen ebenfalls kaum möglich sein, weil auch hier regelmäßig eine Klagebefugnis nach § 42 Abs. 2 VwGO fehlen wird[14].

II. Personalhoheit

Die Personalhoheit der Kommunen lässt sich definieren als Recht, eigenverantwortlich die kommunalen Beamten und Arbeitnehmer auszuwählen, zu ernennen, zu befördern und zu entlassen[15]. Historisch und begrifflich gesehen ist gerade bei dieser Kommunalhoheit die Verbindung mit der Selbstverwaltung besonders eng, erfolgte die Verwaltung der Städte doch ursprünglich ehrenamtlich durch die Patrizier, also durch die Bürger *selbst*. Auch heute noch baut die Kommunalverwaltung entscheidend auf das ehrenamtliche Engagement der Bürger auf. Ein Bedürfnis der Kommunen nach zusätzlichen (externen) Beamten entstand im Wesentlichen erst im Zuge der Industrialisierung.

---

11 § 8 Abs. 1 und 3 GemO BW; Art. 11 Abs. 2, 12 Abs. 1 BayGO; § 6 Abs. 1 BbgKVerf; §§ 16 Abs. 1, 17 Abs. 2 HGO; § 11 Abs. 1 KVMV; § 24 Abs. 1 NKomVG; §§ 17 Abs. 1, 19 GO NRW; § 10 GemO RP; § 14 Abs. 1 KSVG; § 8 SächsGemO; § 18 Abs. 3 KVG LSA; § 14 Abs. 1 GO SH; § 9 Abs. 1 ThürKO. Die bayerische Gemeindeordnung verlangt für Änderungen gegen den Willen einer der Gemeinden „dringende Gründe des öffentlichen Wohls" (Art. 11 Abs. 2 Nr. 2 BayGO). Näher zu den materiellen Voraussetzungen einer Gebietsänderung *Geis*, KomR, § 10 Rn. 4 ff.
12 §§ 7 Abs. 1 und 2 LKO BW; Art. 8 BayLKrO (Rechtsverordnung der Staatsregierung); § 124 Abs. 4 BbgKVerf (auch Änderungsverträge zwischen Landkreisen möglich; ähnlich: § 97 Abs. 3 i.V.m. 11 KVMV; § 25 Abs. 1 S. 2 NKomVG); § 14 HKO (kein Gesetz erforderlich bei Einverständnis; ähnlich § 15 Abs. 1 S. 2 KrO SH); § 97 KVMV; §§ 25-27 NKomVG; § 18 KrO NRW; § 149 Abs. 2 KSVG; § 7 Abs. 2 SächsLKrO; § 17 Abs. 2 KVG LSA; §§ 15, 16 KrO SH; § 92 ThürKO.
13 §§ 8 Abs. 3 S. 3, Abs. 4 und 5 GemO BW; § 6 Abs. 6–8 BbgKVerf; § 11 Abs. 1 S. 2 KVMV; § 25 Abs. 4 NKomVG; § 18 Abs. 3 KVG LSA. Eine Anhörung der Einwohner ist z.T. nur in Generalklauseln geregelt, nach denen die Gemeinden ihre Einwohner über wichtige Angelegenheiten unterrichtet (so etwa § 23 Abs. 1 GO NRW, § 15 Abs. 1 GemO RP, § 16a GO SH). Nach Art. 11 Abs. 4 BayGO „soll" lediglich denjenigen Gemeindebürgern, deren gemeindliche Zuständigkeit wechselt, Gelegenheit zur Stellungnahme in geheimer Abstimmung gegeben werden. In Hessen (§ 16 Abs. 1 S. 2 HGO) wird die Anhörung der Bürger in der Gemeindeordnung nicht erwähnt.
14 So i. E. auch *Burgi*, KomR, § 5 Rn. 16.
15 Ähnlich *Burgi*, KomR, § 6 Rn. 33.

10 Wirklich eigenverantwortlich kann die Kommune ihre Aufgaben im Übrigen nur wahrnehmen, wenn sie auch eine eigene Personalpolitik betreiben kann. Personalhoheit heißt also nicht allein, dass die Kommune zuständig ist, Beamte zu ernennen und Arbeitsverträge abzuschließen. Sie muss im Hinblick auf Beamte insbesondere auch eigenständig entscheiden, ob ein Bewerber die Voraussetzungen des Art. 33 Abs. 2 GG erfüllt, und eigene Bedingungen für Beförderungen aufstellen dürfen.

11 Wie bereits erwähnt (s. o. Teil 2 § 2 Rn. 14) sind Gemeinden und Gemeindeverbände nach § 2 Nr. 1 BeamtStG und den Landesbeamtengesetzen dienstherrnfähig. Die Notwendigkeit einer Dienstherreneigenschaft der Kommunen folgt dabei nicht nur aus Art. 28 Abs. 2 GG, sondern primär aus Art. 33 Abs. 4 GG, wonach die Ausübung hoheitsrechtlicher Befugnisse als ständige Aufgabe in der Regel Beamten zu übertragen ist. Weil Kommunen ständig hoheitsrechtliche Befugnisse ausüben, brauchen sie Beamte und müssen deshalb dienstherrnfähig sein. Dienstvorgesetzter der kommunalen Beamten ist das jeweilige monokratische Organ, also bei Gemeindebeamten der (Ober-)Bürgermeister, bei Kreisbeamten der Landrat[16]. In Brandenburg, Mecklenburg-Vorpommern, Niedersachsen, dem Saarland, Sachsen-Anhalt und Schleswig-Holstein ist Dienstvorgesetzter des (Ober-)Bürgermeisters oder des Landrats das Kollegialorgan der entsprechenden Kommune[17]. Die anderen Bundesländer regeln die dienstrechtliche Stellung des (Ober-)Bürgermeisters oder des Landrats außerhalb der Gemeinde- und Landkreisordnungen, insbesondere in den Beamtengesetzen[18].

12 Teil des Kernbereichs der gemeindlichen Selbstverwaltung nach Art. 28 Abs. 2 S. 1 GG ist die Personalhoheit nur insoweit, als es Kommunen prinzipiell gestattet sein muss, eigenes Personal zu haben und selbst auszuwählen. Die Vorgaben der Beamtengesetze, des Arbeitsrechts oder auch Regelungen, die die Gemeinden dazu verpflichten, bestimmte Ämter zu vergeben (z.B. Gleichstellungsbeauftragte[19]) zu vergeben, sind somit in keinem Fall Kernbereichseingriffe und auch ansonsten verfassungsrechtlich regelmäßig unproblematisch.

III. Organisationshoheit

13 Ein weiteres zentrales Element der Selbstverwaltung i.S.d. Art. 28 Abs. 2 GG ist die Organisationshoheit. Organisationshoheit bedeutet, dass Binnenorganisation, Geschäfts- und Kompetenzverteilung bei der Erledigung kommunaler Aufgaben („Wer macht was?") grundsätzlich allein Sache der Kommunen sind. Vom Schutzbereich der Organisationshoheit erfasst ist allerdings grundsätzlich (d. h. abgesehen davon, dass Regelungen der äußeren Organisation in den Kommunalgesetzen den Wesensgehalt der kommunalen Selbstverwaltung nicht aushöhlen dürfen) nur die Binnenorganisation. Eine Kommune kann also z.B. prinzipiell frei entscheiden, ob sie ein eigenes Wirtschaftsdezernat, ein eigenes Kulturreferat, oder ein eigenes Tourismusbüro betreibt.

---

16 § 44 Abs. 4 GemO BW; § 42 Abs. 4 LKrO BW; Art. 43 Abs. 3 BayGO; Art. 38 Abs. 3 BayLKrO; §§ 61 Abs. 2, 131 Abs. 1 BbgKVerf; § 73 Abs. 2 HGO; § 46 Abs. 2 S. 1 HKO;§§ 38 Abs. 2 S. 4, 39 Abs. 2 S. 3, 115 Abs. 1 S. 4 KVMV; § 107 Abs. 5 S. 3 NKomVG;§ 73 Abs. 2 GO NRW; § 49 Abs. 1 S. 1 KrO NRW; § 47 Abs. 2 GemO RP; § 41 Abs. 2 LKrO RP; §§ 59 Abs. 5 S. 1, 178 Abs. 4 KSVG; § 53 Abs. 2 SächsGemO; § 49 Abs. 4 SächsLKrO; § 66 Abs. 5 KVG LSA; §§ 50 Abs. 4, 55 Abs. 1 S. 3 GO SH; § 51 Abs. 1 S. 3 KrO SH; §§ 29 Abs. 3, 111 Abs. 3 ThürKO.

17 §§ 61 Abs. 2 S. 1, 131 Abs. 1 BbgKVerf; §§ 22 Abs. 5 S. 5, 104 Abs. 5 S. 5 KVMV; § 107 Abs. 5 S. 1 NKomVG; § 45 Abs. 5 S. 1 KVG LSA; § 27 Abs. 4 S. 2 GO SH; § 40b Abs. 5 KrO SH. Im Saarland ist diese Zuständigkeit zwischen Kommunalaufsicht und Gemeinderat bzw. Kreistag geteilt (§§ 59 Abs. 6, 178 Abs. 5 KSVG).

18 § 92 Nr. 1 LBG BW; Art. 3 BayKWBG; § 119 LBG NRW; § 125 LBG RP. § 73 Abs. 2 HGO und § 46 Abs. 2 S. 2 und 3 HKO enthalten Verordnungsermächtigungen.

19 Dazu BVerfGE 91, 228 (245).

Die gesetzlichen Vorgaben für die äußere Organisation der Kommunalverwaltung in den Kommunalgesetzen (insbesondere über die Organe und die Kompetenzverteilung zwischen ihnen) sind u. a. aus historischen Gründen nicht von der Organisationshoheit umfasst und werden deshalb vom BVerfG nicht als Eingriffe in Art. 28 Abs. 2 S. 1 GG, geschweige denn in dessen Kernbereich qualifiziert[20].

Zur Organisationshoheit gehört nicht nur die Entscheidung darüber, ob Stellen und Einrichtungen für die Erledigung gemeindlicher Aufgaben geschaffen oder aufgelöst werden, sondern auch diejenige über die Einsetzung und Umsetzung von Bediensteten auf diesen Stellen und über deren Sachmittelausstattung. Organisationshoheit und Personalhoheit sind hier voneinander abzugrenzen: Die Personalhoheit betrifft die Frage betrifft, ob eine Kommune einen Beamten oder Arbeitnehmer (überhaupt) einstellen, befördern oder entlassen darf. Die Organisationshoheit ist demgegenüber betroffen, wenn es darum geht, welche Aufgaben dem Beamten/Arbeitnehmer übertragen und welche Vorgaben für die Erledigung gemacht werden. Ebenfalls von der gemeindlichen Organisationshoheit umfasst ist die Kooperationshoheit, also das Recht zur Zusammenarbeit mit anderen Kommunen (näher dazu § 11)[21]. Speziell beim wirtschaftlichen Handeln der Gemeinde ist die Entscheidung über die Rechtsform Teil der Organisationshoheit (näher s. u. Teil 2 § 8 Rn. 30 ff.)[22].

14

Ein Grundbestand an Organisationshoheit ist Teil des Kernbereichs des Art. 28 Abs. 2 S. 1 GG. Regelungen, „die eine eigenständige organisatorische Gestaltungsfähigkeit der Kommunen im Ergebnis ersticken würden"[23], sind deshalb verfassungsrechtlich unzulässig. Der Gesetzgeber muss den Gemeinden außerdem hinreichenden organisatorischen Spielraum belassen. Der Kernbereich des Art. 28 Abs. 2 S. 1 GG wäre beispielsweise dann verletzt, wenn es Kommunen verboten würde, andere als gesetzlich vorgesehene Ämter zu errichten.

15

IV. Planungshoheit

Die kommunale Planungshoheit als das Recht zur eigenverantwortlichen Planung der örtlichen und überörtlichen Bodenentwicklung ist ebenfalls Bestandteil des Selbstverwaltungsrechts nach Art. 28 Abs. 2 GG. Diese Kommunalhoheit ist allerdings weniger ein Problem des Kommunalrechts als primär ein solches des Bau- und Planungsrechts und soll deshalb hier nur gestreift werden:

16

Regelungen insbesondere des BauGB, die Gemeinden Aufgaben übertragen oder Rechte einräumen, sind im Lichte der Planungshoheit (und damit im Lichte des Art. 28 Abs. 2 S. 1 GG) auszulegen. Dies gilt etwa für die Aufstellung von Bauleitplänen nach §§ 1 ff. BauGB, bei der insbesondere die Frage, ob die Planung i.S.d. § 1 Abs. 3 BauGB erforderlich ist, im Zweifel allein von der planenden Gemeinde beurteilt wird[24].

17

---

20 BVerfGE 91, 228 (238 f.).
21 *Burgi* (KomR, § 6 Rn. 33) versteht die Kooperationshoheit als eigenständige Gemeindehoheit. Wie hier *Th. I. Schmidt*, KomR, Rn. 761.
22 So auch *Burgi*, KomR, § 6 Rn. 33.
23 BVerfGE 91, 228 (239).
24 Gerichtlich kann die Entscheidung der Gemeinde, mit der sie die Erforderlichkeit nach § 1 Abs. 3 BauGB bejaht, wegen des Einflusses der Planungshoheit nach Art. 28 Abs. 2 S. 1 GG im Wesentlichen nur auf offensichtliche Fehlerhaftigkeit überprüft werden. Diese ist insbesondere bei Negativplanungen (die Planung kann von vornherein aus tatsächlichen oder rechtlichen Gründen nicht verwirklicht werden oder dient nur der Verhinderung eines Vorhabens) der Fall. Näher zu § 1 Abs. 3 BauGB etwa *Ferner*, in: ders./Kröninger/Aschke (Hrsg.), BauGB, 3. Aufl. (2013), § 1 Rn. 7, 16 ff.

Art. 28 Abs. 2 S. 1 GG schützt dabei auch die negative Planungshoheit, also das Recht, auf eine Planung zu verzichten[25]. Eine Pflicht einer Gemeinde, zu planen bzw. einen Plan aufzustellen kann deshalb nur im Ausnahmefall bestehen[26]. Nach § 2 Abs. 2 BauGB hat die planende Gemeinde außerdem ihre Planung mit derjenigen der von dieser betroffenen Nachbargemeinde abzustimmen. Der Gesetzgeber hat hier also – in grundrechtsdogmatischen Kategorien gesprochen – eine Drittwirkung des Selbstverwaltungsrechts aus Art. 28 Abs. 2 S. 1 GG angeordnet. Aus § 2 Abs. 2 BauGB kann dabei auch ein Klagerecht gegen einen Bebauungsplan der Nachbargemeinde, der nicht ausreichend i.S.d. § 2 Abs. 2 BauGB abgestimmt wurde, oder gegen eine aufgrund eines solchen Plans erteilte Baugenehmigung folgen. Soll für ein Bauvorhaben in einem Gebiet, für das bisher kein Bebauungsplan existiert, eine Genehmigung erteilt werden, sichert § 36 BauGB die gemeindliche Planungshoheit. Nach dieser Regelung ist im unbeplanten Gebiet eine Baugenehmigung im Zweifel nicht ohne das Einvernehmen der Gemeinde zulässig. Auch bei weiteren Bestimmungen des BauGB ist der Einfluss der kommunalen Planungshoheit zu beachten, so etwa bei § 38 BauGB, der das Verhältnis zwischen der Bauleitplanung der Gemeinde und überörtlichen Planungen betrifft, oder beim Erlass von Satzungen des besonderen Städtebaurechts nach §§ 136 ff. BauGB. Die von Art. 28 Abs. 2 S. 1 GG geschützte gemeindliche Planungshoheit hat jedoch auch Einfluss auf das Bauordnungsrecht, so insbesondere bei den sog. örtlichen Bauvorschriften (dies sind Satzungen, mit denen Gemeinden z.B. zum Schutz ihres Ortsbildes eine bauordnungsrechtliche Feinsteuerung betreiben kann).

V. Kulturhoheit

18   Als Kulturhoheit ist das Recht der Kommunen, Kulturgüter in ihrem Gebiet zu schaffen, zu pflegen und zu fördern vom Schutzbereich des Selbstverwaltungsrechts nach Art. 28 Abs. 2 GG umfasst[27]. Der Begriff „Kultur" ist dabei weit zu verstehen. Ihre Kulturhoheit übt eine Kommune also nicht nur dann aus, wenn sie Museen, Bibliotheken und Theater einrichtet und unterhält, oder wenn sie ortsansässige Kunstschaffende unterstützt (z.B. durch Subventionen, Vergabe von Preisen oder die kostengünstige Überlassung von gemeindeeigenen Räumen). Auch das Betreiben und Unterhalten von Bildungseinrichtungen wie insbesondere Schulen und Volkshochschulen oder von Jugendzentren und Begegnungsstätten ist von Art. 28 Abs. 2 GG geschützt. Ferner werden sowohl dauerhafte (z.B. jährliche Zuwendungen an das Stadttheater) als auch nur temporäre Maßnahmen (z.B. 500jähriges Stadtjubiläum) von der Kulturhoheit erfasst.

19   Die Kulturhoheit der Kommunen mag Studierenden nicht allzu klausur- oder examensrelevant erscheinen, für die kommunale Praxis hat sie jedoch immense Bedeutung, weil es gerade kulturelle Aktivitäten sind, mit denen die Kommunen den gesellschaftlichen Zusammenhalt unter ihren Einwohnern am ehesten erfolgreich schaffen und erhalten kann. Eine aktive Kulturpolitik ist für Gemeinden regelmäßig auch wirtschaftlich interessant, weil dadurch Touristen angezogen werden können und die Gemeinde so u.U. auch für die Ansiedlung von Wirtschaftsunternehmen attraktiver wird. Ähnlich wie bei den anderen Gemeindehoheiten ist allerdings nur die grundsätzliche Befugnis zur eigenständigen Schaffung und Gestaltung des gemeindlichen Kulturlebens im Kernbereich des Art. 28 Abs. 2 S. 1 GG gewährleistet.

---

25   So zu Recht *Geis*, KomR, § 6 Rn. 21.
26   Hierzu BVerwGE 119, 25 ff.
27   Ausführlich zum kommunalen Kulturrecht *O. Scheytt*, Kommunales Kulturrecht, 2005.

VI. Finanz- und Abgabenhoheit

Wie bereits erwähnt, stellt Art. 28 Abs. 2 S. 3 GG klar, dass das Selbstverwaltungsrecht nach Art. 28 Abs. 2 GG auch die Grundlagen der finanziellen Eigenverantwortung umfasst. Damit wird zugleich betont, was im Grunde bereits anerkannt war, bevor Art. 28 Abs. 2 S. 3 GG 1994 geschaffen wurde, nämlich dass Teile des Selbstverwaltungsrechts auch die Finanz- und die Abgabenhoheit sind.

Unter Finanzhoheit ist hierbei das Recht der Kommunen auf eine eigenverantwortliche Einnahmen- und Ausgabenwirtschaft zu verstehen. Insbesondere bei Hauhaltsaufstellung, Haushaltsführung und Vermögensverwaltung müssen die Kommunen prinzipiell frei von staatlichem Einfluss sein. Die Finanzhoheit der Kommunen steht jedoch von vornherein unter stärkerem staatlichen Einfluss als andere Kommunalhoheiten, weil die Kommunen die Mittel, die sie eigenverantwortlich bewirtschaften, zum ganz überwiegenden Teil vom Staat erhalten (näher Teil 2 § 9 I.). Der Staat kann, indem er den Finanzrahmen der Kommunen enger oder weiter steckt, Kommunalpolitik mit dem goldenen Zügel betreiben. Umso wichtiger ist es, dass das landesverfassungsrechtliche Konnexitätsprinzip sowie Art. 84 Abs. 1 S. 7 und 85 Abs. 1 S. 2 GG die Kommunen zumindest davor schützen, durch übermäßige Belastung mit Aufgaben finanziell ausgetrocknet und so politisch handlungsunfähig gemacht zu werden.

Abgabenhoheit ist demgegenüber die Kompetenz, Abgabengesetze zu erlassen (Gesetzgebungshoheit/Abgabensatzungshoheit), die aufgrund dieser Abgabengesetze oder aufgrund anderer gesetzlicher Regelungen erzielten Abgaben zu verwalten (Verwaltungshoheit) und die Erträge aus den Abgaben zu vereinnahmen (Ertragshoheit). Die Abgabenhoheit ist somit ein Spezialfall der Finanzhoheit[28]. Vorgaben für die Ausübung der Abgabenhoheit enthalten insbesondere die Kommunalabgabengesetze (näher § 9).

Auch Finanz- und Abgabenhoheit sind in ihrem Grundbestand Teil des Kernbereichs der Selbstverwaltung i.S.d. Art. 28 Abs. 2 Satz 1 GG.

VII. Satzungshoheit

Von der wohl h.M. wird zu den Kommunalhoheiten auch die Satzungshoheit gerechnet[29]. Satzungshoheit in diesem Sinne ist das Recht der Kommunen, für ihr Gebiet eigene abstrakt-generelle Regelungen zu erlassen oder in anderen Fällen, in denen dies gesetzlich vorgesehen ist (z.B. im bereits erwähnten Fall der Bebauungspläne) in Form einer Satzung zu handeln.

Nicht unproblematisch ist an dieser Einordnung, dass nach ebenfalls h.M. jedenfalls für Satzungen, die in Grundrechte eingreifen ein strenger Vorbehalt des Gesetzes gilt. Grundrechtsrelevante Satzungen dürfen deshalb nicht allein auf Generalklauseln in den Kommunalgesetzen gestützt werden, die den Kommunen allgemein die Satzungskompetenz zuweisen, sondern bedürfen einer speziellen (formell-)gesetzlichen Ermächtigung[30]. Folgt man dem und berücksichtigt zugleich die Reichweite der allgemeinen Handlungsfreiheit nach Art. 2 Abs. 1 GG, wegen der letztlich jedes belastende staatliche Handeln ein Grundrechtseingriff ist, ergibt sich, dass Satzungshoheit in aller Regel von einer Satzungsermächtigung durch den parlamentarischen Gesetzgeber abhängt. Dann aber wäre die Satzungshoheit zwar eine auf der Verfassungsebene den Gemein-

---
28 So i. E. auch *Geis*, KomR, § 6 Rn. 22 f.
29 Vgl. etwa *Geis*, KomR, § 6 Rn. 19, § 8 Rn. 1 ff.; *Burgi*, KomR, § 6 Rn. 33; *Th. I. Schmidt*, KomR, Rn. 69.
30 BVerwG, NVwZ 1990, 867; *Th. I. Schmidt*, KomR, Rn. 282.

den in Art. 28 Abs. 2 S. 1 GG gewährleistete Hoheit. Ihre tatsächliche Ausübbarkeit läge jedoch – im Gegensatz zu den anderen Gemeindehoheiten – in aller Regel in der Hand des Gesetzgebers. Dieses verfassungsrechtliche Dilemma lässt sich dahingehend teilweise auflösen, dass Art. 28 Abs. 2 S. 1 GG als Satzungshoheit zumindest das Recht garantiert, überhaupt Ortsrecht (in irgendeiner Form) erlassen zu dürfen. Wenn demnach der Erlass grundrechtsrelevanter Satzungen von vornherein nicht von der Satzungshoheit umfasst ist, hat dies zur Konsequenz, dass jeder Eingriff in die (so eng definierte) Satzungshoheit zugleich ein Kernbereichseingriff in das Selbstverwaltungsrecht der Gemeinden ist.

26 **VIII. Wiederholungs- und Vertiefungsfragen**

1. Was schützt die Gebietshoheit der Gemeinden?
2. Welche Anforderungen bestehen (in Ihrem Bundesland) für Änderungen des Gemeindegebiets?
3. Wie lassen sich Personalhoheit und Organisationshoheit der Gemeinden definieren und wie sind diese Hoheiten voneinander abzugrenzen?
4. Nennen und erläutern Sie Beispiele für Normen aus dem Baurecht, auf deren Auslegung die kommunale Planungshoheit Auswirkungen hat.
5. Umfasst die kommunale Kulturhoheit nur die Förderung von „Hochkultur"?
6. In welcher Verbindung stehen Finanz- und Abgabenhoheit zu einander und wie lassen sich beide Hoheiten definieren?
7. Warum ist es verfassungsrechtlich nicht unproblematisch die Satzungshoheit der Gemeinden als Teil des Selbstverwaltungsrechts nach Art. 28 Abs. 2 S. 1 GG zu verstehen?

IX. Weiterführende Literatur

27 *Blümel*, Das Selbstgestaltungsrecht der Städte und Gemeinden, 1986; *Denecke*, Das Selbstgestaltungsrecht der Gemeinde im baulichen Bereich, 2009; *Frenz*, Der Schutz der kommunalen Organisationshoheit, VerwArch 86 (1995), 378; *Gemein*, Die Personalhoheit der Gemeinden: was verbleibt den Gemeinden noch von ihrer verfassungsrechtlich gewährleisteten Personalhoheit, 1998; *Hill*, Soll das kommunale Satzungsrecht gegenüber staatlicher und gerichtlicher Kontrolle gestärkt werden, Gutachten D zum 58. DJT, 1990; *Schliesky*, Kommunale Organsiationshoheit unter Reformdruck, Die Verwaltung 38 (2005), 339; *Schmidt-Aßmann*, Die kommunale Rechtsetzung im Gefüge der administrativen Handlungsformen und Rechtsquellen, 1981; *Schmidt-Jortzig*, Kommunale Organisationshoheit, 1979; *Widera*, Zur verfassungsrechtlichen Gewährleistung gemeindlicher Planungshoheit, 1985; *Werner-Jensen*, Planungshoheit und kommunale Selbstverwaltung, 2006; *H. A. Wolff*, Die Personalhoheit als Bestandteil der kommunalen Selbstverwaltung, VerwArch 100 (2009), 280

§ 2 Kommunale Aufgaben

Nicht alle Aufgaben der Kommunen sind Selbstverwaltungsangelegenheiten bzw. (soweit es sich um Aufgaben von Gemeinden handelt) örtliche Angelegenheiten i.S.d. Art. 28 Abs. 2 GG. Die Kommunalgesetze der Bundesländer kennen vielmehr verschiedene weitere Aufgabenkategorien, die den Kommunen zur Erledigung zugewiesen werden. Auf den ersten Blick ist die Rechtslage im Vergleich der Bundesländer sehr heterogen. So spricht etwa die bayerische Gemeindeordnung von „Wirkungskreisen", während die baden-württembergische diesen Begriff nicht kennt. Für die Praxis sind die Unterschiede, wie sogleich zu zeigen ist, jedoch meist vernachlässigbar[1]. Es stellen sich nämlich immer ähnliche Fragen, insbesondere, ob die Kommune frei über das Ob der Aufgabenerfüllung entscheiden kann (Unterscheidung von freiwilligen Aufgaben und Pflichtaufgaben) und, ob der Staat ein Weisungsrecht hat (Unterscheidung von Weisungsaufgaben und weisungsfreien Aufgaben). Speziell bezogen auf das Weisungsrecht bedarf es dabei außerdem einer Klarstellung: „Weisungsfrei" bedeutet nie die Freiheit von rechtsaufsichtlichen Weisungen, denn ein rechtswidriges Handeln ist den Kommunen wegen der umfassenden Bindung der Verwaltung an Recht und Gesetz nach Art. 20 Abs. 3 GG stets untersagt.

I. Monistisches vs. dualistisches Modell der Aufgabenzuweisung

Die Kommunalgesetze der Bundesländer lassen sich in ein monistisches und ein dualistisches Modell der gesetzlichen Aufgabenzuweisung an die Kommunen systematisieren. Nach dem monistischen (Baden-Württemberg, Brandenburg, Hessen, Nordrhein-Westfalen, Sachsen, Schleswig-Holstein) sind prinzipiell alle Aufgaben solche der Kommune, bei Gemeinden also – jedenfalls nach dem Wortlaut der entsprechenden Bestimmungen (näher sogleich Teil 2 § 2 II. 1.)) – auch solche ohne jeden Ortsbezug. Nach dem dualistischen System (Bayern, Mecklenburg-Vorpommern[2], Niedersachsen, Rheinland-Pfalz, Saarland, Sachsen-Anhalt, Thüringen) ist hingegen zwischen zwei Aufgabenkreisen zu unterscheiden, dem Kreis der eigenen Aufgaben bzw. dem eigenen Wirkungskreis und dem Kreis der vom Staat übertragenen Aufgaben bzw. dem übertragenen Wirkungskreis. Historisch gesehen ist das monistische System das jüngere. Es wurde 1948 von den kommunalen Spitzenverbänden im sog. Weinheimer Entwurf erarbeitet und sollte insbesondere die Demokratie auf lokaler Ebene stärken[3]. Das dualistische System war hingegen in ähnlicher Weise bereits in § 2 Abs. 3 S. 1 der Deutschen Gemeindeordnung von 1935 vorgesehen[4].

II. Eigener Wirkungskreis bzw. weisungsfreie Aufgaben

1. Zuordnung

Aufgaben des eigenen Wirkungskreises bzw. weisungsfreie Aufgaben sind bei Landkreisen und anderen Gemeindeverbänden i.S.d. Art. 28 Abs. 2 S. 1 GG nur solche Angelegenheiten, die dem betreffenden Gemeindeverband in dieser Form gesetzlich (auch

---

1 So statt vieler auch *Geis*, KomR, § 7 Rn. 5.
2 A. A. *Burgi*, KomR, § 8 Rn. 19. Die (amtlichen) Überschriften über §§ 2 und 3 KV M-V sprechen m. E. klar für die Einordnung als dualistisches System.
3 Näher zum Weinheimer Entwurf *Lange*, KomR, Kap. 11 Rn. 10 ff.; *Burgi*, KomR, § 8 Rn. 4.
4 Die Vorschrift lautete: „Den Gemeinden können durch Gesetz staatliche Aufgaben zur Erfüllung nach Anweisung übertragen werden".

generalklauselartig) zugewiesen sind[5]. Bei den Gemeinden sind Aufgaben des eigenen Wirkungskreises bzw. weisungsfreie Aufgaben jedenfalls alle Aufgaben, die spezifischen Ortsbezug im oben (Teil 1 § 3 Rn. 13 ff.) dargestellten Sinn haben und keinem anderen Rechtsträger zugewiesen sind[6].

4 In den Gemeindeordnungen, die dem **monistischen Modell** folgen, wird der Ortsbezug als Zuweisungskriterium meist nicht ausdrücklich erwähnt[7]. Deshalb fallen dort prinzipiell auch Aufgaben ohne spezifischen Ortsbezug (oder auch mit rein überörtlichem Bezug) in die Zuständigkeit der Gemeinden, solange dafür noch keine Zuständigkeit eines anderen Rechtsträgers gesetzlich begründet wurde[8]. Klar ist zwar, dass sich die Gemeinden auch im monistischen System für Aufgaben ohne Ortsbezug nicht auf Art. 28 Abs. 2 S. 1 GG berufen können, sondern allenfalls auf ein landesverfassungsrechtliches Selbstverwaltungsrecht. Den Gemeinden muss nach Art. 28 Abs. 2 S. 1 GG von (Bundes-)Verfassungswegen nur das Selbstverwaltungsrecht für die örtlichen Angelegenheiten garantiert sein. Aus Art. 28 Abs. 2 S. 1 GG kann jedoch andererseits nicht hergeleitet werden, dass es verfassungswidrig wäre, Gemeinden auch Aufgaben *ohne* Ortsbezug als Selbstverwaltungsaufgaben zuzuweisen[9].

5 In Ländern des **dualistischen Modells** sind hingegen nur Aufgaben mit Ortsbezug i.S.d. Art. 28 Abs. 2 S. 1 GG Aufgaben des eigenen Wirkungskreises[10]. Hier ist also die Frage, ob die Gemeinde sich für die Erledigung einer Aufgabe auf ein Selbstverwaltungsrecht berufen kann, immer schon dann zu verneinen, wenn es am Ortsbezug fehlt.

6 Für die Klausur folgt daraus, dass dann, wenn der Ortsbezug bejaht werden kann, immer eine weisungsfreie Aufgabe bzw. eine Aufgabe des eigenen Wirkungskreises vorliegt. Ist der Ortsbezug unklar, ist in Ländern des monistischen Systems (und nur in diesen) weiter zu prüfen, ob sich aus der Landesverfassung ergibt, dass die Aufgabe weisungsfrei ist.

2. Freiwillige Aufgaben und Pflichtaufgaben

7 Grundsätzlich sind die Kommunen in ihrer Entscheidung darüber, ob sie eine Aufgabe im eigenen Wirkungskreis bzw. eine weisungsfreie Aufgabe überhaupt wahrnehmen wollen, frei. Kommunale Aufgaben im eigenen Wirkungskreis bzw. weisungsfreie Aufgaben sind im Zweifel also freiwillige Aufgaben. Es gibt jedoch Fälle, in denen der Gesetzgeber Aufgaben für so wichtig für die Gesellschaft hält, dass er den Kommunen deren Erfüllung zwingend vorschreibt (sog. Pflichtaufgaben). Die Kommune kann bei Pflichtaufgaben nicht mehr über das Ob, sondern nur noch über das Wie der Aufgabenerfüllung frei entscheiden. Nur insoweit bleiben Pflichtaufgaben im eigenen Wir-

---

5   Vgl. etwa § 2 Abs. 1 S. 1 HKO: „Die Landkreise nehmen in ihrem Gebiet, soweit die Gesetze nichts anderes bestimmen, diejenigen öffentlichen Aufgaben wahr, die über die Leistungsfähigkeit der kreisangehörigen Gemeinden hinausgehen".
6   Vgl. etwa § 2 Abs. 1 GemO BW: „Die Gemeinden verwalten in ihrem Gebiet alle öffentlichen Aufgaben allein und unter eigener Verantwortung, soweit die Gesetze nichts anderes bestimmen".
7   Anders § 2 Abs. 1 BbgKVerf. Die anderen Gemeindeordnungen des monistischen Systems stellen nur klar, dass sich die Aufgabenwahrnehmung (also das Wie der Aufgabenerledigung) auf das Gemeindegebiet beziehen muss, äußern sich aber nicht zur Aufgabenübernahme (bzw. zum Ob der Aufgabenerledigung).
8   Lange, KomR, Kap. 11 Rn. 8 ff.
9   A. A. Geis, KomR, § 7 Rn. 2 f.; wie hier Lange, KomR, Kap 11 Rn. 17 m.w.N.
10 Deutlich in Art. 7 Abs. 1 BayGO; § 2 Abs. 1 KVMV; § 5 Abs. 1 Nr. 1 NKomVG; § 2 Abs. 1 GemO RP; § 2 Abs. 1 Thür-KO. § 5 Abs. 1 KSVG erwähnt den Ortsbezug nicht ausdrücklich, auch dort wird er von der Literatur jedoch als Voraussetzung für die Zuordnung zum eigenen Wirkungskreis angesehen (so Guckelberger, in: Gröpl/dies./Wohlfarth, Landesrecht Saarland, S. 161).

§ 2 Kommunale Aufgaben

kungskreis weisungsfreie Aufgaben oder anders ausgedrückt: Die Erfüllung von Pflichtaufgaben des eigenen Wirkungskreises ist stets frei von *fach*aufsichtlichen (Zweckmäßigkeits-)Weisungen[11]. *Rechts*aufsichtliche Weisungen sind hingegen auch dann möglich, wenn die Gemeinde eine Pflichtaufgabe nicht erfüllt, denn ein solches Unterlassen ist rechtswidrig.

Die Begründung solcher Pflichtaufgaben ist ein Eingriff in das Selbstverwaltungsrecht aus Art. 28 Abs. 2 S. 1 GG (dieses garantiert im örtlichen Bereich auch die Entscheidung über das Ob der Aufgabenerfüllung). Deshalb bedarf es hierfür eines formellen Gesetzes als Grundlage[12]. Das entsprechende Gesetz kann dabei die Verpflichtung zur Aufgabenerfüllung entweder selbst aussprechen[13] oder (in hinreichend bestimmter Weise) zum Erlass einer die Verpflichtung begründenden Rechtsverordnung ermächtigen[14]. Die letztere Variante ist auch in denjenigen Ländern zulässig, in denen die Gemeindeordnungen ausdrücklich nur eine Verpflichtung durch (formelles) Gesetz erlauben, denn die Frage, unter welchen Umständen (nur Gesetz oder auch Verordnung) ein Eingriff in das verfassungsrechtlich garantierte Selbstverwaltungsrecht zulässig ist, kann nur auf der Ebene der Verfassung, nicht schon auf derjenigen der Kommunalgesetze verbindlich entschieden werden. Eine gesetzliche Verpflichtung der Gemeinden zur Aufgabenerfüllung ist außerdem nur dann verfassungsgemäß, wenn sie verhältnismäßig ist, d. h. den Gemeinden muss trotz der Verpflichtung genügend Spielraum für freiwillige Aufgaben verbleiben. Außerdem verpflichten die Landesverfassungen den Gesetzgeber, das Konnexitätsprinzip einzuhalten (s. o. Teil 1 § 1 IV. 6. und Teil 2 § 9 Rn. 19 ff.). Beispiele für Pflichtaufgaben sind der Erlass von Bauleitplänen nach § 2 Abs. 1 BauGB, die Abfallentsorgung, die Versorgung der Bevölkerung mit Trinkwasser sowie die Anhörung der Bürger bei Änderung des Gemeindegebiets[15]. Typischerweise freiwillige Aufgabe ist demgegenüber der gesamte Bereich der öffentlichen Einrichtungen[16], die wirtschaftliche Tätigkeit der Kommunen und die interkommunale Zusammenarbeit[17].

Dass freiwillige Aufgaben durch langjährige Übung quasi zu Pflichtaufgaben mutieren können, hat das BVerwG im sog. Weihnachtsmarkturteil[18] bejaht. Das Gericht vertrat die Ansicht, dass die (materielle) Privatisierung eines traditionellen Weihnachtsmarkts, also einer öffentlichen Einrichtungen, deren Schaffung durch die Gemeinde grundsätzlich freiwillig ist, von Art. 28 Abs. 2 S. 1 GG nicht mehr gedeckt sei. Das (bisher vom BVerwG noch nicht bestätigte) Urteil hat in der Literatur[19] zu Recht Kritik erfahren,

---

11 Näher zur Unterscheidung von Rechts- und Fachaufsicht s. u. § 10 I.
12 Statt vieler *Burgi*, KomR, § 8 Rn. 15.
13 So vorgesehen in § 2 Abs. 2 S. 1 GemO BW; Art. 57 Abs. 2 S. 2 BayGO; § 3 S. 1 HGO (für neue Pflichtaufgaben); § 5 Abs. 1 Nr. 4 NKomVG i. V. m. Art. 57 Abs. 4 NdsVerf; § 3 Abs. 1 GO NRW; § 2 Abs. 1 S. 2, Abs. 3 S. 1 GemO RP; § 5 Abs. 3 S. 1 KSVG; § 2 Abs. 2 S. 1 SächsGemO; § 5 Abs. 1 Nr. 3 KVG LSA i.V.m. Art. 87 Abs. 3 Verf LSA (für neue Pflichtaufgaben); § 2 Abs. 3 S. 1 ThürKO.
14 So vorgesehen in § 2 Abs. 3 S. 1 BbgKVerf („aufgrund eines Gesetzes"); § 2 Abs. 3 KVMV; § 5 Abs. 1 Nr. 4 NKomVG i. V. m. Art. 57 Abs. 4 NdsVerf; § 2 Abs. 2 GO SH. § 2 Abs. 4 S. 2 GemO BW, § 3 S. 3 HGO, § 3 Abs. 3 S. 2 GO NRW, § 2 Abs. 3 S. 3 GemO RP und § 5 Abs. 3 S. 2 KSVG ermöglichen zwar Durchführungsverordnungen, das bedeutet jedoch im Zweifel, dass die Verpflichtung zur Aufgabenerfüllung schon in dem (formellen) Gesetz enthalten sein soll, das die Verordnungsermächtigung enthält.
15 Weitere Beispiele bei *Lange*, KomR, Kap 11 Rn. 19.
16 Auch in Bayern ist dies trotz der Formulierung „sollen" in Art. 57 BayGO nicht anders (näher etwa *Widtmann/Grasser/Glaser*, BayGO, Art. 57 Rn. 7.
17 So auch *Lange*, KomR, Kap 11 Rn. 15.
18 BVerwG, DVBl. 2009, 1382 ff.
19 *M. Winkler*, JZ 2009, 1169 ff.; *D. Ehlers*, DVBl. 2009, 1456 f.; *W. Kahl/Ch. Weißenberger*, LKRZ 2010, 81 ff.; positiver zum Urteil *A. Katz*, NVwZ 2010, 405 ff.

weil es Art. 28 Abs. 2 S. 1 GG entgegen seinem Wortlaut als eine Pflicht der Gemeinden liest. Schon im Interesse der Rechtssicherheit sollte daran festgehalten werden, dass Pflichtaufgaben nur Aufgaben sind, die durch Gesetz ausdrücklich als solche bezeichnet werden. Zutreffend ist allerdings der Ausgangspunkt des BVerwG, dass Pflichtaufgaben der Kommunen nicht materiell privatisiert werden dürfen (näher zur Privatisierung s. u. Teil 2 § 7 Rn. 47, § 9 Rn. 12 f.)[20].

III. Übertragener Wirkungskreis und Pflichtaufgaben nach Weisung

1. Zuordnung

10 Aufgaben des übertragenen Wirkungskreises und Pflichtaufgaben nach Weisung sind Aufgaben, die der entsprechenden kommunalen Gebietskörperschaft durch Gesetz zur Erledigung zugewiesen werden, im Gegensatz zu weisungsfreien Pflichtaufgaben aber vor dieser Zuweisung staatliche Aufgaben waren[21]. Aufgaben im übertragenen Wirkungskreis und Pflichtaufgaben nach Weisung haben deshalb keinen spezifischen Ortsbezug i.S.d. Art. 28 Abs. 2 S. 1 GG. Typische Beispiele für Aufgaben des übertragenen Wirkungskreises bzw. Pflichtaufgaben nach Weisung sind die Bauaufsicht und Aufgaben der Gefahrenabwehr.

11 Die hier vorgenommene Gleichsetzung von Aufgaben des übertragenen Wirkungskreises und Pflichtaufgaben nach Weisung ist nicht unumstritten und zuzugeben ist, dass es der Idee des monistischen Systems durchaus entspricht, Pflichtaufgaben nach Weisung als durch das staatliche Weisungsrecht gleichsam überlagerte Selbstverwaltungsaufgaben anzusehen[22]. Jedenfalls dann, wenn das gesetzlich festgelegte Weisungsrecht unbeschränkt ist (und dies ist häufig der Fall), verschwimmen die Unterschiede jedoch so weitgehend, dass die Gleichsetzung dennoch gerechtfertigt erscheint.

12 Das Gesetz, durch das die Zuweisung zum übertragenen Wirkungskreis bzw. zu den Pflichtaufgaben nach Weisung erfolgt, ist wegen des Aufgabenübertragungsverbots nach Art. 84 Abs. 1 S. 7 und Art. 85 Abs. 1 S. 2 GG (dazu bereits Teil 1 § 3 I.) im Zweifel, d. h. abgesehen von den gemäß Art. 125a Abs. 1 S. 1 GG auch weiterhin gültigen Aufgabenübertragungen, kein Bundes-, sondern ein Landesgesetz. Es ist außerdem nur dann verfassungsgemäß und die Aufgabenübertragung ist nur dann wirksam, wenn es dem landesverfassungsrechtlichen Konnexitätsprinzip (s. o. Teil 1 § 1 IV. 6. und Teil 2 § 9 Rn. 19 ff.) genügt. Das Verhältnismäßigkeitsprinzip ist insofern zu beachten, als die Gemeinden durch Zuweisung von Aufgaben in den übertragenen Wirkungskreis oder Verlagerung von (ehemaligen Selbstverwaltungs-)Aufgaben in diesen nicht so stark belastet werden dürfen, dass sie ihre Selbstverwaltungsaufgaben nicht mehr wahrnehmen können[23]. Auch eine Zuordnung von Aufgaben zum übertragenen Wirkungskreis bzw. zu den Pflichtaufgaben nach Weisung durch Rechtsverordnung ist, sofern die Verordnungsermächtigung in einem formellen Gesetz hinreichend bestimmt ist, prinzipiell möglich[24]. Letztlich gelten damit ähnliche Voraussetzungen wie für die Umwandlung einer freiwilligen (Selbstverwaltungs-)Aufgabe in eine Pflichtaufgabe.

---

20 So auch *Geis*, KomR, § 7 Rn. 10.
21 Kritisch zur Einordnung als ehemals staatliche Aufgaben *Lange*, KomR, Kap 11 Rn. 24 ff.
22 So i. E. OVG Münster, NVwZ-RR 1995, 502; *Lange*, KomR, Kap. 11 Rn. 43 ff.; wie hier die h.M. (etwa BVerfGE 6, 104 (116); BVerwG, DÖV 2008, 1055; *Gern*, Dt. KomR, Rn. 239).
23 Hierzu *Hufen*, DÖV 1998, 276 ff..
24 *Lange*, KomR, Kap 11 Rn. 41.

§ 2 Kommunale Aufgaben

Um eine Aufgabe des übertragenen Wirkungskreises bzw. eine Weisungsaufgabe anzunehmen, reicht es nicht immer aus, dass diese Aufgabe in einem Gesetz erwähnt ist. Ein Beispiel ist § 1 Abs. 3 BauGB, der die Zuständigkeit der Gemeinden für die Aufstellung von Bauleitplänen anspricht. Diese Zuständigkeit folgt jedoch bereits aus der Planungshoheit als Teil der von Art. 28 Abs. 2 S. 1 GG geschützten Selbstverwaltungsaufgaben und ist deshalb eine Aufgabe des eigenen Wirkungskreises bzw. eine weisungsfreie Aufgabe[25].

13

Im Einzelfall kann sich die Zugehörigkeit einer Aufgabe zum übertragenen Wirkungskreis auch im Wege der verfassungskonformen Auslegung ergeben: Wegen des Grundsatzes der Bundestreue sind die Länder verpflichtet, einem kraft Verfassungsrechts nach Art. 85 Abs. 3 GG oder durch Gesetz nach Art. 84 Abs. 5 GG der Bundesregierung eingeräumten Weisungsrecht auch auf der kommunalen Ebene Geltung zu verschaffen. Die Länder kommen dieser Verpflichtung in der Regel dadurch nach, dass sie Aufgaben, für die ein Weisungsrecht nach Art. 84 Abs. 5, 85 Abs. 3 GG besteht, den Kommunen als Pflichtaufgaben nach Weisung bzw. Aufgaben im übertragenen Wirkungskreis zuweisen. Bleibt im Einzelfall unklar, in welcher Form (weisungsfreie Aufgabe oder Pflichtaufgabe nach Weisung) die landesrechtliche Zuweisung an die Kommunen insoweit erfolgt ist, ist im Lichte des Grundsatzes der Bundestreue eine kommunale Aufgabe des übertragenen Wirkungskreises bzw. eine Pflichtaufgabe nach Weisung anzunehmen[26]. Eine solche Auslegung kommt aber nur im Ausnahmefall des Art. 84 Abs. 5, 85 Abs. 3 GG in Betracht. Im Regelfall führen die Länder die Bundesgesetze nach Art. 84 Abs. 1 GG als eigene Angelegenheiten aus, d. h. es ist auch Sache der Länder, ob sie den Vollzug von Bundesrecht den Kommunen als Aufgabe im eigenen oder im übertragenen Wirkungskreis zuweisen[27].

14

2. Aufsichtsbefugnisse des Staates

Weil es sich bei Aufgaben des übertragenen Wirkungskreises immer um Pflichtaufgaben handelt, ist das Unterlassen der Aufgabenerfüllung rechtswidrig und kann somit ein rechtsaufsichtliches Einschreiten nach sich ziehen. Die Aufsichtsbefugnisse des Staates reichen im übertragenen Wirkungskreis bzw. bei Pflichtaufgaben nach Weisung aber noch weiter. Es besteht Fachaufsicht in vollem Umfang, d. h. der Staat kann sowohl beim Ob als auch beim Wie der Aufgabenerfüllung der handelnden Kommune Weisungen erteilen (näher zur Fachaufsicht s. u. Teil 2 § 10 Rn. 35 ff.).

15

Diesem Weisungsrecht zieht in **Bayern** Art. 109 Abs. 2 S. 2 BayGO[28] Schranken. In allen anderen Bundesländern gilt es prinzipiell ohne Einschränkungen und betroffene Kommunen können sich gegen Weisungen im übertragenen Wirkungskreis auch gerichtlich in der Regel – d. h. solange kein Übergriff in den Selbstverwaltungsbereich erfolgt – nicht wehren (näher Teil 2 § 10 V.)[29]. Insbesondere ist die Erledigung von Auf-

16

---

25 Hierzu BVerfGE 56, 298 (311 ff.); 76, 107 (118 ff.).
26 I. E. auch *Burgi*, KomR, § 8 Rn. 9; *Geis*, KomR, § 7 Rn. 18 ff.
27 So statt vieler auch *Burgi*, KomR, § 8 Rn. 8.
28 Art. 109 Abs. 2 GO lautet: „In den Angelegenheiten des übertragenen Wirkungskreises (Art. 8) erstreckt sich die staatliche Aufsicht auch auf die Handhabung des gemeindlichen Verwaltungsermessens (Fachaufsicht). Eingriffe in das Verwaltungsermessen sind auf die Fälle zu beschränken, in denen das Gemeinwohl oder öffentlich-rechtliche Ansprüche einzelner eine Weisung oder Entscheidung erfordern oder 2.die Bundesregierung nach Art. 84 Abs. 5 oder Art. 85 Abs. 3 des Grundgesetzes eine Weisung erteilt"; der BayVerfGH leitet aus dieser Regelung ab, dass bayerische Gemeinden auch fachaufsichtliche Weisungen mit der Anfechtungsklage nach § 42 Abs. 1 VwGO angreifen können (vgl. etwa BayVGH, JZ 1977, 339).
29 BVerwGE 19, 121 (123); 45, 207 (210 ff.); *Lange*, KomR, Kap. 11 Rn. 35 m.w.N.

gaben im übertragenen Wirkungskreis nicht durch Art. 28 Abs. 2 S. 1 GG (oder durch das entsprechende Selbstverwaltungsrecht in der Landesverfassung) geschützt[30].

IV. Besonderheiten auf der Kreisebene

17 Wie bereits angedeutet haben auch Landkreise sowohl einen eigenen als auch einen übertragenen Wirkungskreis bzw. erfüllen im Kreisgebiet weisungsfreie Aufgaben und Pflichtaufgaben nach Weisung[31]. Anders ist die Rechtslage in **Brandenburg**, wo zwischen der Zuständigkeit der Landkreise für die überörtlichen Aufgaben und derjenigen der Ämter für die Weisungsaufgaben differenziert wird[32].

18 In einigen Bundesländern den Landratsämtern[33], in anderen auch den Landräten[34] obliegen jedoch nicht nur diese Aufgaben als Kreisbehörde, sondern zugleich diejenigen als untere staatliche Verwaltungsbehörde (bzw. – so die in einigen Gesetzen anzutreffende, begrifflich aber wegen des Bestandteils „Kreis-" eher verwirrende Terminologie – „Kreisverwaltungsbehörde" oder „Kreisverwaltung"[35])[36]. Dadurch vermischen sich die Ebenen von Staats- und Kommunalverwaltung teilweise. In **Sachsen-Anhalt** besteht die Besonderheit, dass die Landkreise und kreisfreien Städte im übertragenen Wirkungskreis nach § 6 Abs. 1 Satz 2 stets als untere staatliche Verwaltungsbehörde handeln.

19 Eine ähnliche Vermischung der Ebenen (diesmal zwischen Gemeinden und Landkreisen) tritt dadurch ein, dass die Kommunalgesetze eines Großteils der Bundesländer[37] Ausgleichs- und Ergänzungsaufgaben für die Kreise vorsehen. Die Ergänzungsaufgaben dienen dazu, die fehlende Leistungsfähigkeit der kreisangehörigen Gemeinden in einem bestimmten Bereich dadurch zu kompensieren, dass auch dem Landkreis insoweit eine Kompetenz zukommt[38]. Demgegenüber soll mit Hilfe der Ausgleichsaufgaben der Kreis in die Lage versetzt werden, die unterschiedliche Leistungsfähigkeit der Gemeinden in seinem Gebiet durch finanzielle Umverteilungen auszugleichen[39].

20 Ferner sehen die Landkreisordnungen regelmäßig vor, dass kreisangehörige Gemeinden Aufgaben des eigenen Wirkungskreises bzw. weisungsfreie Aufgaben, deren Erledigung ihre Leistungsfähigkeit übersteigt, auf den Kreis, dem sie angehören vorübergehend übertragen können bzw. beantragen können, dass der Kreis die Aufgaben (vorübergehend oder auf Dauer) übernimmt[40]. In einigen Kommunalgesetzen ist vorgesehen, dass in diesen Fällen Landkreis und Gemeinde die Übernahmebedingungen miteinander aushandeln und sofern entsprechende Verhandlungen scheitern, die zuständige Rechts-

---

30 A. A. BayVGH, BayVBl. 2002, 336.
31 Vgl. § 2 LKrO BW; Art. 4 ff. LKrO BY; §§ 2 und 4 HKO; §§ 89, 90 KVMV; §§ 4–6 NKomVG; § 2 KrO NRW; § 2 Abs. 1 und 2 LKO RP; §§ 143, 144 KSVG; § 2 Abs. 1–3 SächsLKrO; §§ 5 Abs. 1 Nr. 2 u. 3, 6 Abs. 1 S. 1 Nr. 1 KVG LSA; §§ 2, 3 KrO SH; §§ 87, 88 ThürKO.
32 §§ 122, 135 BbgKVerf.
33 § 15 Abs. 1 Nr. 1 LVG BW; Art. 1 S. 2, 37 Abs. 1 S. 2 BayLKrO; § 2 Abs. 5 SächsLKrO; § 111 Abs. 2 ThürKO.
34 § 132 BbgKVerf; § 55 HKO; § 119 KVMV; § 59 KrO NRW; § 140 Abs. 1 S. 2 KSVG.
35 Vgl. etwa Art. 9 Abs. 1 S. 1 BayGO; § 118 Abs. 1 S. 1 GemO RP.
36 § 6 Abs. 1 NKomVG, §§ 2 Abs. 2 S. 3, 55 LKrO RP und § 6 Abs. 1 KVG LSA weisen diese Aufgaben der staatlichen Verwaltungsbehörde allgemein den Landkreisen zu. Für die Aufgabenerfüllung gilt also die allgemein in diesen Ländern auf der Kreisebene übliche Verteilung der Organzuständigkeit.
37 § 122 Abs. 2 S. 2 BbgKVerf; § 2 Abs. 1 S. 2 HKO; § 88 Abs. 2 S. 2 KVMV; § 3 Abs. 2 S. 2 NKomVG; § 2 Abs. 5 LKrO RP; § 1 Abs. 1 S. 2 SächsLKrO.
38 BVerwG, NVwZ 1998, 63.
39 Th. I. Schmidt, KomR, § 7 Rn. 257.
40 Art. 57 BayLKrO; § 122 Abs. 3 BbgKVerf; § 19 Abs. 1–3 HKO; § 89 Abs. 3 KVMV; § 5 Abs. 3 NKomVG; § 143 Abs. 3 KSVG; § 21 Abs. 5 KrO SH; § 87 Abs. 3 ThürKO.

§ 2 Kommunale Aufgaben

aufsichtsbehörde die Übernahmebedingungen vorgeben kann[41]. Teilweise ist auch eine Aufgabenübernahme gegen den Willen der bisher die Aufgabe erfüllenden Gemeinde möglich, sofern dies einem Bedürfnis der Kreiseinwohner entspricht und dem öffentlichen Wohl dient[42]. Umgekehrt kann nach einigen Landkreisordnungen eine Gemeinde auch beantragen, dass ein Kreis, dem sie angehört, ihr eine bisherige Kreisaufgabe überträgt, wenn diese Gemeinde sich in der Lage sieht, die Aufgabe künftig zu erledigen[43].

V. Kreisfreie Städte/Stadtkreise, Große Kreisstädte

Einzelne Typen der kommunalen Gebietskörperschaften, so insbesondere die kreisfreien Städte bzw. die Stadtkreise einerseits und die großen Kreisstädte bzw. die großen kreisangehörigen Städte (zur Terminologie in den Landesgesetzen Teil 1 § 1 III. 3.) b)) andererseits weisen im Hinblick auf den Aufgabenumfang Besonderheiten auf: 21

Den Stadtkreisen bzw. kreisfreien Städten obliegt in ihrem Gebiet zum einen – neben den Aufgaben des eigenen und des übertragenen Wirkungskreises – auch die Erledigung aller Aufgaben, die auf dem Gebiet sonstiger Gemeinden das Landratsamt als untere staatliche (Kreis-)Verwaltungsbehörde zu erledigen hat. Eine Ausnahme bildet lediglich die Kommunalaufsicht, die (schon begriffslogisch) staatliche Aufgabe bleiben muss und nicht kommunale Aufgabe werden kann[44]. Zum anderen sind auch alle Kreisaufgaben, in dem Landkreis, in dessen Gebiet die kreisfreie Stadt bzw. der Stadtkreis liegt (oder besser: liegen würde, wenn sie/er einem Kreis angehören würde), kraft Gesetzes Aufgaben dieser Stadt bzw. dieses Stadtkreises[45]. 22

Bei Großen Kreisstädten bzw. großen kreisangehörigen Gemeinden ist die Rechtslage im Grundsatz ähnlich, anders als bei Stadtkreisen/kreisfreien Städten werden den Großen Kreisstädten/großen kreisangehörigen Gemeinden jedoch nicht pauschal durch Generalklauseln in den Gemeindeordnungen alle entsprechenden Aufgaben von der Kreisebene zugewiesen. Die Gemeindeordnungen sehen vielmehr vor, dass Große Kreisstädte/große kreisangehörige Gemeinden nur einen Teil dieser Aufgaben übernehmen und dass für die Übernahme ein zusätzlicher Rechtsakt (z.B. nach Art. 9 Abs. 2 BayGO eine Rechtsverordnung oder nach § 4 Abs. 1 GO NRW auch ein Gesetz) notwendig ist. 23

VI. Organleihe als Sonderfall

Die bisher gebildeten Kategorien kommunaler Aufgaben zeichneten sich dadurch aus, dass diese Aufgaben als ganze entweder von vornherein in die Verbandszuständigkeit der Kommune fielen (eigener Wirkungskreis bzw. freiwillige und pflichtige weisungsfreie Aufgaben) oder zumindest dorthin übertragen wurden (übertragener Wirkungskreis bzw. Pflichtaufgaben nach Weisung). Denkbar ist aber auch, dass eine Aufgabe gar nicht in die Verbandszuständigkeit der Kommune gelangt, sondern in der Verbandszuständigkeit eines anderen öffentlich-rechtlichen Rechtsträgers verbleibt, dieser aber 24

---

41 § 19 Abs. 3 HKO; § 5 Abs. 3 S. 4 und 5 NKomVG.
42 § 122 Abs. 3 S. 2 BbgKVerf; § 5 Abs. 3 S. 3 NKomVG; § 2 Abs. 3 LKrO RP; § 143 Abs. 4 KSVG; § 21 Abs. 1–4 KrO SH.
43 Etwa § 122 Abs. 5 BbgKVerf; § 5 Abs. 4 NKomVG; § 143 Abs. 5 KSVG.
44 Dies stellt u. a. Art. 37 Abs. 2 BayLKrO klar. Die Übertragung der Aufsichtsbefugnisse auf den Landrat in § 132 Abs. 2 BbgKVerf und § 55 Abs. 2 HKO ist (was sich auch aus der Gesetzessystematik ergibt) so zu verstehen, dass der Landrat insoweit als Staatsbehörde handelt.
45 So ausdrücklich geregelt etwa in Art. 9 Abs. 1 BayGO; § 1 Abs. 2 BbgKVerf; § 7 Abs. 2 KV M-V.

dennoch sich für die Erledigung der Aufgabe ein kommunales Organ „ausleihen" darf (sog. Organleihe).

25 Fälle einer solchen Organleihe sind in der Praxis selten. Keine Organleihe liegt jedenfalls bei den Aufgaben des übertragenen Wirkungskreises oder bei den zusätzlichen Aufgaben der kreisfreien Städte/Stadtkreise und der Großen Kreisstädte/großen kreisangehörigen Städte vor, denn hier wechselt die Verbandszuständigkeit jeweils vollständig. Bei der Zuständigkeit als untere staatliche bzw. als Kreisverwaltungsbehörde ist zu differenzieren. Organleihe bzw. Institutionsleihe[46] ist dann gegeben, wenn ein Gesetz anordnet, dass ein konkretes Organ des Landkreises, insbesondere der Landrat oder das Landratsamt für die Aufgabenerledigung zuständig ist.

VII. Verwaltungsprozessuale Konsequenzen

26 Handelt eine Kommune im Bereich des eigenen Wirkungskreises bzw. der weisungsfreien Aufgaben, ist sie unproblematisch i.S.d. § 78 VwGO Rechtsträgerin. Auch bei Pflichtaufgaben nach Weisung und Aufgaben des übertragenen Wirkungskreises ist es jedoch regelmäßig nicht anders. Insbesondere die Tatsache, dass die Pflichtaufgaben nach Weisung vor der Übertragung auf die Kommunen Staatsaufgaben waren, wirkt sich auf die passive Prozessführungsbefugnis im Verwaltungsprozess nach § 78 Abs. 1 VwGO[47] zumeist nicht aus. Auch Aufgaben des übertragenen Wirkungskreises bzw. Pflichtaufgaben nach Weisung sind kommunale Aufgaben[48], so dass Rechtsträger i.S.d. § 78 Abs. 1 VwGO grundsätzlich diejenige Kommune ist, die z.B. den angefochtenen Verwaltungsakt erlassen bzw. den begehrten zu erlassen hat. Anders ist die Rechtslage in **Sachsen-Anhalt**. Dort handelt der Landkreis nach § 6 Abs. 2 KVG LSA im übertragenen Wirkungskreis (stets) als untere Verwaltungsbehörde, d. h. Rechtsträger i. S. d. § 78 Abs. 1 VwGO ist der Staat.

27 Soweit Landratsämter oder Landräte als Staatsbehörde bzw. Kreisverwaltungsbehörde (oder anderweitig im Wege der Organleihe; s. o. Teil 2 § 2 VI.) handeln, ist nach § 78 Abs. 1 VwGO der Staat Beklagter, soweit sie als Kreisbehörde handeln, ist es der Landkreis.

28 Bei Großen Kreisstädten bzw. großen kreisangehörigen Städten und kreisfreien Städten/Stadtkreisen hat die Übernahme der zusätzlichen staatlichen und kommunalen Aufgaben von der Kreisebene grundsätzlich keine Auswirkungen. Richtige Beklagte i.S.d. § 78 Abs. 1 VwGO ist in aller Regel die kreisfreie Stadt/der Stadtkreis bzw. die Große Kreisstadt/die große kreisangehörige Stadt, wenn diese (ehemalige) Kreisaufgaben oder (ehemalige) Aufgaben des Landratsamts als Kreisverwaltungsbehörde erfüllt. Für die kreisfreien Städte in **Sachsen-Anhalt** gilt auch insoweit die unter Rn. 27 dargelegte Besonderheit. Ihr Handeln wird also nach § 6 Abs. 1 S. 2 KVG LSA i.V.m. § 78 Abs. 1 VwGO dem Staat zugerechnet.

29 Sehr wohl Auswirkungen hat die Zuordnung zum eigenen oder zum übertragenen Wirkungskreis bzw. zu den weisungsfreien oder zu den Pflichtaufgaben nach Weisung hin-

---

46 So die zutreffende Begriffsunterscheidung von *Burgi* (KomR, § 8 Rn. 11).
47 Ob § 78 VwGO die passive Prozessführungsbefugnis (Zulässigkeitsfrage) oder die Passivlegitimation (Begründetheitsfrage) regelt, kann hier dahinstehen; näher dazu etwa *Krausnick*, in: Gärditz, VwGO, § 78 Rn. 12 ff.
48 Die Tatsache, dass die Kommunalgesetze in den Ländern mit dualistischem Aufgabenverteilungssystem teilweise formulieren, die Kommunen würden diese Aufgaben „namens des Staates" erledigen (so explizit Art. 8 Abs. 1 BayGO) ändert daran nichts.

gegen auf die Frage, wer zuständige Widerspruchsbehörde i.S.d. § 73 VwGO bei einem von der Kommune erlassenen Verwaltungsakt ist. Ergeht der Verwaltungsakt im eigenen Wirkungskreis bzw. im Bereich der weisungsfreien Aufgaben ist nach § 73 Abs. 1 S. 2 Nr. 3 VwGO regelmäßig die Kommune, die ihn erlassen hat, selbst Widerspruchsbehörde. Im übertragenen Wirkungskreis liegt nach § 73 Abs. 1 S. 2 Nr. 1 VwGO die Zuständigkeit bei der nächsthöheren Behörde, sofern nicht die Zuständigkeit einer anderen höheren Behörde gesetzlich festgelegt ist (§ 73 Abs. 1 S. 2 Nr. 1 2. Halbsatz VwGO) oder die Ausgangsbehörde wegen einer Regelung nach § 73 Abs. 1 S. 3 VwGO im AGVwGO des betreffenden Landes doch selbst für den Widerspruch zuständig ist[49].

VIII. Wiederholungs- und Vertiefungsfragen

30

1. Was besagt die Unterscheidung zwischen monistischem und dualistischem System der Aufgabenzuweisung an die Kommunen?
2. Nach welchem der beiden Systeme erfolgt die Aufgabenzuweisung in Ihrem Bundesland?
3. Welche Konsequenzen hat es, wenn durch Gesetz eine Aufgabe des eigenen Wirkungskreises bzw. eine weisungsfreie Aufgabe zur Pflichtaufgabe erklärt wird?
4. Kann sich die Zuordnung zum übertragenen Wirkungskreis bzw. zu den Pflichtaufgaben nach Weisung auch ohne eine ausdrückliche Regelung im entsprechenden Kommunalgesetz ergeben?
5. Welche verwaltungsprozessualen Konsequenzen hat die Zuordnung einer Aufgabe zu den verschiedenen Wirkungskreisen bzw. ihre Einordnung als weisungsfreie oder als Weisungsaufgabe?
6. Welche Besonderheiten weist die gesetzliche Aufgabenzuweisung an die Großen Kreisstädte bzw. großen kreisangehörigen Städte einerseits und an die Stadtkreise bzw. kreisfreien Städte andererseits auf?
7. In welchen Fällen ist im Verhältnis zwischen Kommune und Staat von einer Organleihe bzw. Institutionsleihe auszugehen?

IX. Weiterführende Literatur

31

Burgi, Kommunalisierung als gestaltungsbedürftiger Wandel von Staatlichkeit und von Selbstverwaltung, Die Verwaltung 42 (2009), 155; *Dehmel*, Übertragener Wirkungskreis, Auftragsangelegenheiten und Pflichtaufgaben nach Weisung, 1970; *Falk*, Die kommunalen Aufgaben unter dem Grundgesetz, 2006; *Henneke*, Organisation kommunaler Aufgabenerfüllung Optimierungspotentiale im Spannungsfeld von Demokratie und Effizienz, DVBl. 1997, 1270; *Knemeyer*, Aufgabenkategorien im kommunalen Bereich, DÖV 1988, 397; *Riotte/Waldecker*, Zur Einordnung der Pflichtaufgaben zur Erfüllung nach Weisung in den Zuständigkeitskatalog nach § 73 Abs. 1 VwGO, NWVBl. 1995, 401; *Schmidt-Jortzig*, Gemeinde- und Kreisaufgaben – Funktionsordnung des Kommunalbereichs nach „Rastede", DÖV 1993, 973; *Schwarz*, Kommunale Aufgaben und Formemissbrauch bei der Aufgabenübertragung, NVwZ 1997, 238;

---

49 A. A. *Lange*, KomR, Kap. 11 Rn. 53 (Geltung des § 73 Abs. 1 S. 2 Nr. 3 VwGO auch für Weisungsaufgaben) auf der Grundlage der Zuordnung dieser Aufgaben zu den Selbstverwaltungsaufgaben.

Vietmeier, Die staatlichen Aufgaben der Kommunen und ihrer Organe, 1992; *ders.*, Die Rechtsstellung der Kommunen im übertragenen Wirkungskreis, DVBl. 1993, 190.

§ 3 Öffentlich-rechtliche Handlungsformen der Kommunen

Für die Erledigung ihrer Aufgaben stehen den Kommunen öffentlich-rechtliche und privatrechtliche Handlungsformen zur Verfügung. Im Folgenden sollen primär die öffentlich-rechtlichen Handlungsformen näher beleuchtet werden. Privatrechtliche Handlungsformen finden beim Thema „Kommunales Wirtschaftsrecht" Berücksichtigung (s. u. Teil 2 § 8).

I. Rechtssetzung

Die Kommunen haben die Möglichkeit, eigenständige abstrakt-generelle Regelungen für ihr Gebiet in Form von Satzungen zu treffen.

▶ **FALL 6**: Die Gemeinde G erlässt 2014 eine Satzung, mit der sie einen Anschluss- und Benutzungszwang für die örtliche Wasserversorgung festlegt. Die Satzung wird am Mittwoch, den 4.6.2014 formal ordnungsgemäß bekanntgemacht. Sie soll zum 1.1.2013 in Kraft treten und eine Mitte 2013 vom zuständigen OVG aufgehobene Satzung ersetzen. Der Rechtsstreit um die alte Satzung war in der lokalen Presse intensiv diskutiert worden. E, der sich in G Anfang 2014 ein unbebautes Grundstück mit eigenem Trinkwasserbrunnen gekauft hat, erfährt Ende Juli 2014 davon, dass für sein Grundstück der Anschluss- und Benutzungszwang gelten soll. Dies ärgert ihn sehr, weil der Anschluss an den eigenen Brunnen für ihn wesentlich billiger wäre und das Brunnenwasser hygienisch einwandfrei ist. E erfährt von seiner Nachbarin N (Oppositionsführerin im Gemeinderat), dass beim Satzungserlass einiges schief gelaufen sei. So habe der Bürgermeister die Satzung nicht ausgefertigt, sondern lediglich am 5.6.2014 das Protokoll der Gemeinderatssitzung vom 2.6.2014, in dem der Wortlaut der Satzung enthalten war, unterschrieben. Ebenso erwähne die Satzung weder ihre Rechtsgrundlage noch die von ihr eingeschränkten Grundrechte. Die Sitzungsladung für den 2.6.2014 sei einigen Ratsmitgliedern der Mehrheitsfraktion erst am Morgen dieses Tages zugegangen. In der Sitzung sei der Ladungsfehler jedoch nicht angesprochen worden. E reicht gegen die Satzung beim OVG einen zulässigen Normenkontrollantrag nach § 47 Abs. 1 Nr. 2 VwGO ein. Wäre der Antrag begründet? ◀

1. Kommunale Satzungsautonomie

Wie bereits erwähnt (Teil 2 § 1 VII.) lässt sich zwar daran zweifeln, ob die Satzungshoheit der Kommunen gemessen an Art. 28 Abs. 2 GG gleichen Rang mit den anderen Kommunalhoheiten genießt. Zumindest die Befugnis, überhaupt Ortsrecht zu setzen, wird den Gemeinden jedoch durch Art. 28 Abs. 2 S. 1 GG garantiert. Im Übrigen wird den Kommunen in den Kommunalgesetzen der Länder wenigstens für den eigenen Wirkungskreis bzw. für den Bereich der weisungsfreien Aufgaben ausdrücklich Satzungsautonomie (d. h. das Recht selbstständig über das Ob und das Wie der Regelung eines Sachverhalts durch Satzung zu entscheiden) verliehen. Sinn und Zweck dieser kommunalen Satzungsautonomie ist es, eine Rechtssetzung zu ermöglichen, die örtliche Gegebenheiten besser berücksichtigt und so gleichsam näher bei den Betroffenen ist. Ebenso kann auf lokaler/kommunaler Ebene meist schneller und flexibler durch Normsetzung auf aktuelle Entwicklungen reagiert werden als dies auf staatlicher Ebene möglich ist.

a) Begriff der Satzung

5 Eine Satzung ist eine Rechtsnorm, die durch eine juristische Person des öffentlichen Rechts im Rahmen der ihr verliehenen Autonomie mit Wirksamkeit für die ihr angehörigen und unterworfenen Personen erlassen wird[1]. Satzungen sind, weil sie nicht von einem Parlament erlassen werden (der Gemeinderat oder auch der Kreistag sind keine Parlamente; dazu Teil 2 § 4 I.) Gesetze im materiellen Sinne.

6 Die Haushaltssatzung, zu deren Aufstellung alle Kommunen gesetzlich verpflichtet sind (näher s. u. § 9 Rn. 54 ff.) bildet eine Ausnahme, weil sie – wie alle Haushaltsgesetze – im Regelfall keine Gebots- und Verbotsnormen, sondern nur Haushaltsansätze enthält und deshalb eigentlich nicht als „*Gesetz* im materiellen Sinne" bezeichnet werden kann. Gesetz im formellen Sinne ist sie freilich noch weniger. Wohl am sinnvollsten lässt sie sich als „Satzung im formellen Sinne" bezeichnen.

7 Im Regelfall sind Satzungen abstrakt-generelle Regelungen (im Gegensatz zu konkret-individuellen Regelungen, insbesondere Verwaltungsakten und Allgemeinverfügungen; dazu Teil 2 § 2 II.). Eine Ausnahme bildet zum einen wiederum die Haushaltssatzung, weil sie den konkreten Haushaltsplan einer bestimmten Kommune festlegt, zum anderen der Bebauungsplan, der parzellenscharfe – und damit eigentlich konkret-individuelle – bauplanungsrechtliche Vorgaben für Grundstücke im Gemeindegebiet macht, aber nach § 10 Abs. 1 BauGB dennoch eine Satzung (im formellen Sinne) ist[2].

b) Rechtsgrundlagen

8 Wie bereits angedeutet (Teil 2 § 1 VII.), ist bei den Rechtsgrundlagen für Satzungen zu unterscheiden zwischen den Generalklauseln, die den Kommunen nur allgemein das Recht zubilligen, Satzungen zu erlassen[3] und solchen Regelungen, die zum Erlass bestimmter Satzungen (z.B. für einen Anschluss- und Benutzungszwang; dazu s. u. Teil 2 § 7 Rn. 60 ff.) ermächtigen[4].

9 Auf die Generalklauseln können grundrechtsrelevante Regelungen, insbesondere Grundrechtseinschränkungen wegen des für die Grundrechte umfassend geltenden Vorbehalts des Gesetzes und des aus diesem folgenden Bestimmtheitsgebot nicht gestützt werden[5]. Der Vorbehalt des Gesetzes verlangt, dass der parlamentarische Gesetzgeber die für die Grundrechtsausübung wesentlichen Angelegenheiten und damit auch die Frage, zu welchem Zweck und in welchem Umfang grundrechtsbeschränkende verwaltungsrechtliche Normen zulässig sind, selbst entscheidet[6]. Eine solche Entscheidung enthalten die Generalklauseln nicht, denn sie klären nur, wer die Satzung erlassen darf, nicht aber, welche Gegenstände geregelt werden dürfen. Somit können auf die General-

---

1 BVerfGE 10, 20 (49 f.); BVerfGE 33, 125 (156); *Erbguth*, AVerwR, § 7 Rn. 7.
2 Der Gesetzgeber wollte mit dieser Klarstellung in § 10 Abs. 1 BauGB (ähnlich bereits § 10 BbauG) den jahrelangen Streit um die Rechtsnatur des Bebauungsplans entscheiden; näher zur früheren Diskussion etwa BVerwGE 11, 14.
3 § 4 Abs. 1 S. 1 GemO BW; § 3 Abs. 1 S. 1 LKrO BW; Art. 23 S. 1 BayGO;Art. 17 Abs. 1 S. 1 BayLKrO; § 3 Abs. 1 S. 1 BbgKVerf; § 5 Abs. 1 S. 1 HGO; § 5 Abs. 1 S. 1 HKO; §§ 5 Abs. 1 S. 1, 92 Abs. 1 S. 1 KVMV; § 10 Abs. 1 NKomVG; § 7 Abs. 1 S. 1 GO NRW; § 5 Abs. 1 S. 1 KrO NRW; § 24 Abs. 1 GemO RP; § 17 Abs. 1 S. 1 LKrO RP; §§ 12 Abs. 1, 147 Abs. 1 S. 1 KSVG; § 4 Abs. 1 S. 1 SächsGemO; § 3 Abs. 1 S. 1 SächsLKrO; § 8 Abs. 1 S. 1 KVG LSA; § 4 Abs. 1 S. 1 GO SH; § 4 Abs. 1 S. 1 KrO SH; §§ 19 Abs. 1 S. 1, 98 Abs. 1 S. 1 ThürKO.
4 U. a. § 10 BauGB; Art. 21 Abs. 2 S. 2 BayGO; § 6 Abs. 1 HGO; § 10 Abs. 5 S. 1 GO NRW; § 13 NKomVG; § 4 Abs. 2 S. 1 ThürKO.
5 So statt vieler auch *Geis*, KomR, § 8 Rn. 28.
6 Zur Wesentlichkeitstheorie des BVerfG etwa BVerfGE 47, 46 (79); 61, 260 (275); 88, 103 (166).

klauseln nur Satzungen ohne Grundrechtsrelevanz bzw. Außenwirkung gestützt werden. Ein Beispiel sind Bekanntmachungssatzungen, in denen die Kommunen festlegen, wie in ihrem Gebiet Bekanntmachungen (z.b. von Satzungen und Allgemeinverfügungen) zu erfolgen haben.

Prinzipiell kann auch die Geschäftsordnung des Kollegialorgans einer Kommune als Satzung erlassen und auf die Generalklausel gestützt werden. Dies hat jedoch zum einen den Nachteil, dass so die Grenzen zwischen Außenrecht (die Satzung ist neben dem Verwaltungsakt der typische Akt des Außenrechts) und Innenrecht (die Geschäftsordnung regelt nur die inneren Beziehungen eines Organs) verschwimmen können. Zum anderen könnte eine Änderung der Geschäftsordnung des Gemeinderats nicht mehr durch bloßen Gemeinderatsbeschluss erfolgen, sondern müsste das vollständige Satzungsverfahren durchlaufen. Um auf Entwicklungen, die eine Geschäftsordnungsänderung notwendig machen, flexibel reagieren zu können, nehmen die Kommunen deshalb meist davon Abstand, Geschäftsordnungen als Satzungen zu erlassen und die Kommunalgesetze verlangen dies auch nicht ausdrücklich. Maßgebliche Vorgaben für das Verfahren ihrer Organe, die die wechselnden politischen Mehrheiten möglichst überdauern sollen, kann eine Kommune außerdem in der Hauptsatzung treffen (dazu s. u. Teil 2 § 3 Rn. 17).

10

Typische Beispiele für Satzungsermächtigungen, die auch die Beschränkung von Grundrechten erlauben, sind neben dem bereits erwähnten § 10 BauGB (Bebauungspläne beschränken insbesondere die durch Art. 14 Abs. 1 GG geschützten Rechte der Grundstückeigentümer) die Regelungen der Kommunalgesetze über die Anordnung eines Anschluss- und Benutzungszwangs[7] sowie diejenigen der Kommunalabgabengesetze über Abgabensatzungen (näher dazu Teil 2 § 9). In der Praxis häufig sind außerdem Benutzungssatzungen für öffentliche Einrichtungen der Kommunen.

11

c) Grenzen der Satzungsautonomie und materielle Rechtmäßigkeit der Satzung

Grenzen zieht der Satzungsautonomie zunächst die Zuständigkeit der jeweiligen Kommune. Nach den Kommunalgesetzen besteht Satzungsautonomie regelmäßig nur für die Aufgaben des eigenen Wirkungskreises bzw. für die weisungsfreien (Selbstverwaltungs-)Aufgaben. Im übertragenen Wirkungskreis bzw. im Bereich der Pflichtaufgaben nach Weisung bedarf es für den Satzungserlass einer gesetzlichen Ermächtigung[8]. Diese kann jedoch auch in den Kommunalgesetzen selbst enthalten sein, z. B. dadurch, dass den Kommunen allgemein die Regelung „ihrer Angelegenheiten" durch Satzung erlaubt wird[9].

12

Im Übrigen müssen Satzungen, um rechtmäßig zu sein, die – sogleich noch näher zu beleuchtenden (Teil 2 § 3 I. 3.)) – Voraussetzungen über den Satzungserlass einhalten und, ähnlich wie andere Rechtsnormen, den verfassungsrechtlichen Vorgaben des

13

---

7 § 11 GemO BW; Art. 24 BayGO; Art. 18 BayLKrO; § 12 Abs. 2 und 3 BbgKVerf; § 19 Abs. 2 HGO; §§ 15, 100 KVMV; § 13 NKomVG; § 9 GO NRW; § 7 KrO NRW; § 26 GemO RP; § 19 LKrO RP; §§ 22, 154 KSVG; § 14 SächsGemO; § 12 SächsLKrO; § 11 Abs. 1 KVG LSA; § 17 GO SH; § 17 KrO SH; §§ 20 Abs. 2 Nr. 2, 99 Abs. 2 Nr. 2 ThürKO.
8 § 4 Abs. 1 S. 2 GemO BW; § 3 Abs. 1 S. 2 LKrO BW; Art. 23 S. 2 BayGO; Art. 17 S. 2 BayLKrO; § 3 Abs. 1 S. 2 BbgKVerf; §§ 5 Abs. 1 S. 2, 92 Abs. 1 S. 2 KVMV; § 24 Abs. 1 S. 2 GemO RP; § 17 Abs. 1 S. 2 LKrO RP; § 12 Abs. 1 S. 2, 147 Abs. 1 S. 2 KSVG; § 4 Abs. 1 S. 2 SächsGemO; § 3 Abs. 1 S. 2 SächsLKrO; § 6 Abs. 1 S. 2 GO LSA; § 6 Abs. 1 S. 2 LKO LSA; §§ 19 Abs. 1 S. 2, 98 Abs. 1 S. 4 ThürKO. In Hessen und Niedersachsen wird die Satzungsbefugnis im Bereich der Weisungsaufgaben zwar nicht in der Gemeindeordnung erwähnt bzw. im Kommunalverwaltungsgesetz erwähnt, kann aber dennoch durch Gesetz verliehen werden (es gilt der Vorrang des späteren Gesetzes).
9 § 5 Abs. 1 S. 1 HKO; § 7 Abs. 1 S. 1 GO NRW; § 5 Abs. 1 S. 1 KrO NRW; § 4 Abs. 1 S. 1 GO SH; § 4 Abs. 1 S. 1 KrO SH.

Rechtsstaatsprinzips (Vorrang des Gesetzes und der Verfassung, Vorbehalt des Gesetzes, Bestimmtheitsgrundsatz, prinzipielles Rückwirkungsverbot, Widerspruchsfreiheit der Rechtsordnung[10]) und der Grundrechte, insbesondere auch des allgemeinen Gleichheitssatzes aus Art. 3 Abs. 1 GG, genügen. Die Anforderungen sind umso intensiver je weitergehend die Satzung in Grundrechte eingreift.

14   Keine Anwendung auf Satzungen, sondern allenfalls auf kommunale Verordnungen (dazu s. u. Teil 2 § 3 Rn. 31) findet das Zitiergebot nach Art. 80 Abs. 1 S. 3 GG[11]. Für die aus Art. 80 Abs. 1 S. 2 GG folgenden Bestimmtheitsanforderungen an die Ermächtigungsgrundlage gilt ähnliches. Eine so weitreichende Bestimmtheit, wie sie Art. 80 Abs. 1 S. 2 GG fordert, kommt auch deswegen für kommunale Satzungen nicht in Betracht, weil sonst den Kommunen zu wenig an Satzungsautonomie verbliebe. Dabei ist auch zu berücksichtigen, dass kommunale Satzungen, weil sie von den Vertretern der wahlberechtigten Einwohner beschlossen werden, besser bzw. unmittelbarer demokratisch legitimiert sind als Rechtsverordnungen i.S.d. Art. 80 GG[12].

2. Arten von Satzungen

15   Wie dargelegt, haben die Gemeinden im Bereich des eigenen Wirkungskreises bzw. der weisungsfreien Aufgaben volle Satzungsautonomie, während sie im übertragenen Wirkungskreis nur kraft gesetzlicher Ermächtigung im Einzelfall das Recht zum Satzungserlass haben. Ein Beispiel für Satzungen im übertragenen Wirkungskreis bzw. im Bereich der Pflichtaufgaben nach Weisung sind örtliche Bauvorschriften, wie sie die Landesbauordnungen den Gemeinden, insbesondere zur baulichen Gestaltung ihres Ortsbildes erlauben. Weil das Erlassverfahren weitgehend identisch ist, können den Satzungen im übertragenen Wirkungskreis außerdem die kommunalen Rechtsverordnungen zugeordnet werden, zu deren Erlass die Kommunen u. a. im Sicherheitsrecht ermächtigt werden (näher sogleich Teil 2 § 3 Rn. 31).

16   Die Arten der Satzungen, welche Kommunen erlassen können, lassen sich außerdem unterscheiden in Pflichtsatzungen und freiwillige Satzungen. Pflichtsatzungen sind dabei solche Satzungen, deren Erlass durch Gesetz (im Zweifel durch die Kommunalgesetze) zwingend vorgeschrieben ist. Zwei zentrale Beispiele für Pflichtsatzungen sind nach einem Großteil der Kommunalgesetze die Hauptsatzung[13] und nach allen Kommunalgesetzen die Haushaltssatzung (näher zu letzterer s. u. Teil 2 Kap.X). Alle anderen Satzungen sind grundsätzlich[14] freiwillige Satzungen. Das Beispiel der Haushaltssatzung (diese ist eine Satzung im eigenen Wirkungskreis) zeigt dabei, dass ähnlich wie auch ansonsten bei der Aufgabenverteilung die Frage, ob eine Pflichtsatzung oder eine freiwillige Satzung vorliegt, nicht davon abhängt, ob die Satzung im eigenen oder im übertragenen Wirkungskreis erlassen wird. Denkbar sind schließlich auch bedingte Pflichtsatzungen, d. h. Satzungen zu deren Erlass eine Kommune dann verpflichtet ist,

---

10 Zur Widerspruchsfreiheit der Rechtsordnung BVerfGE 98, 106 (125 ff.).
11 *Lange*, KomR, § 12 Rn. 64; a.A. OVG Lüneburg, NVwZ 1993, 1216.
12 So auch *Lange*, KomR, § 12 Rn. 5; a.A. (für Satzung im übertragenen Wirkungskreis bzw. im Bereich der Weisungsangelegenheiten) *Gern*, DtKomR, Rn. 271.
13 § 4 Abs. 2 GemO BW; § 3 Abs. 2 LKrO BW; § 4 BbgKVerf; § 6 HGO; § 5a HKO; §§ 5 Abs. 2, 92 Abs. 2 KVMV; § 12 NKomVG; § 7 Abs. 3 GO NRW; § 5 Abs. 3 KrO NRW; § 25 GemO RP; § 18 LKrO RP; § 4 Abs. 2 S. 2 SächsGemO; § 3 Abs. 2 SächsLKrO; § 10 KVG LSA; § 4 Abs. 1 S. 2 GO SH; § 4 Abs. 1 S. 2 KrO SH; §§ 20 Abs. 1, 99 Abs. 1 S. 1 ThürKO.
14 Aus Rechten Dritter (Einzelne, Nachbargemeinden) kann sich im Einzelfall die Pflicht einer Kommune ergeben, eine Satzung zu erlassen. Vgl. zur aus § 1 Abs. 3 i. V. m. § 2 Abs. 2 BauGB hergeleiteten Pflicht, einen Bebauungsplan zu erlassen etwa BVerwGE 119, 25.

wenn sie eine bestimmte abstrakt-generelle Regelung für ihre innere Verfassung treffen will[15].

Die Hauptsatzung ist insoweit ein Sonderfall unter den Satzungen, als sie regelmäßig keine Regelungen im Verhältnis der Kommune zu Einzelnen, insbesondere den Einwohnern enthält, sondern sich auf Aussagen zum Verfahren und zu den Zuständigkeiten der Kommunalorgane sowie andere für die Verfassung der Gemeinde wesentliche Fragen[16] beschränkt. In den Kommunalgesetzen sind insbesondere wichtige verfahrensrechtliche Regelungsgegenstände ausdrücklich der Hauptsatzung vorbehalten. Die in der Hauptsatzung getroffenen Regelungen haben Vorrang gegenüber denjenigen der Geschäftsordnung des Kollegialorgans, aber Nachrang im Verhältnis zu den Kommunalgesetzen.

3. Satzungserlass und formelle Rechtmäßigkeit der Satzung

a) Zuständigkeit

Die Verbandszuständigkeit einer Kommune zum Satzungserlass lässt sich den entsprechenden Ermächtigungen in den Kommunalgesetzen oder in Spezialgesetzen entnehmen. Für die Verbandszuständigkeit der Gemeinden im eigenen Wirkungskreis bzw. im Bereich der weisungsfreien (Selbstverwaltungs-)Aufgaben sind diese Regelungen zwar prinzipiell nur deklaratorisch, weil die generelle Befugnis der Gemeinden, im eigenen Wirkungskreis Normsetzung zu betreiben unmittelbar aus Art. 28 Abs. 2 S. 1 GG folgt[17]. Soweit die entsprechende Satzung Grundrechte einschränkt, und dies wird in aller Regel zu bejahen sein, verlangt der Vorbehalt des Gesetzes jedoch ohnehin eine ausdrückliche gesetzliche Ermächtigung zum Satzungserlass. Ob man die Verbandszuständigkeit der Gemeinde aus dieser Ermächtigung oder aus Art. 28 Abs. 2 S. 1 GG herleitet, ist dann eine theoretische Frage und jedenfalls für die Rechtmäßigkeit der Satzung irrelevant.

Die Organzuständigkeit zum Satzungserlass liegt grundsätzlich beim Kollegialorgan der Kommune, also z.B. beim Gemeinderat oder beim Kreistag. Eine Delegation auf beschließende Ausschüsse ist in aller Regel (eine Ausnahme sieht die BayGO für Satzungen nach dem BauGB vor) unzulässig[18]. Ebenso wenig darf die Organzuständigkeit für den Erlass von Satzungen auf den Hauptverwaltungsbeamten der Kommune (z.B. Bürgermeister oder Landrat) übertragen werden. Dem Hauptverwaltungsbeamten ist nach den Polizei- und Sicherheitsgesetzen allerdings regelmäßig die Befugnis zugewiesen, eilbedürftige Verordnungen zu erlassen.

---

15 Z. B. § 4 Abs. 2 GemO BW (ähnlich § 4 Abs. 2 S. 2 SächsGemO) zwingt die Gemeinde anders als etwa § 6 Abs. 1 S. 1 HGO nicht zum Erlass einer Hauptsatzung. Die entsprechende Gemeinde muss aber eine Hauptsatzung erlassen, wenn sie beispielsweise die unechte Teilortswahl nach § 27 Abs. 2 S. 1 GemO BW einführen will.
16 So etwa die Formulierung in § 20 Abs. 1 S. 3 ThürKO.
17 Statt vieler *Lange*, KomR, Kap. 12 Rn. 3.
18 § 39 Abs. 2 Nr. 3 GemO BW; § 34 Abs. 2 Nr. 3 LKrO BW; Art. 32 Abs. 2 S. 2 Nr. 2 BayGO; Art. 30 Abs. 1 Nr. 9 BayLKrO; § 28 Abs. 2 Nr. 2 und 9 BbgKVerf; § 51 Nr. 6 HGO; § 30 Nr. 5 HKO; §§ 22 Abs. 3 Nr. 6, 104 Abs. 3 Nr. 6 KVMV; § 41 Abs. 1 S. 2 lit. f) GO NRW; § 26 Abs. 1 S. 2 lit. f) KrO NRW; § 58 Abs. 1 Nr. 5 NKomVG; § 32 Abs. 2 Nr. 1 GemO RP; § 25 Abs. 2 Nr. 1 LKrO RP; §§ 35 Nr. 12, 160 Nr. 11 KSVG; § 41 Abs. 2 Nr. 3 SächsGemO; § 37 Abs. 2 Nr. 3 SächsLKrO; § 45 Abs. 2 Nr. 1 KVG LSA; § 28 Nr. 2 GO SH; § 23 Nr. 2 KrO SH; §§ 26 Abs. 2 Nr. 2, 105 Abs. 2 S. 2 ThürKO.

b) Verfahren und mögliche Mängel

20 Das Verfahren zur Aufstellung einer Satzung muss zunächst all denjenigen Anforderungen genügen, die an die Rechtmäßigkeit von Beschlüssen der Kollegialorgane von Kommunen zu stellen sind (näher hierzu s. u. Teil 2 § 5). Alle Mitglieder des Kollegialorgans müssen also ordnungsgemäß zur Sitzung, in der die Satzung verabschiedet werden soll, geladen worden sein, die in der Sitzung anwesenden und stimmberechtigten Mitglieder müssen das für eine Beschlussfähigkeit des Kollegialorgans vorgeschriebene Quorum erreichen. Bei der Abstimmung über die Satzung muss der Satzungsentwurf die Mehrheit der Stimmen der Anwesenden erhalten, soweit nicht aufgrund spezieller Regelungen eine größere Mehrheit (z.B. einfache[19] oder sogar Zwei-Drittel-Mehrheit der Mitglieder des Kollegialorgans) erforderlich ist. Anschließend muss die Satzung vom Hauptverwaltungsbeamten der Kommune ausgefertigt und ordnungsgemäß bekannt gemacht werden.

21 Haben beim Erlass einer Rechtsnorm Verfahrensfehler (also Verstöße gegen zwingende Vorschriften, nicht gegen bloße Sollvorschriften[20]) stattgefunden, macht dies die Rechtsnorm im Zweifel nicht nur formell rechtswidrig, sondern nichtig. Bestandskräftig werden trotz formeller Rechtswidrigkeit können grundsätzlich nur Verwaltungsakte[21], nicht aber Rechtsnormen. Bei Rechtsnormen ist anders als bei Verwaltungsakten[22] auch grundsätzlich nicht vorgesehen, dass formelle Rechtsfehler unbeachtlich sein können oder nachgeholt oder geheilt werden können. Eine Ausnahme bilden (naturgemäß) Bekanntmachungsfehler, die durch Neubekanntmachung der Satzung korrigiert werden können.

22 Weil die schon bei kleineren formalen Fehlern unausweichliche Nichtigkeitsfolge[23] die Fähigkeit der Kommunen, effektiv Recht zu setzen, erheblich einschränken könnte, bestehen in den meisten Bundesländern (mit Ausnahme Bayerns und Schleswig-Holsteins) Regelungen, die bestimmte Verfahrens- und Formfehler beim Satzungserlass für von vornherein unbeachtlich, zumindest aber für heilbar erklären[24]. Die Heilung tritt ein, soweit Verfahrens- oder Formfehler nicht innerhalb einer bestimmten Frist (in aller Regel ein Jahr[25]) schriftlich und mit entsprechender Begründung gerügt werden. Als eine solche Rüge ist jede schriftliche Eingabe und auch eine schriftliche Beanstandung durch die Rechtsaufsichtsbehörde zu verstehen[26]. Nicht von den Heilungsvorschriften erfasst sind in den Kommunalgesetzen explizit oder implizit genannte schwerwiegende

---

19 Regelmäßig für die Hauptsatzung vorgesehen (§ 4 Abs. 2 GemO BW; § 3 Abs. 2 LKrO BW; § 4 Abs. 2 S. 1 BbgKVerf; § 6 Abs. 2 S. 1 HGO; § 5a Abs. 2 S. 1 HKO; §§ 5 Abs. 2 S. 3, 92 Abs. 3 KVMV; § 12 Abs. 2 NKomVG; § 7 Abs. 3 S. 3 GO NRW; § 5 Abs. 3 S. 3 KrO NRW; § 25 Abs. 2 GemO RP; § 18 Abs. 2 LKrO RP; § 4 Abs. 2 S. 2 Sächs-GemO; § 3 Abs. 2 S. 2 SächsLKrO; § 10 Abs. 2 KVG LSA; §§ 20 Abs. 1S. 4, 99 Abs. 1 S. 4 ThürKO). Keine entsprechende Regelung in Schleswig-Holstein.
20 Beispiel für eine Sollvorschrift ist Art. 23 S. 3 BayGO (Pflicht zur Angabe der Rechtsgrundlage bei bewehrten Satzungen).
21 Dazu *Erbguth*, AVerwR, § 15.
22 Entsprechende Heilungsmöglichkeiten schaffen §§ 45, 46 VwVfG.
23 Die Rechtsprechung des BVerfG (etwa BVerfGE 120, 56 (79)) nimmt zwar an, dass nur evidente Verfahrensfehler eine Rechtsnorm nichtig machen. Dies kann hier jedoch für die Klausurbearbeitung dahinstehen, weil Verfahrensverstöße in einem Klausursachverhalt nahezu immer evident sein werden.
24 § 4 Abs. 4 und 5 GemO BW; § 3 Abs. 4 LKrO BW; § 3 Abs. 4 und 6 BbgKVerf; § 5 Abs. 4 HGO; § 5 Abs. 4 HKO; § 10 Abs. 2 NKomVG; § 7 Abs. 6 GO NRW; § 5 Abs. 6 KrO NRW; § 24 Abs. 6 GemO RP; § 17 Abs. 6 LKrO RP; § 12 Abs. 6 KSVG; § 4 Abs. 4 und 5 SächsGemO; § 3 Abs. 5 und 6 SächsLKrO; § 8 Abs. 3 KVG LSA; § 4 Abs. 3 GO SH (nur für baurechtliche Satzungen); §§ 21 Abs. 4–6 ThürKO.
25 In Hessen 6 Monate (§ 5 Abs. 6 HGO; § 5 Abs. 4 HKO).
26 So auch *Lange*, KomR, Kap. 12 Rn. 66.

Verfahrensfehler sowie materielle Fehler der Satzungen, insbesondere Grundrechtsverstöße. Wird die Rüge rechtzeitig erhoben, sind (und bleiben) die gerügten Rechtsfehler beachtlich. Bei nicht von der Rüge umfassten Fehlern kann dennoch Heilung eintreten. Speziell bei baurechtlichen Satzung ergänzen sich die Regelungen in §§ 214 ff. BauGB und die Heilungsvorschriften der Kommunalgesetze, denn §§ 214 ff. BauGB gelten nur für Verstöße gegen Vorschriften „dieses Gesetzes" also gegen Bestimmungen des BauGB, nicht für kommunalrechtliche Mängel der Satzung.

c) Anzeige- und Genehmigungspflicht

Dass Satzungen, bevor sie in Kraft treten können, einer Genehmigung der Rechtsaufsichtsbehörde bedürfen, ist heute nur noch in wenigen Fällen vorgesehen. Ein Beispiel sind Bebauungspläne, die ohne einen oder in Abweichung von einem bestehenden Flächennutzungsplan erlassen werden (§ 10 Abs. 2 S. 1 i. V. m. §§ 8 Abs. 2 S. 2, 8 Abs. 3 S. 2 und 8 Abs. 4 BauGB). Ebenso bestehen Genehmigungspflichten im Bereich des Kommunalabgabenrechts und nach einigen Kommunalgesetzen für die Hauptsatzung[27]. Jedenfalls, soweit es um Satzungen im eigenen Wirkungskreis bzw. im Bereich der weisungsfreien Aufgaben geht, haben die Kommunen einen aus Art. 28 Abs. 2 GG folgenden Anspruch auf Erteilung der Genehmigung bei Rechtmäßigkeit der Satzung. So können sich etwa Gemeinden für einen Anspruch auf Genehmigung ihrer (genehmigungspflichtigen) Bebauungspläne auf ihre aus Art. 28 Abs. 2 S. 1 GG folgende Planungshoheit berufen. Der Genehmigungsanspruch kann mit Verpflichtungswiderspruch nach § 68 Abs. 2 VwGO und Verpflichtungsklage nach § 42 Abs. 1 2. Var. VwGO geltend gemacht werden. Eine Besonderheit weist die Satzungsgenehmigung insoweit auf, als sie im Gegensatz zu anderen Verwaltungsakten nach ihrem Inkrafttreten nicht mehr nach §§ 48, 49 LVwVfG zurückgenommen oder widerrufen werden kann. Die Rechtsprechung begründet dies (überzeugend) damit, dass der Satzung selbst nicht anzusehen ist, ob die Genehmigung, und somit die Satzung selbst, noch gilt oder bereits wieder aufgehoben wurde und dass somit die Rechtssicherheit gefährdet wäre, könnte man auf die Genehmigung §§ 48, 49 LVwVfG anwenden[28].

Teilweise gesetzlich vorgesehen sind auch bloße Pflichten, den Erlass der Satzung der zuständigen Aufsichtsbehörde anzuzeigen[29]. Werden diese Pflichten vernachlässigt, hat das für die Rechtmäßigkeit der Satzung prinzipiell keine Konsequenzen. Entsteht durch Anwendung einer Satzung ein z.B. nach § 839 BGB i. V. m. Art. 34 GG zu ersetzender Schaden, haftet für diesen jedoch in keinem Fall die Aufsichtsbehörde, wenn die Satzung nicht entsprechend angezeigt wurde.

d) Ausfertigung und Verkündung

Hat das zuständige Kollegialorgan den Beschluss über die Satzung gefasst, so bedarf diese, um in Kraft treten zu können, vor ihrer Bekanntmachung noch der Ausfertigung durch den Hauptverwaltungsbeamten[30]. Unter Ausfertigung ist dabei die Herstellung

---
27 § 10 Abs. 2 S. 2 KVG LSA; § 4 Abs. 1 S. 3 GO SH; § 4 Abs. 1 S. 3 KrO SH.
28 *Sachs*, in: Stelkens/Bonk/ders., VwVfG, § 48 Rn. 10 m.w.N.
29 § 4 Abs. 3 S. 3 GemO BW; § 3 Abs. 3 S. 3 LKrO BW; § 4 Abs. 2 S. 2 BbgKVerf; §§ 5 Abs. 2 S. 4, 92 Abs. 3 KVMV; § 4 Abs. 3 S. 3 SächsGemO; § 3 Abs. 4 S. 3 SächsLKrO; § 8 Abs. 2 S. 1 KVG LSA; § 21 Abs. 3 ThürKO.
30 Vorgesehen in Art. 26 Abs. 2 S. 1 BayGO; § 3 Abs. 3 S. 1 BbgKVerf; § 5 Abs. 3 HGO; § 5 Abs. 4 S. 1 KVMV; § 11 Abs. 1 S. 1 NKomVG; § 4 Abs. 3 S. 1 SächsGO; § 9 Abs. 1 S. 1 KVG LSA; § 4 Abs. 2 GO SH; § 21 Abs. 1 S. 1 ThürKO. Als Ausprägung des Rechtsstaatsprinzips aber für alle Kommunalgesetze verallgemeinerungsfähig (so u. a. auch BVerwGE 88, 204 (208 f.) *Lange*, KomR, § 12 Rn. 40).

einer Urkunde (samt eigenhändiger Unterzeichnung) zu verstehen, die bezeugt, dass der Urkundeninhalt mit demjenigen des beschlossenen Satzungstexts identisch ist und dass (zumindest aus der Sicht des Ausfertigenden) keine Verfahrensfehler und auch keine evidenten Verstöße gegen materielles Recht beim Satzungserlass begangen wurden[31]. Offensichtliche Schreib- oder Formulierungsfehler im Satzungstext dürfen bei der Ausfertigung korrigiert werden. Die Ausfertigung verweigern darf der Zuständige allenfalls dann, wenn er erfolglos von seinem Widerspruchs- und Beanstandungsrecht (s. sogleich Rn. 27 und Teil 2 § 4 Rn. 69) Gebrauch gemacht hat, die Satzung aber dennoch formell oder evident materiell rechtswidrig ist[32].

26 Im Anschluss an die Ausfertigung hat die Verkündung bzw. Bekanntmachung unter Einhaltung der in den Kommunalgesetzen und den darauf gestützten Bekanntmachungsregelungen zu erfolgen. Abgesehen von der Ausnahmeregelung in § 10 Abs. 3 BauGB für Bebauungspläne ist dabei der vollständige Wortlaut der Satzung entsprechend den jeweils einschlägigen Bekanntmachungsvorschriften bekannt zu machen.

4. Interne und externe Kontrolle von Satzungen

a) Interne Kontrolle durch den Hauptverwaltungsbeamten

27 Der Erlass von Satzungen unterliegt – wie jedes rechtsförmliche Handeln einer Kommune – der Kontrolle durch den Hauptverwaltungsbeamten dieser Kommune. Z. B. der (Ober-)Bürgermeister oder der Landrat kann die Ausfertigung und Verkündung der Satzung aussetzen, wenn er diese für rechtswidrig hält und so einen erneuten Beschluss des Kollegialorgans über die Satzung herbeiführen. Hält das Kollegialorgan an dem Satzungsbeschluss fest bzw. verabschiedet es die Satzung erneut, kann der Hauptverwaltungsbeamte die Rechtsaufsichtsbehörde mit der Sache befassen (näher zum Beanstandungsrecht Teil 2 § 4 Rn. 69). Diese kann dann, sofern die Satzung tatsächlich rechtswidrig sein sollte, darüber entscheiden, ob sie Aufsichtsmittel anwendet (s. u. Teil 2 § 10).

b) Verwaltungsgerichtliche Kontrolle

28 Die Verwaltungsgerichte können kommunale Satzungen zunächst einer inzidenten Kontrolle unterziehen, wenn sie auf die Satzung gestützte Verwaltungsakte zu überprüfen haben[33]. In diesem Fall kann die Rechtmäßigkeit des Verwaltungsakts davon abhängen, ob die Satzung – als Rechtsgrundlage des Verwaltungsakts – ihrerseits rechtmäßig ist.

29 Satzungen nach dem BauGB können nach § 47 Abs. 1 S. 1 Nr. 1 VwGO Gegenstand einer (prinzipalen) Normenkontrolle vor dem Oberverwaltungsgericht bzw. (in Baden-Württemberg, Bayern und Hessen, die von der Möglichkeit des § 184 VwGO Gebrauch gemacht haben) vor dem Verwaltungsgerichtshof sein. Nach § 47 Abs. 1 S. 1 Nr. 2 VwGO können die Länder außerdem für kommunale Satzungen eine Normenkontrolle zum OVG/VGH vorsehen. Die meisten Länder haben entsprechende Ausführungsbestimmungen erlassen, so dass dort kommunale Satzungen mit der Normenkon-

---

31 Vgl. dazu VGH Mannheim, U. v. 9.2.2009 – 3 S 2290/07 (juris) einerseits und BayVGH, NVwZ-RR 2001, 117 andererseits.
32 Die Rechtslage ist also ähnlich wie beim Prüfungsrecht des Bundespräsidenten (hierzu *Michael/Morlok*, StaatsR, § 14 RN. 25 ff.).
33 Zur Unterscheidung zwischen inzidenter und prinzipaler Normenkontrolle vgl. etwa BVerwGE 68, 12.

trolle angegriffen werden können. Eine Ausnahme bildet Nordrhein-Westfalen, dort dürfte (jedenfalls solange noch keine inzidente Überprüfung der Satzung im Rechtsstreit gegen auf sie gestützte VAe möglich ist) zumindest eine letztlich auf Feststellung der Rechtswidrigkeit gerichtete Feststellungsklage nach § 43 Abs. 1 VwGO in aller Regel statthaft sein[34].

Antragsbefugt i.S.d. § 47 Abs. 2 VwGO ist dabei auch die Rechtsaufsichtsbehörde, weil sie trotz ihrer Kompetenz, eine Aufhebung rechtswidriger Satzungen zu verlangen oder selbst vorzunehmen (s. u. Teil 2 § 10) – auch zum Schutz der betroffenen Kommune – ein Rechtsschutzbedürfnis für eine verbindliche Klärung der Rechtslage durch die Verwaltungsgerichte hat[35]. Anderes gilt für den Fall, dass die Kommune, die die Satzung erlassen hat, selbst, eine Überprüfung durch das OVG/den VGH nach § 47 Abs. 2 Nr. 2 VwGO beantragen will. Ihr fehlt das Rechtsschutzbedürfnis für eine Normenkontrolle, weil sie zum einen die Satzung, wenn sie sie für rechtswidrig hält, selbst aufheben kann, zum anderen den Rechtsrat der Aufsichtsbehörde einholen kann[36].

5. Kommunale Rechtsverordnungen

Wie bereits angedeutet, räumen einige Gesetze, insbesondere im Polizei- und Sicherheitsrecht den Kommunen die Möglichkeit ein, nicht nur Satzungen, sondern auch Rechtsverordnungen zu erlassen. Diese Rechtsverordnungen sind im Kern ein Spezialfall der Satzungen, denn sie werden – abgesehen von einigen im jeweiligen zum Verordnungserlass ermächtigenden Gesetz vorgesehenen Ausnahmen – im gleichen Verfahren wie jene erlassen. Art. 80 Abs. 1 S. 2 und 3 GG sind, wie ebenfalls bereits erwähnt, nach h.M.[37] anwendbar. Außerdem hat, anders als bei Satzungen, der Hauptverwaltungsbeamte regelmäßig eine spezialgesetzlich zugewiesene Erlasszuständigkeit für besonders eilbedürftige Fälle.

II. Verwaltungsakt

Einzelfälle auf dem Gebiet des öffentlichen Rechts regeln die Kommunen (wie staatliche Behörden) durch Verwaltungsakt i.S.d. § 35 S. 1 LVwVfG, gegebenenfalls auch in Form der Allgemeinverfügung nach § 35 S. 2 LVwVfG. Die Zuständigkeit für den Erlass von Verwaltungsakten wird in den Kommunalgesetzen meist nicht eigens erwähnt[38]. Zumindest finden aber die Verwaltungsverfahrensgesetze der Länder auch auf die Kommunalverwaltung Anwendung[39]. Regelmäßig wird außerdem in den Ermächtigungsgrundlagen, die den Kommunen die Regelung konkreter Einzelfälle erlauben, eine Befugnis zum Handeln durch Verwaltungsakt oder Allgemeinverfügung mit enthalten sein.

Der Erlass eines kommunalen Verwaltungsakts findet in der Regel (bzw. sofern der Hauptverwaltungsbeamte nicht allein zuständig ist) in einem zweistufigen Verfahren statt: das Kollegialorgan fasst einen Beschluss darüber, wie eine bestimmte Angelegenheit geregelt werden soll, und der Hauptverwaltungsbeamte vollzieht diesen Beschluss,

---

34 *Burgi*, KomR, § 15 Rn. 43; *Kopp/Schenke*, VwGO, § 43 Rn. 8.
35 Hierzu etwa BVerwG, NVwZ 1990, 57; BayVGH, BayVBl. 1993, 626.
36 U. a. BVerwGE 81, 310; VGH Mannheim, NJW 1977, 1470.
37 *Burgi*, KomR, § 15 Rn. 14.
38 Vgl. aber Art. 27 BayGO; Art. 21 BayLKrO.; §§ 18 Abs. 1 S. 2, 97 Abs. 1 S. 2 ThürKO; implizit auch: § 95 Abs. 5 BbgKVerf; § 85 Abs. 6 GemO RP.
39 Vgl. etwa § 1 Abs. 1 LVwVfG BW; Art. 1 Abs. 1 BayVwVfG; § 1 Abs. 1 VwVfG NRW.

indem es die Entscheidung in einen Verwaltungsakt umwandelt. Daraus folgt, dass in der Klausur bei der Prüfung der materiellen Rechtmäßigkeit des Verwaltungsakts die Rechtmäßigkeit des Gemeinderats- oder Kreistagsbeschlusses (einschließlich Ladung, Beschlussfähigkeit, Befangenheit usw.) inzident überprüft werden muss. Als Klausurkonstellation denkbar ist aber auch die Frage danach, ob der Hauptverwaltungsbeamte berechtigt war, den Vollzug des Beschlusses zu verweigern bzw. von seinem Beanstandungsrecht Gebrauch zu machen, weil er den Beschluss für rechtswidrig halten durfte.

III. Öffentlich-rechtlicher Vertrag

34 Kommunen können, wie letztlich alle Rechtssubjekte des öffentlichen Rechts, öffentlich-rechtliche Verträge i.S.d. §§ 54 ff VwVfG schließen. Diese kommen in der Praxis vorwiegend in zwei Varianten vor; zum einen als koordinationsrechtliche Verträge bei der interkommunalen Zusammenarbeit (näher dazu s. u. Teil 2 § 11), zum anderen im Baurecht als (teils koordinations-, teils subordinationsrechtliche) städtebauliche Verträge der Gemeinden i.S.d. § 11 BauGB.

35 Die Kommune muss beim Abschluss des Vertrages ordnungsgemäß durch den Hauptverwaltungsbeamten vertreten sein. Anderenfalls ist der Vertrag nach § 59 Abs. 1 VwVfG nichtig. Außerdem ist – ähnlich wie beim Verwaltungsakt – für den Vertragsschluss ein entsprechender Beschluss des Kollegialorgans als Grundlage erforderlich.

36 ▶ **Lösungshinweise zu Fall 6:** Der Antrag wäre begründet, wenn die Satzung formell oder materiell rechtmäßig wäre:

Es ist davon auszugehen, dass im einschlägigen Landesrecht eine verfassungsgemäße Rechtsgrundlage für die Anordnung eines Anschluss- und Benutzungszwangs durch gemeindliche Satzungen existiert.

Durch das fehlende Zitat der Rechtsgrundlage wird die formelle Rechtmäßigkeit nicht in Frage gestellt, denn Art. 80 Abs. 1 S. 3 GG gilt nur für Verordnungen, nicht aber auch für Satzungen. Art. 19 Abs. 1 S. 2 GG ist jedenfalls deswegen nicht verletzt, weil bei den hier betroffenen Grundrechten (Art. 2 Abs. 1, 3 Abs. 1 14 Abs. 1 GG) das Zitiergebot nicht gilt.

Ebenfalls unproblematisch ist die fehlerhafte Sitzungsladung, denn dieser Fehler ist durch die rügelose Einlassung der betroffenen Ratsmitglieder zur Sache (näher s. u. Teil 2 § 5 Rn. 11 ff.) geheilt.

Problematisch könnte hingegen die Ausfertigung der Satzung sein. Diese war (unabhängig davon, ob sie im einschlägigen Landesrecht vorgeschrieben ist) erforderlich, um das Erlassverfahren formal abzuschließen und mit hinreichender Rechtssicherheit das Inkrafttreten des vom Gemeinderat tatsächlich beschlossenen Satzungstexts zu gewährleisten. Mit der Ausfertigung wird bezeugt, dass der bekannt zu machende Satzungstext mit dem tatsächlich beschlossenen identisch ist. Regelmäßig wird dafür vom zuständigen Hauptverwaltungsbeamten eine eigenständige Urkunde mit dem Satzungstext hergestellt. Ihre Identitätsfunktion kann die Ausfertigung aber prinzipiell auch dann erfüllen, wenn lediglich ein Sitzungsprotokoll, in dem der vollständige Satzungstext enthalten ist, unterschrieben wird. Problematisch ist hier jedoch, dass die Unterschrift hier erst erfolgte als die Satzung bereits bekannt gemacht war. Damit konnte die Ausfertigung ihre Funktion, dass Erlassverfahren formal abzuschließen hier nicht erfüllen. Die Satzung ist somit formell rechtswidrig.

§ 3 Öffentlich-rechtliche Handlungsformen der Kommunen

In materieller Hinsicht ist problematisch, dass die Satzung zum 1.1.2013 und somit rückwirkend in Kraft gesetzt wurde. Hier liegt – jedenfalls für diejenigen, die mittlerweile nicht mehr Grundstückseigentümer in G sind, es aber 2013 noch waren – sogar eine echte Rückwirkung bzw. Rückbewirkung von Rechtsfolgen vor. Diese ist regelmäßig verfassungsrechtlich unzulässig, nicht jedoch dann, wenn das Vertrauen der Betroffenen auf den Fortbestand der bestehenden Rechtslage ausnahmsweise nicht schutzwürdig ist. So liegt es hier. Die Bewohner von G wussten (spätestens aufgrund der Informationen in der Presse), dass die Satzung, die schon bisher einen Anschluss- und Benutzungszwang angeordnet hatte, gerichtlich überprüft wurde. Es war also damit zu rechnen, dass G im Falle einer Niederlage vor dem OVG die bisherige Satzung (auch mit Rückwirkung) durch eine neue ersetzen würde. Die Rückwirkung war hier somit zulässig. Weitere materiellrechtliche Fehler der Satzung (insbesondere Grundrechtsverstöße) lassen sich dem Sachverhalt nicht entnehmen.

Der Antrag des E hat wegen der formellen Rechtswidrigkeit der Satzung Aussicht auf Erfolg. ◄

IV. Wiederholungs- und Vertiefungsfragen

1. Welche Arten von kommunalen Satzungen kennen Sie?
2. Wodurch unterscheiden sich kommunale Satzungen und Rechtsverordnungen?
3. Welche formell rechtlichen Anforderungen sind beim Satzungserlass zu beachten?
4. Welche Rechtsschutzmöglichkeiten bestehen bei kommunalen Satzungen?
5. Welche Besonderheiten sind bei öffentlich-rechtlichen Verträgen und VAen von Kommunen zu beachten?

V. Weiterführende Literatur

Hill, Normsetzung und andere Formen exekutiver Selbstprogrammierung, in: Hoffmann-Riem/Schmidt-Aßmann/Voßkuhle (Hrsg.), Grundlagen des Verwaltungsrechts, Bd. II, 2008, § 34; *Maurer*, Rechtsfragen kommunaler Satzungsgebung, DÖV 1993, 184; *Morlok*, Die Folgen von verfahrensfehlern am Beispiel kommunaler Satzungen, 1988; *Oebbecke*, Kommunale Satzungsgebung und verwaltungsgerichtliche Kontrolle, NVwZ 2003, 1313; *Schmidt-Aßmann*, Die kommunale Rechtssetzung im gefüge der administrativen Handlungsformen und Rechtsquellen, 1981; *Schoch*, Soll das kommunale Satzungsrecht gegenüber staatlicher und gerichtlicher Kontrolle gestärkt werden?, NVwZ 1990, 801.

§ 4 Die kommunale Binnenorganisation

1 Die kommunale Binnenorganisation – das Gemeindeverfassungsrecht – betrifft den organisatorischen Aufbau der Gemeinden und ordnet das Zusammenwirken ihrer Organe: Als Gebietskörperschaften des öffentlichen Rechts und Rechtsträger der kommunalen Selbstverwaltung sind Gemeinden selbst nicht handlungsfähig, für die Gemeinden handeln vielmehr ihrer Organe. Deren Verhältnis zueinander bestimmt sich nach den innenrechtlichen Vorschriften des Gemeindeverfassungsrechts (wodurch die gemeindlichen Organe zumindest zu Rechtssubjekten dieses Innenrechts werden).

I. Die Binnenorganisation der Gemeinden

2 Verfassungsrechtlich ist mit Art. 28 Abs. 1 S. 2 GG für die kommunale Binnenorganisation vorgegeben, dass das Volk in Kreisen und Gemeinden eine Vertretung haben muss, die aus allgemeinen, unmittelbaren, freien, gleichen und geheimen Wahlen hervorgegangen ist. Neben die Gemeindevertretung tritt (ohne verfassungsrechtliche Absicherung) ein weiteres Gemeindeorgan – das Verwaltungsorgan. Das Gemeindeverfassungsrecht aller Bundesländer enthält folglich zuvörderst Vorgaben für die Gemeindevertretung und das Verwaltungsorgan,[1] lediglich vereinzelt bestimmt das Gemeinderecht weitere Gemeindeorgane.[2]

3 Unterschiede zwischen dem Gemeinderecht der Bundesländer ergeben sich oftmals mit Blick auf das Verwaltungsorgan. Diese Unterschiede sind darauf zurückzuführen, dass die gemeindliche Binnenorganisation lange unter dem Einfluss gemeindeverfassungsrechtlicher Modellvorstellungen stand. Als norddeutsche Ratsverfassung wird dabei eine Gemeindeverfassung bezeichnet, in der ein von der Gemeindevertretung gewählter Gemeindedirektor das Verwaltungsorgan bekleidet; der ebenfalls von der Gemeindevertretung gewählte Bürgermeister übernimmt dagegen lediglich deren Vorsitz. Nach der rheinischen Bürgermeisterverfassung nimmt der Bürgermeister demgegenüber sowohl die Aufgaben des Vorsitzenden der Gemeindevertretung als auch des Verwaltungsorgans wahr. Er wird allerdings ebenfalls von der Gemeindevertretung gewählt. Auch die süddeutsche Ratsverfassung sieht zwei Gemeindeorgane vor – die Gemeindevertretung und den Bürgermeister. Der Bürgermeister wird dabei als Verwaltungsorgan tätig und nimmt zudem die Aufgaben des Vorsitzenden der Gemeindevertretung wahr, wird im Unterschied zur rheinischen Bürgermeisterverfassung aber ebenso wie die Gemeindevertretung unmittelbar gewählt. Die Magistratsverfassung kennzeichnet schließlich eine kollegiale Ausgestaltung des Verwaltungsorgans, dessen Mitglieder neben dem Bürgermeister auch die Beigeordneten sind.[3]

4 Mittlerweile haben die unterschiedlichen Organisationsmodelle an Bedeutung verloren, zunehmend hat sich trotz nach wie vor bestehender Unterschiede die süddeutsche Ratsverfassung durchgesetzt. Das Verwaltungsorgan fast aller Bundesländer ist dementsprechend monokratisch strukturiert und besteht regelmäßig aus einem unmittelbar gewählten Bürgermeister. Abgesehen von diesbezüglichen Besonderheiten folgt ledig-

---

[1] § 23 GemO BW; Art. 29 BayGO; § 53 Abs. 1 S. 1 BbgKVerf; § 9 HGO; § 21 KV M-V; § 7 Abs. 2 Nr. 1 NKomVG; § 40 Abs. 2 S. 1 GO NW; § 28 Abs. 1 S. 1 RhPfGemO; § 29 Abs. 1 SaarlKSVG; § 1 Abs. 4 SächsGemO; § 7 Abs. 1, 2 KVG LSA; § 7 GO SH; § 22 Abs. 1 S. 1 ThürKO.
[2] Siehe § 7 Abs. 1, 2 Nr. 1, §§ 74 ff. NKomVG sowie §§ 49 f. BbgKVerf, wonach neben die Gemeindevertretung und den Bürgermeister der Hauptausschuss tritt.
[3] Zum Ganzen *Maurer*, AllgVerwR, 18. Aufl. 2011, § 23, Rn. 9.

§ 4 Die kommunale Binnenorganisation

lich noch das hessische Gemeinderecht der Magistratsverfassung. Das Verwaltungsorgan hessischer Gemeinden ist folglich kollegial strukturiert.[4] Allerdings wird abweichend von der herkömmlichen Magistratsverfassung der Bürgermeister ebenfalls unmittelbar gewählt.[5] Unterschiede hinsichtlich der kommunalen Binnenorganisation können sich schließlich auch daraus ergeben, dass das Gemeinderecht Experimentierklauseln zur Weiterentwicklung der kommunalen Selbstverwaltung enthält.[6] Danach kann regelmäßig das für das Kommunalrecht zuständige Ministerium im Einzelnen Abweichungen von den Vorgaben des Gemeindeverfassungsrechts – in einigen Bundesländern auch lediglich von den Regelungen für das kommunale Haushalts- und Rechnungswesen – namentlich zur Erprobung neuer Steuerungsmodelle zulassen.[7]

1. Die Gemeindevertretung

Die Gemeindevertretung wird im Gemeinderecht zahlreicher Bundesländer als Hauptorgan der Gemeinde benannt.[8] Unsicher ist dabei allerdings ihre Stellung im System der Gewaltenteilung: Zunächst darf Art. 28 Abs. 1 S. 2 GG nicht darüber hinwegtäuschen, dass auch die Gemeindevertretung Verwaltungstätigkeit ausübt. Ebenfalls nicht in Vergessenheit geraten darf allerdings, dass sie zum Erlass von Satzungen berechtigt ist und daher auch legislativ tätig werden kann.[9] Dies führt letztlich aber wohl nicht dazu, dass Gemeindevertretungen als Parlamente zu qualifizieren wären – sie sind und bleiben Organe von Selbstverwaltungskörperschaften.[10] Sofern das Gemeinderecht daneben den Bürgermeister als Verwaltungsbehörde bezeichnet,[11] dürfte dies darauf zurückzuführen sein, dass der Behördenbegriff grundsätzlich diejenigen Organe meint, die zu Rechtshandlungen nach außen befugt sind. Keinesfalls kann daraus geschlossen werden, dass der Bürgermeister und nicht die Gemeindevertretung das Hauptorgan der Gemeinde ist. Denn mit der Bezeichnung des Bürgermeisters als Verwaltungsbehörde ist weder etwas über andere Organe[12] noch darüber ausgesagt, ob die Gemeindevertretung nicht ausnahmsweise ebenfalls als Behörde tätig werden kann.[13]

a) Wahl und Zusammensetzung

▶ FALL 8: Vor den Wahlen zur Gemeindevertretung verheimlicht der Bürgermeister deren tatsächliche Finanzsituation, obwohl diese Thema des Wahlkampfes ist. Eine Haushaltssperre wurde bereits vorbereitet, sie wird allerdings erst einen Tag nach den Wahlen angeordnet. Gegen die Gültigkeit der Wahlen wird Einspruch eingelegt. Die Gemeindevertretung (deren Zuständigkeit unterstellt) erklärt daraufhin die Wahlen wegen unzulässiger

---

4   Gemäß § 65 Abs. 1 HGO besteht das Verwaltungsorgan aus dem Bürgermeister als Vorsitzendem sowie den Beigeordneten.
5   § 39 Abs. 1a HGO.
6   Siehe etwa Art. 117a BayGO; § 133 HGO; § 42a KV M-V; § 129 GO NW; § 131 SächsGemO; § 157 KVG LSA; § 135a GO SH.
7   Siehe dazu *Burgi*, KomR, § 10, Rn. 9 ff.
8   Ausdrücklich § 24 Abs. 1 S. 1 GemO BW; § 9 Abs. 1 S. 1 HGO; § 22 Abs. 1 S. 1 KV M-V; § 45 Abs. 1 S. 1 NKomVG; § 27 Abs. 1 SächsGemO; § 36 Abs. 1 S. 1 KVG LSA.
9   Siehe dazu Teil 2, § 3, Rn. 2 ff.
10 BVerfGE 78, 344 (348); anders *Lange*, KomR, Kap. 4, Rn. 65, der angesichts der Parlamentsähnlichkeit eine analoge Anwendung parlamentarischer Rechtsgrundsätze für möglich hält; ausführlich *Dolderer*, DÖV 2009, 146 ff.
11 § 66 Abs. 1 S. 1 HGO; ferner § 44 Abs. 1 S. 1 GemO BW; § 47 Abs. 1 S. 1 RhPfGemO; § 51 Abs. 1 S. 1 SächsGemO; § 22 Abs. 2 ThürKO, wonach der Bürgermeister die Gemeindeverwaltung wahrnimmt.
12 *Lange*, KomR, Kap. 4, Rn. 64.
13 Siehe dazu Teil 2, § 4, Rn. 20

Wahlbeeinflussung für ungültig und ordnet deren Wiederholung an. Dagegen richtet sich das verwaltungsgerichtlich verfolgte Begehren, die Anordnung der Wiederholung der Wahlen aufzuheben. ◂

7   Art. 28 Abs. 1 S. 2 GG bestimmt, dass die Gemeindevertretung direkt gewählt wird.[14] Art. 28 Abs. 1 S. 4 GG, wonach in Gemeinden an die Stelle der Gemeindevertretung eine Gemeindeversammlung treten kann, hat dagegen keine Bedeutung mehr; diesbezügliche einfachgesetzliche Regelungen haben nahezu alle Bundesländer abgeschafft.[15] Konkretisierende Regelungen für die Wahlen zur Gemeindevertretung enthalten die Kommunalwahlgesetze. Dort finden sich unterschiedliche Bestimmungen zur Anzahl der Mitglieder der Gemeindevertretung, die durchgängig von der Einwohnerzahl der Gemeinde abhängig gemacht wird.[16] Des Weiteren legt das Kommunalwahlrecht (oder das Gemeinderecht selbst) fest, für wie lange die Mitglieder der Gemeindevertretung gewählt werden – regelmäßig sind dies fünf,[17] vereinzelt aber auch sechs Jahre.[18] Der Grundsatz der Diskontinuität findet nach der Rechtsprechung gleichwohl keine Anwendung; die Willensbildung der Gemeindevertretung wird durch Wahlen dementsprechend nicht unterbrochen, so dass sich Vorlagen und Anträge nicht etwa erledigen, sondern auch nach dem Zusammentreten der neu gewählten Gemeindevertretung (ohne nochmals eingebracht werden zu müssen) behandelt werden können.[19] Zwischen den Wahlen zur Gemeindevertretung und deren Zusammentreten üben – dies bestimmt das Gemeinderecht überwiegend – die bisherigen Mitglieder ihre Tätigkeit weiter aus.[20] Zwischen den Wahlen und dem Zusammentreten der neu gewählten Gemeindevertretung dürfen nach der Rechtsprechung aus Gründen des Demokratieprinzips äußerstenfalls drei Monate liegen; zwingende Gründe des Gemeinwohls, die ausnahmsweise eine Überschreitung rechtfertigen könnten, seien insbesondere bei einer terminlichen Zusammenlegung mit den Europawahlen nicht gegeben.[21]

aa) Wahlverfahren

8   Mit Blick auf die Wahlvorbereitung hat das Bundesverfassungsgericht zunächst ein Wahlvorschlagsmonopol für politische Parteien abgelehnt: Aus der verfassungsrechtlichen Garantie der kommunalen Selbstverwaltung folge, dass auch ortsgebundenen Wählergruppen (Rathausparteien oder Wählervereinigungen) das Wahlvorschlagsrecht und deren Wahlbewerbern eine chancengleiche Teilnahme gewährleistet werden müs-

---

14 Art. 3 Abs. 1 LV SH bestimmt, dass die Wahlen zu den Volksvertretungen aller Gemeindeverbände allgemein, unmittelbar, frei, gleich und geheim sind; dazu LVerfG SH, NordÖR 2010, 155 ff. mit dem Hinweis, dass sich die schleswig-holsteinischen Ämter in Folge der zunehmenden Übertragung von Selbstverwaltungsaufgaben durch die Gemeinden zu Gemeindeverbänden entwickeln könnten, für diesen Fall aber keine unmittelbare Wahl der Mitglieder des Amtsausschusses vorgesehen sei.
15 Siehe allein § 54 Abs. 1 GO SH.
16 § 25 Abs. 2 GemO BW; Art. 31 Abs. 2 S. 2 BayGO; § 6 Abs. 2 BbgKWahlG; § 4 Abs. 1 LKWG M-V; § 46 Abs. 1 NKomVG; § 3 Abs. 2 KWG NW; § 29 Abs. 2 S. 1 RhPfGemO; § 32 Abs. 2 SaarlKSVG; § 29 Abs. 2 SächsGemO; § 37 Abs. 1 KVG LSA; § 8 GKWG SH; § 23 Abs. 3 ThürKO.
17 § 30 Abs. 1 GemO BW; § 27 Abs. 2 S. 1 BbgKVerf; § 36 S. 1 HGO; § 23 Abs. 1 S. 1 KV M-V; § 47 Abs. 2 S. 1 NKomVG; § 42 Abs. 1 S. 1 GO NW; § 29 Abs. 1 S. 2 RhPfGemO; § 31 Abs. 1 S. 1 SaarlKSVG; § 33 As. 1 SächsGemO; § 38 Abs. 1 KVG LSA; § 1 Abs. 1 S. 1 GKWG SH; § 23 Abs. 2 S. 1 ThürKO.
18 Art. 23 Abs. 1 BayGLKrWG.
19 OVG Münster, DVBl. 1991, 660 ff.
20 Ausdrücklich § 30 Abs. 2 S. 3 GemO BW; § 4 Abs. 2 BbgKWahlG; § 23 Abs. 7 KV M-V; § 42 Abs. 2 GO NW; § 30 Abs. 2 S. 3 SächsGemO; § 38 Abs. 2 S. 1 KVG LSA; siehe aber auch Art. 23 Abs. 3 BayGLKrWG, wonach der Bürgermeister übergangsweise die Geschäfte führt.
21 VerfGH NW, DÖV 2009, 676 ff.

§ 4 Die kommunale Binnenorganisation

se.[22] Ebenfalls im Zusammenhang mit der Wahlvorbereitung hat das Bundesverfassungsgericht die Zulässigkeit solcher Regelungen festgestellt, nach denen Wahlbewerber durch eine bestimmte Anzahl von Unterschriften unterstützt werden müssen.[23] Eine solche Unterstützung schon bei der Wahlvorbereitung diene dem Nachweis der Ernsthaftigkeit der Wahlbewerbung. Aus Gründen der Gleichheit der Wahl dürfen allerdings politische Parteien, die bereits im Bundestag oder in den Landtagen vertreten sind, von derartigen Anforderungen nicht ausgenommen werden.[24] Schließlich unterliegt auch die genaue Bestimmung des Wahltermins rechtlichen Vorgaben. Bei der Festlegung des Wahltermins ist zu berücksichtigen, dass ein freier und offener Prozess der Meinungs- und Willensbildung sichergestellt werden muss. Ein eigener Wahltermin für die Wahlen zur Gemeindevertretung verstößt dabei nicht gegen das Gebot der Chancengleichheit politischer Parteien – auch nicht, wenn in einem engen Zeitraum mehrere Wahlen anstehen: Alle politischen Parteien müssen gleichermaßen ihre Wähler mobilisieren und auf eine möglichst hohe Wahlbeteiligung hinwirken.[25]

Für die Wahlen selbst gelten bereits kraft verfassungsrechtlicher Anordnung die Wahlrechtsgrundsätze.[26] Gewählt wird des Weiteren nach den Grundsätzen des Verhältniswahlsystems[27] – das nordrhein-westfälische Kommunalwahlrecht sieht dabei eine vorgeschaltete Mehrheitswahl vor: Danach wählt jeder Wähler mit seiner Stimme einen Wahlbewerber im jeweiligen Wahlbezirk und, falls der Wahlbewerber von einer Partei aufgestellt wurde, zugleich die von dieser für das Wahlgebiet aufgestellte Liste. Im Wahlbezirk ist derjenige Wahlbewerber gewählt, der die meisten Stimmen auf sich vereinigt. Die übrigen Sitze der Gemeindevertretung werden sodann auf die an der Listenwahl teilnehmenden Parteien entsprechend ihrem jeweiligen Anteil an der Gesamtzahl der abgegebenen gültigen Stimmen unter Anrechnung der errungenen Sitze der Wahlbewerber verteilt.[28] Auch nach dem Kommunalwahlrecht Schleswig-Holsteins werden die Mitglieder der Gemeindevertretungen zunächst durch Mehrheitswahl in Wahlbezirken und durch anschließenden Verhältnisausgleich gewählt.[29] Andere Bundesländer kennen lediglich die Einteilung des Wahlgebietes in Wahlbezirke mit der Maßgabe, dass die Sitze in der Gemeindevertretung nach einem bestimmten Zahlenverhältnis mit Vertretern der Wahlbezirke zu besetzen sind; allerdings bleibt es insoweit bei der Anwendung des für die Gesamtwahl geltenden Wahlsystems.[30] Die Rechtsprechung verlangt dabei, dass die Einteilung des Wahlgebiets in Wahlbezirke zur Wahrung des Grundsatzes der Gleichheit der Wahl und der Chancengleichheit der politischen Partei-

9

---

22 BVerfGE 11, 266 ff.; zur Chancengleichheit ferner BVerfGE 121, 108 ff.
23 § 8 Abs. 1 S. 1 KomWG BW; Art. 27 Abs. 1 S. 1 BayGLKrWG; § 28a Abs. 1, 2 BbgKWahlG; § 11 Abs. 4 S. 1 HessKWG; § 21 Abs. 9 S. 2 NKWG; § 15 Abs. 2 S. 3 KWG NW; § 16 Abs. 2 RhPfKWG; § 22 Abs. 2 S. 1 SaarlKWG; § 6b Abs. 1 S. 1 SächsKomWG; § 29 Abs. 9 S. 1 KWG LSA; § 14 Abs. 5 S. 1 ThürKWG; mit Blick auf den Grundsatz der geheimen Wahl dazu Meyer, in: Mann/Püttner (Hrsg.), HKWP, Bd. I, § 20, Rn. 22.
24 BVerfGE 6, 121 (130); 12, 10 (27).
25 VerfGH NW, NVwZ 2009, 1101 ff.
26 Siehe auch § 26 Abs. 1 GemO BW; Art. 22 Abs. 1 BayGLKrWG; § 27 Abs. 2 S. 1 BbgKVerf; § 1 Abs. 1 HessKWG; § 23 Abs. 1 S. 1 KV M-V; § 47 Abs. 1 S. 1 NKomVG; § 42 Abs. 1 S. 1 GO NW; § 29 Abs. 1 S. 1 RhPfGemO; § 32 Abs. 1 SaarlKSVG; § 30 Abs. 1 SächsGemO; § 3 Abs. 1 KWG LSA; Art. 3 Abs. 1 LV SH; § 23 Abs. 2 S. 1 ThürKO.
27 § 26 Abs. 2 S. 1 GemO BW; Art. 22 Abs. 1, 34 BayGLKrWG; § 5 Abs. 1 S. 1 BbgKWahlG; § 1 Abs. 1 HessKWG; § 3 Abs. 2 LKWG M-V; § 4 Abs. 2 S. 1 NKWG; § 15 RhPfKWG; § 2 Abs. 1 SaarlKWG; § 30 Abs. 2 S. 1 SächsGemO; § 3 Abs. 2 S. 1 KWG LSA; § 13 Abs. 1 S. 1 ThürKWG.
28 §§ 31 ff. KWG NW; kritisch dazu Meyer, in: Mann/Püttner (Hrsg.), HKWP, Bd. I, § 20, Rn. 86.
29 §§ 7 ff. GKWG SH.
30 § 27 Abs. 2 GemO BW; § 20 BbgKWahlG; § 5 LKWG M-V; § 7 NKWG; § 9 Abs. 2 bis 4 RhPfKWG; § 4 Abs. 2 SaarlKWG; § 2 Abs. 1 S. 2 SächsKomWG; § 7 KWG LSA.

10 en zu möglichst gleich großen Wahlbezirke führt; Abweichungen müssen nachvollziehbar begründet werden.[31]

10 Abgesehen von Nordrhein-Westfalen und dem Saarland ist das Panaschieren und Kumulieren bei den Wahlen zur Gemeindevertretung erlaubt, in Schleswig-Holstein können die Wähler lediglich panaschieren. Die Wähler haben dabei mehrere Stimmen und können diese entweder auf unterschiedliche Wahlbewerber verteilen (Panaschieren) oder einem Bewerber mehrere Stimmen geben (Kumulieren).[32] Des Weiteren weist das Kommunalwahlrecht der Bundesländer Unterschiede im Hinblick auf das anzuwendende Berechnungsverfahren auf – teilweise gelangt das d'Hontsche Höchstzahlenverfahren[33] und im Übrigen das Proportionalverfahren nach Hare/Niemeyer zur Anwendung,[34] vereinzelt findet das Sainte-Laguë-Verfahren Verwendung.[35] Die Rechtsprechung hat dazu ausgeführt, dass Modifikationen in Gestalt von sogenannten Einsitzklauseln, wonach Parteien bei der Sitzzuteilung unberücksichtigt bleiben, die nicht mindestens die für einen einzigen Sitz benötigten Stimmen erreichen, eines besonderen, sachlich legitimierten, zwingenden Grundes bedürfen. Ein solcher Grund könne nicht schon in der Gewährleistung der Funktionsfähigkeit der Gemeindevertretung gesehen werden.[36] Deswegen findet namentlich gemäß § 33 Abs. 2 KWG NW nunmehr eine Rundung statt: Dabei sind Zahlenbruchteile unter 0,5 auf die darunter liegende Zahl abzurunden und Zahlenbruchteile ab 0,5 auf die darüber liegende Zahl aufzurunden.

11 Neben Einsitzklauseln sind Sperrklauseln inzwischen gänzlich aus dem Kommunalwahlrecht verschwunden. Die Rechtsprechung hatte schon früh darauf hingewiesen, dass Sperrklauseln die Funktionsfähigkeit der Gemeindevertretung sichern könnten, sie aber voraussetzen, dass bei abstrakter Betrachtung die Möglichkeit nicht auszuschließen sei, dass der Einzug zahlreicher politischer Parteien die Bildung von Mehrheiten erschweren oder gar verhindern könne.[37] Auch das Bundesverfassungsgericht betonte, Sperrklauseln verstießen gegen den Grundsatz der Gleichheit der Wahl und seien daher rechtfertigungsbedürftig. Diese Rechtfertigung ergebe sich keinesfalls daraus, verfassungsfeindliche oder rechtsextremistische Parteien fernhalten zu wollen. Anders als Parlamente übe die Gemeindevertretung auch keine Gesetzgebungstätigkeit aus, für die eindeutige Mehrheiten unentbehrlich seien; die bloße Erleichterung oder Vereinfachung der Entscheidungsfindung genüge ebenfalls nicht, um die Beeinträchtigung des Grundsatzes der Gleichheit der Wahl und der Chancengleichheit der politischen Parteien zu rechtfertigen.[38]

---

31 BVerwGE 132, 166 ff.
32 § 26 Abs. 2 S. 4 GemO BW; Art. 34 Nr. 4, 5 BayGLKrWG; §§ 5 Abs. 3, 43 Abs. 3 BbgKWahlG; § 1 Abs. 4 HessKWG; § 3 Abs. 3 LKWG M-V; § 30 Abs. 2 NKWG; § 32 Abs. 1 Nr. 3, 4 RhPfKWG; § 30 Abs. 2 S. 3 SächsGemO; § 32 Abs. 2 KWG LSA; § 20 Abs. 1 S. 4, 5 ThürKWG; siehe auch § 9 Abs. 4 S. 2 GKWG SH.
33 § 25 Abs. 1 KomWG BW; Art. 35 Abs. 2 BayGLKrWG; § 41 Abs. 1 SaarlKWG; § 21 Abs. 1 SächsKomWG; § 10 Abs. 2 GKWG SH; zur Verfassungsmäßigkeit dieses Verfahrens BayVerfGH, NVwZ-RR 2010, 257 ff.
34 § 48 Abs. 2 BbgKWahlG; § 22 Abs. 3 HessKWG; § 37 Abs. 2 LKWG M-V; § 36 Abs. 2 NKWG; § 41 Abs. 1 RhPfKWG; § 39 Abs. 2 KWG LSA; § 22 ThürKO.
35 § 33 Abs. 2 KWG NW; dazu VerfGH NW, DVBl. 2009, 250 ff., wonach dessen Einführung anstelle des Proportionalverfahrens nach Hare/Niemeyer keinen verfassungsrechtlichen Bedenken unterliegt.
36 VerfGH NW, DVBl. 2009, 250 ff.
37 VerfGH NW, NWVBl. 1999, 383 ff.
38 BVerfGE 120, 82 ff. – prozessual wies das Bundesverfassungsgericht darauf hin, dass sich der Landesgesetzgeber mit der Beibehaltung der Sperrklausel inhaltlich befasst und einen ausdrücklich auf die Abschaffung der Sperrklausel gerichteten Gesetzentwurf abgelehnt habe, und unabhängig davon, ob sich dieses Vorgehen als Maßnahme oder Unterlassen bewerten lasse, jedenfalls im Falle die Ablehnung eines Gesetzentwurfs ein zulässiger Gegenstand eines Organstreitverfahrens vorliege.

bb) Wahlfehler und Wahlprüfung

Namentlich die Geltung der Wahlrechtsgrundsätze kann eine Vielzahl von Wahlfehlern nach sich ziehen.[39] Die Vielzahl möglicher Wahlfehler hängt auch mit der Ausgestaltung des Rechtsschutzes mit Blick auf die Wahlen zur Gemeindevertretung zusammen. Für die Geltendmachung von Wahlfehlern sieht das Kommunalwahlrecht grundsätzlich das Wahlprüfungsverfahren vor.[40] Dass Handlungen, die sich unmittelbar auf das Wahlverfahren beziehen, nur im Wahlprüfungsverfahren und nicht etwa im Wege des einstweiligen Rechtsschutzes angefochten werden können, ist nach dem Bundesverfassungsgericht zulässig: Die Verfolgung subjektiver Rechte muss gegenüber dem Interesse der Allgemeinheit an einer fristgerechten Durchführung der Wahlen zurücktreten.[41] Das Wahlprüfungsverfahren erstreckt sich allerdings nicht nur auf Handlungen im Zusammenhang mit der Vorbereitung, Durchführung und Ergebnisfeststellung der Wahlen, sondern auch auf solche im Vorfeld und mit Bezug zu den Wahlen zur Gemeindevertretung – wie etwa die Aufstellung der Wahlbewerber durch die politischen Parteien, die Eintragung in Wählerverzeichnisse, die Gestaltung der Wahlunterlagen, die Behandlung von Wahlbewerbern oder politischer Parteien bei der Vergabe von Räumen, Sendezeiten und sonstigen Kommunikationsmöglichkeiten sowie Fragen der Parteienfinanzierung.[42]

Im Einzelnen entscheidet über Einsprüche gegen die Wahlen zur Gemeindevertretung (oder oftmals auch von Amts wegen) entweder die Rechtsaufsichtsbehörde[43] oder die Gemeindevertretung.[44] Einspruchsberechtigt sind regelmäßig die Wahlberechtigten,[45] überdies oftmals auch die an der Wahl teilnehmenden politischen Parteien[46] und Einzelbewerber[47] sowie die Wahlleitung.[48] Sowohl gegen die Entscheidung der Rechtsauf-

---

39 Siehe etwa OVG Münster, DVBl. 2012, 588 ff., wonach ein Wahlfehler auch dann vorliegt, wenn die Wähler durch objektiv unrichtige oder desinformierende amtliche Äußerungen, die in örtlichem, zeitlichem oder sachlichem Zusammenhang mit der Wahl stehen, über die für ihre Entscheidung maßgebenden Verhältnisse unzutreffend informiert werden, dies nicht ohne weiteres erkennen können und deshalb nicht in der Lage sind, sich eine zutreffende eigene Meinung zu bilden; nachfolgend BVerwG, NVwZ 2012, 1117 ff.; zur Wahl des Bürgermeisters auch BVerwGE 118, 101 (106); eine Stimmenauszählung im automatisierten Verfahren stellt demgegenüber keinen Verstoß gegen den Grundsatz der öffentlichen Wahl dar, siehe OVG Koblenz, NVwZ 2011, 511 f.; ferner RhPfVerfGH, NVwZ 2012, 106 ff. mit dem Hinweis, dass ausgehend von der Rechtsprechung des Bundesverfassungsgerichts der Einsatz „echter" Wahlgeräte vor allem im Hinblick auf ihre Manipulierbarkeit und Fehleranfälligkeit demgegenüber nur unter engen Voraussetzungen verfassungsrechtlich zulässig sei.
40 §§ 30 ff. KomWG BW; Art. 50 ff. BayGLKrWG; §§ 25 ff. HessKWG; §§ 35 ff. LKWG M-V; §§ 46 ff. NKWG; §§ 39 ff. KWG NW; §§ 48 ff. RhPfKWG; §§ 47 ff. SaarlKWG; §§ 25 ff. SächsKomWG; §§ 50 ff. KWG LSA; §§ 38 ff. GKWG SH; §§ 31 ff. ThürKWG.
41 BVerfG, NVwZ 1994, 893 f.
42 HessVGH, DVBl. 2012, 919 (920).
43 § 31 Abs. 1 S. 1 KomWG BW; Art. 50 Abs. 1, 51 BayGLKrWG; §§ 48, 49 Abs. 2 RhPfKWG; § 48 Abs. 1 bis 3 SaarlKWG; §§ 25 f. SächsKomWG; §§ 31, 32 Abs. 2 ThürKWG.
44 § 56 Abs. 1 BbgKWahlG; § 26 Abs. 1 HessKWG; § 36 Abs. 1 S. 2 LKWG M-V; § 47 Abs. 1 NKWG; § 39 Abs. 1 S. 1 KWG NW; § 51 Abs. 1 S. 1 KWG LSA; § 38 f. GKWG SH.
45 Nach § 25 Abs. 1 S. 2 HessKWG ist der Einspruch eines Wahlberechtigten, der nicht die Verletzung eigener Rechte geltend macht, nur zulässig, wenn ihn eins vom Hundert der Wahlberechtigten, mindestens jedoch fünf Wahlberechtigte, unterstützen.
46 § 55 Abs. 1 S. 1 BbgKWahlG; § 46 Abs. 1 S. 3 NKWG; § 39 Abs. 1 KWG NW; § 50 Abs. 1 KWG LSA.
47 § 31 Abs. 1 S. 1 KomWG BW; Art. 51 Abs. 1 BayGLKrWG; § 55 Abs. 1 S. 1 BbgKWahlG; § 25 Abs. 1 S. 1 SächsKomWG.
48 § 55 Abs. 1 S. 1 BbgKWahlG; § 46 Abs. 1 S. 3 NKWG; § 39 Abs. 1 KWG NW; § 47 Abs. 3 SaarlKWG; § 50 Abs. 1 KWG LSA.

sichtsbehörde[49] als auch die der Gemeindevertretung[50] steht denjenigen, die Einspruch gegen die Wahlen zu Gemeindevertretung eingelegt haben, sowie den betroffenen Wahlbewerbern der Verwaltungsrechtsweg offen. Nach dem Bundesverwaltungsgericht steht, wenn der Gesetzgeber politischen Parteien, die an den Wahlen zur Gemeindevertretung teilgenommen haben, im Wahlprüfungsverfahren das Recht einräumt, gegen diese Wahlen Einspruch einzulegen, aus Gründen der Chancengleichheit die Klagebefugnis im Falle der Ungültigerklärung der Wahlen auch Parteien zu, die keinen Einspruch eingelegt haben, weil sie die Wahlen für gültig halten.[51] Gegenstand des verwaltungsgerichtlichen Verfahrens ist lediglich, was zuvor Gegenstand des Einspruchs war.[52] Die Wahlen zur Gemeindevertretung sind grundsätzlich bei Verstößen gegen Rechtsvorschriften für ungültig zu erklären. Fehlt es lediglich an der Wählbarkeit eines Wahlbewerbers, ist dagegen oftmals nur dessen Wahl für ungültig zu erklären.[53] Einige Bundesländer machen des Weiteren die Ungültigerklärung von einer gewissen Schwere des Verstoßes abhängig – relevant sind dann lediglich erhebliche Verstöße oder Verstöße gegen wesentliche Wahlvorschriften.[54] Die Rechtswirksamkeit der Entscheidungen der Gemeindevertretung wird schließlich durch die Ungültigkeit der Wahlen jedenfalls nicht berührt.[55]

14 Erforderlich ist überdies die sogenannte Mandatsrelevanz, wonach Verstöße gegen Rechtsvorschriften auf das Wahlergebnis von entscheidendem Einfluss gewesen sein müssen. Dies ist nach der Rechtsprechung der Fall, wenn ernst zu nehmende Gründe für die Annahme vorliegen, dass die Wahlen bei ordnungsgemäßem Ablauf zu einem anderen Wahlergebnis geführt hätten. Notwendig sei deshalb die konkrete Möglichkeit einer anderen Sitzverteilung. Weil eine mathematisch korrekte Feststellung allerdings nicht immer möglich ist, muss ihre Annahme oftmals hypothetisch bleiben. Die Mandatsrelevanz liegt dementsprechend auch dann vor, wenn nicht nur mit einer theoretischen, sondern nach der Lebenserfahrung wahrscheinlichen Beeinflussung des Wahlergebnisses gerechnet werden muss.[56] Einige Bundesländer regeln auch mit Blick auf die Mandatsrelevanz (scheinbar) qualifizierte Anforderungen: Nach § 26 Abs. 1 Nr. 2 HessKWG[57] müssen etwa Unregelmäßigkeiten nach den Umständen des Einzelfalls und nach der Lebenserfahrung konkret auf die Sitzverteilung von entscheidendem Einfluss gewesen sein können; hierzu hat die Rechtsprechung festgestellt, dass parteiergreifende amtliche Äußerungen nur dann als Wahlfehler zu qualifizieren sind, wenn durch sie in mehr als unerheblichem Maße auf den Wählerwillen eingewirkt und da-

---

49 §§ 30 Abs. 2, 31 Abs. 3 KomWG BW; Art. 52 Abs. 1 S. 1 BayGLKrWG; § 51 RhPfKWG; § 48 Abs. 5 SaarlKWG; §§ 25 Abs. 3, 26 Abs. 3 SächsKomWG; §§ 33 Abs. 1 ThürKWG.
50 § 58 Abs. 2 BbgKWahlG; § 27 HessKWG; § 42 Abs. 3 LKWG M-V; § 49 Abs. 2 NKWG; § 41 KWG NW; § 53 Abs. 2 KWG LSA; § 40 GKWG SH.
51 BVerwG, NVwZ 2012, 969 ff.
52 OVG Schleswig, NordÖR 2011, 41 ff.; siehe aber auch HessVGH, LKRZ 2008, 375 (378).
53 § 32 Abs. 2 S. 1 KomWG BW; § 26 Abs. 1 S. 1 Nr. 1 HessKWG; § 40 Abs. 1 S. 1 LKWG M-V; § 50 Abs. 2 RhPfKWG; § 27 Abs. 3 S. 1 SächsKomWG; § 31 Abs. 2 S. 4 ThürKWG; allgemein OVG Münster, DVBl. 2009, 1467.
54 § 32 Abs. 1 KomWG BW; § 26 Abs. 1 S. 1 Nr. 2 HessKWG; § 50 Abs. 3 RhPfKWG; § 48 Abs. 3 S. 1 i.V.m. § 47 Abs. 2 SaarlKWG; § 27 Abs. 3 S. 1 SächsKomWG; § 31 Abs. 2 S. 3 ThürKWG.
55 Ausdrücklich § 30 Abs. 3 S. 2 GemO BW; Art. 50 Abs. 5 BayGLKrWG; § 58 Abs. 3 BbgKWahlG; § 41 Abs. 2 S. 1 LKWG M-V; § 48 Abs. 6 S. 2 SaarlKWG; § 33 Abs. 2 ThürKWG.
56 OVG Münster, DVBl. 2012, 588 ff.
57 Mit Blick auf § 50 Nr. 2 HessKWG, der die Wahl der Bürgermeister und Landräte betrifft, hat das Bundesverwaltungsgericht festgestellt, dass es für Kommunalwahlen keinen bundesrechtlichen Wahlgrundsatz gibt, wonach die Ungültigerklärung einer Wahl nur in Betracht kommt, wenn ein Wahlfehler von solchem Gewicht vorliegt, dass der Fortbestand des in dieser Weise Gewählten unerträglich erscheint, siehe BVerwGE 108, 101 ff.

durch unter Berücksichtigung der Lebenserfahrung mit hoher Wahrscheinlichkeit das Wahlergebnis entscheidend beeinflusst worden ist.[58] § 57 Abs. 1 Nr. 4 BbgKWahlG und § 52 Abs. 1 S. 1 KWG LSA nehmen demgegenüber neben der konkreten Möglichkeit einer Beeinflussung des Wahlergebnisses auch auf die Bedeutung der Rechtsverletzung Bezug: Diese muss so schwerwiegend sein, dass bei einer ordnungsgemäßen Durchführung der Wahlen ein wesentlich anderes Wahlergebnis zustande gekommen oder festgestellt worden wäre.

b) Kompetenzen der Gemeindevertretung

aa) Gemeindliche Aufgabenwahrnehmung durch die Gemeindevertretung

(1) Allzuständigkeit und Aufgabenübertragung

Die Gemeindevertretung ist das Hauptorgan der Gemeinde und dementsprechend grundsätzlich zur Entscheidung berufen, sofern das Gemeinderecht nicht etwas anderes bestimmt.[59] Derartige Regelungen des Gemeinderechts lassen sich mit dem Stichwort der Allzuständigkeit der Gemeindevertretungen beschreiben. Die Allzuständigkeit der Gemeindevertretung wird oftmals allerdings auf Selbstverwaltungsaufgaben beschränkt[60] oder aber die Wahrnehmung von Angelegenheiten des übertragenen Wirkungskreises wird ausdrücklich dem Bürgermeister zugewiesen;[61] fehlt eine solche Einschränkung, richtet sich die Organzuständigkeit auch im übertragenen Wirkungskreis nach den allgemeinen Regelungen – der Bürgermeister ist für die Erledigung der betreffenden Angelegenheiten folglich immer dann zuständig, wenn es sich um eine Angelegenheit der laufenden Verwaltung handelt.[62]

15

Keine Allzuständigkeit der Gemeindevertretung begründet demgegenüber § 28 Abs. 1 BbgKVerf. Gemäß § 50 Abs. 2 S. 1 BbgKVerf entscheidet nämlich nicht die Gemeindevertretung, sondern vielmehr der Hauptausschuss über alle Angelegenheiten, die keiner Beschlussfassung durch die Gemeindevertretung bedürfen und die nicht dem Bürgermeister gemäß § 54 Abs. 1 BbgKVerf (insbesondere die Angelegenheiten der laufenden Verwaltung) obliegen. Allerdings kann nach § 28 Abs. 3 S. 1 BbgKVerf die Gemeindevertretung auch über Angelegenheiten entscheiden, für die grundsätzlich der Hauptausschuss zuständig ist. Gleiches gilt nach § 76 Abs. 2 S. 1 NKomVG, wonach der Hauptausschuss über diejenigen Angelegenheiten entscheidet, die nicht in die Zuständigkeit der Gemeindevertretung fallen und für die nicht der Bürgermeister zuständig ist. Gemäß § 58 Abs. 3 S. 1, 2 NKomVG entscheidet die Gemeindevertretung, sofern sie sich dies im Einzelfall oder für bestimmte Angelegenheiten vorbehalten hat.[63] Abstriche von der Allzuständigkeit der Gemeindevertretung sind scheinbar auch mit § 22 Abs. 2 S. 1 KV M-V und § 27 Abs. 1 S. 2 GO SH verbunden, wonach die Gemeindevertretung lediglich alle wichtigen Angelegenheiten wahrnimmt. Sofern damit indes lediglich die Angelegenheiten der laufenden Verwaltung aus der Zuständigkeit der Ge-

16

---

58 HessVGH, LKRZ 2008, 375 ff.
59 § 24 Abs. 1 S. 1 GemO BW; Art. 29, 30 Abs. 2 BayGO; § 28 Abs. 1 BbgKVerf; § 50 Abs. 1 S. 1 HGO; § 41 Abs. 1 S. 1 GO NW; § 32 Abs. 1 S. 2 RhPfGemO; § 34 S. 1 SaarlKSVG; § 28 Abs. 1 SächsGemO; § 45 Abs. 1 S. 1 KVG LSA; § 22 Abs. 3 S. 1 ThürKO.
60 § 32 Abs. 1 S. 2 RhPfGemO; § 34 SaarlKSVG; § 22 Abs. 3 S. 1 ThürKO; § 27 Abs. 1 S. 2 GO SH.
61 § 44 Abs. 3 S. 1 GemO BW; § 54 Abs. 1 Nr. 3 BbgKVerf; § 38 Abs. 5 S. 1 KV M-V; § 53 Abs. 3 S. 1 SächsGemO; § 66 Abs. 4 KVG LSA.
62 Siehe dazu Teil 2, § 4, Rn. 63 f.
63 Zum Ganzen *Lange*, KomR, Kap. 4, Rn. 72.

meindevertretung ausgeschlossen werden, bringen auch diese Regelungen letztlich den Grundsatz der Allzuständigkeit der Gemeindevertretung zum Ausdruck.[64]

17 Bestimmte Aufgaben – insbesondere die Angelegenheiten der laufenden Verwaltung – sind nämlich nach dem Gemeinderecht aller Bundesländer dem Bürgermeister vorbehalten.[65] Gemäß § 41 Abs. 3 GO NW gelten die Angelegenheiten der laufenden Verwaltung lediglich als auf den Bürgermeister übertragen, so dass sich die Gemeindevertretung die Entscheidung vorbehalten kann. Neben solchen gesetzlichen Regelungen über die Organzuständigkeit des Bürgermeisters wird der Gemeindevertretung überwiegend auch die Möglichkeit eröffnet, Aufgaben entweder auf den Bürgermeister oder auf beschließende Ausschüsse der Gemeindevertretung zu übertragen.[66] Sofern die Gemeindevertretung von ihrer Möglichkeit Gebrauch gemacht hat, steht es ihr teilweise frei, diese Angelegenheiten im Einzelfall wieder an sich zu ziehen.[67] Eine Entscheidung kann die Gemeindevertretung nach § 66 Abs. 3 S. 3 KVG LSA dann aber lediglich treffen, sofern der Bürgermeister noch nicht entschieden hat; Gleiches gilt nach § 27 Abs. 1 S. 8 GO SH sowohl für Aufgaben, die dem Bürgermeister übertragen wurden als auch für Aufgaben, die an Ausschüsse delegiert wurden. Ferner kann nach § 46 Abs. 2 KVG LSA sowie § 41 Abs. 3 S. 5 SächsGemO die Gemeindevertretung Entscheidungen beschließender Ausschüsse ändern oder aufheben, solange sie noch nicht vollzogen sind. Auch § 39 Abs. 3 S. 5 GemO BW bestimmt, dass die Gemeindevertretung Entscheidungen ihrer beschließenden Ausschüsse, solange sie noch nicht vollzogen sind, ändern oder aufheben kann. Nach § 26 Abs. 3 S. 2 ThürKO hängt die Möglichkeit der Gemeindevertretung zur Entscheidung dagegen davon ab, ob materiellrechtlich eine Änderung oder Aufhebung von Entscheidungen beschließender Ausschüsse zulässig ist. § 44 Abs. 3 S. 2 RhPfGemO stellt Entscheidungen der Gemeindevertretung schließlich unter den Vorbehalt, dass noch keine Rechte Dritter entstanden sind. Einer ungeschriebenen Befugnis, die es der Gemeindevertretung ermöglicht, Angelegenheiten im Einzelfall an sich zu ziehen, steht die Rechtsprechung hingegen kritisch gegenüber.[68] Fehlen ausdrücklich Regelungen im Gemeinderecht, besteht letztlich nur die Möglichkeit der Gemeindevertretung, die Übertragung von Aufgaben auf den Bürgermeister oder auf beschließende Ausschüsse allgemein mit Wirkung für die Zukunft zu widerrufen.[69]

---

64 *Lange*, KomR, Kap. 4, Rn. 71.
65 § 44 Abs. 2 S. 1 GemO BW; Art. 37 Abs. 1 S. 1 Nr. 1 BayGO; § 54 Abs. 1 Nr. 5 BbgKVerf; § 66 Abs. 1 S. 2 HGO; § 38 Abs. 3 S. 2 KV M-V; § 85 Abs. 1 S. 1 Nr. 7 NKomVG; § 47 Abs. 1 S. 2 Nr. 3 RhPfGemO; § 59 Abs. 3 S. 1 SaarlKSVG; § 53 Abs. 2 S. 1 SächsGemO; § 66 Abs. 1 S. 3 KVG LSA; §§ 55 Abs. 1 S. 2, 65 Abs. 1 S. 2 GO SH; § 29 Abs. 2 Nr. 1 ThürKO.
66 §§ 24 Abs. 1 S. 2, 39 Abs. 1, 44 Abs. 2 S. 1 GemO BW; Art. 32 Abs. 2 S. 1, 37 Abs. 2 S. 1 BayGO; §§ 50 Abs. 1 S. 2, 62 Abs. 1 S. 3 HGO; § 22 Abs. 2 S. 1 KV M-V; § 41 Abs. 1 S. 2 GO NW; §§ 32 Abs. 1 S. 1, 44 Abs. 1 S. 1 RhPfGemO; §§ 34 S. 1, 48 Abs. 1 S. 1 SaarlKSVG; §§ 28 Abs. 2, 41 Abs. 1 SächsGemO; §§ 45 Abs. 1 S. 1, 48 Abs. 1 KVG LSA; § 27 Abs. 1 S. 2, 3 GO SH; §§ 22 Abs. 3 S. 1, 26 Abs. 1 S. 1, 29 Abs. 4 S. 1 ThürKO; siehe auch § 76 Abs. 3 S. 1 NKomVG, wonach die Gemeindevertretung Aufgaben des Hauptausschusses auch auf beschließende Ausschüsse übertragen kann; ferner § 50 Abs. 3 S. 1 BbgKVerf, wonach der Hauptausschuss Aufgaben auf den Bürgermeister übertragen kann.
67 § 39 Abs. 3 S. 5 GemO BW; § 50 Abs. 1 S. 5 HGO; § 22 Abs. 2 S. 3 KV M-V; §§ 46 Abs. 2, 66 Abs. 3 S. 3 KVG LSA; mit Blick auf die Übertragung von Aufgaben auf Ausschüsse § 44 Abs. 3 RhPfGemO; § 41 Abs. 3 S. 5 SächsGemO; § 22 Abs. 3 S. 2 ThürKO.
68 OVG Münster, OVGE 19, 42 ff.; Art. 37 Abs. 2 S. 2 BayGO; § 29 Abs. 4 S. 2 ThürKO erklären es mit Blick auf den Bürgermeister für grundsätzlich unzulässig, dass die Gemeindevertretung eine übertragene Angelegenheit im Einzelfall wieder an sich zieht.
69 Ausdrücklich Art. 37 Abs. 2 S. 2 BayGO; § 29 Abs. 4 S. 2 ThürKO.

(2) Unübertragbare Aufgaben

Bestimmte Aufgaben bleiben nach dem Gemeinderecht aller Bundesländer der Gemeindevertretung vorbehalten und können dementsprechend weder auf den Bürgermeister noch auf beschließende Ausschüsse übertragen werden. Solche unübertragbaren Aufgaben werden im Gemeinderecht einzeln aufgezählt, diese Aufzählungen unterscheiden sich allerdings von Bundesland zu Bundesland.[70] Teilweise enthält das Gemeinderecht gewissermaßen als Generalklausel eine Bestimmung, wonach unübertragbar alle Angelegenheiten sind, die der Gemeindevertretung durch Rechtsvorschrift zur Entscheidung zugewiesen sind.[71] Des Weiteren werden auch ungeschrieben unübertragbare Aufgaben anerkannt – etwa solche, die von grundlegender Bedeutung sind.[72]

18

Zu den ausdrücklich unübertragbaren Aufgaben zählt das Gemeinderecht nahezu aller Bundesländer beispielsweise die Änderung des Gemeindegebietes,[73] den Beschluss über die Geschäftsordnung,[74] die Entscheidung über die Übertragung von Aufgaben auf den Bürgermeister sowie beschließende Ausschüsse[75] oder die Wahl der Mitglieder der Ausschüsse und ihrer Vertreter sowie der Beigeordneten.[76] Überdies ist der Gemeindevertretung regelmäßig die Festlegung der allgemeinen Grundsätze vorbehalten, nach denen die Verwaltung geführt werden soll[77] – wobei unsicher scheint, ob Regelungen, die ihrerseits dem Bürgermeister die Organisation sowie die Geschäftsverteilung vorbehalten,[78] dieser Befugnis der Gemeindevertretung Grenzen setzen. Ebenfalls obliegt der Gemeindevertretung der Erlass sowie die Änderung und Aufhebung von Satzungen,[79] teilweise auch von Rechtsverordnungen.[80] Die ausschließliche Zuständigkeit der Ge-

19

---

70 §§ 39 Abs. 2, 44 Abs. 2 S. 3 GemO BW; Art. 32 Abs. 2 S. 2, 37 Abs. 2 S. 1 BayGO; § 28 Abs. 2 S. 1 BbgKVerf; § 51 HGO; § 22 Abs. 3 KV M-V; § 58 Abs. 1, 2 NKomVG; § 41 Abs. 1 S. 2 GO NW; § 32 Abs. 2, 3 RhPfGemO; § 35 SaarlKSVG; §§ 41 Abs. 2, 53 Abs. 2 S. 3 SächsGemO; § 45 Abs. 2, 3 KVG LSA; § 28 GO SH; §§ 26 Abs. 2, 29 Abs. 4 S. 1 ThürKO.
71 § 28 Abs. 2 S. 1 Nr. 25 BbgKVerf; § 22 Abs. 3 Nr. 1 KV M-V; § 45 Abs. 2 Nr. 21 KVG LSA; § 28 S. 1 Nr. 1 GO SH; § 26 Abs. 2 Nr. 13 ThürKO.
72 *Lange*, KomR, Kap. 4, Rn. 84.
73 § 39 Abs. 2 Nr. 4 GemO BW; § 28 Abs. 2 S. 1 Nr. 11 BbgKVerf; § 51 Nr. 4 HGO; § 22 Abs. 3 r. 14 KV M-V; § 58 Abs. 1 Nr. 4 NKomVG; § 41 Abs. 1 S. 2 lit. e) GO NW; § 32 Abs. 2 Nr. 4 RhPfGemO; § 35 S. 1 Nr. 2 SaarlKSVG; § 28 Abs. 2 Nr. 4 SächsGemO; § 45 Abs. 2 Nr. 15 KVG LSA; § 28 S. 1 Nr. 6 GO SH; § 26 Abs. 2 Nr. 4 ThürKO; mit Blick auf bewohntes Gemeindegebiet Art. 32 Abs. 2 S. 2 Nr. 10 BayGO.
74 § 28 Abs. 2 S. 1 Nr. 2 BbgKVerf; § 35 S. 1 Nr. 13 SaarlKSVG; § 45 Abs. 3 Nr. 2 KVG LSA; § 26 Abs. 2 Nr. 3 ThürKO.
75 § 35 S. 1 Nr. 8 SaarlKSVG; § 28 Abs. 2 Nr. 9, 12 SächsGemO; siehe auch § 39 Abs. 2 Nr. 8 GemO BW.
76 Siehe § 39 Abs. 2 Nr. 1 GemO BW; § 28 Abs. 2 S. 1 Nr. 3, 4 BbgKVerf; § 51 Nr. 2 HGO; § 41 Abs. 1 S. 2 lit. b), c) GO NW; § 32 Abs. 2 Nr. 7 RhPfGemO; § 35 S. 1 Nr. 5, 6 SaarlKSVG; § 28 Abs. 2 Nr. 1 SächsGemO; § 45 Abs. 2 Nr. 3 KVG LSA; ferner § 28 Abs. 3 Nr. 1 KV M-V; § 28 S. 1 Nr. 4 GO SH; § 26 Abs. 2 Nr. 13 ThürKO.
77 § 28 Abs. 2 S. 1 Nr. 1 BbgKVerf; § 51 Nr. 1 HGO; § 22 Abs. 3 Nr. 1 KV M-V; § 58 Abs. 1 Nr. 2 NKomVG; § 41 Abs. 1 S. 2 lit. a) GO NW; § 28 S. 1 Nr. 1 i.V.m. § 27 Abs. 1 S. 1 GO SH.
78 § 61 Abs. 1 S. 2 BbgKVerf; § 70 Abs. 1 S. 2, 3 HGO; § 38 Abs. 7 S. 1 KV M-V; § 85 Abs. 3 S. 1 NKomVG; § 62 Abs. 1 S. 2, 3 GO NW; § 55 Abs. 1 S. 1, 2 GO SH; siehe aber auch § 38 Abs. 7 S. 2 MV M-V; § 85 Abs. 3 S. 1 NKomVG; § 55 Abs. 1 S. 1 GO SH, wonach Befugnisse des Bürgermeisters nur innerhalb der von der Gemeindevertretung festgelegten Grundsätze bestehen.
79 § 39 Abs. 2 Nr. 3 GemO BW; Art. 32 Abs. 2 S. 2 Nr. 2 BayGO; § 28 Abs. 2 S. 1 Nr. 9 BbgKVerf; § 51 Nr. 6 HGO; § 22 Abs. 3 Nr. 6 KV M-V; § 58 Abs. 1 Nr. 5 NKomVG; § 41 Abs. 1 S. 2 lit. f) GO NW; § 32 Abs. 2 Nr. 1 RhPfGemO; § 35 S. 1 Nr. 12 SaarlKSVG; § 28 Abs. 2 Nr. 3 SächsGemO; § 45 Abs. 2 Nr. 1 KVG LSA; § 28 S. 1 Nr. 2 GO SH; § 26 Abs. 2 Nr. 2 ThürKO; ferner Art. 32 Abs. 2 S. 2 BayGO mit Ausnahme baurechtlicher Satzungen; (deklaratorisch) erwähnt werden überdies oftmals Haushaltssatzungen, siehe § 39 Abs. 2 Nr. 14 GemO BW; Art. 32 Abs. 2 S. 2 Nr. 4 BayGO; § 28 Abs. 2 S. 1 Nr. 15 BbgKVerf; § 51 Nr. 7 HGO; § 22 Abs. 3 Nr. 8 KV M-V; § 58 Abs. 1 Nr. 9 NKomVG; § 41 Abs. 1 S. 2 lit. h) GO NW; § 35 S. 1 Nr. 15 SaarlKSVG; § 45 Abs. 2 Nr. 4 KVG LSA; § 26 Abs. 2 Nr. 7 ThürKO.
80 § 39 Abs. 2 Nr. 3 GemO BW; Art. 32 Abs. 2 S. 2 Nr. 2 BayGO; § 58 Abs. 1 Nr. 5 NKomVG; siehe auch § 28 Abs. 2 S. 1 Nr. 9 BbgKVerf; § 41 Abs. 1 S. 2 lit. f) GO NW; § 28 Abs. 2 Nr. 4 SächsGemO, die auf sonstige ortsrechtliche Bestimmungen Bezug nehmen.

meindevertretung erstreckt sich ferner auf grundlegende Entscheidungen im Bereich öffentlicher Einrichtungen und kommunaler Wirtschaftsunternehmen.[81] Wegen der Eilbedürftigkeit von Angelegenheiten namentlich des Kommunalwirtschaftsrechts werden oftmals Vorratsbeschlüsse gefasst, die bestimmten Entscheidungen im Vorhinein zustimmen; derartige Vorratsbeschlüsse werden allerdings nur für zulässig gehalten, sofern sie alle wesentlichen Entscheidungen selbst treffen.[82] Das Gemeinderecht legt ferner fest, dass die Gemeindevertretung über die Festsetzung öffentlicher Abgaben und privatrechtlicher Entgelte zu entscheiden hat;[83] angesichts der Erhebung von Steuern, Gebühren und Beiträgen durch Satzung,[84] erlangt diese Regelung insbesondere für öffentliche Einrichtungen Bedeutung, sie soll allerdings nicht für privatrechtliche Entgelte kommunaler Wirtschaftsunternehmen gelten.[85] Schließlich zählt etwa die Entscheidung über die Wahrnehmung neuer freiwilliger Aufgaben zu den unübertragbaren Aufgaben.[86]

20 Des Weiteren werden teilweise die Benennung von Straßen und Plätzen[87] sowie die Entscheidung über die Zulässigkeit von Bürgerbegehren und die Durchführung von Bürgerentscheiden[88] der Gemeindevertretung vorbehalten. Mit Blick sowohl auf die Benennung von Straßen und Plätzen als auch auf die Entscheidung der Gemeindevertretung über die Zulässigkeit von Bürgerbegehren handelt die Gemeindevertretung ausnahmsweise als Behörde im Sinne des § 35 S. 1 VwVfG:[89] Zur Straßen(um)benennung hat die Rechtsprechung ganz in diesem Sinne die Anfechtungsklage für statthaft erachtet und darauf hingewiesen, dass sich eine Änderung der Straßenbenennung aus zwei integralen Bestandteilen zusammensetze, nämlich der Abänderung der bisherigen Straßenbenennung sowie der Neubenennung; die Abänderung einer Straßenbenennung unterfalle dabei nicht den Regelungen über den Widerruf rechtmäßiger Verwaltungsakte gemäß § 49 VwVfG, da es sich bei der Namensgebung lediglich um einen Rechtsreflex handle, der keine Rechtsposition für den Namensgeber oder dessen Erben begründe.[90]

---

81 § 39 Abs. 2 Nr. 11 GemO BW; Art. 32 Abs. 2 S. 2 Nr. 7 BayGO; § 28 Abs. 2 S. 1 Nr. 19 bis 22 BbgKVerf; § 51 Nr. 11 HGO; § 22 Abs. 3 Nr. 10 KV M-V; § 58 Abs. 1 Nr. 11, 12 NKomVG; § 41 Abs. 1 S. 2 lit. l) GO NW; § 32 Abs. 2 Nr. 14 RhPfGemO; § 35 S. 1 Nr. 19, 20 SaarlKSVG; § 28 Abs. 2 Nr. 16 SächsGemO; § 45 Abs. 2 Nr. 9 KVG LSA; § 28 S. 1 Nr. 17, 18 GO SH; § 26 Abs. 2 Nr. 11 ThürKO.
82 *Lange*, KomR, Kap. 4, Rn. 116.
83 § 39 Abs. 2 Nr. 15 GemO BW; § 51 Nr. 10 HGO; § 22 Abs. 3 Nr. 11 KV M-V; § 58 Abs. 1 Nr. 7, 8 NKomVG; § 41 Abs. 1 S. 2 lit. i) GO NW; § 32 Abs. 2 Nr. 10 RhPfGemO; § 35 S. 1 Nr. 14 SaarlKSVG; § 28 Abs. 2 Nr. 15 SächsGemO; § 45 Abs. 2 Nr. 6 KVG LSA; § 26 Abs. 2 Nr. 15 ThürKO; teilweise werden lediglich privatrechtliche Entgelte erfasst, siehe § 28 Abs. 2 S. 1 Nr. 9 BbgKVerf; § 28 S. 1 Nr. 13 GO SH.
84 Dazu Teil 2, § 9, Rn. 52.
85 *Lange*, KomR, Kap. 4, Rn. 119.
86 § 39 Abs. 2 Nr. 2 GemO BW; § 28 Abs. 2 S. 1 BbgKVerf; § 51 Nr. 19 HGO; § 22 Abs. 3 Nr. 2 KV M-V; § 58 Abs. 1 Nr. 19 NKomVG; § 41 Abs. 1 S. 2 lit. s) GO NW; § 32 Abs. 2 Nr. 6 RhPfGemO; § 35 S. 1 Nr. 27 SaarlKSVG; § 28 Abs. 2 Nr. 2 SächsGemO; § 45 Abs. 2 Nr. 23 KVG LSA; § 28 S. 1 Nr. 3 GO SH.
87 § 28 Abs. 2 S. 1 Nr. 13 BbgKVerf; § 58 Abs. 2 S. 1 Nr. 1 NKomVG; § 45 Abs. 3 Nr. 1 KVG LSA.
88 § 39 Abs. 2 Nr. 5 i.V.m. § 44 Abs. 2 S. 3 GemO BW; § 28 Abs. 2 Nr. 6 SächsGemO.
89 Zur Feststellung der Zulässigkeit eines Bürgerbegehrens grundlegend VGH BW, NVwZ 1985, 288 (288), wonach die Klage auf Zulassung eines Bürgerbegehrens als Verpflichtungsklage zu qualifizieren ist; siehe dazu auch Teil 2, § 7, Rn. 36; zur Straßen(um)benennung ferner *Burgi*, KomR, § 5, Rn. 12.
90 Mit Blick auf § 52 Abs. 1 BayStrWG BayVGH, BayVBl. 2010, 599 ff.; BayVerfGH, NVwZ-RR 2013, 1 ff.; nachteilige Folgen sollen allerdings im Rahmen der Ermessensentscheidung zu berücksichtigen sein, siehe dazu OVG Münster, DÖV 2008, 296 ff.

bb) Kontrolle der Verwaltung durch die Gemeindevertretung

Neben der Wahrnehmung gemeindlicher Aufgaben obliegt der Gemeindevertretung die Kontrolle der Verwaltung. Selten wird dies ausdrücklich formuliert,[91] oftmals wird lediglich auf die Überwachung der Ausführung der Beschlüsse der Gemeindevertretung[92] oder die Durchführung ihrer Entscheidungen[93] Bezug genommen. Diese Regelungen werden allerdings ebenfalls dahingehend verstanden, dass der Gemeindevertretung die Kontrolle der Verwaltung insgesamt obliegt.[94] Befugnisse werden der Gemeindevertretung dabei allerdings nicht an die Hand gegeben; das Gemeinderecht bestimmt lediglich im Sinne einer Aufgabenzuweisung und dies auch nur vereinzelt, dass sie für die Beseitigung von Missständen durch den Bürgermeister sorgt.[95] Dementsprechend kann die Gemeindevertretung lediglich auf ihre allgemeinen Möglichkeiten zur Einflussnahme zurückgreifen – im Falle der Ausführung von Beschlüssen der Gemeindevertretung durch den Bürgermeister kann sie diesen zur ordnungsgemäßen Ausführung anweisen, ferner können Beschlüsse gefasst werden, die den Bürgermeister zu einem bestimmten Verhalten anhalten und schließlich kann die Gemeindevertretung eine Abwahl des Bürgermeisters anstrengen.[96]

21

Zur Kontrolle der Verwaltung hat die Gemeindevertretung einen Auskunftsanspruch. Dieser Anspruch kann oftmals bereits von einem bestimmten Quorum der Mitglieder der Gemeindevertretung oder von Fraktionen geltend gemacht werden.[97] Neben dem Auskunftsanspruch der Gemeindevertretung steht oftmals ausdrücklich auch ein Auskunftsanspruch ihrer einzelnen Mitglieder.[98] Das Gemeinderecht anderer Bundesländer regelt demgegenüber lediglich einen Auskunftsanspruch der Mitglieder der Gemeindevertretung – eines Auskunftsanspruchs der Gemeindevertretung selbst bedarf es dann nicht.[99] Der Auskunftsanspruch richtet sich grundsätzlich gegen den Bürgermeister, vereinzelt allerdings auch gegen die Beigeordneten.[100] Die Art und Weise, wie diese dem Auskunftsverlangen nachkommen, steht in ihrem Ermessen – es bieten sich mündliche Berichte sowie die schriftliche Auskunftserteilung an.[101]

22

Inhaltlich erstreckt sich der Auskunftsanspruch – entsprechend der Kontrollfunktion der Gemeindevertretung – grundsätzlich auf sämtliche in die Verbandszuständigkeit der Gemeinde fallende Angelegenheiten unabhängig davon, ob eine Organkompetenz

23

---

91 Art. 30 Abs. 3 BayGO; ähnlich § 58 Abs. 4 S. 1 NKomVG; § 55 Abs. 3 S. 1 GO NW.
92 § 24 Abs. 1 S. 3 GemO BW; § 28 Abs. 3 SächsGemO; § 45 Abs. 1 S. 2 KVG LSA.
93 § 28 Abs. 2 S. 2 BbgKVerf; § 22 Abs. 2 S. 1 KV M-V; § 32 Abs. 1 S. 3 RhPfGemO; § 37 Abs. 1 S. 1 SaarlKSVG; § 27 Abs. 1 S. 2 GO SH.
94 *Lange*, KomR, Kap. 4, Rn. 168 ff.; allerdings soll nach § 22 Abs. 3 S. 2 ThürKO und § 50 Abs. 2 S. 1 HGO die Kontrolle auf Selbstverwaltungsangelegenheiten beschränkt sein und sich nicht auf Auftragsangelegenheiten erstrecken.
95 § 24 Abs. 1 S. 3 GemO BW; § 28 Abs. 3 SächsGemO; § 45 Abs. 1 S. 2 KVG LSA.
96 Zum Ganzen *Lange*, KomR, Kap. 4, Rn. 225 ff.
97 § 24 Abs. 3 S. 2 GemO BW; § 34 Abs. 2 KV M-V; § 58 Abs. 4 S. 2 NKomVG; § 33 Abs. 3 S. 1 RhPfGemO; § 28 Abs. 5 S. 1 SächsGemO; § 45 Abs. 6 S. 1 KVG LSA; § 22 Abs. 3 S. 2, 4 ThürKO.
98 § 24 Abs. 4 GemO BW; § 34 Abs. 3 S. 1 KV M-V; § 56 S. 2 NKomVG; § 33 Abs. 4 S. 1 RhPfGemO; § 28 Abs. 6 SächsGemO; § 45 Abs. 7 KVG LSA.
99 § 29 Abs. 1 BbgKVerf; § 50 Abs. 2 S. 4 HGO; § 55 Abs. 1 S. 2 GO NW; § 37 Abs. 1 S. 2 SaarlKSVG; § 30 Abs. 1 S. 1 GO SH.
100 § 34 Abs. 2 KV M-V; gemäß § 58 Abs. 4 S. 2 NKomVG besteht ein Auskunftsanspruch auch gegenüber dem Hauptausschuss.
101 Ausführlich *Petri*, NVwZ 2005, 399 (405).

der Gemeindevertretung oder des Bürgermeisters besteht.[102] Nach § 37 Abs. 1 S. 2 SaarlKSVG werden demgegenüber lediglich Angelegenheiten erfasst, für die die Gemeindevertretung zuständig ist. Abseits der ausschließlich auf Selbstverwaltungsangelegenheiten bezogenen Vorschriften der § 22 Abs. 3 S. 2 ThürKO und § 50 Abs. 2 S. 1 HGO erstreckt sich der Auskunftsanspruch daher grundsätzlich auch auf Angelegenheiten des übertragenen Wirkungskreises.[103] Allerdings fordert die Rechtsprechung (ausgehend von Regelungen des Gemeinderechts, wonach sich das Auskunftsrecht der Mitglieder anders als das der Gemeindevertretung selbst auf *einzelne* Angelegenheiten bezieht),[104] dass das Auskunftsverlangen auf bestimmte Angelegenheiten gerichtet ist. Zu allgemeinen Anfragen sei demgegenüber lediglich die Gemeindevertretung befugt.[105] Rechtsmissbräuchliche Fragen, Scheinfragen, aber auch Fragen ins Blaue hinein sind danach ebenfalls unzulässig.[106] Grenzen des Auskunftsanspruchs können sich ferner aus dem Aufwand ergeben, der zur Beantwortung des Auskunftsverlangens erforderlich ist.[107] Ein Auskunftsanspruch besteht schließlich nicht, sofern die Geheimhaltung von Angelegenheiten allgemein vorgeschrieben oder von der zuständigen Behörde angeordnet worden ist;[108] ferner können auch schutzwürdige Interessen Dritter einem Auskunftsanspruch entgegenstehen.[109] Datenschutzrechtliche Vorschriften haben vor dem Auskunftsanspruch demgegenüber keinen Vorrang, personenbezogene Daten dürfen allerdings nur im jeweils erforderlichen Umfang übermittelt werden.[110]

24 Neben dem Auskunftsanspruch besteht ein Akteneinsichtsrecht entweder der Gemeindevertretung selbst, ihrer Ausschüsse, eines bestimmten Quorums der Mitglieder der Gemeindevertretung, der Fraktionen sowie Gruppen oder aber ihrer einzelnen Mitglieder.[111] Vereinzelt wird ein berechtigtes Interesse zur Voraussetzung der Akteneinsicht erhoben.[112] Uneinheitlich wird dabei beurteilt, ob mit dem Akteneinsichtsrecht das Recht einhergeht, Kopien anzufertigen, oder ob lediglich Abschriften zulässig sind.[113] Über das Akteneinsichtsrecht hinaus verpflichtet das Gemeinderecht den Bürgermeister auch dazu, die Gemeindevertretung über alle wichtigen Angelegenheiten zu informie-

---

102 VGH BW, DVBl. 2001, 826 (827); anders § 37 Abs. 1 S. 2 SaarlKSVG, wonach die Mitglieder der Gemeindevertretung sich über alle Angelegenheiten, die der Beschlussfassung der Gemeindevertretung oder ihrer Ausschüsse obliegen, unterrichten lassen können.
103 *Lange*, KomR, Kap. 4, Rn. 184.
104 § 24 Abs. 4 S. 1 GemO BW; § 33 Abs. 4 S. 1 RhPfGemO; § 28 Abs. 5 S. 1 SächsGemO; § 45 Abs. 7 S. 1 KVG LSA.
105 VGH BW, DÖV 1992, 838 f.
106 VGH BW, DVBl. 2001, 826 (827); anders wohl OVG Magdeburg, NVwZ-RR 2010, 123 ff., wonach es die Funktion des Fragerechts ist, Auskunft über Tatsachen zu gewinnen, damit die Mitgliedschaft in der Gemeindevertretung effektiv wahrgenommen werden kann; aus dem Sinn und Zweck ließe sich nicht eine formelle Begründungspflicht mit der Erwägung belegen, es müsse verhindert werden, dass einzelne Mitglieder „Anfragen ins Blaue hinein" stellten.
107 VGH BW, DÖV 1992, 838 f.
108 § 58 Abs. 4 S. 4 i.V.m. § 6 Abs. 3 S. 1 NKomVG; § 45 Abs. 8 i.V.m. § 6 Abs. 6 KVG LSA; § 30 Abs. 2 S. 1 GO SH; ähnlich § 34 Abs. 5 i.V.m. § 44 Abs. 3 S. 3 GemO BW; § 28 Abs. 7 i.V.m. § 53 Abs. 3 S. 3 SächsGemO.
109 Ausdrücklich § 33 Abs. 5 RhPfGemO; § 30 Abs. 2 S. 1 GO SH; mit Blick auf das Akteneinsichtsrecht § 55 Abs. 5 S. 3 GO NW.
110 Ausdrücklich § 37 Abs. 2 SaarlKSVG; allgemein *Petri*, NVwZ 2005, 399 (401 ff.).
111 § 24 Abs. 3 GemO BW; § 29 Abs. 1 BbgKVerf; § 50 Abs. 2 S. 2 HGO; § 34 Abs. 4 S. 1 KV M-V sowie (mit Blick auf Auftragsangelegenheiten) § 38 Abs. 5 S. 3 KV M-V; § 58 Abs. 4 S. 3 NKomVG; § 55 Abs. 3, 4 S. 1 GO NW; § 33 Abs. 3 S. 2 RhPfGemO; § 37 Abs. 1 S. 3 SaarlKSVG; § 28 Abs. 5 S. 1 SächsGemO; § 45 Abs. 6 S. 2 KVG LSA; § 30 Abs. 1 S. 1 GO SH; § 22 Abs. 3 ThürKO; ein Akteneinsichtsrecht wird auch aus Art. 30 Abs. 3 BayGO deduziert, siehe *Lange*, KomR, Kap. 4, Rn. 196.
112 § 33 Abs. 3 S. 2 RhPfGemO.
113 Siehe dazu *Petri*, NVwZ 2005, 399 (406).

§ 4 Die kommunale Binnenorganisation

ren.[114] Umstritten ist allerdings, ob dem Bürgermeister ein Beurteilungsspielraum hinsichtlich der Wichtigkeit der Angelegenheiten zukommt oder aber die Einschätzung der Gemeindevertretung maßgeblich ist.[115] Mangels gesetzlicher Grundlage ist die Einrichtung von Untersuchungsausschüssen im Gemeinderecht schließlich nicht möglich.[116]

c) Rechte und Pflichten der Mitglieder der Gemeindevertretung

Mitglieder der Gemeindevertretung sind jedenfalls die gewählten Mitglieder und überdies – abhängig vom jeweiligen Landesrecht – auch der Bürgermeister als gesetzliches Mitglied der Gemeindevertretung[117] sowie in Bayern zudem berufsmäßige Mitglieder, die von der Gemeindevertretung gewählt werden und mit beratender Stimme an den Sitzungen der Gemeindevertretung sowie ihrer Ausschüsse teilnehmen.[118] Wenn von Rechten und Pflichten der Mitglieder der Gemeindevertretung die Rede ist, stehen allerdings die gewählten Mitglieder im Vordergrund. Deren Rechtsstellung ist nämlich von Besonderheiten geprägt. Gemäß Art. 28 Abs. 2 S. 1 GG erlangen sie ihre Rechtsstellung durch Wahlen, die gewählten Mitglieder der Gemeindevertretung stehen daher in einem Mandatsverhältnis eigener Art.[119] Des Weiteren gilt die Tätigkeit der Mitglieder der Gemeindevertretung nach dem Gemeinderecht einiger Bundesländer als ehrenamtliche Tätigkeit, wobei die gemeinderechtlichen Vorschriften über die ehrenamtliche Tätigkeit teilweise ausdrücklich modifiziert zur Anwendung gelangen.[120] Andere Bundesländer erklären dagegen insbesondere mit Blick auf das Mitwirkungsverbot wegen Befangenheit die Regelungen für die ehrenamtliche Tätigkeit lediglich für entsprechend anwendbar.[121]

25

aa) Inkompatibilitäten

Das Gemeinderecht aller Bundesländer enthält Regelungen zur Inkompatibilität. Der Begriff der Inkompatibilität meint, dass Mitglieder der Gemeindevertretung nicht gleichzeitig andere (im Einzelnen aufgezählte) Funktionen wahrnehmen können, insbesondere kann Mitglied der Gemeindevertretung nicht sein, wer Beamter oder Ange-

26

---

114 § 43 Abs. 5 GemO BW; § 54 Abs. 2 BbgKVerf; § 50 Abs. 3 HGO; § 34 Abs. 1 KV M-V; § 85 Abs. 4 NKomVG; § 55 Abs. 1 S. 1 GO NW; § 33 Abs. 1 S. 1 RhPfGemO; § 52 Abs. 5 S. 1 SächsGemO; § 65 Abs. 2 S. 1 KVG LSA; § 27 Abs. 2 S. 1 GO SH; ähnlich § 22 Abs. 3 S. 3 ThürKO.
115 Zum Ganzen *Lange*, KomR, Kap. 4, Rn. 212 ff.
116 *Lange*, KomR, Kap. 4, Rn. 211.
117 Siehe §§ 25 Abs. 1 S. 1, 42 Abs. 1 S. 2 GemO BW; Art. 31 Abs. 1, 36 S. 1 BayGO; § 40 Abs. 2 S. 2, 3 GO NW; §§ 29 Abs. 1 S. 1, 36 Abs. 1 S. 1 RhPfGemO; §§ 29 Abs. 1 S. 1, 36 Abs. 1, 51 Abs. 1 S. 1 SächsGemO; § 23 Abs. 1 S. 2 ThürKO; ferner § 42 Abs. 1 S. 1, 2 SaarlKSVG, wonach der Bürgermeister nicht stimmberechtigter Vorsitzender der Gemeindevertretung ist; nach § 27 Abs. 1 S. 1 BbgKVerf ist der Bürgermeister demgegenüber stimmberechtigtes Mitglied – den Vorsitz führen allerdings nur einwohnerstarke Bürgermeister, in amtsfreien Gemeinden wählt die Gemeindevertretung demgegenüber aus ihrer Mitte den Vorsitzenden; auch nach § 45 Abs. 1 S. 2 NKomVG ist der Bürgermeister lediglich Mitglied der Gemeindevertretung; schließlich ist nach § 36 Abs. 1 S. 1 KVG LSA der Bürgermeister Mitglied der Gemeindevertretung, der Vorsitzende wird nach § 36 Abs. 2 S. 1 KVG LSA allerdings aus dem Kreis der ehrenamtlichen Mitglieder gewählt.
118 Art. 40 BayGO.
119 *Ehlers*, in: Mann/Püttner (Hrsg.), HKWP, Bd. I, § 21, Rn. 12; *Brüning*, in: Ehlers/Fehling/Pünder (Hrsg.), BesVerwR, Bd. III, § 64, Rn. 108.
120 § 32 Abs. 1 S. 1 GemO BW; Art. 31 Abs. 2 S. 1 BayGO; § 18 Abs. 1 RhPfGemO; § 30 Abs. 1 S. 1 SaarlKSVG; § 35 Abs. 1 S. 1 SächsGemO; §§ 36 Abs. 1 S. 2, 43 Abs. 1 KVG LSA; § 24 Abs. 1 S. 1 ThürKO; wohl auch § 20 Abs. 2 BbgKVerf.
121 § 54 Abs. 3 NKomVG; § 19 Abs. 4 KV M-V; § 43 Abs. 2 GO NW; § 32 Abs. 3 S. 1 GO SH; wohl auch § 35 Abs. 2 S. 1 HGO.

stellter (oftmals nicht aber Arbeiter)[122] der Gemeinde ist.[123] Gleiches gilt in einigen Bundesländern für bestimmte ehrenamtliche Tätigkeiten – etwa für die ehrenamtlich tätigen Beigeordneten in Hessen[124] sowie die ehrenamtlich tätigen Bürgermeister in Rheinland-Pfalz.[125] Das passive Wahlrecht tangieren derartige Inkompatibilitätsregelungen allerdings nicht.[126] Wesentliches Merkmal der Inkompatibilitätsvorschriften ist es vielmehr, dass sich Wahlbewerber aufstellen lassen und gewählt werden können, die Annahme der Wahl aber von der Beseitigung der Inkompatibilität abhängt.[127]

27 Das Gemeinderecht will mithilfe derartiger Regelungen die (intrafunktionale) Gewaltenteilung gegen Gefahren absichern, die von Gemeindebediensteten ausgehen können, die zugleich Mitglied der Gemeindevertretung sind.[128] Verfassungsrechtliche Grundlage ist dabei Art. 137 Abs. 1 GG, wonach die Wählbarkeit von Angestellten des öffentlichen Dienstes ganz allgemein gesetzlich beschränkt werden kann. Der faktische Ausschluss vom passiven Wahlrecht kann allerdings nur dann gerechtfertigt werden, wenn den Gefahren von Interessenkonflikten nicht auf anderem Wege wirksam zu begegnen ist.[129] Im Einzelnen – dem folgt das Gemeinderecht überwiegend – hat das Bundesverfassungsgericht zu den Angestellten des öffentlichen Dienstes im Sinne des Art. 137 Abs. 1 GG auch Angestellte öffentlicher Wirtschaftsunternehmen gezählt.[130] Deswegen regelt das Gemeinderecht auch die Inkompatibilität leitender Angestellter kommunaler Wirtschaftsunternehmen.[131] Art. 137 GG rechtfertigt es allerdings nicht, sämtliche Angestellte solcher Unternehmen dem öffentlichen Dienst zuzurechnen.[132] Wegen der zahlreichen Interessenkollisionen sind nach der Rechtsprechung des Bundesverfassungsgerichts überdies auch solche Inkompatibilitätsregelungen zulässig, die verhindern, dass Bedienstete der Kreise als Mitglieder der Gemeindevertretung tätig werden.[133] Ebenfalls nach dem Bundesverfassungsgericht darf sich die Inkompatibilität indes nicht auch auf Bedienstete im Ruhestand erstrecken.[134] Schließlich sieht sich das Gemeinderecht einiger Bundesländer auch aus anderen Gründen verfassungsrechtlicher Kritik ausgesetzt: Vereinzelt kann nämlich auch nicht Mitglied der Gemeindevertretung sein, wer in einem die Befangenheit begründenden Verhältnis zu einem anderen

---

122 § 25 Abs. 1 S. 3 KV M-V; ferner § 29 Abs. 1 S. 1 GemO BW; Art. 31 Abs. 3 S. 2 BayGO; § 12 Abs. 4 Nr. 1 BbgK-WahlG; § 50 Abs. 2 NKomVG; § 13 Abs. 1 S. 1 lit a) KWG NW; § 5 Abs. 1 Nr. 1 RhPfKWG; § 17 Abs. 1 S. 2 SaarlKWG.
123 § 29 Abs. 1 S. 1 Nr. 1 lit. a) GemO BW; Art. 31 Abs. 3 S. 1 Nr. 1, 6 BayGO; § 12 Abs. 1 Nr. 1 BbgKWahlG; § 37 Nr. 1 lit. a) HGO; § 25 Abs. 1 S. 1 Nr. 1 KV M-V; § 50 Abs. 1 S. 1 Nr. 1 NKomVG; § 13 Abs. 1 S. 1 lit. a) KWG NW; § 5 Abs. 1 Nr. 1 RhPfKWG; § 17 Abs. 1 S. 1 Nr. 1 SaarlKWG; § 32 Abs. 1 Nr. 1 SächsGemO; § 41 Abs. 1 Nr. 1 lit. a), b) KVG LSA; § 31a Abs. 1 Nr. 1 GO SH; § 23 Abs. 4 S. 1 Nr. 1 ThürKO.
124 § 65 Abs. 2 S. 1 HGO.
125 § 5 Abs. 4 S. 1, 2 RhPfKWG.
126 Siehe auch § 29 Abs. 2 S. 2 GemO BW, wonach – sofern Wahlbewerber gleichzeitig gewählt werden, die in einem die Befangenheit begründenden Verhältnis stehen – der Wahlbewerber mit der höheren Stimmenzahl in die Gemeindevertretung einzieht.
127 Zur Unzulässigkeit einer gesetzlichen Anordnung der Ineligibilität BVerfGE 48, 64 (88); 58, 177 (192); siehe dazu § 51 Abs. 1 bis 3 BbgKWahlG; § 50 Abs. 1 bis 3 NKomVG; § 23 Abs. 2 S. 2, 3 HessKWG; § 25 Abs. 4 KV M-V; § 13 Abs. 3 KWG NW; § 5 Abs. 2, 3 RhPfKWG; § 17 Abs. 2 SaarlKWG; § 32 Abs. 2 SächsGemO; § 37a Abs. 1 S. 1 GKWG SH.
128 BVerfGE 57, 43 (62) – das Bundesverfassungsgericht nimmt dabei pauschal Bezug auf den Grundsatz der Gewaltenteilung, obwohl im Gemeinderecht lediglich ein intrafunktionaler Gewaltenteilungsgrundsatz zur Anwendung gelangt.
129 BVerfGE 48, 64 (89 f.); 57, 43 (62).
130 BVerfGE 48, 64 (85 f.).
131 BVerfGE 38, 326 (339).
132 BVerfGE 48, 64 (86).
133 BVerfGE 58, 177 ff.
134 BVerfGE 57, 43 ff.

§ 4 Die kommunale Binnenorganisation

Mitglied oder zum Bürgermeister oder einem Beigeordneten steht.[135] Wenn aber allein Art. 137 Abs. 1 GG als Grundlage für Regelungen über die Inkompatibilität in Betracht kommt,[136] scheint fraglich, auf welcher Grundlage solche Inkompatibilitätsregelungen beruhen.[137]

bb) Das freie Mandat

Zuvörderst haben die Mitglieder der Gemeindevertretung das Recht zur freien Wahrnehmung ihres Mandats. Sie sind verpflichtet, ausschließlich nach dem Gesetz und ihrer freien, nur durch Rücksicht auf das öffentliche Wohl bestimmten Überzeugung zu handeln; sie sind an Aufträge nicht gebunden.[138] Das freie Mandat der Mitglieder der Gemeindevertretung ist verfassungsrechtlich fundiert: Die Gemeindevertretung verkörpert das System der repräsentativen Demokratie. Der Grundsatz der Weisungsfreiheit gilt daher auch für deren Mitglieder. Allerdings zeichnet sich die repräsentative Demokratie auf kommunaler Ebene auch durch Besonderheiten aus, weswegen ein Recht auf Stimmenthaltung nicht auch für Mitglieder der Gemeindevertretung verfassungsrechtlich verbürgt ist.[139] Des Weiteren genießen die Mitglieder der Gemeindevertretung weder Immunität noch Indemnität.[140] Das freie Mandat wird ferner abgesichert durch Regelungen, wonach niemand gehindert werden darf, sich um die Mitgliedschaft in der Gemeindevertretung zu bewerben, diese anzunehmen oder auszuüben. Ausdrücklich werden derartige Regelungen durch Verbote beruflicher Benachteiligungen ergänzt.[141] Des Weiteren besteht oftmals ein Freistellungsanspruch der Mitglieder der Gemeindevertretung gegenüber dem Arbeitgeber.[142] Dieser erstreckt sich allerdings nur auf das Zusammentreffen arbeitsvertraglicher Verpflichtungen und zeitlich festgelegter Tätigkeiten als Mitglied der Gemeindevertretung, etwa der Teilnahme an Sitzungen;[143] erfasst wird überdies nur die Dauer dieser Tätigkeit selbst, nicht aber auch die Vorbereitung auf Sitzungen der Gemeindevertretung.[144]

---

135 § 29 Abs. 2, 3, 4 GemO BW; § 32 Abs. 1 Nr. 6 SächsGemO.
136 BVerfGE 38, 326 (336); 48, 64 (82); 57, 43 (57); 58, 177 (191).
137 Das Verbot gleichzeitiger Mitgliedschaft früherer Ehegatten in der Gemeindevertretung hat das Bundesverfassungsgericht für unzulässig erachtet, allerdings weil der Grundsatz der Gleichheit der Wahl es ausschließe, einem gewählten Wahlbewerber die Annahme und Ausübung des Mandats zu verwehren, sofern hierfür kein zwingender Grund vorliegt, siehe BVerfGE 93, 373 ff.
138 Siehe § 32 Abs. 3 GemO BW; § 30 Abs. 1 BbgKVerf; § 35 Abs. 1 HGO; § 23 Abs. 3 S. 1, 2 KV M-V; § 54 Abs. 1 NKomVG; § 43 Abs. 1 GO NW; § 30 Abs. 1 RhPfGemO; § 30 Abs. 1 S. 2, 3 SaarlKSVG; § 35 Abs. 3 SächsGemO; § 43 Abs. 1 KVG LSA; § 32 Abs. 1 GO SH; § 24 Abs. 1 ThürKO; mit Blick auf das bayerische Landesrecht, dem eine entsprechende Vorschrift fehlt, BayVerfGH, NVwZ 1985, 823 f.
139 BayVerfGH, NVwZ 1985, 823 f.
140 Siehe aber auch Art. 51 Abs. 2 S. 1 BayGO.
141 § 32 Abs. 2 GemO BW; § 30 Abs. 2 BbgKVerf; § 35a Abs. 1, 2, 3 HGO; § 27 Abs. 5, 6 KV M-V; § 54 Abs. 2 NKomVG; § 44 Abs. 1 GO NW; § 18a Abs. 1, 2 bis 4 RhPfGemO; § 35 Abs. 2 SächsGemO; § 43 Abs. 2 KVG LSA; § 32 Abs. 3 S. 1 i.V.m. § 24a GO SH; ähnlich § 12 Abs. 1 S. 3 ThürKO.
142 § 30 Abs. 2 S. 3 BbgKVerf; § 35a Abs. 4 S. 1 HGO; § 27 Abs. 5 S. 1 KV M-V; § 54 Abs. 2 S. 3 NKomVG; § 44 Abs. 2 S. 1 GO NW; § 18a Abs. 5 RhPfGemO; § 35 Abs. 2 S. 3 SächsGemO; § 43 Abs. 2 S. 4 KVG LSA; § 32 Abs. 3 S. 1 i.V.m. § 24a S. 5 GO SH.
143 BVerwGE 72, 289 ff.
144 VGH BW, NVwZ 1984, 670 f.

(1) Mitwirkungsrechte

29 Als Ausdruck des freien Mandats stehen den Mitgliedern bestimmte Mitwirkungsrechte zu. Dazu zählen insbesondere das Recht auf Teilnahme an den Sitzungen,[145] das Auskunftsrecht, das Rederecht und das Recht zur Antragstellung sowie das Stimmrecht.[146] Derartige Mitwirkungsrechte sind selten ausdrücklich normiert, ergeben sich aber letztlich aus den Regelungen über das Verfahren der Gemeindevertretung.[147] Ausdrücklich normiert (oder aus dem freien Mandat hergeleitet) wird ferner ein Auskunftsanspruch der Mitglieder der Gemeindevertretung.[148] Dieser erlangt insbesondere im Zusammenhang mit der Kontrollfunktion der Gemeindevertretung,[149] darüber hinaus aber auch für die Ausübung des freien Mandats Bedeutung. Seine Funktion wird nämlich (auch) darin erblickt, von Tatsachen Kenntnis zu erlangen, um die Tätigkeit als Mitglied der Gemeindevertretung wahrnehmen zu können.[150] Entscheidungen, für die den Mitgliedern der Gemeindevertretung keine oder nur unvollständige Informationen zur Verfügung stehen, verfehlen demnach ihren Zweck.[151]

30 Unumstritten dürfte sein, dass die Mitwirkungsrechte der Mitglieder der Gemeindevertretung Einschränkungen erfahren können. Unsicher scheint allerdings deren dogmatische Begründung. Die Rechtsprechung hat zuletzt darauf verwiesen, dass es sich bei den Mitwirkungsrechten um Rechte handele, die – ungeachtet der verfassungsrechtlichen Fundierung des freien Mandats – keine verfassungsrechtliche Absicherung erfahren hätten. Daher könnten diese Rechte auch nur in den Grenzen der Bestimmungen des Gemeinderechts bestehen. Mitwirkungsrechte würden folglich durch Rechte anderer Mitglieder sowie durch Rechte der Gesamtheit der Mitglieder der Gemeindevertretung begrenzt.[152] Dieser Ansatz dürfte zur Folge haben, dass einfachgesetzliche Einschränkungen der Mitwirkungsrechte der Mitglieder der Gemeindevertretung keiner Rechtfertigung am Maßstab des freien Mandats bedürfen. Die Notwendigkeit einer Abwägung zwischen den Mitwirkungsrechten der Mitglieder der Gemeindevertretung und gegenläufigen Rechtspositionen kann demnach wohl nur dann entstehen, wenn Mitwirkungsrechte im Einzelfall oder im Wege der Geschäftsordnung beschränkt werden. Folgt man der Rechtsprechung nicht und nimmt die verfassungsrechtliche Fundierung des freien Mandats ernst, bedürften demgegenüber auch einfachgesetzliche Regelungen des Gemeinderechts, die Mitwirkungsrechte der Mitglieder der Gemeindevertretung tangieren, einer Rechtfertigung. Jedenfalls handelt es sich bei den Mitwirkungsrechten um gleiche Statusrechte: Repräsentiert die Gemeindevertretung die Ge-

---

145 Das Gemeinderecht enthält im Interesse der umfassenden Information oftmals auch ein Recht zur Teilnahme als Zuhörer an den Sitzungen der Ausschüsse der Gemeindevertretung, selbst wenn die Mitglieder in diesen Ausschüssen nicht mitwirken, § 30 Abs. 3 S. 2 BbgKVerf; § 62 Abs. 3 HGO; §§ 35 Abs. 4 S. 1, 36 Ab. 6 S. 1 KV M-V; § 72 Abs. 2 S. 1 NKomVG; § 58 Abs. 1 S. 4 GO NW; § 46 Abs. 4 S. 3 RhPfGemO; § 42 Abs. 4, § 43 Abs. 3 S. 1 i.V.m. § 42 Abs. 4 SächsGemO; § 46 Abs. 9 S. 1, 4 GO SH; § 43 Abs. 2 ThürKO.
146 Siehe OVG Schleswig, NordÖR 2004, 390 f.
147 *Lange*, KomR, Kap. 5, Rn. 41; ferner *Ehlers*, in: Mann/Püttner (Hrsg.), HKWP, Bd. I, § 21, Rn. 16.
148 Siehe nochmals § 24 Abs. 4 GemO BW; § 29 Abs. 1 BbgKVerf; § 50 Abs. 2 S. 4 HGO; § 34 Abs. 3 S. 1 KV M-V; § 56 S. 2 NKomVG; § 55 Abs. 1 S. 2 GO NW; § 33 Abs. 1 S. 4 RhPfGemO; § 37 Abs. 1 S. 2 SaarlKSVG; § 28 Abs. 6 SächsGemO; § 45 Abs. 7 KVG LSA; § 30 Abs. 1 S. 1 GO SH.
149 Siehe dazu Teil 2, § 4, Rn. 21 ff.
150 OVG Magdeburg, NVwZ-RR 2010, 123 (124).
151 OVG Münster, NVwZ-RR 2003, 225 (226) mit dem Hinweis, dass eine unter Verletzung des Auskunftsanspruchs erfolgte Wahl eines Beigeordneten rechtswidrig ist.
152 OVG Münster, NWVBl 2012, 152 f.

meindebürger und obliegt diese Repräsentation der Gesamtheit ihrer Mitglieder, haben alle Mitglieder gleiche Mitwirkungsrechte.[153]

(2) Mitgliedschaftsrechte

Neben den Mitwirkungsrechten haben die Mitglieder der Gemeindevertretung bestimmte Mitgliedschaftsrechte. Zuvörderst haben sie einen Anspruch auf Verdienstausfall.[154] Dieser erstreckt sich (abgesehen von § 51 Abs. 3 S. 1 SaarlKSVG, der lediglich auf die Sitzungen der Gemeindevertretung und ihrer Ausschüsse Bezug nimmt) auf alle Tätigkeiten, die mit der Mitgliedschaft in der Gemeindevertretung unmittelbar zusammenhängen.[155] Auch sieht das Gemeinderecht zahlreicher Bundesländer den Ersatz von Auslagen vor. Üblicherweise meint der Begriff der Auslagen lediglich Aufwendungen, die unmittelbar infolge der Tätigkeit als Mitglied der Gemeindevertretung entstanden sind.[156] Vereinzelt geht das Gemeinderecht darüber aber auch hinaus und gewährt Ersatz für Aufwendungen, die – wie etwa die Kinderbetreuung – der Ermöglichung der Tätigkeit als Mitglied der Gemeindevertretung dienen.[157] Auch ohne diesbezüglich ausdrückliche Regelungen dürften die ersatzfähigen Auslagen allerdings auf erforderliche Aufwendungen begrenzt sein.[158]

31

Den Mitgliedern der Gemeindevertretung kann des Weiteren eine Aufwandsentschädigung gewährt werden.[159] Dabei ist zu berücksichtigen, dass ein im Wege der Aufwandsentschädigung pauschal abgegoltener Aufwand nicht nochmals ausgeglichen werden darf.[160] Zuvörderst dürfte eine Aufwandsentschädigung den Aufwand an Zeit und Arbeit erfassen, des Weiteren aber auch den Verdienstausfall sowie Aufwendungsersatz.[161] Allerdings normiert das Gemeinderecht einiger Bundesländer auch, dass der Verdienstausfall ausdrücklich neben der Aufwandsentschädigung abzugelten ist;[162] vereinzelt wird die Aufwandsentschädigung auch unabhängig von einem Anspruch auf Verdienstausfall gewährt.[163] Bei der Bestimmung der Höhe der Aufwandsentschädigung dürfte der Gemeindevertretung ein Beurteilungsspielraum zustehen.[164] Grenzen

32

---

153 Mit Blick auf die Besetzung von Ausschüssen BVerwGE 119, 305 (307); BVerwG, NVwZ-RR 1993, 209 (209).
154 § 19 Abs. 1, 2 GemO BW; Art. 20a Abs. 2 BayGO; § 30 Abs. 4 S. 1 BbgKVerf; § 35 Abs. 2 S. 1 i.V.m. § 27 Abs. 1 HGO; § 27 Abs. 1 Nr. 2, 3 KV M-V; § 55 Abs. 1 S. 1 i.V.m. § 44 Abs. 1 S. 1 NKomVG; § 45 Abs. 1, 2 GO NW; § 18 Abs. 4 S. 1 RhPfGemO; § 51 Abs. 3 S. 1 SaarlKSVG; § 21 Abs. 1 SächsGemO; § 35 Abs. 1 KVG LSA; § 32 Abs. 3 S. 1 i.V.m. § 24 Abs. 1 S. 1 Nr. 2, 3 GO SH; § 13 Abs. 1 S. 2 ThürKO.
155 Lange, KomR, Kap. 5, Rn. 95.
156 § 19 Abs. 1 S. 1 GemO BW; § 30 Abs. 4 S. 1 BbgKVerf; § 27 Abs. 1 Nr. 1 KV M-V; § 18 Abs. 4 S. 1 RhPfGemO; § 21 Abs. 1 S. 1 SächsGemO; § 35 Abs. 1 KVG LSA; § 32 Abs. 3 S. 1 i.V.m. § 24 Abs. 1 S. 1 Nr. 1 GO SH; § 13 Abs. 1 S. 1 ThürKO; siehe auch § 51 Abs. 1 S. 1 SaarlKSVG; schließlich § 45 Abs. 7 S. 1 Nr. 2 GO NW.
157 § 55 Abs. 1 S. 1 i.V.m. § 44 Abs. 1 S. 1 NKomVG.
158 Lange, KomR, Kap. 5, Rn. 119.
159 Siehe dazu § 19 Abs. 3 GemO BW; Art. 20a Abs. 1 BayGO; § 30 Abs. 4 BbgKVerf; § 18 Abs. 4 S. 3 RhPfGemO; § 21 Abs. 2 SächsGemO; ähnlich § 55 Abs. 1 S. 3 NKomVG; zur Zulässigkeit einer besonderen Aufwandsentschädigung für Fraktionsvorsitzende und zur diesbezüglichen Geltung des Gleichheitssatzes BayVGH, BayVBl. 2015, 343 ff.
160 OVG Bautzen, NVwZ-RR 2009, 776 (777).
161 Lange, KomR, Kap. 5, Rn. 125; siehe aber auch BVerwG, NVwZ 1985, 276 f., wonach die Aufwandsentschädigung kein Entgelt für den Einsatz von Zeit und Arbeit gewähre, da die Mitwirkung in der Gemeindevertretung herkömmlich ehrenamtlich erfolgt.
162 § 35 Abs. 2 S. 1 i.V.m. § 27 Abs. 3 HGO; § 27 Abs. 3 S. 1, 2 KV M-V; § 35 Abs. 2 S. 2 KVG LSA; § 32 Abs. 3 S. 1 i.V.m. § 24 Abs. 2 GO SH.
163 § 45 Abs. 5 GO NW; ferner § 51 Abs. 1 S. 2, 3 SaarlKSVG.
164 Die Rechtsprechung rechnet die Entscheidung über die Entschädigung der Mitglieder der Gemeindevertretung zum Kernbereich kommunaler Selbstverwaltung, siehe BayVGH, BayVBl. 2008, 664 (666); OVG Bautzen, NVwZ-RR 2009, 776 (777).

ergeben sich dabei daraus, dass im Wege der Aufwandsentschädigung keine verdeckte Alimentation geleistet werden darf, die Aufwandsentschädigung muss folglich auf den Ausgleich von Nachteilen beschränkt bleiben.[165] Gemäß § 35 Abs. 2 S. 1 i.V.m. § 27 Abs. 3 S. 2 HGO, § 55 Abs. 1 S. 3 NKomVG und § 45 Abs. 4 Nr. 1 GO NW – wohl aber auch in anderen Bundesländern[166] – kann die Aufwandsentschädigung in Gestalt von Sitzungsgeld gewährt werden. Zulässig ist die Gewährung von Sitzungsgeld sowohl für Sitzungen der Gemeindevertretung als auch der Fraktionen.[167] Dass für mehrere Sitzungen am gleichen Tag Sitzungsgeld nur einmal beansprucht werden kann, ist nach der Rechtsprechung nicht zu beanstanden, wird das Sitzungsgeld doch auch unabhängig von der Dauer der jeweiligen Sitzung gewährt.[168]

cc) Pflichten der Mitglieder der Gemeindevertretung

33 Mitglieder der Gemeindevertretung haben nicht nur Rechte, sondern auch Pflichten. Im Sinne einer Mandatsausübungspflicht[169] regeln einige Bundesländer die Pflicht zur Teilnahme an den Sitzungen der Gemeindevertretung,[170] ein Verbot der Stimmenthaltung ist demgegenüber vereinzelt geblieben.[171]

(1) Verschwiegenheitspflicht

34 Ausdrücklich sind die Mitglieder der Gemeindevertretung auch zur Verschwiegenheit verpflichtet. Dahinter steht letztlich ein besonderes Treueverhältnis zwischen ihnen und der Gemeinde.[172] Eine entsprechende allgemeine Treuepflicht ist teilweise ausdrücklich normiert,[173] ergibt sich des Weiteren aber auch aus der gemeinderechtlichen Pflicht zur uneigennützigen und verantwortungsbewussten[174] oder gewissenhaften[175] Aufgabenerfüllung. Diese Treupflicht impliziert, dass die Mitglieder der Gemeindevertretung alles unterlassen müssen, was dem Wohle der Gemeinde zuwiderläuft.[176] Mit Blick auf die Verschwiegenheit meint dies, dass die Mitglieder der Gemeindevertretung (auch nach Beendigung ihrer Tätigkeit) über die ihnen bekannt gewordenen Angelegenheiten Verschwiegenheit zu wahren haben;[177] auch eine Verwertung entsprechender

---

165 OVG Bautzen, NVwZ-RR 2009, 776 (777).
166 Siehe auch § 51 Abs. 1 S. 2 SaarlKSVG; allgemein OVG Bautzen, NVwZ-RR 2009, 776 (777); ferner BayVGH, BayVBl. 1990, 372 f.; BayVGH, BayVBl. 2008, 664 ff.
167 BayVGH, BayVBl. 1990, 372 f.
168 BayVGH, BayVBl. 2008, 664 (666).
169 Allgemein dazu *Ehlers*, in: Mann/Püttner (Hrsg.), HKWP, Bd. I, § 21, Rn. 19, der eine solche Pflicht als Kehrseite der Mandatsausübungsrechte qualifiziert.
170 §§ 34 Abs. 3, 39 Abs. 5 S. 1, 41 Abs. 3 GemO BW; Art. 48 Abs. 1 S. 1, 55 Abs. 2 BayGO; § 31 Abs. 1 S. 2 BbgKVerf; § 23 Abs. 3 S. 3 KV M-V; §§ 33 Abs. 1, 48 Abs. 6 S. 1 SaarlKSVG; § 35 Abs. 4 SächsGemO; § 54 Abs. 1 KVG LSA; §§ 37 Abs. 1, 43 Abs. 1 S. 4 ThürKO.
171 Art. 48 Abs. 1 S. 2 BayGO.
172 Siehe dazu BVerfGE 41, 231 (241); 56, 99 (107); 61, 68 (73).
173 Siehe § 43 Abs. 2 i.V.m. § 32 Abs. 1 S. 1 GO NW; § 21 Abs. 1 S. 1 RhPfGemO; § 26 Abs. 1 SaarlKSVG; § 32 Abs. 3 S. 1 i.V.m. § 23 S. 1 GO SH.
174 § 17 Abs. 1 GemO BW; § 19 Abs. 1 SächsGemO; § 32 Abs. 1 KVG LSA.
175 Art. 20 Abs. 1 BayGO; § 31 Abs. 1 S. 1 BbgKVerf; § 12 Abs. 3 S. 1 ThürKO.
176 *Lange*, KomR, Kap. 5, Rn. 11 f.
177 § 17 Abs. 2 GemO BW; Art. 20 Abs. 2, 3 BayGO; § 21 BbgKVerf; § 35 Abs. 2 S. 1 i.V.m. § 24 HGO; § 23 Abs. 6 KV M-V; § 54 Abs. 3 i.V.m. § 40 NKomVG; § 43 Abs. 2 i.V.m. § 30 GO NW; § 26 Abs. 3 SaarlKSVG; § 19 Abs. 2 S. 1 SächsGemO; § 32 Abs. 2 S. 1 KVG LSA; § 32 Abs. 3 S. 1 i.V.m. § 21 Abs. 2 GO SH; § 12 Abs. 3 S. 1 ThürKO; ferner § 20 Abs. 1 S. 1 RhPfGemO.

Kenntnisse ist untersagt.[178] Eine Verletzung der Meinungsfreiheit hat die Rechtsprechung in diesbezüglichen Regelungen des Gemeinderechts nicht erblickt.[179]

Angelegenheiten, die der Verschwiegenheit unterliegen, werden oftmals genauer eingegrenzt – entweder werden von der Verschwiegenheitspflicht Angelegenheiten ausgenommen, die offenkundig sind[180] oder keiner Geheimhaltung bedürfen,[181] oder sie gilt von vornherein etwa nur für Angelegenheiten, deren Geheimhaltung ihrer Natur nach erforderlich ist.[182] Nach der Legaldefinition des § 30 Abs. 1 S. 2 GO NW sind ihrer Natur nach geheim insbesondere Angelegenheiten, deren Mitteilung an andere dem Gemeinwohl oder dem berechtigten Interesse Einzelner zuwiderlaufen würde. Die Rechtsprechung hat ferner darauf hingewiesen, dass Informationen, die aus nichtöffentlichen Ausschusssitzungen gewonnen werden, in der Regel der Verschwiegenheit unterliegen, da es sich dabei um Angelegenheiten handelt, die aufgrund der nur vorbereitenden Tätigkeit von Ausschüssen der Gemeindevertretung ihrer Natur nach geheimhaltungsbedürftig sind.[183] Auch im Übrigen soll die Nichtöffentlichkeit der Sitzung der Gemeindevertretung ein Indiz für die Geheimhaltungsbedürftigkeit sein.[184] Unerheblich für die Verschwiegenheitspflicht ist schließlich nach der Rechtsprechung, auf welche Weise (etwa auch von Seiten Dritter) die Angelegenheit den Mitgliedern der Gemeindevertretung bekannt geworden ist.[185]

35

Aus der allgemeinen Treuepflicht hat die Rechtsprechung überdies abgeleitet, dass die Mitglieder der Gemeindevertretung Rechtsverstöße zunächst bei der zuständigen Rechtsaufsichtsbehörde rügen müssen, bevor sie damit an die Öffentlichkeit treten.[186] Allerdings wurde auch anerkannt, dass, sofern die Gemeindevertretung durch die Behandlung einer Angelegenheit in nichtöffentlicher Sitzung den Öffentlichkeitsgrundsatz zu verletzen drohe, für das einzelne Mitglied zur Wahrung seiner demokratischen Teilhabe als „ultima ratio" die Preisgabe von Informationen in Betracht komme.[187]

36

---

178 Ausdrücklich § 17 Abs. 2 S. 2 GemO BW; Art. 20 Abs. 2 S. 2 BayGO; § 21 Abs. 1 S. 2 BbgKVerf; § 54 Abs. 3 i.V.m. § 40 Abs. 1 S. 3 NKomVG; § 43 Abs. 2 i.V.m. § 30 Abs. 1 S. 3 GO NW; § 26 Abs. 3 S. 2 SaarlKSVG; § 19 Abs. 2 S. 2 SächsGemO; § 32 Abs. 2 S. 2 KVG LSA; ausführlich dazu Pahlke, BayVBl. 2015, 289 ff.
179 BVerwG, NVwZ 1989, 975 f.; BayVGH, NVwZ 1989, 182 (183 f.).
180 Dies wird angenommen, wenn über den Gegenstand einer Sitzung der Gemeindevertretung berichtet wird, siehe OVG NW, DÖV 1966, 504 (505); auch eine ausdrückliche Regelung soll die Pflicht zur Verschwiegenheit ausnahmsweise entfallen, wenn die Geheimhaltung der Angelegenheit nicht mehr möglich ist – wenn nämlich die fragliche Tatsache offenkundig ist, siehe OVG Münster, NWVBl. 2011, 346 f.
181 Art. 20 Abs. 2, 3 BayGO; § 35 Abs. 2 S. 1 i.V.m. § 24 Abs. 1 S. 1 HGO; § 23 Abs. 6 S. 2 KV M-V; § 32 Abs. 3 S. 1 i.V.m. § 21 Abs. 2 S. 2 GO SH; § 12 Abs. 3 S. 1 ThürKO; keiner Geheimhaltung bedürfen Tatsachen, die weder der Gemeinde noch Dritten zum Nachteil gereichen können; umstritten ist dabei, ob die Verschwiegenheitspflicht der Disposition Dritter unterliegt, siehe BayVGH, BayVBl. 2004, 402 (403), im Übrigen soll es auf eine Abwägung zwischen den Geheimhaltungsinteressen und der Funktion der Mitglieder der Gemeindevertretung ankommen, siehe Pahlke, BayVBl. 2015, 289 (293).
182 § 17 Abs. 2 S. 1 GemO BW; § 21 Abs. 1 S. 1 BbgKVerf; § 54 Abs. 3 i.V.m. § 40 Abs. 1 S. 1 NKomVG; § 43 Abs. 2 i.V.m. § 30 Abs. 1 S. 1 GO NW; § 26 Abs. 3 S. 1 SaarlKSVG; § 19 Abs. 2 S. 1 SächsGemO; § 32 Abs. 2 S. 1 KVG LSA; ferner § 20 Abs. 1 S. 1 RhPfGemO.
183 OVG Koblenz, NVwZ-RR 1996, 685 (686).
184 Ausdrücklich § 35 Abs. 2 GemO BW; § 37 Abs. 2 SächsGemO; § 52 Abs. 3 KVG LSA; ferner § 20 Abs. 1 S. 4 RhPfGemO; allgemein BayVGH, NVwZ 1989, 182 (183); BayVGH, BayVBl. 2004, 402 (403); ferner OVG Münster, NWVBl. 2010, 237 f.
185 OVG Münster, DÖV 1966, 504; BayVGH, NVwZ 1989, 182 (182).
186 BVerwG, NVwZ 1989, 975 f.; BayVGH, NVwZ 1989, 182 ff.
187 OVG Koblenz, NVwZ-RR 1996, 685 (686).

(2) Vertretungsverbot

37 Das Gemeinderecht fast aller Bundesländer normiert überdies ein Vertretungsverbot für Mitglieder der Gemeindevertretung. Sie dürfen Ansprüche (teilweise auch Interessen, auf deren Erfüllung kein Rechtsanspruch besteht) anderer gegen die Gemeinde nicht geltend machen, es sei denn, dass sie als gesetzliche Vertreter handeln.[188] Einige Bundesländer beschränken das Vertretungsverbot auf Ansprüche, die mit den Aufgaben der Mitglieder der Gemeindevertretung im Zusammenhang stehen;[189] kein Vertretungsverbot besteht nach der Rechtsprechung deshalb dann, wenn Angelegenheiten berührt werden, die in die Zuständigkeit des Bürgermeisters fallen.[190] Ob die Voraussetzungen des Vertretungsverbotes vorliegen, entscheidet (in Zweifelsfällen) oftmals die Gemeindevertretung.[191] Dabei soll es sich um einen Verwaltungsakt handeln, der die Mitglieder der Gemeindevertretung bindet, gegen den aber gleichwohl Rechtsschutzmöglichkeiten offen stehen.[192] Während das Bundesverfassungsgericht schon einen Eingriff in den Schutzbereich der Berufsfreiheit mangels berufsregelnder Tendenz verneint hat, da das Vertretungsverbot die Gemeindevertretung von allen Einflüssen freihalten soll, die eine objektive Entscheidung gefährden könnten,[193] hat das Verfassungsgericht für das Land Brandenburg mit Blick auf § 23 i.V.m. § 31 Abs. 2 BbgKVerf zuletzt einen Eingriff in die Berufsfreiheit angenommen und diesen wegen Verstoßes gegen das Zitiergebot nicht für gerechtfertigt erachtet.[194]

38 Nicht unter das Vertretungsverbot fallen wegen der Beschränkung auf die kommunale Binnenorganisation die Geltendmachung von Ansprüchen im Kommunalverfassungsstreit[195] sowie – nach der Rechtsprechung – auf die Vertretung von Mitgliedern der Gemeindevertretung im Wahlprüfungsverfahren.[196] Gleiches gilt für die Vertretung in Bußgeldverfahren.[197] Auf Mitglieder einer Anwaltssozietät oder Bürogemeinschaft erstreckt sich das Vertretungsverbot ebenfalls nicht.[198] Der Bundesgerichtshof hat diesbezüglich sogar eine Mitarbeit für unschädlich gehalten.[199] Das Bundesverfassungsgericht hat es umgekehrt allerdings für möglich erachtet, dass die Tätigkeit eines Korrespondenzanwaltes vom Vertretungsverbot erfasst wird.[200] Schließlich greift das Vertretungsverbot nicht bei Ansprüchen, die gegen die im Wege der Organleihe tätig werdende Gemeinde gerichtet sind oder gegenüber selbstständigen Kommunalwirtschafts-

---

188 § 32 Abs. 1 S. 1 i.V.m. § 17 Abs. 3 GemO BW; Art. 50 BayGO; § 26 KV M-V; § 43 Abs. 2 i.V.m. § 32 Abs. 1 S. 2 GO NW; § 21 Abs. 1 S. 2 RhPfGemO; § 19 Abs. 3 S. 1 SächsGemO; § 32 Abs. 3 S. 2 KVG LSA; § 23 S. 2 GO SH.
189 § 35 Abs. 2 S. 1 I.V.m. § 26 S. 2, 3 HGO; § 54 Abs. 3 i.V.m. § 42 Abs. 1 S. 2 NKomVG; § 30 Abs. 1 S. 1, 4 i.V.m. § 26 Abs. 2 SaarlKSVG.
190 HessVGH, NJW 1981, 140 (141).
191 § 17 Abs. 3 S. 3 GemO BW; § 35 Abs. 2 S. 1 i.V.m. § 26 Abs. 4 HGO; § 54 Abs. 3 i.V.m. § 42 Abs. 2 NKomVG; § 19 Abs. 3 S. 2 SächsGemO; § 32 Abs. 3 S. 3 KVG LSA; § 32 Abs. 3 S. 2 i.V.m. § 23 S. 4 GO SH.
192 *Burgi*, KomR, § 12, Rn. 47; anders *Ehlers*, in: Mann/Püttner (Hrsg.), HKWP, Bd. I, § 21, Rn. 34, der einen feststellenden Innenrechtsakt annimmt.
193 BVerfGE 52, 42 (54 f.); siehe auch BVerfG, DVBl. 1988, 54 ff. mit dem Hinweis, es könne dahinstehen, ob ein Eingriff in den Schutzbereich der Berufsfreiheit anzunehmen sei, da dieser jedenfalls durch vernünftige Belange des allgemeinen Wohls (Verhinderung einer Interessenkollision) gerechtfertigt und verhältnismäßig wäre.
194 BbgVerfG, LKV 2012, 557 f.
195 OVG Münster, NVwZ 1985, 843; OVG Münster, DÖV 2007, 847; HessVGH, NVwZ 1989, 919 f.
196 OVG Münster, OVGE 28, 235 (237).
197 BVerfGE 41, 231 (242 f.).
198 BVerfGE 56, 99 ff.; 61, 68 ff.
199 BGH, NJW 2012, 61 f.
200 BVerfG, NJW 1988, 694 (695).

unternehmen erhoben werden.²⁰¹ Verstoßen Mitglieder der Gemeindevertretung gegen das Vertretungsverbot, sind diese im gerichtlichen Verfahren als Prozessbevollmächtigte zurückzuweisen;²⁰² nach dem Bundesverwaltungsgericht sind die vorgenommenen Prozesshandlungen allerdings bis zu dieser Zurückweisung nicht unwirksam.²⁰³

d) Binnenorganisation der Gemeindevertretung

Neben der Rechtsstellung ihrer Mitglieder regelt das Gemeinderecht auch die Binnenorganisation der Gemeindevertretung. Regelungsgegenstände sind dabei zuvörderst die Ausschüsse der Gemeindevertretung sowie Fraktionen; darüber hinaus finden sich auch Regelungen über den Vorsitzenden der Gemeindevertretung. In den meisten Bundesländern ist der Bürgermeister Vorsitzender der Gemeindevertretung und aus diesem Grund zugleich gesetzliches Mitglied der Gemeindevertretung.²⁰⁴ Andere Bundesländer sehen demgegenüber vor, dass der Vorsitzende aus der Mitte der Gemeindevertretung zu wählen ist.²⁰⁵ Verschiedentlich werden beide Modelle auch miteinander kombiniert: Nach § 27 Abs. 1 S. 1 BbgKVerf ist der Bürgermeister stimmberechtigtes Mitglied der Gemeindevertretung, den Vorsitz führen gemäß §§ 33 Abs. 1, 51 Abs. 1 S. 1 BbgKVerf allerdings nur ehrenamtliche Bürgermeister, in amtsfreien Gemeinden wählt die Gemeindevertretung hingegen aus ihrer Mitte den Vorsitzenden. Gleiches gilt nach §§ 28 Abs. 4 S. 3, 39 Abs. 2 S. 2 KV M-V mit der Ausnahme, dass der Bürgermeister nicht Mitglied der Gemeindevertretung ist.

39

aa) Ausschüsse

▶ **FALL 9:** Der Fraktion einer Gemeindevertretung gehören drei Mitglieder an. Deswegen blieb sie bei der im Wege der Verhältniswahl durchgeführten Besetzung der Ausschüsse wegen deren geringer Mitgliederzahl unberücksichtigt. Gegen diesen faktischen Ausschluss von der Arbeit in den Ausschüssen beschreitet die Fraktion den verwaltungsgerichtlichen Rechtsweg und begehrt eine vollberechtigte Vertretung in allen Ausschüssen. ◀

40

Die Gemeindevertretung verfügt regelmäßig über verschiedene, sachlich voneinander abgegrenzte Ausschüsse,²⁰⁶ die Bildung bestimmter Ausschüsse schreibt das Gemeinderecht zwingend vor.²⁰⁷ Sofern es sich nicht um Pflichtausschüsse handelt, ist im Gemeinderecht der meisten Bundesländer die Möglichkeit der Gemeindevertretung auch

41

---

201 *Ehlers*, in: Mann/Püttner (Hrsg.), HKWP, Bd. I, § 21, Rn. 32; siehe aber auch BVerfG, NJW 1984, 377 f.
202 Siehe dazu BVerfGE 52, 42 ff.; anders *Burgi*, KomR, § 12, Rn. 48, der die gesetzlichen Ausschließungsgründe für abschließend erachtet.
203 BVerwGE 3, 30 (34).
204 Siehe §§ 25 Abs. 1 S. 1, 42 Abs. 1 S. 2 GemO BW; Art. 31 Abs. 1, 36 S. 1 BayGO; § 40 Abs. 2 S. 2, 3 GO NW; §§ 29 Abs. 1 S. 1, 36 Abs. 1 S. 1 RhPfGemO; §§ 29 Abs. 1 S. 1, 36 Abs. 1, 51 Abs. 1 S. 1 SächsGemO; § 23 Abs. 1 S. 2 ThürKO; ferner § 42 Abs. 1 S. 1, 2 SaarlKSVG, wonach der Bürgermeister nicht stimmberechtigter Vorsitzender der Gemeindevertretung ist.
205 § 57 Abs. 1 S. 1 HGO; § 61 Abs. 1 S. 1 NKomVG – obwohl nach § 45 Abs. 1 S. 2 NKomVG der Bürgermeister Mitglied der Gemeindevertretung ist und somit zum Vorsitzenden gewählt werden kann; ähnlich § 36 Abs. 1 S. 1 KVG LSA, wonach der Bürgermeister Mitglied der Gemeindevertretung ist, der Vorsitzende nach § 36 Abs. 2 S. 1 KVG LSA allerdings aus dem Kreis der ehrenamtlichen Mitglieder gewählt wird; §§ 33 Abs. 1 S. 1 GO SH.
206 § 41 Abs. 1 S. 1 GemO BW; Art. 32 Abs. 1 BayGO; § 43 Abs. 1 BbgKVerf; § 62 Abs. 1 S. 1 HGO; § 36 Abs. 1 S. 1 KV M-V; § 71 Abs. 1 NKomVG; § 57 Abs. 1 GO NW; § 44 Abs. 1 S. 1 RhPfGemO; § 48 Abs. 1 S. 1 SaarlKSVG; §§ 41 Abs. 1, 43 Abs. 1 SächsGemO; § 46 Abs. 1 KVG LSA; §§ 27 Abs. 1 S. 3, 45 Abs. 1 GO SH; § 26 Abs. 1 S. 1 ThürKO.
207 Zum Hauptausschuss, der die Arbeiten aller Ausschüsse aufeinander abzustimmen hat, § 49 Abs. 1 S. 1 BbgKVerf; § 35 Abs. 1 S. 1 KV M-V; § 57 Abs. 2 S. 1 GO NW; § 45a Abs. 1 GO SH; § 26 Abs. 1 S. 3 ThürKO.

zur jederzeitigen Auflösung der Ausschüsse ausdrücklich vorgesehen.[208] Zu unterscheiden sind beratende und beschließende Ausschüsse. Beratende Ausschüsse werden zur Vorberatung einzelner Angelegenheiten gebildet, sie sprechen gegenüber der Gemeindevertretung regelmäßig Empfehlungen aus.[209] Das Gemeinderecht der meisten Bundesländer eröffnet der Gemeindevertretung darüber hinaus die Möglichkeit zur Übertragung von Angelegenheiten auf beschließende Ausschüsse.[210] Anders als beratende Ausschüsse treten beschließende Ausschüsse an die Stelle der Gemeindevertretung. Sie entscheiden selbstständig die ihnen übertragenen Angelegenheiten, über ein Weisungsrecht verfügt die Gemeindevertretung nicht.[211] Ausdrücklich der Gemeindevertretung vorbehaltene Angelegenheiten dürfen indes nicht übertragen werden.[212] Neben der Möglichkeit der Gemeindevertretung, die Entscheidung in Einzelfällen wieder an sich zu ziehen,[213] haben beschließende Ausschüsse nach dem Gemeinderecht einiger Bundesländer ihrerseits die Möglichkeit, eine Entscheidung der Gemeindevertretung herbeizuführen.[214]

(1) Besetzung der Ausschüsse

42 Nach der Rechtsprechung des Bundesverwaltungsgerichts gilt für die Besetzung der Ausschüsse der Grundsatz der Spiegelbildlichkeit. Ausschüsse müssen danach das Stärkeverhältnis der Fraktionen der Gemeindevertretung widerspiegeln. Besondere Bedeutung hat dieser Grundsatz für beschließende Ausschüsse, treten diese doch an die Stelle der Gemeindevertretung.[215] Fraktionen spielen folglich bei der Besetzung der Ausschüsse eine entscheidende Rolle, weswegen ihnen grundsätzlich auch ein Anspruch zusteht, bei dieser Besetzung berücksichtigt zu werden. Allerdings geht eine Fraktion, auf die nach der Sitzzuteilung entsprechend dem Stärkeverhältnis aufgrund der geringen Mitgliederzahlen in den Ausschüssen kein Ausschusssitz entfällt, bei der Besetzung leer aus. Einen Anspruch solcher Fraktionen auf überproportionale Berücksichtigung hat das Bundesverwaltungsgericht verneint, selbst wenn auf Fraktionen in keinem der Ausschüsse der Gemeindevertretung ein Sitz entfällt. Zwar könnte grundsätzlich die Ausschussgröße so festgelegt werden, dass eine Berücksichtigung aller Fraktion möglich ist; darunter könnte aber – so die Rechtsprechung – die Effektivität der Ausschussarbeit leiden. Den Fraktionen (und auch den fraktionslosen Mitgliedern der Gemeinde-

---

208 Art. 32 Abs. 5 BayGO; § 43 Abs. 6 BbgKVerf; § 62 Abs. 1 S. 5 HGO; § 71 Abs. 9 S. 1 NKomVG; § 44 Abs. 3 S. 1 RhPfGemO; § 46 Abs. 3 S. 1 KVG LSA; ferner § 58 Abs. 6 GO NW.
209 Ausdrücklich § 41 Abs. 1 S. 1 GemO BW; Art. 32 Abs. 2 S. 1 BayGO; § 43 Abs. 1 BbgKVerf; § 62 Abs. 1 S. 1 HGO; § 44 Abs. 1 S. 1 RhPfGemO; § 48 Abs. 1 S. 1 SaarlKSVG; § 43 Abs. 1 S. 1, 2 SächsGemO; § 49 Abs. 1 KVG LSA; § 45 Abs. 1 GO SH; § 26 Abs. 1 S. 1 ThürKO.
210 § 39 Abs. 1 GemO BW; Art. 32 Abs. 2 S. 1 BayGO; § 62 Abs. 1 S. 3 HGO; § 76 Abs. 3 S. 1 NKomVG; § 41 Abs. 2 S. 1 GO NW; § 44 Abs. 1 S. 1 RhPfGemO; § 48 Abs. 1 S. 1 SaarlKSVG; § 41 Abs. 1 SächsGemO; § 48 Abs. 1 KVG LSA; § 27 Abs. 1 S. 3 GO SH; § 26 Abs. 1 S. 1 ThürKO; § 22 Abs. 2 S. 1 KV M-V ermöglicht lediglich eine Übertragung auf den Hauptausschuss.
211 § 39 Abs. 1, Abs. 3 S. 1 GemO BW; Art. 32 Abs. 2 S. 1 BayGO; § 62 Abs. 1 S. 3 HGO; § 57 Abs. 1, 58 Abs. 1 GO NW; § 44 Abs. 1 S. 1 RhPfGemO; § 48 Abs. 1 S. 1 SaarlKSVG; § 41 Abs. 1 SächsGemO; § 48 Abs. 1 KVG LSA; § 27 Abs. 1 S. 3 GO SH; § 26 Abs. 1 S. 1 ThürKO; ferner § 76 Abs. 3 S. 1 NKomVG; siehe aber auch § 39 Abs. 3 S. 5 GemO BW, wonach in der Hauptsatzung bestimmt werden kann, dass die Gemeindevertretung Weisungen erteilen kann.
212 Siehe Teil 2, § 4, Rn. 18 ff.
213 Siehe Teil 2, § 4, Rn. 17.
214 § 39 Abs. 3 S. 2 GemO BW; § 41 Abs. 3 S. 2 SächsGemO; § 48 Abs. 4 S. 2, 3 KVG LSA; § 34 Abs. 4 S. 3 GO SH; mit Blick auf den Hauptausschuss § 50 Abs. 3 S. 2 BbgKVerf; ferner § 57 Abs. 4 S. 2, 3 GO NW; ähnlich Art. 32 Abs. 3 S. 1 BayGO.
215 BVerwGE 119, 305 (307 f.).

vertretung) steht des Weiteren auch kein Grundmandat in einem der Ausschüsse der Gemeindevertretung zu.[216] Allerdings darf die Gemeindevertretung die Anzahl der Mitglieder der Ausschüsse auch nicht dergestalt festlegen, dass Fraktionen gezielt oder selbst „ansehnlich große Fraktionen"[217] bei der Besetzung der Ausschüsse unberücksichtigt bleiben[218]

Obwohl Fraktionen demnach bei der Besetzung der Ausschüsse unberücksichtigt bleiben können, hat das Mehrheitsprinzip nach dem Bundesverwaltungsgericht keinen absoluten Vorrang vor dem Grundsatz der Spiegelbildlichkeit. Ausschüsse dürfen nämlich auch nicht ein Spiegelbild lediglich der politischen Mehrheitsverhältnisse sein. Gegenstand und Bezugspunkt der Besetzung der Ausschüsse sind vielmehr die Fraktionen, nicht aber die politischen Mehrheiten in der Gemeindevertretung. Dementsprechend muss es grundsätzlich hingenommen werden, dass sich politische Mehrheiten der Gemeindevertretung nicht auch in den Ausschüssen widerspiegeln. Sitzverschiebungen zur Gewährleistung der politischen Mehrheiten auch in den Ausschüssen können zwar durch dem Grundsatz der Spiegelbildlichkeit gleichrangige kollidierende verfassungsrechtliche Vorgaben gerechtfertigt werden – etwa durch das Interesse daran, in Ausschüssen Entscheidungen herbeizuführen, die mit den politischen Mehrheiten in der Gemeindevertretung übereinstimmen. Die sodann notwendige Abwägung der widerstreitenden Grundsätze kann aber nicht zur uneingeschränkten Durchsetzung des Mehrheitsprinzips gegenüber dem Grundsatz der Spiegelbildlichkeit führen, wenn die Mehrheitsbildung auch durch andere Maßnahmen (wie etwa die Erhöhung der Mitgliederzahlen in den Ausschüssen) zu erreichen wäre.[219] Auch sogenannte Zählgemeinschaften – gemeinsame Wahlvorschläge verschiedener Fraktionen – sind nach dem Bundesverwaltungsgericht vor diesem Hintergrund unzulässig: Grund des Zusammenschlusses sei allein die unzulässige Gewinnung von zusätzlichen Ausschusssitzen durch die Herbeiführung mathematischer Vorteile.[220]

43

Mit dieser Rechtsprechung stimmt das Gemeinderecht nicht durchweg überein: § 40 Abs. 2 S. 1 GemO BW sowie § 43 Abs. 2 S. 1 i.V.m. § 41 Abs. 2 S. 7 BbgKVerf erklären etwa gemeinsame Wahlvorschläge ausdrücklich für zulässig.[221] Davon abgesehen normiert das Gemeinderecht unterschiedliche Verfahren zur Besetzung der Ausschüsse. Einige Bundesländer ermöglichen eine Besetzung der Ausschüsse im Wege einer einstimmigen Entscheidung der Gemeindevertretung.[222] Die Geltung des Grundsatzes der Spiegelbildlichkeit ist dabei nur vereinzelt ausdrücklich festgeschrieben.[223] Kommt eine einstimmige Entscheidung nicht zustande, werden die Mitglieder der Ausschüsse entweder nach den Grundsätzen der Verhältniswahl gewählt[224] oder aber die Ausschüsse werden nach dem Stärkeverhältnis der Fraktionen besetzt.[225] Andere Bundesländer se-

44

---

216 BVerwG, DVBl 1993, 890 f.
217 BayVGH, NVwZ-RR 2004, 602 (603).
218 OVG Münster, DÖV 2005, 919 (920).
219 BVerwG, NVwZ 2010, 834 ff.; anders HessVGH, NVwZ-RR 2008, 807 ff.
220 BVerwGE 119, 305 (308).
221 Kritisch dazu *Lange*, KomR, Kap. 6, Rn. 139.
222 § 40 Abs. 2 S. 1 GemO BW; § 43 Abs. 2 S. 1 BbgKVerf; § 55 Abs. 1 S. 1, Abs. 2 S. 1 HGO; § 36 Abs. 1 S. 2 i.V.m. § 32 Abs. 2. S. 1 KV M-V; § 50 Abs. 3 S. 1 GO NW; § 71 Abs. 10 NKomVG; § 48 Abs. 2 S. 2 SaarlKSVG; §§ 42 Abs. 2 S. 2, 43 Abs. 3 S. 1 SächsGemO.
223 § 48 Abs. 2 S. 2 SaarlKSVG; §§ 42 Abs. 2 S. 2, 43 Abs. 3 S. 1 SächsGemO.
224 § 40 Abs. 2 S. 1 GemO BW; §§ 55 Abs. 1 S. 1, 62 Abs. 2 S. 1 HGO – anstelle der Wahl kann aber auch Besetzung nach dem Stärkeverhältnis der Fraktionen beschlossen werden; § 36 Abs. 1 S. 2 i.V.m. § 32 Abs. 2 S. 1 KV M-V; § 50 Abs. 3 S. 2 bis 6 GO NW; § 48 Abs. 2 S. 2 SaarlKSVG; §§ 42 Abs. 2 S. 2, 43 Abs. 3 S. 1 SächsGemO.
225 § 71 Abs. 2 S. 2 NKomVG.

hen unmittelbar und ohne die vorhergehende Möglichkeit einer einstimmigen Entscheidung entweder eine Verhältniswahl[226] sowie Mehrheitswahl[227] oder aber die Besetzung der Ausschüsse seitens der Fraktionen vor.[228] Mit Blick auf die zur Anwendung gelangenden Wahlsysteme hat das Bundesverwaltungsgericht festgestellt, dass kein Wahlsystem den Grundsatz der Spiegelbildlichkeit umfassend verwirklichen könne. Der Gesetzgeber könne dementsprechend zwischen den unterschiedlichen Wahlsystemen frei wählen.[229]

45 Unterschiedliche Regelungen finden sich schließlich zum Minderheitenschutz: Fraktionen, die bei der Besetzung der Ausschüsse unberücksichtigt geblieben sind, können nach dem Gemeinderecht einiger Bundesländer beratende Mitglieder in die Ausschüsse entsenden.[230] Gleiches gilt überwiegend für fraktionslose Abgeordnete, die in einem Ausschuss ihrer Wahl beratend tätig werden dürfen.[231] Dass solche Mitglieder nur beratend tätig werden können, trägt ebenfalls dem Grundsatz der Spiegelbildlichkeit Rechnung. Die beratende Teilnahme umfasst gemäß § 46 Abs. 2 S. 6 GO SH allerdings das Antragsrecht. Auch nach § 43 Abs. 3 BbgKVerf besteht die Möglichkeit, den Fraktionen, auf die kein Ausschusssitz entfallen ist, zu gestatten, zusätzliche Mitglieder mit aktivem Teilnahmerecht in die Ausschüsse zu entsenden. § 48 Abs. 3 S. 1 SaarlKSVG bestimmt, dass Fraktionen, die bei der Besetzung der Ausschüsse unberücksichtigt geblieben sind, Mitglieder benennen können, die mit beratender Stimme und dem Recht, Anträge zu stellen, an den Sitzungen der Ausschüsse teilnehmen. Andere Bundesländer erklären schließlich im Interesse des Minderheitenschutzes Zählgemeinschaften für zulässig – und bewegen sich damit grundsätzlich auf Kollisionskurs zur Rechtsprechung des Bundesverwaltungsgerichts: § 37 Abs. 1 S. 5 ThürKO bestimmt etwa, dass sich Mitglieder der Gemeindevertretung, die aus eigener Stärke kein Stimmrecht in den Ausschüssen haben, zur Entsendung gemeinsamer Vertreter zusammenschließen können. In diesem Sinne wird auch die allgemeiner gehaltene Regelung des Art. 33 Abs. 1 S. 5 BayGO verstanden.[232] Darüber gehen § 36 Abs. 1 S. 2 i.V.m. § 32 Abs. 2 S. 3, 4 KV M-V hinaus: Wahlvorschlagslisten für die Besetzung der Ausschüsse können danach durch Fraktionen oder Zählgemeinschaften eingereicht werden, zu Zählgemeinschaften können sich fraktionslose Mitglieder der Gemeindevertretung untereinander oder mit Fraktionen zusammenschließen.

(2) Sachkundige Mitglieder

46 Neben Mitgliedern der Gemeindevertretung können nach dem Gemeinderecht vieler Bundesländer auch sachkundige Bürger, Einwohner oder schlicht sonstige Personen Mitglieder der Ausschüsse sein.[233] Sachkundige Ausschussmitglieder werden oftmals

---

226 § 45 Abs. 1 S. 3 RhPfGemO.
227 § 40 Abs. 3 GO SH – die Grundsätze der Verhältniswahl finden nach § 46 Abs. 1 GO SH lediglich auf Antrag einer Fraktion Anwendung.
228 Art. 33 Abs. 1 S. 1 bis 3 BayGO; § 43 Abs. 2 S. 1 i.V.m. § 41 Abs. 2 BbgKVerf; § 47 Abs. 1 S. 1 KVG LSA; § 27 Abs. 1 S. 3 ThürKO.
229 BVerwGE 119, 305 (311).
230 § 62 Abs. 4 S. 2 HGO; § 71 Abs. 4 S. 1 NKomVG; § 58 Abs. 1 S. 7 GO NW; § 47 Abs. 2 KVG LSA; § 46 Abs. 2 GO SH.
231 § 71 Abs. 4 S. 3 NKomVG; § 58 Abs. 1 S. 11 GO NW; § 46 Abs. 2 S. 5 GO SH.
232 Siehe BayVGH, BayVBl. 2004, 432 (433).
233 §§ 40 Abs. 1 S. 4, 41 Abs. 1 S. 3 GemO BW; § 43 Abs. 4 BbgKVerf; § 58 Abs. 3 GO NW; § 44 Abs. 1 S. 2 RhPfGemO; § 44 Abs. 2 SächsGemO; § 46 Abs. 3 GO SH; § 27 Abs. 5 ThürKO; lediglich mit Blick auf beratende Ausschüsse § 36 Abs. 5 S. 1, 3 KV M-V; § 71 Abs. 7 NKomVG; § 49 Abs. 3 KVG LSA.

§ 4 Die kommunale Binnenorganisation

(wohl durch Mehrheitsentscheidung) „berufen"[234] – nach dem Gemeinderecht anderer Bundesländer gelangen demgegenüber entweder die Grundsätze der Verhältniswahl oder ganz allgemein das Verfahren zur Besetzung der Ausschüsse zur Anwendung.[235] Ihre Mitwirkung ist im Gemeinderecht unterschiedlich ausgestaltet, nach § 49 Abs. 3 S. 1 KVG LSA können sie lediglich als beratende Mitglieder in beratenden Ausschüssen mitwirken. Gemäß § 71 Abs. 7 NKomVG wird den sachkundigen Mitgliedern in beratenden Ausschüssen ebenfalls das Stimmrecht abgesprochen, nach § 36 Abs. 5 S. 3 KV M-V haben sie hingegen dieselben Rechte wie Mitglieder der Gemeindevertretung. Gemäß § 43 Abs. 4 S. 2 BbgKVerf haben die sachkundigen Mitglieder schließlich ein aktives Teilnahmerecht – sie können nach der Legaldefinition des § 30 Abs. 3 S. 1 BbgKVerf das Wort ergreifen, Vorschläge einbringen, Fragen und Anträge stellen und sie begründen. § 44 Abs. 2 S. 1 SächsGemO und § 27 Abs. 5 ThürKO ermöglichen lediglich eine beratende Teilnahme von sachkundigen Mitgliedern sowohl in beratenden als auch beschließenden Ausschüssen; Gleiches gilt gemäß §§ 40 Abs. 1 S. 4, 41 Abs. 1 S. 3 GemO BW für beschließende Ausschüsse. Beratend und beschließend tätig werden können sachkundige Mitglieder (von ausdrücklich genannten Ausschüssen abgesehen) sowohl in beratenden als auch beschließenden Ausschüssen nach § 58 Abs. 3 GO NW, gewählt werden können nach § 58 Abs. 4 GO NW allerdings auch lediglich beratende Mitglieder. Ähnlich Regelungen enthalten § 44 Abs. 1 S. 2 RhPfGemO und § 46 Abs. 3 S. 1, 2 GO SH. Der Einfluss der Mitglieder der Gemeindevertretung wird entweder durch eine Begrenzung der Anzahl der sachkundigen Mitglieder gewährleistet oder aber durch besondere Regelungen zur Beschlussfähigkeit sichergestellt.[236]

bb) Fraktionen

▶ **FALL 10:** Der Vorsitzende einer Fraktion der Gemeindevertretung wendet sich gegen seinen von den übrigen Mitgliedern mehrheitlich beschlossenen Ausschluss aus der Fraktion. Anlässlich der Wahl des Bürgermeisters, bei der der Fraktionsvorsitzende trotz eines anderen (mehrheitlich von der Fraktion unterstützten) Wahlbewerbers aus der Fraktion antreten wollte, wurden Zweifel am Bestehen gemeinsamer politischer Ziele laut und ein nachhaltig gestörtes Vertrauensverhältnis festgestellt. Nachdem nämlich die Fraktion ihren Vorsitzenden nicht unterstützt hatte, war es zu persönlichen Angriffen des Vorsitzenden gegen andere Fraktionsmitglieder gekommen. Unter dem Tagesordnungspunkt „Anhörung, Beschlussfassung und Ausschluss" wurde deswegen der Fraktionsausschluss des Vorsitzenden in dessen Anwesenheit behandelt. Der Antrag auf Fraktionsausschluss wurde mit der Mehrheit der Stimmen der Fraktion angenommen. Hiergegen wendet sich der Vorsitzende im Wege des verwaltungsgerichtlichen Rechtsschutzes. ◀ 47

Das Gemeinderecht ermöglicht den Zusammenschluss von Mitgliedern der Gemeindevertretung zu Fraktionen.[237] Fraktion sind nach der Legaldefinition des § 56 Abs. 1 S. 1 GO NW freiwillige Vereinigungen von Mitgliedern der Gemeindevertretung, die 48

---
234 §§ 40 Abs. 1 S. 4, 41 Abs. 1 S. 3 GemO BW; § 43 Abs. 4 S. 1, 2 BbgKVerf; § 36 Abs. 5 S. 1 KV M-V; § 44 SächsGemO.
235 Siehe § 71 Abs. 7 S. 1 NKomVG; § 58 Abs. 4 GO NW; § 45 Abs. 1 S. 3 RhPfGemO; § 49 Abs. 2 S. 3 KVG LSA; ferner § 46 Abs. 3 GO SH; § 27 Abs. 5 ThürKO.
236 §§ 40 Abs. 1 S. 4, 41 Abs. 1 S. 3 GemO BW; § 36 Abs. 5 S. 1 KV M-V; § 71 Abs. 7 S. 2 NKomVG; § 58 Abs. 3 S. 3 bis 5 GO NW; § 44 Abs. 1 S. 2 RhPfGemO; § 44 Abs. 2 S. 2 SächsGemO; § 49 Abs. 3 S. 5 KVG LSA; § 46 Abs. 3 S. 3 GO SH.
237 Ausdrücklich § 32 BbgKVerf; § 36a HGO; § 23 Abs. 5 KV M-V; § 57 NKomVG; § 56 GO NW; § 30a RhPfGemO; § 30 Abs. 5 S. 1 SaarlKSVG; § 35a SächsGemO; § 44 KVG LSA; § 32a GO SH; § 25 ThürKO.

sich auf der Grundlage grundsätzlicher politischer Übereinstimmung zu möglichst gleichgerichtetem Wirken zusammengeschlossen haben. Fraktionen dienen zuvörderst der Willensbildung und Entscheidungsfindung in der Gemeindevertretung, indem sie einen einheitlichen Willen möglichst geschlossen zur Geltung bringen. Eine umfassende Meinungsbildung aller einzelner Mitglieder der Gemeindevertretung könnte demgegenüber kaum geleistet werden.[238] Fraktionen haben deswegen nicht nur die Funktion, die Aktivitäten der Mitglieder der Gemeindevertretung aufeinander abzustimmen und diesen im arbeitsteiligen Zusammenwirken zu besserer Wirksamkeit zu verhelfen[239] – sie bringen für die einzelnen Mitglieder der Gemeindevertretung nicht nur Vorteile dadurch mit sich, dass das Gemeinderecht gerade den Fraktionen und nicht den einzelnen Mitgliedern zahlreiche Rechte zuerkennt. Fraktionen dienen als Untergliederungen der Gemeindevertretung vielmehr auch dazu, deren Arbeit funktionsfähig zu erhalten. Deshalb unterliegen sie auch der Kompetenz der Gemeindevertretung, die Erfüllung ihrer Aufgaben im Wege der Geschäftsordnung zu organisieren.[240]

49 Nichtsdestotrotz umstritten ist der Rechtscharakter von Fraktionen: Überwiegend wird davon ausgegangen, dass es sich um öffentlich-rechtliche Zusammenschlüsse – um Organteile der Gemeindevertretung[241] – handelt.[242] Die Gegenauffassung geht (maßgeblich wegen des Fehlens von gemeinderechtlichen Regelungen über die Fraktionen in Baden-Württemberg und namentlich Bayern) demgegenüber davon aus, dass die Rechtsbeziehungen innerhalb der Fraktionen – die Gründung, die Aufnahme, der Austritt sowie der Ausschluss – nach privatrechtlichen Grundsätzen zu beurteilen sind.[243] Sofern angesichts des Zusammenschlusses gerade von Mitgliedern der Gemeindevertretung zutreffend von einem öffentlich-rechtlichen Zusammenschluss ausgegangen wird, darf dies nicht den Blick dafür verstellen, dass die Rechtsprechung auch eine privatrechtliche Teilrechtsfähigkeit, insbesondere im Hinblick auf den Abschluss von Arbeitsverträgen, bejaht: Danach treten die Fraktionen als eigenständige Rechtssubjekte auf, sie (und nicht etwa die Gemeinden) haften für die Erfüllung ihrer Verbindlichkeiten.[244]

(1) Fraktionsbildung

50 Aufgrund ihres freien Mandats haben die Mitglieder der Gemeindevertretung[245] ein Recht zur Fraktionsbildung ebenso wie zum Verzicht auf Fraktionsbildung oder zum Austritt aus Fraktionen.[246] Obwohl eine Fraktionsbildung auch im Interesse der Mitglieder der Gemeindevertretung liegt, wird ein Anspruch auf Aufnahme überwiegend

---

238 OVG Münster, NVwZ-RR 2005, 497 (497).
239 BVerwGE 90, 104 (105).
240 OVG Koblenz, NVwZ-RR 1991, 506 (507).
241 Siehe ausdrücklich § 35a Abs. 1 S. 2 SächsGemO; allgemein BVerwGE 90, 104 (108).
242 OVG Münster, NJW 1989, 1105 (1105 f.); OVG Münster, NVwZ 1993, 399 (399); OVG Lüneburg, NVwZ 1994, 506 (506); HessVGH, NVwZ 1999, 1369 ff.
243 BayVGH, NJW 1988, 2754 ff.; BayVGH, NVwZ-RR 1993, 503 (503); mit Blick auf den Fraktionsausschluss zuletzt OVG Saarlouis, NVwZ-RR 2012, 613 ff., wonach der Verwaltungsrechtsweg eröffnet ist, sich die Zulässigkeit des Fraktionsausschlusses aber nach privatrechtlichen Maßstäben richten soll.
244 OVG Lüneburg, DVBl. 2009, 917 (919).
245 Siehe dazu aber auch § 32a Abs. 2 GO SH, wonach auch Bürger, die zu Mitgliedern von Ausschüssen gewählt worden sind, Fraktionsmitglieder sein können; Bürgermeister können aufgrund der beamtenrechtlichen Neutralitätspflicht nicht Mitglieder von Fraktionen sein, ausdrücklich für den hauptamtlichen Bürgermeister § 32 Abs. 1 S. 3 BbgKVerf; allgemein BVerwGE 90, 104 (110 f.).
246 OVG Schleswig, NordÖR 2004, 390 f.; OVG Münster, NVwZ-RR 2005, 497 (497).

abgelehnt.²⁴⁷ Das Gemeinderecht schweigt sich über die Bildung von Fraktionen regelmäßig aus – oftmals wird lediglich die Möglichkeit zum Zusammenschluss zu Fraktionen normiert und auf die Regelung von Einzelheiten durch die Geschäftsordnung der Gemeindevertretung hingewiesen.²⁴⁸ Lediglich § 32a Abs. 1 S. 1 GO SH bestimmt, dass sich die Mitglieder der Gemeindevertretung durch Erklärung gegenüber deren Vorsitzenden zu einer Fraktion zusammenschließen können. Die Fraktionsbildung wird dabei als (konkludenter) Vertragsschluss verstanden²⁴⁹ und die Erklärung im Sinne des § 32a Abs. 1 S. 1 GO SH lediglich als eine zum Wirksamwerden eines solchen Vertrages erforderliche Mitteilung angesehen.²⁵⁰ Aufgelöst werden Fraktionen nach der Rechtsprechung spätestens mit dem Ablauf des Mandats ihrer Mitglieder (und somit – obwohl der Grundsatz der Diskontinuität im Übrigen keine Anwendung finden soll – dem Zusammentreten der neu gewählten Gemeindevertretung).²⁵¹

Neben der aus dem freien Mandat folgenden Freiwilligkeit der Fraktionsbildung setzt das Gemeinderecht eine grundsätzliche politische Übereinstimmung ihrer Mitglieder voraus. Ob dies der Fall ist, bemisst sich nach der Rechtsprechung auch nach den Bekundungen der Mitglieder, soweit sich diese Erklärungen als glaubhaft erweisen.²⁵² Nicht erforderlich ist angesichts zahlreicher ortsgebundener Wählergruppen (Rathausparteien oder Wählervereinigungen)²⁵³ hingegen dieselbe Parteizugehörigkeit. Lediglich die Unterscheidung von Fraktionen und Gruppen nach § 57 NKomVG wird von der Rechtsprechung zum Anlass genommen, Zusammenschlüsse von Mitgliedern derselben Partei oder Wählergruppe als Fraktionen und alle anderen Zusammenschlüsse als Gruppen zu bezeichnen.²⁵⁴ Im Übrigen wird der Unterschied zwischen Fraktionen und Gruppen hingegen darin erkannt, dass Fraktionen Zusammenschlüsse mit einer festgelegten Mindeststärke sind, während sich kleinere Gruppierungen die Bezeichnung „Gruppe" gefallen lassen müssen.²⁵⁵ 51

Ganz in diesem Sinne schreibt das Gemeinderecht als weitere Voraussetzung der Fraktionsbildung eine Mindeststärke – überwiegend zwei Mitglieder – fest.²⁵⁶ Derartige gesetzliche Regelungen müssen sich nach der Rechtsprechung an der kommunalen Organisationshoheit messen lassen. Den Gemeinden muss daher die Möglichkeit verbleiben, auch kleineren politischen Gruppen die ausschließlich Fraktionen zustehenden Rechte einzuräumen.²⁵⁷ Des Weiteren dürfen sie – ebenso wie Regelungen der Geschäftsord- 52

---

247 *Lange*, KomR, Kap. 6, Rn. 39.
248 Siehe § 32 Abs. 3 BbgKVerf, § 23 Abs. 5 S. 5 KV M-V; § 57 Abs. 5 NKomVG; § 56 Abs. 4 S. 2 GO NW; § 30 Abs. 5 S. 3 SaarlKSVG; § 35a Abs. 1 S. 3 SächsGemO; § 25 S. 2 ThürKO.
249 *Suerbaum*, in: Mann/Püttner (Hrsg.), HKWP, Bd. I, § 22, Rn. 12.
250 *Lange*, KomR, Kap. 6, Rn. 28.
251 OVG Münster, NVwZ-RR 1993, 263 (264).
252 OVG Münster, NVwZ-RR 2005, 497 f.; nach § 56 Abs. 1 S. 1 GO NW muss der Zweck hinzukommen, auf der Grundlage grundsätzlicher politischer Übereinstimmung möglichst gleichgerichtet zusammenzuwirken – nach der Rechtsprechung muss dies positiv feststehen, soll sich aber schon daraus ergeben, dass die Mitglieder für dieselbe Partei oder Wählergruppe angetreten sind, siehe OVG Münster, NWVBl. 2009, 28 f.
253 Dazu nochmals BVerfGE 11, 266 ff.
254 OVG Lüneburg, NdsVBl. 2001, 94 f.; siehe ferner § 30 Abs. 5 S. 1 SaarlKSVG, wonach sich Mitglieder der Gemeindevertretung, die derselben Partei oder politischen Gruppierung mit im Wesentlichen gleicher politischer Zielsetzung angehören, zu Fraktionen zusammenschließen können.
255 BayVGH, NVwZ-RR 2000, 811 (812).
256 § 32 Abs. 1 S. 2 BbgKVerf, § 36a Abs. 1 S. 4 HGO – ein-Personen-Fraktionen sind gemäß § 36b HGO möglich; § 23 Abs. 5 S. 1 KV M-V; § 57 Abs. 1 NKomVG; § 56 Abs. 1 S. 2 GO NW; § 30a Abs. 1 S. 1 RhPfGemO; § 30 Abs. 5 S. 2 SaarlKSVG; § 43 S. 4 KVG LSA; § 32 Abs. 1 S. 2 GO SH.
257 BbgVerfG, LKV 2011, 411 ff.

nung²⁵⁸ – nicht (andere) gesetzliche Regelungen, insbesondere die Rechte der Mitglieder der Gemeindevertretung, den Gleichheitssatz und das darin verbürgte Willkürverbot, sowie das im Rechtsstaatsprinzip verankerte Übermaßverbot verletzen; sie müssen überdies auch den Minderheitenschutz beachten.²⁵⁹ Insbesondere der Minderheitenschutz ist verletzt, wenn eine Regelung nicht auf sachgerechten Erwägungen beruht, sondern gegen das Missbrauchsverbot verstößt – nämlich dann, wenn eine Regelung sich gegen bestimmte politische Gruppierungen oder bestimmte Mitglieder der Gemeindevertretung richtet.²⁶⁰ Die Erhöhung der Zahl der politischen Gruppierungen in der Gemeindevertretung (infolge des Wegfalls von Sperrklauseln) kann eine Erhöhung der Mindeststärke von Fraktionen allerdings rechtfertigen.²⁶¹ Die Zulässigkeit von Regelungen über die Mindeststärke von Fraktionen hängt schließlich auch davon ab, ob sichergestellt ist, dass die Mitglieder der Gemeindevertretung, die keiner Fraktion angehören, auf anderem Wege an der Willensbildung und Entscheidungsfindung teilhaben und mitwirken können.²⁶²

(2) Rechte der Fraktionen

53 Rechte und Pflichten der Fraktionen werden nach dem Gemeinderecht zahlreicher Bundesländer ausdrücklich durch die Geschäftsordnung der Gemeindevertretung geregelt.²⁶³ Rechte der Fraktionen ergeben sich allerdings grundsätzlich schon aus ihrer Funktion: Sie wirken bei der Willensbildung und Entscheidungsfindung in der Gemeindevertretung mit.²⁶⁴ Ausdrücklich gewährt ihnen das Gemeinderecht daher das Recht, die Einberufung der Gemeindevertretung²⁶⁵ sowie die Aufnahme von Tagesordnungspunkten²⁶⁶ zu verlangen. Gleiches gilt für die Geltendmachung von Auskunftsansprüchen.²⁶⁷ Besondere Bedeutung haben die Fraktionen für die Besetzung der Ausschüsse der Gemeindevertretung.²⁶⁸ Einen Anspruch auf Zuwendungen für Aufwendungen anlässlich der Geschäftsführung gewährt lediglich § 56 Abs. 3 GO NW.²⁶⁹ Davon abgese-

---

258 BVerwG, DÖV 1979, 790 f.
259 BayVGH, NVwZ-RR 2000, 811 (812); ferner VGH BW, NVwZ-RR 2003, 56 (58).
260 HessVGH, NVwZ 1984, 54 (54).
261 OVG Koblenz, NVwZ-RR 1991, 506 ff.
262 HessVGH, NVwZ 1991, 1105 (1106).
263 Siehe nochmals § 32 Abs. 3 BbgKVerf, § 23 Abs. 5 S. 5 KV M-V; § 57 Abs. 5 NKomVG; § 56 Abs. 4 S. 2 GO NW; § 30 Abs. 5 S. 3 SaarlKSVG; § 35a Abs. 1 S. 3 SächsGemO; § 25 S. 2 ThürKO.
264 § 32 Abs. 2 S. 1 BbgKVerf; § 56 Abs. 1 S. 1 GO NW; § 30a Abs. 3 RhPfGemO; § 35a Abs. 2 SächsGemO; § 57 Abs. 2 S. 1 NKomVG.
265 § 34 Abs. 2 Nr. 2 BbgKVerf; § 29 Abs. 2 S. 3 KV M-V; § 47 Abs. 1 S. 4 GO NW; § 41 Abs. 1 S. 2 SaarlKSVG.
266 § 35 Abs. 1 S. 2 BbgKVerf; § 48 Abs. 1 S. 2 GO NW; § 34 Abs. 5 S. 2 RhPfGemO; § 41 Abs. 1 S. 3 SaarlKSVG; § 53 Abs. 5 S. 2 KVG LSA; § 34 Abs. 4 S. 3 GO SH; § 35 Abs. 4 S. 2 ThürKO.
267 § 50 Abs. 2 S. 5 HGO; § 34 Abs. 2 KV M-V; § 33 Abs. 3 S. 1 RhPfGemO; § 45 Abs. 6 S. 1 KVG LSA.
268 Siehe dazu Teil 2, § 4, Rn. 42 ff.
269 Zur Geltung des Grundsatzes der Chancengleichheit (der Verteilungsmaßstab der Proportionalität gelangt demgegenüber nicht vorrangig zur Anwendung), gegen den nur dann verstoßen wird, wenn die Arbeit einer Fraktion oder Gruppe unzumutbar erschwert und damit eine funktionsgerechte Arbeit der Gemeindevertretung insgesamt in Frage gestellt wäre, OVG Münster, NVwZ-RR 2003, 376 ff.; OVG Münster, NWVBl. 2010, 316 ff. mit dem Hinweis, dass sich § 56 Abs. 3 GO NW weder ein Anspruch auf Vollkostenerstattung noch auf Gewährleistung eines „Existenzminimums" entnehmen lässt; mit Blick auf die Bereitstellung von Räumen OVG Münster, NWVBl. 2010, 315 f.

hen wird ein derartiger Anspruch von der überwiegenden Rechtsprechung verneint,[270] die Zulässigkeit finanzieller Zuwendungen aber nicht in Frage gestellt.[271]

(3) Fraktionen und Fraktionsmitglieder

Grundsätzlich obliegt den Fraktionen das Recht zur Selbstorganisation, sie haben etwa gemäß § 32a Abs. 3 GO SH das Recht, ihre innere Ordnung, die Aufnahme und das Ausscheiden von Mitgliedern sowie ihre Rechte und Pflichten durch eine Geschäftsordnung zu regeln. § 56 Abs. 2 S. 3 GO NW legt den Fraktionen eine diesbezügliche Verpflichtung auf, sie haben das Abstimmungsverfahren, die Aufnahme und den Ausschluss aus der Fraktion zu regeln. Dabei sind die Fraktionen demokratischen und rechtsstaatlichen Grundsätzen verpflichtet,[272] beispielsweise müssen die Gleichheit des Stimmrechts sowie das Mehrheitsprinzip berücksichtigt werden.[273] Des Weiteren erweist sich der Fraktionszwang – die Formulierung negativer Rechtsfolgen, sofern ein Mitglied nicht im Sinne der Fraktion von seinem freien Mandat Gebrauch macht – auch im gemeindlichen Bereich als unzulässig, die freiwillige Unterwerfung unter eine Fraktionsdisziplin hingegen als zulässig.[274] Deswegen sind Regelungen einer Fraktionsgeschäftsordnung nicht zu beanstanden, nach denen die Mitglieder bei wesentlichen Fragen verpflichtet sind, der Fraktion rechtzeitig mitzuteilen, dass sie beabsichtigen, sich dem Mehrheitsbeschluss der Fraktion nicht anzuschließen.[275]

54

Die Geltung demokratischer und rechtsstaatlicher Grundsätze hat insbesondere Bedeutung für den Fraktionsausschluss. Dieser ist grundsätzlich zulässig, obwohl Fraktionen für die einzelnen Mitglieder der Gemeindevertretung nicht unerhebliche Vorteile dadurch mit sich bringen, dass das Gemeinderecht gerade den Fraktionen bestimmte Rechte zuerkennt.[276] Nach der Rechtsprechung muss der Fraktionsausschluss allerdings bestimmte formelle und materielle Anforderungen wahren. Diese Anforderungen gelten sowohl dann, wenn die Fraktionsgeschäftsordnung einen Fraktionsausschluss ausdrücklich regelt, als auch dann, wenn entsprechende Regelungen fehlen (wodurch der Fraktionsausschluss nicht unmöglich wird).[277] Der Fraktionsausschluss setzt zunächst eine Anhörung voraus.[278] Über den Fraktionsausschluss ist sodann in einer Fraktionssitzung zu beschließen, der Fraktionsausschluss muss dabei als Tagesordnungspunkt vorgesehen sein und alle Fraktionsmitglieder müssen zur Fraktionssitzung geladen worden sein.[279] Grundsätzlich wird auch eine Begründung des Fraktionsausschlusses für notwendig erachtet.[280] Inhaltlich setzt der Fraktionsausschluss einen

55

---

270 HessVGH, DVBl. 1995, 932f.; HessVGH, DVBl. 1998, 781ff.; anerkannt wurde lediglich ein Anspruch auf sachgerechte und ermessensfehlerfreie Verteilung bereitgestellter finanzieller Mittel, siehe BayVGH, BayVBl. 2011, 269 (269f.); siehe mit Blick auf die Bereitstellung von Räumen aber auch OVG Lüneburg, NVwZ-RR 1995, 215 (215).
271 Siehe dazu § 36a Abs. 4 S. 1 HGO; § 57 Abs. 3 S. 1 NKomVG; § 35a Abs. 3 S. 1 SächsGemO; § 32a Abs. 4 S. 1, 2 GO SH; zur Geltung des Grundsatzes der Chancengleichheit OVG Lüneburg, DVBl. 2009, 917ff.
272 Ausdrücklich § 32 Abs. 2 S. 3 BbgKVerf; § 23 Abs. 4 S. 4 KV M-V; § 57 Abs. 2 S. 2 NKomVG; § 56 Abs. 2 S. 2 GO NW.
273 *Lange*, KomR, Kap. 6, Rn. 62.
274 *Suerbaum*, in: Mann/Püttner (Hrsg.), HKWP, Bd. I, § 22, Rn. 17.
275 HessVGH, NVwZ 1999, 1369 (1370).
276 HessVGH, NVwZ 1990, 391ff.
277 Zur Zulässigkeit des Fraktionsausschlusses im Falle fehlender Regelungen in der Fraktionsgeschäftsordnung HessVGH, NVwZ 1999, 1369ff.
278 BayVGH, NVwZ 1989, 494 (495); HessVGH, NVwZ 1999, 1369 (1370).
279 OVG Münster, NVwZ 1993, 399 (399).
280 BayVGH, NVwZ 1989, 494 (495).

wichtigen Grund voraus; ein solcher wichtiger Grund liegt vor, wenn das gegenseitige Vertrauensverhältnis mit Blick auf die künftigen Möglichkeiten einer effektiven Zusammenarbeit zur Förderung gemeinsamer politischer Ziele nachhaltig gestört ist.[281] Dies ist insbesondere bei einer Abweichung von zentralen Grundpositionen der Fall,[282] nicht aber bereits bei bloßen Meinungsverschiedenheiten.[283] Den Fraktionen wird insoweit ein Beurteilungsspielraum zuerkannt.[284] Der Fraktionsausschluss muss überdies dem Grundsatz der Verhältnismäßigkeit genügen,[285] er muss daher grundsätzlich auch zuvor angedroht werden.[286]

2. Das Verwaltungsorgan

56 ▶ **FALL 11:** Der Betreiber einer Achterbahn begehrt Zulassung zu einem gemeindlichen Volksfest. Diese Zulassung lehnt der Bürgermeister der Gemeinde ab, da aufgrund zahlreicher Bewerber und nur begrenzt zur Verfügung stehender Kapazitäten dem Antrag nicht entsprochen werden kann. Gegen diese ablehnende Entscheidung ersucht der Betreiber der Achterbahn verwaltungsgerichtlichen Rechtsschutz. ◀

57 Sieht man von der kollegialen Struktur des hessischen Gemeindevorstandes ab, bildet regelmäßig der Bürgermeister das Verwaltungsorgan.[287] Terminologisch bestehen insoweit Besonderheiten, als dass in Bayern vom ersten Bürgermeister die Rede ist,[288] der Zusatz hebt den Bürgermeister von weiteren, mit den Beigeordneten anderer Bundesländer vergleichbaren Bürgermeistern ab. In bestimmten Gemeinden (oftmals kreisfreien Städten) wird der Bürgermeister als Oberbürgermeister bezeichnet,[289] der Begriff des Bürgermeisters ist sodann oftmals für den ersten Beigeordneten reserviert.[290]

a) Rechtsstellung und Funktionen

aa) Persönliche Rechtsstellung – Wahl und Abwahl

58 Der Bürgermeister wird regelmäßig hauptamtlich als Beamter auf Zeit tätig,[291] lediglich in kleinen Gemeinden – insbesondere in Mitgliedsgemeinden von Samtgemeinden

---

281 BayVGH, NVwZ 1989, 494 (495); OVG Münster, NJW 1989, 1105 (1106); HessVGH, NVwZ 1990, 391 (392); HessVGH, NVwZ 1999, 1369 (1370); OVG Saarlouis, NVwZ-RR 1996, 462 (462); OVG Saarlouis, NVwZ-RR 2012, 613 (165).
282 HessVGH, NVwZ 1999, 1369 (1370).
283 OVG Lüneburg, NVwZ 1994, 506 (507).
284 OVG Saarlouis, NVwZ-RR 1996, 462 (462); OVG Saarlouis, NVwZ-RR 2012, 613 (165).
285 OVG Saarlouis, NVwZ-RR 2012, 613 (615).
286 HessVGH, NVwZ 1999, 1369 (1370 f.).
287 § 23 GemO BW; Art. 29 BayGO; § 53 Abs. 1 S. 1 BbgKVerf; § 21 KV M-V; § 7 Abs. 2 Nr. 1 NKomVG; § 40 Abs. 2 S. 1 GO NW; § 28 Abs. 1 S. 1 RhPfGemO; § 29 Abs. 1 SaarlKSVG; § 1 Abs. 4 SächsGemO; § 7 Abs. 1, 2 KVG LSA; § 7 GO SH; § 22 Abs. 1 S. 1 ThürKO.
288 Art. 29 BayGO.
289 § 42 Abs. 4 GemO BW; Art. 34 Abs. 1 S. 2 BayGO; § 45 Abs. 1 S. 1 HGO; § 38 Abs. 1 S. 2 KV M-V; § 7 Abs. 2 Nr. 2 NKomVG; § 40 Abs. 2 S. 3 GO NW; § 28 Abs. 2 S. 2 RhPfGemO; § 29 Abs. 3 SaarlKSVG; § 60 Abs. 3 S. 1 KVG LSA; § 61 Abs. 2 GO SH; § 28 Abs. 1 S. 2 ThürKO.
290 § 49 Abs. 3 S. 2 GemO BW; § 56 Abs. 2 S. 2 BbgKVerf; § 45 Abs. 1 S. 1 HGO; § 50 Abs. 2 S. 1 RhPfGemO; § 63 Abs. 1 S. 2 SaarlKSVG; § 35 Abs. 4 S. 2 SächsGemO; § 60 Abs. 3 S. 2 KVG LSA; § 62 Abs. 2, 3 GO SH; § 32 Abs. 1 S. 7 ThürKO; ferner § 81 Abs. 2 S. 3 Nr. 1 NKomVG, wonach die stellvertretenden Beigeordneten – abhängig von der Bezeichnung des Bürgermeisters – Bürgermeister oder stellvertretende Bürgermeister heißen.
291 § 42 Abs. 2 S. 2 GemO BW; Art. 34 Abs. 1 S. 3 BayGO; § 53 Abs. 1 S. 1 BbgKVerf; § 44 Abs. 1 S. 1 HGO; § 37 Abs. 4 S. 2 KV M-V; § 80 Abs. 5 S. 1, 2 NKomVG; § 62 Abs. 1 S. 1 GO NW; §§ 51 Abs. 2 S. 1, 54 Abs. 1 S. 1 i.V.m. § 52 Abs. 1 RhPfGemO; § 30 Abs. 2 S. 1 SaarlKSVG; § 51 Abs. 2 SächsGemO; § 60 Abs. 1 S. 1 KVG LSA; §§ 48 Abs. 1 S. 2, 57c Abs. 1 GO SH; § 28 Abs. 2 ThürKO.

§ 4 Die kommunale Binnenorganisation

und Verbandsgemeinden sowie amtsangehörigen Gemeinden[292] – sind Bürgermeister noch ehrenamtlich tätig.[293] Sofern das Gemeinderecht ehrenamtliche Bürgermeister vorschreibt, ohne dass die Gemeinden zu Samtgemeinden, Verbandsgemeinden oder Ämtern zusammengefasst werden, regelt das Gemeinderecht grundsätzlich keine oder allenfalls marginale Besonderheiten für ehrenamtlich tätige Bürgermeister.[294] Sofern Gemeinden hingegen zu Samtgemeinden, Verbandsgemeinden oder Ämtern zusammengefasst werden, finden sich überwiegend besondere Vorschriften für deren Mitgliedsgemeinden – namentlich für die ehrenamtlich tätigen Bürgermeister.[295]

Abgesehen von solchen Besonderheiten werden Bürgermeister grundsätzlich direkt gewählt.[296] Vorgesehen sind von Bundesland zu Bundesland unterschiedliche Wahlperioden[297] – sofern diese (außer in Bayern) von derjenigen der Gemeindevertretung abweichen, soll damit die Eigenständigkeit und Unabhängigkeit der Bürgermeister betont werden.[298] Dabei gelangen die Grundsätze der Mehrheitswahl zur Anwendung.[299] Im ersten Wahlgang ist gewählt, wer mehr als die Hälfte der abgegebenen gültigen Stimmen erhält.[300] Wird diese Mehrheit nicht erreicht, schließt sich entweder eine weitere Wahl, bei der die höchste Stimmenzahl entscheidet,[301] oder eine Stichwahl zwischen den beiden Wahlbewerbern an, die im ersten Wahlgang die meisten Stimmen erhalten haben; gewählt ist dabei derjenige, der die höchste Stimmzahl erreicht.[302]

59

Ähnlich wie bei den Wahlen zur Gemeindevertretung ist angesichts der Geltung der Wahlrechtsgrundsätze auch für die Wahl des Bürgermeisters[303] eine Vielzahl von Wahlfehlern denkbar.[304] Wahlfehleranfällig ist oftmals das Tätigwerden des Bürgermeisters als Wahlbewerber: Wahlkampfäußerungen des Bürgermeisters müssen nach dem Bun-

60

---

292 Dazu Teil 2, § 4, Rn. 94 ff.
293 § 42 Abs. 2 S. 1 GemO BW; Art. 34 Abs. 2 BayGO; § 51 Abs. 1 S. 1 BbgKVerf; § 44 Abs. 1 S. 2 HGO; § 39 Abs. 1 KV M-V; § 105 Abs. 2 S. 1 NKomVG; § 51 Abs. 1 S. 1 RhPfGemO; § 51 Abs. 2 SächsGemO; § 96 Abs. 3 S. 1 KVG LSA; § 48 Abs. 1 S. 1 GO SH; § 28 Abs. 2 ThürKO.
294 Siehe §§ 46 Abs. 3 S. 2, 48 Abs. 3 GemO BW; §§ 39 Abs. 2, 39a Abs. 2, 41 S. 3 HGO; §§ 39 Abs. 2 S. 2, 54 Abs. 4 S. 3, Abs. 5 S. 2 SächsGemO.
295 Ausführlich dazu Teil 2, § 4, Rn. 91 ff.
296 § 45 Abs. 1 S. 1 GemO BW; Art. 17 BayGO; § 53 Abs. 2 S. 1 BbgKVerf; § 39 Abs. 1 S. 1 HGO; § 37 Abs. 1 S. 1 KV M-V; § 80 Abs. 1 S. 1 NKomVG; § 65 Abs. 1 S. 1 GO NW; § 53 Abs. 1 S. 1 RhPfGemO; § 56 Abs. 1 S. 1 SaarlKSVG; § 48 Abs. 1 S. 1 SächsGemO; § 61 Abs. 1 S. 1 KVG LSA; § 57 Abs. 1 S. 1 GO SH; § 28 Abs. 3 S. 1 ThürKO.
297 § 42 Abs. 3 S. 1 GemO BW; Art. 42 Abs. 1 S. 1 BayGLKrWG; § 53 Abs. 2 S. 1 BbgKVerf; § 39 Abs. 3 S. 1 HGO; § 37 Abs. 2 S. 1, 2 KV M-V; § 80 Abs. 1 S. 2 NKomVG; § 65 Abs. 1 S. 1 GO NW; § 52 Abs. 1 RhPfGemO; § 31 Abs. 2 SaarlKSVG; § 51 Abs. 3 S. 1 SächsGemO; § 61 Abs. 1 S. 2 KVG LSA; § 57 Abs. 4 S. 1 GO SH; § 28 Abs. 3 S. 2 ThürKO.
298 Burgi, KomR, § 13, Rn. 1.
299 § 45 Abs. 1 S. 3 GemO BW; Art. 17 BayGO; § 72 Abs. 1 S. 1 BbgKWahlG; § 39 Abs. 1a S. 2 HGO; § 4 Abs. 2 S. 2 NKWG; § 65 Abs. 1 S. 1 GO NW; § 53 Abs. 1 S. 2 RhPfGemO; § 72 Abs. 2 S. 1 SaarlKSVG; § 48 Abs. 1 S. 2 SächsGemO; § 3 Abs. 2 S. 1 KWG LSA; § 47 Abs. 1 S. 1 GKWG SH; § 10 Abs. 3 S. 1 ThürKO.
300 § 45 Abs. 1 S. 3 GemO BW; Art. 46 Abs. 1 S. 1 BayGLKrWG; § 72 Abs. 2 S. 1 BbgKWahlG; § 39 Abs. 1a S. 3 HGO; § 64 Abs. 2 S. 1 KV M-V; § 45g Abs. 2 S. 1 NKWG; § 46c Abs. 1 S. 2 KWG NW – eine inzwischen wieder außer Kraft getretene Regelung, wonach schon die relative Mehrheit ausreichte, wurde verfassungsrechtlich nicht beanstandet, siehe VerfGH NW, NWVBl. 2009, 304 ff.; § 53 Abs. 1 S. 3 RhPfGemO; § 72 Abs. 2 S. 1 SaarlKSVG; § 48 Abs. 2 S. 1 SächsGemO; § 30 Abs. 8 KWG LSA; § 47 Abs. 1 S. 2 GKWG SH; § 24 Abs. 8 S. 1 ThürKWG.
301 § 45 Abs. 2 GemO BW; § 48 Abs. 2 S. 2, 3 SächsGemO.
302 § 72 Abs. 2 S. 4 BbgKWahlG; Art. 46 Abs. 3 S. 2 BayGLKrWG; § 39 Abs. 1b S. 3 HGO; § 64 Abs. 2 S. 6 KV M-V; § 45g Abs. 2 S. 3 NKWG; § 45c Abs. 2 S. 1 KWG NW; § 53 Abs. 1 S. 7 RhPfGemO; § 79 Abs. 2 S. 1 SaarlKSVG; § 30a Abs. 1 S. 3 KWG LSA; § 47 Abs. 1 S. 5 GKWG SH; § 24 Abs. 8 S. 5 ThürKWG.
303 Ausdrücklich § 45 Abs. 1 GemO BW; § 53 Abs. 2 BbgKVerf; § 39 Abs. 1 HGO; § 37 Abs. 1 KV M-V; § 65 Abs. 1 S. 1 GO NW; § 53 Abs. 1 RhPfGemO; § 56 Abs. 1 SaarlKSVG; § 48 Abs. 1 SächsGemO; § 57 Abs. 1 GO SH; § 28 Abs. 3 ThürKO.
304 Zum Anspruch eines gewählten Bürgermeisters auf Ernennung und Amtseinführung trotz Anhängigkeit eines Wahlprüfungsverfahrens HessVGH, DVBl. 2015, 715 ff.

desverwaltungsgericht der aus der Wahlfreiheit abzuleitenden Neutralitäts- und Wahrheitspflicht genügen – diese verbietet es dem Bürgermeister, Wähler durch bewusst wahrheitswidrige Angaben über wahlrelevante Tatsachen oder durch bewusstes Vorenthalten wahrheitsrelevanter Informationen zu täuschen. Als unzulässige Wahlbeeinflussung wurden Äußerungen über die vermeintliche sexuelle Orientierung eines anderen Wahlbewerbers qualifiziert, da sich der Bürgermeister – so das Bundesverwaltungsgericht – noch bestehende Vorurteile gegen bestimmte Orientierungen zunutze mache. Eine private Verbreitung von Täuschungen und Lügen stelle hingegen grundsätzlich keinen Wahlfehler dar – auch dann nicht, wenn diese sittlich zu missbilligen sind.[305] Gegen das Neutralitätsgebot verstößt der Bürgermeister nach der Rechtsprechung des Weiteren auch durch Wahlwerbung für Mitglieder seiner Partei, wenn diese nach Form und Inhalt eine hinreichende Trennung zwischen privater Meinungsäußerung und amtlicher Äußerung nicht erkennen lässt: Zwar gelte das Grundrecht der freien Meinungsäußerung auch für Bürgermeister und es sei nicht ausgeschlossen, dass sich Bürgermeister in ihrer Eigenschaft als Bürger im Wahlkampf äußern; allerdings finde dieses Recht eine Grenze in der Neutralitätspflicht, die Wahlempfehlungen in amtlicher Eigenschaft verbiete.[306] Nicht gehindert ist der Bürgermeister allerdings daran, die ihm obliegenden Aufgaben weiter auszuüben. Dazu gehört auch die Öffentlichkeitsarbeit; die Zulässigkeit der Öffentlichkeitsarbeit findet ihre Grenze aber ebenfalls dort, wo unzulässige Wahlwerbung beginnt.[307] Deswegen sind – so die Rechtsprechung – auch während des Wahlkampfes Presseerklärungen zulässig, diese müssen sich aber auf sachliche Informationen beschränken und dürfen keine Wahlkampfäußerungen transportieren.[308]

61 Eine Abwahl des Bürgermeisters sieht das Gemeinderecht (mit Ausnahme von Baden-Württemberg und Bayern) ebenfalls vor.[309] Eingeleitet wird die Abwahl regelmäßig durch einen Beschluss der Gemeindevertretung, der überwiegend mit einer Zweidrittelmehrheit der gesetzlichen Zahl der Mitglieder der Gemeindevertretung gefasst werden muss.[310] Daneben kann die Abwahl auch durch die Wähler initiiert werden.[311] Abgewählt ist der Bürgermeister regelmäßig, sofern die Mehrheit der abgegebenen gültigen Stimmen dies verlangt und diese Mehrheit ihrerseits ein bestimmtes Quorum überschreitet.[312] Lediglich vereinzelt ist durch pauschale Verweisungen auf die Vorschriften des Kommunalwahlrechts vorgesehen, dass die Abwahl im Wege der Wahlprüfung angefochten werden kann;[313] im Übrigen ist Rechtsschutz lediglich in Gestalt der Feststellungsklage denkbar, handelt es sich bei der Abwahl doch nicht um einen Verwal-

---

305 BVerwG, Buchholz 415.10 KommWahlR Nr. 10; zuvor OVG Bautzen, SächsVBl. 2012, 89 f.
306 OVG Lüneburg, NdsVBl. 2008, 207 ff.
307 OVG Greifswald, NVwZ-RR 2010, 778 f.
308 HessVGH, NVWZ 2006, 610 ff.
309 § 81 Abs. 1 BbgKWahlG; § 76 Abs. 4 HGO; § 20 Abs. 7 KV M-V; § 450 NKWG; § 66 GO NW; § 55 Abs. 1 RhPfGemO; § 58 SaarlKSVG; § 51 Abs. 7 SächsGemO; § 64 KVG LSA; § 57d GO SH; § 28 Abs. 6 ThürKO; zur Verfassungsmäßigkeit derartiger Regelungen BVerfGE 7, 155 ff.
310 § 81 Abs. 2 Nr. 2 BbgKVerf; § 76 Abs. 4 S. 3 HGO; § 20 Abs. 7 S. 1 KV M-V; § 82 Abs. 2 S. 4 NKomVG; § 66 Abs. 1 S. 2 Nr. 1 GO NW; § 55 Abs. 1 S. 2 RhPfGemO; § 58 Abs. 1 S. 2 SaarlKSVG; § 51 Abs. 9 SächsGemO; § 64 Abs. 1 S. 2 KVG LSA; § 57d Abs. 1 S. 2. Nr. 1 GO SH; § 28 Abs. 6 S. 4 ThürKO.
311 Siehe § 81 Abs. 2 Nr. 1 BbgKVerf; § 66 Abs. 1 S. 2 Nr. 2 GO NW; § 51 Abs. 8 SächsGemO; § 57d Abs. 1 S. 2 Nr. 2 GO SH.
312 § 81 Abs. 1 S. 2 BbgKWahlG; § 76 Abs. 4 S. 2 HGO; § 20 Abs. 7 S. 3 KV M-V; § 450 Abs. 4 NKWG; § 66 Abs. 1 S. 3 GO NW; § 55 Abs. 1 S. 5 RhPfGemO; § 58 Abs. 3 SaarlKSVG; § 51 Abs. 7 S. 2 SächsGemO; § 31 Abs. 5 KWG LSA; § 57d Abs. 2 S. 1 GO SH; § 28 Abs. 6 S. 2 ThürKO.
313 § 81 Abs. 10 BbgKWahlG; § 66 Abs. 1 S. 6 GO NW; § 31 Abs. 6 KWG LSA.

tungsakt.³¹⁴ Diesbezüglich hat die Rechtsprechung allerdings festgestellt, dass die Abwahl nicht an sachliche Voraussetzungen geknüpft ist, die der gerichtlichen Kontrolle zugänglich wären.³¹⁵ Überprüfbar sei lediglich, ob die Abwahl in einem den gesetzlichen Anforderungen entsprechenden Verfahren erfolgt, ob ihr in Wirklichkeit nicht vorhandene Tatsachen zugrunde gelegt werden oder ob verfassungswidrige oder sonstige mit dem Gesetz nicht zu vereinbarende Zwecke verfolgt werden.³¹⁶ Unsicherheiten ergeben sich dabei allerdings daraus, dass die Rechtsprechung dahinstehen gelassen hat, ob die Abwahl überhaupt eine Wahl darstellt, für die die Wahlrechtsgrundsätze und das Neutralitätsgebot gelten; jedenfalls – so die Rechtsprechung – müsse der Bürgermeister einerseits die den Bürgern zukommende Teilnahmefreiheit wahren und andererseits die Gebote der Wahrhaftigkeit und Sachlichkeit als Ausfluss des Rechtsstaatsprinzips beachten.³¹⁷

bb) Aufgaben und Zuständigkeiten

Anders als der Gemeindevertretung obliegt dem Bürgermeister die Wahrnehmung lediglich bestimmter Aufgaben. Dazu zählen zunächst Aufgaben, die die Gemeindevertretung dem Bürgermeister übertragen hat.³¹⁸ Gleiches gilt sodann für Aufgaben, die dem Bürgermeister unmittelbar von Gesetzes wegen übertragen werden.³¹⁹

(1) Angelegenheiten der laufenden Verwaltung

Zu den vom Bürgermeister zu erledigenden Aufgaben zählt auch (und zuvörderst) die Erledigung der Angelegenheiten der laufenden Verwaltung.³²⁰ Angelegenheiten der laufenden Verwaltung sind solche, die in mehr oder weniger regelmäßiger Wiederkehr vorkommen und zugleich nach Größe, Umfang der Verwaltungstätigkeit und Finanzkraft der beteiligten Gemeinde von sachlich weniger erheblicher Bedeutung sind.³²¹ Art. 37 Abs. 1 S. 1 Nr. 1 BayGO und § 29 Abs. 2 Nr. 1 ThürKO nehmen ganz in diesem Sinne darauf Bezug, dass die jeweilige Angelegenheit für die Gemeinde keine grundsätzliche Bedeutung haben und keine erheblichen Verpflichtungen erwarten lassen darf. Allerdings kann es sich auch um Angelegenheiten handeln, die nicht regelmäßig wiederkehren, dennoch aber von sachlich weniger erheblicher Bedeutung sind – gemeint sind auch Geschäfte, die allein nach ihrem Umfang und ihrer finanziellen Tragweite von weniger erheblicher Bedeutung sind.³²²

---

314 OVG Frankfurt (Oder), LKV 1997, 174 f.
315 OVG Bautzen, SächsVBl. 2012, 7 ff.
316 BVerwGE 20, 160 (165).
317 OVG Bautzen, SächsVBl. 2012, 7 ff.
318 Siehe dazu Teil 2, § 4, Rn. 17.
319 Obwohl sich die Zuständigkeit des Bürgermeisters bereits aus den jeweiligen gesetzlichen Regelungen ergibt, enthält das Gemeinderecht teilweise ausdrücklich diesbezügliche Regelungen, siehe § 44 Abs. 2 S. 1 GemO BW; § 62 Abs. 3 GO NW; § 47 Abs. 1 S. 2 RhPfGemO; § 53 Abs. 2 S. 1 SächsGemO.
320 § 44 Abs. 2 S. 1 GemO BW; Art. 37 Abs. 1 S. 1 Nr. 1 BayGO; § 54 Abs. 1 Nr. 5 BbgKVerf; § 66 Abs. 1 S. 2 HGO; § 38 Abs. 3 S. 2 KV M-V; § 85 Abs. 1 S. 1 Nr. 7 NKomVG; § 47 Abs. 1 Nr. 3 RhPfGemO; § 59 Abs. 3 S. 1 SaarlKSVG; § 53 Abs. 2 S. 1 SächsGemO; § 66 Abs. 1 S. 3 KVG LSA; §§ 55 Abs. 1 S. 2, 65 Abs. 1 S. 2 GO SH; § 29 Abs. 2 Nr. 1 ThürKO; gemäß § 41 Abs. 3 GO NW gelten die Angelegenheiten der laufenden Verwaltung als im Namen der Gemeindevertretung übertragen.
321 BGHZ 92, 164 (173); 97, 224 (226); siehe aber auch OVG Münster, OVGE 52, 115 ff., wonach es allein auf die Regelmäßigkeit und Häufigkeit ankommen soll, ohne dass noch auf Umfang und Schwierigkeit in rechtlicher und tatsächlicher Hinsicht und auf die finanziellen Auswirkungen abzustellen wäre.
322 BGH, NVwZ 1990, 403 (404); BGH, NJW 1995, 3389 (3390).

64 Das Gemeinderecht insinuiert vereinzelt, dass zu den Angelegenheiten der laufenden Verwaltung vorrangig Entscheidungen von geringer wirtschaftlicher Bedeutung zählen.[323] Dies darf allerdings nicht darüber hinwegtäuschen, dass eine Angelegenheit auch aus anderen Gründen sachlich erhebliche Bedeutung haben kann – die Rechtsprechung hat etwa die Benennung von Straßen – sofern diese nicht ohnehin der Gemeindevertretung vorbehalten ist[324] – nicht zu den Angelegenheiten der laufenden Verwaltung gezählt.[325] Gleiches gilt für den Erlass allgemeiner Richtlinien, welche die Ermessenspraxis der Gemeinde bei der Erteilung von Sondernutzungserlaubnissen im öffentlichen Straßenraum bestimmen sollen.[326] Des Weiteren soll die Einzelentscheidung über die Zulassung von Schaustellern zu einem größeren Volksfest (als öffentliche Einrichtung) bei Vorliegen konkurrierender Zulassungsanträge nur dann als laufende Angelegenheit in die Zuständigkeit des Bürgermeisters fallen, wenn die Gemeindevertretung zumindest Vorgaben in Form von Auswahlkriterien beschlossen hat.[327] Maßgeblich ist daher stets, ob es aufgrund der Bedeutung der Angelegenheit einer Entscheidung der Gemeindevertretung bedarf.[328] Maßstäbe sind dabei Größe, Umfang der Verwaltungstätigkeit und Finanzkraft der Gemeinde.[329] § 38 Abs. 3 S. 3 KV M-V nennt insoweit ausdrücklich nicht nur Entscheidungen, die den laufenden Betrieb der Verwaltung aufrechterhalten (etwa die Beschaffung von Bürobedarf), sondern auch gesetzlich oder tariflich gebundene Entscheidungen. Trotz der letztlich nicht vermeidbaren Unsicherheiten hat die Rechtsprechung einen gerichtlich nicht überprüfbaren Beurteilungsspielraum der Gemeindevertretung (oder des Bürgermeisters) abgelehnt – es handele sich um einen unbestimmten Rechtsbegriff, der gerichtlich voll überprüfbar sei.[330]

(2) Aufgaben des übertragenen Wirkungskreises

65 Die Aufgaben des übertragenen Wirkungskreises werden dem Bürgermeister in einigen Bundesländern ebenfalls von Gesetzes wegen zur Erledigung zugewiesen.[331] Sofern eine solche Zuweisung erfolgt, wird davon allenfalls selten der Erlass von Rechtsverordnungen und Satzungen ausgenommen[332] – ohne eine entsprechende Regelung ist mithin der Bürgermeister auch zum Erlass von Rechtsverordnungen und Satzungen im übertragenen Wirkungskreis befugt. Fehlt eine ausdrückliche Regelung über die Zuständigkeit des Bürgermeisters für die Erledigung der Aufgaben des übertragenen Wirkungskreises, bestimmt sich diese nach den allgemeinen Regeln: Es kommt dann darauf an, ob es sich bei der Erledigung von Aufgaben des übertragenen Wirkungskreises um Angelegenheiten der laufenden Verwaltung handelt. Allerdings finden sich teilwei-

---

323 § 38 Abs. 3 S. 3 KV M-V.
324 Siehe dazu Teil 2, § 4, Rn. 20.
325 VGH BW, NVwZ 1992, 196 (197).
326 VGH BW, VBlBW 1987, 344 ff.
327 BayVGH, NVwZ 1982, 120 (121); OVG Saarlouis, NVwZ-RR 2010, 972 (973); ferner BayVGH, NVwZ-RR 2003, 771 ff.; BayVGH, NVwZ-RR 2004, 599 ff.
328 *Lange*, KomR, Kap. 8, Rn. 103; ferner *Leisner-Egensperger*, VerwArch 100 (2009), 161 ff., die dem Bürgermeister diejenigen Aufgaben zuweist, die als Gesetzesvollzug, nicht aber als Gesetzeserlass angesehen werden können.
329 BGHZ 97, 224 (226).
330 BayVGH, BayVBl. 2005, 405 (406) – etwas anderes gilt für lediglich eingeschränkt überprüfbare Richtlinien der Gemeindevertretung im Sinne des Art. 37 Abs. 1 S. 2 BayGO, die die Gemeindevertretung innerhalb des ihr eingeräumten Beurteilungsspielraums aufstellt, siehe BayVGH, NVwZ-RR 2007, 405 ff.
331 § 44 Abs. 3 S. 1 GemO BW; § 54 Abs. 1 Nr. 3 BbgKVerf; § 47 Abs. 1 S. 1 Nr. 4 RhPfGemO; § 59 Abs. 4 SaarlKSVG; § 53 Abs. 3 S. 1 SächsGemO; § 66 Abs. 1 KVG LSA; §§ 50 Abs. 2 S. 1, 55 Abs. 5 S. 1, 65 Abs. 5 S. 1 GO SH.
332 § 44 Abs. 3 S. 1 GemO BW; § 53 Abs. 3 S. 1 SächsGemO; siehe ferner § 24 Abs. 1, 2 RhPfGemO; § 35 S. 1 Nr. 12 SaarlKSVG; § 45 Abs. 2 Nr. 1 KVG LSA.

se Regelungen, wonach dem Bürgermeister zumindest der Vollzug von Weisungen der Aufsichtsbehörden in Angelegenheiten des übertragenen Wirkungskreises obliegt.[333]

(3) Eilentscheidungen

Nach dem Gemeinderecht fast aller Bundesländer obliegt dem Bürgermeister (in unterschiedlichem Umfang) auch die Entscheidung von Eilfällen. Erfasst werden dabei nach dem Wortlaut der unterschiedlichen Regelungen Eilfälle, deren Erledigung entweder nicht bis zu einer (nach dem Gemeinderecht zulässigen) ohne Frist und formlos einberufenen Sitzung der Gemeindevertretung oder die ganz allgemein nicht ohne (erhebliche) Nachteil für die Gemeinde aufgeschoben werden können.[334] Sofern ausdrücklich ein Nachteil (der Gemeinde) verlangt wird, muss es um die Verhinderung eines schweren und praktisch nicht wieder gutzumachenden Schadens gehen;[335] sofern das Gemeinderecht – wie etwa § 60 Abs. 1 S. 2 GO NW – allgemeiner gehalten ist und lediglich von Nachteilen oder Gefahren spricht oder lediglich die Dringlichkeit der Entscheidung vorausgesetzt wird, kann der Bürgermeister auch zur Verhinderung von Nachteilen Dritter tätig werden.[336] Teilweise sind die Entscheidungen im Benehmen mit den Beigeordneten[337] oder im Einvernehmen mit dem Stellvertreter zu treffen;[338] § 58 S. 1 BbgKVerf setzt sogar Einvernehmen mit dem Vorsitzenden der Gemeindevertretung voraus und § 60 Abs. 1 S. 2 GO NW erfordert eine Entscheidung gemeinsam mit einem Mitglied der Gemeindevertretung. Die Aufhebung von Eilentscheidungen des Bürgermeisters thematisiert das Gemeinderecht dagegen lediglich vereinzelt: Entscheidungen können dann nur aufgehoben werden, soweit nicht bereits Rechte Dritter entstanden sind.[339] Im Übrigen dürfte die Aufhebung von Eilentscheidungen den Vorgaben für die Änderung oder Aufhebung von Beschlüssen der Gemeindevertretung unterliegen.

66

(4) Amtliche Äußerungen

Streitbefangen waren zuletzt amtliche Äußerungen des Bürgermeisters – weniger aus Gründen der kompetenziellen Zuordnung als vielmehr mit Blick auf deren materielle Rechtmäßigkeit. Die Rechtsprechung hat für einen Aufruf des Bürgermeisters, gegen eine angemeldete Demonstration zu protestieren, entschieden, dass ein derartiger Aufruf einer grundrechtlichen Rechtfertigung bedürfe. Es werde nämlich bezweckt, die Verbreitung von Meinungen zu verhindern. Eine solche Rechtfertigung sei gegeben, wenn sich der Bürgermeister im Rahmen der ihm zugewiesenen Aufgaben bewegt und die rechtsstaatlichen Anforderungen an hoheitliche Äußerungen in der Form des Sachlichkeitsgebotes gewahrt sind.[340] Dies muss allerdings überraschen, wäre nach dem Vorbehalt des Gesetzes doch zuvörderst eine gesetzliche Grundlage erforderlich. Eine grundrechtliche Rechtfertigung kommt deswegen allein unter Rückgriff auf die Recht-

67

---

333 § 62 Abs. 2 S. 2 GO NW; ferner § 66 Abs. 1 S. 3 Nr. 1 HGO; siehe auch § 85 Abs. 1 S. 1 Nr. 6 NKomVG.
334 § 43 Abs. 4 S. 2 GemO BW; Art. 37 Abs. 3 S. 1 BayGO; § 61 Abs. 1 S. 2 SaarlKSVG; § 52 Abs. 3 S. 2 SächsGemO; § 65 Abs. 1 KVG LSA; §§ 50 Abs. 3 S. 3, 55 Abs. 4 S. 3, 65 Abs. 4 S. 3 GO SH; § 30 Abs. 2 ThürKO.
335 OVG Koblenz, DÖV 1987, 452 f.
336 *Lange*, KomR, Kap. 8, Rn. 130.
337 § 48 S. 1, 2 RhPfGemO.
338 § 89 NKomVG.
339 Ausdrücklich § 58 S. 3 BbgKVerf; § 60 Abs. 1 S. 4 GO NW; § 48 S. 3 RhPfGemO; § 61 Abs. 1 S. 3, Abs. 2 SaarlKSVG; §§ 50 Abs. 3 S. 4, 55 Abs. 4 S. 4, 65 Abs. 4 S. 4 GO SH.
340 VG Gera, ThürVBl. 2010, 234 ff.

sprechung des Bundesverfassungsgerichts zu staatlichen Warnungen in Betracht. Diese Rechtsprechung ist ihrerseits allerdings ausdrücklich auf staatliche Regierungstätigkeit zugeschnitten, so dass deren Übertragbarkeit äußerst fragwürdig scheint.[341]

(5) Vorbereitung, Vollzug und Kontrolle von Beschlüssen der Gemeindevertretung

68 Der Bürgermeister ist ferner (mit Ausnahme Niedersachsens, dessen Gemeinderecht insoweit den Verwaltungsausschuss für zuständig erklärt) aufgerufen, die Beschlüsse der Gemeindevertretung vorzubereiten und zu vollziehen.[342] Neben der Vorbereitung der Sitzungen der Gemeindevertretung im Wege der Einberufung sowie der Festlegung der Tagesordnung[343] meint die Vorbereitung ihrer Beschlüsse die Erarbeitung von Vorlagen und Vorschlägen sowie die Zusammenstellung von Informationen.[344] Dass auch der Vollzug der Beschlüsse der Gemeindevertretung dem Bürgermeister obliegt, ist darauf zurückzuführen, dass diese grundsätzlich einer Umsetzung bedürfen und der Bürgermeister zur Vertretung der Gemeinde berufen ist – insbesondere zur Abgabe von Verpflichtungserklärungen und zum Erlass von Verwaltungsakten. Lediglich selten bedürfen die Beschlüsse der Gemeindevertretung keiner derartigen Umsetzung, in diesen Fällen handelt ausnahmsweise schon die Gemeindevertretung als Behörde im Sinne des § 35 S. 1 VwVfG.[345]

69 Die Kontrolle von Beschlüssen der Gemeindevertretung (sowie überwiegend auch beschließender Ausschüsse) obliegt dem Bürgermeister in Gestalt von Widerspruch und Beanstandung. Das Gemeinderecht eröffnet dem Bürgermeister zunächst die Möglichkeit, Beschlüssen und wohl auch Wahlen der Gemeindevertretung zu widersprechen, sofern diese das Wohl der Gemeinde gefährden. Der Widerspruch hat aufschiebende Wirkung, die Gemeindevertretung hat über die Angelegenheit erneut zu beschließen – ohne dass dem Bürgermeister sodann ein nochmaliges Widerspruchsrecht zustünde.[346] Daneben besteht eine Pflicht des Bürgermeisters, rechtswidrigen Entscheidungen der Gemeinde (mit aufschiebender Wirkung) zu widersprechen.[347] Ein diesbezüglicher Anspruch Dritter besteht nicht.[348] Entscheidet die Gemeindevertretung erneut in rechtswidriger Weise, differenziert das Gemeinderecht der Bundesländer: Nach dem Gemeinderecht einiger Bundesländer ist seitens des Bürgermeisters im Anschluss an einen erneuten Widerspruch eine Entscheidung der Aufsichtsbehörde herbeizuführen.[349] Bei

---

341 Mit Blick auf den Aufruf eines Bürgermeisters zu Gegenmaßnahmen („Lichter aus!") gegen eine so genannte Pegida Versammlung hat die Rechtsprechung allerdings auch auf die Neutralitätspflicht staatlicher Organe hingewiesen, sofern diese in amtlicher Eigenschaft handeln, siehe VG Düsseldorf, NWVBl. 2015, 201 f., dazu Putzer, DÖV 2015, 417 (424 ff.).
342 § 43 Abs. 1 GemO BW; Art. 36 S. 1, 46 Abs. 2 S. 1, 55 Abs. 2 BayGO; § 54 Abs. 1 Nr. 1, 2 BbgKVerf; § 66 Abs. 1 S. 3 Nr. 2 HGO; § 38 Abs. 3 S. 1 KV M-V; § 62 Abs. 2 S. 1, 2 GO NW; § 47 Abs. 1 S. 2 Nr. 1, 2 RhPfGemO; § 59 Abs. 2 S. 2 SaarlKSVG; § 52 Abs. 1 SächsGemO; § 65 Abs. 1 KVG LSA; §§ 50 Abs. 1 S. 1, Abs. 5 S. 2, 55 Abs. 1 S. 4 Nr. 2, 65 Abs. 1 S. 4 Nr. 2 GO SH; §§ 35 Abs. 4 S. 1, 29 Abs. 1 S. 2, 43 Abs. 1 ThürKO.
343 Dazu Teil 2, § 5, Rn. 7 ff.
344 *Lange*, KomR, Kap. 8, Rn. 123.
345 Siehe dazu Teil 2, § 4, Rn. 20.
346 § 43 Abs. 2 S. 1, 2, 3, 4 GemO BW; § 63 Abs. 1 S. 2, 4, 5 HGO; § 33 Abs. 1 S. 2, 4, 5 KV M-V; § 54 Abs. 1 S. 1, 2, 3 GO NW; § 52 Abs. 1 S. 3, 4 SächsGemO; § 65 Abs. 3 S. 2, 4, 5 KVG LSA.
347 Siehe dazu auch *Burgi*, KomR, § 13, Rn. 20 mit dem Hinweis, dass für die Erhebung eines Kommunalverfassungsstreites das Rechtsschutzbedürfnis fehlen dürfte.
348 *Burgi*, KomR, § 13, Rn. 18.
349 § 43 Abs. 2 S. 1, 5 GemO BW; § 60 Abs. 1 S. 1, 2 SaarlKSVG – nach § 60 Abs. 2 SaarlKSVG muss der Bürgermeister überdies Beschlüsse, über deren Rechtmäßigkeit er im Zweifel sein muss, der Aufsichtsbehörde vorlegen; § 52 Abs. 2 S. 1, 5 SächsGemO; § 65 Abs. 3 S. 1, 5 KVG LSA; ähnlich Art. 59 Abs. 2 BayGO; § 88 Abs. 1, 3 NKomVG.

§ 4 Die kommunale Binnenorganisation

deren Entscheidung handelt es sich um eine Aufsichtsmaßnahme eigener Art, die von § 42 Abs. 2 S. 2, 3 RhPfGemO und § 44 S. 3, 4 ThürKO als (feststellender) Verwaltungsakt qualifiziert wird. Lehnt die Aufsichtsbehörde die Feststellung der Rechtswidrigkeit ab, kann der Bürgermeister mangels Klagebefugnis keinen Rechtsschutz ersuchen. Die Gemeindevertretung wird demgegenüber gegen eine Feststellung der Rechtswidrigkeit durch die Aufsichtsbehörde (im Wege der Anfechtungsklage) vorgehen können.[350] Andere Bundesländer sehen demgegenüber vor, dass die erneute Entscheidung vom Bürgermeister zu beanstanden ist, wogegen die Gemeindevertretung ihrerseits verwaltungsgerichtlich vorgehen muss.[351] Dabei soll es sich nach der Rechtsprechung um eine Anfechtungsklage handeln,[352] die Gegenauffassung hält den Kommunalverfassungsstreit für statthaft.[353] Die Beanstandung seitens des Bürgermeisters hilft allerdings in denjenigen Fällen nicht weiter, in denen es um eine ablehnende Entscheidung der Gemeindevertretung geht. In Betracht kommt in diesen Fällen die Erhebung einer Leistungs- oder Feststellungsklage durch den Bürgermeister.[354]

(6) Vertretung der Gemeinde

Der Bürgermeister ist (außer in Hessen) der gesetzliche Vertreter der Gemeinde.[355] Er ist dementsprechend befugt, im Namen der Gemeinde Rechtshandlungen vorzunehmen, die die Gemeinde berechtigen und verpflichten – insbesondere Satzungen und Verordnungen nach der Entscheidung der Gemeindevertretung auszufertigen und zu verkünden, Verwaltungsakte (grundsätzlich) zu erlassen und Verpflichtungserklärungen abzugeben;[356] auf Realakte sind die gemeinderechtlichen Vertretungsregelungen hingegen nicht zugeschnitten.[357] Einige Bundesländer bestimmen ausdrücklich, dass der Bürgermeister auch zur Repräsentation der Gemeinde befugt ist.[358] Deutlich wird darin eine durchgängige Verwirklichung der süddeutschen Bürgermeisterverfassung, was freilich nicht ausschließt, dass das Gemeinderecht Repräsentationsaufgaben etwa dem Vorsitzenden der Gemeindevertretung (sofern dies nicht der Bürgermeister ist) zuweist.[359] Ohne ausdrückliche Regelung wird indes davon auszugehen sein, dass die Repräsentation dem Bürgermeister obliegt.[360]

70

---

350 *Lange*, KomR, Kap. 8, Rn. 154.
351 § 63 Abs. 1 S. 1, Abs. 2 HGO; § 33 Abs. 2 KV M-V; § 43 Abs. 1, 3 GO SH; unter Rückgriff auf den Begriff der Beanstandung § 55 Abs. 1 S. 1, 11 BbgKVerf; § 54 Abs. 2 S. 1, 4 GO NW – dazu ferner OVG Münster, NWVBl. 2000, 375 ff. mit dem Hinweis, dass die gerichtliche Vertretung der Gemeinde im Aufsichtsrechtsstreit auch dann durch den Bürgermeister wahrgenommen wird, wenn dieser die streitige Entscheidung der Gemeindevertretung zuvor von sich aus beanstandet hatte; § 42 Abs. 1, Abs. 2 S. 1 RhPfGemO; § 44 S. 1, 2 ThürKO.
352 HessVGH, NVwZ-RR 1996, 409 (409).
353 *Lange*, KomR, Kap. 8, Rn. 137.
354 *Lange*, KomR, Kap. 8, Rn. 138, 150.
355 § 42 Abs. 1 S. 2 GemO BW; Art. 38 Abs. 1 BayGO; § 57 Abs. 1 BbgKVerf; §§ 38 Abs. 2 S. 1, 39 Abs. 2 S. 1 KV M-V; § 86 Abs. 1 S. 2 NKomVG; § 63 Abs. 1 S. 1 GO NW; § 47 Abs. 1 S. 1 RhPfGemO; § 59 Abs. 1 SaarlKSVG; § 51 Abs. 1 S. 2 SächsGemO; § 60 Abs. 2 KVG LSA; §§ 51 Abs. 1, 56 Abs. 1, 64 Abs. 1 GO SH; § 31 Abs. 1 ThürKO.
356 Zur Vertretung der Gemeinde im Gerichtsverfahren *Burgi*, KomR, § 13, Rn. 26.
357 *Lange*, KomR, Kap. 8, Rn. 160 ff.; siehe aber auch BVerwG, NVwZ 1987,46 (47), wonach der Bürgermeister eine Zusicherung mangels eigener Zuständigkeit nicht abgeben darf.
358 § 53 Abs. 1 S. 2 BbgKVerf; § 86 Abs. 1 S. 1 NKomVG; § 60 Abs. 2 KVG LSA.
359 Siehe § 10 GO SH.
360 *Ehlers*, in: Mann/Püttner (Hrsg.), HKWP, Bd. I, § 21, Rn. 53.

(a) Vertretung ohne gemeindliche Willensbildung

71 Probleme ergeben sich regelmäßig daraus, dass der Bürgermeister nach außen handelt, ohne dass eine Entscheidung der Gemeindevertretung ergangen ist, obwohl diese zur Entscheidung berufen gewesen wäre. Die Vertretungsbefugnis des Bürgermeisters ist insbesondere nach der Rechtsprechung des Bundesgerichtshofes in diesen Fällen unabhängig von der gemeindlichen Willensbildung – privatrechtliche Verpflichtungsgeschäfte sind danach auch ohne Entscheidung der Gemeindevertretung grundsätzlich wirksam.[361] Etwas anderes gilt lediglich bei treuwidrigem kollusivem Zusammenwirken[362] sowie dann, wenn ein Missbrauch der Vertretungsmacht evident ist.[363] Der Vollständigkeit halber müsste dieser Rechtsprechung des Bundesgerichtshof hinzugefügt werden, dass Satzungen und Rechtsverordnungen grundsätzlich nichtig, Verwaltungsakte demgegenüber lediglich (– wegen eines Verfahrensmangels – formell) rechtswidrig und anfechtbar sein dürften – zudem kommt eine Heilung der Missachtung der Organkompetenzen der Gemeindevertretung nach § 45 Abs. 1 Nr. 4 VwVfG in Betracht; des Weiteren dürften öffentlich-rechtliche Verträge nach § 59 VwVfG zu beurteilen sein.[364]

72 Namentlich mit Blick auf privatrechtliche Verpflichtungsgeschäfte vertritt die bayerische Gerichtsbarkeit eine abweichende Auffassung: Verpflichtungsgeschäfte sind danach (schwebend) unwirksam. Der Bürgermeister verfügt nach dieser Auffassung nämlich lediglich über ein Vertretungsrecht, nicht hingegen über Vertretungsmacht. Deswegen kann der Bürgermeister Erklärungen für die Gemeinde auch nur zum Vollzug einer Entscheidung der Gemeindevertretung abgeben. Ferner kann dies auch nicht durch eine entsprechende Heranziehung der Vorschriften über die Geschäftsführung ohne Auftrag umgangen werden, solange die Gemeinde nicht treuwidrig handelt.[365]

(b) Insbesondere: Verpflichtungserklärungen

73 Besondere Vorgaben enthält das Gemeinderecht überdies für Verpflichtungserklärungen – solche, durch die die Gemeinde verpflichtet werden soll, etwa Willenserklärungen sowie Zusicherungen und Zusagen.[366] Gemeinderechtlich ist diesbezüglich die Schriftform vorgeschrieben, des Weiteren ist (mit Ausnahme von Brandenburg) ausdrücklich eine handschriftliche Unterzeichnung seitens des Bürgermeisters (und/oder seines Stellvertreters) erforderlich.[367] Oftmals werden von diesen Erfordernissen allerdings die Angelegenheiten der laufenden Verwaltung ausgenommen.[368] Der Begriff der Angelegenheiten der laufenden Verwaltung begründet daher auch insoweit Unsicherheiten. Weitere Unklarheiten entstehen regelmäßig mit Blick auf den Rechtscharakter der Vorschriften namentlich über die Schriftform. Der Bundesgerichtshof qualifiziert

---

361 BGHZ 92, 164 (169); 137, 89 (93 f.); BGH, NJW 1998, 3058 (3059); BGH, NJW 2001, 2626 (2628).
362 BGH, NJW 1989, 26 f.
363 BGH, NJW 1980, 115 (116 f.).
364 *Burgi*, KomR, § 13, Rn. 28 ff. mit dem Hinweis, dass die Gemeindevertretung gegenüber dem Handeln des Bürgermeisters auch einen Kommunalverfassungsstreit anstrengen kann.
365 BayOLG, NJW-RR 1998, 161 (162); BayOLG, NVwZ-RR 1998, 510 (512); BayVGH, BayVBl 2002, 438 f.; BayVGH, BayVBl. 2012, 177 f.
366 Zur Ausübung eines gesetzlichen Vorkaufsrechts BGH, NJW 1960, 1805 (1806).
367 § 54 Abs. 1 GemO BW; Art. 38 Abs. 2 BayGO; § 57 Abs. 2 S. 1 BbgKVerf; § 71 Abs. 2 HGO; §§ 38 Abs. 6, 39 Abs. 2 S. 5, 6 KV M-V; § 81 Abs. 2 NKomVG; § 64 Abs. 1 GO NW; § 49 Abs. 1 RhPfGemO; § 62 Abs. 1 SaarlKSVG; § 60 Abs. 1 SächsGemO; § 73 Abs. 1 KVG LSA; §§ 51 Abs. 1, 56 Abs. 2, 64 Abs. 2 GO SH; § 31 Abs. 2 ThürKO.
368 § 54 Abs. 4 GemO BW; § 57 Abs. 2 BbgKVerf; § 86 Abs. 4 NKomVG; § 64 Abs. 2 GO NW; § 62 Abs. 3 SaarlKSVG; § 60 Abs. 4 SächsGemO; § 73 Abs. 4 KVG LSA; ähnlich Art. 38 Abs. 2 S. 1 BayGO; § 71 Abs. 2 S. 3 HGO; § 49 Abs. 3 RhPfGemO; siehe auch §§ 38 Abs. 6 S. 2, 39 Abs. 2 S. 7 KV M-V; §§ 51 Abs. 4, 56 Abs. 4, 64 Abs. 3 GO SH.

derartige Regelungen nämlich nicht etwa als Formvorschriften, seiner Ansicht nach handelt es sich um Beschränkungen der Vertretungsmacht. Begründet wird dies damit, dass den Bundesländern die Gesetzgebungskompetenz zur Regelung von Formvorschriften fehle.[369] Verstöße gegen die gemeinderechtlichen Vorgaben sollen daher sowohl bei privatrechtlichen als auch bei öffentlich-rechtlichen Verpflichtungsgeschäften zum Fehlen der Vertretungsmacht führen.[370] Die Gegenansicht qualifiziert die gemeinderechtlichen Regelungen demgegenüber als Formvorschriften – verfassungsrechtliche Gesetzgebungskompetenzen würden nicht verletzt, da es sich nicht um privatrechtliche, sondern vielmehr um spezifisch gemeinderechtliche Formvorschriften handele.[371]

Die abweichenden Auffassungen bezüglich des Rechtscharakters der gemeinderechtlichen Vorschriften über die Schriftform kommen dann zum Tragen, wenn ausdrückliche Regelungen über die Rechtsfolgen von Verstößen fehlen oder das Gemeinderecht lediglich indifferent bestimmt, dass Gemeinden an Verpflichtungserklärungen nicht gebunden sind.[372] Demgegenüber bestimmt § 57 Abs. 5 BbgKVerf allerdings, dass Verpflichtungserklärungen, die den gemeinderechtlichen Vorgaben nicht genügen, schwebend unwirksam sind; §§ 38 Abs. 6 S. 5, 39 Abs. 2 S. 9 KV M-V regeln überdies, dass Verpflichtungserklärungen zu ihrer Wirksamkeit der Genehmigung durch die Gemeindevertretung bedürfen. Abseits dieser Regelungen führt eine Missachtung des gemeinderechtlichen Schriftformerfordernisses nach dem Bundesgerichtshof zwar zu einem Mangel an Vertretungsmacht, gleichwohl gelangen weder die diesbezüglichen Rechtsfolgen noch die Vorschriften über den Vertreter ohne Vertretungsmacht zur Anwendung. Vielmehr geht der Bundesgerichtshof davon aus, dass von einem Vertreter ohne Vertretungsmacht abgegebene Verpflichtungserklärungen zwar grundsätzlich schwebend unwirksam sind, eine erforderliche Genehmigung zur Beseitigung von Verstößen gegen das Schriftformerfordernis aber kaum vorstellbar sei. Dementsprechend könnten Verpflichtungserklärung lediglich erneut abgegeben werden.[373] Ferner gelangten auch die Grundsätze der Duldungs- und Anscheinsvollmacht nicht zur Anwendung;[374] zu prüfen sei (wegen der gleichartigen Interessenlage wie bei der Missachtung von Formvorschriften) lediglich, ob sich die Gemeinde auf die Verletzung der Vorschriften über die Schriftform berufen könne oder dies gegen den Grundsatz von Treu und Glauben verstößt.[375] Schließlich hafte der Bürgermeister auch nicht nach § 179 Abs. 1 BGB als Vertreter ohne Vertretungsmacht, da auch im Übrigen der Vertreter „beim Abschluss eines formfehlerhaften Geschäfts" nicht nach § 179 Abs. 1 BGB hafte.[376] Wenn aber der Bundesgerichtshof selbst von Regelungen über die Beschränkung der Vertretungsmacht spricht, sodann aber vergleichend auf formfehlerhafte Geschäfte Bezug nimmt, stimmt die vom Bundesgerichtshof vertretene Auffassung letztlich mit derjenigen überein, die von vornherein die gemeinderechtlichen Regelungen als Formvorschriften qualifiziert. Verstöße gegen diese Vorschriften führen danach zur Nichtigkeit gemäß § 125

---

369 Grundlegend BGHZ 32, 375 (380 f.).
370 HessVGH, NVwZ 1997, 618 ff.
371 Zum Ganzen *Lange*, KomR, Kap. 8, Rn. 191 ff.; ferner *Burgi*, KomR, § 17, Rn. 38, der eine analoge Anwendung der §§ 177, 178, 180 BGB befürwortet.
372 § 71 Abs. 2 S. 2 HGO; § 86 Abs. 2 NKomVG; § 64 Abs. 4 GO NW; § 49 Abs. 1 S. 2 RhPfGemO; § 62 Abs. 1 S. 2 SaarlKSVG; § 73 Abs. 1 S. 2 KVG LSA; § 31 Abs. 2 S. 1 ThürKO.
373 BGH, NJW 2001, 2626 (2628); anders HessVGH, NVwZ 1997, 618 (620).
374 BGH, NJW 1984, 606 (607); BGH, NJW 1985, 1778 (1780); BGH, NJW 1995, 3389 (3390).
375 BGH, NJW 1985, 1778 (1780); BGH, NJW 1995, 3389 (3390); BGH, NJW 2001, 2626 (2628).
376 BGH, NJW 2001, 2626 (2628); zur Haftung der Gemeinde gemäß § 311 Abs. 2 BGB (und des Bürgermeisters nach §§ 31, 89 BGB) BGH, NJW 1985, 1778 (1783 f.); BGH, NJW 1986, 2939 ff.

BGB – die Frage einer Genehmigung oder der Haftung des Vertreters ohne Vertretungsmacht stellen sich dann nicht.[377]

75 Die Unterschiede beider Auffassungen werden mit Blick auf die vereinzelt im Gemeinderecht enthaltenen Regelungen sichtbar, die dem Bürgermeister eine Vertretungsbefugnis nur gemeinsam insbesondere mit seinem Stellvertreter einräumen.[378] Der Bundesgerichtshof geht insoweit davon aus, dass gleichwohl vom Bürgermeister abgegebene Verpflichtungserklärungen schwebend unwirksam sind und gemäß § 177 Abs. 1 BGB genehmigt werden können. Zur Genehmigung berufen ist grundsätzlich der Vertreter der Gemeinde;[379] die gemeinderechtlichen Anforderungen gelten indes auch dann als gewahrt, wenn die Erklärung zunächst nur vom Bürgermeister abgegeben wird und sein Stellvertreter dann aber diese Erklärung genehmigt.[380] Dabei fordert der Bundesgerichtshof, dass eine Genehmigung durch den Vertreter der Gemeinde ihrerseits den gemeinderechtlichen Vorgaben für Verpflichtungserklärungen entspricht.[381] Allerdings wurde davon abweichend auch eine Genehmigung durch die Gemeindevertretung für zulässig erachtet.[382] Die Gegenansicht geht bei Verstößen gegen Regelungen über die Gesamtvertretung durch den Bürgermeister und seinen Stellvertreter demgegenüber von der Nichtigkeit entsprechender Erklärungen aus; auch bei diesen Vorschriften handele es sich um Formvorschriften, weswegen § 125 BGB zur Anwendung gelange.[383]

b) Die Kommunalverwaltung

76 Zu den Aufgaben des Bürgermeisters zählt neben der Wahrnehmung insbesondere der Angelegenheiten der laufenden Verwaltung auch die Leitung der Verwaltung. Er regelt deren innere Organisation, leitet und verteilt die Geschäfte.[384] Nicht zur Disposition stehen dabei einfachgesetzliche Vorgaben wie etwa die (auch in Ansehung der kommunalen Organisationshoheit verfassungskonforme)[385] Pflicht zur Bestellung von Gleichstellungsbeauftragten.[386] Des Weiteren ist der Bürgermeister – sofern das Gemeinderecht ihm nicht auch andere personalrechtliche Befugnisse überträgt – jedenfalls Vorgesetzter der Beschäftigen und Dienstvorgesetzter der Beamten.[387] Daraus ergibt sich ne-

---

377 *Lange*, KomR, Kap. 8, Rn. 209 f.
378 § 57 Abs. 2 S. 2 BbgKVerf; § 71 Abs. 2 S. 2 HGO; §§ 38 Abs. 6 S. 2, 39 Abs. 2 S. 6 KV M-V; ausführlich dazu Pottmeyer, DVBl. 2013, 747 ff.; der Bundesgerichtshof hat darauf hingewiesen, dass seitens des Bürgermeisters keine Einzelvollmacht für den Stellvertreter erteilt werden könne, die einer Alleinvertretung gleichkomme, BGHZ 178, 192 ff.
379 HessVGH, NVwZ 1997, 618 (620).
380 BGH, NJW 1972, 940 (941); BGH, NJW 1982, 1036 f.
381 BGH, NJW 1984, 606 (607).
382 BGH, NVwZ 1990, 403 (404); BGH, NJW 1998, 3058 (3060 f.).
383 *Lange*, KomR, Kap. 8, Rn. 200, 203.
384 Siehe § 62 Abs. 1 S. 2, 3 GO NW; ferner §§ 42 Abs. 1 S. 1, 44 Abs. 1 GemO BW; Art. 46 Abs. 1 S. 1 BayGO; § 53 Abs. 1 S. 2 BbgKVerf; § 70 Abs. 1 S. 2 HGO; § 38 Abs. 2 S. 2, Abs. 7 KV M-V; § 85 Abs. 3 S. 1 NKomVG; § 47 Abs. 1 S. 1 RhPfGemO; § 59 Abs. 2 S. 1 SaarlKSVG; §§ 51 Abs. 1 S. 1, 53 SächsGemO; § 66 Abs. 1 S. 1, 2 KVG LSA; §§ 50 Abs. 1, 55 Abs. 1, 65 Abs. 1 GO SH; § 29 Abs. 1 S. 1 ThürKO.
385 BVerfGE 91, 228 ff.
386 § 18 Abs. 2, 3 BbgKVerf; § 4b HGO; § 41 KV M-V; §§ 8 f. NKomVG; § 5 GO NW; § 2 Abs. 6 RhPfGemO; § 79a SaarlKSVG; § 64 Abs. 2, 3 SächsGemO; § 78 KVG LSA; § 2 Abs. 3, 4 GO SH; § 33 Abs. 1 S. 2 ThürKO.
387 § 44 Abs. 4 GemO BW; Art. 43 Abs. 3 BayGO; § 61 Abs. 2 S. 2 BbgKVerf; § 73 Abs. 2 S. 1 HGO; § 38 Abs. 2 S. 4 KV M-V; § 107 Abs. 5 S. 3 NKomVG; § 73 Abs. 2 GO NW; § 47 Abs. 2 S. 1 RhPfGemO; § 59 Abs. 5 S. 1 SaarlKSVG; § 53 Abs. 4 SächsGemO; § 66 Abs. 5 KVG LSA; § 50 Abs. 4 S. 1, 55 Abs. 1 S. 3, 65 Abs. 1 S. 3 GO SH; § 29 Abs. 3 S. 2 ThürKO.

ben arbeitsrechtlichen und beamtenrechtlichen Entscheidungsbefugnissen insbesondere ein Recht zur Erteilung von Weisungen.³⁸⁸

aa) Beigeordnete (zweite und dritte Bürgermeister, Stadträte und leitende Beamte auf Zeit)

Der Bürgermeister und die von ihm geleitete Verwaltung sind nicht allein für die Aufgabenwahrnehmung verantwortlich, das Gemeinderecht stellt dem Bürgermeister vielmehr Beigeordnete zur Seite. Die Bestellung von Beigeordneten ist entweder für alle Gemeinden oder nur für Gemeinden bestimmter Größe vorgesehen oder vorgeschrieben, ihre Anzahl kann regelmäßig unter Beachtung bestimmter Höchstzahlen festgelegt werden.³⁸⁹ Terminologische Besonderheiten ergeben sich aus Art. 35 Abs. 1 S. 1 BayGO, wonach an die Stelle von Beigeordneten weitere Bürgermeister treten; Gleiches gilt für § 66 Abs. 1 GO SH – Beigeordnete werden dort als Stadträte bezeichnet. Schließlich bezeichnet § 74 Abs. 1 S. 1 Nr. 2 NKomVG die stimmberechtigten Mitglieder des Verwaltungsausschusses als Beigeordnete; den Beigeordneten anderer Bundesländer sind demgegenüber die leitenden Beamten auf Zeit gemäß § 108 Abs. 1 S. 1 NKomVG gleichgestellt.

77

(1) Bestellung von Beigeordneten

Die Beigeordneten werden von der Gemeindevertretung – teilweise auf Vorschlag des Bürgermeisters oder im Benehmen mit diesem – gewählt.³⁹⁰ Überwiegend werden die Beigeordneten als hauptamtliche Beamte auf Zeit bestellt,³⁹¹ vereinzelt ist allerdings auch eine ehrenamtliche Tätigkeit vorgesehen.³⁹² Mit Blick jedenfalls auf die Wahl hauptamtlich tätiger Beigeordneter werden teilweise die für den Bürgermeister geltenden Anforderungen übertragen,³⁹³ im Übrigen wird oftmals vorausgesetzt, dass die Beigeordneten die für ihr Amt erforderliche Eignung, Befähigung und Sachkunde besitzen – oder sie müssen die Befähigung für den gehobenen Verwaltungsdienst oder zum Richteramt haben.³⁹⁴ Beigeordnete können mit Ausnahme von Baden-Württemberg und Bayern ebenso wie der Bürgermeister abgewählt werden.³⁹⁵ Die Abwahl der Beigeordneten wird nicht als Verwaltungsakt qualifiziert: Auch wenn sie nicht in jeder Hinsicht wie eine Wahl geregelt sei, erscheine sie – so die Rechtsprechung – doch als

78

---

388 Siehe OVG Münster, NVwZ 1982, 319 f.
389 § 49 Abs. 1 S. 1 GemO BW; § 59 Abs. 1 BbgKVerf; § 44 Abs. 2 S. 2 HGO; § 40 Abs. 4 S. 1 KV M-V; § 71 Abs. 4 GO NW; § 50 Abs. 1 S. 1 RhPfGemO; § 64 SaarlKSVG; § 55 Abs. 1 S. 1 SächsGemO; § 68 Abs. 1 KVG LSA; § 32 Abs. 1 S. 1 ThürKO.
390 § 50 Abs. 2 GemO BW; Art. 35 Abs. 1 S. 1 BayGO; § 60 Abs. 1 S. 1 BbgKVerf; § 39a Abs. 1 S. 1 HGO; § 40 Abs. 4, 5 S. 1 KV M-V; § 109 Abs. 1 S. 1 NKomVG; § 71 Abs. 1 S. 3 GO NW; § 53a Abs. 1 RhPfGemO; §§ 65 Abs. 1 S. 1, 68 Abs. 3 SaarlKSVG; § 56 Abs. 2 SächsGemO; § 69 Abs. 1 S. 2 KVG LSA; § 67 Abs. 1 S. 1 GO SH; § 32 Abs. 4 S. 1, Abs. 5 S. 1 ThürKO.
391 § 50 Abs. 1 GemO BW; § 60 Abs. 1 S. 1, 2 BbgKVerf; § 40 Abs. 4 S. 1, Abs. 5 S. 6 KV M-V; § 109 Abs. 2 S. 1 NKomVG; § 71 Abs. 1 S. 2, 3 GO NW; § 56 Abs. 1 SächsGemO; § 69 Abs. 1 S. 1 KVG LSA; § 67 Abs. 4 S. 1 GO SH.
392 Art. 35 Abs. 1 S. 2 BayGO; § 44 Abs. 2 HGO; § 51 Abs. 2 S. 2, 3 RhPfGemO; § 68 Abs. 1 S. 1 SaarlKSVG; § 32 Abs. 3 ThürKO.
393 Art. 35 Abs. 2 S. 1 BayGO; § 39a Abs. 1 S. 2, 3 HGO; § 53a Abs. 1 S. 2 i.V.m. § 53 Abs. 3 RhPfGemO; § 54 Abs. 1, 2 S. 3 SaarlKSVG.
394 Siehe § 59 Abs. 3 BbgKVerf; § 40 Abs. 5 S. 2 KV M-V; § 109 Abs. 2 S. 2 NKomVG; § 71 Abs. 3 GO NW; § 54 Abs. 2 SaarlKSVG; § 68 Abs. 2 KVG LSA; § 67 Abs. 2 S. 2 GO SH; § 32 Abs. 5 ThürKO.
395 § 60 Abs. 3 BbgKVerf; § 76 Abs. 1 HGO; § 32 Abs. 4 KV M-V; § 109 Abs. 3 NKomVG; § 71 Abs. 7 GO NW; § 55 Abs. 2 S. 1 RhPfGemO; §§ 65 Abs. 3, 68a SaarlKSVG; § 56 Abs. 4 S. 1 SächsGemO; § 69 Abs. 3 KVG LSA; § 40a GO SH; § 32 Abs. 4 S. 2, Abs. 6 ThürKO.

ein Akt der politischen Willensbildung, der nicht mit der Ausübung von Verwaltungstätigkeit gleichgesetzt werden könne.[396]

(2) Aufgaben der Beigeordneten

79 Den Beigeordneten obliegt zuvörderst die Vertretung des Bürgermeisters. Sind mehrere Beigeordnete berufen, wird regelmäßig der erste Beigeordnete zum Vertreter bestimmt; die übrigen Beigeordneten sind lediglich nachrangig zur Vertretung berufen.[397] Die Vertretung ist nach dem Gemeinderecht einiger Bundesländer auf die Verhinderung des Bürgermeisters beschränkt; eine solche Verhinderung wird nicht schon bei bloßer Ortsabwesenheit angenommen, sondern vielmehr erst dann, wenn der Bürgermeister auch mithilfe moderner Kommunikationsmittel seinen Aufgaben nicht nachkommen kann.[398] Ist die Vertretungsbefugnis hingegen nicht auf die Verhinderung beschränkt, können die Beigeordneten den Bürgermeister stets vertreten.

80 Die Beigeordneten haben überdies Angelegenheiten bestimmter Aufgabenbereiche zu erledigen. Selten ist dem Bürgermeister (oder der Gemeindevertretung) lediglich die Möglichkeit eröffnet, einzelne seiner Befugnisse oder Aufgabenbereiche auf die Beigeordneten zu übertragen;[399] regelmäßig geht das Gemeinderecht demgegenüber davon aus, dass ihnen ein bestimmter Aufgabenbereich zu übertragen ist. Dabei wird oftmals festgeschrieben, dass die Beigeordneten den Bürgermeister in ihrem Aufgabenbereich vertreten – mithin nach außen tätig werden können.[400] Sofern dies nicht ausdrücklich festgeschrieben wird, soll sich eine Pflicht zur Übertragung von Aufgabenbereichen aus einem Anspruch der Beigeordneten auf amtsangemessene Beschäftigung ergeben.[401] Welche Aufgaben den Beigeordneten übertragen werden, muss nach dem Gemeinderecht einiger Bundesländer gemeinsam mit der Gemeindevertretung entschieden werden.[402] Derartige Mitwirkungsbefugnisse beschneiden die Aufgabe des Bürgermeisters, die Verwaltung zu leiten; möglichen Konflikten versucht etwa § 55 Abs. 5 SächsGemO dadurch zu beggnen, dass der Gemeindevertretung ein Letztentscheidungsrecht mit der Mehrheit von zwei Dritteln der anwesenden Stimmberechtigten zusteht. Abseits dieser Regelung wird dem Bürgermeister das maßgebliche Entscheidungsrecht zugebilligt und lediglich gefordert, dieser dürfe Aufgabenbereiche nicht ohne hinreichend sachliche Gründe zuschneiden.[403] Dem Bürgermeister steht schließlich nach dem Gemeinderecht vieler Bundesländern ein ausdrückliches Weisungsrecht gegenüber den

---

396 HessVGH, DVBl. 1989, 934 f.
397 § 49 Abs. 3 S. 1, 2 GemO BW; Art. 39 Abs. 1 S. 1 BayGO; § 56 Abs. 2 S. 1, 3 BbgKVerf; § 47 HGO; § 40 Abs. 4 S. 8, 10 KV M-V; § 108 Abs. 1 S. 2 Nr. 1, 2 NKomVG; § 50 Abs. 2 S. 1, 3 RhPfGemO; § 63 Abs. 1 S. 1, 2 SaarlKSVG; § 55 Abs. 4 S. 1 SächsGemO; § 68 Abs. 3 S. 1 KVG LSA; § 62 Abs. 3 S. 1 GO SH; § 32 Abs. 1 S. 1, 4 ThürKO; siehe ferner § 68 Abs. 1 S. 1 GO NW, wonach die Gemeindevertretung einen Beigeordneten zum allgemeinen Vertreter des Bürgermeisters bestellt – nach § 67 Abs. 1 GO NW wählt die Gemeindevertretung aus ihrer Mitte des Weiteren ehrenamtliche Stellvertreter des Bürgermeisters, die diesen bei der Leitung der Sitzungen der Gemeindevertretung vertreten.
398 Dazu *Lange*, KomR, Kap. 8, Rn. 42.
399 Art. 39 Abs. 2 BayGO; § 63 Abs. 3 SaarlKSVG.
400 § 40 Abs. 4 S. 5, 7 KV M-V; § 50 Abs. 3 S. 1, 3 RhPfGemO; § 32 Abs. 7 S. 1, 3 ThürKO; ferner § 49 Abs. 2 S. 1 GemO BW; § 56 Abs. 2 S. 5 BbgKVerf; § 68 Abs. 2 GO NW; § 55 Abs. 3 S. 1 SächsGemO; § 68 Abs. 3 S. 1 KVG LSA; ähnlich § 67 Abs. 5 GO SH; schließlich wohl auch § 70 Abs. 1 S. 3 HGO.
401 *Lange*, KomR, Kap. 8, Rn. 44.
402 § 44 Abs. 1 S. 2 GemO BW; § 40 Abs. 4 S. 5 KV M-V; § 50 Abs. 1, 2, 4 RhPfGemO; § 63 Abs. 3 SaarlKSVG; § 55 Abs. 3 S. 2 SächsGemO; § 65 Abs. 3 GO SH; ferner § 73 Abs. 1 GO NW.
403 *Lange*, KomR, Kap. 8, Rn. 87.

§ 4 Die kommunale Binnenorganisation

Beigeordneten zu.[404] Abseits ausdrücklicher Regelungen wird dem Bürgermeister aufgrund der Leitung der Verwaltung ebenfalls ein Weisungsrecht zuerkannt. Das Weisungsrecht impliziert aber jedenfalls keine Einschränkung der Vertretungsmacht der Beigeordneten.[405]

(3) Institutionelle Verfestigungen

Institutionelle Verfestigung erfahren Bürgermeister und Beigeordnete in Rheinland-Pfalz und Nordrhein-Westfalen: Gemäß § 57 RhPfGemO bilden in Städten, die zwei oder mehr hauptamtliche Beigeordnete haben, die Bürgermeister und die Beigeordneten einen Stadtvorstand. Der Bürgermeister bedarf gemäß § 58 Abs. 1 RhPfGemO der Zustimmung dieses Stadtvorstands bei der Festsetzung der Tagesordnung für die Sitzungen der Gemeindevertretung sowie bei Eilentscheidungen. Einen solchen Zustimmungsvorbehalt sieht § 70 GO NW nicht vor – nichtsdestotrotz bilden auch nach dieser Vorschrift der Bürgermeister und die Beigeordneten einen Verwaltungsvorstand. Der Bürgermeister ist nach § 70 Abs. 3 GO NW verpflichtet, im Interesse der Einheitlichkeit der Verwaltungsführung regelmäßig den Verwaltungsvorstand zur Beratung einzuberufen. Seine Mitglieder sind verpflichtet, sich gegenseitig zu unterrichten und zu beraten. Ferner wirkt der Verwaltungsvorstand nach § 70 Abs. 3 GO NW bei bestimmten verwaltungsorganisatorischen Aufgaben mit – es handelt sich folglich vorrangig um ein Beratungs-, nicht aber um ein Entscheidungsgremium.

81

bb) Hausrecht

Zu den Aufgaben der Leitung der Verwaltung zählt auch das Hausrecht[406] – obwohl diesbezüglich im Gegensatz zur Ausübung des Hausrechts während der Sitzungen der Gemeindevertretung[407] keine einfachgesetzliche Regelung besteht. Ebenso wie beim Hausrecht während der Sitzungen der Gemeindevertretung grenzt die Rechtsprechung verschiedene Hausrechte voneinander ab: Aus den privatrechtlichen Besitz- und Eigentumsrechten soll sich das Hausrecht ergeben, wenn die gemeindlichen Räumlichkeiten zur Erledigung privatrechtlicher Geschäfte betreten werden (etwa die Vergabe von Aufträgen); öffentlich-rechtlicher Natur soll das Hausverbot demgegenüber sein, wenn öffentlich-rechtliche Angelegenheiten wahrgenommen werden sollen (etwa die Stellung von Anträgen).[408] Die Gegenansicht unterscheidet demgegenüber nach dem Zweck des Hausverbotes – öffentlich-rechtlich ist ein Hausverbot danach dann, wenn es der Sicherung der Erfüllung öffentlich-rechtlicher Aufgaben dient, ohne Rücksicht darauf, aus welchen Gründen die gemeindlichen Räumlichkeiten betreten werden. Beim Hausverbot soll es sich deswegen auch um einen Verwaltungsakt handeln, dessen Ermächtigungsgrundlage sich aus der allgemeinen, kraft öffentlichen Rechts bestehenden Kompetenz ergibt, für einen störungsfreien Dienstbetrieb zu sorgen.[409]

82

---

404 § 49 Abs. 2 S. 2 GemO BW; § 40 Abs. 4 S. 7 KV M-V; § 50 Abs. 6 S. 2 RhPfGemO; § 55 Abs. 3 S. 3 SächsGemO; § 68 Abs. 3 S. 2 KVG LSA; § 67 Abs. 5, 6 i.V.m. § 25 Abs. 1 GO SH; anders § 70 Abs. 2 HGO.
405 OVG Münster, NVwZ 1982, 318 f.
406 OVG Münster, NVwZ-RR 1992, 35 ff. mit dem Hinweis, dass bei dessen Ausübung der Bürgermeister einen weiten Spielraum der Fraktionen zur Gestaltung der ihnen überlassenen Geschäftszimmer respektieren muss und es eine Befugnis zur Wahrung eines parteipolitisch und weltanschaulich neutralen Erscheinungsbilds dieser Geschäftszimmer nicht gibt.
407 Siehe dazu Teil 2, § 5, Rn. 37 ff.
408 BGHZ 33, 230 ff.; BVerwGE 35, 103 ff.; OVG Münster, NJW 1998, 1425 f.
409 *Maurer*, AllgVerwR, 18. Aufl. 2011, § 3, Rn. 34.

3. Gemeindebezirke

83 Gegenstand der kommunalen Binnenorganisation sind neben der Gemeindevertretung und dem Bürgermeister schließlich auch die nach dem Gemeinderecht aller Bundesländer vorgesehenen Gemeindebezirke. Gemeindebezirke sind rechtlich unselbstständige[410] Untergliederungen der Gemeinden. Derartige Untergliederungen kennt das Gemeinderecht seit seinen Anfängen – sie dienen der Dezentralisierung sowie der Dekonzentration und sollen (letztlich auch als Gegengewicht zu Gemeindegebietsreformen) die bürgerschaftliche Mitwirkung stärken und bürgernahe Entscheidungen fördern.[411] Den Gemeinden wird vor diesem Hintergrund regelmäßig die Möglichkeit eingeräumt – selten als verfassungskonforme Einschränkung der kommunalen Organisationshoheit[412] auch die Verpflichtung auferlegt – Gemeindebezirke zu bilden. Das Gemeinderecht unterscheidet dabei oftmals zwischen der Einrichtung von Stadtbezirken kreisfreier oder anderer Städte sowie von Ortschaften der Gemeinden.[413]

84 Vorausgesetzt wird regelmäßig die Bildung von Vertretungen der Gemeindebezirke seitens der Gemeindevertretung,[414] teilweise werden diese aber auch unmittelbar gewählt.[415] Nach dem Bundesverfassungsgericht müssen auch solche Wahlen den Wahlrechtsgrundsätzen genügen.[416] Die Vertretungen der Gemeindebezirke sind in Angelegenheiten, die den jeweiligen Gemeindebezirk betreffen, regelmäßig zu hören, sie beraten die Gemeindevertretung.[417] Teilweise werden den Vertretungen von Gesetzes wegen aber auch bestimmte Angelegenheiten zur Entscheidung übertragen,[418] im Übrigen können ihnen Aufgaben seitens der Gemeindevertretung übertragen werden.[419] Des Weiteren kennt das Gemeinderecht nahezu aller Bundesländer den Begriff des Bezirksvorstehers. Dieser ist entweder Vorsitzender der Vertretung der Gemeindebezirke[420] oder ihm werden neben der Vertretung der Gemeindebezirke bestimmte Aufgaben –

---

410 Zur Parteifähigkeit im Kommunalverfassungsstreit HessVGH, NVwZ 1987, 919 f.
411 Ausführlich zum Ganzen *Schwarz*, in: Mann/Püttner (Hrsg.), HKWP, Bd. I, § 27, Rn. 1 ff.
412 *Schwarz*, in: Mann/Püttner (Hrsg.), HKWP, Bd. I, § 27, Rn. 13.
413 §§ 64 ff. GemO BW; Art. 60 f. BayGO; §§ 45 ff. BbgKVerf (Bildung von Ortsteilen lediglich amtsfreier Gemeinden); §§ 81 ff. HGO (unterschiedslose Bildung von Gemeindebezirken); § 42 KV M-V; §§ 90 ff. NKomVG; §§ 35 ff. GO NW; § 74 ff. RhPfGemO (unterschiedslose Bildung von Gemeindebezirken); §§ 70 ff. SaarlKSVG; §§ 65 ff. SächsGemO; §§ 81 ff. KVG LSA (unterschiedslose Bildung von Gemeindebezirken); § 47a ff. GO SH (unterschiedslose Bildung von Gemeindebezirken); § 45 f. ThürKO (unterschiedslose Bildung von Gemeindebezirken).
414 § 65 Abs. 1 S. 1 GemO BW (für Stadtbezirke); Art. 60 Abs. 2 S. 1, 60a Abs. 1 S. 1 BayGO; § 45 Abs. 2 S. 1 BbgKVerf; § 42 Abs. 1, 2 KV M-V; § 39 Abs. 2 GO NW (für Ortschaften); § 71 Abs. 1 SächsGemO (für Stadtbezirke); § 47b Abs. 3 S. 1 GO SH; § 45 Abs. 1 S. 2 ThürKO.
415 §§ 65 Abs. 4 S. 1, 69 Abs. 1 S. 1 GemO BW; Art. 60 Abs. 3 S. 2 BayGO (für Stadtbezirke); § 45 Abs. 2 S. 1 BbgKVerf; § 82 Abs. 1 S. 1 HGO; § 91 Abs. 2 NKomVG; § 36 Abs. 1 S. 1 GO NW (für Stadtbezirke); § 75 Abs. 4 S. 1 RhPfGemO; § 71 Abs. 1 SaarlKSVG; § 66 Abs. 1 S. 1 SächsGemO (für Ortschaften); § 82 Abs. 3 S. 1 KVG LSA.
416 BVerfGE 47, 253 (272 ff.).
417 §§ 65 Abs. 2 S. 1, 70 Abs. 1 S. 2 GemO BW; Art. 60 Abs. 4, 60a Abs. 2 BayGO; § 46 Abs. 1, 2 BbgKVerf; § 82 Abs. 3 HGO; § 42 Abs. 2 KV M-V; § 94 NKomVG; §§ 37 Abs. 5 S. 1, 39 Abs. 7 S. 1, 2 GO NW (für Stadtbezirke und Ortsvorsteher); § 75 Abs. 1, 2 RhPfGemO; § 75 Abs. 2 S. 2 RhPfGemO; § 73 Abs. 2 S. 1 SaarlKSVG; §§ 67 Abs. 4, 71 Abs. 2 S. 1 SächsGemO; § 84 Abs. 2 S. 1 KVG LSA; § 47c Abs. 1 S. 1 GO SH; § 45 Abs. 5 ThürKO.
418 § 93 Abs. 1 NKomVG; § 37 Abs. 1 S. 1 GO NW (für Stadtbezirke); § 73 Abs. 3 S. 1 SaarlKSVG; § 67 Abs. 1 SächsGemO (für Ortschaften); § 45 Abs. 6 S. 1 ThürKO.
419 § 70 Abs. 2 GemO BW (für Ortschaften); Art. 60 Abs. 2 S. 2 BayGO (für Stadtbezirke); § 46 Abs. 3 BbgKVerf; § 82 Abs. 4 HGO; § 42 Abs. 2 S. 2 KV M-V; § 93 Abs. 1 S. 3 NKomVG; § 39 Abs. 3 S. 1 GO NW (für Ortschaften); § 73 Abs. 4 S. 1 SaarlKSVG; § 67 Abs. 2 SächsGemO (für Ortschaften); § 84 Abs. 3 S. 1 KVG LSA; § 47c Abs. 2 S. 1 GO SH; § 45 Abs. 6 S. 3 ThürKO.
420 § 45 Abs. 2 S. 2 BbgKVerf; § 82 Abs. 5 S. 1 HGO; § 36 Abs. 2 S. 2 GO NW (für Stadtbezirke); § 75 Abs. 5 S. 1 RhPfGemO; § 75 Abs. 1 S. 1 SaarlKSVG; ferner § 45 Abs. 1 S. 2, Abs. 4 S. 1 ThürKO.

§ 4 Die kommunale Binnenorganisation

oftmals die Vertretung des Bürgermeisters – zugewiesen;[421] er kann aber auch gänzlich an die Stelle der Vertretung der Gemeindebezirke treten.[422]

II. Die Binnenorganisation der Kreise

Alle Gemeinden (abgesehen von den kreisfreien Städten) sind einem (Land)kreis zugehörig. Deren Binnenorganisation stimmt mit derjenigen ihrer Gemeinden weitgehend überein, allerdings sind auch einige Besonderheiten erkennbar, die ihrerseits von Bundesland zu Bundesland unterschiedlich ausgeprägt sind.[423] Die Gemeinsamkeiten von Kreisen und Gemeinden werden schon auf verfassungsrechtlicher Ebene deutlich – Art. 28 Abs. 1 S. 2 GG fordert nicht nur für Gemeinden, sondern auch für Kreise, dass das Volk eine Vertretung haben muss, die aus allgemeinen, unmittelbaren, freien, gleichen und geheimen Wahlen hervorgegangen ist. Aus diesem Grund handelt es sich bei den Kreisen ebenso wie bei den Gemeinden um (durch bundkörperschaftliche Elemente – insbesondere die Unterstützung der kreisangehörigen Gemeinden bei der Aufgabenwahrnehmung sowie die Kreisumlage[424] – geprägte) Gebietskörperschaften, deren Mitglieder die Einwohner des jeweiligen Kreisgebiets (nicht aber die kreisangehörigen Gemeinden) sind.[425]

85

1. Kreistag

Übereinstimmend mit den verfassungsrechtlichen Vorgaben des Art. 28 Abs. 1 S. 2 GG wird einfachgesetzlich eine den Wahlrechtsgrundsätzen entsprechende direkte Wahl der Mitglieder des Kreistages vorausgesetzt.[426] Aufgaben und Funktionen des Kreistages stimmen sodann grundsätzlich mit denen der Gemeindevertretung überein. Ebenso wie im Gemeinderecht wird der Kreistag für zuständig erklärt, soweit insbesondere nicht der Landrat kraft Gesetzes zuständig ist oder der Kreistag Zuständigkeiten übertragen hat.[427] Andere Bundesländer behalten dem Kreistag hingegen lediglich wichtige Aufgaben vor;[428] sofern damit allerdings ebenfalls lediglich zum Ausdruck gebracht wird, dass der Kreistag nicht für die Angelegenheiten der laufenden Verwaltung zuständig ist, handelt es sich allenfalls um eine begriffliche Abweichung vom Gedanken der Allzuständigkeit.[429] Auch die einfachgesetzlichen Regelungen zum Vorsitz im

86

---

421 § 71 Abs. 1 S. 3 GemO BW; § 96 Abs. 1 S. 1 NKomVG; § 78 Abs. 2 S. 1 SächsGemO; ferner Art. 60a Abs. 1 S. 1 BayGO (für Ortschaften).
422 § 47 Abs. 2 BbgKVerf; § 39 Abs. 2 S. 1 GO NW (für Ortschaften); § 82 Abs. 1 KVG LSA; § 45 Abs. 6 S. 5 ThürKO.
423 Zum Ganzen *Meyer*, in: Mann/Püttner (Hrsg.), HKWP, Bd. I, § 25, Rn. 33 ff.
424 Siehe dazu Teil 2, § 9, Rn. 26 ff.
425 Siehe § 122 Abs. 1 BbgKVerf; Art. 1 S. 1 BayLKrO; § 1 Abs. 1 S. 1 HessLKO; § 88 Abs. 1 KV M-V; § 3 Abs. 1 NKomVG; § 1 Abs. 2 KrO NW; § 1 Abs. 1 S. 1 RhPflKO; § 140 Abs. 1 S. 1 SaarlKSVG; § 1 Abs. 2 SächsLKrO; § 3 Abs. 1 KVG LSA; § 1 Abs. 1 KO SH; § 86 Abs. 1 S. 1 ThürKO.
426 § 22 Abs. 1 LKrO BW; Art. 22 Abs. 1 BayGLKrWG; § 131 Abs. 1 S. 1 i.V.m. § 27 Abs. 2 S. 1 BbgKVerf; § 21 Abs. 1 HKO; § 105 Abs. 1 S. 1 KV M-V; § 47 Abs. 1 S. 1 NKomVG; § 25 Abs. 1 KrO NW; § 22 Abs. 1 S. 2 RhPflKO; § 156 Abs. 1 SaarlKSVG; § 26 Abs. 1 SächsLKrO; § 26 Abs. 1 S. 1 LKO LSA; § 26 Abs. 1 KrO SH; § 102 Abs. 2 S. 1 ThürKO.
427 § 19 Abs. 1 LKrO BW; § 24 Abs. 1 HessLKO; § 25 Abs. 1 S. 2 RhPflKO; § 24 Abs. 1 SächsLKrO; § 33 Abs. 2 LKO LSA; § 101 Abs. 3 S. 1 ThürKO.
428 Art. 23 Abs. 1 S. 2 BayLKrO; § 104 Abs. 2 S. 1 KV M-V; § 22 Abs. 1 S. 1, 2 KrO SH.
429 § 131 Abs. 1 S. 1 i.V.m. § 28 Abs. 1 BbgKVerf; § 58 Abs. 1, 2 NKomVG normieren übereinstimmend mit dem jeweiligen gemeinderechtlichen Regelungskonzept keine Allzuständigkeit des Kreistages; auch gemäß § 26 Abs. 1 KrO NW ist (anders als auf Gemeindeebene) der Kreistag nur für bestimmte Aufgaben zuständig und im Übrigen entscheidet nach § 50 Abs. 1 KrO NW der Kreisausschuss; siehe ferner § 159 Abs. 1 i.V.m. § 175 Abs. 1 SaarlKSVG.

Kreistag, zu seinen Ausschüssen und zu den Fraktionen ähneln dem Gemeinderecht.[430] Überdies stimmen auch die Rechte und Pflichten der Mitglieder des Kreistages mit der Rechtsstellung der Mitglieder der Gemeindevertretung überein.[431] Namentlich eine Inkompatibilität der Mitgliedschaft im Kreistag und in der Vertretung einer kreisangehörigen Gemeinde ist gesetzlich nicht angeordnet; inkompatibel sind hingegen oftmals die Tätigkeit als Landrat, als leitender Mitarbeiter oder als Aufgaben der Kommunalaufsicht wahrnehmender Mitarbeiter und die Mitgliedschaft in der Vertretung einer kreisangehörigen Gemeinde.[432]

2. Landrat

a) Der Landrat als Verwaltungsorgan der Kreise

87 Die Rechtsstellung des Landrates stimmt mit derjenigen des Bürgermeisters grundsätzlich überein, er ist (inzwischen) zuvörderst Organ des Kreises. Meistens wird auch der Landrat unmittelbar gewählt[433] und nimmt regelmäßig von Gesetzes wegen die Angelegenheiten der laufenden Verwaltung sowie andere Geschäfte wahr, für die auf Gemeindeebene grundsätzlich der Bürgermeister zuständig ist.[434] Neben den Landrat (sowie den Kreistag) tritt in einigen Bundesländern (ähnlich dem Hauptausschuss im Gemeinderecht einzelner Bundesländer) als weiteres Organ der Kreisausschuss,[435] besondere Bedeutung besitzt dieser im hessischen Landesrecht.[436] Andere Bundesländer kennen den Kreisausschuss dagegen lediglich als Ausschuss des Kreistages.[437] Sofern der Kreisausschuss als Organ des Kreises tätig wird, obliegt ihm regelmäßig die Wahrnehmung solcher Aufgaben, die weder dem Kreistag noch dem Landrat vorbehalten sind.[438]

b) Doppelfunktion des Landrates

88 Der Landrat wird überdies mit Ausnahme von Niedersachsen, Sachsen und Sachsen-Anhalt als untere staatliche Verwaltungsbehörde herangezogen. Dies geschieht anders als im Falle einer Heranziehung der Bürgermeister der kreisfreien Städte (die lediglich im Auftrag der Bundesländer tätig werden) allerdings im Wege der Organleihe, der Landrat (oder das Landratsamt) wird dementsprechend in einer Doppelfunktion tätig:

---

430 §§ 18 ff. LKrO BW; Art. 22 ff. BayLKrO; § 131 Abs. 1 S. 1 i.V.m. §§ 27 ff. BbgKVerf; §§ 21 ff. HKO; §§ 103 ff. KV M-V; §§ 45 ff. NKomVG; §§ 25 ff. KrO NW; §§ 21 ff. RhPfLKO; §§ 156 ff. SaarlKSVG; §§ 23 ff. SächsLKrO; §§ 25 ff. LKO LSA; §§ 22 ff. KrO SH; §§ 102 ff. ThürKO.
431 Zum freien Mandat der Mitglieder des Kreistages § 26 Abs. 3 LKrO BW; § 131 Abs. 1 S. 1 i.V.m. § 30 Abs. 1 BbgKVerf; § 28 Abs. 1 HKO; § 105 Abs. 2 KV M-V; § 54 Abs. 1 NKomVG; § 28 Abs. 1 KrO NW; § 23 Abs. 1 RhPfLKO; § 157 Abs. 1 S. 2, 3 SaarlKSVG; § 31 Abs. 3 SächsLKrO; § 31 Abs. 1 LKO LSA; § 27 Abs. 1 KrO SH; § 103 Abs. 1 ThürKO; ausführlich zu den Rechten und Pflichten der Mitglieder des Kreistages *Meyer*, in: Mann/Püttner (Hrsg.), HKWP, Bd. I, § 25, Rn. 47 ff.
432 Ausführlich dazu *Lange*, KomR, Kap. 5, Rn. 23 ff.
433 Art. 12 BayLKrO; § 126 S. 1 BbgKVerf; § 37 Abs. 1 a S. 1 HessLKO; § 116 Abs. 1 S. 1 KV M-V; § 80 Abs. 1 NKomVG; § 44 Abs. 1 S. 1 KrO NW; § 46 Abs. 1 S. 1 RhPhLKO; § 177 Abs. 1 S. 1 SaarlKSVG; § 44 Abs. 1 SächsLKrO; § 47 Abs. 1 S. 1 LKO LSA; § 106 Abs. 2 ThürKO.
434 § 42 Abs. 2 LKrO BW; Art. 34 Abs. 1, 2 BayLKrO; § 131 Abs. 1 S. 1 i.V.m. § 54 Abs. 1 BbgKVerf; § 44 Abs. 1, 2 HessLKrO; § 115 Abs. 1, 2 KV M-V; §§ 85 Abs. 1 S. 1, 3, 86 Abs. 1 NKomVG; § 42 lit. a) bis c) KrO NW; § 41 Abs. 1 S. 3 Nr. 1 bis 3 RhPfLKO; § 178 Abs. 2 S. 2 bis 4 SaarlKSVG; § 49 Abs. 2 SächsLKrO; §§ 51 Abs. 1, 52 Abs. 1 bis 3 LKO LSA; § 51 KrO SH; § 101 Abs. 2, 107 Abs. 1 ThürKO.
435 § 131 Abs. 1 S. 4 BbgKVerf; §§ 74 ff. NKomVG; §§ 8, 50 KrO NW; § 175 SaarlKSVG.
436 Siehe Teil 2, § 4, Rn. 109.
437 Art. 22, 26 ff. BayLKrO; § 113 Abs. 3 KV M-V; § 38 RhPfLKO; § 105 Abs. 1 ThürKO.
438 § 131 Abs. 1 S. 1, 4 i.V.m. § 50 Abs. 2 BbgKVerf; § 76 Abs. 2 NKomVG; § 50 Abs. 1 S. 1 KrO NW; § 175 Abs. 2 SaarlKSVG.

§ 4 Die kommunale Binnenorganisation

Neben der Tätigkeit als Organ der Kreise wird er als Organ der Bundesländer tätig – ihm obliegen insoweit alle Aufgaben, für die die untere staatliche Verwaltungsbehörde zuständig ist.[439] Die Besonderheit der Organleihe besteht dabei darin, dass die Tätigkeit des Landrates als untere staatliche Verwaltungsbehörde den Bundesländern zugerechnet wird; die betreffenden Aufgaben werden anders als bei ihrer Wahrnehmung durch die kreisfreien Städte nicht kommunalisiert, sondern bleiben Aufgaben des Landes. Infolge des Rechtsträgerprinzips sind dementsprechend die Bundesländer verwaltungsgerichtliche Klagegegner, sofern sich Bürger gegen das Handeln des Landrates als untere staatliche Verwaltungsbehörde zur Wehr setzen.[440] Haftungsrechtlich ist nach der Rechtsprechung des Bundesgerichtshofes demgegenüber in der Regel das Anstellungsverhältnis maßgeblich, die Kreise haften – vorbehaltlich abweichender Regelungen[441] – dementsprechend auch dann, wenn der Landrat als untere staatliche Verwaltungsbehörde tätig wird.[442]

Den Bundesländern bleibt es freilich unbenommen, den Landrat nicht im Wege der Organleihe zur Aufgabenerfüllung heranzuziehen, sondern die betreffenden Aufgaben als Auftragsangelegenheiten auf den Landrat[443] zu übertragen;[444] ebenso wie die kreisfreien Städte nehmen die Kreise in diesem Fall die Aufgaben nicht als Organe der Bundesländer, sondern in deren Auftrag mit der Folge wahr, dass Klagegegner infolge des Rechtsträgerprinzips die Kreise sind. Als unzulässig wird insoweit allerdings die Kommunalisierung der Kommunalaufsicht[445] erachtet – diese muss staatliche Aufgabe bleiben und kann demnach vom Landrat lediglich als untere staatliche Verwaltungsbehörde, nicht aber als Organ der Kreise wahrgenommen werden.[446] 89

III. Zur Binnenorganisation sonstiger Gemeindeverbände

Neben der Binnenorganisation der Kreise lassen sich weitere Besonderheiten aufzeigen. Angesprochen sind damit zuvörderst mehrstufige kommunale Organisationseinheiten (wie Samtgemeinden, Verbandsgemeinden und Ämter), die das Gemeinderecht im Gegensatz zu anderen Formen der kommunalen Zusammenarbeit[447] im Zusammenhang mit der kommunalen Binnenorganisation thematisiert. 90

1. Mehrstufige kommunale Organisationseinheiten

Namentlich kleine Gemeinden sehen sich dem Vorwurf mangelnder Verwaltungskraft ausgesetzt. Die Rechtsprechung verweist insoweit darauf, dass Art. 28 Abs. 2 GG ein Mindestmaß an Leistungsfähigkeit voraussetzt – mangels ausreichender Leistungsfä- 91

---

439 §§ 1 Abs. 3 S. 2, 37 Abs. 1 S. 1, 53 LKrO BW; Art. 37 Abs. 1 S. 2, Abs. 6 BayLKrO; § 132 Abs. 1 S. 1 BbgKVerf; § 55 HessLKO; §§ 58 Abs. 1, 59 f. KrO NW; §§ 41 Abs. 1 S. 2, 55 Abs. 1 S. 1 RhPfLKO; § 140 Abs. 1 S. 2 SaarlKSVG, § 8 Abs. 2 S. 1 SaarlLOG; § 1 S. 2 AULBErG SH; § 107 Abs. 1 S. 1, 111 Abs. 2 ThürKO.
440 Zum Ganzen *Maurer*, AllgVerwR, 18. Aufl. 2011, § 22, Rn. 23 ff.
441 Art. 35 Abs. 3 S. 1, 37 Abs. 5 BayLKrO; § 55 Abs. 6 S. 2 RhPfLKO; § 6 S. 1 AULBErG SH; § 111 Abs. 4 S. 4 ThürKO; ferner §§ 53 Abs. 2, 56 Abs. 2 LKrO BW; § 56 Abs. 2 HessLKO.
442 BGHZ 53, 217 (218 f.), 99, 326 326 (330).
443 Zur Zuständigkeit des Landrates für die Angelegenheiten des übertragenen Wirkungskreises § 42 Ab. 3 LKrO BW; Art. 37 Abs. 2 BayLKrO; § 131 Abs. 1 S. 1 i.V.m. § 54 Abs. 1 Nr. 3 BbgKVerf; § 115 Abs. 4 KV M-V; § 42 lit. d) KrO NW; § 41 Abs. 1 S. 3 Nr. 4 RhPfLKO; § 178 Abs. 3 SaarlKSVG; § 49 Abs. 3 SächsLKrO; § 52 Abs. 4 LKO LSA; § 51 Abs. 3 KrO SH; § 107 Abs. 2 Nr. 2 ThürKO.
444 Zum übertragenen Wirkungskreis *Meyer*, in: Mann/Püttner (Hrsg.), HKWP, Bd. I, § 25, Rn. 29 ff.
445 Zur Kommunalaufsicht Teil 2, § 10.
446 *Oebbecke*, DÖV 2001, 406 (407).
447 Ausführlich Teil 2, § 11.

higkeit weitgehend funktionsentleerte Gemeinden entsprächen nicht der verfassungsrechtlichen Gewährleistung kommunaler Selbstverwaltung.[448] Zahlreiche Bundesländer haben darauf mit Gebietsreformen reagiert.[449] Einige Bundesländer beschreiten einen anderen Weg – sie fassen kleine Gemeinden ohne deren Eigenständigkeit anzutasten zu höherstufigen kommunalen Körperschaften des öffentlichen Rechts zusammen und verabschieden sich damit vom Leitbild der sogenannten Einheitsgemeinde.

92 Die Mitgliedsgemeinden der Samtgemeinden, Verbandsgemeinden oder Ämter erfüllen nicht mehr alle gemeindlichen Aufgaben, vielmehr werden zahlreiche ausdrücklich bestimmte Selbstverwaltungsaufgaben[450] und regelmäßig die Aufgaben des übertragenen Wirkungskreises[451] künftig von den Samtgemeinden, Verbandsgemeinden oder Ämtern wahrgenommen. Ferner können ihnen weitere Selbstverwaltungsaufgaben übertragen werden.[452] Zudem nehmen die Samtgemeinden, Verbandsgemeinden oder Ämter oftmals die Verwaltungsgeschäfte ihrer Mitgliedsgemeinden in deren Namen und Auftrag wahr, wobei sie an Beschlüsse der Gemeindevertretungen und an Entscheidungen der Bürgermeister gebunden sind. Ausgenommen davon sind regelmäßig die Wahrnehmung der Aufgaben des Bürgermeisters als Vertreter der Gemeinde und als Vorsitzender der Gemeindevertretung sowie die Ausfertigung von Satzungen.[453]

93 Das Zusammenwirken von Samtgemeinden, Verbandsgemeinden oder Ämtern einerseits und deren Mitgliedsgemeinden andererseits bedingt ein vielschichtiges Beziehungsgeflecht. Ganz grundsätzlich umstritten ist dabei etwa die Frage, ob Samtgemeinden, Verbandsgemeinden und Ämter ihrerseits entweder als Gemeinden oder als Gemeindeverbände zu qualifizieren sind. Überdies stellt sich die Frage nach der Geltung des Art. 28 Abs. 2 S. 1 GG gegenüber Samtgemeinden, Verbandsgemeinden und Ämtern. Das Bundesverwaltungsgericht hat eine solche Geltung mit Blick auf die rheinland-pfälzischen Verbandsgemeinden grundsätzlich bejaht:[454] Art. 28 Abs. 2 S. 1 GG gewährleiste den Mitgliedsgemeinden auch gegenüber einer Aufgabenentziehung zugunsten dieser Verbandsgemeinden verfassungsrechtlichen Schutz.[455]

a) Samtgemeinden in Niedersachsen

94 Gemäß § 2 Abs. 3 NKomVG sind Samtgemeinden in Niedersachsen Gemeindeverbände, sie verwalten nach § 1 NKomVG ebenso wie die Gemeinden ihre Angelegenheiten im Rahmen der Gesetze in eigener Verantwortung. Charakteristisch für die Samtgemeinden ist, dass die Vorschriften über die Binnenorganisation der Gemeinden auch für Samtgemeinden gelten; § 7 Abs. 2 Nr. 3 NKomVG ordnet lediglich begriffliche Besonderheiten an. § 14 Abs. 1 S. 2 NKomVG bestimmt ferner, dass auch auf die Mitgliedsgemeinden von Samtgemeinden grundsätzlich die für Gemeinden geltenden Vorschriften anzuwenden sind. Abweichungen sind dabei ausdrücklich normiert: Nach § 105 Abs. 1 S. 1 NKomVG wählt die Gemeindevertretung aus ihrer Mitte den Bürger-

---

448 ThürVerfGH, NVwZ-RR 1997, 639 (641 f.); SächsVerfGH, LKV 2000, 25 (26).
449 Ausführlich dazu Teil 1, § 3, Rn. 23.
450 § 98 Abs. 1 S. 1 NKomVG; § 67 Abs. 1 S. 1 RhPfGemO; § 90 Abs. 1 S. 1 KVG LSA; ähnlich § 127 Abs. 1 KV M-V.
451 § 98 Abs. 2 S. 1 NKomVG; § 128 KV M-V; § 68 Abs. 3 Nr. 1 RhPfGemO; § 90 Abs. 2 S. 1 KVG LSA; § 4 Abs. 1 S. 1 AmtsO SH; ferner § 135 Abs. 1 BbgKVerf.
452 § 135 Abs. 5 S. 1 BbgKVerf; § 98 Abs. 1 S. 2 NKomVG; § 127 Abs. 4 KV M-V; § 67 Abs. 4 RhPfGemO; § 90 Abs. 3 S. 1 KVG LSA; § 5 Abs. 1 AmtsO SH.
453 § 68 Abs. 1 RhPfGemO; § 91 Abs. 2 KVG LSA; ähnlich § 135 Abs. 3 BbgKVerf; § 98 Abs. 4 NKomVG; § 127 Abs. 2 KV M-V; § 3 Abs. 2 AmtsO SH.
454 BVerwG, NVwZ 1987, 378 (379).
455 Allgemein dazu Teil 1, § 3, Rn. 28 ff.

meister; dieser ist gemäß § 105 Abs. 2 NKomVG ehrenamtlich tätig, er führt den Vorsitz in der Gemeindevertretung. Die Gemeindevertretung kann gemäß § 104 S. 1, 2 NKomVG überdies beschließen, dass kein Verwaltungsausschuss gebildet wird. In diesem Fall gehen die Zuständigkeiten des Verwaltungsausschusses auf die Gemeindevertretung über; die Vorbereitung ihrer Beschlüsse obliegt hingegen dem Bürgermeister. Des Weiteren kann die Gemeindevertretung gemäß § 106 Abs. 1 NKomVG beschließen, dass der Bürgermeister nur bestimmte Aufgaben (insbesondere die repräsentative Vertretung der Gemeinde und den Vorsitz in der Gemeindevertretung und im Verwaltungsausschuss) wahrnimmt. Anstelle des Bürgermeisters kann ein anderes Mitglied der Gemeindevertretung, der Samtgemeindebürgermeister oder der Stellvertreter des Bürgermeisters oder des Samtgemeindebürgermeisters mit der Aufgabenwahrnehmung betraut werden – dieser führt (erinnernd an die norddeutsche Ratsverfassung) dann die Bezeichnung Gemeindedirektor. Namentlich Verpflichtungserklärungen kann dieser gemäß § 106 Abs. 3 S. 1 NKomVG nur gemeinsam mit dem Bürgermeister abgeben; Eilentscheidungen sind nach § 106 Abs. 3 S. 3 NKomVG im Einvernehmen mit dem Bürgermeister zu treffen.

Die Finanzierung der Samtgemeinden erfolgt – wie auch in anderen Bundesländern – gemäß § 111 Abs. 3 S. 1 NKomVG insbesondere durch die Erhebung einer Samtgemeindeumlage nach den Vorschriften über die Erhebung der Kreisumlage. Ähnlich wie bei der Kreisumlage[456] drohen damit Unstimmigkeiten – das Bundesverwaltungsgericht hat dazu festgestellt, dass der verfassungsrechtliche Schutz des Art. 28 Abs. 2 S. 1 GG der Mitgliedsgemeinden nur gegenüber staatlichen Beeinträchtigen greife, nicht hingegen mit Blick auf die Erhebung der Samtgemeindeumlage. Die Aufgaben der Samtgemeinde umfassten abgesehen von der Erfüllung der Aufgaben des übertragenen Wirkungskreises ausschließlich Angelegenheiten der örtlichen Gemeinschaft der Mitgliedsgemeinden. Diese Aufgabenverlagerung beruhe insoweit auf einer Entscheidung der Mitgliedsgemeinde. Art. 28 Abs. 2 S. 1 GG könne daher durch die Erhebung der Samtgemeindeumlage nicht nachteilig berührt sein. Diese finde ihre Rechtfertigung darin, dass die Samtgemeinde Aufgaben für die Mitgliedsgemeinden erfüllt, die auf diese Weise entlastet würden. Sofern den Mitgliedsgemeinden auch nicht jeglicher finanzielle Spielraum entzogen wird, sei verfassungsrechtlich gegen die Samtgemeindeumlage nichts einzuwenden.[457]

b) Verbandsgemeinden in Rheinland-Pfalz und Sachsen-Anhalt

Gemäß § 64 Abs. 1 RhPfGemO sind Verbandsgemeinden aus Gründen des Gemeinwohls gebildete Gebietskörperschaften.[458] Nach § 64 Abs. 2, 3 RhPfGemO gelten für Verbandsgemeinden grundsätzlich die Bestimmungen über verbandsfreie Gemeinden mit der terminologischen Besonderheit, dass verbandsangehörige Gemeinden Ortsgemeinde heißen. Weitere Besonderheiten regelt sodann § 69 RhPfGemO, wonach der Bürgermeister der Verbandsgemeinde mit dem Recht, Anträge zu stellen, an den Sitzungen der Vertretung der Ortsgemeinde teilnehmen soll; die Ortsbürgermeister können ihrerseits an den Sitzungen der Vertretung der Verbandsgemeinde teilnehmen.

---

456 Dazu Teil 2, § 9, Rn. 26 ff.
457 BVerwGE 127, 155 ff.
458 Nach der Rechtsprechung handelt es sich nicht um Gemeinden, sondern um Gemeindeverbände, siehe RhPfVerfGH, DÖV 1970, 602 (603).

97 § 1 Abs. 3 KVG LSA bestimmt ebenfalls, dass Verbandsgemeinden Gebietskörperschaften sind. Besonderheiten für deren Mitgliedsgemeinden regelt etwa § 95 Abs. 1 S. 1 KVG LSA, wonach Mitglieder der Vertretung der Mitgliedsgemeinden auch die Bürgermeister sind. Nach § 95 Abs. 2 KVG LSA erfolgen die Festlegung der Tagesordnung und deren Einberufung im Einvernehmen mit dem Verbandsgemeindebürgermeister durch den Bürgermeister; der Verbandsgemeindebürgermeister kann dabei verlangen, dass bestimmte Angelegenheiten auf die Tagesordnung gesetzt werden. Ferner bereitet der Verbandsgemeindebürgermeister nach § 95 Abs. 3 KVG LSA in Abstimmung mit dem Bürgermeister die Beschlüsse der Vertretung der Mitgliedsgemeinden vor. An deren Sitzungen kann der Verbandsgemeindebürgermeister mit beratender Stimme teilnehmen und er hat das Recht, Anträge zu stellen. Schließlich muss der Verbandsgemeindebürgermeister Beschlüssen der Vertretung und Maßnahmen der Bürgermeister der Mitgliedsgemeinden widersprechen, wenn diese rechtswidrig sind. Besonderheiten gelten des Weiteren für die Bürgermeister der Mitgliedsgemeinden: Sie werden nach § 96 Abs. 1 S. 1 KVG LSA direkt gewählt und sind gemäß § 96 Abs. 3 KVG LSA ehrenamtlich tätig. § 96 Abs. 4 KVG LSA bestimmt, dass die Bürgermeister die Mitgliedsgemeinden vertreten und repräsentieren und den Vorsitz in den Vertretungen der Mitgliedsgemeinden führen; die Gemeindevertretung wählt aus ihrer Mitte Stellvertreter für den Verhinderungsfall. Schließlich kann der Bürgermeister an den Sitzungen der Verbandsgemeindevertretung, die Belange der Mitgliedsgemeinde berühren, mit beratender Stimme teilnehmen.

c) Ämter in Brandenburg, Mecklenburg-Vorpommern und Schleswig-Holstein

aa) Brandenburg

98 Nach § 133 Abs. 1 BbgKVerf sind Ämter Körperschaften des öffentlichen Rechts – Gemeindeverbände sind sie hingegen nur, wenn Rechtsvorschriften den Begriff des Gemeindeverbandes als Sammelbegriff verwenden.[459] Auf Ämter finden gemäß § 140 Abs. 1 BbgKVerf die Vorschriften über amtsfreie Gemeinden entsprechende Anwendung – an die Stelle der Gemeindevertretung und des Hauptausschusses tritt allerdings der Amtsausschuss und an die Stelle des Bürgermeisters der Amtsdirektor. Der Amtsausschuss besteht nach § 136 Abs. 1 BbgKVerf vornehmlich aus den Bürgermeistern der amtsangehörigen Gemeinden. Der (hauptamtlich tätige) Amtsdirektor ist gemäß § 138 Abs. 1 BbgKVerf vom Amtsausschuss gewählter Bürgermeister des Amtes. Ein Antrag auf Abwahl kann nach § 138 Abs. 3 BbgKVerf von der Mehrheit der gesetzlichen Anzahl der Mitglieder des Amtsausschusses gestellt werden.

99 Besonderheiten für amtsangehörige Gemeinden ergeben sich insbesondere mit Blick auf deren Bürgermeister. Nach § 51 Abs. 1 BbgKVerf sind Bürgermeister amtsangehöriger Gemeinden ehrenamtlich tätig. Für sie gelten ferner die Vorschriften über die Mitglieder der Gemeindevertretung – und nicht etwa die Regelungen über hauptamtlich tätige Bürgermeister. Dementsprechend werden ehrenamtliche Bürgermeister gemäß §§ 63 ff. BbgKWahlG direkt gewählt, hinsichtlich ihrer Rechtsstellung ergeben sich wesentliche Unterschiede gegenüber hauptamtlich tätigen Bürgermeistern: Gemäß § 135 Abs. 4 BbgKVerf nimmt der Amtsdirektor in amtsangehörigen Gemeinden diejenigen Aufgaben wahr, die in amtsfreien Gemeinden den Bürgermeistern obliegen.

---

[459] Siehe dazu BbgVerfG, LVerfGE 8, 71 ff., wonach Ämter nicht zu den Gemeindeverbänden im Sinne des Art. 97 BbgVerf zählen, da sie keine Selbstverwaltungsaufgaben in einem den Gemeinden und Kreisen vergleichbaren Umfange wahrnehmen.

Nach § 51 Abs. 1 BbgKVerf sind die ehrenamtlich tätigen Bürgermeister demgegenüber lediglich Ansprechpartner und Fürsprecher der Bürger. Im Übrigen nehmen sie die ihnen gesetzlich zugewiesenen Aufgaben wahr, insbesondere führen sie (im Gegensatz zu den hauptamtlich tätigen Bürgermeistern) gemäß § 33 Abs. 1 BbgKVerf den Vorsitz in der Gemeindevertretung und wirkten bei Eilentscheidungen mit. Des Weiteren sind sie gesetzlicher Vertreter der Gemeinde lediglich dann, wenn das Amt oder mehrere amtsangehörige Gemeinden bei einer Angelegenheit beteiligt sind. Schließlich vertreten sie die amtsangehörigen Gemeinden im Amtsausschuss.

bb) Mecklenburg-Vorpommern

Auch nach § 125 Abs. 1 S. 1 KV M-V sind Ämter Körperschaften des öffentlichen Rechts. Anders als in anderen Bundesländern sind die Gemeinden im Regelfall einem solchen Amt angehörig; nach § 125 Abs. 4 KV M-V können bestimmte Gemeinden amtsfrei verwaltet werden, wenn die Gemeindevertretung dies beschließt, die Gemeinde über eine ausreichende Finanzkraft verfügt und sonstige Gründe des öffentlichen Wohls nicht entgegenstehen. Organe des Amtes sind nach § 131 KV M-V der Amtsausschuss und der Amtsvorsteher, der Amtsausschuss besteht dabei nach § 132 Abs. 1 S. 1 KV M-V vornehmlich aus den Bürgermeistern der amtsangehörigen Gemeinden. Der Amtsausschuss ist gemäß § 134 KV M-V das Hauptorgan und für alle wichtigen Angelegenheiten des Amtes zuständig, soweit Aufgaben nicht auf den Amtsvorsteher übertragen werden; wichtig sind (neben den dem Amtsausschuss gesetzlich zugewiesenen Aufgaben) Angelegenheiten, die aufgrund ihrer politischen Bedeutung, ihrer wirtschaftlichen Auswirkungen oder als Grundlage für nachfolgende Einzelentscheidungen von grundsätzlicher Bedeutung sind. Der (grundsätzlich ehrenamtlich tätige) Amtsvorsteher wird gemäß § 137 Abs. 1 KV M-V vom Amtsausschuss aus seiner Mitte gewählt. Er führt gemäß § 138 KV M-V den Vorsitz im Amtsausschuss und leitet die Verwaltung des Amtes; des Weiteren bereitet er die Beschlüsse des Amtsausschusses vor und führt sie aus und ist zudem für die Angelegenheiten der laufenden Verwaltung des Amtes zuständig. Zudem führt der Amtsvorsteher die Aufgaben des übertragenen Wirkungskreises aus. Er hat gemäß § 140 Abs. 1 KV M-V das Recht, einem Beschluss des Amtsausschusses zu widersprechen, sofern dieser rechtswidrig ist; darüber hinaus kann er einem Beschluss widersprechen, wenn dieser das Wohl des Amtes gefährdet. Der Amtsvorsteher ist schließlich gemäß § 143 KV M-V gesetzlicher Vertreter des Amtes; Verpflichtungserklärungen bedürfen der Schriftform und sind vom Amtsvorsteher sowie einem Stellvertreter handschriftlich zu unterzeichnen.

Neben den Vorgaben für die Binnenorganisation der Ämter regelt das Gemeinderecht überdies Besonderheiten der Binnenorganisation der amtsangehörigen Gemeinden – insbesondere mit Blick auf deren Bürgermeister. In amtsangehörigen Gemeinden werden die Bürgermeister gemäß § 39 Abs. 1 KV M-V ehrenamtlich tätig. Sie sind nach § 39 Abs. 2 KV M-V gesetzliche Vertreter der Gemeinden und nehmen die Aufgaben des Vorsitzenden der Gemeindevertretung wahr. Erklärungen, durch die die Gemeinde verpflichtet werden soll, bedürfen der Schriftform, sie sind vom Bürgermeister sowie einem Stellvertreter handschriftlich zu unterzeichnen. Überdies entscheiden die Bürgermeister in eigener Zuständigkeit alle Angelegenheiten, die nicht von der Gemeindevertretung wahrgenommen werden. Wesentliche Unterschiede gegenüber den hauptamtlich tätigen Bürgermeistern ergeben sich dabei daraus, dass gemäß § 127 KV M-V die Ämter im Einvernehmen mit den Bürgermeistern die Beschlüsse und Entscheidungen der Gemeindeorgane vorbereiten und ausführen; in Angelegenheiten der laufenden Verwaltung der amtsangehörigen Gemeinden entscheidet ebenfalls das Amt.

cc) Schleswig-Holstein

102 Nach § 1 Abs. 1 AmtsO SH sind Ämter ebenfalls Körperschaften des öffentlichen Rechts. Organe der Ämter sind der Amtsausschuss sowie der Amtsvorsteher oder Amtsdirektor. Der Amtsausschuss besteht gemäß § 9 Abs. 1 AmtsO SH zuvörderst aus den Bürgermeistern der amtsangehörigen Gemeinden. Dies hat das Landesverfassungsgericht Schleswig-Holstein vor dem Hintergrund moniert, dass gemäß Art. 2 Abs. 2 der Landesverfassung das Volk durch seine gewählten Vertretungen auch in Gemeindeverbänden handelt – allgemeine, unmittelbare, freie, gleiche und geheime Wahlen im Sinne des Art. 3 Abs. 1 der Landesverfassung folglich über Art. 28 Abs. 1 S. 2 GG hinaus nicht nur in Kreisen, sondern auch in allen anderen Gemeindeverbänden vorausgesetzt werden. Während das Bundesverfassungsgericht dazu noch feststellte, dass das Schwergewicht der Zuständigkeiten der Ämter auf dem Gebiet der Verwaltung liege und dafür eine unmittelbare demokratische Legitimation nicht erforderlich sei,[460] kam das Landesverfassungsgericht Schleswig-Holstein zu einem anderen Ergebnis: Da die amtsangehörigen Gemeinden Selbstverwaltungsaufgaben auf die Ämter übertragen könnten und diese sich deswegen zu Gemeindeverbänden entwickeln könnten, für diesen Fall aber keine direkte Wahl der Mitglieder des Amtsausschusses vorgesehen sei, verstoße § 9 AmtsO SH gegen die Landesverfassung.[461]

103 Ungeachtet der fehlenden demokratischen Legitimation trifft gemäß § 10 Abs. 1 AmtsO SH der Amtsausschuss grundsätzlich alle für das Amt wichtigen Entscheidungen und überwacht ihre Durchführung. Gemäß § 11 Abs. 1 AmtsO SH wählt der Amtsausschuss aus seiner Mitte einen ehrenamtlich tätigen Amtsvorsteher, dieser führt nach § 12 Abs. 1 AmtsO SH den Vorsitz im Amtsausschuss. Nach § 13 Abs. 1 AmtsO SH leitet er zudem die Verwaltung des Amtes, bereitet die Beschlüsse des Amtsausschusses vor und führt diese aus. Überdies nimmt der Amtsvorsteher gemäß § 11 Abs. 4 AmtsO SH diejenigen Aufgaben wahr, die dem Amt zur Erfüllung nach Weisung übertragen werden. Abweichend kann gemäß § 15a Abs. 1 AmtsO SH bestimmt werden, dass die Verwaltung nicht von einem ehrenamtlich tätigen Amtsvorsteher, sondern von einem hauptamtlich tätigen Amtsdirektor geleitet wird. Der Amtsdirektor wird gemäß § 15b Abs. 1 AmtsO ebenfalls durch den Amtsausschuss gewählt, er nimmt allerdings gemäß § 15b Abs. 7 AmtsO SH i.V.m. § 55 GO SH auch diejenigen Aufgaben des Amtes wahr, die in amtsfreien Gemeinden den Bürgermeistern obliegen.

104 Das Gemeinderecht enthält überdies besondere Vorgaben für amtsangehörige Gemeinden. Zunächst bestimmt § 48 Abs. 1 GO SH, dass amtsangehörige Gemeinden ehrenamtlich verwaltet werden. Ehrenamtliche Bürgermeister sind die Vorsitzenden der Gemeindevertretungen, für deren Wahl räumt § 52 Abs. 1 GO SH den Fraktionen ein Vorschlagsrecht ein. Auch die ehrenamtlich tätigen Bürgermeister bereiten gemäß § 50 Abs. 1 GO SH die Beschlüsse der Gemeindevertretung vor, sie sind zudem gemäß § 50 Abs. 2 GO SH für die Wahrnehmung derjenigen Aufgaben zuständig, die den amtsangehörigen Gemeinden zur Erfüllung nach Weisung übertragen werden und nicht vom Amt wahrgenommen werden. Mit Blick auf die Vorbereitung der Beschlüsse der Ge-

---

460 BVerfGE 52, 95 (109 ff.).
461 LVerfG SH, NordÖR 2010, 155 ff.

meindevertretung ist allerdings § 3 AmtsO SH zu berücksichtigen, wonach diese Vorbereitung gerade dem Amt im Einvernehmen mit den Bürgermeistern obliegt und das Amt darüber hinaus auch die Selbstverwaltungsaufgaben nach den Beschlüssen der Vertretungen der amtsangehörigen Gemeinden durchführt. Schließlich ist der ehrenamtlich tätige Bürgermeister gemäß § 51 GO SH gesetzlicher Vertreter der Gemeinde; Verpflichtungserklärungen bedürfen der Schriftform und sind handschriftlich zu unterzeichnen.

2. Höhere Gemeindeverbände

Neben den Kreisen und mehrstufigen kommunalen Organisationseinheiten bestehen ferner zahlreiche (höhere) Gemeindeverbände. Nähere Aufmerksamkeit verdienen dabei die Bezirke des Freistaates Bayern – dieser ist nämlich durchgängig in Bezirke gegliedert. Gemäß Art. 1 BayBezO sind Bezirke Gebietskörperschaften, die überörtliche Angelegenheiten, die über die Zuständigkeit oder das Leistungsvermögen der Kreise und kreisfreien Gemeinden hinausgehen und deren Bedeutung über das Gebiet des Bezirks nicht hinausreicht, im Rahmen der Gesetze selbst ordnen und verwalten. Nach Art. 21 BayBezO wird der Bezirk durch den unmittelbar von den Bezirksbürgern gewählten Bezirkstag verwaltet, soweit nicht dessen Ausschüsse über Bezirksangelegenheiten beschließen oder der Bezirkstagspräsident selbstständig entscheidet. Einzelne Aufgaben werden gemäß Art. 35 ff. BayBezO überdies im organisatorischen, personellen und sächlichen Verwaltungsverbund mit den Regierungen wahrgenommen. Bestimmte Angelegenheiten kann der Bezirkstag gemäß Art. 29 BayBezO allerdings nicht übertragen. Der Bezirksausschuss ist nach Art. 25 BayBezO ein ständiger Ausschuss des Bezirkstages, der dessen Verhandlungen vorbereitet und über die ihm übertragenen Angelegenheiten beschließt. Der Bezirkstagspräsident führt gemäß Art. 32 BayBezO den Vorsitz im Bezirkstag und im Bezirksausschuss, vollzieht deren Beschlüsse und erledigt nach Art. 33 BayBezO in eigener Zuständigkeit die ihm übertragenen Aufgaben sowie insbesondere die laufenden Angelegenheiten, die für den Bezirk weder grundsätzliche Bedeutung haben noch erheblichen Verpflichtungen erwarten lassen.

IV. Besonderheiten einzelner Bundesländer

Neben der Binnenorganisation von Gemeindeverbänden sind abschließend Besonderheiten in den Blick zu nehmen, die das Gemeinderecht einzelner Bundesländer prägen. Derartige Besonderheiten können dahingehend zusammengefasst werden, dass entweder neben die Gemeindevertretung und den Bürgermeister weitere Organe treten oder aber das Verwaltungsorgan kollegial strukturiert ist.

1. Besondere Bedeutung des Hauptausschusses in Brandenburg und Niedersachsen

Anders als dem Hauptausschuss anderer Bundesländer kommt dem (in amtsfreien Gemeinden obligatorischen und in amtsangehörigen Gemeinden fakultativen) Hauptausschuss gemäß § 49 f. BbgKVerf besondere Bedeutung zu. Dieser Hauptausschuss durchbricht nämlich die Allzuständigkeit der Gemeindevertretung. Er beschließt gemäß § 50 Abs. 2 S. 1 BbgKVerf über alle Angelegenheiten, die keiner Beschlussfassung der Gemeindevertretung bedürfen und die nicht dem Bürgermeister gemäß § 54 Abs. 1 BbgKVerf obliegen. Die Gemeindevertretung entscheidet gemäß § 28 Abs. 1 BbgKVerf dagegen nur über unübertragbare Angelegenheiten im Sinne des § 28 Abs. 2 BbgKVerf. Nach § 28 Abs. 3 S. 1 BbgKVerf kann die Gemeindevertretung allerdings über Angelegenheiten beschließen, über die grundsätzlich der Hauptausschuss entscheidet. Gleiches gilt nach § 76 Abs. 2 S. 1 NKomVG, wonach der Hauptausschuss über diejenigen Angelegenheiten entscheidet, die nicht in die Zuständigkeit der Gemeindevertretung fallen und für die nicht der Bürgermeister nach § 85 NKomVG zuständig ist; gemäß § 58 Abs. 3 S. 1, 2 NKomVG entscheidet die Gemeindevertretung allerdings, sofern sie sich dies im Einzelfall oder für bestimmte Angelegenheiten vorbehalten hat. Der Hauptausschuss kann seine Zuständigkeit gemäß § 76 Abs. 5 NKomVG seinerseits auf den Bürgermeister übertragen.

2. Gemeindevorstand (Magistrat) und Kreisausschuss in Hessen

108 Das hessische Verwaltungsorgan ist im Gegensatz zu anderen Bundesländern kollegial strukturiert und wird als Gemeindevorstand – in Städten als Magistrat – bezeichnet.[462] Dieser Gemeindevorstand besteht gemäß § 65 Abs. 1 HGO aus dem Bürgermeister als Vorsitzendem und den Beigeordneten, er ist nach § 66 Abs. 1 S. 1, 2 HGO die Verwaltungsbehörde der Gemeinde und besorgt die laufende Verwaltung der Gemeinde. Lediglich soweit nicht aufgrund gesetzlicher Vorschrift oder Weisung des Bürgermeisters oder wegen der Bedeutung der Sache der Gemeindevorstand im Ganzen zur Entscheidung berufen ist, werden nach § 70 Abs. 2 HGO die laufenden Verwaltungsangelegenheiten vom Bürgermeister und den zuständigen Beigeordneten selbstständig erledigt. Gemäß § 68 Abs. 2 HGO werden Beschlüsse des Gemeindevorstandes mit der Mehrheit der abgegebenen Stimmen gefasst, die Stimme des Bürgermeisters gibt lediglich bei Stimmengleichheit den Ausschlag. Kritisch wird vor diesem Hintergrund die Direktwahl des Bürgermeisters bewertet.[463]

109 Auch auf Kreisebene bestehen in Hessen Besonderheiten – an die Stelle des Landrates tritt der (auch in anderen Bundesländern bestehende, dort allerdings mit anderweitiger Bedeutung versehene) Kreisausschuss. Gemäß § 8 S. 2 HessLKO besorgt der Kreisausschuss die laufende Verwaltung. Er besteht gemäß § 36 Abs. 1 S. 1 HessLKO aus dem Landrat als Vorsitzendem und den Kreisbeigeordneten. Nach § 44 Abs. 1 S. 1 HessLKO bereitet der Landrat dabei die Beschlüsse des Kreisausschusses vor und führt sie aus, soweit nicht die Kreisbeigeordneten mit der Ausführung beauftragt sind. Schließlich vertritt der Kreisausschuss gemäß § 45 Abs. 1 S. 1 HessLKO die Kreise; Erklärungen der Kreise werden in seinem Namen durch den Landrat, innerhalb der einzelnen Arbeitsgebiete durch die Kreisbeigeordneten abgegeben.

110 ▶ **LÖSUNG FALL 8:** Wahlfehler bei den Wahlen zur Gemeindevertretung können im Wege der Wahlprüfung geltend gemacht werden. Diese erfordert regelmäßig zunächst einen Einspruch, über den oftmals die Gemeindevertretung entscheidet. Im Anschluss daran steht der verwaltungsgerichtliche Rechtsweg offen. Wahlen zur Gemeindevertretung sind wegen Wahlfehlern für ungültig zu erklären (oftmals wird allerdings deren Ungültigerklärung von einer gewissen Schwere abhängig gemacht). Derartige Wahlfehler sind vorliegend gegeben, so dass die Ungültigerklärung der Wahlen zur Gemeindevertretung und die Anordnung ihrer Wiederholung nicht rechtswidrig waren. Nach weitem Verständnis gelten als Wahlfehler nämlich alle Umstände, die dem Schutzzweck wahlrechtlicher Bestimmungen und Grundsätze zuwiderlaufen. Ein Wahlfehler kann deshalb auch im Vorenthalten von wahlkampfrelevanten Informationen liegen. Der Grundsatz der freien Wahl schützt die Wähler

---

462 § 9 Abs. 2 HGO.
463 *Lange*, DÖV 2007, 820 (825).

§ 4 Die kommunale Binnenorganisation

vor Beeinflussungen, die geeignet sind, ihre Entscheidungsfreiheit ernstlich zu beeinträchtigen; zu diesen Beeinflussungen gehören auch Des- oder Fehlinformationen. Gemeindeorgane haben daher das Wahrheitsgebot einzuhalten – wobei es nicht darauf ankommt, dass sie sich der Unrichtigkeit ihrer Angaben bewusst sind. Auch unbewusst mehrdeutige Äußerungen stellen mithin eine unzulässige Wahlbeeinflussung dar. Darüber hinaus muss auch die reale Möglichkeit einer anderen Sitzverteilung gegeben sein. Eine mathematisch korrekte Feststellung dieser Mandatsrelevanz ist indes bei Wahlfehlern nicht immer möglich; ihre Annahme muss hypothetisch bleiben. Nach allgemeiner Lebenserfahrung wären allerdings mit an Sicherheit grenzender Wahrscheinlichkeit die Wähler in eine Diskussion über die tatsächliche Finanzsituation der Gemeinde eingetreten, wenn diese bekannt gewesen wäre. Bei lebensnaher Betrachtung hätte dann auch die Möglichkeit einer anderen Wahlbeteiligung oder Zusammensetzung der Wählerschaft bestanden. Da sich die Unregelmäßigkeiten überdies auf das gesamte Wahlgebiet erstreckten, waren folglich die Wahlen für ungültig zu erklären und deren Wiederholung anzuordnen. ◂

▶ **Lösung Fall 9:** Ausgangspunkt der rechtlichen Betrachtung ist Art. 28 Abs. 1 S. 2 GG, wonach das Volk in den Gemeinden eine Vertretung haben muss, die aus unmittelbaren, freien, gleichen und geheimen Wahlen hervorgegangen ist. Daraus folgt, dass die Gemeindevertretung (ebenso wie deren Ausschüsse) die Gemeindebürger repräsentiert. Die Repräsentation obliegt dabei der Gesamtheit der gewählten Mitglieder der Gemeindevertretung, so dass alle Mitglieder grundsätzlich gleiche Mitwirkungsrechte haben. Entsprechendes gilt auch für die Fraktionen der Gemeindevertretung. Fraktionen sind deswegen in den Ausschüssen grundsätzlich gleichberechtigt an der Willensbildung zu beteiligen. Andererseits folgt aus dem Prinzip der demokratischen Repräsentation, dass Ausschüsse nicht unabhängig von dem Stärkeverhältnis der Fraktionen besetzt werden können. Vielmehr müssen Ausschüsse als verkleinerte Abbilder der Gemeindevertretung deren Zusammensetzung widerspiegeln. Die Fraktionen haben daher einen Anspruch auf Berücksichtigung bei der Besetzung der Ausschüsse nur nach Maßgabe ihrer jeweiligen Stärke. Das trifft auch dann zu, wenn eine Fraktion so klein ist, dass auf sie wegen der geringen Mitgliederzahl in Ausschüssen kein Ausschusssitz entfällt; in diesem Fall geht die Fraktion bei der Zuteilung der Ausschusssitze leer aus. Ein Anspruch von Fraktionen auf überproportionale Berücksichtigung unter der Voraussetzung, dass auf sie in keinem der Ausschüsse ein Sitz entfällt, ist zu verneinen. Andernfalls wäre nämlich die Mehrheitsfähigkeit der Entscheidungen der Ausschüsse in Frage gestellt. Zwar kann der Gefahr divergierender Mehrheiten auch begegnet werden, indem die Ausschussgröße so festgelegt wird, dass eine Berücksichtigung aller Fraktion möglich ist. Doch lässt sich die Zahl der Ausschussmitglieder nicht beliebig erhöhen, ohne dass darunter die Effektivität der Ausschussarbeit leidet. Dem steht schließlich auch nicht entgegen, dass Fraktionen, die im Ausschuss nicht vertreten sind, durch die Übertragung von Angelegenheiten auf beschließende Ausschüsse zugleich ihr Recht zur Mitentscheidung einbüßen. Dies ist lediglich notwendige Folge des Umstands, dass die Gemeindevertretung ermächtigt ist, bestimmte Angelegenheiten auf Ausschüsse zu übertragen. Hinzu kommt, dass jede Fraktion zumindest an der Entscheidung darüber beteiligt ist, ob und inwieweit von der Übertragungsermächtigung Gebrauch gemacht wird. ◂

111

▶ **Lösung Fall 10:** Angesichts des (umstrittenen) öffentlich-rechtlichen Charakters von Fraktionen kann der Fraktionsausschluss im Wege des Kommunalverfassungsstreits verwaltungsgerichtlich überprüft werden. Die Rechtmäßigkeit des Fraktionsausschlusses beurteilt sich beim Fehlen von Geschäftsordnungsvorschriften und gesetzlichen Vorgaben nach öffentlich-rechtlichen Grundsätzen – die Gegenansicht greift demgegenüber auf Grundsätze

112

des Zivilrechts zurück, kommt aber letztlich zu ähnlichen Ergebnissen. In formeller Hinsicht setzt der Fraktionsausschluss wegen seiner nicht unerheblichen Auswirkungen auf die Mitgliedschaftsrechte der Mitglieder der Gemeindevertretung zunächst ein rechtsstaatlichen Grundsätzen entsprechendes Verfahren voraus. Dabei kommt dem Grundsatz des rechtlichen Gehörs besondere Bedeutung zu; eine ausreichende Äußerungs- und Verteidigungsmöglichkeit ist sicherzustellen. Demgegenüber ist ein einstimmiger Beschluss über den Fraktionsausschluss nicht erforderlich. Materiellrechtlich ist der Fraktion kein freies Ausschlussrecht zuzubilligen; die Wirksamkeit des Fraktionsausschlusses setzt vielmehr das Vorliegen eines wichtigen Grundes sowie die Beachtung des Grundsatzes der Verhältnismäßigkeit sowie des Willkürverbotes voraus. Hinsichtlich des wichtigen Grundes kann die Fraktion allerdings einen Beurteilungsspielraum für sich in Anspruch nehmen. Letztlich geht es darum, ob dem ausgeschlossenen Fraktionsmitglied ein wesentlicher Beitrag zugerechnet werden kann, der die Annahme rechtfertigt, dass den anderen Fraktionsmitgliedern eine weitere politische Zusammenarbeit nicht mehr zugemutet werden kann. Dass sich der Vorsitzende vorliegend mit dem Gedanken getragen hat, bei den Wahlen zum Bürgermeister anzutreten, stellt noch keine derartige Entfernung dar; gleichwohl dürfte eine gedeihliche Fraktionsarbeit nicht (mehr) möglich sein, da der Vorsitzende durch sein Verhalten das Vertrauensverhältnis nachhaltig gestört und damit einer weiteren Zusammenarbeit den Boden entzogen hat. ◀

113 ▶ **LÖSUNG FALL 11:** Die ablehnende Zulassungsentscheidung ist mangels Regelung der Entscheidungskriterien durch die Gemeindevertretung für den Fall konkurrierender Bewerber rechtswidrig. Dadurch wird der Betreiber der Achterbahn auch in seinem Recht auf fehlerfreie Ausübung des Auswahlermessens bei der Zulassungsentscheidung verletzt. Das Volksfest ist grundsätzlich als öffentliche Einrichtung zu qualifizieren. Ein Zulassungsanspruch ergibt sich allerdings mangels Festsetzung weder aus § 70 GewO noch – wegen des fehlenden Wohnsitzes in der Gemeinde – aus den gemeinderechtlichen Vorschriften über die Benutzung öffentlicher Einrichtungen. Ein Zulassungsanspruch ergibt sich jedoch aus der Widmung der öffentlichen Einrichtung (in Verbindung mit dem Gleichbehandlungsgrundsatz), werden von der Widmung doch auch ortsfremde Bewerber erfasst. Zwar liegt keine ausdrückliche Widmung vor, sie ergibt sich aber aus der vorangegangenen Zulassung ortsfremder Bewerber. Der Zulassungsanspruch schwächt sich im Falle erschöpfter Kapazität zu einem Anspruch auf sachgerechte und fehlerfreie Ausübung des Auswahlermessens ab. Diesbezüglich folgt die Rechtswidrigkeit der Ablehnung der Zulassung des Betreibers der Achterbahn daraus, dass die Zulassungsentscheidung bei größeren Volksfesten nur dann als Angelegenheit der laufenden Verwaltung in die Zuständigkeit des Bürgermeisters fällt, wenn die Gemeindevertretung zumindest Vorgaben in Form von Auswahlkriterien beschlossen hat: Jedenfalls obliegt erstens die Widmung allein der Gemeindevertretung, sie bestimmt zumeist Zeit, Dauer und Ort von Volksfesten. Diese ausfüllungsbedürftigen Vorgaben werden sodann zweitens mithilfe eines Konzepts konkretisiert, das den Ablauf der konkreten Veranstaltung festlegt. Das Angebot wird unter Attraktivitätsgesichtspunkten ausgewählt, abstrakte Zulassungskriterien werden aufgestellt. Die Umsetzung dieses Konzepts führt schließlich drittens zu Bewerbungen, unter denen im Falle die Kapazität überschreitender Bewerbungen ausgewählt werden muss. Fehlen diesbezügliche materiellrechtliche Vorgaben, ist eine Beteiligung der Gemeindevertretung notwendig. Namentlich die abstrakte Festlegung der im Einzelfall heranzuziehenden Auswahlkriterien bedarf einer Rückkoppelung an die Gemeindevertretung. Nur wenn diese zumindest Auswahlkriterien beschlossen hat, stellt die konkrete Zulassungsentscheidung eine Angelegenheit der laufenden Verwaltung dar, das in die Zuständigkeit des Bürgermeisters fällt. Zwar bleibt des-

§ 4 Die kommunale Binnenorganisation

sen Außenvertretungsmacht unberührt; gleichwohl können sich abgelehnte Bewerber darauf berufen, dass die Mitwirkung der Gemeindevertretung fehlt und deswegen ein Verfahrensfehler vorliegt. Mangels Heilung durch nachträgliche Beschlussfassung und angesichts der Beachtlichkeit des Verfahrensfehlers nach Maßgabe des § 46 VwVfG verletzt die Entscheidung des Bürgermeisters unter Missachtung der Zuständigkeit der Gemeindevertretung vorliegend den Betreiber der Achterbahn folglich in seinem subjektiven Recht auf fehlerfreie Ausübung des Ermessens. ◄

V. Wiederholungs- und Vertiefungsfragen 114

1. Welche unterschiedlichen Gemeindeverfassungstypen kennen Sie und nach welchem der Modelle richtet sich die Ausgestaltung der kommunalen Binnenorganisation grundsätzlich?
2. Welche Besonderheiten formuliert das Kommunalwahlrecht für die Wahlen zur Gemeindevertretung?
3. Welche Stufen der Wahlprüfung lassen sich unterscheiden?
4. Was meint der Begriff der Allzuständigkeit?
5. Welche Organe sind neben der Gemeindevertretung zur Entscheidung berufen und wie kann die Gemeindevertretung darauf Einfluss nehmen?
6. Welche Befugnisse umfasst die Kontrollfunktion der Gemeindevertretung?
7. Welche Rechte und Pflichten haben die Mitglieder der Gemeindevertretung?
8. Was umschreibt der Begriff des freien Mandats?
9. Welchen Anwendungsbereich hat das kommunalrechtliche Vertretungsverbot?
10. Welche Besonderheiten sind bei der Besetzung der Ausschüsse der Gemeindevertretung zu berücksichtigen?
11. Welche Regelungen enthält das Gemeinderecht zur Fraktionsbildung und unter welchen Voraussetzungen ist der Fraktionsausschluss zulässig?
12. Wie lassen sich die Aufgaben des Bürgermeisters umschreiben?
13. Welche Probleme ergeben sich mit Blick auf die Vertretung der Gemeinde durch den Bürgermeister?
14. Welche Unterschiede bestehen mit Blick auf das Hausrecht des Bürgermeisters?
15. Was meint der Begriff der Doppelfunktion des Landrates?

VI. Weiterführende Literatur

Böhme, Die direkte Abwahl von Bürgermeistern, DÖV 2012, 55 ff.; *Bovenschulte*, Gemeindeverbände als Organisationsformen kommunaler Selbstverwaltung, 2000; *ders./Buß*, Plebiszitäre Bürgermeisterverfassungen, 1996; *Brockmann*, Die Finanzierung kommunaler Fraktionen aus dem gemeindlichen Haushalt, NWVBl. 2004, 449 ff.; *Brüning*, Haftung der Gemeinderäte, Hauptverwaltungsbeamten und Beigeordneten, 2006; *Burgi*, Die Landschaftsverbände am Beginn einer neuen Verwaltungsreform, NWVBl. 2004, 131 ff.; *Buß*, Das Machtgefüge in der heutigen Kommunalverfassung, 2002; *Dietlein/Riedel*, Zugangshürden im Kommunalwahlrecht, 2012; *Dolderer*, Wie viel Parlament ist der Gemeinderat?, DÖV 2009, 146 ff.; *Ehlers*, Die Verantwortung der kommunalen Mandatsträger, in: Henneke/Meyer (Hrsg.), Kommunale Selbstverwaltung zwischen Bewahrung, Bewährung und Entwicklung, Festgabe für Schlebusch, 2006, 185 ff.; *Ernst*, Das Demokratieprinzip im kommunalen Gefüge, NVwZ 2010, 115

816 ff.; *Geerlings/Maaß*, Die Beachtung des Demokratieprinzips bei der Besetzung kommunaler Ausschüsse, DÖV 2005, 644 ff.; *Gerhard*, Quo vadis, Verbandsgemeinde?, LKRZ 2009, 86 ff.; *Groß*, Hat das kommunale Ehrenamt Zukunft?, in: Waechter (Hrsg.), Grenzüberschreitende Diskurse, Festgabe für Treiber, 2010, 447 ff.; *Henneke* (Hrsg.), Aktuelle Entwicklungen der inneren Kommunalverfassung, 1996; *ders.*, Der Landrat – Mittler zwischen Staatsverwaltung und kommunaler Selbstverwaltung, in: Schliesky (Hrsg.), Selbstverwaltung im Staat der Informationsgesellschaft, 2010, 13 ff.; *ders.*, Entwicklungen der inneren Kommunalverfassung am Beispiel der Kreisordnungen, DVBl. 2007, 87 ff.; *ders./Ritgen*, Die Direktwahl der Landräte, DÖV 2010, 665 ff.; *Höhlein*, Hare/Niemeyer versus Sainte-Laguë/Schepers, LKRZ 2012, 485 ff.; *Jaeckel*, Der kommunale Beigeordnete zwischen fachlicher Verwaltung und politischer Willensbildung, VerwArch 97 (2006), 220 ff.; *Jeromin*, Die Größe kommunaler Ausschüsse, LKRZ 2012, 481 ff. *Kahl*, Das Innenverhältnis von Verwaltungsgemeinschaft und Mitgliedsgemeinde, BayVBl. 1997, 298 ff.; *Kim*, Die individuellen Mitwirkungsrechte der Gemeinderatsmitglieder, DVBl. 2011, 734 ff.; *Klenke*, Das Hausrecht am Rathaus und anderen Verwaltungsgebäuden, NWVBl. 2006, 84 ff.; *Krajewski*, Kommunalwahlrechtliche Sperrklauseln im föderativen System, DÖV 2008, 345 ff.; *Lange*, Fraktionsausschluss kommunaler Mandatsträger und vorläufiger Rechtsschutz, JuS 1994, 296 ff.; *ders.*, Die Vertretung der Gemeinde, in: Krebs (Hrsg.), Liber Amicorum Hans-Uwe Erichsen, 2004, 107 ff.; *ders.*, Orientierungsverluste im Kommunalrecht: Wer verantwortet was?, DÖV 2007, 820 ff.; *Leisner-Egensperger*, „Geschäfte der laufenden Verwaltung" im Kommunalrecht, VerwArch 100 (2009), 161 ff.; *Mehde*, Aktuelle Entwicklungen im Kommunalrecht der Bundesländer, DVBl. 2010, 465 ff.; *Moritz*, Die innergemeindliche Zuständigkeitsordnung, 2002; *Nolte*, Das freie Mandat der Gemeindevertretungsmitglieder, DVBl. 2005, 870 ff.; *Ott*, Der Parlamentscharakter der Gemeindevertretung, 1994; *Röhl*, Das kommunale Mitwirkungsverbot, Jura 2006, 725 ff.; *Rothe*, Rechtsnatur und strittige Regelungen der Geschäftsordnungen kommunaler Vertretungskörperschaften, DÖV 1991, 486 ff.; *ders.*, Die Rechte und Pflichten des Vorsitzenden des Gemeinderates, NVwZ 1992, 529 ff.; *Schmidt-Aßmann*, Perspektiven der Selbstverwaltung der Landkreise, DVBl. 1996, 533 ff.; *Schrameyer*, Das Verhältnis von Bürgermeister und Gemeindevertretung, 2006; *Sensburg*, Der Bürgermeister als falsus Prokurator, NVwZ 2002, 179 ff.; *Wacker*, Sachkundige Bürger und Einwohner in gemeindlichen Ausschüssen, 2000; *Warg*, Fehlerhafte Außenvertretung der Gemeinde durch den Bürgermeister beim Erlass von Verwaltungsakten, NWVBl. 2011, 214 ff.; *Zsinka*, Die Verbandsgemeinde: ein Zukunftsmodell?, DÖV 2013, 61 ff.

§ 5 Die Sitzungen der Gemeindevertretung

Die Arbeitsweise der Gemeindevertretung wird nur in geringem Umfang durch gesetzliche Regelungen geprägt.[1] Rechtliche Vorgaben für ihre Sitzungen sowie das Verfahren ergeben sich vielmehr überwiegend aus den jeweiligen Geschäftsordnungen. Das Gemeinderecht verpflichtet die Gemeindevertretung ganz in diesem Sinne auch ausdrücklich zur Regelung ihrer inneren Angelegenheiten – oder zumindest zur Regelung bestimmter Materien.[2] Im Übrigen steht es den Gemeindevertretungen frei, Regelungen zu treffen. Eine diesbezügliche Geschäftsordnungsautonomie soll sich aus den der Gemeindevertretung obliegenden Entscheidungsbefugnissen sowie der gemeindlichen Organisationshoheit ergeben.[3]

I. Geschäftsordnung der Gemeindevertretung

1. Rechtscharakter und Rechtsschutzfragen

Unsicherheiten bestehen hinsichtlich des Rechtscharakters derartiger Geschäftsordnungen: Einerseits werden sie als Verwaltungsvorschriften qualifiziert,[4] andererseits aber auch als Satzungen[5] oder Regelungstyp eigener Art.[6] Ebenfalls unsicher scheint, ob der Grundsatz der Diskontinuität Anwendung findet: Die Rechtsprechung hält diesen Grundsatz zumindest mit Blick auf Vorlagen und Anträge nicht für anwendbar,[7] so dass wohl auch davon auszugehen ist, dass Geschäftsordnungen bis zu ihrer Aufhebung Geltung beanspruchen.[8] Freilich sagen diese Unsicherheiten noch nichts darüber aus, dass eine Geschäftsordnung nicht auch in der Rechtsform einer Satzung erlassen werden kann[9] – womit sodann gänzlich andere Rechtswirkungen (etwa die Rechtswidrigkeit geschäftsordnungswidrig zustande gekommener Beschlüsse der Gemeindevertretung) verbunden sind. Jedenfalls soll es sich bei den Regelungen der Geschäftsordnungen um Rechtsnormen handeln, die sich dadurch auszeichnen, dass sie lediglich Innenrechtsbeziehungen regeln, nichtsdestotrotz aber Rechte und Pflichten begründen.[10] Deswegen sind Abweichungen von der Geschäftsordnung grundsätzlich auch nur dann möglich, wenn das Gemeinderecht oder die Geschäftsordnungen selbst derartige Ab-

---

1 Gleiches gilt auch für die Kreisebene – überdies ähneln die rechtlichen Vorgaben insoweit denjenigen für die Gemeindevertretung, siehe §§ 19 ff. LKrO BW; Art. 40 ff. BayLKrO; § 131 Abs. 1 S. 1 i.V.m. § 27 ff. BbgKVerf; §§ 21 ff. HKO; §§ 104 ff. KV M-V; §§ 45 ff. NKomVG; §§ 25 ff. KrO NW; §§ 22 ff. RhPf LKO; § 171 i.V.m. §§ 36 ff. SaarlKSVG; §§ 23 ff. SächsLKrO; §§ 25 ff. LKO LSA; §§ 22 ff. KrO SH; § 112 i.V.m. §§ 34 ff. ThürKO.
2 Art. 45 Abs. 1 BayGO; § 69 S. 1 NKomVG; § 37 Abs. 1 RhPfGemO; § 39 S. 1 SaarlKSVG; § 38 Abs. 2 SächsGemO; § 59 KVG LSA; § 34 Abs. 2 GO SH; § 34 Abs. 1 ThürKO; ferner § 36 Abs. 2 GemO BW; §§ 34 Abs. 4, 35 Abs. 1 S. 2 BbgKVerf; § 60 Abs. 1 S. 1 HGO; §§ 22 Abs. 6, 29 Abs. 3 S. 1 KV M-V; § 47 Abs. 2 GO NW.
3 *Lange*, KomR, Kap. 7, Rn. 3 f.
4 Mit Blick auf die Zulässigkeit der Normenkontrolle nach § 47 VwGO BVerwG, NVwZ 1988, 1119 f.: „an eine allgemeine innerdienstliche Weisung (Verwaltungsvorschrift) erinnernd".
5 Mit Blick auf die Geschäftsordnung des Bundestages BVerfGE 1, 144 (148).
6 *Maurer*, AllgVerwR, 18. Aufl. 2011, § 24, Rn. 12; ebenso *Brüning*, in: Ehlers/Fehling/Pünder (Hrsg.), BesVerwR, Bd. III, § 64, Rn. 121.
7 Siehe nochmals OVG Münster, DVBl. 1991, 660 ff.
8 Ausdrücklich § 39 S. 4 SaarlKSVG.
9 HessVGH, DVBl. 1978, 821 (822).
10 BVerwG, NVwZ 1988, 1119 f. mit dem Hinweis, dass eine an die Allgemeinheit gerichtete Verkündung angesichts der Regelung allein von Innenrechtsbeziehungen nicht Wirksamkeitsvoraussetzung sei; siehe auch BayVGH, NVwZ-RR 1990, 432 f.; OVG Münster, NVwZ-RR 1997, 184 (185); OVG Münster, NVwZ-RR 2004, 674 (675).

weichungsmöglichkeiten vorsehen.[11] Allerdings wird auch eine Abweichung im Einzelfall durch (sogar nur konkludenten oder stillschweigenden) Mehrheitsbeschluss für zulässig erachtet – zur Begründung wird oftmals auf die Möglichkeit einer Änderung der Geschäftsordnung hingewiesen.[12]

3 Eine Verletzung der Geschäftsordnung hat nach der überwiegenden Rechtsprechung für das Außenverhältnis überdies keine Bedeutung: Ein Verstoß gegen die Geschäftsordnung führt grundsätzlich nicht zur Unwirksamkeit von Beschlüssen. Etwas anderes gilt nur dann, wenn und soweit Regelungen der Geschäftsordnung verletzt werden, die zwingende gesetzliche Vorschriften wiedergeben.[13] Abweichend von dieser Rechtsprechung wird vorgeschlagen, hinsichtlich der Rechtsfolgen von Verstößen gegen die Geschäftsordnung danach zu unterscheiden, welchen Zweck die verletzte Regelung verfolgt: Handele es sich nicht lediglich um Ordnungsvorschriften, sondern um Regelungen, die den Mitgliedern der Gemeindevertretung Rechte einräumen, könne die Folgenlosigkeit von Verletzungen der Geschäftsordnung nicht überzeugen.[14] Eine davon wiederum abweichende Ansicht unterscheidet hinsichtlich der Rechtsfolgen von Geschäftsordnungsverstößen danach, ob der Gemeindevertretung vom Gesetzgeber ein Spielraum zur Abweichung von gesetzlichen Regelungen eingeräumt worden ist – die Verletzung von Geschäftsordnungsbestimmungen sei von einer solchen Abweichungsbefugnis nämlich nicht mehr gedeckt.[15]

4 Jedenfalls können die sich aus der Geschäftsordnung ergebenden Rechte und Pflichten im Einzelfall mithilfe des Kommunalverfassungsstreits geltend gemacht werden.[16] Die Geschäftsordnungen selbst können nach der Rechtsprechung des Bundesverwaltungsgerichts überdies im verwaltungsgerichtlichen Normenkontrollverfahren überprüft werden, sofern diese Möglichkeit gemäß § 47 Abs. 1 Nr. 2 VwGO im jeweiligen Landesrecht eröffnet wird.[17] Der Kommunalverfassungsstreit soll insoweit nicht zum Erfolg führen können, da mit seiner Hilfe nicht die Aufhebung von Rechtsnormen verlangt werden könne.[18] Dass die Geschäftsordnungen lediglich Innenrechtsbeziehungen regeln, stehe einer Überprüfung nach § 47 Abs. 1 Nr. 2 VwGO ebenfalls nicht entgegen: Zwar seien grundsätzlich lediglich Rechtssätze mit Außenwirkung überprüfbar. Nach dem Sinn und Zweck des Normenkontrollverfahrens müssten aber jedenfalls auch solche Bestimmungen, die Rechte von Mitgliedern der Gemeindevertretung regeln, überprüft werden: Den Gedanken des effektiven Rechtsschutzes und der Entlastung der Verwaltungsgerichtsbarkeit müsse auch dann Rechnung getragen werden, wenn es um die Rechtsstellung der Mitglieder der Gemeindevertretung geht.[19]

2. Regelungsgegenstände

5 Was die Regelungsgegenstände der Geschäftsordnung angeht, hat das Bundesverwaltungsgericht ganz allgemein darauf hingewiesen, dass die innere Organisation der Ge-

---

11 Siehe etwa § 39 S. 3 SaarlKSVG: „Das Gleiche [Zustimmung der Mehrheit der gesetzlichen Zahl der Mitglieder der Gemeindevertretung] gilt, wenn der Gemeinderat im Einzelfall von der Geschäftsordnung abweichen will."
12 *Gönnewein*, GemR, 283.
13 OVG Münster, NVwZ-RR 1997, 184 (185).
14 *Waechter*, KomR, Rn. 305 ff.
15 *Lange*, KomR, Kap. 7, Rn. 10.
16 *Lange*, KomR, Kap. 7, Rn. 7.
17 BVerwG, NVwZ 1988, 1119 f.; siehe auch BayVGH, NVwZ-RR 1990, 432 f.; VGH BW, NVwZ-RR 2003, 56 (57).
18 BayVGH, NVwZ-RR 1990, 432 f.
19 BVerwG, NVwZ 1988, 1119 (1120).

meindevertretung und der Ablauf ihrer Meinungs- und Willensbildung geregelt werden könne.[20] Demzufolge besteht ein weites „normatives Ermessen"[21] – das oftmals gemeinderechtlich dadurch zum Ausdruck gebracht wird, dass der Gemeindevertretung eine Regelung über bestimmte Gegenstände lediglich anheimgestellt wird. Allerdings können Geschäftsordnungen auch Regelungen jenseits einfachgesetzlicher Vorgaben enthalten, etwa mit Blick auf die Einschränkung von Redezeiten.[22] Eine Regelungsbefugnis der Gemeindevertretung ist lediglich dann zu verneinen, wenn das Gemeinderecht abschließende Regelungen enthält – die sich ihrerseits allerdings am Maßstab der kommunalen Organisationshoheit messen lassen müssen.[23] Die Rechtsprechung hat ferner darauf verwiesen, dass die Geschäftsordnung Rechte der Mitglieder der Gemeindevertretung im Unterschied zum Geschäftsgang nur insoweit regeln könne, als dies im Gemeinderecht ausdrücklich vorgesehen sei. Geschäftsordnungsbestimmungen könnten demnach nicht mit konstitutiver Wirkung Rechte der Mitglieder der Gemeindevertretung begründen.[24] Etwas anderes soll schließlich auch für Sanktionen (wie etwa Geldbußen oder den Sitzungsausschluss) bei Zuwiderhandlungen gegen Geschäftsordnungsbestimmungen gelten, die einer gesetzlichen Ermächtigung bedürfen sollen. Geschäftsordnungen sollen sogar, wenn sie Vorschriften über die Ahndung von Zuwiderhandlungen enthalten, aus Gründen des Vorbehaltes des Gesetzes der Rechtsform einer Satzung bedürfen.[25] Aufgeworfen scheint damit allerdings die Frage nach der Anwendbarkeit der Lehre vom Vorbehalt des Gesetzes auf Mitglieder der Gemeindevertretung sowie deren Aussagen zur Notwendigkeit einer bestimmten Rechtsform.

II. Die Sitzungen der Gemeindevertretung im Einzelnen

1. Einberufung und Vorbereitung der Sitzungen

a) Einberufung der Sitzungen

▶ **FALL 12:** Ein Mitglied der Gemeindevertretung begehrt für dessen nächste Sitzung die Aufnahme eines Tagesordnungspunktes. Die Gemeindevertretung soll danach beschließen, dass sie im Rahmen ihrer kommunalen Zuständigkeit keine Maßnahmen, die der Produktion, dem Transport, der Stationierung und der Lagerung von atomaren, biologischen, chemischen oder anderen Massenvernichtungsmitteln dienen, unterstützt. Der Bürgermeister, dem die Aufstellung der Tagesordnung obliegt, lehnt dies ab. Dagegen ersucht das Mitglied verwaltungsgerichtlichen Rechtsschutz. ◀ 6

Die Sitzungen der Gemeindevertretung werden regelmäßig vom Vorsitzenden einberufen.[26] Sofern der Bürgermeister entweder schon nicht Mitglied der Gemeindevertretung ist oder aber ausnahmsweise nicht den Vorsitz führt,[27] kann die Einberufung je 7

---

20 BVerwG, NVwZ 1988, 1119 (1120).
21 Siehe etwa VGH BW, DÖV 1988, 472 ff.
22 Dazu Teil 2, § 5, Rn. 19.
23 OVG Münster, NVwZ-RR 2003, 59 (59); OVG Münster, NVwZ-RR 1996, 222 f.; OVG Münster, NVwZ-RR 2004, 674 (676).
24 BayVGH, NVwZ 1988, 83 (84); kritisch *Lange*, KomR, Kap. 7, Rn. 22 f., der lediglich einen Vorrang der Regelungen des Gemeinderechts anerkennt.
25 Siehe HessVGH, DVBl. 1978, 821 (822).
26 §§ 25 Abs. 1 S. 1, 34 Abs. 1 S. 1 GemO BW; Art. 36 S. 1, 46 Abs. 2 S. 2 BayGO; § 34 Abs. 1 S. 2 BbgKVerf; § 58 Abs. 1 S. 1 HGO; § 29 Abs. 1 S. 1 KV M-V; § 47 Abs. 1 S. 1 GO NW; § 34 Abs. 1 S. 1 RhPfGemO; §§ 41 Abs. 1 S. 1, 42 Abs. 1 S. 1 SaarlKSVG; § 36 Abs. 1, Abs. 3 S. 1 SächsGemO; § 34 Abs. 1 S. 2 GO SH; §§ 23 Abs. 1 S. 2, 35 Abs. 1 S. 1 ThürKO.
27 Siehe dazu Teil 2, § 4, Rn. 39.

nach Landesrecht entweder dem Vorsitzenden[28] oder aber ausnahmsweise dem Bürgermeister[29] obliegen. Ein „Selbstversammlungsrecht" der Gemeindevertretung besteht demgegenüber nicht.[30] Das Gemeinderecht sieht (abgesehen von Besonderheiten insbesondere für die erste Sitzung der neu gewählten Gemeindevertretung) lediglich vor, dass die Gemeindevertretung nach Geschäftslage oder jedenfalls innerhalb eines bestimmten Zeitraumes einzuberufen ist.[31] Überdies kann deren unverzügliche Einberufung namentlich von einer bestimmten Anzahl von Mitgliedern der Gemeindevertretung sowie Fraktionen verlangt werden.[32] Diesbezüglich ist vereinzelt festgeschrieben, dass die Aufsichtsbehörde anstelle des Vorsitzenden handeln darf, sofern dieser seiner Verpflichtung zur Einberufung nicht nachkommt.[33]

b) Tagesordnung

8   Auch die Tagesordnung wird regelmäßig vom Vorsitzenden aufgestellt.[34] Ebenso wie die Einberufung der Sitzungen der Gemeindevertretung steht die Aufstellung der Tagesordnung grundsätzlich im Ermessen.[35] Sofern der Bürgermeister nicht Vorsitzender der Gemeindevertretung ist, muss die Tagesordnung allerdings im Benehmen oder sogar Einvernehmen mit ihm aufgestellt werden.[36] Die Tagesordnung muss hinreichend konkret gefasst sein, damit die Mitglieder der Gemeindevertretung sowie die Öffentlichkeit erkennen können, mit welchen Gegenständen sich die Gemeindevertretung befassen wird.[37] Eine Verpflichtung zur Aufnahme von Tagesordnungspunkten besteht, sofern eine bestimmte Anzahl von Mitgliedern der Gemeindevertretung oder etwa auch Fraktionen dies verlangen.[38] Daraus ergibt sich auch ein Anspruch, den Tages-

---

[28] § 58 Abs. 1 S. 1 HGO; § 53 Abs. 4 S. 1 KVG LSA; ferner § 34 Abs. 1 S. 2 BbgKVerf; § 29 Abs. 1 S. 1 KV M-V; § 34 Abs. 1 S. 2 GO SH – in ehrenamtlich verwalteten Gemeinden ist allerdings der Bürgermeister gleichzeitig Vorsitzender der Gemeindevertretung, sodass diesem die Einberufung der Sitzungen obliegt; sofern der hauptamtlich tätige Bürgermeister Mitglied der Gemeindevertretung ist, besteht zudem die Möglichkeit, dass dieser zum Vorsitzenden der Gemeindevertretung gewählt wird und sodann ebenfalls für deren Einberufung verantwortlich ist.

[29] § 59 Abs. 1 S. 1 NKomVG.

[30] Lange, KomR, Kap. 7, Rn. 29.

[31] § 34 Abs. 1 S. 2 GemO BW; § 34 Abs. 1 S. 3 BbgKVerf; § 56 Abs. 1 S. 1 HGO; § 29 Abs. 2 S. 1 KV M-V; § 59 Abs. 2 S. 3 NKomVG; § 47 Abs. 1 S. 3 GO NW; § 34 Abs. 1 S. 1, 3 RhPfGemO; § 41 Abs. 1 S. 1 SaarlKSVG; § 36 Abs. 3 S. 2 SächsGemO; § 53 Abs. 3 S. 1, 2 KVG LSA; § 34 Abs. 1 S. 2, 3 GO SH; § 35 Abs. 1 S. 3 ThürKO.

[32] § 34 Abs. 1 S. 3 GemO BW; Art. 46 Abs. 2 S. 3, 4 BayGO; § 34 Abs. 2 Nr. 1, 2 BbgKVerf; § 56 Abs. 1 S. 2 HGO; § 29 Abs. 2 S. 3 KV M-V; § 59 Abs. 2 S. 4 NKomVG; § 47 Abs. 1 S. 4 GO NW; § 34 Abs. 1 S. 4 RhPfGemO; § 41 Abs. 1 S. 2 SaarlKSVG; § 36 Abs. 3 S. 3 SächsGemO; § 53 Abs. 5 S. 1 KVG LSA; § 34 Abs. 1 S. 4 GO SH; § 35 Abs. 1 S. 4 ThürKO.

[33] Siehe etwa § 34 Abs. 3 BbgKVerf; § 47 Abs. 3 GO NW; ferner § 41 Abs. 1 S. 5 SaarlKSVG, wonach die Aufsichtsbehörde die Einberufung der Gemeindevertretung verlangen kann.

[34] § 34 Abs. 1 S. 1 GemO BW; Art. 46 Abs. 2 S. 2 BayGO; § 48 Abs. 1 S. 1 GO NW; § 34 Abs. 5 S. 1 RhPfGemO; § 41 Abs. 3 S. 1 SaarlKSVG; § 36 Abs. 3 S. 1 SächsGemO; §§ 34 Abs. 4 S. 1, 35 Abs. 4 S. 1 ThürKO; Gleiches gilt, wenn der Bürgermeister nicht zugleich Vorsitzender der Gemeindevertretung ist, siehe § 35 Abs. 1 S. 1 BbgKVerf; § 59 Abs. 3 S. 1 NKomVG; § 29 Abs. 1 S. 1 KV M-V (im Benehmen mit dem Bürgermeister); ferner § 58 Abs. 5 S. 1 HGO (im Benehmen mit dem Gemeindevorstand); § 53 Abs. 4 S. 1 KVG LSA (im Einvernehmen mit dem Bürgermeister); ferner § 34 Abs. 4 S. 1 GO SH (Beratung mit dem Bürgermeister).

[35] Lange, KomR, Kap. 6, Rn. 10, 11; ferner Ehlers, in: Mann/Püttner (Hrsg.), HKWP, Bd. I, § 21, Rn. 74.

[36] § 35 Abs. 1 S. 1 BbgKVerf; § 59 Abs. 3 S. 1 NKomVG; § 29 Abs. 1 S. 1 KV M-V (im Benehmen mit dem Bürgermeister); ferner § 58 Abs. 5 S. 1 HGO (im Benehmen mit dem Gemeindevorstand); § 53 Abs. 4 S. 1 KVG LSA (im Einvernehmen mit dem Bürgermeister); ferner § 34 Abs. 4 S. 1 GO SH (Beratung mit dem Bürgermeister).

[37] Lange, KomR, Kap. 7, Rn. 32.

[38] § 34 Abs. 1 S. 4 GemO BW; § 35 Abs. 1 S. 2 BbgKVerf; § 58 Abs. 5 S. 2, 3 HGO; § 29 Abs. 1 S. 3 KV M-V; § 56 S. 1 NKomVG; § 48 Abs. 1 S. 2 GO NW; § 34 Abs. 5 S. 2 RhPfGemO; § 41 Abs. 1 S. 3 SaarlKSVG; § 36 Abs. 5 S. 1 SächsGemO; § 53 Abs. 5 S. 2 KVG LSA; § 34 Abs. 4 S. 3 GO SH; § 35 Abs. 4 S. 2 ThürKO; siehe dazu BayVGH, NVwZ 1988, 83 (84), wonach auch ohne ausdrückliche gesetzliche Regelung ein entsprechendes Recht besteht.

ordnungspunkt in angemessenem Umfang mündlich zu erläutern[39] – allerdings kein Anspruch auf eine Entscheidung in der Sache. Die Gemeindevertretung kann nämlich beschließen, sich mit einer Angelegenheit gerade nicht zu befassen.[40]

Die Rechtsprechung hat es vereinzelt überdies für zulässig erachtet, dass Regelungen der Geschäftsordnung das Recht, eine Aufnahme von Tagesordnungspunkten zu verlangen, hinsichtlich der erforderlichen Anzahl von Mitgliedern der Gemeindevertretung erweitern.[41] Art. 28 Abs. 1 S. 2 GG erfordert allerdings nicht, dass den Mitgliedern der Gemeindevertretung ein Recht auf Abstimmung über die Aufnahme eines Tagesordnungsvorschlags zugebilligt wird.[42] Auch die Vorgabe, dass lediglich eine bestimmte Anzahl von Mitgliedern der Gemeindevertretung die Aufnahme von Tagesordnungspunkten verlangen kann, erweist sich nicht als unzulässige Einschränkung, zielt diese Vorgaben doch in zulässiger Weise auf die Funktionsfähigkeit der Gemeindevertretung.[43] Jedenfalls besteht ein Anspruch aller Mitglieder der Gemeindevertretung auf fehlerfreie Ermessensentscheidung,[44] der Vorsitzende darf bei der Aufstellung der Tagesordnung keinesfalls willkürlich handeln.[45] Rechtsmissbräuchlich ist das Verlangen der Aufnahme eines Tagesordnungspunktes überdies dann, wenn die Angelegenheit bereits von der Gemeindevertretung behandelt und beschieden wurde und Gründe für eine erneute Befassung offenkundig nicht vorliegen.[46]

9

Ein Vorprüfungsrecht des Vorsitzenden wird lediglich vereinzelt aus dem Gemeinderecht abgeleitet; den normativen Anknüpfungspunkt bilden dabei Vorschriften des Gemeinderechts, die ausdrücklich fordern, dass Tagesordnungspunkte zum Aufgabengebiet der Gemeindevertretung gehören müssen – also in die Verbandskompetenz der Gemeinde und die Organkompetenz der Gemeindevertretung fallen müssen.[47] Im Übrigen hat die Rechtsprechung ein allgemeines Vorprüfungsrecht des Vorsitzenden in dem Sinne, dass er vor der Aufstellung der Tagesordnung die betreffenden Angelegenheiten zunächst umfassend auf ihre Rechtmäßigkeit zu prüfen hätte, nicht anerkannt. Danach kann der Vorsitzende die Aufnahme eines Tagesordnungspunktes nicht deswegen ablehnen, weil die Angelegenheit überhaupt nicht in die Zuständigkeit der Gemeinde fällt; allerdings spreche – so die Rechtsprechung weiter – manches dafür, dass eine Aufnahme eines Tagesordnungspunktes nicht verlangt werden könne, wenn die Gemeindevertretung für die Angelegenheit nicht zuständig ist.[48]

10

---

39 OVG Münster, DÖV 1989, 595 (595 f.).
40 OVG Lüneburg, NVwZ 1984, 460 (461); ausdrücklich dazu § 29 Abs. 1 S. 4 KV M-V; anders § 35 Abs. 2 S. 3 BbgKVerf, wonach die Absetzung von Tagesordnungspunkten nur mit Zustimmung derjenigen möglich ist, die die Aufnahme des Tagesordnungspunktes veranlasst haben; ferner § 34 Abs. 7 S. 1 Nr. 2 RhPfGemO, wonach Tagesordnungspunkte nur mit Zweidrittelmehrheit abgesetzt werden können.
41 OVG Münster, NVwZ-RR 2004, 674 (676); siehe aber auch OVG Münster, NVwZ-RR 2005, 427 (427) mit dem Hinweis, dass der Minderheitenschutz bei der Aufstellung der Tagesordnung abschließend geregelt werde.
42 BVerwG, DVBl. 1993, 891 f.
43 OVG Münster, NVwZ-RR 2005, 427 (427).
44 Anders HessVGH, DÖV 1988, 304 f.
45 OVG Schleswig, NVwZ-RR 1994, 459 ff.
46 BayVGH, NVwZ 1988, 83 (86); ausdrücklich dazu § 34 Abs. 1 S. 6 GemO BW; § 34 Abs. 1 S. 5, Abs. 5 S. 2 RhPfGemO; § 36 Abs. 5 S. 1 SächsGemO; § 53 Abs. 5 S. 3 KVG LSA; § 35 Abs. 1 S. 5, Abs. 4 S. 3 ThürKO.
47 § 34 Abs. 1 S. 5 GemO BW; § 56 Abs. 1 S. 2 HGO; § 34 Abs. 1 S. 4 RhPfGemO; § 41 Abs. 1 S. 3 SaarlKSVG; § 36 Abs. 5 S. 2 SächsGemO; § 53 Abs. 5 S. 4 KVG LSA.
48 BayVGH, NVwZ 1988, 83 (85 f.); siehe auch OVG Münster, NVwZ 1984, 325 ff.; OVG Münster, NVwZ-RR 2005, 427 (428).

c) Ladungsfrist und Form der Einberufung

11 Einzelheiten der Einberufung, insbesondere die Ladungsfrist und die Form der Einberufung, können ebenfalls in der Geschäftsordnung geregelt werden.[49] Oftmals wird allerdings die schriftliche (oder unter bestimmten Voraussetzungen elektronische) Form unmittelbar von Gesetzes wegen vorgeschrieben.[50] Des Weiteren setzt das Gemeinderecht selbst auch entweder eine bestimmte oder lediglich angemessene Frist zwischen der Einberufung und der Sitzung der Gemeindevertretung voraus.[51] Ohne eine gesetzliche Bestimmung dürfte eine Ladungsfrist erforderlich sein, die eine ausreichende Vorbereitung auf die Sitzungen der Gemeindevertretung erlaubt.[52] Vereinzelt finden sich überdies Bestimmungen, die eine Verletzung von Vorschriften über die Ladungsfrist und die Form der Einberufung (teilweise im Zusammenhang mit den Regelungen über die Beschlussfähigkeit) für unbeachtlich erklären, wenn alle Mitglieder der Gemeindevertretung erscheinen und sich rügelos auf die Sitzung einlassen.[53] Auch ohne ausdrückliche Regelung sollen Verstöße gegen die Vorschriften über die Ladungsfrist und die Form der Einberufung geheilt werden können: Sind die Mitglieder der Gemeindevertretung über einen leicht überschaubaren Tagesordnungspunkt umfassend informiert, soll die Übermittlung der um diesen Tagesordnungspunkt ergänzten Tagesordnung am Tag der Sitzung der Gemeindevertretung noch angemessen sein; sofern ein Mitglied der Gemeindevertretung die Einberufung der Sitzung zwar für verspätet halte, sich gleichwohl aber an der Willensbildung und der Beschlussfassung beteilige, werde der Verfahrensfehler geheilt.[54] Unterschiedliche Regelungen sieht das Gemeinderecht schließlich für Notfälle vor: Entweder kann die Gemeindevertretung ohne Ladungsfrist und formlos (und ohne Mitteilung der Tagesordnung sowie öffentliche Bekanntmachung) einberufen werden oder die Frist zur Einberufung kann verkürzt werden.[55]

d) Mitteilung der Tagesordnung

12 Zur Einberufung gehört grundsätzlich auch die Mitteilung der Tagesordnung.[56] Des Weiteren schreibt das Gemeinderecht oftmals vor, dass den Mitgliedern der Gemeindevertretung die erforderlichen Unterlagen rechtzeitig oder zusammen mit der Einberu-

---

49 Ausdrücklich § 47 Abs. 2 S. 1 GO NW; ferner Art. 45 Abs. 2 BayGO; § 34 Abs. 4 BbgKVerf; § 34 Abs. 2 S. 1 ThürKO.
50 § 34 Abs. 1 S. 1 GemO BW; § 58 Abs. 1 S. 1 HGO; § 29 Abs. 1 S. 1 KV M-V; § 59 Abs. 1 S. 1 NKomVG; § 34 Abs. 2 S. 1 RhPfGemO; § 41 Abs. 3 S. 1 SaarlKSVG; § 36 Abs. 3 S. 1 SächsGemO; § 53 Abs. 4 S. 1 KVG LSA; § 35 Abs. 2 S. 1 ThürKO.
51 § 34 Abs. 1 S. 1 GemO BW; Art. 46 Abs. 2 S. 2 BayGO; § 58 Abs. 1 S. 2 HGO; § 29 Abs. 3 S. 1, 2 KV M-V; § 34 Abs. 3 S. 1 RhPfGemO; § 41 Abs. 3 S. 3 SaarlKSVG; § 36 Abs. 3 S. 1 SächsGemO; § 53 Abs. 4 S. 2 KVG LSA; § 34 Abs. 3 S. 1 GO SH; § 35 Abs. 2 S. 2 ThürKO; auf eine diesbezügliche Regelung („Einzelheiten") in der Geschäftsordnung verweist § 59 Abs. 1 S. 2 NKomVG; ferner § 34 Abs. 4 BbgKVerf; § 47 Abs. 2 S. 1 GO NW.
52 *Lange*, KomR, Kap. 7, Rn. 38, der abhängig von der Größe der Gemeinde eine Ladungsfrist von mindestens drei Tagen oder einer Woche fordert.
53 § 34 Abs. 6 S. 1 BbgKVerf; § 65 Abs. 1 S. 1 NKomVG; § 30 Abs. 1 S. 2 KV M-V; § 55 Abs. 1 S. 1 KVG LSA; § 35 Abs. 3 ThürKO; ferner § 34 Abs. 4 RhPfGemO; § 41 Abs. 4 SaarlKSVG.
54 VGH BW, NVwZ-RR 2003, 56 (58.).
55 § 34 Abs. 2 S. 1 GemO BW; § 36 Abs. 3 S. 4 SächsGemO; § 53 Abs. 4 S. 5 KVG LSA; siehe ferner § 58 Abs. 1 S. 3 HGO; § 34 Abs. 3 S. 2 RhPfGemO; § 41 Abs. 3 S. 4 SaarlKSVG; § 35 Abs. 2 S. 3 ThürKO; § 34 Abs. 3 S. 2 GO SH; auf Regelungen in der Geschäftsordnung verweisen § 34 Abs. 3 BbgKVerf; § 29 Abs. 3 S. 1, 2 KV M-V.
56 Ausdrücklich Art. 46 Abs. 2 S. 2 BayGO; § 35 Abs. 1 S. 3 BbgKVerf; § 29 Abs. 1 S. 1 KV M-V; § 59 Abs. 1 S. 1 NKomVG; § 34 Abs. 2 S. 1 RhPfGemO; § 41 Abs. 3 S. 1 SaarlKSVG; § 53 Abs. 4 S. 2 KVG LSA; § 34 Abs. 1 S. 2 GO SH; § 35 Abs. 2 S. 1 ThürKO; siehe ferner § 34 Abs. 1 S. 1 GemO BW; § 36 Abs. 3 S. 1 SächsGemO, wonach eine rechtzeitige Mitteilung der Tagesordnung unabhängig von der Frist zur Einberufung der Gemeindevertretung ausreichend ist.

§ 5 Die Sitzungen der Gemeindevertretung

fung zu übermitteln sind.[57] Auch ohne ausdrückliche Regelung soll sich ein entsprechendes Recht der Mitglieder der Gemeindevertretung aus deren Rechtsstellung ergeben.[58] Dieses Recht erstreckt sich allerdings nur auf vorhandene Informationen; ein Recht auf Sachverhaltsaufklärung impliziert dieses Recht hingegen nicht.[59] Umfang und Inhalt der erforderlichen Unterlagen richten sich nach der Art der jeweiligen Angelegenheit, wobei auf den Informationsbedarf einer verständigen Gemeindevertretung abzustellen ist.[60] Nicht erforderlich sind Unterlagen, die sich mit allen Fragen befassen – erforderlich sind vielmehr Unterlagen, die die wesentlichen Informationen mitteilen.[61] Ob diese Unterlagen rechtzeitig zugegangen sind, beurteilt sich nach dem Umfang der Tagesordnung sowie nach der Bedeutung und Schwierigkeit der einzelnen Verhandlungsgegenstände.[62]

Eine Änderung oder Ergänzung der Tagesordnung bleibt gleichwohl möglich – wenn auch unter von Bundesland zu Bundesland unterschiedlichen Voraussetzungen (etwa, wenn es sich um Angelegenheiten handelt, die keinen Aufschub dulden oder die von äußerster Dringlichkeit sind).[63] Diese Vorschriften unterscheiden sich von denjenigen zur Unbeachtlichkeit von Verletzungen der Vorschriften über die Ladungsfrist und die Form der Einberufung der Sitzung der Gemeindevertretung dadurch, dass deren Mitgliedern die Möglichkeit eröffnet wird, auch dann über Angelegenheiten zu beschließen, wenn diese nicht in der Tagesordnung enthalten waren. Unsicherheiten ergeben sich allerdings dann, wenn entsprechende Bestimmungen fehlen: Einerseits wird ohne gesetzliche Regelung eine Erweiterung der Tagesordnung lediglich ausnahmsweise für zulässig erachtet, im Übrigen wegen des Verstoßes gegen das Gebot der öffentlichen Bekanntmachung der Tagesordnung selbst bei Anwesenheit und Zustimmung aller Mitglieder der Gemeindevertretung indes abgelehnt.[64] Die Rechtsprechung lässt demgegenüber eine Differenzierung weitgehend vermissen – pauschal wurde darauf hingewiesen, dass – sofern eine Angelegenheit nicht in der Tagesordnung enthalten war – die Gemeindevertretung auch dann beschließen könne, wenn die Angelegenheit dringlich ist oder wenn alle Mitglieder der Gemeindevertretung anwesend sind und sich rügelos einlassen.[65]

13

e) Öffentliche Bekanntmachung

Zeit und Ort der Sitzung sowie die Tagesordnung sind öffentlich bekanntzumachen – vorausgesetzt wird dabei oftmals eine rechtzeitige oder sogar unverzügliche öffentliche

14

---

57 § 34 Abs. 1 S. 1 GemO BW; § 36 Abs. 3 S. 1 SächsGemO; § 53 Abs. 4 S. 3, 4 KVG LSA; ferner § 29 Abs. 3 S. 3 KV M-V, wonach die Beschlussvorlagen der Verwaltung zu übersenden sind.
58 OVG Koblenz, NVwZ-RR 2011, 31 f.; mit Blick auf die Pflicht des Bürgermeisters nach § 62 S. 2 S. 1 GO NW, die Beschlüsse der Gemeindevertretung vorzubereiten, OVG Münster, NVwZ-RR 1989, 155 f. – allerdings mit dem Hinweis, dass nicht etwa die einzelnen Mitglieder der Gemeindevertretung einen derartigen Anspruch geltend machen können; anders mit Blick auf § 34 Abs. 1 S. 1 GemO BW VGH BW, NVwZ-RR 1990, 369 ff.
59 OVG Koblenz, DVBl. 2012, 55 ff.
60 OVG Bautzen, LKV 2009, 466 ff.
61 OVG Bautzen, LKV 2012, 366 ff.
62 VGH BW, NVwZ-RR 1990, 369 (371).
63 § 35 Abs. 2 S. 1 BbgKVerf; § 58 Abs. 2 HGO; § 29 Abs. 4 KV M-V; § 59 Abs. 3 S. 5 NKomVG; § 48 Abs. 1 S. 5 GO NW; § 34 Abs. 7 S. 1 Nr. 1 RhPfGemO; § 41 Abs. 5 SaarlKSVG; § 34 Abs. 4 S. 4 GO SH; § 35 Abs. 5 S. 2 ThürKO.
64 *Lange*, KomR, Kap. 7, Rn. 49 f.
65 BayVGH, NVwZ 1988, 83 (85).

Bekanntmachung,[66] wobei sich ein derartiges Erfordernis auch ohne gesetzliche Regelung aus der Funktion der öffentlichen Bekanntmachung ergeben dürfte.[67] Teilweise ist die öffentliche Bekanntmachung nur für öffentliche Sitzungen erforderlich,[68] im Übrigen sind nichtöffentliche Tagesordnungspunkte nur bekanntzumachen, wenn dadurch der Zweck der Nichtöffentlichkeit nicht gefährdet wird.[69]

2. Öffentlichkeit der Sitzungen

15 ▶ **FALL 13:** Ein Mitglied der Gemeindevertretung ist der Ansicht, dass für bestimmte Tagesordnungspunkte einer Sitzung der Gemeindevertretung die Öffentlichkeit nicht hätte ausgeschlossen werden dürfen. Im Einzelnen waren insbesondere (aber nicht nur) Themen des sozialen Wohnungsbaus Gegenstand der nichtöffentlichen Beratungen. Die Gemeindevertretung hatte ohne weitere Begründung für einen Ausschluss der Öffentlichkeit gestimmt. Der Antrag des Mitglieds, die Tagesordnungspunkte öffentlich zu verhandeln, wurde dagegen abgelehnt. Erst mit Blick auf diesen Antrag nahm der Bürgermeister zur Begründung des Ausschlusses der Öffentlichkeit auf Geschäftsgeheimnisse der gemeindeeigenen Wohnungsbaugesellschaften Bezug, die im Bereich des sozialen Wohnungsbaus tätig sind. Das Mitglied der Gemeindevertretung begehrt die verwaltungsgerichtliche Feststellung, dass durch die nichtöffentliche Beratung sein Recht auf freie Mandatsausübung verletzt worden sei. ◀

16 Sitzungen der Gemeindevertretung sind (nicht zuletzt aus Gründen des Demokratie- und Rechtsstaatsprinzips) grundsätzlich öffentlich.[70] Sinn und Zweck des Grundsatzes der Öffentlichkeit gehen dahin, Publizität, Information, Kontrolle und Integration zu vermitteln.[71] Öffentlich sind Sitzungen der Gemeindevertretung dann, wenn jedermann während der gesamten Sitzung die Möglichkeit hat, als Zuhörer teilzunehmen[72] – was auch voraussetzt, dass die Sitzungen an einem der Allgemeinheit zugänglichen Ort stattfinden.[73] Ferner muss der Sitzungsraum gemessen am üblichen Bedarf genügend Platz für Zuhörer bieten;[74] eine Verpflichtung zur Verlegung der Sitzung in andere Räumlichkeiten besteht indes nicht.[75] Überdies setzt der Grundsatz der Öffentlichkeit voraus, dass Sitzungen der Gemeindevertretung zu einer Tageszeit stattfinden, zu der die Teilnahme als Zuhörer zumutbar ist.[76] Bei der Bestimmung der Tageszeit muss zudem – allerdings nicht aus Gründen der Öffentlichkeit – auf die Berufstätigkeit der Mitglieder der Gemeindevertretung Rücksicht genommen werden.[77] Auch eine Vor-

---

66 § 34 Abs. 1 S. 7 GemO BW; Art. 52 Abs. 1 S. 1 BayGO; § 36 Abs. 1 S. 1, 2 BbgKVerf; § 58 Abs. 6 HGO; § 29 Abs. 6 S. 1 KV M-V; § 59 Abs. 5 NKomVG; § 48 Abs. 1 S. 4 GO NW; § 34 Abs. 6 S. 1 RhPfGemO; § 41 Abs. 3 S. 2 SaarlKSVG; § 36 Abs. 4 S. 1 SächsGemO; § 52 Abs. 4 KVG LSA; § 34 Abs. 4 S. 2 GO SH; § 35 Abs. 6 S. 1 ThürKO.
67 *Lange*, KomR, Kap. 7, Rn. 41.
68 § 34 Abs. 1 S. 7 GemO BW; § 59 Abs. 5 NKomVG; § 36 Abs. 4 S. 1 SächsGemO.
69 Ausdrücklich § 29 Abs. 6 S. 2 KV M-V; § 34 Abs. 6 S. 2 RhPfGemO; § 35 Abs. 6 S. 2 ThürKO.
70 § 35 Abs. 1 S. 1 GemO BW; Art. 52 Abs. 2 S. 1 BayGO; § 36 Abs. 2 S. 1 BbgKVerf; § 52 Abs. 1 S. 1 HGO; § 29 Abs. 5 S. 1 KV M-V; § 64 S. 1 NKomVG; § 48 Abs. 2 S. 1 GO NW; § 35 Abs. 1 S. 1 RhPfGemO; § 40 Abs. 1 SaarlKSVG; § 37 Abs. 1 SächsGemO; § 52 Abs. 1 KVG LSA; § 35 Abs. 1 S. 1 GO SH; § 40 Abs. 1 S. 1 ThürKO.
71 OVG Saarlouis, DÖV 1993, 964 (965).
72 *Lange*, KomR, Kap. 7, Rn. 57.
73 Ausdrücklich Art. 52 Abs. 4 BayGO.
74 *Ehlers*, in: Mann/Püttner (Hrsg.), HKWP, Bd. I, § 21, Rn. 80.
75 *Lange*, KomR, Kap. 7, Rn. 57.
76 OVG Saarlouis, DÖV 1993, 964 (965).
77 VGH BW, NVwZ-RR 1992, 204 f.

wegnahme der Beratung in nichtöffentlicher Sitzung bei anschließender Beschlussfassung in öffentlicher Sitzung ist grundsätzlich unzulässig.[78]

Das Gemeinderecht sieht ausnahmsweise die Möglichkeit zum Ausschluss der Öffentlichkeit vor.[79] Voraussetzung ist dabei, dass entweder das öffentliche Wohl oder aber das berechtigte Interesse Einzelner den Ausschluss verlangen.[80] Des Weiteren kann die Geschäftsordnung typisierende Regelungen enthalten[81] – ohne dass insoweit eine Abkehr von der Notwendigkeit rechtfertigender Gründe eröffnet oder eine Einzelfallentscheidung entbehrlich wäre.[82] Das öffentliche Wohl umfasst nach der Rechtsprechung Interessen, die über diejenigen Einzelner hinausgehen – namentlich Interessen der Gemeinde oder anderer öffentlich-rechtlicher Körperschaften.[83] Auch aus wirtschaftlichen Erwägungen darf danach die Öffentlichkeit ausgeschlossen werden – etwa für die Beratung über den von einem kommunalen Wirtschaftsunternehmen beabsichtigten Vertragsschluss, da eine öffentliche Beratung die Verhandlungsposition schwächen könnte;[84] Gleiches gilt auch für prozesstaktisches Vorgehen in einem Rechtsstreit.[85] Berechtigte Interessen Einzelner erfordern demgegenüber einen Ausschluss der Öffentlichkeit, wenn persönliche oder wirtschaftliche Verhältnisse zur Sprache kommen können, an deren Kenntnis kein berechtigtes Interesse der Allgemeinheit bestehen kann und deren Bekanntgabe für den einzelnen nachteilig sein könnte.[86] Restriktiv hat die Rechtsprechung dabei die Möglichkeit zum Verzicht auf den Ausschluss der Öffentlichkeit seitens des Betroffenen bewertet.[87] Liegen die Voraussetzungen für einen Ausschluss der Öffentlichkeit vor, dürfte dieser im Übrigen zwingend sein.[88]

Über den Ausschluss der Öffentlichkeit wird je nach Gemeinderecht entweder bereits bei der Aufstellung der Tagesordnung entschieden – wobei unbeschadet dessen über Anträge aus der Mitte des Gemeindevertretung, eine Angelegenheit öffentlich oder nichtöffentlich zu behandeln, in nichtöffentlicher Sitzung beraten und entschieden werden kann[89] – oder aber die Entscheidung obliegt von vornherein der Gemeindevertre-

---

78 VGH BW, NVwZ 1991, 284 (285); VGH BW, NVwZ-RR 2001, 462 (463); siehe aber auch VGH BW, DVBl. 2011, 912 ff.
79 § 35 Abs. 1 S. 2 GemO BW; Art. 52 Abs. 2 S. 1 BayGO; § 36 Abs. 2 S. 2 BbgKVerf; § 52 Abs. 1 S. 2 HGO; § 29 Abs. 5 S. 2 KV M-V; § 64 S. 1 NKomVG; § 48 Abs. 2 S. 2, 3 GO NW; § 35 Abs. 1 S. 1 2 RhPfGemO; § 40 Abs. 1 SaarlKSVG; § 37 Abs. 1 S. 1 SächsGemO; § 52 Abs. 2 S. 1, 2 KVG LSA; § 35 Abs. 1 S. 2 GO SH; § 40 Abs. 1 ThürKO.
80 Dies dürfte auch gelten, sofern das Gemeinderecht keine ausdrücklichen Vorgaben enthält oder auf die Geschäftsordnung verweist – § 52 Abs. 1 S. 2 HGO; § 48 Abs. 2 S. 2 GO NW; § 35 Abs. 1 S. 1, 2 RhPfGemO; ferner auch § 40 Abs. 3 SaarlKSVG – siehe *Ehlers*, in: Mann/Püttner (Hrsg.), HKWP, Bd. I, § 21, Rn. 82; unter Rückgriff auf die Vorschriften über die Verschwiegenheitspflicht der Mitglieder der Gemeindevertretung OVG Münster, DÖV 2007, 847.
81 Ausdrücklich § 48 Abs. 2 S. 2 GO NW; § 35 Abs. 1 S. 1, 2 RhPfGemO; § 40 Abs. 3 SaarlKSVG; auf die Hauptsatzung verweist § 29 Abs. 5 S. 3 KV M-V.
82 *Lange*, KomR, Kap. 7, Rn. 61 f.; zur Notwendigkeit der Einzelfallentscheidung trotz Regelungen in der Geschäftsordnung auch HessVGH, NVwZ-RR 2009, 531 ff.
83 OVG Münster, DÖV 2007, 847.
84 OVG Münster, OVGE 52, 193 ff.; zur Öffentlichkeit von Ratssitzungen bei Angelegenheiten kommunaler Unternehmen auch *Burgi*, NVwZ 2014, 609 ff.
85 OVG Münster, NVwZ-RR 2002, 135 (137).
86 VGH BW, NVwZ 1991, 284 (285 f.).
87 OVG Koblenz, NVwZ 1988, 80 f.; § 35 Abs. 1 S. 3 GO SH setzt demgegenüber allerdings einen Antrag des Betroffenen voraus – vor diesem Hintergrund kritisch zur vermeintlichen Unverzichtbarkeit *Lange*, KomR, Kap. 7, Rn. 73.
88 Ausdrücklich § 35 Abs. 1 S. 2 GemO BW; § 36 Abs. 2 S. 2 BbgKVerf; § 52 Abs. 2 S. 1, 2 KVG LSA; § 35 Abs. 1 S. 2 GO SH; § 40 Abs. 1 S. 1 ThürKO; ferner Art. 52 Abs. 2 S. 1 BayGO; § 29 Abs. 5 S. 2 KV M-V; § 64 S. 1 NKomVG; § 40 Abs. 1 SaarlKSVG; § 37 Abs. 1 S. 1 SächsGemO.
89 § 35 Abs. 1 S. 2 GemO BW; ferner § 37 Abs. 1 S. 2 SächsGemO.

tung.⁹⁰ Andere Bundesländer sehen demgegenüber lediglich vor, dass über Anträge über den Ausschluss der Öffentlichkeit (überwiegend in nichtöffentlicher Sitzung) zu beraten und zu entscheiden ist – ohne dezidert darüber Auskunft zu geben, ob damit lediglich eine Abweichung von der Tagesordnung gemeint ist oder aber eine Entscheidungszuständigkeit der Gemeindevertretung besteht.⁹¹ Die Öffentlichkeit ist jedenfalls dergestalt wiederherzustellen, dass die in nichtöffentlicher Sitzung gefassten Beschlüsse öffentlich bekannt zu machen sind;⁹² dass dies nicht gilt, sofern das öffentliche Wohl oder berechtigte Interessen Einzelner entgegenstehen, ist oftmals ausdrücklich normiert.⁹³ Erfolgt ein Ausschluss der Öffentlichkeit zu Unrecht, sollen sich die Mitglieder der Gemeindevertretung im Wege des Kommunalverfassungsstreits dagegen zur Wehr setzen können;⁹⁴ Dritte sollen ebenfalls ein Recht auf Zutritt haben – wobei die grundrechtlich geschützte Informationsfreiheit des Art. 5 Abs. 1 S. 1 GG als Anspruchsgrundlage herangezogen wird.⁹⁵

3. Leitung und Ablauf der Sitzungen der Gemeindevertretung

19 Die Sitzungen der Gemeindevertretung werden vom Vorsitzenden geleitet – selbst dann, wenn sich dies nicht ausdrücklich aus dem Gemeinderecht ergeben sollte.⁹⁶ Über die Sitzungen der Gemeindevertretung ist aus Nachweisgründen eine Niederschrift zu fertigen.⁹⁷ Zur Sitzungsleitung durch den Vorsitzenden gehören insbesondere die Eröffnung und Schließung der Sitzungen sowie deren Unterbrechung, ferner die Feststellung der Beschlussfähigkeit, der Aufruf der Tagesordnungspunkte, die Erteilung und vornehmlich zeitliche Begrenzung der Redezeiten (sowie auch die Entziehung des Wortes ⁹⁸) sowie die Durchführung von Abstimmungen und Wahlen.⁹⁹ Namentlich eine zeitliche Begrenzung der Redezeiten kann allerdings auch schon in der Geschäftsordnung festgeschrieben werden. Nach der Rechtsprechung sind diesbezügliche Einschränkungen allerdings nur zulässig, soweit sie der Gleichheit der Mitwirkungsrechte der Mitglieder der Gemeindevertretung Rechnung tragen, zur Gewährleistung eines ordnungsgemäßen Geschäftsgangs erforderlich sind und nicht außer Verhältnis zur Schwierigkeit und Bedeutung der zu erörternden Angelegenheit stehen. Redezeiten können auch auf und für die Fraktionen beschränkt werden; eine Ausnahme gilt dabei

---

90 § 52 Abs. 1 S. 2 HGO; § 40 Abs. 1 S. 2 ThürKO; § 35 Abs. 2 S. 1 GO SH; ferner § 29 Abs. 5 S. 4 KV M-V; § 48 Abs. 2 S. 3 GO NW; wohl auch § 35 Abs. 1 S. 2 RhPfGemO.
91 Art. 52 Abs. 2 S. 2 BayGO; § 36 Abs. 2 S. 3, 4 BbgKVerf; § 64 S. 2 NKomVG; § 40 Abs. 2 SaarlKSVG.
92 § 35 Abs. 1 S. 4 GemO BW; Art. 52 Abs. 2 BayGO; § 39 Abs. 3 S. 3 BbgKVerf; § 52 Abs. 2 HGO; § 31 Abs. 3 KV M-V; § 52 Abs. 2 GO NW; § 37 Abs. 1 S. 3 SächsGemO; § 52 Abs. 2 S. 3 KVG LSA; § 35 Abs. 3 GO SH; § 40 Abs. 2 S. 2 ThürKO.
93 § 35 Abs. 1 S. 4 GemO BW; Art. 52 Abs. 3 BayGO; § 39 Abs. 3 BbgKVerf; § 37 Abs. 1 S. 3 SächsGemO; § 52 Abs. 2 S. 3 KVG LSA; § 35 Abs. 3 GO SH; § 40 Abs. 2 S. 2 ThürKO; ferner § 52 Abs. 2 HGO; § 31 Abs. 3 KV M-V.
94 OVG Münster, NVwZ-RR 2002, 135 ff.; HessVGH, LKRZ 2009, 22 ff.; anders OVG Koblenz, NVwZ-RR 1990, 322 f.; VGH BW, NVwZ-RR 1992, 373 f.
95 Ehlers, in: Mann/Püttner (Hrsg.), HKWP, Bd. I, § 21, Rn. 83.
96 § 36 Abs. 1 S. 1 GemO BW; § 37 Abs. 1 BbgKVerf; § 58 Abs. 4 S. 1 HGO; § 29 Abs. 1 S. 5 KV M-V; § 63 Abs. 1 NKomVG; § 51 Abs. 1 S. 1 GO NW; § 36 Abs. 2 RhPfGemO; § 43 Abs. 1 SaarlKSVG; § 38 Abs. 1 S. 1 SächsGemO; § 57 Abs. 1 S. 1 KVG LSA; § 37 S. 1 GO SH.
97 § 38 Abs. 1 S. 1 GemO BW; Art. 54 Abs. 1 S. 1 BayGO; § 42 Abs. 1 S. 1 BbgKVerf; § 61 Abs. 1 S. 1 HGO; § 29 Abs. 8 KV M-V; § 68 S. 1 NKomVG; § 41 Abs. 1 S. 1 RhPfGemO; § 52 Abs. 1 S. 1 GO NW; § 47 SaarlKSVG; § 46 Abs. 1 S. 1 SächsGemO; § 58 Abs. 1 S. 1 KVG LSA; § 41 Abs. 1 S. 1 GO SH; § 42 Abs. 1 S. 1 ThürKO.
98 Dazu OVG Münster, DÖV 1989, 595 f., wonach der Vorsitzende zur Sache rufen und notfalls das Wort entziehen kann, darüber hinaus auch dessen Ergreifung des Wortes ausnahmsweise verwehren kann, wenn die Absicht zum Rechtsmissbrauch von vornherein eindeutig sei.
99 Zum Ganzen Ehlers, in: Mann/Püttner (Hrsg.), HKWP, Bd. I, § 21, Rn. 87.

allerdings für fraktionslose Mitglieder der Gemeindevertretung.[100] Bei der Bemessung der Redezeit kann des Weiteren auch berücksichtigt werden, dass die Mitglieder der Gemeindevertretungen nicht hauptberuflich tätig werden und ihrer zeitlichen Inanspruchnahme durch Sitzungen der Gemeindevertretung und ihrer Ausschüsse enge Grenzen gesetzt werden können.[101]

a) Beschlussfähigkeit

Voraussetzung einer ordnungsgemäßen Sitzung der Gemeindevertretung ist zuvörderst deren Beschlussfähigkeit. Beschlussfähig ist die Gemeindevertretung, wenn eine bestimmte Anzahl von Mitgliedern der Gemeindevertretung anwesend ist – überwiegend wird auf die Anwesenheit der Hälfte der gesetzlichen Zahl der Mitglieder der Gemeindevertretung Bezug genommen.[102] Deren Stimmberechtigung wird teilweise ausdrücklich vorausgesetzt, im Übrigen aber auch ohne entsprechende Regelung zur Voraussetzung der Beschlussfähigkeit gemacht.[103] Gerade mit Blick auf die Stimmberechtigung finden sich allerdings auch Sonderregelungen: Sofern eine Vielzahl von Mitgliedern der Gemeindevertretung (etwa im Falle der Aufstellung von Bebauungsplänen)[104] wegen Befangenheit von der Beratung und Beschlussfassung ausgeschlossen ist, müssen regelmäßig weniger stimmberechtigte Mitglieder der Gemeindevertretung anwesend sein.[105]

20

Die Beschlussfähigkeit ist nach vereinzelten Regelungen des Gemeinderechts überdies solange zu unterstellen, bis die Beschlussunfähigkeit geltend gemacht oder auf Antrag durch den Vorsitzenden der Gemeindevertretung festgestellt wird.[106] Des Weiteren wird dem Vorsitzenden der Gemeindevertretung die Möglichkeit eingeräumt, die Beschlussunfähigkeit selbst festzustellen[107] – sofern das Gemeinderecht eine derartige Regelung nicht enthält, bedarf es dagegen eines Antrages,[108] sofern der Vorsitzende nicht als Mitglied der Gemeindevertretung selbst antragsberechtigt ist.[109] Maßgeblicher Zeitpunkt für die Feststellung der Beschlussunfähigkeit ist die Beendigung des Zählvorganges.[110] Damit derjenige, der einen Antrag auf Feststellung der Beschlussunfähigkeit stellt, diese nicht durch Verlassen des Sitzungssaales selbst herbeiführen kann, bestimmt das Gemeinderecht einiger Bundesländer inzwischen, dass der Antragsteller zu

21

---

100 HessVGH, DVBl. 1978, 821 ff.
101 VGH BW, NVwZ-RR 1994, 299 f.
102 Art. 47 Abs. 2 BayGO; § 38 Abs. 1 S. 1 BbgKVerf; § 53 Abs. 1 S. 1 HGO; § 30 Abs. 1 S. 1 KV M-V; § 65 Abs. 1 S. 1 NKomVG; § 49 Abs. 1 S. 1 GO NW; § 39 Abs. 1 S. 1 RhPfGemO; § 44 Abs. 1 S. 1 SaarlKSVG; § 55 Abs. 1 S. 1 KVG LSA; § 38 Abs. 1 S. 1 GO SH; § 36 Abs. 1 S. 2 ThürKO; ferner § 37 Abs. 2 S. 1 GemO BW, wonach die Gemeindevertretung beschlussfähig ist, wenn mindestens die Hälfte aller Mitglieder anwesend und stimmberechtigt ist; Gleiches gilt nach § 39 Abs. 2 S. 1 SächsGemO.
103 *Lange*, KomR, Kap. 7, Rn. 141 f.
104 *Lange*, KomR, Kap. 7, Rn. 143.
105 § 37 Abs. 2 S. 2 GemO BW; § 38 Abs. 3 BbgKVerf; § 53 Abs. 3 HGO; § 30 Abs. 2 KV M-V; § 65 Abs. 3 NKomVG; § 39 Abs. 1 S. 1 RhPfGemO; § 44 Abs. 3 SaarlKSVG; § 39 Abs. 2 S. 2 SächsGemO; § 55 Abs. 3 KVG LSA; § 38 Abs. 2 S. 2 GO SH; § 36 Abs. 3 ThürKO.
106 § 38 Abs. 1 S. 2 GemO BW; § 49 Abs. 1 S. 2 GO NW; teilweise wird allerdings vorausgesetzt, dass die Beschlussfähigkeit zuvor durch den Vorsitzenden festgestellt wurde und sodann solange als vorhanden gilt, bis das Gegenteil festgestellt wird, siehe § 53 Abs. 1 S. 3 HGO; § 30 Abs. 1 S. 3 KV M-V; § 65 Abs. 1 S, 2, 3 NKomVG; § 55 Abs. 1 S. 4, 5 KVG LSA; § 38 Abs. 1 S. 2, 3 GO SH.
107 § 30 Abs. 1 S. 3 KV M-V; ferner § 49 Abs. 1 S. 2 GO NW.
108 HessVGH, NVwZ 2010, 696 ff., wonach die Feststellung der Beschlussunfähigkeit dem Vorsitzende selbst bei Offenkundigkeit nicht von Amts wegen obliegt.
109 *Lange*, KomR, Kap. 7, Rn. 145.
110 HessVGH, NVwZ 1988, 1155 (1156).

den anwesenden Mitgliedern der Gemeindevertretung zählt.[111] Umstritten ist schließlich, ob die Beschlussfähigkeit im Übrigen unwiderleglich vermutet wird.[112] Die Rechtsprechung geht lediglich von einer widerlegbaren Vermutung aus, die vorrangig allerdings nur im Wege des ausdrücklich vorgesehenen Verfahrens widerlegt werden kann.[113] Des Weiteren hat die Rechtsprechung aber darauf hingewiesen, dass die Beschlussfähigkeit im Falle der offensichtlichen Beschlussunfähigkeit nicht fingiert werden könne.[114]

b) Mitwirkung befangener Mitglieder

22 ▶ **FALL 14:** Ein Mitglied der Gemeindevertretung wurde wegen der Besorgnis der Befangenheit von den Beratungen und der Entscheidung der Gemeindevertretung ausgeschlossen. Gegenstand der Beratungen war die Schulentwicklungsplanung – die langfristige Planung der Entwicklungen der Schulen im Gemeindegebiet. Beschlossen wurde dabei auch über die Schließungen und Zusammenlegungen von Schulen. Der Ausschluss wegen Befangenheit beruhte auf dem Umstand, dass das Mitglied auf Honorarbasis als Hausaufgabenbetreuer an einer der von den Planungen betroffenen Schule im Gemeindegebiet tätig ist. Das Mitglied begehrt die verwaltungsgerichtliche Feststellung, dass der Ausschluss von den Beratungen und der Entscheidung rechtswidrig war. ◀

23 Befangene Mitglieder der Gemeindevertretung sind nach dem Gemeinderecht aller Bundesländer grundsätzlich nicht berechtigt, beratend oder entscheidend an den Sitzungen der Gemeindevertretung teilzunehmen. Voraussetzung der Befangenheit ist dabei, dass die Entscheidung dem Mitglied selbst oder bestimmten anderen Personen einen unmittelbaren Vor- oder Nachteil bringen kann. Systematisch handelt es sich bei den betreffenden Regelungen um Vorschriften über die ehrenamtliche Tätigkeit, die entweder ausdrücklich auf die Mitglieder der Gemeindevertretung erstreckt werden[115] oder wegen deren Zuordnung zur ehrenamtlichen Tätigkeit ohnehin (teilweise modifiziert) gelten.[116] Nicht durchgängig angeordnet ist demgegenüber der Ausschluss wegen Befangenheit für andere Mitglieder der Gemeindevertretung, insbesondere den Bürgermeister.[117]

aa) Unmittelbarer Vor- oder Nachteil

24 Grundsätzlich kann jeder materielle oder immaterielle Vor- oder Nachteil die Befangenheit begründen, es genügt auch bereits die bloße Möglichkeit im Sinne einer hinrei-

---

111 § 53 Abs. 1 S. 3 HGO; § 30 Abs. 1 S. 5 KV M-V; § 55 Abs. 1 S. 5 KVG LSA; § 38 Abs. 1 S. 3 GO SH.
112 Siehe *Lange*, KomR, Kap. 7, Rn. 144 mit dem Hinweis, dass die Feststellung der Beschlussunfähigkeit die Vermutung der Beschlussfähigkeit nicht rückwirkend beseitigen kann.
113 HessVGH, NVwZ 1988, 1155 f.
114 OVG Münster, DÖV 1962, 710 (712); OVG Münster, DVBl. 1973, 646 (648).
115 § 54 Abs. 3 NKomVG; § 19 Abs. 4 KV M-V; §§ 43 Abs. 2, 50 Abs. 6 GO NW; § 32 Abs. 3 GO SH; siehe auch § 35 Abs. 2 S. 1 HGO.
116 § 32 Abs. 1 S. 1 GemO BW; Art. 31 Abs. 2 S. 1 BayGO; § 18 Abs. 1 RhPfGemO; § 30 Abs. 1 S. 1 SaarlKSVG; § 35 Abs. 1 S. 1 SächsGemO; §§ 36 Abs. 1 S. 2, 43 Abs. 1 KVG LSA; § 24 Abs. 1 S. 1 ThürKO; ferner § 20 Abs. 2 BbgKVerf.
117 Oftmals werden allerdings Mitwirkungsverbote mit Blick auf den Bürgermeister für (entsprechend) anwendbar erklärt, siehe § 52 i.V.m. § 18 GemO BW; § 53 Abs. 3 i.V.m. § 22 BbgKVerf; §§ 38 Abs. 8 S. 1, 39 Abs. 4 S. 1 i.V.m. § 24 KV M-V; § 58 i.V.m. § 20 SächsGemO; § 71 i.V.m. § 33 KVG LSA; § 22 Abs. RhPfGemO benennt ausdrücklich auch den Bürgermeister; § 25 HGO gilt allgemein für die haupt- und ehrenamtliche Tätigkeit; Art. 49 BayGO, § 38 Abs. 1 S. 1 ThürKO sprechen ganz allgemein von Mitgliedern der Gemeindevertretung.

chenden Wahrscheinlichkeit eines Vor- oder Nachteils.[118] Erforderlich ist nur, dass der Vor- oder Nachteil unmittelbar ist.

(1) Direkter Vor- oder Nachteil – formale und modifiziert-formale Betrachtungsweise

Das Gemeinderecht konkretisiert oftmals, dass der Vor- oder Nachteil die Mitglieder der Gemeindevertretung direkt berühren muss – oder sich der Vor- oder Nachteil aus der Entscheidung der Gemeindevertretung ergeben muss, ohne dass weitere Ereignisse eintreten oder (abgesehen von der bloßen Ausführung von Beschlüssen der Gemeindevertretung) Maßnahmen getroffen werden müssen.[119] Ausgehend von einer solchen formalen Betrachtungsweise soll etwa die Mitwirkung an der Beratung und Entscheidung über einen Bebauungsplan unmittelbare Vor- oder Nachteile bewirken können, da dessen Festsetzungen rechtsgestaltend sind.[120] Etwas anderes soll trotz ihrer Verbindlichkeit für die erstmalige Aufstellung von Flächennutzungsplänen gelten, da Flächennutzungspläne das gesamte Gemeindegebiet erfassen und folglich allen Mitgliedern der Gemeindevertretung mit Grundbesitz Vor- oder Nachteile bringen können.[121] Zulässig soll dagegen die Mitwirkung an der Beratung und Entscheidung über gemeindliche Abgabensatzungen sein, da diese den Mitgliedern keine unmittelbaren, sondern lediglich mittelbare Vor- oder Nachteile bringen – die Erhebung von Beiträgen bedarf nämlich noch der Umsetzung im Einzelfall.[122] Kritisch wurde diesbezüglich angemerkt, dass es nicht auf weitere Maßnahmen ankommen könne, wenn diese (wie etwa der Abgabenbescheid) zwangsläufige Folge der Entscheidung der Gemeindevertretung sind. Entscheidend müsse – im Sinne einer modifiziert formalen Betrachtungsweise – vielmehr sein, ob ablaufprägende und einflussnehmende Geschehnisse eintreten.[123]

25

Einen sowohl von der formalen als auch der modifiziert formalen Betrachtungsweise abweichenden Ansatz verfolgt die Rechtsprechung demgegenüber, sofern sie auf das individuelle Sonderinteresse der Mitglieder der Gemeindevertretung abstellt und verlangt, dass diese aufgrund persönlicher Beziehungen zur jeweiligen Angelegenheit nicht mehr uneigennützig und nur zum Wohl der Gemeinde handeln.[124] Diesbezüglich findet sich oftmals die Wendung, dass schon der böse Schein zu vermeiden sei.[125] Dieser Schein bestehe bereits dann, wenn konkrete Umstände den Eindruck begründeten, die Mitglieder der Gemeindevertretung könnten bei ihrer Entscheidung auch von persönlichen Interessen geleitet werden, wobei keine direkte Kausalität erforderlich sein soll.[126] Daher seien die Mitglieder der Gemeindevertretung bei der Entscheidung über die Aufstellung eines Bebauungsplans schon dann befangen, wenn durch den Aufstellungsbeschluss der wesentliche Inhalt der nachfolgenden Planung vorgegeben werde,

26

---

118 VGH BW, NVwZ-RR 1993, 504 f.
119 § 41 Abs. 1 S. 2 NKomVG; § 31 Abs. 1 S. 2 GO NW; § 33 Abs. 1 S. 2 KVG LSA; § 22 Abs. 1 S. 2 GO SH; § 38 Abs. 1 S. 3 ThürKO.
120 VGH BW, DVBl. 1965, 366 ff.; VGH BW, DVBl. 1966, 827 ff.; nach § 41 Abs. 3 Nr. 1 NKomVG gilt das Mitwirkungsverbot allerdings nicht für die Beratung und Entscheidung über Rechtsnormen.
121 OVG Münster, NJW 1979, 2632 f.
122 HessVGH, NVwZ 1982, 44 (45); HessVGH, NVwZ-RR 1993, 94 (97).
123 OVG Münster, DÖV 2012, 286; siehe auch OVG Koblenz, NVwZ-RR 1996, 218 (219).
124 VGH BW, NVwZ-RR 1993, 504 f.; mit Blick auf Abgabensatzungen ferner OVG Lüneburg, NVwZ 1982, 44.
125 Grundlegend VGH BW, DVBl. 1966, 827 (828); ferner auch noch (vor Inkrafttreten des § 31 Abs. 1 S. 2 GO NW) OVG Münster, NJW 1979, 2632 (2633); OVG Münster, NVwZ-RR 1996, 220 (220).
126 OVG Koblenz, LKRZ 2009, 343 ff.

der Aufstellungsbeschluss also nicht etwa nur den Ausgangspunkt für eine noch völlig offene Planung bildet.[127]

(2) Ausschluss von der Beratung und Entscheidung der Gemeindevertretung

27 Haben Mitglieder der Gemeindevertretung unmittelbare Vor- oder Nachteile, sind diese sowohl von der Beratung als auch der Entscheidung der Gemeindevertretung ausgeschlossen. Diese Mitglieder haben die Befangenheit unaufgefordert anzuzeigen,[128] im Zweifel entscheidet die Gemeindevertretung.[129] Eine solche Entscheidung der Gemeindevertretung dürfte allerdings nicht rechtsgestaltend wirken: Ist ein Mitglied der Gemeindevertretung tatsächlich befangen, obschon die Gemeindevertretung dies verneint hat, liegt gleichwohl ein Verstoß gegen die gemeinderechtlichen Vorschriften über die Befangenheit vor; Rechtsschutz gegen die Entscheidung der Gemeindevertretung dürfte überdies im Kommunalverfassungsstreitverfahren zu erlangen sein. Befangene Mitglieder haben zudem grundsätzlich den Sitzungsraum zu verlassen, dürfen bei öffentlichen Sitzungen allerdings als Zuhörer dort verweilen.[130] Das Mitwirkungsverbot gilt jeweils für einzelne Angelegenheiten. Eine undifferenzierte Gleichsetzung von Angelegenheiten und Verfahren scheidet dabei aus, weswegen sich das Mitwirkungsverbot im Falle von Wahlen auf einzelne Phasen der Wahl beschränken kann.[131] Vom Mitwirkungsverbot erfasst wird – vorbehaltlich besonderer Bestimmungen[132] – auch die Teilnahme an Beratungen in einem vorbereitenden Ausschuss,[133] angesichts der Bezugnahme der gemeinderechtlichen Regelungen auf das Verfahren der Gemeindevertretung nicht aber die Teilnahme an Fraktionssitzungen.[134]

bb) Reichweite des Mitwirkungsverbotes

28 Nach dem Gemeinderecht aller Bundesländer führen nicht nur Vor- oder Nachteile der Mitglieder der Gemeindevertretung, sondern auch Vor- und Nachteile Dritter zur Befangenheit. Dazu zählen (überwiegend genauer eingegrenzte) Angehörige der Mitglieder sowie von diesen kraft Gesetzes oder Vollmacht vertretene natürliche oder juristische Personen.[135] Ausdrücklich nicht befangen sind (abseits weiterer – von Bundesland zu Bundesland sehr unterschiedlich ausgeprägter – Ausnahmen) demgegenüber diejeni-

---

127 OVG Münster, NVwZ-RR 1996, 220 (221); ferner OVG Koblenz, NVwZ-RR 1996, 218 (219); siehe auch OVG Koblenz, LKRZ 2009, 343 ff.
128 Ausdrücklich § 18 Abs. 4 S. 1 GemO BW; § 31 Abs. 2 Nr. 3 i.V.m. § 22 Abs. 4 S. 1 BbgKVerf; § 25 Abs. 4 S. 1 HGO; § 24 Abs. 3 S. 1 KV M-V; § 41 Abs. 4 S. 1 NKomVG; § 31 Abs. 4 S. 1 GO NW; § 22 Abs. 5 S. 1 RhPfGemO; § 20 Abs. 3 S. 1 SächsGemO; § 33 Abs. 4 S. 1 KVG LSA; § 22 Abs. 4 S. 1 GO SH; § 38 Abs. 3 S. 1 ThürKO.
129 § 18 Abs. 4 S. 2 GemO BW; Art. 49 Abs. 3 BayGO; § 31 Abs. 2 Nr. 4 BbgKVerf; § 25 Abs. 3 HGO; § 24 Abs. 3 S. 2 KV M-V; § 41 Abs. 4 S. 2 NKomVG; § 31 Abs. 4 S. 2 GO NW; § 22 Abs. 5 S. 2 RhPfGemO; § 27 Abs. 4 S. 1 SaarlKSVG; § 20 Abs. 3 S. 2 SächsGemO; § 33 Abs. 4 S. 2 KVG LSA; § 22 Abs. 4 S. 2 GO SH; § 38 Abs. 3 S. 2 ThürKO.
130 Ausdrücklich § 18 Abs. 5 GemO BW; § 25 Abs. 4 S. 2 HGO; § 24 Abs. 3 S. 1 KV M-V; § 41 Abs. 5 S. 1 NKomVG; § 31 Abs. 4 S. 1 GO NW; § 20 Abs. 4 S. 1 SächsGemO; § 33 Abs. 5 S. 1 KVG LSA; § 22 Abs. 4 S. 3 GO SH; § 38 Abs. 1 S. 4 ThürKO.
131 HessVGH, NVwZ-RR 1993, 94 (97).
132 Siehe Art. 55 Abs. 2 i.V.m. Art. 49 BayGO.
133 OVG Münster, NVwZ 1984, 67 (668); HessVGH, NVwZ-RR 1996, 72 f.; Gleiches soll auch für die Teilnahme an Verhandlungen der Gemeinde mit Vertretern öffentlicher Belange über den Vorentwurf eines Bebauungsplans gelten, wobei eine Teilnahme noch nicht zur Unwirksamkeit des Bebauungsplans führen soll, siehe OVG Lüneburg, NVwZ 1982, 200.
134 *Lange*, KomR, Kap. 5, Rn. 67.
135 § 18 Abs. 1, 2 GemO BW; Art. 49 Abs. 1 S. 1 BayGO; § 22 Abs. 1, 2 BbgKVerf; § 25 Abs. 1 S. 1 Nr. 2 bis 6 HGO; § 24 Abs. 1 KV M-V; § 41 Abs. 1, 2 NKomVG; § 31 Abs. 1 S. 1 Nr. 2, 3, Abs. 2 GO NW; § 22 Abs. 1 RhPfGemO; § 27 Abs. 1, 2 SaarlKSVG; § 20 Abs. 1 SächsGemO; § 33 Abs. 1, 2 KVG LSA; § 22 Abs. 1, 2 GO SH; § 38 Abs. 1 S. 1 ThürKO.

gen Mitglieder der Gemeindevertretung, denen ein Vor- oder Nachteil lediglich als Angehörige einer Berufs- oder Bevölkerungsgruppe erwächst.[136] Dies wurde von der Rechtsprechung etwa für die Festsetzung des Grundsteuerhebesatzes angenommen, da die Mitglieder der Gemeindevertretung lediglich als Steuerpflichtige betroffen seien.[137] Bei der Aufstellung von Bebauungsplänen stehen nach der Rechtsprechung dagegen die Sonderinteressen der Grundstückseigentümer im Vordergrund.[138] Gleiches soll ferner gelten, sofern Mitglieder der Gemeindevertretung lediglich allgemein (und mithin interessenunabhängig) betroffen sind.[139]

cc) Rechtsfolgen der Mitwirkung befangener Mitglieder der Gemeindevertretung

Die Mitwirkung befangener Mitglieder der Gemeindevertretung führt je nach Landesrecht ausdrücklich zur Unwirksamkeit[140] (teilweise allerdings nur, sofern die Mitwirkung für das Abstimmungsergebnis entscheidend war),[141] im Übrigen lediglich zur (formellen) Rechtswidrigkeit der Entscheidung der Gemeindevertretung.[142] Einschränkend wird auch die Rechtswidrigkeit in einigen Bundesländern davon abhängig gemacht, dass die Mitwirkung für das Abstimmungsergebnis entscheidend war.[143] Entscheidungserheblich in diesem Sinne ist die Mitwirkung, sofern die Stimme des befangenen Mitglieds den Ausschlag gegeben hat. Die Mitwirkung an der Beratung der Gemeindevertretung dürfte dagegen folgenlos bleiben, da sich eine derartige Auswirkung auf die Abstimmung nicht wird feststellen lassen.[144] Sofern lediglich die Rechtswidrigkeit der Entscheidung der Gemeindevertretung angeordnet wird, ist weiter zu differenzieren: Auf der Grundlage der Entscheidung ergangene Verwaltungsakte sind nur unter den Voraussetzungen des § 44 VwVfG nichtig, Rechtsverordnungen und Satzungen sind – dem Grundsatz der Nichtigkeit rechtswidriger Rechtsnormen folgend – demgegenüber regelmäßig nichtig.[145] Zudem sieht das Gemeinderecht spezifische (teilweise wird allerdings auch lediglich auf die allgemeinen Regelungen zur Heilung von Verfahrens- oder Formfehlern kommunaler Satzungen verwiesen) Heilungsmöglichkeiten vor: Die Mitwirkung von befangenen Mitgliedern kann nach Ablauf einer bestimmten Frist nicht mehr geltend gemacht werden oder Entscheidungen gelten als rechtmäßig und wirksam zustande gekommen, sofern der Verstoß gegen die Vorschriften über die Be-

---

136 § 18 Abs. 3 S. 1 GemO BW; § 22 Abs. 3 Nr. 1 BbgKVerf; § 25 Abs. 1 S. 2 HGO; § 24 Abs. 2 Nr. 1 KV M-V; § 41 Abs. 1 S. 3 NKomVG; § 31 Abs. 3 Nr. 1 GO NW; § 22 Abs. 3 RhPfGemO; § 27 Abs. 3 Nr. 1 SaarlKSVG; § 20 Abs. 2 Nr. 2 SächsGemO; § 33 Abs. 1 S. 2 KVG LSA; § 22 Abs. 3 Nr. 1 GO SH; § 38 Abs. 1 S. 2 ThürKO; im bayerischen Gemeinderecht findet sich demgegenüber keine ausdrückliche Regelung.
137 BayVGH, DÖV 1976, 751 (753).
138 Siehe nochmals VGH BW, DVBl. 1965, 366 ff.; VGH BW, DVBl. 1966, 827 ff.
139 OVG Münster, NVwZ-RR 1996, 220 (220); verneint wurde etwa die Befangenheit von Mitgliedern der Gemeindevertretung, die während der Aufstellung eines Bebauungsplans Bedenken und Anregungen geltend gemacht oder sich einer Bürgerinitiative angeschlossen haben, siehe OVG Münster, NVwZ-RR 1988, 112 (113).
140 § 25 Abs. 6 S. 1 HGO; § 24 Abs. 4 S. 1 KV M-V; § 22 Abs. 6 S. 1 RhPfGemO; § 27 Abs. 6 S. 1 SaarlKSVG; § 33 Abs. 5 S. 1 KVG LSA.
141 Art. 49 Abs. 4 BayGO; § 41 Abs. 6 S. 1 NKomVG; § 38 Abs. 4 S. 1 ThürKO.
142 § 18 Abs. 6 S. 1 GemO BW; § 20 Abs. 5 S. 1 SächsGemO.
143 § 22 Abs. 6 S. 1 BbgKVerf; siehe auch § 31 Abs. 6 GO NW; § 22 Abs. 5 S. 1 GO SH, wonach die Mitwirkung eines befangenen Mitglieds der Gemeindevertretung nur geltend gemacht werden kann, sofern sie für das Abstimmungsergebnis entscheidend war.
144 *Lange*, KomR, Kap. 5, Rn. 69 f.; siehe auch OVG Münster, NVwZ-RR 1992, 374.
145 *Lange*, KomR, Kap. 5, Rn. 69, 71.

fangenheit nicht beanstandet worden ist.[146] Die Rechtswidrigkeit von Entscheidungen der Gemeindevertretung, die ohne Mitwirkung zu Unrecht ausgeschlossener Mitglieder ergangen sind, ist schließlich nur vereinzelt ausdrücklich festgeschrieben,[147] wobei der ungerechtfertigte Ausschluss als von Anfang an unbeachtlich qualifiziert wird, wenn das Mitglied der Gemeindevertretung der Entscheidung nachträglich zustimmt.

c) Sitzungsordnung und Ordnungsmaßnahmen

30 ▶ **FALL 15:** Ein Mitglied der Gemeindevertretung fühlt sich als Nichtraucher durch das Rauchen zahlreicher anderer Mitglieder während der Sitzungen der Gemeindevertretung gestört. Mehrfach beantragt das Mitglied erfolglos die Anordnung eines Rauchverbots, da seine geistige Leistungsfähigkeit und sein körperliches Wohlbefinden beeinträchtigt werden. Mangels Nichtraucherschutzgesetz, das das Rauchen während der Sitzungen der Gemeindevertretung verbietet, bittet das Mitglied den Vorsitzenden der Gemeindevertretung sodann darum, das Rauchen während der Sitzungen der Gemeindevertretung zu untersagen. Der Vorsitzende weigert sich jedoch, ein entsprechendes Verbot auszusprechen. Das Mitglied will daraufhin durch verwaltungsgerichtlichen Rechtsschutz erreichen, dass ein Rauchverbot angeordnet wird. ◀

31 Dem Vorsitzenden der Gemeindevertretung obliegen die Handhabung der Ordnung und die Ausübung des Hausrechts.[148] Anders als die Sitzungsleitung dient die Handhabung der Ordnung lediglich mittelbar dem ordnungsgemäßen Sitzungsablauf. Das Hausrecht wird von der Handhabung der Ordnung demgegenüber dadurch unterschieden, dass dieses sich an Außenstehende und gerade nicht an Mitglieder der Gemeindevertretung richtet.[149] Die Handhabung der Ordnung zielt dabei nicht nur auf die Einhaltung der Vorschriften über den Verfahrensablauf, sondern darüber hinaus auch auf den Gesamtbestand der Verhaltensregeln, die für einen reibungslosen Sitzungsablauf notwendig sind; dazu gehört nach der Rechtsprechung auch das Gebot der gegenseitigen Rücksichtnahme.[150]

aa) Handhabung der Ordnung

(1) Allgemeines

32 Zur Handhabung der Ordnung stehen dem Vorsitzenden zahlreiche Ordnungsmittel zur Verfügung, deren Anwendung allerdings ganz grundsätzlich dem Übermaßverbot unterworfen ist.[151] Einen engen Bezug zur Sitzungsleitung – der gleichzeitig diesbezüg-

---

146 § 18 Abs. 6 S. 2 GemO BW; § 22 Abs. 6 S. 2 i.V.m. § 3 Abs. 4 S. 1 BbgKVerf; § 25 Abs. 6 HGO; § 24 Abs. 5 KV M-V; § 41 Abs. 6 S. 2 i.V.m. § 10 Abs. 2 S. 1 NKomVG; § 54 Abs. 4 GO NW; § 27 Abs. 5 S. 2 SaarlKSVG; § 20 Abs. 5 S. 2 SächsGemO; § 33 Abs. 5 S. 2 i.V.m. § 8 Abs. 3 S. 1 KVG LSA; § 22 Abs. 5 S. 1 Nr. 2 GO SH; § 22 Abs. 6 S. 2 RhPfGemO; § 38 Abs. 4 S. 2 ThürKO; keine Regelung findet sich im bayerischen Gemeinderecht.
147 § 18 Abs. 6 S. 1 GemO BW; § 24 Abs. 4 KV M-V; § 22 Abs. 5 S. 1 RhPfGemO; § 20 Abs. 5 S. 1 SächsGemO; § 38 Abs. 4 S. 1 ThürKO.
148 § 36 Abs. 1 S. 2 GemO BW; Art. 53 Abs. 1 S. 1 BayGO; § 37 Abs. 1 BbgKVerf; § 58 Abs. 4 S. 1 HGO; § 29 Abs. 1 S. 5 KV M-V; § 63 Abs. 1 NKomVG; § 51 Abs. 1 GO NW; § 36 Abs. 2 RhPfGemO; § 43 Abs. 1 SaarlKSVG; § 38 Abs. 1 S. 2 SächsGemO; § 57 Abs. 1 S. 2 KVG LSA; § 37 S. 2 GO SH; § 41 S. 1 ThürKO.
149 *Lange*, KomR, Kap. 7, Rn. 97; mit Blick auf das Verhältnis zwischen der Handhabung der Ordnung und der Ausübung des Hausrechts anders OVG Münster, NVwZ 1983, 485 (486); siehe auch § 57 Abs. 3 S. 1 KVG LSA, wonach Zuhörer und sachkundige Einwohner oder Sachverständige, die die Ordnung stören, vom Vorsitzenden aus dem Sitzungsraum verwiesen werden können – die Handhabung der Ordnung anscheinend also auch auf Außenstehende erstreckt wird.
150 OVG Münster, NVwZ 1983, 485 ff.
151 *Ehlers*, in: Mann/Püttner (Hrsg.), HKWP, Bd. I, § 21, Rn. 88.

liche Überschneidungen sichtbar macht – haben dabei der Sachruf (der Hinweis, nicht vom jeweiligen Gegenstand abzuschweifen) und die (anschließende) Entziehung des Wortes; des Weiteren kommt auch eine Rüge als präventives Mittel zur Einhaltung der Verfahrensvorschriften und Verhaltensregeln in Betracht. Derartige Maßnahmen sollen aufgrund ihrer Nähe zur Sitzungsleitung keiner gesetzlichen Ermächtigung bedürfen.[152]

(2) Ordnungsruf und Sitzungsausschluss

Andere Ordnungsmittel werden demgegenüber von Gesetzes wegen ausdrücklich zugelassen. Entsprechende Regelungen werden wegen des lediglich mittelbaren Bezuges zum ordnungsgemäßen Sitzungsablauf auch für erforderlich gehalten – Regelungen der Geschäftsordnung reichen daher nicht aus.[153] Hervorzuheben ist insoweit der Sitzungsausschluss: Das Gemeinderecht sieht grundsätzlich die Möglichkeit vor, Mitglieder der Gemeindevertretung bei grob ungebührlichem Verhalten oder (wiederholten oder fortgesetzten erheblichen) Verstößen gegen die Ordnung für eine oder mehrere Sitzungen auszuschließen.[154] Der Ordnungsruf ist als Ordnungsmittel ebenfalls im Gemeinderecht einiger Bundesländer vorgesehen, er ist dabei dem Sitzungsausschluss vorgeschaltet.[155] Über den Sitzungsausschluss entscheidet grundsätzlich der Vorsitzende, vereinzelt muss die Gemeindevertretung zustimmen.[156] Oftmals ist gegen den Sitzungsausschluss auch die Anrufung der Gemeindevertretung möglich.[157] Ob das ausgeschlossene Mitglied der Gemeindevertretung im Sitzungssaal verbleiben darf, ist umstritten[158] – Vorschriften, die ausdrücklich eine Verweisung aus dem Sitzungssaal vorsehen, dürften einen Verbleib auch als Zuhörer ausschließen.[159]

33

Soweit allein qualifizierte Ordnungsverstöße den Sitzungsausschluss rechtfertigen, fordert die Rechtsprechung, dass die Fortsetzung der Sitzung unmöglich gemacht oder jedenfalls wesentlich erschwert wird.[160] War die Sitzung namentlich durch Störungen anderer Mitglieder bereits beeinträchtigt, müsse sich das beanstandete Verhalten als besonders gravierend darstellen.[161] Des Weiteren hat das Bundesverwaltungsgericht entschieden, dass durch das Tragen von Anstecknadeln oder Plaketten die Sitzungsord-

34

---

152 Lange, KomR, Kap. 7, Rn. 99 f. mit dem Hinweis, hinsichtlich der Rüge fehle oftmals auch eine Regelung in der Geschäftsordnung; mit Blick auf die Entziehung des Wortes hat die Rechtsprechung allerdings auf eine Regelung in der Geschäftsordnung verwiesen, siehe nochmals OVG Münster, DÖV 1989, 595 f.
153 Lange, KomR, Kap. 7, Rn. 102 f.; zur Notwendigkeit einer Rechtsgrundlage für den (sanktionierenden) Sitzungsausschluss HessVGH, NVwZ-RR 1990, 371 f.
154 § 36 Abs. 3 S. 1 GemO BW; Art. 53 Abs. 1 S. 3 BayGO; § 37 Abs. 2 S. 3 BbgKVerf; § 60 Abs. 2 S. 1 HGO; § 63 Abs. 2 S. 1 NKomVG; § 51 Abs. 2 GO NW; § 38 Abs. 1 RhPfGemO; § 43 Abs. 2 SaarlKSVG; § 38 Abs. 1 S. 1 SächsGemO; § 57 Abs. 2 S. 1 KVG LSA; § 42 GO SH; § 41 S. 2 ThürKO; keine diesbezügliche Regelung findet sich in Mecklenburg-Vorpommern.
155 § 37 Abs. 2 BbgKVerf; § 38 Abs. 1 S. 1 RhPfGemO; § 43 Abs. 2 SaarlKSVG; § 42 S. 1, 2 GO SH. Von der Rüge soll sich der Ordnungsruf durch seine Formalisierung unterscheiden, siehe Lange, KomR, Kap. 7, Rn. 128.
156 Art. 53 Abs. 1 S. 3 BayGO; § 41 S. 2 ThürKO.
157 § 60 Abs. 2 S. 2 HGO; § 63 Abs. 2 S. 2 NKomVG; § 38 Abs. 3 RhPfGemO; siehe ferner § 51 Abs. 3 S. 2 GO NW, wonach die Gemeindevertretung auch ohne Anrufung über die Berechtigung des Sitzungsausschlusses in der nächsten Sitzung befindet.
158 Siehe dazu Lange, KomR, Kap. 7, Rn. 109 mit dem Hinweis, der Grundsatz der Öffentlichkeit gebiete, dass ausgeschlossene Mitglieder der Gemeindevertretung als Zuhörer im Sitzungssaal verbleiben dürfen, da nicht davon ausgegangen werden könne, sie würden auch als Zuhörer stören – zudem unterlägen sie als Zuhörer dem Hausrecht; siehe dazu auch OLG Karlsruhe, DÖV 1980, 99 ff. zur Strafbarkeit wegen Hausfriedensbruchs.
159 § 36 Abs. 3 S. 1 GemO BW; § 37 Abs. 2 S. 2 BbgKVerf; § 38 Abs. 3 S. 1 SächsGemO; § 57 Abs. 2 S. 1 KVG LSA.
160 BayVGH, BayVBl. 1988, 16 f.
161 BayVGH, BayVBl. 1988, 16 f.

nung häufig nicht oder nur geringfügig beeinträchtigt werde. Maßgeblich nahm das Bundesverwaltungsgericht dabei auf das Grundrecht der freien Meinungsäußerung Bezug: Es sei nicht zweifelhaft, dass die Mitglieder der Gemeindevertretung auch während der Sitzungen der Gemeindevertretungen nicht ihr Recht zur freien Meinungsäußerung verlören.[162] Dieses stehe ihnen jedoch nicht einschränkungslos, sondern nur insoweit zu, als der ordnungsgemäße Ablauf der Sitzung für private Meinungsäußerungen Raum lasse. Da die Sitzungen der Gemeindevertretung der Willensbildung der Gemeinde dienten, müssten die Mitglieder (wie auch andere Sitzungsteilnehmer) um der Funktionsfähigkeit willen Einschränkungen ihrer Meinungsfreiheit hinnehmen. Werde durch eine Meinungsäußerung der ordnungsgemäße Ablauf der Sitzung gestört, könne der Vorsitzende folglich eine Störung aufgrund der ihm nach dem Gemeinderecht zustehenden Leitungs- und Ordnungsbefugnisse unterbinden.[163]

35 Ungebührliches Verhalten erfordert nach der Rechtsprechung, dass die Grenzen des Erträglichen überschritten werden. Dazu zählen etwa Beschimpfungen oder die Verächtlichmachung anderer Mitglieder der Gemeindevertretung.[164] Erforderlich ist grundsätzlich ein besonderes Fehlverhalten – anzulegen sind strenge Maßstäbe, da der Sitzungsausschluss zu Verfälschungen des Wählerwillens führen kann. Des Weiteren ist der Grundsatz der Verhältnismäßigkeit zu beachten.[165] Jedenfalls muss das beanstandete Verhalten für die Störung der Sitzung ursächlich gewesen sein.[166] Aus diesem Grund dürfte ein Fehlverhalten außerhalb der Sitzung der Gemeindevertretung nicht ausreichend sein.[167] Als unbestimmte Rechtsbegriffe unterliegen Wendungen wie ungebührliches Verhalten schließlich der gerichtlichen Kontrolle; die Anordnung eines Sitzungsausschlusses steht allerdings im Ermessen des Vorsitzenden, so dass die gerichtliche Kontrolle auf Ermessensfehler beschränkt ist.[168]

(3) Rechtsschutz

36 Rechtsschutz gegenüber Ordnungsmitteln ist in mehrfacher Hinsicht denkbar. Zum einen können die Mitglieder der Gemeindevertretung gegenüber dem Vorsitzenden einen innerorganisatorischen Störungsbeseitigungsanspruch geltend machen. Der Vorsitzende ist danach zur Störungsbeseitigung verpflichtet, sofern dies in der Sitzung be-

---

162 Ferner ist nach der Rechtsprechung das Anbringen eines Kruzifixes im Sitzungssaal an der negativen Religionsfreiheit gemäß Art. 4 Abs. 1, 2 GG zu messen, siehe HessVGH, NJW 2006, 1227 f.; mit Blick auf den grundrechtlichen Schutz des Rauchens während der Sitzungen der Gemeindevertretung wurde allerdings auch darauf hingewiesen, Mitglieder der Gemeindevertretung seien bezüglich der Modalitäten ihrer Tätigkeit nicht grundrechtsfähig, siehe OVG NW, NVwZ-RR 1991, 260 (261).
163 BVerwG, NVwZ 1988, 837 f.; ebenso urteilte die Rechtsprechung zuletzt mit Blick auf das Tragen von Erkennungsmerkmalen der rechtsextremen Szene – durch das (wegen Verstoßes gegen die Hausordnung – die innerhalb öffentlicher Gebäude das offene Tragen oder Verwenden von Symbolen, Kennzeichen und Kleidungsstücken, die geeignet seien, die Würde der Gemeindevertretung oder das Ansehen der Gemeinde zu beschädigen, untersagt – ausgesprochene) Verbot des Vorsitzenden der Gemeindevertretung gegenüber einem Mitglied, während der Sitzungen der Gemeindevertretung Kleidung der Marke „Thor Steinar" zu tragen, werde in das Grundrecht auf Meinungsfreiheit gemäß Art. 5 Abs. 1 GG in rechtswidriger Weise eingegriffen, wenn das Markenlabel im Hinblick auf seine Größe unauffällig ist, siehe VG Gera, LKV 2013, 237 ff. Angesichts der Beeinträchtigung der Meinungsfreiheit soll einem an die Meinungskundgabe anknüpfenden Sitzungsausschluss überdies Außenwirkung zukommen, sodass dieser im Wege der Anfechtungsklage angegriffen werden könne, siehe Burgi, KomR, § 12, Rn. 40.
164 OVG Koblenz, NVwZ-RR 1996, 52 (53).
165 HessVGH, NVwZ-RR 1990, 371 (372).
166 HessVGH, NVwZ-RR 1990, 371 (372).
167 *Lange*, KomR, Kap. 7, Rn. 124.
168 Zum Ganzen *Lange*, KomR, Kap. 7, Rn. 125.

antragt wird. Dessen Recht, die zur Aufrechterhaltung der Ordnung notwendigen Maßnahmen zu ergreifen, kann sich folglich zu einer Pflicht verdichten, Störungen durch andere Ausschussmitglieder zu unterbinden. Ein diesbezüglicher Anspruch ergibt sich dabei aus den Mitwirkungsrechten der Mitglieder der Gemeindevertretung.[169] Gegen den Sitzungsausschluss können die Mitglieder der Gemeindevertretung zum anderen einen Kommunalverfassungsstreit anstrengen.[170] Das Rechtsschutzbedürfnis dürfte dabei allerdings erfordern, dass von der Möglichkeit einer Anrufung der Gemeindevertretung Gebrauch gemacht worden ist.[171] Gleiches gilt für förmliche Ordnungsrufe, die ebenfalls eine Beeinträchtigung der Rechtsstellung der Mitglieder der Gemeindevertretung implizieren.[172] Die – im Gemeinderecht einiger Bundesländer für zulässig erklärte[173] – Auferlegung von Geldbußen kann demgegenüber Gegenstand einer Anfechtungsklage sein; im Vordergrund steht insoweit nämlich eine Beeinträchtigung der persönlichen Rechtsstellung der Mitglieder der Gemeindevertretung.[174] Diese Rechtsstellung soll schließlich auch im Falle einer Beeinträchtigung des Recht zur freien Meinungsäußerung betroffen sein, das die Mitglieder der Gemeindevertretung nach dem Bundesverwaltungsgericht auch während der Sitzungen der Gemeindevertretungen nicht verlieren; auch insoweit wird folglich die Anfechtungsklage für einschlägig erachtet.[175]

bb) Hausrecht

(1) Grundlagen und Rechtsschutz

Neben der Handhabung der Ordnung obliegt dem Vorsitzenden der Gemeindevertretung die Ausübung des Hausrechts. Das Hausrecht richtet sich gegen Außenstehende – solche, die nicht Mitglieder der Gemeindevertretung sind – und erstreckt sich auf den Sitzungssaal unabhängig davon, ob dieser im Eigentum der Gemeinde steht.[176] Außenstehende sind auch Mitglieder der Gemeindevertretung, die von der Sitzung ausgeschlossen wurden.[177] Das Hausrecht erlaubt gegenüber Außenstehenden die Verweisung aus dem Sitzungssaal, aus Gründen des Übermaßverbotes sind sie allerdings zunächst zu ermahnen, sodann zum Verlassen des Sitzungssaales aufzufordern und schließlich aus dem Sitzungssaal zu entfernen.[178] Auch mit Blick auf das Hausrecht wird ähnlich dem innerorganisatorischen Störungsbeseitigungsanspruch ein Anspruch der Mitglieder der Gemeindevertretung auf Störungsbeseitigung angenommen.[179]

37

Während mit Blick auf das Hausrecht im Allgemeinen eine Zuordnung zum öffentlichen Recht umstritten ist,[180] bleibt dies für die Ausübung des Hausrechts durch den Vorsitzenden der Gemeindevertretung wohl ohne Bedeutung: Der Vorsitzende übt das

38

---

169 OVG Münster, NVwZ 1983, 485 (486); OVG Münster, DVBl. 1991, 489 (499).
170 BayVGH, BayVBl. 1988, 16 (16); siehe dazu ferner OVG Münster, NVwZ 1983, 485 (486) mit dem Hinweis, sitzungsleitende Maßnahmen seien nicht als Verwaltungsakte zu qualifizieren.
171 *Lange*, KomR, Kap. 7, Rn. 134.
172 OVG Koblenz, NVwZ-RR 1996, 52 (53).
173 Siehe etwa § 60 Abs. 1 S. 2, 3 HGO.
174 *Ehlers*, in: Mann/Püttner (Hrsg.), HKWP, Bd. I, § 21, Rn. 88.
175 *Burgi*, KomR, § 12, Rn. 40.
176 *Lange*, KomR, Kap. 7, Rn. 136.
177 Nochmals mit Blick auf die Strafbarkeit wegen Hausfriedensbruchs OLG Karlsruhe, DÖV 1980, 99 ff.
178 *Lange*, KomR, Kap. 7, Rn. 136; dass der Vorsitzende Außenstehende aus dem Sitzungssaal entfernen lassen kann, ist vereinzelt auch ausdrücklich im Gemeinderecht vorgesehen, siehe etwa Art. 53 Abs. 1 S. 2 BayGO.
179 VG Arnsberg, NWVBl. 2008, 113 ff.
180 Mit Blick auf das Hausrecht des Bürgermeisters dazu Teil 2, § 4, Rn. 82.

Hausrecht einerseits stets im Interesse eines ordnungsgemäßen Sitzungsablaufs aus, andererseits ist ein nicht-öffentlicher Zweck der Teilnahme von Außenstehenden an den Sitzungen der Gemeindevertretung kaum denkbar.[181] Rechtsschutz haben Außenstehende daher – sofern die Voraussetzungen eines Verwaltungsaktes mit Blick auf das Hausverbot bejaht werden[182] – im Wege der Anfechtungsklage oder Fortsetzungsfeststellungsklage zu ersuchen.[183]

(2) Film- und Tonaufnahmen

39 Vereinzelt finden sich für Bild- und Tonaufnahmen von Sitzungen der Gemeindevertretung ausdrückliche Regelungen: § 52 Abs. 3 HGO erklärt sie für zulässig, nach § 29 Abs. 5 S. 5 KV M-V kann ein Viertel aller Mitglieder der Gemeindevertretung in geheimer Abstimmung solchen Aufnahmen widersprechen und § 36 Abs. 3 BbgKVerf verweist auf eine Regelung in der Geschäftsordnung. Im Übrigen sind Ton- und Bildübertragungen sowie Ton- und Bildaufzeichnungen nur zulässig, wenn alle anwesenden Mitglieder der Gemeindevertretung zustimmen.[184] Letzteres wird für das Gemeinderecht auch anderer Bundesländer angenommen.[185] Im Rahmen der Ausübung seines Hausrechts kann der Vorsitzende Ton- und Bildaufnahmen allerdings auch untersagen. Die Rechtsprechung hat diesbezüglich darauf verwiesen, dass dadurch das Grundrecht der Pressefreiheit nicht verletzt werde. Zwar streite nicht das allgemeine Persönlichkeitsrecht der Mitglieder der Gemeindevertretung, sondern vielmehr das öffentliche Interesse an der Funktionsfähigkeit der Gemeindevertretung für eine entsprechende Untersagung. Im Rahmen der Abwägung sei sodann entscheidend, dass die Mitwirkungsrechte der Mitglieder durch Ton- und Bildaufzeichnungen empfindlich tangiert werden können. Weniger redegewandte Mitglieder könnten etwa ihre Spontaneität verlieren, ihre Meinung nicht mehr vertreten oder schweigen. Denn Ton- und Bildaufzeichnungen zeitigten für das Verhalten der Betroffenen erhebliche Wirkung, weil sie rhetorische Fehler oder sprachliche Unzulänglichkeiten dauerhaft und ständig reproduzierbar konservierten.[186]

4. Beschlüsse und Wahlen der Gemeindevertretung

40 Was die Entscheidungen der Gemeindevertretung angeht, nimmt das Gemeinderecht oftmals auf den Begriff der Abstimmungen Bezug und verwendet diesen als Oberbegriff für Beschlüsse und Wahlen.[187] Die Terminologie ist allerdings uneinheitlich, das Gemeinderecht einiger Bundesländer kennt lediglich Abstimmungen und Wahlen.[188] Der Begriff des Beschlusses ist regelmäßig, aber doch nicht ausschließlich auf Verfah-

---

181 *Lange*, KomR, Kap. 7, Rn. 138.
182 Siehe zum Hausrecht des Bürgermeisters Teil 2, § 4, Rn. 82.
183 BayVGH, NVwZ-RR 1990, 210 f.
184 Nach § 42 Abs. 2 S. 3 BbgKVerf sind Tonaufzeichnungen zur Erleichterung der Niederschrift dagegen zulässig.
185 *Lange*, KomR, Kap. 7, Rn. 80; siehe dazu auch OLG Köln, NJW 1979, 661 f.; anders OLG Celle, NVwZ 1985, 861 f.
186 BVerwG, NJW 1991, 118 f.; siehe auch OVG Saarlouis, LKRZ 2010, 433 f.
187 Siehe etwa §§ 31 f. KV M-V; § 50 GO NW; ferner Art. 51 Abs. 3 BayGO; § 40 RhPfGemO; § 46 Abs. 2 SaarlKSVG; § 40 Abs. 4 GO SH.
188 § 37 Abs. 5 GemO BW; § 39 Abs. 1 BbgKVerf; §§ 54 f. HGO; §§ 66 f. NKomVG; § 39 Abs. 5 SächsGemO; § 56 Abs. 1 KVG LSA.

§ 5 Die Sitzungen der Gemeindevertretung § 5

rens- oder Sachentscheidungen bezogen,[189] während Wahlen jedenfalls Personalentscheidungen zum Gegenstand haben.[190] Eine Unterscheidung zwischen Beschlüssen und Wahlen ist nichtsdestotrotz notwendig, enthält das Gemeinderecht für Wahlen der Gemeindevertretung doch oftmals besondere Regelungen.

a) Beschlüsse der Gemeindevertretung

Beschlüsse ergehen regelmäßig aufgrund eines schriftlichen Beschlussantrages oder sie müssen mündlich zur Sitzungsniederschrift erklärt werden.[191] Sodann wird grundsätzlich offen abgestimmt.[192] Die Abstimmung selbst kann dabei ganz unterschiedlich erfolgen, etwa durch Aufheben der Hand, Aufstehen vom Platz oder auch durch stillschweigende Abstimmung, bei der aus fehlendem Widerspruch auf die Zustimmung geschlossen wird.[193] Verschiedene Regelungen finden sich zur Möglichkeit geheimer Abstimmungen: Während einige Bundesländer keine diesbezügliche Regelung getroffen haben,[194] geht das Gemeinderecht anderer Bundesländer von der Zulässigkeit geheimer Abstimmungen aus; eine geheime Abstimmung findet danach oftmals statt, wenn ein bestimmtes Quorum der Mitglieder der Gemeindevertretung dies verlangt.[195] Einen sachlichen Grund setzt lediglich § 39 Abs. 6 S. 1 SächsGemO voraus, diese Anforderung wird indes auf das Gemeinderecht anderer Bundesländer übertragen.[196] Das Abstimmungsgeheimnis kann insbesondere durch die Verwendung von Stimmzetteln gewahrt werden.[197] Neben der geheimen Abstimmung sieht das Gemeinderecht schließlich auch die namentliche Abstimmung vor.[198] Auch ohne ausdrückliche Regelung wird eine namentliche Abstimmung auf der Grundlage einer Vorschrift der Geschäftsordnung oder einer Mehrheitsentscheidung als besondere Form der offenen Abstimmung für zulässig gehalten.[199]

41

Grundsätzlich entscheidet bei Abstimmungen der Gemeindevertretung die einfache Stimmenmehrheit – die Mehrheit der abgegebenen Stimmen.[200] Bei Stimmengleichheit

42

---

189 Nach Art. 51 Abs. 4 BayGO gelten die gemeinderechtlichen Vorschriften über Wahlen lediglich für diejenigen Entscheidungen der Gemeindevertretung, die von Gesetzes wegen ausdrücklich als Wahlen bezeichnet werden; ebenso § 32 Abs. 1 S. 1 KV M-V, der auf Abstimmungen über Personalangelegenheiten Bezug nimmt, die als Wahlen bezeichnet werden; ferner § 56 Abs. 3 S. 1 KVG LSA; § 40 Abs. 1 GO SH; § 39 Abs. 4 ThürKO.
190 Zum Ganzen *Lange*, KomR, Kap. 7, Rn. 153; ferner *Ehlers*, in: Mann/Püttner (Hrsg.), HKWP, Bd. I, , § 21, Rn. 91.
191 Ausdrücklich § 31 Abs. 2 S. 1 KV M-V.
192 § 37 Abs. 6 S. 1 GemO BW; Art. 51 Abs. 1 S. 1 BayGO; § 39 Abs. 1 S. 3 BbgKVerf; § 54 Abs. 2 HGO; § 31 Abs. 1 S. 1 KV M-V; § 66 Abs. 2 NKomVG; § 50 Abs. 1 S. 3 GO NW; § 40 Abs. 1 S. 3 RhPfGemO; § 45 Abs. 2 SaarlKSVG; § 39 Abs. 6 S. 1 SächsGemO; § 56 Abs. 2 S. 1 KVG LSA; § 39 Abs. 2 GO SH; § 39 Abs. 1 S. 4 ThürKO.
193 *Lange*, KomR, Kap. 7, Rn. 158.
194 Art. 51 BayGO, § 39 Abs. 1 S. 3 BbgKVerf; § 31 Abs. 1 S. 1, Abs. 2 S. 6 KV M-V mit dem Hinweis, dass gesetzlich etwas anderes vorgesehen werden kann; § 56 Abs. 2 S. 1 KVG LSA; § 39 Abs. 2 GO SH; ähnlich § 54 Abs. 2 HGO.
195 § 66 Abs. 2 NKomVG; § 50 Abs. 1 S. 5, 7 GO NW; § 40 Abs. 1 S. 3 RhPfGemO; § 45 Abs. 4 SaarlKSVG; § 39 Abs. 1 S. 5 ThürKO; ferner § 37 Abs. 6 S. 1 GemO BW; § 39 Abs. 6 S. 1 SächsGemO.
196 *Ehlers*, in: Mann/Püttner (Hrsg.), HKWP, Bd. I, § 21, Rn. 92.
197 *Lange*, KomR, Kap. 7, Rn. 161.
198 § 39 Abs. 1 S. 4 BbgKVerf; § 50 Abs. 1 S. 4 GO NW; § 31 Abs. 2 S. 5 KV M-V; § 45 Abs. 3 S. 1 SaarlKSVG.
199 *Lange*, KomR, Kap. 7, Rn. 162.
200 § 37 Abs. 6 S. 2 GemO BW; Art. 51 Abs. 1 S. 1 BayGO; § 39 Abs. 2 S. 1 BbgKVerf; § 54 Abs. 1 S. 1 HGO; § 31 Abs. 1 S. 1 KV M-V; § 66 Abs. 1 S. 1 NKomVG; § 50 Abs. 1 S. 1 GO NW; § 40 Abs. 1 S. 1 RhPfGemO; § 45 Abs. 1 S. 1 SaarlKSVG; § 39 Abs. 6 S. 2 SächsGemO; § 56 Abs. 2 S. 2 KVG LSA; § 39 Abs. 1 S. 1 GO SH; § 39 Abs. 1 S. 1 ThürKO.

gelten Anträge als abgelehnt.[201] Stimmenthaltungen und ungültige Stimmen zählen bei der Berechnung sowohl der Gesamtzahl der abgegebenen Stimmen als auch der Mehrheit nicht mit, insbesondere Stimmenthaltungen gelten nicht etwa als Ablehnung.[202] Dies ist vor allem bei stillschweigenden Abstimmung zu berücksichtigen, kann doch (abgesehen von Art. 48 Abs. 1 S. 2 BayGO) allein aufgrund der Tatsache, dass eine Minderheit einem Antrag widerspricht, nicht darauf geschlossen werden, dass die Mehrheit ihm zustimmt.[203] Vereinzelt normiert das Gemeinderecht die Notwendigkeit einer qualifizierten Mehrheit – die einfache Mehrheit der gesetzlichen Mitgliederzahl ist beispielsweise oftmals für die Verabschiedung sowie Änderung der Hauptsatzung vorgesehen,[204] eine Zweidrittelmehrheit ist vereinzelt erforderlich, wenn über Angelegenheiten, die nicht auf der Einladung zur Sitzung verzeichnet sind, verhandelt und beschlossen werden soll.[205] Die Geschäftsordnung kann angesichts des Grundsatzes der einfachen Mehrheit besondere Mehrheiten schließlich nur vorsehen, wenn eine diesbezügliche gesetzliche Ermächtigung besteht.[206] § 39 Abs. 3 BbgKVerf und § 52 Abs. 2 GO NW setzen schließlich voraus, dass Beschlüsse der Gemeindevertretung in ortsüblicher Weise der Öffentlichkeit zugänglich gemacht werden. Auch diese Anforderung soll für andere Bundesländer gelten;[207] vorausgesetzt wird allerdings keine öffentliche Bekanntmachung, so dass die Unterrichtung der Öffentlichkeit auch im Wege einer Pressemitteilung erfolgen kann.[208]

b) Wahlen der Gemeindevertretung

43   Für Wahlen der Gemeindevertretung enthält das Gemeinderecht oftmals besondere Regelungen. Das Gemeinderecht einiger Bundesländer erklärt diese Vorschriften über Wahlen nur auf solche Personalentscheidungen für anwendbar, die von Gesetzes wegen ausdrücklich als Wahlen bezeichnet werden.[209] Andere Bundesländer verzichten auf eine derartige begriffliche Anknüpfung und nehmen ganz allgemein darauf Bezug, dass die Gemeindevertretung einzelne Personen (oder Mitglieder eines Gremiums) zu bestellen oder vorzuschlagen hat;[210] des Weiteren wird auch die Besetzung von Stellen zum Anknüpfungspunkt gemacht.[211] Sofern keine derartigen Eingrenzungen vorgenommen werden, setzt der Begriff der Wahlen nach der Rechtsprechung nicht zwingend eine Auswahl zwischen Bewerbern voraus; kennzeichnend für Wahlen ist danach vielmehr

---

201 Ausdrücklich § 37 Abs. 6 S. 3 GemO BW; Art. 51 Abs. 1 S. 2 BayGO; § 54 Abs. 1 S. 2 HGO; § 66 Abs. 1 S. 2 NKomVG; § 50 Abs. 1 S. 2 GO NW; § 40 Abs. 1 S. 2 RhPfGemO; § 45 Abs. 1 S. 2 SaarlKSVG; § 39 Abs. 6 S. 3 SächsGemO; § 56 Abs. 2 S. 3 KVG LSA; § 39 Abs. 1 S. 3 GO SH.
202 Siehe § 39 Abs. 2 S. 1 BbgKVerf; § 54 Abs. 1 S. 3 HGO; § 31 Abs. 1 S. 3 KV M-V; § 66 Abs. 1 S. 1 NKomVG; § 50 Abs. 5 GO NW; § 40 Abs. 4 S. 1 RhPfGemO; § 45 Abs. 7 SaarlKSVG; § 39 Abs. 6 S. 4 SächsGemO; § 56 Abs. 2 S. 2 KVG LSA; § 39 Abs. 1 S. 2 GO SH; § 39 Abs. 1 S. 1 ThürKO; nach Art. 48 Abs. 1 S. 2 BayGO darf sich allerdings kein Mitglied der Gemeindevertretung der Stimme enthalten.
203 *Lange*, KomR, Kap. 7, Rn. 167.
204 § 4 Abs. 2 GemO BW; § 4 Abs. 2 S. 1 BbgKVerf; § 6 Abs. 2 S. 1 HGO; § 5 Abs. 2 S. 3, 6 KV M-V; § 12 Abs. 2 NKomVG; § 7 Abs. 3 S. 2 GO NW; § 25 Abs. 2 RhPfGemO; § 4 Abs. 2 S. 2 SächsGemO; § 10 Abs. 2 S. 1 KVG LSA; § 20 Abs. 1 S. 4 ThürKO.
205 § 58 Abs. 2 HGO; § 59 Abs. 3 S. 5 NKomVG.
206 § 39 Abs. 2 S. 1 BbgKVerf; § 66 Abs. 1 S. 1 NKomVG; § 54 Abs. 2 S. 1 SächsGemO.
207 *Lange*, KomR, Kap. 7, Rn. 173.
208 OVG Münster, NVwZ-RR 1992, 374.
209 Siehe nochmals Art. 51 Abs. 4 BayGO; § 32 Abs. 1 S. 1 KV M-V; § 56 Abs. 3 S. 1 KVG LSA; § 40 Abs. 1 GO SH; § 39 Abs. 4 ThürKO.
210 §§ 40 Abs. 1, 41 Abs. 1 BbgKVerf.
211 § 55 Abs. 1 S. 1 HGO.

das personale Element.²¹² Unsicherheiten ergeben sich – sofern eine gemeinderechtliche Bestimmung des Begriffs der Wahlen fehlt – dabei aber mit Blick auf (die nach §§ 40 Abs. 1, 41 Abs. 1 BbgKVerf ausdrücklich erfassten) Personalvorschläge, was insbesondere für die Vorschlagslisten für Schöffen nach § 36 Abs. 1 GVG von weitreichender Bedeutung ist.²¹³

Nicht für alle Einzelheiten von Personalwahlen gelten besondere Vorgaben.²¹⁴ Lediglich selten wird bestimmt, dass bei Wahlen nur solche Personen gewählt werden können, die der Gemeindevertretung vorgeschlagen worden sind.²¹⁵ Vereinzelt soll nur aufgrund von Wahlvorschlägen aus der Mitte der Gemeindevertretung gewählt werden können.²¹⁶ Die Rechtsprechung hat entgegen solchen ausdrücklichen Bestimmungen darauf hingewiesen, dass Wahlvorschläge keine rechtliche Bedeutung haben; die Gemeindevertretung sei nicht an Wahlvorschläge gebunden.²¹⁷ Ganz unterschiedliche Regelungen finden sich auch für die Durchführung von Wahlen: Festgeschrieben wird entweder eine geheime²¹⁸ oder aber offene Wahl, abweichend von der geheimen kann allerdings auch offen gewählt werden, sofern kein Mitglied der Gemeindevertretung widerspricht,²¹⁹ und abweichend von der offenen Wahl kann entweder eine geheime Wahl beantragt oder aber der offenen Wahl widersprochen werden.²²⁰ Bei geheimen Wahlen darf das Wahlverhalten nicht erkennbar sein.²²¹ Aus diesem Grund dürfen die oftmals im Gemeinderecht ausdrücklich vorgesehenen Stimmzettel²²² nicht derart gekennzeichnet sein, dass das Wahlverhalten (etwa auch anhand der Handschrift²²³) rekonstruiert werden kann.²²⁴ Des Weiteren dürfen die Mitglieder der Gemeindevertretung nicht nebeneinander auf ihren Plätzen bleiben, allerdings muss auch nicht notwendigerweise eine Wahlkabine aufgestellt werden.²²⁵ Sofern eine Wahlkabine aufgestellt wird, ist eine Wahlhandlung, die außerhalb dieser vollzogen wird, indes nicht geheim.²²⁶ Darüber hinaus dürfte allerdings keine Verpflichtung der Mitglieder der Gemeindevertretung bestehen, ihre Stimmabgabe auch vor und nach der Wahl geheim zu halten.²²⁷

44

---

212 OVG Münster, DÖV 2002, 705 (706); siehe auch § 67 S. 1 NKomVG.
213 Siehe dazu *Lange*, KomR, Kap. 7, Rn. 178, 180.
214 Besonderheiten (oftmals die Geltung der Grundsätze der Verhältniswahl) für Gremienwahlen (Wahlen von mehreren Mitgliedern eines Gremiums, etwa den Vertretern der Gemeinde in Organen privatrechtlich organisierter kommunaler Unternehmen) regeln § 104 Abs. 1 S. 2 GemO BW; § 41 BbgKVerf; § 55 Abs. 1 bis 4 HGO; § 32 Abs. 2 KV M-V; § 71 Abs. 6 NKomVG; § 50 Abs. 4 S. 1, 2 GO NW; zur Besetzung von Ausschüssen der Gemeindevertretung Teil 2, § 4, Rn. 42 ff.
215 § 40 Abs. 2 RhPfGemO; § 39 Abs. 2 S. 2 ThürKO; ähnlich § 50 Abs. 2 S. 2 GO NW.
216 § 55 Abs. 3 S. 1 HGO.
217 BayVGH, BayVBl. 1992, 400 (401).
218 Art. 51 Abs. 3 S. 1 BayGO; § 39 Abs. 1 S. 5 BbgKVerf; § 46 Abs. 1 SaarlKSVG; § 39 Abs. 2 ThürKO.
219 § 37 Abs. 7 S. 1 GemO BW; § 39 Abs. 7 S. 1 SächsGemO; § 56 Abs. 3 S. 3 KVG LSA; ferner § 55 Abs. 3 S. 1, 2 HGO; ähnlich § 40 Abs. 5 RhPfGemO.
220 § 32 Abs. 1 S. 1 KV M-V; § 67 S. 1, 2 NKomVG; § 50 Abs. 2 S. 1 GO NW; § 40 Abs. 2 GO SH.
221 VGH BW, NVwZ-RR 1993, 657 (657 f.).
222 Siehe § 37 Abs. 7 S. 1 GemO BW; § 55 Abs. 3 S. 1 HGO; § 50 Abs. 2 S. 1 GO NW; § 40 Abs. 5 RhPfGemO; § 39 Abs. 7 S. 1 SächsGemO; § 56 Abs. 3 S. 2 KVG LSA.
223 Siehe dazu aber auch OVG Koblenz, DÖV 1980, 61 f., wonach auch handschriftliche Wahlzettel zulässig sind, da etwa durch Druckbuchstaben eine besonders markante Handschrift verstellt werden könne.
224 OVG Lüneburg, NVwZ-RR 1990, 503 (504); ferner OVG Lüneburg, NVwZ 1985, 850 (851) mit dem Hinweis, es müsse auch verhindert werden, dass einzelne Mitglieder sich für die anderen erkennbar eines persönlich zuzuordnenden Schreibwerkzeugs bedienten.
225 OVG Lüneburg, NVwZ 1985, 850 (851).
226 OVG Münster, NVwZ 1982, 684 (685).
227 OVG Koblenz, DÖV 1980, 61 (61).

45 Der Wahlerfolg erfordert je nach Bundesland entweder die Mehrheit der gesetzlichen Anzahl der Mitglieder der Gemeindevertretung,[228] mehr als die Hälfte der Stimmen der anwesenden stimmberechtigten Mitglieder (so dass wegen der Möglichkeit der Stimmenthaltung die Mehrheit der abgegebenen Stimmen nicht ausreicht),[229] mehr als die Hälfte der abgegebenen gültigen Stimmen[230] oder die meisten Stimmen.[231] Stimmenthaltungen zählen nach teilweise ausdrücklichen Regelungen bei der Berechnung der Mehrheit nicht mit.[232] Leere Stimmzettel sind nach Art. 51 Abs. 3 S. 4 BayGO und § 39 Abs. 2 S. 6 ThürKO ungültig, nach § 40 Abs. 4 S. 2 RhPfGemO gelten sie als Stimmenthaltung. Unterschiede ergeben sich mit Blick auf Nein-Stimmen: Nach Art. 51 Abs. 3 S. 4 BayGO sind sie ungültig, § 55 Abs. 5 S. 1 HGO und § 50 Abs. 2 S. 3 GO NW erklären sie hingegen für gültig. Da solche Stimmen bei der Wahl eines Bewerbers dessen Ablehnung und bei der Wahl mehrerer Bewerber die Ablehnung aller Bewerber bedeuten, werden sie ohne ausdrückliche Regelung im Gemeinderecht für gültig erachtet.[233] Wird die erforderliche Mehrheit nicht erreicht, findet regemäßig ein zweiter Wahlgang statt,[234] an dem oftmals lediglich die beiden Bewerber mit den meisten Stimmen teilnehmen.[235] Es gelten überwiegend andere Mehrheitserfordernisse, entweder bedarf es mehr als der Hälfte der abgegebenen gültigen Stimmen[236] oder der meisten Stimmen.[237] Bei Stimmengleichheit entscheidet grundsätzlich das Los.[238] Einen dritten Wahlgang erfordern lediglich § 55 Abs. 5 S. 4 HGO sowie § 40 Abs. 3 S. 3 bis 5 RhPfGemO. Steht allerdings nur ein Bewerber zur Wahl, sehen die Gemeindeordnungen lediglich vereinzelt einen weiteren Wahlgang vor.[239] Sofern das Gemeinderecht diesbezüglich keine Regelungen enthält, dürfte die Wahl zu beenden sein und wiederholt werden können.[240] Die Möglichkeit einer Abwahl der von der Gemeindevertretung gewählten Personen eröffnen schließlich § 40 Abs. 5 BbgKVerf sowie § 32 Abs. 3 KV M-V und § 40a GO SH.

---

228 § 40 Abs. 2 S. 1 BbgKVerf; § 67 S. 3 NKomVG.
229 § 37 Abs. 7 S. 3 GemO BW; § 39 Abs. 7 S. 2 SächsGemO; § 56 Abs. 3 S. 3 KVG LSA; § 39 Abs. 2 S. 3 ThürKO.
230 Art. 51 Abs. 3 S. 3 BayGO; § 55 Abs. 1 S. 1, Abs. 5 HGO; § 50 Abs. 2 S. 2 GO NW; § 40 Abs. 3 S. 1 RhPfGemO; § 46 Abs. 2 S. 1 SaarlKSVG.
231 § 32 Abs. 1 S. 2, 3 KV M-V; § 40 Abs. 3 GO SH.
232 § 50 Abs. 5 GO NW; § 40 Abs. 4 S. 1 RhPfGemO; § 55 Abs. 5 S. 1 HGO; § 46 Abs. 2 S. 5 i.V.m. § 45 Abs. 7 SaarlKSVG; § 39 Abs. 6 S. 4 SächsGemO.
233 *Lange*, KomR, Kap. 7, Rn. 192; anders vor Inkrafttreten des § 50 Abs. 2 S. 3 GO NW mit Blick auf mehrere Bewerber OVG Münster, NVwZ 1992, 286 (286), da sich in diesen Fällen der Wille entweder gar nicht oder wenigstens nicht eindeutig erkennen lasse und die Stimmabgabe deshalb ungültig sei.
234 Anders § 40 Abs. 3 S. 2, 2 KV M-V, wonach nur ein Wahlgang stattfindet, gewählt ist, wer die meisten Stimmen erhält und bei Stimmengleichheit das Los entscheidet; ferner § 40 Abs. 3 GO SH, wonach nur im Falle der Stimmengleichheit ein weiterer Wahlgang stattfindet.
235 § 37 Abs. 7 S. 4 GemO BW; Art. 51 Abs. 3 S. 6 BayGO; § 40 Abs. 3 S. 1 BbgKVerf; § 55 Abs. 5 S. 3 HGO; § 50 Abs. 2 S. 4 GO NW; § 46 Abs. 2 S. 2 SaarlKSVG; § 39 Abs. 7 S. 3 SächsGemO; § 39 Abs. 2 S. 4 ThürKO; anders § 40 Abs. 3 S. 2 RhPfGemO, wonach die Wahl gänzlich wiederholt wird; nach § 67 S. 4 NKomVG und § 56 Abs. 4 S. 3 KVG LSA soll sogar die Teilnahme neuer Bewerber möglich sein, siehe *Lange*, KomR, Kap. 7, Rn. 193.
236 § 55 Abs. 5 S. 1, 4 HGO; § 40 Abs. 3 S. 2 RhPfGemO; § 39 Abs. 2 S. 4 ThürKO.
237 § 37 Abs. 7 S. 4 GemO BW; § 40 Abs. 3 S. 4 BbgKVerf; § 67 S. 5 NKomVG; § 50 Abs. 2 S. 5 GO NW; § 39 Abs. 7 S. 3 SächsGemO; § 56 Abs. 3 S. 5 KVG LSA.
238 § 37 Abs. 7 S. 5 GemO BW; Art. 51 Abs. 3 S. 7 BayGO; § 40 Abs. 3 S. 5 BbgKVerf; § 67 S. 6 NKomVG; § 50 Abs. 2 S. 6 GO NW; § 46 Abs. 2 S. 4 SaarlKSVG; § 39 Abs. 7 S. 4 SächsGemO; § 56 Abs. 3 S. 6 KVG LSA; § 39 Abs. 2 S. 5 ThürKO; mit Blick auf den ersten Wahlgang ferner § 40 Abs. 3 S. 3 GO SH.
239 § 37 Abs. 7 S. 6 GemO BW; § 39 Abs. 7 S. 5 SächsGemO; § 39 Abs. 2 S. 9 ThürKO; ferner wohl auch § 67 S. 4, 5 NKomVG.
240 Ausdrücklich § 40 Abs. 4 S. 3 BbgKVerf; allgemein *Lange*, KomR, Kap. 7, Rn. 198.

§ 5 Die Sitzungen der Gemeindevertretung

c) Rechtsfolgen rechtswidriger Beschlüsse und Wahlen

Unsicherheiten bestehen schließlich hinsichtlich der Rechtsfolgen rechtswidriger Beschlüsse und Wahlen: Rechtsverordnungen und Satzungen sind infolge des Grundsatzes der Nichtigkeit rechtswidriger Rechtsnormen vorbehaltlich gemeinderechtlicher Regelungen über die Heilung von Rechtsverletzungen zunächst grundsätzlich nichtig. Auch Beschlüsse werden von der Rechtsprechung oftmals als ungültig und nichtig, Verstöße gegen die Geschäftsordnung hingegen als unbeachtlich qualifiziert.[241] Offen geblieben ist dabei allerdings, ob im Falle der Verletzung von Verfahrensvorschriften die Nichtigkeit (auch von Satzungen) lediglich bei evidenten Rechtsverletzungen anzunehmen ist.[242]

46

Die namentlich im Schrifttum formulierte Gegenansicht geht von der bloßen Rechtswidrigkeit rechtswidriger Beschlüsse aus: Das Recht und die Pflicht des Bürgermeisters zur Beanstandung und zum Widerspruch sprächen gegen die Annahme der Nichtigkeit. Lediglich besonders schwerwiegende Fehler führen (in Anknüpfung an § 44 VwVfG) nach dieser Auffassung zur Nichtigkeit.[243] Jedenfalls sofern Beschlüsse der Gemeindevertretung als Verwaltungsakte zu qualifizieren sind, begründen Rechtsverletzungen schließlich lediglich deren Rechtswidrigkeit und allenfalls nach Maßgabe des § 44 VwVfG deren Nichtigkeit. Insoweit stellt sich wohl auch nicht die Frage nach einer Unbeachtlichkeit von Verstößen gegen bloße Ordnungsvorschriften, findet § 46 VwVfG doch ebenfalls Anwendung.[244]

47

Ausgehend von diesen Grundannahmen lassen sich zwei Fallgruppen besonders hervorheben: Erstens kann – spiegelbildlich zur Problematik der Vertretung der Gemeinde durch den Bürgermeister ohne Entscheidung der Gemeindevertretung[245] – auch die Gemeindevertretung die gemeinderechtlichen Organkompetenzen missachten. Erlässt etwa die Gemeindevertretung einen Verwaltungsakt, obwohl deren Entscheidung eigentlich durch den Bürgermeister hätte vollzogen werden müssen, dürfte ein solcher Verwaltungsakt rechtswidrig sein. Von der Gemeindevertretung abgeschlossene öffentlichrechtliche Verträge sind hingegen nach § 59 VwVfG zu beurteilen, privatrechtliche Verträge sollen gemäß §§ 177 f. BGB hingegen schwebend unwirksam sein.[246] Zweitens scheint auch nicht völlig geklärt, ob Verstöße gegen bloße Ordnungsvorschriften tatsächlich unbeachtlich bleiben:[247] Bejaht wird diesbezüglich jedenfalls die Unbeachtlichkeit von Verstößen gegen Verfahrensvorschriften, die sich auf die Entscheidung der

48

---

241 BayVGH, BayVBl. 1988, 83 (83 f.); BayVGH, BayVBl. 2009, 90 (91); ferner VerfGH NW, OVGE 31, 309 (311) mit dem Hinweis, dass ein Beschluss unter Verstoß gegen den Grundsatz der Öffentlichkeit der Sitzungen unwirksam ist; dazu auch OVG Münster, OVGE 35, 8 (12); OVG Schleswig, NordÖR 2003, 445 f.; siehe auch OVG Münster, OVGE 15, 87 (92), wonach Beschlüsse der Gemeindevertretung im allgemeinen unwirksam sind, wenn die Ladung zur betreffenden Sitzung an wesentlichen Mängeln leidet, insbesondere, wenn die Tagesordnung nicht aufgestellt und bekanntgemacht worden ist; anders VGH BW, NVwZ-RR 1990, 369 (370), wonach die in einer nicht ordnungsgemäß einberufenen Sitzung gefassten Beschlüsse wegen des Einberufungsmangels rechtswidrig sind; ebenso VGH BW, NVwZ-RR 2003, 56 (58).
242 OVG Münster, NVwZ-RR 1997, 184 (185).
243 Ehlers, in: Mann/Püttner (Hrsg.), HKWP, Bd. I, § 21, Rn. 101.
244 Am Beispiel der Benennung einer Gemeindestraße VGH BW, NVwZ 1992, 196 (198).
245 Siehe dazu Teil 2, § 4, Rn. 71 f.
246 Burgi, KomR, § 12, Rn. 26.
247 OVG Münster, NVwZ-RR 1997, 184 (185); ausdrücklich BayVGH, BayVBl. 2000, 695; siehe auch BVerwGE 90, 104 (112) mit dem Hinweis, dass nicht jeder Rechtsverstoß bei der Vorbereitung einer Satzung zu deren Ungültigkeit führe.

Gemeindevertretung nicht ausgewirkt haben können[248] und auf die Mitwirkungsrechte ihrer Mitglieder ohne Einfluss geblieben sind.[249] Umstritten scheint allerdings, welche Vorschriften des Gemeinderechts als bloße Ordnungsvorschriften zu qualifizieren sind: Mit Blick auf die Verletzung des Grundsatzes der Öffentlichkeit hat die Rechtsprechung einerseits lediglich einen Ordnungsverstoß angenommen,[250] andererseits aber einen Beschluss der Gemeindevertretung für unwirksam erachtet.[251] Richtigerweise dürften namentlich die Vorschriften über die Öffentlichkeit keine bloßen Ordnungsvorschriften darstellen, weswegen Beschlüsse der Gemeindevertretung grundsätzlich rechtswidrig sein dürften.[252]

49 Auch mit Blick auf die Rechtsfolgen rechtswidriger Wahlen bestehen zahlreiche Unsicherheiten: Abgesehen davon, dass eine Verletzung der Vorschriften über die geheime Wahl lediglich die Ungültigkeit einzelner Stimme zur Folge hat,[253] geht die Rechtsprechung im Übrigen von der Unwirksamkeit rechtswidriger Wahlen aus: Jede rechtswidrige Wahl ist danach für ungültig zu erklären, unabhängig davon, ob die Rechtsverletzung sich auf das Wahlergebnis ausgewirkt hat; überdies seien Rechtsverletzungen nicht nur mit Blick auf den Wahlvorgang von Bedeutung, die Gültigkeit werde auch durch Rechtsverstöße bei der Vorbereitung der Wahlen tangiert.[254] Die Gegenansicht verweist demgegenüber auch insoweit auf das Recht und die Pflicht des Bürgermeisters zur Beanstandung und zum Widerspruch und geht grundsätzlich von der Rechtswidrigkeit rechtswidriger Wahlen aus; zudem führen nach dieser Auffassung solche Rechtsverstöße nicht einmal zur Rechtswidrigkeit, die auf das Wahlergebnis keinen Einfluss haben.[255] Besondere Verfahren zur Geltendmachung rechtswidriger Wahlen stellen schließlich § 55 Abs. 6 HGO sowie § 43 RhPfGemO bereit.[256]

50 ▶ **Lösung Fall 12:** Der Bürgermeister ist (vorbehaltlich landesrechtlicher Besonderheiten) verpflichtet, Beratungsgegenstände in die von ihm aufzustellende Tagesordnung aufzunehmen, sofern einzelne Mitglieder der Gemeindevertretung dies verlangen. Der damit korrespondierende Anspruch, die Aufnahme eines Tagesordnungspunktes verlangen zu können, besteht jedoch nicht uneingeschränkt. Grenzen ergeben sich daraus, dass die maßgeblichen Verfahrensvorschriften eingehalten werden müssen. Des Weiteren hat der Bürgermeister bei der Sitzungsvorbereitung einen Spielraum. Beratungsgegenstände können unter Berücksichtigung vor allem der Thematik, ihrer Dringlichkeit und der Funktionsfähigkeit der Gemeindevertretung geordnet werden. Der Bürgermeister hat allerdings (vorbehaltlich dahingehender gemeinderechtlicher Regelungen) kein allgemeines Vorprüfungsrecht in dem Sinne, dass er vor der Aufnahme in die Tagesordnung den Beratungsgegenstand zunächst umfassend auf seine Rechtmäßigkeit prüfen könnte. Für den Anspruch auf Aufnahme eines Tagesordnungspunktes ist dementsprechend unerheblich, ob die Gemeindevertretung

---

248 *Lange*, KomR, Kap. 7, Rn. 228, der auf Vorschriften über die Sitzungsleitung sowie die Niederschrift verweist.
249 *Ehlers*, in: Mann/Püttner (Hrsg.), HKWP, Bd. I, § 21, Rn. 75.
250 BayVGH, BayVBl. 2000, 695.
251 OVG Schleswig, NVwZ-RR 2003, 774.
252 *Ehlers*, in: Mann/Püttner (Hrsg.), HKWP, Bd. I, § 21, Rn. 83.
253 OVG Lüneburg, NVwZ-RR 1990, 503 (505).
254 HessVGH, NVwZ-RR 1990, 208 ff.
255 *Lange*, KomR, Kap. 7, Rn. 231, 233.
256 Die Rechtsprechung hat überdies darauf hingewiesen, dass ein Mitglied der Gemeindevertretung eine Verletzung der Vorschriften über die geheime Wahl in unmittelbarem Zusammenhang mit der Wahl rügen muss – unterlässt das Mitglied dies, könne es die Rechtsverletzung anschließend nicht mehr geltend machen, siehe VGH BW, NVwZ-RR 1993, 657 (658).

§ 5 Die Sitzungen der Gemeindevertretung

überhaupt zuständig ist. Ob eine Beschlussfassung über Massenvernichtungsmittel eine Angelegenheiten der örtlichen Gemeinschaft darstellt, kann folglich dahinstehen. Der Bürgermeister kann die Aufnahme allenfalls dann ablehnen, wenn sich ein darauf gerichtetes Verlangen als rechtsmissbräuchlich erweist. Dies ist allerdings nur dann anzunehmen, wenn der Antrag schikanös ist oder einen strafbaren Inhalt hat; des Weiteren kann Rechtsmissbrauch auch in ständiger Wiederholung liegen, wenn die Angelegenheit bereits behandelt und entschieden wurde. ◄

▶ **LÖSUNG FALL 13:** Die Rechtsprechung anerkennt lediglich vereinzelt (und zudem auf der Grundlage des Wortlautes einschlägiger Bestimmungen) ein wehrfähiges Recht auf Einhaltung des Grundsatzes der Öffentlichkeit. Als maßgeblich wird dabei erachtet, dass die nichtöffentliche Behandlung einer Angelegenheit die Mitglieder der Gemeindevertretung verpflichtet, über diese Angelegenheit Verschwiegenheit zu wahren. Durch diese gleichsam automatische Einbeziehung in die Verschwiegenheitspflicht gerät jeder Ausschluss der Öffentlichkeit notwendig in Konflikt mit dem freien Mandat. Sofern damit eine wehrfähige Rechtsposition der Mitglieder zu begründen ist, wird diese durch die nichtöffentliche Verhandlung über Themen des sozialen Wohnungsbaus verletzt. Dabei ist letztlich unerheblich, ob Geschäftsgeheimnisse der gemeindeeigenen Wohnungsbaugesellschaften einen Ausschluss der Öffentlichkeit rechtfertigen. Denn ein Ausschluss der Öffentlichkeit bedarf (deren Zuständigkeit für die Entscheidung über den Ausschluss der Öffentlichkeit unterstellt) jedenfalls einer ermessensfehlerfreien Entscheidung der Gemeindevertretung. Ob vorliegend überhaupt eine Ermessensentscheidung getroffen worden ist, scheint indes zweifelhaft, da die erforderliche Begründung für den Ausschluss der Öffentlichkeit fehlt. Ermessenserwägungen der Gemeindevertretung können auch deshalb nicht festgestellt werden, weil einheitlich über den Ausschluss der Öffentlichkeit für mehrere Beratungsgegenstände befunden worden ist, obschon diese unterschiedlicher Natur waren. Die im Laufe der Sitzung der Gemeindevertretung gegebene Begründung für den Ausschluss der Öffentlichkeit kann schließlich ebenfalls nicht herangezogen werden, weil sie bei der Beschlussfassung über den Ausschluss der Öffentlichkeit noch gar nicht bekannt war. Im Übrigen war sie nichtssagend, nicht auf den Einzelfall bezogen und inhaltlich kaum nachvollziehbar, weil kein öffentliches Interesse daran besteht, der Öffentlichkeit Informationen über den sozialen Wohnungsbau generell vorzuenthalten. ◄

▶ **LÖSUNG FALL 14:** Nach dem Gemeinderecht aller Bundesländer dürfen Mitglieder der Gemeindevertretung weder beratend noch entscheidend mitwirken, wenn die Entscheidung einer Angelegenheit ihnen einen unmittelbaren Vor- oder Nachteil bringen kann. Die Mitwirkung des Mitglieds an der Beratung und Beschlussfassung über die Schulentwicklungsplanung bringt diesem einen Vorteil durch die mögliche Vermeidung eines Nachteils. Der Nachteil besteht darin, dass im Schulentwicklungsplan Schließungen und Zusammenlegungen von Schulen vorgesehen sind, an denen das Mitglied als Hausaufgabenbetreuer beschäftigt ist. Diese Tätigkeiten stehen und fallen mit dem Fortbestand der betroffenen Schulen; im Falle der Schließung würde dem Mitglied folglich ein Nachteil erwachsen. In der Vermeidung dieses Nachteils besteht zugleich ein Vorteil, der unmittelbar eintritt. Nach einer vereinzelt im Gemeinderecht enthaltenen Legaldefinition ist ein Vor- oder Nachteil unmittelbar, wenn die Entscheidung die Mitglieder der Gemeindevertretung direkt berührt. Diese Formulierung macht deutlich, dass von dem Vorliegen der Unmittelbarkeit dann nicht mehr ausgegangen werden kann, wenn zwischen Entscheidung und Eintritt des Vor- oder Nachteils eigenständige Geschehnisse treten. Eine die Schließung und Zusammenlegung von Schulen betreffende Schulentwicklungsplanung berührt die an diesen Schulen beschäftigten Hausaufgabenbetreuer folglich direkt – jedenfalls dann, wenn die Schulträger über die Auflösung und Zusammenlegung von Schulen nach Maßgabe der Schulentwicklungsplanung entscheiden. ◄

53 ▶ **Lösung Fall 15:** Die Mitglieder der Gemeindevertretung haben einen Abwehranspruch gegenüber rechtswidrigen Störungen, die eine ungeschmälerte Ausübung der Mitwirkungsbefugnis vereiteln. Seinen Geltungsgrund findet dieser Anspruch darin, dass ein kollegiales Gremium, in dem eine Vielzahl von divergierenden Individualwillen zu einem organschaftlichen Gesamtwillen zusammengefasst werden soll, nicht ohne eine selbstorganisierte Ordnung von Rechten und Pflichten seiner Mitglieder auskommen kann. Der Abwehranspruch gegenüber rechtswidrigen Störungen ist in erster Linie ein Unterlassungsanspruch und folgt insoweit aus der Verpflichtung der anderen Mitglieder der Gemeindevertretung, sich solcher Handlungen zu enthalten, die den übrigen Mitgliedern die Erfüllung ihrer Aufgaben erschweren. In zweiter Linie hat dieser Anspruch den Inhalt eines Störungsbeseitigungsanspruchs, der aus einer Verletzung der Unterlassungspflicht erwächst. Handelt es sich um ein Mitglied, dessen Verhalten die Sitzungsordnung verletzt, kann dieser Störungsbeseitigungsanspruch folglich auch an den Vorsitzenden der Gemeindevertretung gerichtet werden. Dessen Recht, die zur Aufrechterhaltung der Ordnung notwendigen Maßnahmen zu ergreifen, kann sich sodann zu der Pflicht verdichten, Störungen seitens der Mitglieder zu unterbinden. Der Begriff der Ordnung umfasst dabei nicht nur die den Verfahrensablauf regelnden gesetzlichen und geschäftsordnungsrechtlichen Bestimmungen, sondern darüber hinaus auch den Gesamtbestand derjenigen Verhaltensregeln, die für einen reibungslosen Ablauf der Sitzungen notwendig sind. Dementsprechend stellt auch das Rauchen während der Sitzungen der Gemeindevertretung eine Störung dar, die eine ungeschmälerte Ausübung der Mitwirkungsbefugnis vereitelt, sofern sich auch nur ein Mitglied der Gemeindevertretung belästigt fühlt. Eine solche Belästigung ist mit Blick auf das Funktionsinteresse der Gemeindevertretung auch stets rechtserheblich. Denn auch mit einer nur geringfügigen Belästigung kann ein für die Funktionsfähigkeit nachteiliges Nachlassen des Leistungsvermögens verbunden sein. Demgegenüber sind die Bedürfnisse der Raucher nicht durch das Funktionsinteresse der Gemeindevertretung gedeckt – selbst wenn das Rauchen seinerseits zur Erhaltung oder sogar Steigerung der Leistungsfähigkeit beitragen kann, gehört es doch zu den Verhaltensweisen, die zumindest kurzfristig (für die Dauer der jeweiligen – durch Pausen unterbrochenen – Sitzung) ohne einen das Leistungsvermögen des Rauchers und damit das Funktionsinteresse der Gemeindevertretung berührenden Nachteil verzichtbar sind. Mit Blick auf das Funktionsinteresse der Gemeindevertretung ist daher dem schutzwürdigen Wunsch eines Mitgliedes, von Belästigungen durch das Rauchen verschont zu bleiben, grundsätzlich der Vorrang einzuräumen. ◄

54 **III. Wiederholungs- und Vertiefungsfragen**

1. Welchen Rechtscharakter haben Geschäftsordnungen der Gemeindevertretung?
2. Was setzt die Einberufung der Sitzungen der Gemeindevertretung voraus?
3. Wer ist für die Aufstellung der Tagesordnung zuständig?
4. Kann die Aufnahme von Tagesordnungspunkten verlangt werden?
5. Hat der Vorsitzende der Gemeindevertretung ein diesbezügliches Vorprüfungsrecht?
6. Kann die Tagesordnung während der Sitzung der Gemeindevertretung geändert werden?
7. Können Sitzungen der Gemeindevertretung nichtöffentlich stattfinden?

8. Was setzt die Beschlussfähigkeit der Gemeindevertretung voraus?
9. Wann sind Mitglieder der Gemeindevertretung befangen?
10. Wodurch unterscheiden sich Beschlüsse und Wahlen der Gemeindevertretung?
11. Welche Rechtsfolgen sind mit rechtswidrigen Entscheidungen der Gemeindevertretung verbunden?
12. Bedürfen Ordnungsmaßnahmen einer gesetzlichen Grundlage?
13. Sind Ton- und Filmaufnahmen der Sitzungen der Gemeindevertretung zulässig?

IV. Weiterführende Literatur

Geis, Zum Recht des Gemeinderatsmitglieds auf freie Meinungsäußerung in der Gemeinderatssitzung, BayVBl. 1992, 41 ff.; *Gramlich*, Zur „Öffentlichkeit" von Gemeinderatssitzungen, DÖV 1982, 139 ff.; *Grasser*, Durchführung geheimer Abstimmungen im Gemeinderat, BayVBl. 1988, 513 ff.; *Hager*, Grundfragen zur Befangenheit von Ratsmitgliedern, VBlBW 1994, 263 ff.; *Hirte*, Folgen fehlerhafter Besetzung von Ausschüssen in kommunalen Vertretungskörperschaften, DÖV 1988, 108 ff.; *Karst*, Der rechtswidrige Gemeinderatsbeschluss, 1994; *Molitor*, Die Befangenheit von Ratsmitgliedern, 1993; *Müller-Franken*, Der unberechtigte Ausschluss eines Mitgliedes des Gemeinderates wegen persönlicher Beteiligung, BayVBl. 2001, 136 ff.; *Rabeling*, Die Öffentlichkeit von Gemeinderatssitzungen in der Rechtsprechung, NVwZ 2010, 411 ff.; *Rothe*, Rechtsnatur und strittige Regelungen der Geschäftsordnungen kommunaler Vertretungskörperschaften, DÖV 1991, 486 ff.; *ders.*, Die Rechte und Pflichten des Vorsitzenden des Gemeinderates, NVwZ 1992, 529 ff.; *Schneider*, der verfahrensfehlerhafte Ratsbeschluss – Zur Dogmatik der Verfahrensfehlerfolgen, NWVBl. 1996, 89 ff.; *Schwerdtner*, Das Mitwirkungsverbot wegen Befangenheit als Rechtsproblem, VBlBW 1999, 81 ff.; *Weirauch*, Interessenkonflikte kommunaler Mandatsträger, 2011; *Wohlfarth*, Ratsarbeit unter laufender Kamera – Saal- oder Medienöffentlichkeit?, LKRZ 2011, 130 ff.

55

§ 6 Der Kommunalverfassungsstreit

1 ▶ **FALL 16:** Gemeinderatsmitglied G ärgert sich über eine Ratssitzung, an der er vor einigen Tagen teilgenommen hat und in der es um den Neubau des Hallenbades ging. Erst habe G lautstark dagegen protestiert, dass bei den Verhandlungen über den Architektenvertrag die Öffentlichkeit ausgeschlossen wurde, und sei dafür mit einem Ordnungsgeld belegt worden. Anschließend habe der Vorsitzende G's Rede, mit der dieser die Verschwendung von Steuergeldern durch den Neubau anprangern wollte, mit der Begründung unterbrochen, die in der Geschäftsordnung vorgesehene Redezeit sei überschritten. Zu guter Letzt habe ihm auch noch der Vorsitzende seiner Fraktion angedroht, man werde ihn ausschließen, wenn er weiterhin versuche, alle sinnvollen Investitionen in der Gemeinde zu blockieren.

G fragt, ob er sich wegen der genannten Maßnahmen an das zuständige Verwaltungsgericht wenden kann. ◀

2 Wie in §§ 4 und 5 dieses Abschnitts gezeigt, sind die Beziehungen zwischen den kommunalen Organen konfliktträchtig. Solche Konflikte beschäftigen Gerichte und zwar (weil die Beziehungen zwischen den kommunalen Organen regelmäßig verwaltungsrechtlicher Natur sind) die Verwaltungsgerichte. Jedenfalls dann, wenn es sich um einen „echten" Organstreit, also um einen Streit zwischen kommunalen Organen oder ihren Teilen um organschaftliche Rechte handelt (zur Abgrenzung zum Außenrechtsstreit sogleich I.), kann dies einige spezielle verwaltungsprozessuale Probleme aufwerfen:

I. Abgrenzung zum Außenrechtsstreit

3 Das Rechtsschutzsystem der VwGO ist vorrangig auf Streitigkeiten zwischen der staatlichen Verwaltung und den (außerhalb dieser stehenden) Bürgern – als Träger subjektiv-öffentlicher Rechte i.S.d. § 42 Abs. 2 VwGO – ausgerichtet. Ein solcher Außenrechtsstreit ist auch im Kommunalrecht denkbar. Er liegt immer dann vor, wenn das Handeln eines kommunalen Organs einen einzelnen nicht lediglich in seiner Rechtsstellung als Organteil oder Organwalter betrifft, sondern vielmehr als Träger von von der organschaftlichen Stellung unabhängigen (Grund-)Rechten. Anders ausgedrückt: Immer wenn ein organschaftliches Handeln auf das Außenverhältnis „durchschlägt", handelt es sich um einen Außenrechtsstreit. Die Situation ist damit ähnlich wie bei der Frage, ob in einem Sonderstatusverhältnis, wie z.B. im Beamtenverhältnis, ein Grundrechtseingriff gegeben ist[1] (s. aber zur möglichen Berufung auf Grundrechte im Kommunalverfassungsstreit Teil 2 § 6 II. 3.). Typische Beispiele für Außenrechtsstreitigkeiten sind die Verweisung eines Bürgers aus dem Sitzungssaal wegen ungebührlichen Verhaltens in einer Gemeinderatssitzung oder der Streit um ein Ordnungsgeld, das gegen ein Gemeinderatsmitglied festgesetzt wurde, das mehrfach unentschuldigt der Sitzung ferngeblieben ist. In solchen Fällen wird regelmäßig eine Anfechtungs- oder Verpflichtungsklage nach § 42 Abs. 1 VwGO oder (wenn sich der entsprechende Verwaltungsakt bereits erledigt hat) eine Fortsetzungsfeststellungsklage nach § 113 Abs. 1 S. 4 VwGO in – je nach Erledigungszeitpunkt – direkter oder analoger Anwendung statthaft sein.

---

[1] So i. E. auch *Geis*, KomR, § 25 Rn. 2, 12; allgemein zum Sonderstatusverhältnis *Michael/Morlok*, Grundrechte, Rn. 49, 520 ff., 745 ff.

II. Verwaltungsprozessuale Probleme

Ist kein Außenrechtsstreit, sondern ein bloßer kommunaler Organstreit bzw. Innenrechtsstreit gegeben, stellt dies nach mittlerweile wohl allg. M. die generelle Möglichkeit, Rechtsschutz durch die Verwaltungsgerichte zu erlangen, nicht in Frage. Die sog. Impermeabilitätstheorie, nach der es innerhalb eines Verwaltungsträgers keine subjektiv-öffentlichen Rechte und damit auch keinen Rechtsschutz geben kann, ist mit dem v. a. in Art. 20 Abs. 3 und 28 Abs. 1 GG zum Ausdruck kommenden Gedanken umfassender Rechtsstaatlichkeit nicht vereinbar und wird deshalb heute nicht mehr vertreten[2].

Sowohl ein Rechtsstreit zwischen verschiedenen kommunalen Organen (sog. Interorganstreit) als auch zwischen einem Organ und einem seiner Teile bzw. Mitglieder (sog. Intraorganstreit; z.B. Gemeinderatsmitglied gegen Gemeinderat) ist somit grundsätzlich möglich. Es sind jedoch einige verwaltungsprozessuale Besonderheiten zu beachten:

1. Verwaltungsrechtsweg

Wie bereits erwähnt, handelt es sich bei Streitigkeiten zwischen kommunalen Organen in der Regel um öffentlich-rechtliche Streitigkeiten i.S.d. § 40 Abs. 1 VwGO. Die Streitigkeiten sind aber, obwohl der kommunale Organstreit als Kommunalverfassungsstreit bezeichnet wird, auch „nicht verfassungsrechtlicher Art". Die Streitparteien sind nämlich weder Verfassungsorgane noch streiten sie um unmittelbar aus der (Bundes- oder Landes-)Verfassung folgende Rechte[3]. Der Kommunalverfassungsstreit als verwaltungsrechtlicher Organstreit ist deshalb vom verfassungsrechtlichen Organstreit, wie etwa demjenigen nach Art. 93 Abs. 1 Nr. 1 GG i. V. m. §§ 13 Nr. 5, 63 ff. BVerfGG, grundsätzlich strikt zu trennen.

Nicht eröffnet ist der Verwaltungsrechtsweg nach § 40 Abs. 1 VwGO allerdings dann, wenn um Äußerungen gestritten wird, die lediglich am Rande einer Ratssitzung erfolgen und den Betroffenen primär in seiner persönlichen Rechtsstellung tangieren[4].

2. Statthafte Klageart

Die Maßnahmen, die im Kommunalverfassungsstreit angegriffen oder erstritten werden sollen, haben, wie dargelegt, in aller Regel keine Außenwirkung und somit keine Verwaltungsakte i.S.d. § 35 VwVfG. Anfechtungs- und Verpflichtungsklage nach § 42 Abs. 1 VwGO sowie (bei Erledigung der Maßnahme) die Fortsetzungsfeststellungsklage nach § 113 Abs. 1 S. 4 VwGO sind deshalb unstatthaft[5]. Dasselbe gilt für den Widerspruch nach § 68 Abs. 1 VwGO und den einstweiligen Rechtsschutz nach § 80 Abs. 5 VwGO.

Andererseits kann der Kommunalverfassungsstreit auch nicht als Klageart sui generis angesehen werden[6]. Dies würde nämlich methodisch gesehen voraussetzen, dass die

---

2 So statt vieler auch *Burgi*, KomR, § 14 Rn. 5 ff., der außerdem zu Recht darauf hinweist, dass insoweit nicht mit Art. 19 Abs. 4 GG argumentiert werden kann, weil Art. 19 Abs. 4 GG ein Grundrecht ist, der Kommunalverfassungsstreit aber nicht dem Grundrechtsschutz, sondern dem Schutz organschaftlicher Rechte dient (a. A.*Geis*, KomR, § 25 Rn. 3).
3 Vgl. nur *Lange*, KomR, Kap. 10 Rn. 15.
4 *Lange*, KomR, Kap. 10 Rn. 7.
5 Vgl. nur BayVGH, BayVBl. 1988, 16; *Th. I. Schmidt*, KomR, § 15 Rn. 530; a.A.*Kopp/Schenke*, VwGO, Vorb § 40 Rn. 7.
6 So aber noch OVG Münster, OVGE 28, 208 (210); 27, 258.

unterschiedlichen Konstellationen des Kommunalverfassungsstreits sich mit den Klagearten der VwGO nicht in adäquater Weise erfassen lassen, was sogleich zu widerlegen ist. Zuzugeben ist dabei allerdings, dass der Gesetzgeber der VwGO bei allen Klagearten der VwGO primär an das Staat-Bürger-Verhältnis (also den Außenrechtsstreit) gedacht hat. Die Klagearten sind daher in rechtsfortbildend modifizierter Form anzuwenden[7].

10 Soweit sitzungsleitende Maßnahmen Gegenstand des Streits sind, werden sich diese regelmäßig mit dem Ende der Sitzung erledigt haben. Dann ist allein die Feststellungsklage nach § 43 Abs. 1 VwGO statthaft. Das Feststellungsinteresse i.S.d. § 43 Abs. 1 VwGO wird sich häufig aus einer Wiederholungsgefahr ergeben (eine folgende Sitzung kann ähnlich ablaufen) oder daraus, dass sich solche Maßnahmen typischerweise schnell erledigen und effektiver Schutz der organschaftlichen Rechte somit nicht anders als im Nachhinein möglich ist. Mit einer Grundrechtsverletzung kann das Feststellungsinteresse hingegen nicht begründet werden, weil im Organstreit gerade nicht um Grundrechte gestritten wird.

11 Liegt keine Erledigung vor, ist nach dem Klageziel zu differenzieren:

12 Wird die gerichtliche Verpflichtung eines kommunalen Organs zum Handeln begehrt (z.B. Aufnahme eines Tagesordnungspunkts auf die Tagesordnung der nächsten Ratssitzung), ist die allgemeine Leistungsklage statthaft[8]. Der einstweilige Rechtsschutz richtet sich entsprechend nach § 123 VwGO.

13 Im Fall, dass ein Organhandeln ohne Außenwirkung, dessen Wirkungen noch andauern, beseitigt oder rückgängig gemacht werden soll (z.B. Unterlassung oder Widerruf einer den Boden des politischen Meinungskampfs verlassenden kritischen Äußerung des Bürgermeisters zum Verhalten des Gemeinderats), gilt grundsätzlich Ähnliches. Teilweise wird hier jedoch neben der allgemeinen Leistungsklage auf Aufhebung des Akts durch das handelnde Organ auch die Feststellungsklage als statthaft angesehen[9]. Dem steht der Subsidiaritätsgrundsatz in § 43 Abs. 2 S. 1 VwGO jedenfalls dann nicht entgegen, wenn man ihn mit dem BVerwG[10] nur im Verhältnis zur Anfechtungs- und Verpflichtungsklage für anwendbar hält. Dafür, dem Kläger die Wahl zwischen beiden Klagearten zu lassen, spricht außerdem die (kommunalpolitische) Überlegung, dass der Kläger u.U. eher als das Gericht wird beurteilen können, ob ein Feststellungs- oder ein Leistungsurteil die Beziehungen innerhalb der Kommune stärker belastet.

14 Teilweise wurde in der Rechtsprechung angenommen, in Fällen, in denen die Aufhebung bzw. Rückgängigmachung eines Organhandelns begehrt werde, komme der allgemeinen Leistungsklage ausnahmsweise „kassatorische" Wirkung zu (d. h. der entsprechende Rechtsakt werde schon allein durch die gerichtliche Entscheidung rückwirkend beseitigt)[11]. Dagegen spricht jedoch, dass die Aufhebung einer Verwaltungsentscheidung durch ein Gericht gemessen am Grundsatz der Gewaltenteilung nicht unproblematisch ist und deshalb zumindest einer ausdrücklichen gesetzlichen Regelung bedarf. Eine solche Regelung enthält die VwGO nur für die Anfechtungsklage in § 113 Abs. 1

---

7 *Lange*, KomR, Kap. 10 Rn. 44.
8 *Th. I. Schmidt*, KomR, § 15 Rn. 521; a.A. VGH Kassel, NVwZ 1982, 44: Stets nur Feststellungsklage statthaft.
9 *Geis*, KomR, § 25 Rn. 14 f.
10 BVerwGE 40, 323; a.A. etwa *Th. I. Schmidt*, KomR, § 15 Rn. 532.
11 BayVGH, BayVBl. 1976, 753; wohl auch *Th. I. Schmidt*, KomR, § 15 Rn. 531.

S. 1 VwGO. Die allgemeine Leistungsklage mit „kassatorischer" Wirkung ist daher abzulehnen[12].

Wendet sich das klagende Organ speziell gegen Bestimmungen der Geschäftsordnung kommt gegen diese (zumindest in Ländern, die eine Regelung i.S.d. § 47 Abs. 1 Nr. 2 VwGO getroffen haben) auch eine Normenkontrolle zum Oberverwaltungsgericht bzw. zum Verwaltungsgerichtshof in Betracht[13].

3. Klagebefugnis und Rechtsschutzbedürfnis

Die organschaftlichen Rechte kommunaler Organe oder Organteile (z.B. das Recht eines Gemeinderatsmitglieds, in der Sitzung zu reden und Anträge zu stellen oder das Recht auf ordnungsgemäße Ladung zu den Sitzungen[14]) sind subjektiv-öffentliche Rechte i.S.d. § 42 Abs. 2 VwGO. Eine mögliche Verletzung dieser Rechte begründet somit eine Klagebefugnis. Voraussetzung ist allerdings, dass auch tatsächlich die Rechte des Klägers (vgl. den Wortlaut des § 42 Abs. 2 VwGO: „in *seinen* Rechten"; Hervorhebung d. Verf.), nicht etwa nur des Organs dem er angehört verletzt sein können[15].

Zu beachten ist, dass sich die Mitglieder kommunaler Organe für ihr organschaftliches Handeln in aller Regel nicht auf Grundrechte berufen können[16]. Deshalb findet die Adressatentheorie, nach der der Adressat einer hoheitlichen Maßnahme im Zweifel schon deshalb klagebefugt i.S.d. § 42 Abs. 2 VwGO ist, weil er zumindest in seiner allgemeinen Handlungsfreiheit aus Art. 2 Abs. 1 GG verletzt sein kann, beim Kommunalverfassungsstreit keine Anwendung. Vielmehr muss in der Klausur bei der Prüfung der Klagebefugnis dargelegt werden, welches konkrete organschaftliche Recht des Klägers durch welches Handeln des Gegners möglicherweise verletzt sein könnte. Dabei ist insbesondere (in ähnlicher Weise, wie im Baunachbarrecht bei der Frage, ob eine Norm Drittschutz gewährt) auch zu untersuchen, ob aus Normen, gegen die das im konkreten Fall angegriffene Handeln möglicherweise verstößt, organschaftliche Rechte folgen. Hinzuweisen ist in diesem Zusammenhang auch darauf, dass es kein allgemeines Recht der Kommunalorgane und ihrer Mitglieder auf rechtmäßiges Handeln der Kommune gibt[17].

Die Möglichkeit der Rechtsverletzung und damit die Klagebefugnis nach § 42 Abs. 2 VwGO (zumindest aber das Rechtsschutzbedürfnis) scheidet aus, wenn das klagende Organ/der Organteil auf sein organschaftliches Recht verzichtet hat, so etwa, wenn Gemeinderatsmitglieder sich trotz mangelhafter Ladung rügelos auf die Verhandlung und Abstimmung zur Sache eingelassen haben. Ähnlich ist es, wenn ein bereits aus der Gemeindevertretung ausgeschiedenes Mitglied mit seiner Klage Vorgänge aus der Zeit vor seinem Ausscheiden rügt[18].

Ebenso fehlt das Rechtsschutzbedürfnis, wenn das klagende Organ eine schnellere und einfachere Möglichkeit hat, seine Rechte zu schützen. In der Praxis dürfte sich dieses Problem vor allem beim Hauptverwaltungsbeamten (z.B. Bürgermeister, Landrat) als Kläger stellen, weil diesem bei rechtlichen Bedenken gegen Entscheidungen des Kolle-

---

[12] So i. E. auch *Burgi*, KomR, § 14 Rn. 11; *Geis*, KomR, § 25 Rn. 15; a.A. *Lange*, KomR, Kap. 10 Rn. 47 f.
[13] BVerwG, NVwZ 1988, 1119; *Kopp/Schenke*, VwGO, § 47 Rn. 30 m.w.N.
[14] Weitere Beispiele bei *Lange*, KomR, Kap. 10 Rn. 24 ff.
[15] BVerwG, DVBl. 1994, 866; VGH Mannheim, NVwZ 1993, 396; *Tettinger/Erbguth/Mann*, BesVerwR, Rn. 184 f.
[16] Vgl. etwa *Th. I. Schmidt*, KomR, § 15 Rn. 534; differenzierend *Geis*, KomR, § 25 Rn. 17.
[17] OVG Münster, NVwZ 2003, 494; VG Gießen, NVwZ-RR 2006, 277; *Lange*, KomR, Kap. 10 Rn. 29.
[18] A. A. VGH Mannheim, NVwZ-RR 1997, 181.

gialorgans ein Beanstandungsrecht[19] zusteht (näher dazu s. o. § 4 Rn. 68 f.), durch das jenes veranlasst werden kann, erneut über die Angelegenheit Beschluss zu fassen. Das Rechtsschutzbedürfnis entfällt ferner dann, wenn in der Gemeindevertretung zur Wahrung der gefährdeten Organrechte noch ein Antrag gestellt werden kann, wie z.B. der Antrag auf Vertagung der Sitzung, wenn gerügt wird, dass wegen fehlerhafter Ladung keine ordnungsgemäße Sitzungsvorbereitung möglich war[20]. Nicht in Frage gestellt wird das Rechtsschutzbedürfnis hingegen durch die Möglichkeit, sich an die Rechtsaufsichtsbehörde zu wenden, denn die Rechtsaufsicht dient nicht dem individuellen (organschaftlichen), sondern allein dem öffentlichen Interesse (näher s. u. Teil 2 § 10 Rn. 8, 13)[21].

4. Sonstige Zulässigkeitsprobleme

20 Dass kommunale Organe und Organteile im Verwaltungsprozess (oder jedenfalls im Kommunalverfassungsstreit) beteiligten- und prozessfähig sind, ist in Rechtsprechung und Literatur allgemein anerkannt. Umstritten ist jedoch, weil §§ 61 ff VwGO primär auf Außenrechtsstreitigkeiten zugeschnitten sind, welche Normen der VwGO hierfür die passenden Rechtsgrundlagen sind:

21 Kommunale Organe und Organteile, die um ihre organschaftlichen Rechte streiten, sind keine natürlichen oder juristischen Personen i.S.d. § 61 Nr. 1 VwGO, weil sie nur eine auf ihr Organhandeln bezogene und somit beschränkte (Innen-)Rechtsfähigkeit besitzen[22]. § 61 Nr. 3 VwGO kann zum einen deswegen keine direkte Anwendung finden, weil es an den entsprechenden landesrechtlichen Regelungen fehlt. Zum anderen streiten kommunale Organe, auch soweit sie für die Kommune als Behörde handeln könnten (z.B. der Bürgermeister bei Geschäften der laufenden Verwaltung), im Kommunalverfassungsstreit jedenfalls nicht in ihrer Behördeneigenschaft. Die Formulierung „soweit ihnen ein Recht zustehen kann" in § 61 Nr. 2 VwGO bringt den Gedanken der Teilrechtsfähigkeit der Organe gut zum Ausdruck. Zumindest monokratische Organe sowie einzelne Mitglieder von Kollegialorganen lassen sich aber nicht als „Vereinigungen" i.S.d. § 61 Nr. 2 VwGO ansehen und auch bei ganzen Kollegialorganen ist der Vereinigungscharakter zumindest zweifelhaft, weil ihre Existenz nicht vom Willen ihrer Mitglieder abhängt[23]. Am überzeugendsten ist es deshalb für die Beteiligtenfähigkeit § 61 Nr. 2 VwGO analog anzuwenden[24].

22 Für die Prozessfähigkeit kommt nach dem Wortlaut des § 62 VwGO allein § 62 Abs. 3 VwGO in Betracht; allerdings ebenfalls in analoger Anwendung, weil sich kommunale Organe und ihre Teile nicht unter die Begriffe „Vereinigungen" und „Behörden" subsumieren lassen[25]. Kollegialorgane werden somit im Kommunalverfassungsstreit von ihrem jeweiligen Vorsitzenden vertreten, monokratische Organe vom zuständigen Organwalter. Im Prozess eines Kollegialorgans gegen seinen eigenen Vorsitzenden, wird

---

19 Etwa § 43 Abs. 2 GemO BW; Art. 59 Abs. 2 BayGO; § 74 HGO; § 54 GO NRW; § 52 Abs. 2 SächsGemO.
20 Dazu VGH Mannheim, NVwZ-RR 1990, 369.
21 So auch *Lange*, KomR, Kap. 10 Rn. 75 m.w.N.
22 A. A. für einzelne Organmitglieder *Meister*, JA 2004, 414 (416); i. E. wie hier *Th. I. Schmidt*, KomR, § 15 Rn. 526.
23 Teilweise a.A. *Th. I. Schmidt*, KomR, § 15 Rn. 527; *Burgi*, KomR, § 14 Rn. 12; *Tettinger/Erbguth/Mann*, BesVerwR, Rn. 186; i. E. wie hier *Lange*, KomR, Kap. 10 Rn. 36.
24 So i. E. auch *Lange*, KomR, Kap. 10 Rn. 36, der allerdings zu Recht darauf hinweist, dass die Analogie hier methodisch nicht ganz passt, weil der Gesetzgeber den Organstreit bewusst nicht in der VwGO geregelt habe.
25 *Th. I. Schmidt*, KomR, § 15 Rn. 528; a.A. (direkte Anwendung) wohl *Burgi*, KomR, § 14 Rn. 12.

das Organ durch den stellvertretenden Vorsitzenden vertreten. Einzelne Organmitglieder vertreten sich selbst, können aber auch (soweit es sich um mehrere Mitglieder handelt) rechtsgeschäftlich einen gemeinsamen Bevollmächtigten bestellen.

Wer richtiger Klagegegner im Kommunalverfassungsstreit ist, ist ebenfalls nicht unumstritten. Klar dürfte sein, dass § 78 VwGO keine direkte Anwendung finden kann, weil die Anfechtungs- und Verpflichtungsklage im Kommunalverfassungsstreit nicht statthaft ist. Aber auch eine analoge Anwendung des § 78 VwGO ist problematisch, weil das Rechtsträgerprinzip dem Charakter des Organstreits widerspricht[26]. Das klagende Kommunalorgan wendet sich nicht gegen die Kommune (diese wäre Rechtsträger i.S.d. § 78 VwGO), sondern gegen ein anderes Organ. Dieses Organ ist deshalb als richtiger Klagegegner anzusehen[27].

5. Begründetheit

In der Begründetheit wirft der Kommunalverfassungsstreit regelmäßig keine spezifischen verwaltungsprozessualen Probleme auf:

Handelt es sich um eine Feststellungsklage, ist entsprechend dem Wortlaut des § 43 Abs. 1 VwGO zu prüfen, ob zwischen Kläger und Beklagtem ein Rechtsverhältnis in der Weise besteht oder nicht besteht, dass das Handeln/Unterlassen des Beklagten rechtswidrig in die organschaftlichen Rechte des Klägers eingreift[28]. Nach anderer Ansicht kann, weil auch die Feststellungsklage im Kommunalverfassungsstreit nur in modifizierter Form Anwendung findet, unmittelbar die Verletzung der Rechte des klagenden Organs bzw. Organteils geprüft werden[29]. In der Klausurpraxis spielt dieser Streit kaum eine Rolle, weil de facto ohnehin eine Rechtsverletzung geprüft wird.

Die allgemeine Leistungsklage im Kommunalverfassungsstreit ist begründet, wenn der Kläger einen durch organschaftliche Rechte begründeten Anspruch auf das vom Beklagten begehrte (Organ-)Handeln hat.

Die Kosten des Rechtsstreits sind nach § 154 Abs. 1 VwGO (unabhängig von der statthaften Klageart) dem unterlegenen Organ(teil) aufzuerlegen. Dieses kann die Kommune, der es angehört, jedoch in Regress nehmen[30].

▶ **LÖSUNGSHINWEIS ZU FALL 16:** G kann sich an das Verwaltungsgericht wenden, wenn für Streitigkeiten wegen der erwähnten Maßnahmen der Verwaltungsrechtsweg nach § 40 Abs. 1 VwGO eröffnet ist:

Bei der Androhung des Fraktionsausschlusses ist dies nicht der Fall, wenn man entgegen der hier vertretenen Auffassung (s. o. Teil 2 § 4 Rn. 47 ff. der Ansicht folgt, die die Beziehungen zwischen den Gemeinderatsfraktionen und ihren Mitgliedern als privatrechtlich einstuft. Für die anderen Maßnahmen (Ausschluss der Öffentlichkeit, Redezeitbegrenzung und Ordnungsgeld) ist der Verwaltungsrechtsweg nach § 40 Abs. 1 VwGO eröffnet, weil es sich um Streitigkeiten zwischen kommunalen Organen und ihren Teilen also um öffentlich-rechtliche Streitigkeiten nicht verfassungsrechtlicher Art handelt.

---

26 A. A. VGH München, BayVBl. 1987, 239.
27 H. M.; vgl. u. a.: BVerwG, DVBl. 1988, 792; OVG Münster, NVwZ 1983, 485; *Lange*, KomR, Kap. 10 Rn. 35.
28 *Ehlers*, NVwZ 1990, 105 (107).
29 *Lange*, KomR; Kap. 10 Rn. 51; *Geis*, KomR, S. 234.
30 *Burgi*, KomR, § 14 Rn. 9 m.w.N.

Die Klage wegen der Androhung des Fraktionsausschlusses ist (gleichgültig, welche Klageart man für statthaft hält) jedenfalls deswegen unzulässig, weil das Rechtsschutzbedürfnis fehlt, denn von der bloßen Androhung gehen noch keine Rechtsfolgen für G aus.

Der Ausschluss der Öffentlichkeit und die Redezeitbeschränkung haben sich mit Ablauf der Ratssitzung erledigt. Somit kommt nur eine Feststellungsklage nach § 43 Abs. 1 VwGO in Betracht. Für deren Zulässigkeit muss G eine nach § 42 Abs. 2 VwGO analog klagebefugt sein und ein Feststellungsinteresse nach § 43 Abs. 1 VwGO geltend machen können. Dies ist beim Ausschluss der Öffentlichkeit zu verneinen. Unabhängig davon, ob die Vorschriften über die Sitzungsöffentlichkeit den Ratsmitgliedern subjektiv-öffentliche Rechte verleihen (dazu s. o. Teil 2 § 5 Rn. 48sind diese hier jedenfalls offensichtlich nicht verletzt, weil alle Kommunalgesetze bei Verhandlungen über Ansprüche Privater den Ausschluss der Öffentlichkeit vorsehen. Für einen Verstoß gegen die entsprechenden Regelungen ist nichts ersichtlich.

Anders ist es bei der Redezeitbeschränkung. Durch sie ist G möglicherweise in seinem aus seiner Rechtsstellung als Gemeinderatsmitglied folgenden Rederecht in Ratssitzungen i.S.d. § 42 Abs. 2 VwGO analog verletzt. Da es durchaus wahrscheinlich ist, dass ein ähnlicher Fall in einer späteren Sitzung wieder auftreten kann, also Wiederholungsgefahr besteht, hat G auch ein Feststellungsinteresse i.S.d. § 43 Abs. 1 VwGO. G will mit der Klage seine organschaftlichen Rechte durchsetzen. Seine Beteiligtenfähigkeit folgt deswegen nicht aus §§ 63 Nr. 1, 61 Nr. 1 VwGO, sondern aus §§ 63 Nr. 1, 61 Nr. 2 VwGO analog; die Prozessfähigkeit aus § 62 Abs. 3 VwGO analog. Weitere Zulässigkeitsvoraussetzungen (z.B. Vorverfahren und Klagefrist) sind für die Feststellungsklage nicht einzuhalten. Die Klage wegen der Redezeitbeschränkung wäre somit zulässig.

Durch das Ordnungsgeld wird nicht nur in die organschaftliche, sondern auch in die persönliche Rechtsstellung des G eingegriffen. Damit handelt es sich um einen Verwaltungsakt. Statthaft ist nach § 42 Abs. 1 VwGO die Anfechtungsklage. Die Klagebefugnis i.S.d. § 42 Abs. 2 VwGO folgt daraus, dass G als Adressat des Ordnungsgeldes möglicherweise in seinen Rechten aus Art. 2 Abs. 1 GG verletzt ist. G wäre auch nach §§ 63 Nr. 1, 61 Nr. 1, 62 Abs. 1 Nr. 1 VwGO beteiligten- und prozessfähig. G hat, soweit ersichtlich, bisher jedoch kein Vorverfahren i.S.d. § 68 Abs. 1 VwGO durchlaufen. Da auch keine Anhaltspunkte dafür bestehen, dass das Vorverfahren hier (z.B. nach § 75 VwGO) entbehrlich war, ist die Klage gegen das Ordnungsgeld unzulässig.

Ergebnis: Nur wegen der Redezeitbeschränkung kann G einen zulässigen Rechtsbehelf (Feststellungsklage) beim Verwaltungsgericht einlegen[31]. ◄

III. Wiederholungs- und Vertiefungsfragen

1. Wann stellt ein Rechtsstreit zwischen kommunalen Organen oder ihren Teilen einen Kommunalverfassungsstreit dar?
2. Welche Klagearten können bei einem Kommunalverfassungsstreit statthaft sein?
3. Was ist im Hinblick auf die Klagebefugnis nach § 42 Abs. 2 VwGO beim Kommunalverfassungsstreit zu beachten?
4. Welche Besonderheiten wirft der Kommunalverfassungsstreit im Hinblick auf die Beteiligungs- und Prozessfähigkeit sowie im Hinblick auf den richtigen Klagegegner auf?

---

31 In Ländern, in denen das Vorverfahren nach §§ 68 ff VwGO weitgehend abgeschafft ist, wie insbesondere in Bayern (Art. 15 AGVwGO), wäre auch die Anfechtungsklage gegen das Ordnungsgeld zulässig.

IV. Weiterführende Literatur

M. *Bauer/Krause*, Innerorganisatorische Streitigkeiten im Verwaltungsprozess, JuS 1996, 411, 512; *Bleutge*, Der Kommunalverfassungsstreit, 1970; *Diemert*, Der Innenrechtsstreit im öffentlichen Recht und im Zivilrecht, 2002; *Ehlers*, Die Klagearten und besonderen Sachentscheidungsvoraussetzungen im Kommunalverfassungsstreitverfahren, NVwZ 1990, 105; *Franz*, Der Kommunalverfassungsstreit, Jura 2005, 156; M. *Ogorek*, Der Kommunalverfassungsstreit im Verwaltungsprozess, JuS 2009, 511; W. *Roth*, Verwaltungsrechtliche Organstreitigkeiten, 2001; *Stumpf*, Die allgemeine Gestaltungsklage im Kommunalverfassungsstreit, BayVBl. 2000, 103.

§ 7 Bürger und Einwohner

1   Gemeinden sind öffentlich-rechtliche Gebietskörperschaften – vom Wechsel ihrer Mitglieder unabhängige und durch Hoheitsakt kreierte rechtsfähige Personenverbände, bei denen sich die Mitgliedschaft aus der Beziehung einer Person zu einem räumlichen Gebiet ergibt.[1] Die rechtliche Ordnung der Rechtsbeziehungen zu ihren Mitgliedern ist dementsprechend für Gemeinden fundamental, deren Rechte und Pflichten bilden daher einen zentralen Regelungsgegenstand des Gemeinderechts.

I. Grundlegung

2   Das Gemeinderecht unterscheidet hinsichtlich dieser Mitgliedschaft zwischen Bürgern und Einwohnern. Die Unterscheidung geht auf die überkommenen Bürgerrechte zurück, die allerdings spätestens infolge der Geltung der demokratischen Wahlrechtsgrundsätze auch für die Gemeindewahlen gemäß Art. 17 Abs. 2 S. 1 der Weimarer Reichsverfassung ihre Bedeutung einbüßten.[2] Nichtsdestotrotz darf die Bürgergemeinde nicht vorschnell zur Einwohnergemeinde gemacht werden, korrespondiert die Unterscheidung zwischen Bürgern und Einwohnern doch mit der demokratischen Legitimation kommunaler Selbstverwaltung. Demokratische Legitimation können nämlich lediglich Bürger, nicht aber Einwohner vermitteln.

3   Nach den einfachgesetzlichen Vorgaben ist Einwohner dementsprechend, wer in der jeweiligen Gemeinde wohnt[3] – mithin auch (EU-)Ausländer oder Staatenlose.[4] Ob jemand in der Gemeinde wohnt, soll sich im Einzelnen nicht nach den Vorgaben der §§ 7ff. BGB richten und auch dem Melderecht soll – abseits des § 28 Abs. 1 S. 2 bis 4 NKomVG – lediglich eine Indizwirkung zukommen. Als entscheidend wird vielmehr der tatsächliche Aufenthalt angesehen, der seinerseits nicht das Innehaben einer Wohnung erfordern soll.[5] Dabei kann es durchaus vorkommen, dass eine Person Einwohner mehrerer Gemeinden ist.[6] Bürger ist demgegenüber, wer zu den Wahlen der Gemeindevertretung wahlberechtigt ist.[7] Gehören ausländische Staatsangehörige nach Maßgabe des Art. 116 GG nicht zum Staatsvolk im Sinne des Art. 20 Abs. 2 GG, gilt dies aufgrund des Homogenitätsgebotes des Art. 28 Abs. 1 S. 1 GG grundsätzlich auch für die Wahlen zur Gemeindevertretung.[8]

4   Auf der Grundlage des Art. 28 Abs. 1 S. 3 GG[9] sind wahlberechtigt allerdings Staatsangehörige eines Mitgliedstaates der Europäischen Union.[10] Die Regelung trägt der

---

1   Ausführlich dazu Teil 1, § 1, Rn. 4 ff.
2   *Mann*, in: Mann/Püttner (Hrsg.), HKWP, Bd. I, § 17, Rn. 2 ff.
3   § 10 Abs. 1 GemO BW; Art. 15 Abs. 1 BayGO; § 11 Abs. 1 BbgKVerf; § 8 Abs. 1 HGO; § 13 Abs. 1 KV M-V; § 28 Abs. 1 NKomVG; § 21 Abs. 1 GO NW; § 13 Abs. 1 RhPfGemO; § 18 Abs. 1 SaarlKSVG; § 10 Abs. 1 SächsGemO; § 21 Abs. 1 KVG LSA; § 6 Abs. 1 GO SH; § 10 Abs. 1 ThürKO.
4   *Mann*, in: Mann/Püttner (Hrsg.), HKWP, Bd. I, § 17, Rn. 6.
5   *Brüning*, in: Ehlers/Fehling/Pünder (Hrsg.), BesVerwR, Bd. III, § 64, Rn. 150.
6   *Burgi*, KomR, § 11, Rn. 3.
7   Art. 15 Abs. 2 BayGO; § 11 Abs. 2 BbgKVerf; § 8 Abs. 2 HGO; § 13 Abs. 2 KV M-V; § 28 Abs. 2 NKomVG; § 21 Abs. 2 GO NW; § 6 Abs. 2 GO SH; § 10 Abs. 2 ThürKO; davon abweichend werden teilweise auch die für das Wahlrecht geltenden Anforderungen ausdrücklich im Gemeinderecht genannt und mit deren Hilfe unmittelbar der Begriff des Bürgers bestimmt, siehe § 12 Abs. 1 GemO BW; § 21 Abs. 2 KVG LSA; § 13 Abs. 2 RhPfGemO; § 18 Abs. 2 SaarlKSVG; § 15 Abs. 1 SächsGemO.
8   BVerfGE 83, 37 (50 ff.).
9   Zur Notwendigkeit einer diesbezüglichen verfassungsrechtlichen Grundlage BVerfGE 83, 37 (59).
10 § 14 Abs. 1 i.V.m. § 12 Abs. 1 GemO BW; Art. 1 Abs. 1 Nr. 1 BayGLKrWG; § 8 S. 1 Nr. 1 BbgKWahlG; § 30 Abs. 1 Nr. 1 HGO; § 4 Abs. 2 LKWG M-V; § 48 Abs. 1 S. 1 NKomVG; § 7 KWG NW; § 14 Abs. 1 i.V.m. § 13 Abs. 2 Nr. 1 RhPfGe-

Unionsbürgerschaft Rechnung, die gemäß Art. 22 Abs. 1 AEUV das kommunale Wahlrecht für Unionsbürger unabhängig von der Staatsangehörigkeit verlangt. Einen Widerspruch zwischen der Unionsbürgerschaft und dem Volksbegriff des Art. 20 Abs. 2 GG sieht das Bundesverfassungsgericht nicht: Es betont vielmehr, dass der Volksbegriff zwar die Symmetrie von bürgerschaftlichen Lasten und Privilegien sicherstelle, diese Symmetrie aber nicht zu den Grundlagen des Demokratieprinzips gehöre und folglich einer Verfassungsänderung sowie dem Kommunalwahlrecht für Unionsbürger nicht entgegenstehe.[11]

II. Rechte der Bürger und Einwohner

1. Wahlrecht

▶ **FALL 17:** Das Gemeinderecht wird um eine Vorschrift ergänzt, wonach Mitglieder der Gemeindevertretung aus dieser ausgeschlossen werden können, wenn sie nach ihrer Wahl rechtskräftig zu einer Freiheitsstrafe von mindestens drei Monaten verurteilt werden und durch die Straftat die erforderliche Unbescholtenheit verwirkt haben. Nach den Wahlen zur Gemeindevertretung wird ein Mitglied wegen in Mittäterschaft begangener gefährlicher Körperverletzung zu einer Freiheitsstrafe von sieben Monaten verurteilt. Es hatte gemeinsam mit Parteifreunden „Plakatabreißer" gestellt und als Veranlasser des gesamten Geschehens einen wesentlichen Tatbeitrag zu deren Körperverletzung geleistet. Die Gemeindevertretung beschließt daraufhin den Ausschluss des Mitglieds – dieses habe sich durch sein Verhalten als unwürdig erwiesen und die Achtung der Bevölkerung vor der Gemeindevertretung und ihr Ansehen geschmälert. Dagegen ersucht das Mitglied verwaltungsgerichtlichen Rechtsschutz. ◀

Mit der Unterscheidung zwischen Bürgern und Einwohnern nach Maßgabe der Wahlberechtigung ist zugleich eines der wichtigsten Bürgerrechte angesprochen. Aktiv wahlberechtigt ist nach dem Kommunalwahlrecht grundsätzlich, wer die deutsche Staatsangehörigkeit (oder die eines anderen Mitgliedsstaates der Europäischen Union) besitzt, entweder das sechzehnte oder das achtzehnte Lebensjahr vollendet hat und dessen Wohnsitz bestimmte Anforderungen erfüllt.[12] Sofern demgegenüber schon der Bürgerbegriff unmittelbar an diese Voraussetzung anknüpft, wird das Wahlrecht ohne nähere Voraussetzungen den Bürgern vorbehalten.[13]

Unterschiedliche Regelungen finden sich zur notwendigen zur Dauer des Wohnsitzes. Die nach wie vor gängige, vereinzelt aber in Anlehnung an die Landeswahlgesetze (erheblich) verkürzte[14] Dauer von drei Monaten[15] soll sicherstellen, dass die Bürger mit den Verhältnissen in der jeweiligen Gemeinde vertraut sind.[16] Überdies soll sich der

---

mO; § 24 Abs. 1 i.V.m. § 18 Abs. 2 SaarlKSVG; § 16 Abs. 1 i.V.m. § 15 Abs. 1 SächsGemO; § 23 Abs. 2 i.V.m. § 21 Abs. 2 KVG LSA; § 3 Abs. 1 GKWG SH; § 1 Abs. 2 ThürKWG.
11 BVerfGE 83, 37 (59).
12 Art. 1 Abs. 1 BayGLKrWG; § 8 Abs. 1 BbgKWahlG; § 30 HGO; § 4 Abs. 2 LKWG M-V; § 48 Abs. 1 NKomVG; § 7 KWG NW; § 3 Abs. 1 GKWG SH; § 1 Abs. 1 ThürKWG.
13 § 14 Abs. 1 i.V.m. § 12 Abs. 1 GemO BW; § 14 Abs. 1 i.V.m. § 13 Abs. 2 RhPfGemO; § 24 Abs. 1 i.V.m. § 18 Abs. 2 SaarlKSVG; § 16 Abs. 1 i.V.m. § 15 Abs. 1 SächsGemO; § 23 Abs. 2 i.V.m. § 21 Abs. 2 KVG LSA.
14 Art. 1 Abs. 1 Nr. 3 BayGLKrWG; § 4 Abs. 1 Nr. 2 LKWG M-V; § 7 KWG NW; § 3 Abs. 1 Nr. 2 GKWG SH.
15 § 14 Abs. 1 i.V.m. § 12 Abs. 1 GemO BW; § 30 Abs. 1 Nr. 3 HGO; § 48 Abs. 1 S. 1 Nr. 1 NKomVG; § 14 Abs. 1 i.V.m. § 13 Abs. 2 Nr. 3 RhPfGemO; § 24 Abs. 1 i.V.m. § 18 Abs. 2 SaarlKSVG; § 16 Abs. 1 i.V.m. § 15 Abs. 1 SächsGemO; § 23 Abs. 2 i.V.m. § 21 Abs. 2 KVG LSA; § 1 Abs. 1 Nr. 3 ThürKWG; gemäß § 8 S. 1 Nr. 3 BbgKWahlG ist ein ständiger Wohnsitz im Gemeindegebiet Voraussetzung der Wahlberechtigung.
16 *Lange*, KomR, Kap. 4, Rn. 13; kritisch zur Dreimonatsfrist aus der Perspektive der Wahlorganisation *Meyer*, in: Mann/Püttner (Hrsg.), HKWP, Bd. I, § 20, Rn. 12.

Wohnsitz – abseits der §§ 4 Abs. 2 Nr. 2, 6 Abs. 1 LKWG M-V – nach objektiven Kriterien bestimmen. Die melderechtliche Lage hat danach lediglich eine gewisse Indizwirkung.[17] Der für das Wahlrecht maßgebliche Begriff der Hauptwohnung wird trotz bloßer Indizwirkung nach Maßgabe des § 12 Abs. 2 S. 1 MRRG bestimmt, wonach die Hauptwohnung die vorwiegend benutzte Wohnung ist.[18] Lediglich vereinzelt findet sich für die Bestimmung der Hauptwohnung demgegenüber eine unmittelbare und dementsprechend nicht durch objektive Kriterien relativierbare Bezugnahme auf das Melderecht.[19] Ausgeschlossen vom Wahlrecht sind ferner Personen, für die ein Betreuer nicht nur durch einstweilige Anordnung bestellt ist oder denen das Wahlrecht etwa auf der Grundlage des § 45 StGB entzogen wurde; teilweise geht das Wahlrecht auch bei einer Unterbringung nach § 63 StGB verloren.[20]

8 Grundsätzlich unter den gleichen Voraussetzungen haben die Bürger neben dem aktiven auch das passive Wahlrecht. Anders als oftmals das aktive Wahlrecht setzt das passive Wahlrecht wegen der erhöhten Anforderungen der Mandatsausübung allerdings voraus, dass das achtzehnte Lebensjahr vollendet wurde.[21] Auch hinsichtlich des Wohnsitzes wird oftmals für das passive Wahlrecht eine längere Dauer vorausgesetzt als für das aktive Wahlrecht – gängig ist dann eine Dauer von sechs Monaten.[22] Unterschiedliche Regelungen finden sich schließlich zum Verlust des passiven Wahlrechts: Regelmäßig knüpft der Verlust des passiven Wahlrechts an den Verlust des aktiven Wahlrechts an,[23] überdies kann auch das passive Wahlrecht selbst (oder aber die Fähigkeit zur Bekleidung öffentlicher Ämter und daran anknüpfend das passive Wahlrecht) infolge einer gerichtlichen Entscheidung verloren gehen;[24] überdies sind teilweise Unionsbürger auch dann nicht wählbar, wenn sie infolge einer zivilrechtlichen oder strafrechtlichen Entscheidung des Mitgliedstaates, dessen Staatsangehörige sie sind, die Wählbarkeit nicht besitzen.[25] Vereinzelt ist ferner nicht wählbar, wer sich in Strafhaft oder Sicherungsverwahrung befindet.[26]

---

17 VGH BW, VBlBW 2006, 388 ff.; eine solche Vermutungswirkung regeln ausdrücklich Art. 1 Abs. 3 S. 1 BayGLKrWG, § 1 Abs. 1 Nr. 3 ThürKWG.
18 Siehe *Lange*, KomR, Kap. 2, Rn. 14 ff.
19 § 3 Abs. 2 S. 1 GKWG SH.
20 § 14 Abs. 2 GemO BW; Art. 2 BayGLKrWG; § 9 BbgKWahlG; § 31 HGO; § 5 LKWG M-V; § 48 Abs. 2 NKomVG; § 8 KWG NW; § 2 RhPfKWG; § 14 SaarlKWG; § 16 Abs. 2 SächsGemO; § 23 Abs. 2 KVG LSA; § 4 GKWG SH; § 2 ThürKWG.
21 § 28 Abs. 1 GemO BW; Art. 21 Abs. 1 Nr. 2 BayGLKrWG; § 11 Abs. 1 BbgKWahlG; § 32 Abs. 1 HGO; § 6 Abs. 1 LKWG M-V; § 49 Abs. 1 S. 1 Nr. 1 NKomVG; § 12 Abs. 1 KWG NW; § 3 Abs. 1 RhPfKWG; § 16 Abs. 1 SaarlKWG; § 31 Abs. 1 SächsGemO; § 40 Abs. 1 S. 1 KVG LSA; § 6 Abs. 1 Nr. 1 GKWG SH; ferner § 12 i. V. m. § 1 Abs. 1 Nr. 1 ThürKWG.
22 § 32 Abs. 1 HGO; § 49 Abs. 1 S. 1 Nr. 2 NKomVG; § 16 Abs. 1 SaarlKWG; eine Dauer von drei Monaten setzen – abweichend von der für das aktive Wahlrecht erforderlichen kürzeren Dauer – Art. 21 Abs. 1 Nr. 3 BayGLKrWG; § 11 Abs. 1 BbgKWahlG; § 6 Abs. 1 LKWG M-V; § 12 Abs. 1 KWG NW; § 6 Abs. 1 Nr. 3 GKWG SH voraus.
23 Ausdrücklich § 28 Abs. 2 S. 1 Nr. 1 GemO BW; Art. 21 Abs. 2 Nr. 1 BayGLKrWG; § 11 Abs. 2 Nr. 1 BbgKWahlG; § 49 Abs. 2 Nr. 1 NKomVG; § 4 Abs. 1 Nr. 1 RhPfKWG; § 16 Abs. 2 Nr. 1a) SaarlKWG; § 31 Abs. 2 Nr. 1 SächsGemO; § 40 Abs. 2 Nr. 1 KVG LSA; § 6 Abs. 2 Nr. 1 GKWG SH.
24 § 28 Abs. 2 S. 1 Nr. 2 GemO BW; Art. 21 Abs. 2 Nr. 2 BayGLKrWG; § 11 Abs. 2 Nr. 2 BbgKWahlG; § 32 Abs. 2 HGO; § 6 Abs. 2 LKWG M-V; § 49 Abs. 2 Nr. 2 NKomVG; § 12 Abs. 2 KWG NW; § 4 Abs. 2 Nr. 2 RhPfKWG; § 16 Abs. 2 Nr. 1b) SaarlKWG; § 31 Abs. 2 Nr. 2 SächsGemO; § 40 Abs. 2 Nr. 2 KVG LSA; § 6 Abs. 2 Nr. 4 GKWG SH; § 12 ThürKWG.
25 § 28 Abs. 2 S. 2 GemO BW; § 6 Abs. 2 LKWG M-V; § 49 Abs. 2 Nr. 3 NKomVG; § 4 Abs. 2 Nr. 3 RhPfKWG; § 16 Abs. 2 Nr. 2 SaarlKWG; § 31 Abs. 2 Nr. 3 SächsGemO; § 40 Abs. 2 Nr. 3 KVG LSA; § 6 Abs. 2 Nr. 5 GKWG SH.
26 Art. 21 Abs. 2 Nr. 3 BayGLKrWG; § 4 Abs. 2 Nr. 4 RhPfKWG; § 6 Abs. 2 Nr. 2, 3 GKWG SH; § 12 ThürKWG; nach § 31 Abs. 1 S. 1 RhPfGemO kann ein Mitglied der Gemeindevertretung, das nach seiner Wahl durch Urteil eines deutschen Strafgerichts rechtskräftig zu einer Freiheitsstrafe von mindestens drei Monaten verurteilt wird, überdies durch Beschluss der Gemeindevertretung ausgeschlossen werden, wenn es durch die Straftat die für erforderliche Unbescholtenheit verwirkt hat – hingewiesen wurde allerdings darauf, dass ledig-

§ 7 Bürger und Einwohner

Neben den Wahlen zur Gemeindevertretung sind die Bürger einfachgesetzlich – abgesehen von Wahlen in Gemeindebezirken[27] – zudem zur direkten Wahl der (hauptamtlich tätigen) Bürgermeister aufgerufen. Besonderheiten hinsichtlich des aktiven Wahlrechts bestehen insoweit nicht; etwas anderes gilt hingegen für die Wählbarkeit. Das passive Wahlrecht setzt zunächst voraus, dass der Wahlbewerber die deutsche Staatsangehörigkeit besitzt, überwiegend genügt – europarechtlich nicht vorausgesetzt[28] – auch die Staatsangehörigkeit eines Mitgliedstaates der Europäischen Union.[29] Des Weiteren wird ein grundsätzlich bestimmtes Mindestalter vorausgesetzt[30] und oftmals auch ein Höchstalter festgeschrieben.[31] Im Übrigen hängt die Wählbarkeit oftmals lediglich davon ab, dass eine Wohnung in der Bundesrepublik Deutschland besteht[32] – weswegen sich erneut die Frage aufwerfen ließe, ob es auch insoweit auf objektive Kriterien oder das Melderecht ankommt. Schließlich finden sich weitere Voraussetzungen, etwa dass der Wahlbewerber die Gewähr dafür bietet, dass er jederzeit für die freiheitlich demokratische Grundordnung im Sinne des Grundgesetzes eintritt[33] – was allerdings gemäß § 7 Abs. 1 Nr. 2 BeamtStG ohnehin ganz allgemein gilt. Nicht wählbar ist schließlich regelmäßig, wer von der Wählbarkeit zur Gemeindevertretung ausgeschlossen ist.[34]

9

2. Bürger- und Einwohnerbeteiligung

a) Allgemeines

Neben dem Wahlrecht regelt das Gemeinderecht weitere Einflussnahmemöglichkeiten – die „Zurückhaltung, die der Verfassungsgeber bei der Zulassung unmittelbar-demokratischer Elemente auf Bundesebene geübt hat, wird auf der örtlich bezogenen Ebene

10

---

lich die Wahrung oder Wiederherstellung der Fähigkeit der Gemeindevertretung, ihre gesetzlichen Aufgaben wahrzunehmen, einen Grund des gemeinen Wohls darstellen könne, der die mit dem Ausschluss eines Mitglieds der Gemeindevertretung verbundene Einschränkung der passiven Wahlrechtsgleichheit zu rechtfertigen vermag – die Absicht, das Ansehen der Gemeindevertretung oder das Vertrauen der Wähler in deren Integrität zu schützen, reiche demgegenüber nicht aus, siehe BVerwG, Urteil vom 21. Januar 2015, Az.: 10 C 11/14; anders noch OVG Koblenz, DVBl. 2013, 736 ff., wonach eine Straftat im Sinne des § 31 Abs. 1 S. 1 RhPfGemO lediglich von beträchtlichem Gewicht sein und sich zudem in besonderem Maße negativ auf das Ansehen und damit die Funktionsfähigkeit der Gemeindevertretung auswirken müsse.

27 Siehe dazu Teil 2, § 4, Rn. 84.
28 BVerfG, NVwZ 1999, 293.
29 § 46 Abs. 1 GemO BW; § 65 Abs. 2 S. 1 Nr. 1 BbgKWahlG; § 39 Abs. 2 S. 1 HGO; § 61 Abs. 2 S. 1 KV M-V; § 80 Abs. 5 Nr. 2 NKomVG; § 65 Abs. 2 S. 1 GO NW; § 53 Abs. 3 S. 1 RhPfGemO; § 54 Abs. 1 S. 1 SaarlKSVG; § 62 Abs. 1 S. 1 KVG LSA; § 57 Abs. 3 Nr. 1 GO SH; § 24 Abs. 2 S. 1 i.V.m. § 1 Abs. 1, 2 ThürKWG; anders Art. 39 Abs. 1 Nr. 1 BayGLKrWG; § 49 Abs. 1 S. 1 SächsGemO.
30 § 46 Abs. 1 GemO BW; Art. 39 Abs. 1 Nr. 2 BayGLKrWG; § 65 Abs. 2 S. 1 Nr. 2 BbgKWahlG; § 39 Abs. 2 S. 1 HGO; § 66 Abs. 1 S. 1 LKWG M-V; § 80 Abs. 5 Nr. 1 NKomVG; § 62 Abs. 1 S. 1 GO NW; § 53 Abs. 3 S. 1 RhPfGemO; § 54 Abs. 1 S. 1 SaarlKSVG; § 49 Abs. 1 S. 1 SächsGemO; § 62 Abs. 1 S. 3 KVG LSA; § 57 Abs. 3 Nr. 2 GO SH; § 24 Abs. 2 S. 1 Nr. 1 ThürKWG.
31 § 46 Abs. 1 GemO BW; Art. 39 Abs. 1 Nr. 2 BayGLKrWG; § 65 Abs. 2 S. 1 Nr. 2 BbgKWahlG; § 39 Abs. 2 S. 2 HGO; § 66 Abs. 2 LKWG M-V; § 80 Abs. 5 Nr. 1 NKomVG; § 53 Abs. 3 S. 2 RhPfGemO; § 54 Abs. 1 S. 2 SaarlKSVG; § 49 Abs. 1 S. 2 SächsGemO; § 62 Abs. 1 S. 3 KVG LSA; § 57 Abs. 3 Nr. 2 GO SH; § 24 Abs. 2 S. 3 ThürKWG; verfassungsrechtliche Bedenken teilte das Bundesverfassungsgericht nicht, entsprechende Regelungen verletzten weder den allgemeinen Gleichheitssatz noch die Berufsfreiheit, siehe BVerfG, DVBl. 1994, 43 f.
32 § 46 Abs. 1 GemO BW; § 65 Abs. 2 S. 1 Nr. 3 BbgKWahlG; § 65 Abs. 2 S. 1 GO NW; § 53 Abs. 3 S. 1 RhPfGemO; ferner Art. 39 Abs. 1 Nr. 3 BayGLKrWG, wonach Wahlbewerber um das Amt des ehrenamtlichen ersten Bürgermeisters eine Wohnung in der Gemeinde haben müssen.
33 § 46 Abs. 1 GemO BW; Art. 39 Abs. 2 S. 1 Nr. 5 BayGLKrWG; § 80 Abs. 5 Nr. 3 NKomVG; § 65 Abs. 2 S. 1 GO NW; § 53 Abs. 3 S. 1 RhPfGemO; § 54 Abs. 1 S. 1 SaarlKSVG; § 24 Abs. 3 S. 1 ThürKWG.
34 § 46 Abs. 2 S. 1 GemO BW; Art. 39 Abs. 2 S. 1 Nr. 1 BayGLKrWG; § 65 Abs. 2 S. 1 Nr. 5 BbgKWahlG; § 39 Abs. 2 S. 1 HGO; § 61 Abs. 2 S. 1 Nr. 1 KV M-V; § 80 Abs. 5 Nr. 2 NKomVG; § 65 Abs. 2 S. 1 GO NW; § 53 Abs. 3 S. 1 RhPfGemO; § 72 Abs. 1 i.V.m. § 16 Abs. 2 SaarlKWG; § 49 Abs. 1 S. 3 SächsGemO; § 62 Abs. 1 S. 2 KVG LSA; § 24 Abs. 2 S. 1 Nr. 2 ThürKWG.

der Gemeinden ergänzt durch eine mit wirklicher Verantwortlichkeit ausgestattete Einrichtung der Selbstverwaltung".[35] Während das Kommunalwahlrecht die notwendige Anknüpfung an die Staatsbürgerschaft sicherstellt, bedarf die demokratische Legitimation kommunaler Selbstverwaltung im Zusammenhang mit solchen Einflussnahmemöglichkeiten besonderer Aufmerksamkeit. Zwar können Einwohnern ebenfalls Möglichkeiten zur Teilnahme an den Angelegenheiten der Gemeinde eröffnet werden. Zu einem Austausch des Legitimationssubjektes darf es allerdings nicht kommen – weswegen die Einwohnerbeteiligung rechtlich unverbindlich bleiben muss.[36]

b) Formen der Bürger- und Einwohnerbeteiligung

11   Rechtlich unverbindliche Formen der Bürger- und Einwohnerbeteiligung finden sich im Gemeinderecht vereinzelt in der Gestalt von Bürger- und Einwohnerbefragungen.[37] Gängiger ist demgegenüber der Bürger-[38] und Einwohnerantrag.[39] Solche Anträge sind auf die Beratung und Beschlussfassung der Gemeindevertretung über eine in ihrer Zuständigkeit liegende Angelegenheit gerichtet. Bürger- und Einwohneranträge müssen bestimmte Zulässigkeitsvoraussetzungen erfüllen, oftmals werden ein Mindestalter der Antragssteller und ein bestimmtes Unterschriftenquorum gefordert.[40] Sodann ist überwiegend die Gemeindevertretung dazu berufen, die Zulässigkeit des Antrages festzustellen und die Angelegenheit, auf die sich der Antrag bezieht, innerhalb einer bestimmten Frist zu behandeln.[41]

12   Darüber hinaus eröffnet das Gemeinderecht institutionalisierte Möglichkeiten der gruppenspezifischen Teilnahme. Zuvörderst zu nennen sind insoweit Ausländerbeiräte, die die Interessen ausländischer Einwohner vertreten.[42] Obwohl die Mitglieder der Ausländerbeiräte grundsätzlich von den ausländischen Einwohnern gewählt werden, handelt sich bei den Ausländerbeiräten nicht um Repräsentationsorgane – ausländische Einwohner bilden kein Legitimationssubjekt kommunaler Selbstverwaltung. Aus diesem Grund sind Ausländerbeiräte auch keine selbstständigen Gemeindeorgane mit eigenen Kompetenzen. Sie tragen vielmehr allein mit rechtlich unverbindlichen Stellungnahmen dazu bei, dass bestimmte (Partikular-)Interessen zur Sprache kommen und angemessen berücksichtigt werden.[43] Gleiches gilt für andere gruppenspezifische Beiräte – etwa für ältere Menschen oder Menschen mit Behinderungen; solche Beiräte können ebenfalls diejenigen Angelegenheiten beraten, die die Belange der von ihnen

---

35 Siehe BVerfGE 79, 127 (150).
36 Allgemein *Schmidt-Aßmann*, AöR 116 (1991), 329 (373 ff.).
37 Siehe § 35 NKomVG, § 20b SaarlKSVG, § 28 Abs. 3 KVG LSA, § 16c GO SH.
38 § 20b GemO BW; Art. 18b BayGO.
39 § 14 BbgKVerf; § 18 KV M-V; § 31 NKomVG; § 25 GO NW; § 17 RhPfGemO; § 21 SaarlKSVG; § 23 SächsGemO; § 25 KVG LSA; § 16f GO SH; § 16 ThürKO.
40 § 20b Abs. 2 S. 4 GemO BW; Art. 18b Abs. 3 S. 1 BayGO; § 14 Abs. 1, 3 BbgKVerf; § 18 Abs. 1 S. 1, Abs. 2 S. 2 KV M-V; § 31 Abs. 1 S. 1, Abs. 2 S. 5 NKomVG; § 25 Abs. 1, 3 GO NW; § 17 Abs. 1 S. 1, 3 RhPfGemO; § 21 Abs. 1, 2 S. 2 SaarlKSVG; § 23 Abs. 1 S. 2 i.V.m. § 22 Abs. 2 S. 3 SächsGemO; § 25 Abs. 1 S. 1, 2, Abs. 3 KVG LSA; § 16f Abs. 1, 3 GO SH; § 16 Abs. 2 S. 2, 3 ThürKO.
41 § 20b Abs. 3 GemO BW; Art. 18b Abs. 4, 5 BayGO; § 14 Abs. 6, 7 BbgKVerf; § 18 Abs. 3 KV M-V; § 31 Abs. 5 NKomVG; § 25 Abs. 7 GO NW; § 17 Abs. 6 RhPfGemO; § 21 Abs. 3 SaarlKSVG; § 23 Abs. 1 SächsGemO; § 25 Abs. 5 KVG LSA; § 16f Abs. 5 GO SH; § 16 Abs. 3 ThürKO.
42 Siehe § 19 BbgKVerf; § 84 HGO; § 27 GO NW; § 56 RhPfGemO; § 50 SaarlKSVG; § 80 KVG LSA; § 26 Abs. 4 ThürKO.
43 Siehe dazu auch BayVGH, BayVBl. 2012, 303 ff.

vertretenen gesellschaftlich bedeutsamen Gruppen berühren, und sich entsprechend äußern.[44]

c) Bürgerbegehren und Bürgerentscheid

▶ **FALL 18:** Drei Vertreter eines Bürgerbegehrens beantragten bei einer Gemeinde, die ihre Stadtwerke als Anstalt des öffentlichen Rechts errichtet und dieser die Aufgaben der Abwasserbeseitigung und Trinkwasserversorgung übertragen hat, unter Übergabe einer ordnungsgemäßen Unterschriftenliste die Durchführung eines Bürgerentscheids mit der Fragestellung: „Sind Sie dafür, dass die umlagefähigen Kosten zur Verbesserung und Erneuerung der Entwässerungs- und Wasserversorgungseinrichtungen nicht wie vorgesehen zu 100 %, sondern zu 70 % über Beiträge, und zu 30 % über zukünftige Gebühren abgerechnet werden?" Die Gemeindevertretung weist das Bürgerbegehren als unzulässig zurück. Begründet wird dies damit, dass mit einem Bürgerbegehren nur über Angelegenheiten der Gemeinde entschieden werden könne. Die Vertreter des Bürgerbegehrens ersuchen daraufhin verwaltungsgerichtlichen Rechtsschutz. ◀

Anders als rechtlich unverbindliche Formen der Bürger- und Einwohnerbeteiligung ermöglichen das Bürgerbegehren und der Bürgerentscheid eine verbindliche Entscheidung. Bürgerbegehren und Bürgerentscheide eröffnen die Möglichkeit, an Stelle der Gemeindevertretung selbst zu entscheiden.[45] Daraus folgt, dass grundsätzlich allein die Bürger zur Teilnahme berechtigt sein können. Allerdings scheint fraglich, ob dies auch für Staatsangehörige eines Mitgliedstaates der Europäischen Union gilt. Die Rechtsprechung hat darauf hingewiesen, dass gemeinderechtliche Vorschriften, die Staatsangehörigen eines Mitgliedstaates der Europäischen Union das Recht zur Teilnahme an Bürgerbegehren und Bürgerentscheiden (etwa schon dadurch, dass sie ganz allgemein an den Bürgerbegriff anknüpfen) einräumen, verfassungsrechtlich nicht zu beanstanden seien. Dass Art. 28 Abs. 1 S. 3 GG derartige Abstimmungen nicht betreffe und eine entsprechende Teilnahme europarechtlich auch nicht gefordert wird, zwinge nicht zu dem Schluss, dass eine Teilnahme ausgeschlossen sei. Auch ohne ausdrückliche verfassungsrechtliche Regelung könnten die Landesgesetzgeber den Staatsangehörigen eines Mitgliedstaates der Europäischen Union die Teilnahme an kommunalen Abstimmungen ermöglichen, seien durch Art. 28 Abs. 1 S. 3 GG die demokratischen Legitimationsgrundlagen kommunaler Selbstverwaltung doch insgesamt verändert worden.[46]

aa) Voraussetzungen des Bürgerbegehrens

Einfachgesetzlich sind Bürgerbegehren und Bürgerentscheid zu unterscheiden: Das Bürgerbegehren geht dem Bürgerentscheid voraus und ist auf dessen Durchführung gerichtet. Nach dem Gemeinderecht einiger Bundesländer kann allerdings auch ein Bürgerentscheid ohne vorangegangenes Bürgerbegehren auf Veranlassung der Gemeindever-

---

44 Siehe § 41a KV M-V; § 56a RhPfGemO; § 50a SaarlKSVG; auch ohne gesetzliche Grundlage wird die Einrichtung von Beiräten auf der Grundlage der kommunalen Organisationshoheit für zulässig erachtet, siehe Lange, KomR, Kap. 9, Rn. 18; zur Zulässigkeit der Einrichtung von Beiräten auch § 47 SächsGemO; § 79 KVG LSA; § 47d Abs. 1 GO SH.
45 Bürgerbegehren und Bürgerentscheid sind oftmals auch auf Kreisebene zulässig, siehe § 131 Abs. 1 i.V.m. § 15 BbgKVerf; Art. 12a BayLKrO; § 101 Abs. 2 i.V.m. § 20 KV M-V; § 32 f. NKomVG; § 23 KrO NW; § 11e RhPfLKO; § 153a Abs. 2 i.V.m. § 21a SaarlKSVG; §§ 21 f. SächsLKrO; § 18 f. LKO LSA; § 16c KrO SH; § 96a i.V.m. § 17 ff. Thür-KO.
46 BayVerfGH, BayVBl. 2014, 17 ff.

tretung durchgeführt werden.⁴⁷ Vorausgesetzt wird dabei teilweise eine qualifizierte Mehrheit in der Gemeindevertretung, um zu verhindern, dass diese sich ihrer Verantwortung auch für unliebsame Entscheidungen entzieht.⁴⁸

(1) Schriftform und Begründungserfordernis

16 Bürgerbegehren sind zunächst schriftlich und begründet einzureichen.⁴⁹ Diese Anforderungen stehen in engem Zusammenhang mit dem ebenfalls für das Bürgerbegehren erforderlichen Unterschriftenquorum: Das Bürgerbegehren muss von einer bestimmten Anzahl von Bürgern unterzeichnet sein. Daraus ergibt sich, dass das Bürgerbegehren auf derselben Urkunde, Vorder- oder Rückseite, zu unterschreiben ist, wobei „Papierbögen beliebiger Größe verwendet werden können, solange für die Unterzeichner noch eindeutig erkennbar bleibt, was sie unterschreiben". Auf den Unterschriftenlisten muss das jeweilige Bürgerbegehren also abgedruckt sein – es muss auch ausgeschlossen werden, dass Unterschriften geleistet und erst danach mit dem Text des Bürgerbegehrens verbunden werden.⁵⁰ Zudem hat die Rechtsprechung gefordert, dass Unterschriften auch tatsächlich für ein Bürgerbegehren geleistet wurden; die Unterschriftenlisten seien daher mit den Begriffen Bürgerbegehren oder Bürgerentscheid zu kennzeichnen.⁵¹

17 Daneben zählt die Begründung zu den wesentlichen Voraussetzungen des Bürgerbegehrens. Sie dient dazu, die Unterzeichner über den Sachverhalt und die Argumente aufzuklären. Diese Funktion kann die Begründung nur erfüllen, wenn die dargestellten Tatsachen zutreffen. „Soweit die Begründung im Übrigen auch dazu dient, für das Bürgerbegehren zu werben, kann sie zwar auch Wertungen, Schlussfolgerungen oder Erwartungen zum Ausdruck bringen [...]. Auch mag die Begründung [...] Überzeichnungen und Unrichtigkeiten [...] enthalten dürfen, die zu bewerten und zu gewichten Sache des Unterzeichners bleibt, der sich selbst ein Urteil darüber zu bilden hat, ob er den mit dem Bürgerbegehren vorgetragenen Argumenten folgen will oder nicht. Diese aus dem Zweck des Bürgerbegehrens folgenden Grenzen der Überprüfbarkeit sind jedoch dann überschritten, wenn Tatsachen unrichtig wiedergegeben werden, die für die Begründung tragend sind."⁵²

(2) Kostendeckungsvorschlag

18 Des Weiteren normiert das Gemeinderecht einiger Bundesländer die Notwendigkeit eines Kostendeckungsvorschlages.⁵³ Werden indes keine oder lediglich geringe Kosten

---

47 § 21 Abs. 1 GemO BW; Art. 18a Abs. 2 BayGO; § 20 Abs. 3 KV M-V; § 26 Abs. 1 S. 2 GO NW; § 17a Abs. 1 S. 2 RhPfGemO; § 21a Abs. 1 S. 2 SaarlKSVG; § 24 Abs. 1 SächsGemO; § 27 Abs. 2 KVG LSA; § 16g Abs. 1 GO SH.
48 *Lange*, KomR, Kap. 9, Rn. 28.
49 § 21 Abs. 3 S. 3, 4 GemO BW; Art. 18a Abs. 4, 5 BayGO; § 15 Abs. 1 S. 2, 4 BbgKVerf; § 8b Abs. 3 S. 1, 2 HGO; § 20 Abs. 5 S. 1 KV M-V; § 32 Abs. 1, 4 Abs. 5 S. 1 NKomVG; § 26 Abs. 2 S. 1 GO NW; § 17a Abs. 3 S. 1, 2 RhPfGemO; § 21a Abs. 1, 2 SaarlKSVG; § 25 Abs. 1 S. 1, Abs. 2 S. 1 SächsGemO; § 26 Abs. 3 S. 1, Abs. 5 S. 1 KVG LSA; § 16g Abs. 3 S. 2 GO SH; § 17 Abs. 3 S. 1, 4 ThürKO.
50 HessVGH, NVwZ-RR 1998, 255 ff.; HessVGH, DVBl. 2000, 928 (931); ferner *Neumann*, in: Mann/Püttner (Hrsg.), HKWP, Bd. I, § 18, Rn. 34, der auf der Grundlage des § 126 BGB eine eigenhändige Unterschrift verlangt.
51 BayVGH, BayVBl. 1996, 181 f.
52 OVG Münster, NVwZ-RR 2002, 766 (767); siehe dazu auch OVG Schleswig, NVwZ-RR 2007, 478 ff., wonach eine Begründung das Bürgerbegehren unzulässig macht, wenn diese als Täuschung des Bürgerwillens erscheint.
53 § 21 Abs. 3 S. 4 GemO BW; § 15 Abs. 1 S. 4 BbgKVerf; § 8b Abs. 3 S. 2 HGO; § 20 Abs. 5 S. 1 KV M-V; § 32 Abs. 2 NKomVG; § 17a Abs. 3 S. 2 RhPfGemO; § 21a Abs. 2 S. 2 SaarlKSVG; § 25 Abs. 2 S. 2 SächsGemO; § 17 Abs. 3 S. 2 ThürKO; § 26 Abs. 2 S. 4, 5 GO NW bestimmt demgegenüber, dass die Verwaltung in den Grenzen ihrer Ver-

verursacht, ist ein solcher Kostendeckungsvorschlag nicht erforderlich.[54] Dadurch soll verhindert werden, dass durch einen Bürgerentscheid unvorhergesehene Kosten entstehen, deren Finanzierung nicht gesichert ist. Gemeinden sollen nicht durch fehlende oder unzureichende Kostendeckungsvorschläge zu Verstößen gegen die Grundsätze der Sparsamkeit und Wirtschaftlichkeit gezwungen werden.[55] Der Kostendeckungsvorschlag muss deshalb neben einer überschlägigen, nachvollziehbaren Kostenschätzung auch einen konkreten, nach den gesetzlichen Bestimmungen durchführbaren Vorschlag enthalten, wie die Kosten gedeckt werden können – Kosten können entweder durch Einsparungen an anderer Stelle, durch Veräußerung von Vermögensgegenständen oder aber durch (weitere) Kreditaufnahme gedeckt werden.[56] Dabei genügt es, dass sich der Kostendeckungsvorschlag im Rahmen des kommunalen Haushaltsrechts verwirklichen lässt.[57]

Der Begriff der Kosten umfasst grundsätzlich notwendig werdende Aufwendungen. Zudem lassen sich unter den Kostenbegriff auch Einbußen fassen, die (ungewollte) Folge eines Bürgerbegehrens sind – etwa positive Schäden oder entgangener Gewinn. Der bloße Ausfall von Einnahmen durch den Verzicht auf ein Veräußerungsgeschäft zählt demgegenüber nicht zu den Kosten.[58] Letztlich dürfen allerdings die Anforderungen an den Kostendeckungsvorschlag nicht überspannt werden, so dass überschlägige und geschätzte, nichtsdestotrotz aber schlüssige Angaben genügen, weil anderenfalls das Bürgerbegehren als Form der Bürgerbeteiligung weitgehend leerliefe.[59] Deshalb hängt der erforderliche Inhalt und Umfang des Kostendeckungsvorschlags auch von der Zielsetzung des Bürgerbegehrens nach Fragestellung und Begründung sowie objektivem Empfängerhorizont ab.[60]

19

(3) Vertreter des Bürgerbegehrens

Als weiteres (formelles) Kriterium setzt das Gemeinderecht voraus, dass das Bürgerbegehren (bis zu) drei Vertretungsberechtigte benennt.[61] Vertreter in diesem Sinne können nur Bürger der Gemeinde sein,[62] sie dürfen nur gemeinschaftlich handeln.[63] Sofern

20

---

waltungskraft ihren Bürgern bei der Einleitung eines Bürgerbegehrens behilflich ist und den Vertretungsberechtigten schriftlich eine Einschätzung der mit der Durchführung der verlangten Maßnahme verbundenen Kosten (Kostenschätzung) mitteilt; auch § 16g Abs. 5 S. 2 GO SH bestimmt, dass dem Bürgerbegehren eine von der zuständigen Verwaltung zu erarbeitende Übersicht über die zu erwartenden Kosten der verlangten Maßnahme beizufügen ist.

54 *Neumann*, in: Mann/Püttner (Hrsg.), HKWP, Bd. I, § 18, Rn. 44.
55 HessVGH, DVBl. 2000, 928 (923).
56 OVG Münster, NWVBl. 2008, 307 f.
57 *Neumann*, in: Mann/Püttner (Hrsg.), HKWP, Bd. I, § 18, Rn. 45.
58 OVG Münster, NVwZ-RR 2004, 519 (520); ferner HessVGH, LKRZ 2009, 334 (335), wonach nicht nur die unmittelbaren Kosten, sondern auch zwangsläufige Folgekosten wie etwa der Verzicht auf Einnahmen und die Kosten einer Alternativmaßnahme zu berücksichtigen sind.
59 Überdies wird aufgrund des Prognosecharakters des Kostendeckungsvorschlages ein gewisser Beurteilungsspielraum anerkannt, siehe *Neumann*, in: Mann/Püttner (Hrsg.), HKWP, Bd. I, § 18, Rn. 45.
60 HessVGH, LKRZ 2009, 334 (335).
61 Art. 18a Abs. 4 S. 1 BayGO; § 8b Abs. 3 S. 2 HGO; § 14 Abs. 2 KV-DVO M-V; § 32 Abs. 3 S. 3 NKomVG; § 26 Abs. 2 S. 2 GO NW; § 17a Abs. 3 S. 2 RhPfGemO; § 21a Abs. 2 S. 2 SaarlKSVG; § 25 Abs. 3 S. 1 SächsGemO; § 26 Abs. 2 S. 3 KVG LSA; § 16g Abs. 3 S. 3 GO SH; § 17 Abs. 3 S. 7 ThürKO; siehe auch § 15 Abs. 1 S. 6 BbgKVerf; gemäß § 53 Abs. 1 S. 1, 2 KWO BW sollen zwei Vertrauensleute mit Namen und Anschriften bezeichnet werden – sind keine Vertrauensleute benannt, gelten die beiden ersten Unterzeichner als Vertrauensleute.
62 Ausdrücklich § 17 Abs. 3 S. 7 ThürKO; ferner OVG Münster, NVwZ-RR 2004, 519 (519); Bürgermeister und Mitglieder der Gemeindevertretung können ebenfalls zu den Vertretern gehören, siehe OVG Koblenz, NVwZ-RR 1997, 241 (241).
63 BayVGH, NVWZ 2000, 219 (220).

einer von mehreren Vertretern während des Bürgerbegehrens ausscheidet, fallen dessen Vertretungsrechte den übrigen Vertretern zu; wird die Benennung der Vertreter auf den Unterschriftenlisten dadurch unrichtig, soll darin allerdings nur dann eine zur Unzulässigkeit des Bürgerbegehrens führende Rechtsverletzung liegen, wenn der zur Unrichtigkeit der Vertreterbenennung führende Grund überhaupt geeignet ist, die Bildung des Bürgerwillens maßgeblich zu beeinflussen.[64] Darüber hinaus besteht auch die Möglichkeit, Personen als Stellvertreter (Ersatzleute) zu benennen.[65]

21   Die Vertreter des Bürgerbegehrens haben in mehrfacher Hinsicht eine Schlüsselstellung, ihnen obliegt insbesondere dessen Fortführung. Diejenigen, die das Bürgerbegehren zur Erreichung des Unterschriftenquorums unterzeichnet haben, spielen nach ihrer Unterschriftsleistung dagegen keine Rolle mehr; sie haben keinen gesetzlich vorgesehenen Einfluss auf das Tätigwerden der Vertreter und können diese auch nicht abberufen.[66] Zur Fortführung des Bürgerbegehrens gehört, dass die Vertreter die Interessen der Unterzeichner gegenüber der Gemeinde vertreten und dabei die von ihnen vertretenen Auffassungen zum Gegenstand des Bürgerbegehrens bekanntgeben. Daher soll ihre Benennung schon zum Gegenstand des Bürgerbegehrens gehören, auf den sich der Wille der Unterzeichnenden nachweislich beziehen muss.[67] Eine Rücknahme des Bürgerbegehrens soll den Vertretern abseits einer Änderung der tatsächlichen Verhältnisse allerdings nicht zustehen.[68] Auch inhaltliche Änderungen erfordern eine ausdrückliche Ermächtigung seitens der Unterzeichner. Allerdings deckt auch eine solche Ermächtigung nicht von vornherein jede geänderte Fragestellung. Um den Willen der Unterzeichner nicht zu verfälschen, kann die Fragestellung zwar redaktionell und zur Behebung falscher Bezeichnungen verändert werden, eine inhaltliche Änderung hingegen kommt nur in Ausnahmefällen in Betracht.[69]

22   Obwohl zahlreiche Einzelheiten insbesondere durch die Rechtsprechung geklärt wurden, ist die grundlegende (und nicht zuletzt mit Blick auf den Rechtsschutz bedeutsame) Frage nach der Rechtsstellung der Vertreter letztlich ungeklärt. Die Unterzeichnung des Bürgerbegehrens wird einerseits als Vollmachterteilung verstanden und den Vertretern des Bürgerbegehrens eine entsprechende Vertretungsbefugnis zuerkannt. Diesem Verständnis wird andererseits entgegen gehalten, dass die Erteilung einer Vollmacht die Vertretenen nicht am eigenen Tätigwerden hindere. Des Weiteren soll auch die Annahme einer gesetzlichen Vertretungsmacht nicht überzeugen können – das Bürgerbegehren sei nicht rechts- oder beteiligungsfähig, Vertreter könnten nicht für das Bürgerbegehren handeln.[70] Die Rechtsstellung der Vertreter des Bürgerbegehrens sei vielmehr vergleichbar mit derjenigen einer Vertrauensperson – was vereinzelt im Gemeinderecht auch begrifflich zum Ausdruck gebracht werde.[71]

---

64   OVG Münster, NVwZ-RR 2004, 519 (519).
65   BayVGH, NVWZ 2000, 219 (220).
66   BayVGH, NVWZ 2000, 219 (220).
67   BayVGH, NVwZ-RR 1997, 109 f.
68   *Lange*, KomR, Kap. 9, Rn. 51.
69   BayVGH, BayVBl. 2001, 565 f.; BayVGH, BayVBl. 2008, 241 (242); dazu auch HessVGH, LKRZ 2008, 71 f.; ferner HessVGH, LKRZ 2009, 62 (64), wonach die Streichung eines gegenstandslos gewordenen Teils der Fragestellung keine unzulässige inhaltliche Veränderung darstellt; siehe schließlich § 8b Abs. 4 S. 4 HGO: „Die Gemeindevertretung kann mit Zustimmung der Vertrauenspersonen Unstimmigkeiten im Wortlaut der Fragestellung des Bürgerbegehrens bereinigen."
70   Dazu auch BayVGH, NVWZ 2000, 219 (220).
71   Zum Ganzen *Lange*, KomR, Kap. 9, Rn. 43 ff.; ferner BayVGH, NVWZ 2000, 219 (220), wonach die Vertreter des Weiteren ähnlich einer Prozessstandschaft die Interessen der Gesamtheit der Gemeindebürger im eigenen Namen geltend machen.

(4) Unterschriftenquorum

Bürgerbegehren müssen von einer bestimmten Anzahl von Bürgern unterzeichnet worden sein.[72] Das Gemeinderecht bestimmt dabei unterschiedliche Unterschriftenquoren je nach Gemeindegröße, die dem Umstand Rechnung tragen sollen, dass der Mobilisierungsgrad in größeren Gemeinden regelmäßig geringer ist.[73] Dadurch, dass überhaupt ein bestimmtes Unterschriftenquorum erreicht werden muss, soll eine übermäßige Anzahl von Bürgerbegehren vermieden wird.[74] Nicht außer Acht gelassen werden darf nämlich, dass Bürgerbegehren und Bürgerentscheid die gewählte Gemeindevertretung nicht etwa ersetzen können – sie sind ihrer Natur nach nur auf punktuelle Entscheidungen ausgerichtet; Regelungen über Bürgerbegehren und Bürgerentscheide dürfen daher die Befugnisse der Gemeindevertretung nicht übermäßig beschneiden.[75] Unerheblich ist allerdings, dass zwischen Unterzeichnung und Einreichung des Bürgerbegehrens ein längerer Zeitraum verstreicht.[76] Etwas anderes kann sich nur daraus ergeben, dass Bürgerbegehren an bestimmte Fristen gebunden sind.

23

(5) Fristen

Solche Fristen enthält das Gemeinderecht in verschiedener Hinsicht. Besonderheiten bestehen insoweit beim kassatorischen Bürgerbegehren, das sich gegen eine Entscheidung der Gemeindevertretung richtet.[77] Zulässig ist ein solches Bürgerbegehren nur innerhalb einer bestimmten Frist, oftmals innerhalb weniger Wochen.[78] Aus diesem Grund dürfen Unterschriften auch nur berücksichtigt werden, falls diese nach der Entscheidung der Gemeindevertretung geleistet wurden.[79] Wenn die Frist an die Bekanntgabe der Entscheidung anknüpft, soll es – sofern eine formelle Bekanntmachung entbehrlich ist – ausreichen, dass der Bürger von der Beschlussfassung Kenntnis erlangen kann.[80] Allein die im Gemeinderecht vorgesehene Frist für kassatorische Bürgerbegehren macht dementsprechend eine formelle Bekanntgabe nicht erforderlich, ausreichend kann vielmehr sein, dass die Entscheidung in öffentlicher Sitzung der Gemeindevertretung ergangen ist.[81] Entscheidungen, mit denen ausschließlich bereits von der Gemeindevertretung getroffene Regelungen bestätigt oder wiederholt werden, lösen grundsätzlich keine neue Frist aus; fraglich scheint lediglich, ob etwas anderes für Entscheidungen der Gemeindevertretung gilt, die aufgrund einer nochmaligen Willensbildung oder aufgrund veränderter Umstände ergehen.[82] Der Fristablauf steht der Zulässigkeit des

24

---

72 § 21 Abs. 3 S. 5 GemO BW; Art. 18a Abs. 6 BayGO; § 15 Abs. 1 S. 5 BbgKVerf; § 8b Abs. 3 S. 3 HGO; § 20 Abs. 5 S. 3 KV M-V; § 32 Abs. 4 S. 1 NKomVG; § 26 Abs. 4 S. 1 GO NW; § 17a Abs. 3 S. 3 RhPfGemO; § 21a Abs. 3 SaarlKSVG; § 25 Abs. 1 S. 2 SächsGemO; § 26 Abs. 4 KVG LSA; § 16g Abs. 4 S. 1 GO SH; §§ 17a Abs. 1, 17b Abs. 1 ThürKO.
73 Neumann, in: Mann/Püttner (Hrsg.), HKWP, Bd. I, § 18, Rn. 42.
74 Lange, KomR, Kap. 9, Rn. 63.
75 Allgemein BayVGH, NVwZ-RR 1998, 82 (85).
76 BayVGH, NVwZ-RR 2006, 208 f.
77 Dazu OVG Münster, NVwZ-RR 2003, 584 ff. mit dem Hinweis, dass es sich nicht um ein kassatorisches Bürgerbegehren handle, wenn durch die Entscheidung der Gemeindevertretung lediglich ein auf Änderung früherer Entscheidungen gerichteter Antrag abgelehnt werde.
78 § 21 Abs. 3 S. 3 GemO BW; § 15 Abs. 1 S. 3 BbgKVerf; § 8b Abs. 3 S. 1 HGO; § 20 Abs. 4 S. 2 KV M-V; § 32 Abs. 5 S. 5 NKomVG; § 26 Abs. 3 S. 1 GO NW; § 17a Abs. 3 S. 1 RhPfGemO; § 21a Abs. 2 S. 1 SaarlKSVG; § 25 Abs. 2 S. 3 SächsGemO; § 26 Abs. 5 S. 2 KVG LSA; § 17 Abs. 3 S. 3 ThürKO.
79 VGH BW, VBlBW 2011, 388 ff.
80 VGH BW, DVBl. 2011, 1035 (1036).
81 OVG Bautzen, LKV 2008, 562 (563).
82 Siehe dazu VGH BW, NVwZ-RR 1994, 110 (111); HessVGH, NVwZ 1997, 310 (311); zurückhaltend OVG Münster, NVwZ-RR 2003, 584 (585).

Bürgerbegehrens allerdings nicht entgegen, wenn sich die Entscheidung der Gemeindevertretung erledigt hat oder ihr durch wesentliche tatsächliche oder rechtliche Änderungen der Verhältnisse die Grundlage entzogen worden ist.[83]

25 Nicht nur für kassatorische Bürgerbegehren bestimmt das Gemeinderecht überdies oftmals eine Sperrfrist: Ein Bürgerbegehren darf vielmehr ganz allgemein nur Angelegenheiten zum Gegenstand haben, über die innerhalb einer bestimmten Zeitspanne nicht bereits ein Bürgerentscheid durchgeführt worden ist.[84] Ob dieselbe Angelegenheit betroffen ist, dürfte sich zuvörderst nach der Zielsetzung des jeweiligen Bürgerbegehrens richten.[85] Etwas anderes gilt nach der Rechtsprechung, wenn sich die zugrundeliegende Sach- oder Rechtslage wesentlich verändert hat.[86]

(6) Zulässige Fragestellung

26 Neben formellen normiert das Gemeinderecht auch materielle Vorgaben für Bürgerbegehren. Dazu zählt zunächst die Fragestellung: Da bei einem Bürgerentscheid nur eine mit „Ja" oder „Nein" zu beantwortende Frage zu Abstimmung gestellt werden darf, muss auch schon das Bürgerbegehren dieser Anforderung genügen.[87] Als weitere (ungeschriebene) Voraussetzung tritt hinzu, dass es sich um eine hinreichend bestimmte Frage handeln muss. Die Bürger müssen erkennen können, wofür oder wogegen sie abstimmen, es muss ausgeschlossen sein, dass ein Bürgerbegehren nur wegen seiner inhaltlichen Vieldeutigkeit und nicht wegen der eigentlich verfolgten Zielsetzung die erforderliche Unterstützung gefunden hat. Die Fragestellung muss daher in sich widerspruchsfrei, in allen Teilen inhaltlich nachvollziehbar und aus sich heraus verständlich sein.[88] Eine Auslegung des Bürgerbegehrens, wie es von den Bürgern (und der über seine Zulässigkeit entscheidenden Gemeindevertretung)[89] verstanden werden konnte, ist allerdings zulässig. Umstritten ist lediglich, ob bei dieser Auslegung eine „wohlwollende Tendenz" gerechtfertigt ist.[90] Zudem dürfen Bürgerbegehren der Gemeindevertretung nicht lediglich Vorgaben für eine noch zu treffende Entscheidung machen; die Bürger müssen die von der Gemeindevertretung zu treffende, abschließende Entschei-

---

83 OVG Münster, NVwZ-RR 2003, 584 (585).
84 § 21 Abs. 3 S. 2 GemO BW; § 20 Abs. 4 S. 1 KV M-V; § 32 Abs. 2 S. 1 NKomVG; § 26 Abs. 5 S. 2 GO NW; § 17a Abs. 4 S. 1 RhPfGemO; § 21a Abs. 4 Nr. 10 SaarlKSVG; § 25 Abs. 1 S. 3 SächsGemO; § 26 Abs. 2 S. 1 KVG LSA; § 17 Abs. 1 S. 2 ThürKO.
85 Siehe dazu auch VGH BW, DVBl. 2015, 117 f. mit dem Hinweis, maßgeblich sei der Empfängerhorizont – die Bindung an einen Bürgerentscheid erstrecke sich auf dasselbe (identische) Vorhaben sowie auf gleichartige Vorhaben, bei denen das ursprüngliche Vorhaben nur geringfügig geändert worden ist.
86 Ausdrücklich § 17 Abs. 1 S. 2 ThürKO; allgemein ferner VGH BW, VBlBW 1992, 421 ff.; VGH BW, DVBl. 2015, 117 (117); siehe auch Art. 18a Abs. 13 S. 2 BayGO, wonach ein Bürgerentscheid innerhalb eines Jahres nur durch einen neuen Bürgerentscheid abgeändert werden kann, es sei denn, dass sich die dem Bürgerentscheid zugrunde liegende Sach- oder Rechtslage wesentlich geändert hat.
87 § 53 Abs. 3 i.V.m. § 52 Abs. 2 S. 2 KWO BW; Art. 18a Abs. 4 S. 1 BayGO; § 15 Abs. 4 S. 1 BbgKVerf; § 55 Abs. 3 HessKWG; § 14 Abs. 1 S. 1 KV-DVO M-V; § 32 Abs. 3 S. 1 NKomVG; § 26 Abs. 7 S. 1 GO NW; § 17a Abs. 3 S. 2 RhPfGemO; § 21a Abs. 2 S. 2 SaarlKSVG; § 25 abs. 2 S. 1 SächsGemO; § 26 Abs. 3 S. 1 KVG LSA; § 17 Abs. 3 S. 6 ThürKO; angesichts der Tatsache, dass das Bürgerbegehren auf die Durchführung eines Bürgerentscheides gerichtet ist, dürfte dies auch ohne gesetzliche Regelungen zwingend sein, siehe OVG Greifswald, NVwZ 1997, 306 (307).
88 OVG Lüneburg, NdsVBl. 2008, 314 (315).
89 OVG Greifswald, DVBl. 1997, 1282 (1283); ferner Neumann, in: Mann/Püttner (Hrsg.), HKWP, Bd. I, § 18, Rn. 36.
90 BayVGH, DVBl. 2012, 698 (699); kritisch OVG Lüneburg, NdsVBl. 2008, 314 (315).

dung an deren Stelle selbst treffen.[91] Zulässig sind nichtsdestotrotz aber auch solche Bürgerbegehren, die allgemeine Zielsetzungen formulieren.[92]

Unsicherheiten bestehen schließlich hinsichtlich der Frage, ob im Rahmen eines Bürgerbegehrens zwei Fragen gleichzeitig zur Abstimmung gestellt werden können. Die Rechtsprechung hat diesbezüglich darauf hingewiesen, dass auch zwei Fragen grundsätzlich mit „Ja" oder „Nein" beantwortet werden können. Nichtsdestotrotz soll eine Doppelfrage zur Vermeidung von Zweideutigkeiten allerdings nur dann zulässig sein, wenn beide Fragen sachlich denselben Gegenstand betreffen.[93] Die Verknüpfung mehrerer Anliegen habe daher zur Folge, dass die Unzulässigkeit eines der Anliegen zur Unzulässigkeit des Bürgerbegehrens insgesamt führt.[94] Hinsichtlich der Abstimmung wurde sodann darauf verwiesen, dass im Falle einer Verknüpfung der Teilfragen mit der Konjunktion „und" ein „Ja" die Zustimmung zu beiden Teilfragen bedeutet, während „Nein" bedeutet, dass das insgesamt Bürgerbegehren abgelehnt wird, weil mindestens einer Frage nicht zugestimmt wird.[95]

27

(7) Bürgerbegehrenfähige Angelegenheit

Als weitere materielle Voraussetzung begrenzt das Gemeinderecht die zulässigen Gegenstände von Bürgerbegehren in mehrfacher Hinsicht. Grundsätzlich muss es sich um eine Angelegenheit der Gemeinde handeln[96] – allerdings werden oftmals (aber nicht durchgängig) Aufgaben des übertragenen Wirkungskreises[97] oder Weisungsaufgaben[98] ausdrücklich nicht als bürgerbegehrensfähige Angelegenheiten qualifiziert. Da im Wege des Bürgerentscheides an Stelle der Gemeindevertretung entschieden werden soll, muss es sich zudem um eine Angelegenheit handeln, die in deren Zuständigkeit fällt.[99] Darüber hinaus zählen oftmals allein wichtige Gemeindeangelegenheiten zu den bürgerbegehrensfähigen Angelegenheiten.[100] Die Rechtsprechung verweist insoweit darauf, dass „die Angelegenheit nach ihrer generellen Bedeutung unter Berücksichtigung der jeweiligen örtlichen Verhältnisse und Bedürfnisse so gewichtig ist, da[ss] es gerechtfertigt erscheint, von dem Grundsatz der repräsentativ-demokratischen Gemeindeverfassung abzugehen und den besonderen Aufwand für ein solches Verfahren zu

28

---

91 OVG Münster, NVwZ-RR 2008, 636 (637).
92 HessVGH, NVwZ-RR 1996, 409 (410).
93 OVG Münster, NVwZ-RR 2008, 636 (637).
94 OVG Lüneburg, NdsVBl. 2008, 314 (315).
95 OVG Münster, NVwZ-RR 2008, 636 (637).
96 § 21 Abs. 3 S. 1 GemO BW; Art. 18a Abs. 1 BayGO; § 15 Abs. 1 S. 1 BbgKVerf; § 8b Abs. 1 HGO; § 20 Abs. 1 S. 1 KV M-V; § 32 Abs. 1 NKomVG; § 26 Abs. 1 S. 1 GO NW; § 17a Abs. 1 S. 1 RhPfGemO; § 21a Abs. 1 S. 1 SaarlKSVG; § 25 Abs. 1 i.V.m. § 24 Abs. 1 SächsGemO; § 26 Abs. 1 KVG LSA; § 16g Abs. 3 S. 1 GO SH; § 17 Abs. 1 S. 1 ThürKO.
97 Art. 18a Abs. 1 BayGO; § 20 Abs. 1 S. 1 KV M-V; § 32 Abs. 2 S. 1 NKomVG; § 17a Abs. 2 Nr. 1 RhPfGemO; § 21a Abs. 4 Nr. 8 SaarlKSVG; § 26 Abs. 2 S. 1 KVG LSA; § 17 Abs. 1 S. 1 ThürKO.
98 § 21 Abs. 2 Nr. 1 GemO BW; § 8b Abs. 2 Nr. 1 HGO; § 24 Abs. 2 S. 2 NKomVG; ferner § 15 Abs. 3 Nr. 1 BbgKVerf.
99 § 21 Abs. 1 GemO BW; Art. 18a Abs. 13 S. 1 BayGO; § 8b Abs. 7 S. 1 HGO; § 20 Abs. 1 S. 1 KV M-V; § 32 Abs. 2 S. 1, 33 Abs. 4 S. 1 NKomVG; § 26 Abs. 1 S. 1, Abs. 8 S. 1 GO NW; § 17a Abs. 8 S. 1 RhPfGemO; § 21a Abs. 1 S. 1 SaarlKSVG; § 24 Abs. 2 S. 1, Abs. 4 S. 1 SächsGemO; § 26 Abs. 2 S. 1 KVG LSA; § 17 Abs. 8 S. 2 ThürKO; oftmals werden auch ausdrücklich die dem Bürgermeister (allerdings lediglich kraft Gesetzes) obliegenden Aufgaben von den bürgerbegehrensfähigen Angelegenheiten ausgenommen (§ 21 Abs. 2 Nr. 1 GemO BW; Art. 18a Abs. 3 BayGO; § 8b Abs. 2 Nr. 1 HGO; § 17a Abs. 2 Nr. 1 RhPfGemO), sodass auf den Bürgermeister oder einen beschließenden Ausschuss übertragene Angelegenheiten als bürgerbegehrensfähig gelten, dazu *Lange*, KomR, Kap. 9, Rn. 82; siehe aber auch § 15 Abs. 1 S. 1 BbgKVerf, wonach es auf die Entscheidungszuständigkeit der Gemeindevertretung oder des Hauptausschusses ankommt; schließlich nimmt § 16g Abs. 1 GO SH ganz allgemein auf Selbstverwaltungsaufgaben Bezug.
100 § 8b Abs. 1 HGO; § 20 Abs. 1 S. 1 KV M-V; § 17 Abs. 1 S. 1 ThürKO.

veranlassen".[101] Ferner sollen wichtige Angelegenheiten solche sein, die für die Bürger bedeutsam sind und vor allem kulturelle Belange der Gemeinde berühren.[102]

29 Überwiegend finden sich ferner Negativkataloge, die neben denjenigen Angelegenheiten, für die die Gemeindevertretung schon nicht zuständig ist, weitere Angelegenheiten ausdrücklich als untaugliche Gegenstände eines Bürgerbegehrens benennen.[103] Derartige Ausnahmevorschriften sollen nach der Rechtsprechung grundsätzlich eng auszulegen sein.[104] Oftmals kein zulässiger Gegenstand in diesem Sinne ist die Organisation der Gemeindeverwaltung.[105] Die Gemeindeverwaltung soll dabei auch die Gemeindevertretung meinen.[106] Jedenfalls gemeint sind nach der Rechtsprechung die traditionellen Gegenstände der Organisationsgewalt und Geschäftsleitungsgewalt, „deren Ausübung bestimmt wird durch fachlich-technische Zweckmäßigkeitserwägungen der Behördenleitung".[107] Die Frage, ob der Bürgermeister berufsmäßig oder ehrenamtlich tätig wird, soll hingegen nicht zur Organisation der Gemeindeverwaltung gehören.[108] Grundsätzlich nicht Gegenstand eines Bürgerbegehrens können des Weiteren die Rechtsverhältnisse der Mitglieder der Gemeindevertretung, des Bürgermeisters und der Gemeindebediensteten sein.[109] Über die Rechtsverhältnisse insbesondere schon gewählter Mitglieder der Gemeindevertretung oder Bürgermeister findet ein Bürgerentscheid folglich nicht statt; zulässig ist ein Bürgerentscheid hingegen über abstrakt-generelle Fragen, bevor diejenigen Personen, die von der Entscheidung betroffen sein werden, bestimmt sind.[110] Ferner sind die Haushaltssatzung, die Eröffnungsbilanz, der Jahresabschluss und der Gesamtabschluss der Gemeinde (einschließlich der Wirtschaftspläne und des Jahresabschlusses der Eigenbetriebe) sowie die kommunalen Abgaben und die privatrechtlichen Entgelte von den zulässigen Gegenständen eines Bürgerbegehrens ausgenommen.[111] Mittelbare Auswirkungen auf etwa die Haushaltssatzung durch die Verursachung von Kosten machen einen Bürgerentscheid demgegenüber nicht unzulässig.[112]

---

101 OVG Greifswald, NVwZ 1997, 306 ff.
102 HessVGH, NVwZ 1996, 722 (723).
103 § 21 Abs. 2 GemO BW; Art. 18a Abs. 3 BayGO; § 15 Abs. 3 BbgKVerf; § 8b Abs. 2 HGO; § 20 Abs. 2 KV M-V; § 32 Abs. 2 S. 2 NKomVG; § 26 Abs. 5 S. 1 GO NW; § 17a Abs. 2 RhPfGemO; § 21a Abs. 4 SaarlKSVG; § 24 Abs. 2 S. 2 SächsGemO; § 26 Abs. 2 S. 2 KVG LSA; § 16g Abs. 2 GO SH; § 17 Abs. 2 ThürKO.
104 BayVGH, NVwZ 1996, 719 (720).
105 § 21 Abs. 2 Nr. 2 GemO BW; Art. 18a Abs. 3 BayGO; § 15 Abs. 3 Nr. 2 BbgKVerf; § 8b Abs. 2 Nr. 2 HGO; § 20 Abs. 2 Nr. 1 KV M-V; § 32 Abs. 2 S. 2 Nr. 1 NKomVG; § 26 Abs. 5 S. 1 Nr. 1 GO NW; § 17a Abs. 2 Nr. 2 RhPfGemO; § 21a Abs. 4 Nr. 1 SaarlKSVG; § 24 Abs. 2 S. 2 Nr. 2 SächsGemO; § 26 Abs. 2 S. 2 Nr. 1 KVG LSA; § 16g Abs. 2 Nr. 8 GO SH; § 17 Abs. 2 Nr. 2 ThürKO.
106 Ausdrücklich § 15 Abs. 3 Nr. 2 BbgKVerf; ferner Lange, KomR, Kap. 9, Rn. 88.
107 OVG Münster, NVwZ-RR 1997, 110 (110).
108 BayVGH, NVwZ 1996, 719 (720).
109 § 21 Abs. 2 Nr. 3 GemO BW; Art. 18a Abs. 3 BayGO; § 15 Abs. 3 Nr. 3 BbgKVerf; § 8b Abs. 2 Nr. 3 HGO; § 20 Abs. 2 Nr. 2 KV M-V; § 32 Abs. 2 S. 2 Nr. 2 NKomVG; § 26 Abs. 5 S. 1 Nr. 2 GO NW; § 17a Abs. 2 Nr. 3 RhPfGemO; § 21a Abs. 4 Nr. 2 SaarlKSVG; § 24 Abs. 2 S. 2 Nr. 6 SächsGemO; § 26 Abs. 2 S. 2 Nr. 2 KVG LSA; § 16g Abs. 2 Nr. 7 GO SH.
110 BayVGH, NVwZ 1996, 719 (720).
111 § 26 Abs. 5 S. 1 Nr. 3 GO NW; ähnlich § 21 Abs. 2 Nr. 4, 5 GemO BW; Art. 18a Abs. 3 BayGO; § 15 Abs. 3 Nr. 4, 5, 6 BbgKVerf; § 8b Abs. 2 Nr. 4, 5 HGO; § 20 Abs. 2 Nr. 3 KV M-V; § 32 Abs. 2 S. 2 Nr. 3, 4 NKomVG; § 17a Abs. 2 Nr. 4, 5 RhPfGemO; § 21a Abs. 4 Nr. 3, 4 SaarlKSVG; § 24 Abs. 2 S. 2 Nr. 3, 4, 5 SächsGemO; § 26 Abs. 2 S. 2 Nr. 3, 4 KVG LSA; § 16g Abs. 2 Nr. 3, 4 GO SH; § 17 Abs. 2 Nr. 3, 4, 5 ThürKO.
112 Lange, KomR, Kap. 9, Rn. 92; die Aufstellung von Parkscheinautomaten soll demgegenüber gegen eine kommunale Abgabe gerichtet sein, da die damit verbundene Gebührenerhebung verhindert werde, siehe VG Düsseldorf, NVwZ 1999, 684 ff.

§ 7 Bürger und Einwohner

Überdies ist die Aufstellung, Änderung, Ergänzung und Aufhebung von Bauleitplänen kein zulässiger Gegenstand von Bürgerbegehren.[113] „Die Regelung, Bauleitpläne umfassend dem Anwendungsbereich des Bürgerbegehrens zu entziehen, ist in der nahe liegenden Überlegung begründet, dass solche mit Öffentlichkeitsbeteiligung zu treffende Entscheidungen eine Vielzahl öffentlicher und privater Interessen zu berücksichtigen und abzuwägen haben, die sich nicht in das Schema einer Abstimmung mit ‚Ja' oder ‚Nein' pressen lassen."[114] Umstritten ist demgegenüber, ob auch der Aufstellungsbeschluss sowie Grundsatzentscheidungen im Vorfeld eines bauplanungsrechtlichen Verfahrens zum Gegenstand eines Bürgerentscheids gemacht werden können – und ob dies auch für die Einstellung des Verfahrens gilt.[115] Entscheidungen, die der Verwirklichung einer Bauleitplanung entgegenstünden, fallen demgegenüber nicht unter den Ausschlusstatbestand.[116] Schließlich regelt das Gemeinderecht oftmals, dass Bürgerbegehren, die ein gesetzwidriges Ziel verfolgen, unzulässig sind.[117] Dies dürfte auch ohne entsprechende Regelung gelten.[118] Kein gesetzwidriges Ziel liegt einem Bürgerbegehren indes zugrunde, „wenn die Gemeinde die vom Bürgerbegehren angestrebten Maßnahmen selbst auch ohne Verletzung dieser Vorschrift beschließen und durchführen könnte." Mit Blick auf die Grundsätze der Sparsamkeit und Wirtschaftlichkeit ist daher die Schwelle zur Rechtswidrigkeit erst überschritten, wenn das gemeindliche Handeln mit den Grundsätzen vernünftigen Wirtschaftens schlechthin unvereinbar ist.[119] Ganz allgemein wirken sich zudem Beurteilungs- sowie Entscheidungsspielräume der Gemeinde auch zugunsten von Bürgerbegehren aus.[120]

bb) Entscheidung über die Zulässigkeit des Bürgerbegehrens

Vereinzelt ist im Gemeinderecht vorgesehen, dass vor der Unterschriftensammlung die Gemeindeverwaltung die Zulässigkeit des Bürgerbegehrens prüft und innerhalb von vier Wochen über dessen Zulassung entscheidet.[121] Im Übrigen findet sich die Maßgabe, dass Bürger, die beabsichtigen, ein Bürgerbegehren durchzuführen, dies der Gemeindeverwaltung schriftlich mitteilen und diese in den Grenzen ihrer Verwaltungskraft den Bürgern bei der Einleitung eines Bürgerbegehrens behilflich ist;[122] anderenorts unterrichtet die Gemeindeverwaltung auf Wunsch vor der Unterschriftensammlung über die beim Bürgerbegehren einzuhaltenden gesetzlichen Bestimmungen.[123]

---

113 § 26 Abs. 5 S. 1 Nr. 5 GO NW; ferner § 21 Abs. 2 Nr. 6 GemO BW; § 15 Abs. 3 Nr. 10 BbgKVerf; § 8b Abs. 2 Nr. 5a HGO; § 20 Abs. 2 Nr. 4 KV M-V; § 32 Abs. 2 Nr. 6 NKomVG; § 17a Abs. 2 Nr. 6 RhPfGemO; § 21a Abs. 4 Nr. 6 SaarlKSVG; § 26 Abs. 2 S. 2 Nr. 6 KVG LSA.
114 OVG Münster, NVwZ-RR 2007, 803 (804).
115 Zum Ganzen VGH BW, DVBl. 2011, 1035 (1037 f.); ferner OVG Lüneburg, NordÖR 2012, 404 (405) mit dem Hinweis, ein Bürgerbegehren sei unzulässig, wenn es neben einer Grundsatzfrage auch die konkrete Änderung eines Bauleitplans betrifft; siehe schließlich auch § 26 Abs. 5 S. 1 Nr. 5 GO NW: „mit Ausnahme der Entscheidung über die Einleitung des Bauleitplanverfahrens".
116 OVG Münster, NVwZ-RR 2007, 803 f.
117 § 15 Abs. 3 Nr. 9 BbgKVerf; § 8b Abs. 2 Nr. 7 HGO; § 20 Abs. 2 Nr. 7 KV M-V; § 32 Abs. 2 S. 2 Nr. 8 NKomVG; § 17a Abs. 2 Nr. 9 RhPfGemO; § 21a Abs. 4 Nr. 9 SaarlKSVG; § 24 Abs. 2 S. 2 Nr. 8 SächsGemO; § 26 Abs. 2 S. 2 Nr. 8 KVG LSA; § 17 Abs. 2 Nr. 8 ThürKO.
118 BayVGH, DVBl. 2012, 698 (700).
119 BayVGH, DVBl. 2012, 698 (700).
120 *Lange*, KomR, Kap. 9, Rn. 108.
121 § 17 Abs. 3 S. 9 ThürKO.
122 § 26 Abs. 2 S. 3, 4 GO NW; ferner § 20 Abs. 5 S. 2 KV M-V: „Hinsichtlich der Kostendeckung können die Bürgerinnen und Bürger Beratung durch die Gemeinde in Anspruch nehmen."
123 § 8b Abs. 3 S. 5 HGO.

32 Sodann entscheidet regelmäßig die Gemeindevertretung über die Zulässigkeit des Bürgerbegehrens.[124] Ihre Entscheidung wird (wohl überwiegend) als Verwaltungsakt qualifiziert, sie handelt also ausnahmsweise als Behörde im Sinne des § 35 S. 1 VwVfG.[125] Ausweislich vereinzelt gebliebener Regelungen ist sie ferner berechtigt, Unstimmigkeiten im Wortlaut der Fragestellung des Bürgerbegehrens zu bereinigen.[126] Ein zulässiges Bürgerbegehren entfaltet nach dem Gemeinderecht einiger Bundesländer schließlich Sperrwirkung: Bis zur Feststellung des Ergebnisses des Bürgerentscheids darf danach eine gegenläufige Entscheidung nicht mehr getroffen und mit dem Vollzug einer derartigen Entscheidung nicht mehr begonnen werden, es sei denn, zu diesem Zeitpunkt haben rechtliche Verpflichtungen der Gemeinde bestanden.[127] Gemeindeorgane unterliegen im Zusammenhang mit der Durchführung eines Bürgerbegehrens und eines Bürgerentscheids allerdings keinem Neutralitätsgebot; denn der Bürgerentscheid tritt an die Stelle einer Entscheidung der Gemeindevertretung, die zwangsläufig mit einer inhaltlichen Befassung seitens der Gemeindeorgane verbunden wäre.[128] Die Befugnis von Gemeindeorganen, sich wertend zu äußern, erfährt Einschränkungen lediglich durch Kompetenznormen, den Grundsatz der Freiheit der Teilnahme an Bürgerbegehren und das Sachlichkeitsgebot.[129] Abstimmungsempfehlungen dürfen vor diesem Hintergrund allerdings nicht in amtlicher Eigenschaft abgegeben werden.[130]

33 Auch ohne eine ausdrückliche Sperrwirkung sind die Gemeindeorgane nach der Rechtsprechung verpflichtet, „sich so gegenüber dem Bürgerbegehren zu verhalten, dass dieses seine gesetzlich eröffnete Entscheidungskompetenz ordnungsgemäß wahrnehmen kann, [...] dass bei der Ausübung der gemeindlichen Kompetenzen von Rechts wegen auf die Willensbildung der Bürgerschaft im Rahmen eines Bürgerbegehrens Rücksicht zu nehmen ist. Ein in diesem Sinne treuwidriges Handeln [...] setzt jedoch voraus, dass [...] [das] Handeln – sei es in der Sache selbst oder hinsichtlich des dafür gewählten Zeitpunkts – bei objektiver Betrachtung nicht durch einen sachlichen Grund gerechtfertigt ist, sondern allein dem Zweck dient, dem Bürgerbegehren die Grundlage zu entziehen und damit eine Willensbildung auf direkt-demokratischem Wege zu verhindern".[131] Umstritten ist allerdings, ob sich auch eine Verpflichtung zur Ergreifung zulässiger Maßnahmen gegenüber Dritten – etwa das bauordnungsrechtliche Einschrei-

---

124 § 21 Abs. 4 1 GemO BW; § 18a Abs. 8 S. 1 BayGO; § 15 Abs. 2 S. 1 BbgKVerf; § 8b Abs. 4 S. 2 HGO; § 20 Abs. 5 S. 4 KV M-V; § 26 Abs. 6 S. 1 GO NW; § 17a Abs. 4 S. 2 RhPfGemO; § 21a Abs. 5 S. 1 SaarlKSVG; § 25 Abs. 3 S. 1 SächsGemO; § 26 Abs. 6 S. 1 KVG LSA; § 17 Abs. 4 S. 3 ThürKO; siehe aber auch § 37 Abs. 7 S. 1 NKomVG, wonach der Hauptausschuss entscheidet; gemäß § 16g Abs. 5 S. 1 GO SH entscheidet die Kommunalaufsichtsbehörde.
125 Grundlegend VGH BW, NVwZ 1985, 288 (288), wonach die Klage auf Zulassung eines Bürgerbegehrens als Verpflichtungsklage zu qualifizieren ist; ferner OVG Greifswald, NVwZ 1997, 306 (307); ausführlich dazu Teil 2, § 7, Rn. 36.
126 § 8b Abs. 4 S. 4 HGO; allgemein *Lange*, KomR, Kap. 9, Rn. 73.
127 § 26 Abs. 5 S. 6 GO NW; ähnlich Art. 18a Abs. 9 BayGO; § 15 Abs. 2 S. 5 BbgKVerf; § 25 Abs. 4 S. 4 SächsGemO; § 26 Abs. 6 S. 1 KVG LSA; § 16g Abs. 5 S. 2 GO SH; § 17 Abs. 5 ThürKO; siehe auch § 32 Abs. 6 NKomVG.
128 OVG Münster, NVwZ-RR 2013, 814 f.
129 OVG Münster, NVwZ-RR 2004, 283 ff.
130 BayVGH, BayVBl. 1997, 435 f.
131 VGH BW, DVBl. 2011, 1035 (1038 f.); siehe auch OVG Münster, DVBl. 2008, 120 (123 f.); OVG Münster, NVwZ-RR 2004, 519 (521); OVG Münster, NWVBl. 2004, 312 f. mit dem Hinweis, dass die Vertreter des Bürgerbegehrens die Beweislast für die tatsächlichen Voraussetzungen eines entsprechenden Treuverstoßes tragen; OVG Bautzen, NVwZ-RR 1998, 253 (254 f.); ferner OVG Greifswald, NVwZ 1997, 306 (309), wonach keine vollendeten Tatsachen geschaffen werden dürfen, wenn die Gemeinde ein Bürgerbegehren zu Unrecht zurückweist; siehe auch HessVGH, NVwZ 1996, 721 mit dem Hinweis, dass schon das Recht, gegen eine Entscheidung der Gemeindevertretung ein Bürgerbegehren anzustreben, im Wege der einstweiligen Anordnung gesichert werden kann.

§ 7 Bürger und Einwohner

ten gegen den Abriss von Mauerresten einer historischen Festungsanlage – zur vorläufigen Sicherung der Durchführung eines grundsätzlich zulässigen Bürgerbegehrens ableiten lässt.[132]

cc) Durchführung des Bürgerentscheides

Die Gemeindevertretung kann einem zulässigen Bürgerbegehren zunächst entsprechen, ein Bürgerentscheid wird dann nicht durchgeführt.[133] Lediglich vereinzelt finden sich insoweit Bestimmungen, wonach auch diese Entscheidung der Gemeindevertretung innerhalb von zwei Jahren nur durch einen Bürgerentscheid abgeändert werden kann.[134] Entspricht die Gemeindevertretung dem zulässigen Bürgerbegehren dagegen nicht, ist entweder unverzüglich oder innerhalb eines näher bestimmten Zeitraumes ein Bürgerentscheid durchzuführen.[135] Ein entsprechender Zeitraum darf allerdings nicht als Wartefrist missverstanden werden, vielmehr handelt es sich um eine Höchstfrist: Nach der Entscheidung über die Zulässigkeit des Bürgerbegehrens ist unverzüglich mit der Vorbereitung zu dessen Durchführung zu beginnen, wobei nur aus sachgerechten Gründen eine bestimmte Zeit abgewartet werden darf.[136]

34

Einzelheiten zur Vorbereitung und Durchführung finden sich oftmals im Kommunalwahlrecht.[137] Der Ausgang des Bürgerentscheides richtet sich nach der Mehrheit der gültigen Stimmen, sofern diese Mehrheit – ähnlich den Unterschriftenquoren beim Bürgerbegehren – ein bestimmtes Quorum erreicht.[138] Bei Stimmengleichheit gilt die Frage dagegen als mit „Nein" beantwortet.[139] Der Bürgerentscheid hat überdies die Wirkung einer Entscheidung der Gemeindevertretung[140] – deren Wirksamkeit sowie Ausführung sich dementsprechend nach den allgemeinen Vorschriften richtet.[141] Eine Beanstan-

35

---

132   HessVGH, NVwZ 1996, 722 (722 f.); siehe aber auch BayVGH, NVwZ-RR 2008, 199 (200).
133   § 21 Abs. 4 S. 2 GemO BW; Art. 18a Abs. 14 S. 1 BayGO; § 15 Abs. 2 S. 7 BbgKVerf; § 8b Abs. 4 S. 3 HGO; § 20 Abs. 5 S. 5 KV M-V; § 32 Abs. 7 S. 4 NKomVG; § 26 Abs. 6 S. 4 GO NW; § 17a Abs. 5 RhPfGemO; § 21a Abs. 5 S. 4 SaarlKSVG; § 24 Abs. 5 SächsGemO; § 27 Abs. 1 S. 3 KVG LSA; § 16g Abs. 5 S. 3 GO SH; § 17 Abs. 8 S. 1 ThürKO.
134   Art. 18a Abs. 14 S. 2 BayGO; § 20 Abs. 1 S. 2 KV M-V; § 16g Abs. 5 S. 2 GO SH.
135   Ausdrücklich Art. 18a Abs. 10 S. 1 BayGO; § 15 Abs. 2 S. 3 BbgKVerf; § 32 Abs. 7 S. 3 NKomVG; § 26 Abs. 6 S. 3 GO NW; § 21 Abs. 5 S. 2 SaarlKSVG; § 25 Abs. 4 S. 4 SächsGemO; § 27 Abs. 1 S. 1 KVG LSA.
136   OVG Münster, NVwZ-RR 2005, 519 (520).
137   Siehe § 21 Abs. 8 GemO BW; § 15 Abs. 6 BbgKVerf; § 8b Abs. 8 HGO; § 17a Abs. 9 RhPfGemO; § 21a Abs. 8 SaarlKSVG; § 27 Abs. 5 KVG LSA; § 17 Abs. 6 S. 2 ThürKO.
138   § 21 Abs. 6 S. 1 GemO BW; Art. 18a Abs. 12 S. 1 BayGO; § 15 Abs. 4 S. 2 BbgKVerf; § 8b Abs. 6 S. 1 HGO; § 20 Abs. 6 S. 1 KV M-V; § 33 Abs. 3 S. 3 NKomVG; § 26 Abs. 7 S. 2 GO NW; § 17a Abs. 7 S. 1 RhPfGemO; § 21a Abs. 6 S. 1 SaarlKSVG; § 24 Abs. 3 S. 1 SächsGemO; § 27 Abs. 3 S. 2 KVG LSA; § 16g Abs. 7 S. 1 GO SH; § 17 Abs. 6 S. 4 ThürKO.
139   § 21 Abs. 6 S. 2 GemO BW; Art. 18a Abs. 12 S. 2 BayGO; § 15 Abs. 4 S. 3 BbgKVerf; § 8b Abs. 6 S. 2 HGO; § 20 Abs. 6 S. 2 KV M-V; § 33 Abs. 3 S. 4 NKomVG; § 26 Abs. 7 S. 3 GO NW; § 17a Abs. 7 S. 2 RhPfGemO; § 21a Abs. 6 S. 2 SaarlKSVG; § 27 Abs. 3 S. 3 KVG LSA; § 16g Abs. 7 S. 2 GO SH; § 17 Abs. 6 S. 5 ThürKO; ferner § 24 Abs. 3 S. 1 SächsGemO.
140   § 21 Abs. 7 S. 1 GemO BW; Art. 18a Abs. 13 S. 1 BayGO; § 15 Abs. 5 S. 1 BbgKVerf; § 8b Abs. 7 S. 1 HGO; § 20 Abs. 1 S. 1 KV M-V; § 33 Abs. 4 S. 1 NKomVG; § 26 Abs. 7 S. 1 GO NW; § 17a Abs. 8 S. 1RhPfGemO; § 21a Abs. 7 S. 1 SaarlKSVG; § 24 Abs. 4 S. 2 SächsGemO; § 27 Abs. 4 S. 1 KVG LSA; § 16g Abs. 8 S. 1 GO SH; § 17 Abs. 8 S. 2 ThürKO.
141   *Lange*, KomR, Kap. 9, Rn. 137 ff.; mit Blick auf den Rechtsschutz wurde darauf hingewiesen, dass eine Ungültigkeit nicht im Wege der verwaltungsgerichtlichen Feststellungsklage geltend gemacht werden kann, siehe VGH BW, DVBl. 2001, 1280 f.; ferner BayVGH, NVwZ-RR 2003, 448, wonach weder die Vertreter des Bürgerbegehrens noch die Bürger ein Recht darauf haben, dass ein Bürgerentscheid einer rechtlichen Prüfung unterzogen wird; schließlich können die Bürger im Wege der allgemeinen Feststellungsklage allerdings geltend machen, durch die Art und Weise der Durchführung des Bürgerentscheides in der Ausübung ihres Stimmrechtes verletzt worden zu sein, siehe OVG Lüneburg, DÖV 2002, 253 (254); § 91 Abs. 1 i.V.m. §§ 47 ff. SaarlKWG eröffnen dagegen die Möglichkeit des Wahlprüfungsverfahrens.

dung durch den Bürgermeister dürfte allerdings vor dem Hintergrund der gemeinderechtlich angeordneten Sperrfristen ausscheiden.[142]

dd) Rechtsschutzfragen

36 Mit Blick auf den Rechtsschutz dürfte regelmäßig die Feststellung der Unzulässigkeit eines Bürgerbegehrens durch die Gemeindevertretung und die damit verbundene Weigerung im Vordergrund stehen, einen Bürgerentscheid durchzuführen. Lediglich vereinzelt regelt das Gemeinderecht, dass gegen die ablehnende Entscheidung der Gemeindevertretung die Vertreter des Bürgerbegehrens Rechtsbehelfe einlegen können.[143] Abseits solcher Regelungen ist umstritten, wer verwaltungsgerichtlich gegen die Feststellung der Unzulässigkeit des Bürgerbegehrens vorgehen kann. Die Rechtsprechung lässt insoweit zwei Lösungsansätze erkennen: Zum einen wird vorgeschlagen, Rechtsschutz könne in Gestalt einer „Feststellungsklage im Kommunalverfassungsstreit" ersucht werden. Beteiligte seien nämlich kommunale Organe – einerseits das Bürgerbegehren als gemeindliches „Quasi-Organ", andererseits die Gemeindevertretung;[144] danach handelt es sich bei der Entscheidung über die Zulässigkeit des Bürgerbegehrens auch nicht um einen Verwaltungsakt.[145] Dem wird angesichts ausdrücklicher Regelungen zur Einlegung von Rechtsbehelfen durch die Vertreter entgegnet, es sei ausgeschlossen, dass das Bürgerbegehren Organ der Gemeinde geworden sei. Bürgerbegehren und Bürgerentscheide stünden als Formen unmittelbarer Demokratie selbstständig neben den Entscheidungen der Gemeinde. Deswegen stünden sich die Vertreter des Bürgerbegehrens und die Gemeinde gegenüber, die Vertreter seien befugt Rechte anlässlich der Entscheidung über die Zulässigkeit des Bürgerbegehrens verwaltungsgerichtlich geltend zu machen.[146] Bei der Entscheidung über diese Zulassung handele es sich überdies um einen Verwaltungsakt – mit Außenwirkung werde verbindlich festgestellt, dass ein Bürgerbegehren zulässig oder unzulässig ist.[147] Den Erlass einstweiliger Anordnungen beschränkt die Rechtsprechung schließlich auf Fälle, in denen die Zulässigkeit des Bürgerbegehrens bereits im einstweiligen Rechtsschutzverfahren mit solcher Wahrscheinlichkeit bejaht werden kann, dass eine gegenteilige Entscheidung im Hauptsacheverfahren ausgeschlossen ist.[148]

37 Ungeachtet dieser unterschiedlichen Auffassungen der Rechtsprechung wird des Weiteren in Zweifel gezogen, dass die Vertreter des Bürgerbegehrens tatsächlich befugt sind, Rechte im Zusammenhang mit der Entscheidung über die Zulässigkeit des Bürgerbegehrens geltend zu machen. Grundsätzlich kommen insoweit die Gesamtheit der Unterzeichner des Bürgerbegehrens, die einzelnen Unterzeichner oder aber die Vertreter in Betracht. Teilweise wird hervorgehoben, Ansprüche stünden den Unterzeichnern des Bürgerbegehrens in ihrer Gesamtheit zu. Demgegenüber wird auf die mangelnde Prozessfähigkeit dieser Gesamtheit hingewiesen; auch könnten die Vertreter nicht gemäß

---

142 Ausdrücklich § 8b Abs. 7 S. 3 HGO; § 17a Abs. 8 S. 2 RhPfGemO; § 21a Abs. 7 S. 2 SaarlKSVG; allgemein *Lange*, KomR, Kap. 9, Rn. 141.
143 § 26 Abs. 6 S. 2 GO NW; ferner Art. 18a Abs. 8 S. 2 BayGO; § 15 Abs. 2 S. 4 BbgKVerf; § 17 Abs. 4 S. 6 ThürKO.
144 OVG Koblenz, NVwZ-RR 1997, 241 (241).
145 OVG Lüneburg, NVwZ-RR 2011, 451 (452 f.) mit dem Hinweis, dass auf die Klage der Unterzeichner eines Bürgerbegehrens in ihrer Gesamtheit die zum Kommunalverfassungsstreit entwickelten Grundsätze Anwendung finden.
146 BayVGH, NVwZ-RR 1998, 256 (257).
147 OVG Greifswald, NVwZ 1997, 306 (307); siehe ferner VGH BW, NVwZ 1985, 288 (288), wonach die Klage auf Zulassung eines Bürgerbegehrens als Verpflichtungsklage zu qualifizieren ist.
148 Zum Ganzen BayVGH, BayVBl. 2001, 500 (500).

§ 7 Bürger und Einwohner

§ 62 Abs. 3 VwGO tätig werden, fehle doch die notwendige Vertretungsmacht.[149] Letztlich könnten daher allein die einzelnen Unterzeichner des Bürgerbegehrens den Rechtsweg beschreiten.[150] Nichtsdestotrotz werden – auch abseits ausdrücklicher Regelungen – allerdings die Vertreter des Bürgerbegehrens für berechtigt gehalten, einen Anspruch auf Zulassung des Bürgerbegehrens geltend zu machen. Sie seien ausschließlich dazu berechtigt, Erklärungen für das Bürgerbegehren abzugeben, dessen Unterzeichner gerade keinen Anspruch auf Zulassung des Bürgerbegehrens geltend machen könnten.[151]

3. Öffentliche Einrichtungen

▶ **FALL 19:** Der Landesverband einer als rechtsextremistisch geltenden, jedoch (noch) nicht verbotenen politischen Partei begehrt die Überlassung der Mensa eines gemeindlich getragenen Gymnasiums außerhalb der Unterrichtszeiten, um den Landeskongress seiner Parteijugend durchzuführen. Eine solche Überlassung der Mensa lehnt die Gemeinde ab, da eine Nutzung für den Landeskongress der Parteijugend schulischen Belangen widerspreche. Die politische Partei begehrt verwaltungsgerichtlichen Rechtsschutz und rügt eine Verletzung des Gleichbehandlungsgrundsatzes, da die Mensa zuvor einer anderen politischen Partei überlassen worden war – dies hatte der Bürgermeister der Gemeinde entschieden. ◀   38

Neben dem Wahlrecht sowie der Möglichkeit, Bürgerbegehren und Bürgerentscheide anzustrengen, beschreibt die Nutzung öffentlicher Einrichtungen ein weiteres zentrales Recht der Bürger und Einwohner.[152] Oftmals finden sich insoweit Regelungen,[153] wonach Einwohner einer Gemeinde im Rahmen des geltenden Rechts berechtigt sind, die öffentlichen Einrichtungen der Gemeinde zu benutzen.[154] Überdies sind – da diese auch gemeindliche Lasten (Grund- und Gewerbesteuer) zu tragen haben – Grundbesitzer und Gewerbetreibende, die nicht in der Gemeinde wohnen, in gleicher Weise berechtigt, öffentliche Einrichtungen zu benutzen.[155] Schließlich gelten diese Vorschriften mit Ausnahme von Brandenburg entsprechend für juristische Personen und Personenvereinigungen[156] – die Nutzung öffentlicher Einrichtungen setzt dabei voraus, dass ju-   39

---

149 Dazu allgemein Teil 2, § 7, Rn. 22.
150 Siehe dazu auch HessVGH, NVwZ 1997, 310 (310).
151 Ausführlich zum Ganzen *Lange*, KomR, Kap. 9, Rn. 149 ff. mit dem weitergehenden Hinweis, dass auch die Sperrwirkung von Bürgerbegehren von dessen Vertretern gerichtlich eingefordert werden kann; ferner soll auch die Einhaltung von Verfahrensvorschriften der gerichtlichen Überprüfung zugänglich gemacht werden können, siehe HessVGH, NVwZ 1997, 310 (310); dazu aber auch VGH BW, DVBl. 2001, 1280 f.; schließlich BVerfG, BVerfGK 18, 74 ff.
152 Diesbezügliche Regelungen finden sich auch auf Kreisebene, siehe § 16 LKrO BW; Art. 15 BayLKrO; § 131 Abs. 1 S. 1 i.V.m. § 12 Abs. 1 BbgKVerf; §§ 16 f. HKO; § 99 Abs. 2, 3 KV M-V; § 30 NKomVG; § 6 KrO NW; § 10 Abs. 2, 3, 4 RhPfLKO; § 152 SaarlKSVG; § 9 Abs. 2, 3 SächsLKrO; § 16 LKO LSA; § 18 KrO SH; § 96 ThürKO.
153 Zur Zulässigkeit derartiger Regelungen vor dem Hintergrund von Art. 3 Abs. 1 GG sowie Art. 18 AEUV *Burgi*, KomR, § 16, Rn. 22 f.
154 § 10 Abs. 2 S. 2 GemO BW; Art. 21 Abs. 1 S. 1 BayGO; § 12 Abs. 1 BbgKVerf; § 20 Abs. 1 HGO; § 14 Abs. 2 KV MV; § 30 Abs. 1 NKomVG; § 8 Abs. 2 GO NW; § 14 Abs. 2 RhPfGemO; § 19 Abs. 1 SaarlKSVG; § 10 Abs. 2 SächsGemO; § 24 Abs. 1 KVG LSA; § 18 Abs. 1 GO SH; § 14 Abs. 1 ThürKO. Kritisch zur Auslegung dieser Regelungen, wonach auch Bewohner des Umlandes zur Nutzung der öffentlichen Einrichtungen berechtigt sein sollen, *Ehlers*, Jura 2012, 849 (852).
155 § 10 Abs. 3 GemO BW; Art. 21 Abs. 3 BayGO; § 20 Abs. 2 HGO; § 14 Abs. 3 KV M-V; § 30 Abs. 2 NKomVG; § 8 Abs. 3 GO NW; § 14 Abs. 3 RhPfGemO; § 19 Abs. 2 SaarlKSVG; § 10 Abs. 3 SächsGemO; § 24 Abs. 2 KVG LSA; § 18 Abs. 2 S. 1 GO SH; § 14 Abs. 2 ThürKO.
156 § 10 Abs. 4 GemO BW; Art. 21 Abs. 4 BayGO; § 20 Abs. 3 HGO; § 14 Abs. 3 KV M-V; § 30 Abs. 3 NKomVG; § 8 Abs. 4 GO NW; § 14 Abs. 4 RhPfGemO; § 19 Abs. 3 SaarlKSVG; § 10 Abs. 5 SächsGemO; § 24 Abs. 3 KVG LSA; § 18 Abs. 3 GO SH; § 14 Abs. 3 ThürKO.

ristische Personen oder (teil)rechtsfähige Personenmehrheiten einschließlich ihrer (nicht rechtsfähigen) örtlichen Untergliederungen ihren Sitz in der jeweiligen Gemeinde haben.[157]

a) Öffentliche Einrichtungen

aa) Begriff der öffentlichen Einrichtung

40 Eine Legaldefinition der öffentlichen Einrichtung enthält das Gemeinderecht demgegenüber nicht. Der Begriff wird weit verstanden, Einrichtungen sollen alle personellen und sachlichen Mittel sein, die die Gemeinden zur tatsächlichen Leistungserbringung bereitstellen.[158] Der Begriff – so ein geläufiger Definitionsansatz – „umgreift [daher] Betriebe, Unternehmen, Anstalten und sonstige Leistungsapparaturen höchst unterschiedlicher Struktur und Zweckbestimmung, denen letztlich nur die Funktion gemeinsam ist, die Voraussetzungen für die Daseinsfürsorge und Daseinsvorsorge der Bevölkerung zu schaffen und zu gewährleisten".[159] Die Rechtsprechung hat neben den klassischen öffentlichen Einrichtungen (Schwimmbäder, Mehrzweckhallen, Friedhöfe oder Versorgungs- und Entsorgungseinrichtungen) etwa auch gemeindliche Plätze für Großveranstaltungen[160] – überdies aber auch Großveranstaltungen selbst[161] – oder Obdachlosenunterkünfte[162] als öffentliche Einrichtungen anerkannt. Um eine öffentliche Einrichtung – insoweit besteht in mehrfacher Hinsicht Abgrenzungsbedarf – handelt es sich allerdings nur, wenn sie der Benutzung durch die Einwohner gewidmet ist.[163] Des Weiteren ist eine faktische Indienststellung notwendig.[164] Eine darüber hinausgehende Widmung zur Benutzung durch jedermann dürfte der Annahme einer gemeindlichen öffentlichen Einrichtung nicht entgegenstehen.[165] Nicht gewidmet in diesem Sinne sind indes Sachen im Gemeingebrauch, deren Benutzung nicht von einer Zulassung abhängt (wie etwa öffentliche Straßen).[166] Auch keine öffentlichen Einrichtungen sind Verwaltungseinrichtungen der Gemeinde[167] sowie das gemeindliche Finanzvermögen[168] und schließlich Privateinrichtungen, die von Gemeinden wie von Privaten betrieben werden.[169]

bb) Widmung

41 Die Widmung ist ein rechtlich nicht formalisierter Rechtsakt, durch den die Zweckbestimmung der Einrichtung festgelegt und ihre Benutzung durch die Allgemeinheit gere-

---

157 *Ehlers*, Jura 2012, 849 (852 f.).
158 *Lange*, KomR, Kap. 13, Rn. 3.
159 *Ossenbühl*, DVBl. 1973, 289 (289).
160 OVG Münster, NVwZ 1976, 820 ff.; VGH BW, GewArch 2003, 486 f.
161 Zum Münchener Oktoberfest BayVGH, NVwZ 1982, 120 ff.; zu den Oberammergauer Passionsspielen BayVGH, NJW 1990, 2014 ff.
162 OVG Lüneburg, DÖV 2004, 963 ff.
163 Grundlegend OVG Koblenz, DÖV 1967, 169 (169); VGH BW, DÖV 1968, 179 (180).
164 *Ehlers*, DVBl. 2012, 692 (693).
165 Gemäß § 12 Abs. 1 BbgKVerf ist sogar jedermann im Rahmen des geltenden Rechts berechtigt, die öffentlichen Einrichtungen der Gemeinde zu benutzen.
166 OVG Koblenz, LKRZ 2007, 190 (191); anders *Lange*, KomR, Kap. 13, Rn. 7, 19, der es nicht für ein Begriffsmerkmal öffentlicher Einrichtungen hält, dass deren Benutzung von einer Zulassung abhängt; ferner OVG Lüneburg, DVBl. 1964, 365 (366); eine diesbezügliche Regelung enthält Art. 21 Abs. 5 BayGO.
167 Siehe OVG Bautzen, SächsVBl. 2003, 48, wonach das Amtsblatt einer Gemeinde, das regelmäßig als Informationsinstrument für die Einwohner dient, nicht als öffentliche Einrichtung zu qualifizieren ist.
168 *Burgi*, KomR, § 16, Rn. 8; *Ehlers*, DVBl. 2012, 692 (693).
169 *Lange*, KomR, Kap. 13, Rn. 11.

gelt wird. Sie erfolgt regelmäßig durch Satzung oder Verwaltungsakt (in Gestalt der Allgemeinverfügung);[170] Behörde im Sinne des § 35 VwVfG dürfte insoweit die Gemeindevertretung sein. Auch eine bloße Entscheidung der Gemeindevertretung soll als Widmung genügen können[171] – was allerdings nicht den Blick dafür verstellen darf, dass eine solche Entscheidung als Verwaltungsakt zu qualifizieren sein kann.[172]

Die Widmung kann auch konkludent oder stillschweigend (insbesondere durch eine faktische Indienststellung) erfolgen – entscheidend ist dabei die Erkennbarkeit des Willens, dass die Sache einem öffentlichen Zweck dienen soll.[173] Aus bloßem Dulden soll hingegen nicht auf einen Widmungswillen geschlossen werden können, vielmehr kommt es darauf an, ob die Gemeinde eine Einrichtung zur Verfügung stellt.[174] Maßgeblich ist dementsprechend die Überlassungspraxis, aus der sich zugleich auch (anderenfalls im Wege der Widmung ausdrücklich formulierte) Grenzen insbesondere etwa für die Art, Zahl und Größe von Veranstaltungen in gemeindlichen öffentlichen Einrichtungen ergeben können.[175] Allerdings hat die Rechtsprechung auch darauf hingewiesen, dass eine auf der tatsächlichen Überlassungspraxis beruhende konkludente Widmung nur wirksam sein kann, wenn von einer zumindest stillschweigenden Billigung durch die zuständige Gemeindevertretung ausgegangen werden kann.[176] Schließlich wurde sogar eine Vermutungsregel dahingehend entwickelt, dass die der Allgemeinheit zur Nutzung überlassenen kommunalen Einrichtungen „öffentliche" Einrichtungen im Sinne des Gemeinderechts sind. Diese Vermutung ist nur widerlegbar, wenn die Gemeinde den Nachweis führen kann, dass sich aus einer eindeutigen Begrenzung der Bereitstellung ergibt, dass die Einrichtung als private Einrichtung betrieben werden soll.[177]

42

Eine konkludente Widmung kann durch eine spätere Überlassungspraxis geändert werden.[178] Erforderlich dafür soll eine hinreichende Dokumentation des Willens der Gemeinde sein, die Zweckbestimmung der öffentlichen Einrichtung dauerhaft zu ändern – namentlich die Erweiterung einer konkludenten Widmung setze voraus, dass es jedenfalls in mehreren Fällen zu einer tatsächlichen Überlassung gekommen ist.[179] Ferner kann nach der Rechtsprechung sogar ein von der Gemeindevertretung festgelegter Umfang der Widmung durch eine Überlassungspraxis der Gemeindeverwaltung zu einem Anspruch auf Benutzung der Einrichtung entsprechend der erweiterten Überlassungspraxis führen – die Überlassungspraxis soll folglich den Widmungsumfang erweitern können.[180] Eine solche Erweiterung kann durch eine Entscheidung der Gemeindevertretung rückgängig gemacht werden. Selbst wenn diese Entscheidung rechtswidrig sein sollte, kann eine Einschränkung des Widmungsumfangs durch eine entsprechende Änderung der Überlassungspraxis für die Zukunft erfolgen.[181] Eine lediglich kurzfristi-

43

---

170 OVG Münster, NJW 1976, 820 (821).
171 OVG Münster, DVBl. 1971, 218 (219).
172 Siehe dazu *Lange*, KomR, Kap. 13, Rn. 13.
173 OVG Münster, NJW 1976, 820 (821).
174 OVG Münster, NJW 1976, 820 (822).
175 OVG Münster, NJW 1976, 820 (822).
176 BayVGH, DVBl. 2012, 253 ff.
177 OVG Münster, NJW 1976, 820 (821); grundlegend zur Vermutungswirkung *Ossenbühl*, DVBl. 1973, 289 (290).
178 *Lange*, DVBl. 2014, 753 (754).
179 OVG Magdeburg, DVBl. 2012, 591 f.
180 Kritisch dazu *Lange*, DVBl. 2014, 753 (754).
181 VGH BW, NVwZ 1998, 540 f.; siehe allerdings auch BayVGH, DVBl. 2012, 253 ff., wonach eine auf einer tatsächlichen Überlassungspraxis beruhende konkludente Widmung nur wirksam ist, wenn von einer zu-

ge Änderung der Widmung ist demgegenüber unwirksam, soweit sie gezielt erfolgt, um bereits gestellte Benutzungsansprüche ablehnen zu können.[182]

44 Die Widmung gestaltet jedenfalls den gemeinderechtlichen Anspruch auf Benutzung öffentlicher Einrichtungen aus. Die Rechtsprechung hat etwa mit Blick auf Volksfeste darauf hingewiesen, dass die Widmung Zeit, Dauer und Ort sowie Typ von Volksfesten festlegen, die Anbietergruppen umreißen und dadurch den Charakter, die Gestalt und die Prägung von Volksfesten insgesamt bestimmen könne.[183] Des Weiteren kann die Benutzung öffentlicher Einrichtungen durch deren Widmung auf Veranstaltungen mit rein örtlichem Charakter beschränkt werden,[184] Veranstaltungen mit politischem Charakter soll die Gemeinde ebenfalls ausschließen können.[185] Grenzen des gemeindlichen Gestaltungsspielraums ergeben sich dabei zunächst aus der kommunalverfassungsrechtlichen Zuständigkeitsverteilung: Die Widmung ist nach der Rechtsprechung als wesentliche Grundentscheidung der Gemeindevertretung vorbehalten[186] – ungeachtet der Tatsache, dass auch eine Befugnis der Gemeindeverwaltung anerkannt wird, den von der Gemeindevertretung festgelegten Umfang der Widmung durch eine abweichende Überlassungspraxis zu erweitern. Inhaltlich hat die Rechtsprechung des Weiteren auf das Willkürverbot verwiesen, Einschränkungen der Überlassung öffentlicher Einrichtungen müssten durch sachgerechte Erwägungen gerechtfertigt sein.[187]

cc) Organisationsformen

45 Für den Begriff der öffentlichen Einrichtung soll es angesichts der kommunalen Organisationshoheit zunächst unerheblich sein, ob Gemeinden öffentliche Einrichtungen öffentlich-rechtlich oder privatrechtlich organisieren.[188] Insbesondere im Falle der Verwendung privatrechtlicher Rechtsformen stellt sich allerdings die – ebenso mit Blick auf die Anordnung eines Anschluss- und Benutzungszwangs[189] erörterte und auch mit Blick auf die Zwei-Stufen-Theorie[190] bedeutsame – Frage, unter welchen Voraussetzungen es sich (noch) um eine öffentliche Einrichtung handelt. Die Rechtsprechung geht ganz grundsätzlich davon aus, dass es sich um eine öffentliche Einrichtung handele, wenn sie tatsächlich zu den von der Gemeinde verfolgten öffentlichen Zwecken zur Verfügung steht und „wenn die Gemeinde die öffentliche Zweckbindung der Einrichtung nötigenfalls gegenüber der privatrechtlichen Betriebsgesellschaft durchzusetzen

---

mindest stillschweigenden Billigung der Überlassungspraxis durch die Gemeindevertretung ausgegangen werden kann; kritisch auch OVG Magdeburg, DVBl. 2012, 591 f.
182 OVG Lüneburg, NdsVBl. 2011, 191 ff.; ferner BayVGH, DVBl. 2012, 253 (255), wonach sich eine Gemeinde, die erst nach Eingang eines Antrags auf Überlassung die bisherige Zweckbestimmung ihrer Einrichtung ändert, dem naheliegenden und nur schwer zu entkräftenden Verdacht aussetzt, dies nicht aus einem anzuerkennenden allgemeinen Grund getan zu haben, sondern nur, um den – unliebsamen – Antrag ablehnen zu können.
183 BayVGH, NVwZ-RR 2003, 771 (771).
184 OVG Saarlouis, NVwZ-RR 2009, 533 ff.
185 OVG Münster, NJW 1980, 901; umgekehrt ist es nach der Rechtsprechung unschädlich, dass bislang noch keine politischen Veranstaltungen stattgefunden haben, sofern eine entsprechende Benutzung vom Widmungszweck grundsätzlich umfasst wird, siehe VGH BW, DVBl. 2015, 59 f.
186 BayVGH, NVwZ-R 2003, 771 (772).
187 OVG Münster, NJW 1976, 820 (822).
188 Ausführlich *Lange*, KomR, Kap. 13, Rn. 21, zu den Gestaltungsmöglichkeiten der Gemeinde ferner *Ehlers*, Jura 2012, 692 (694 f.), der auf Public-Private-Partnership-Modelle sowie auf die Einbindung von Verwaltungshelfern und Verwaltungsbeauftragten hinweist.
189 Siehe Teil 2, § 7, Rn. 62.
190 Dazu Teil 2, § 7, Rn. 49.

imstande ist".[191] Die Gemeinde muss folglich in der Lage sein, die öffentliche Zweckbindung der Einrichtung durch Ausübung von Mitwirkungsrechten und durch Weisungen durchzusetzen.[192] Fehlen derartige Möglichkeiten, handelt es sich nicht (mehr) um eine gemeindliche öffentliche Einrichtung, sondern um eine private Einrichtung, deren Benutzung sich nach privatrechtlichen Maßstäben richtet.[193]

b) Nutzung der öffentlichen Einrichtungen

Im Zusammenhang mit dem Anspruch auf Nutzung der öffentlichen Einrichtungen ordnet das Gemeinderecht an, dass die Gemeinden innerhalb der Grenzen ihrer Leistungsfähigkeit die für die wirtschaftliche, soziale und kulturelle Betreuung ihrer Einwohner erforderlichen öffentlichen Einrichtungen schaffen.[194] Nichtsdestotrotz lehnt die Rechtsprechung eine Pflicht der Gemeinden zur Schaffung öffentlicher Einrichtungen ab.[195] Nach abweichender Auffassung steht die Schaffung öffentlicher Einrichtungen dagegen im Ermessen der Gemeinden: Die Begriffe der Leistungsfähigkeit und Erforderlichkeit seien zunächst unbestimmte Rechtsbegriffe; wie der zwischen diesen Begriffen bestehende Zielkonflikt gelöst werden solle, stehe sodann im Ermessen – die Gemeinde sei daher nur ausnahmsweise zur Bereitstellung einer bestimmten öffentlichen Einrichtung verpflichtet. Ferner folge schon aus dem Umstand, dass mithilfe öffentlicher Einrichtungen sowohl freiwillige als auch pflichtige Selbstverwaltungsaufgaben wahrgenommen werden könnten, ein Ermessensspielraum.[196] Jedenfalls erfolge die Schaffung öffentlicher Einrichtungen im Interesse der Gesamtheit der Einwohner – so dass ein diesbezüglicher Anspruch ohnehin regelmäßig ausscheiden dürfte.[197]

46

Die Privatisierung öffentlicher Einrichtungen hat das Bundesverwaltungsgericht demgegenüber nur innerhalb bestimmter Grenzen für zulässig erachtet. Abseits des schon für den Begriff der öffentlichen Einrichtung bedeutsamen Umstandes, dass die Gemeinde Einfluss zu nehmen in der Lage sein muss,[198] hat das Bundesverwaltungsgericht am „folkloristisch[en]"[199] Beispiel eines Weihnachtsmarktes ferner eine Pflicht der Gemeinden „zur grundsätzlichen Sicherung und Wahrung des Aufgabenbestandes, der zu den Angelegenheiten des örtlichen Wirkungskreises gehört", postuliert.[200] Den Gemeinden ist danach die Entscheidung vorenthalten, ob freiwillige Angelegenheiten der örtlichen Gemeinschaft wahrgenommen werden sollen.[201] Obwohl auch die Privatisierung der Angelegenheiten der örtlichen Gemeinschaft von Art. 28 Abs. 2 GG geschützt werde, dürfe jedenfalls eine materielle Privatisierung nicht zur Aushöhlung der verfas-

47

---

191 BVerwG, NJW 1990, 134 (135); siehe auch OVG Bautzen, SächsVBl. 2005, 256 ff.; ferner OVG Magdeburg, NVwZ-RR 2008, 810 (811).
192 OVG Lüneburg, DVBl. 2013, 253 (254).
193 *Burgi*, KomR, § 16, Rn. 14.
194 § 10 Abs. 2 S. 1 GemO BW; Art. 57 Abs. 1 S. 1 BayGO; § 19 Abs. 1 HGO; § 4 S. 2 NKomVG; § 8 Abs. 1 GO NW; § 2 Abs. 1 SächsGemO; § 4 S. 2 KVG LSA; § 17 Abs. 1 GO SH; ferner § 2 Abs. 2 BbgKVerf; § 2 Abs. 2 KV M-V; § 5 Abs. 2 S. 1 SaarlKSVG; §§ 1 Abs. 4 S. 1, § 2 Abs. 2 ThürKO.
195 OVG Münster, NJW 1976, 820 (821); ferner BVerwGE 32, 333 (337), wonach es grundsätzlich den Gemeinden überlassen ist, welche Einrichtungen sie schaffen, wie sie diese widmen und wie sie die Benutzung ausgestalten.
196 *Lange*, KomR, Kap. 13, Rn. 32 ff.; ähnlich *Ehlers*, DVBl. 2012, 692 (694).
197 *Lange*, KomR, Kap. 13, Rn. 39.
198 Dazu Teil 2, § 7, Rn. 45.
199 *Winkler*, JZ 2009, 1169 (1170).
200 BVerwG, JZ 2009, 1167 (1169).
201 Zustimmend *Winkler*, JZ 2009, 1169 (1170); *Schönleiter*, GewArch 2009, 486 f.; kritisch *Schoch*, DVBl. 2009, 1533 ff.; *Ehlers*, DVBl. 2009, 1456 f.; ferner *Katz*, NVwZ 2010, 405 ff.

sungsrechtlichen Gewährleistung kommunaler Selbstverwaltung führen. Ein Aufgabenbestand, „der in seiner Gesamtheit den Namen Selbstverwaltung noch verdiene", müsse vielmehr von den Gemeinden wahrgenommen werden. Als Gegenstand dieser Pflicht benennt das Bundesverwaltungsgericht öffentliche Einrichtungen mit kulturellem, sozialem und traditionsbildendem Hintergrund, die „schon lange Zeit in der bisherigen kommunalen Alleinverantwortung lagen".[202] Zur Wasserversorgung und Abwasserentsorgung hat das Bundesverwaltungsgericht darüber hinaus festgestellt, dass auch die kommunale Organisationshoheit kein Recht der Gemeinden gewährleiste, Aufgaben ohne gesetzliche Ermächtigung auf Private zu übertragen.[203]

aa) Anspruch auf Zulassung

48 Haben die Einwohner grundsätzlich keinen Anspruch auf Schaffung öffentlicher Einrichtungen, steht die Frage nach einem Anspruch auf Benutzung bestehender Einrichtungen im Vordergrund. Dieser Anspruch ist nach dem Gemeinderecht aller Bundesländer unzweifelhaft gegeben.[204] Unerheblich für die Anspruchsberechtigung ist dabei grundsätzlich auch, dass die Besucher etwa einer Veranstaltung (auch) Ortsfremde sind und die Veranstaltung mithin kein örtliches Gepräge besitzt.[205]

49 Ungeachtet dieses Anspruchs setzt die Benutzung nach überwiegender Auffassung allerdings eine Zulassung seitens der Gemeinde voraus. Bei der Benutzung gemeindlicher öffentlicher Einrichtungen ist im Sinne der Zwei-Stufen-Theorie daher zwischen dem Anspruch auf Zugang zu der jeweiligen Einrichtung einerseits und den Modalitäten der Benutzung andererseits zu unterscheiden.[206] Die Entscheidung über die Zulassung ergeht dabei in Gestalt eines (gebundenen) Verwaltungsaktes.[207] Diese Unterscheidung zwischen dem „Ob" und dem „Wie" der Benutzung der Einrichtung soll auch dann gelten, wenn die Gemeinde die Einrichtung nicht selbst betreibt, sondern in Privatrechtsform betreiben lässt. Die Gemeinde ist – so nicht zuletzt das Bundesverwaltungsgericht – unabhängig von der gewählten Organisationsform dazu verpflichtet, durch Einwirkung (insoweit erlangen die schon mit Blick auf den Begriff der öffentlichen Einrichtung bedeutsamen Einwirkungsmöglichkeiten Bedeutung) namentlich auf öffentliche Einrichtungen in Privatrechtsform den Zugang zu verschaffen. Der Anspruch auf Zulassung wandelt sich in diesen Fällen in einen Einwirkungs- und Verschaffungsanspruch.[208] Die Gegenauffassung beruft sich demgegenüber darauf, dass die Heranziehung der Zwei-Stufen-Theorie mit Blick auf solche Einrichtungen, die den Einwohnern zur Benutzung ohne weitere Voraussetzungen zur Verfügung gestellt werden (wie etwa Museen, Friedhöfe oder Schwimmbäder), „gekünstelt" wirke; der Anspruch der Einwohner sei dementsprechend nicht auf eine Zulassung, sondern vielmehr unmittelbar auf die Benutzung der jeweiligen Einrichtung gerichtet.[209] Nach dieser Sichtweise

---

202 BVerwG, JZ 2009, 1167 (1168).
203 BVerwG, NVwZ 2012, 506 (508).
204 Siehe Teil 2, § 7, Rn. 39.
205 OVG Münster, NJW 1980, 820 (822); dazu aber auch Teil 2, § 7, Rn. 50.
206 BVerwGE 32, 333 (334); BVerwG, NJW 1990, 134 f.; BVerwG, NVwZ 1991, 59; BayVGH, NVwZ 1999, 1122 ff.; BayVGH, NVwZ-RR 2002, 465 f.
207 *Lange*, DVBl. 2014, 753 (757).
208 BVerwG, NJW 1990, 134 f., BVerwG, NVwZ 1991, 59; BayVGH, NVwZ 1999, 1122 ff.; (kritisch) dazu *Ehlers*, Jura 2012, 849 (853 f.).
209 *Lange*, KomR, Kap. 13, Rn. 58 f.; siehe auch *Ehlers*, Jura 2012, 692 (696); *dens.*, Jura 2012, 849 (851).

könne auch der Einwirkungs- und Verschaffungsanspruch entfallen, da der öffentlich-rechtliche Benutzungsanspruch eine privatrechtliche Kontrahierungspflicht auslöse.[210] Ein Anspruch auf Zulassung kann sich abseits des Gemeinderechts auch aus der Widmung der öffentlichen Einrichtung selbst im Zusammenwirken mit dem allgemeinen Gleichbehandlungsgrundsatz ergeben, etwa wenn auch die Benutzung durch Ortsfremde ermöglicht wird (oder aber die Widmung die Nutzung der öffentlichen Einrichtung nur durch bestimmte Einwohner zulässt).[211] Weitere Ansprüche ergeben sich aus § 70 Abs. 1 GewO mit Blick auf festgesetzte Messen, Ausstellungen und Märkte sowie aus § 60b GewO für festgesetzte Volksfeste.[212] Politische Parteien können sich überdies auf den Grundsatz der Chancengleichheit politischer Parteien nach § 5 PartG berufen[213] – allerdings nur, sofern die Gemeinde ihre öffentlichen Einrichtungen politischen Parteien überhaupt zur Verfügung stellt.[214] Dem kann die Verfolgung verfassungsfeindlicher Ziele angesichts der Regelung des Art. 21 Abs. 2 S. 2 GG selbst dann nicht entgegen gehalten werden, wenn die Benutzung von Schulräumen außerhalb des Schulbetriebs begehrt wird.[215] Auch eine Differenzierung danach, ob die politische Partei über einen Ortsverband in der Gemeinde verfügt, ist nach der Rechtsprechung mit § 5 PartG nicht vereinbar.[216] Vereinzelt hat die Rechtsprechung gerade mit Blick auf politische Parteien allerdings auch gefordert, dass der Anspruch auf Zulassung zu einer öffentlichen Einrichtungen einen örtlichen Bezug voraussetzt – die Nutzung einer öffentlichen Einrichtung für den Landesparteitag einer politischen Partei daher selbst dann nicht zugelassen werden müsse, wenn Mitglieder der politischen Partei in der Gemeinde wohnen.[217] Schließlich wird auch ein allgemeiner Anspruch auf ermessensfehlerfreie Entscheidung für möglich gehalten, sofern und obwohl die tatbestandlichen Voraussetzungen des gemeinderechtlichen Benutzungsanspruchs nicht gegeben sind.[218]

bb) Grenzen der Benutzung öffentlicher Einrichtungen

Die Einwohner der Gemeinde sind allerdings nur im Rahmen des geltenden Rechts berechtigt, die gemeindlichen öffentlichen Einrichtungen zu benutzen.[219] Der Rahmen des geltenden Rechts wird dabei in mehrfacher Hinsicht als Grenze des Anspruchs auf Benutzung öffentlicher Einrichtungen verstanden. Zum geltenden Recht in diesem Sinne zählt zunächst die Widmung, ein Anspruch auf Zulassung besteht dementsprechend

---

210 *Lange*, KomR, Kap. 13, Rn. 61 f.
211 BayVGH, NVwZ-R 2003, 771 (771).
212 Die Vorschriften dürften einen Rückgriff auf das Gemeinderecht sperren, siehe *Ehlers*, Jura 2012, 849 (850).
213 Andere Benutzer als politische Parteien können sich auf den allgemeinen Gleichheitsgrundsatz berufen, einen Benutzungsanspruch vermag dieser allerdings kaum zu begründen – vielmehr kann die Benutzung lediglich Folge der Vermeidung von Ungleichbehandlungen (etwa im Falle einer rechtswidrigen Widmung, die die Benutzung der öffentlichen Einrichtung nur durch bestimmte Einwohner zulässt) sein, siehe *Ehlers*, Jura 2012, 849 (850).
214 BVerwGE 31, 368 (379), 32, 333 (336).
215 BayVGH, DVBl. 2012, 253 ff.
216 OVG Magdeburg, NVwZ-RR 2011, 150 f.
217 OVG Lüneburg, NdsVBl. 2007, 166 ff.; ferner VGH BW, NVwZ-RR 1988, 43 ff., wonach eine Zulassung nur zu Veranstaltungen örtlichen Charakters mit örtlichem Einzugsbereich begehrt werden kann.
218 *Burgi*, KomR, § 16, Rn. 42 ff.; anders siehe auch *Ehlers*, Jura 2012, 849 (850 f., 853), der darauf hinweist, dass abseits der Widmung kein Anspruch auf fehlerfreie Ermessensentscheidung bestehe, sondern nur geltend gemacht werden könne, dass die Widmung mit höherrangigem Recht unvereinbar sei.
219 § 10 Abs. 2 S. 2 GemO BW; Art. 21 Abs. 1 S. 1 BayGO; § 12 Abs. 1 BbgKVerf; § 20 Abs. 1 HGO; § 14 Abs. 2 KV-MV; § 30 Abs. 1 NKomVG; § 8 Abs. 2 GO NW; § 14 Abs. 2 RhPfGemO; § 19 Abs. 1 SaarlKSVG; § 10 Abs. 2 SächsGemO; § 24 Abs. 1 KVG LSA; § 18 Abs. 1 S. 1 GO SH; § 14 Abs. 1 ThürKO.

nur im Rahmen dieser Widmung;[220] Gleiches gilt für die von der Gemeinde festgeschriebenen Regelungen über die Benutzung öffentlicher Einrichtungen.[221] Das geltende Recht setzt dem Benutzungsanspruch weitere Grenzen, sofern der durch Tatsachen begründete Verdacht besteht, die Benutzung öffentlicher Einrichtungen gehe mit Verstößen gegen die Rechtsordnung einher. Ein Zulassungsanspruch kann etwa im Falle einer Gefährdung der öffentlichen Sicherheit oder Ordnung ausgeschlossen sein – etwa wenn die Begehung von Straftaten oder Ordnungswidrigkeiten droht oder Schäden an der öffentlichen Einrichtung selbst oder etwa für Teilnehmer einer Veranstaltung zu befürchten sind;[222] sofern allerdings namentlich angekündigte Protestaktionen gegen eine geplante Veranstaltung zum Eintritt eines Schadens führen, ist der Benutzungsanspruch nicht ausgeschlossen, es sei denn, die strengen (gefahrenabwehrrechtlichen) Voraussetzungen des Einschreitens gegen Nichtstörer liegen vor.[223] Mit einem derartigen Rückgriff auf eine Gefährdung der öffentlichen Sicherheit und Ordnung eignet sich die Gemeinde auch nicht etwa gefahrenabwehrrechtliche Befugnisse an, vielmehr dienen derartige Maßnahmen allein der Wahrung der Integrität und Identität der öffentlichen Einrichtung.[224]

52 Ebenfalls außerhalb des geltenden Rechts liegt eine Benutzung, die die Kapazität öffentlicher Einrichtungen übersteigt. Der Anspruch auf Zulassung besteht dementsprechend nur innerhalb der Kapazitätsgrenzen.[225] Überschreitet die Anzahl der Benutzer die Kapazität der öffentlichen Einrichtung, obliegt es daher der Gemeinde, eine Auswahl zu treffen, die sich in Ausübung pflichtgemäßen Ermessens nach sachlichen Gesichtspunkten zu richten und den Gleichheitssatz zu berücksichtigen hat.[226] Über diese Auswahl muss nach der Rechtsprechung die Gemeinde selbst entscheiden, sie kann diese Entscheidung nicht der privatrechtlich organisierten Einrichtung überlassen.[227] Zuständig soll auch insoweit nicht der Bürgermeister, sondern vielmehr die Gemeindevertretung sein.[228] Materiellrechtliche Vorgaben für die Auswahlentscheidung hat die Rechtsprechung bereichsspezifisch für nicht festgesetzte Volksfeste präzisiert: Die Auswahlentscheidung kann sich danach in entsprechender Anwendung des § 70a GewO nach der Zuverlässigkeit richten. Auch darüber hinaus sind Parallelen zum Gewerberecht unverkennbar – es verstößt nämlich nicht gegen den Gleichheitssatz, wenn die Gemeinde die Auswahl anhand der Kriterien „bekannt und bewährt" vornimmt.[229] Bei bekannten und bewährten Bewerbern sei namentlich ein störungsfreier Betriebsablauf eher gewährleistet; weiter sprächen der geringere Verwaltungsaufwand und das Interesse der Besucher für das Prinzip „bekannt und bewährt". Neubewerber dürfen allerdings nicht aus sachfremden Erwägungen, etwa gerade weil sie nicht bekannt und bewährt sind, ausgeschlossen werden.[230]

---

220 OVG Münster, NJW 1976, 820 (822).
221 *Lange*, DVBl. 2014, 753 (756).
222 *Burgi*, KomR, § 16, Rn. 32.
223 VGH BW, DÖV 1987, 650 ff.
224 *Burgi*, KomR, § 16, Rn. 31.
225 *Lange*, KomR, Kap. 13, Rn. 85.
226 Zur Zulässigkeit des Prioritätsprinzips VGH BW, DVBl. 2015, 59 f.
227 BayVGH, NVwZ-RR 2002, 465 f.
228 BayVGH, NVwZ 1982, 120 (121); OVG Saarlouis, NVwZ-RR 2010, 972 (973); ferner BayVGH, NVwZ-RR 2003, 771 ff.; BayVGH, NVwZ-RR 2004, 599 ff.
229 BVerwG, DÖV 1982, 82 f.
230 BayVGH, NVwZ 1982, 120 (121); siehe ferner *Ehlers*, Jura 2012, 692 (697), der das Prioritätsprinzip oder ein Losverfahren für zulässig hält.

cc) Gerichtliche Durchsetzung des Zulassungsanspruchs

Die Zwei-Stufen-Theorie hat nicht nur Bedeutung für den Inhalt des Benutzungsanspruchs, vielmehr formuliert die Zwei-Stufen-Theorie auch Maßgaben für dessen verwaltungsgerichtliche Durchsetzung. Das Bundesverwaltungsgericht hat dazu grundlegend festgestellt, dass Streitigkeiten über die Benutzung öffentlicher Einrichtungen auch dann nach § 40 VwGO zu beurteilen sind, wenn die Gemeinde die öffentliche Einrichtung in Privatrechtsform betreiben lässt. Die Zuständigkeit der ordentlichen Gerichte ist demgegenüber bei privatrechtlicher Ausgestaltung des Benutzungsverhältnisses auf eben diese Modalitäten der Benutzung beschränkt.[231] Statthaft zur Geltendmachung des Benutzungsanspruchs dürfte angesichts der Tatsache, dass es sich bei der Zulassungsentscheidung um einen Verwaltungsakt handelt,[232] die Verpflichtungsklage sein.[233] Hinsichtlich der Frage, ob eine Gemeinde die Benutzung einer öffentlichen Einrichtung auch für politische Veranstaltungen zulassen muss, hat das Bundesverwaltungsgericht allerdings auch die Feststellungsklage für zulässig erachtet – was allerdings auf den im konkreten Fall gegenüber der Gemeinde erhobenen Vorwurf zurückgeführt wurde, sie hätte eine Verpflichtungsentscheidung für die Zukunft nicht als verbindlich angesehen.[234] Die Geltendmachung des Einwirkungs- und Verschaffungsanspruchs dürfte demgegenüber in Gestalt der allgemeinen Leistungsklage möglich sein. Mit Blick auf die Auswahlentscheidung der Gemeinde sind schließlich die prozessualen Besonderheiten der Konkurrentenklage (und insbesondere des vorläufigen Rechtsschutzes) zu berücksichtigen.[235]

53

c) Das Benutzungsverhältnis (im Überblick)

Des Weiteren hat die Zwei-Stufen-Theorie zur Folge, dass die Gemeinde schließlich auch zur Regelung des Benutzungsverhältnisses aufgerufen ist. Solche Vorgaben für das Benutzungsverhältnis dürften von der Widmung dadurch zu unterscheiden sein, dass sie lediglich Anforderungen für die Benutzung formulieren.[236] Es steht der Gemeinde grundsätzlich frei, das Benutzungsverhältnis öffentlich-rechtlich oder privatrechtlich auszugestalten.[237] Zumindest bei öffentlichen Einrichtungen, die als öffentliche Anstalt betrieben werden, ist nach der Rechtsprechung von öffentlich-rechtlichen Leistungsbeziehungen indes schon immer dann auszugehen, wenn diese nicht eindeutig privatrechtlich ausgestaltet werden.[238] Öffentliche Einrichtungen in Privatrechtsform

54

---

231 BVerwG, NJW 1990, 134 f.; ferner HessVGH, NVwZ-RR 1994, 650 ff.; BayVGH, GewArch 1988, 245 ff.; kritisch dazu *Ehlers*, Jura 2012, 849 (854), der anmerkt, es sei ungeklärt, welcher Rechtsweg eröffnet ist, sofern gegenüber einer öffentlichen Einrichtung in Privatrechtsform ein privatrechtlicher Kontrahierungszwang nach §§ 19, 20 i.V.m. § 130 GWB geltend gemacht werde.
232 Dazu Teil 2, § 7, Rn. 49.
233 *Lange*, KomR, Kap. 13, Rn. 57; ferner *Burgi*, KomR, § 16, Rn. 35 mit dem Hinweis, die allgemeine Leistungsklage sei statthaft, wenn über die Zulassung in Gestalt eines öffentlich-rechtlichen Vertrages entschieden werde,
234 BVerwGE 32, 333 (335); allgemein dazu auch *Burgi*, KomR, § 16, Rn. 35 mit dem Hinweis, dass die Feststellungsklage statthaft sei, wenn eine grundsätzliche Klärung hinsichtlich einer bestimmten Art von Veranstaltungen angestrebt werde.
235 *Ehlers*, Jura 2012, 849 (856).
236 *Lange*, DVBl. 2014, 753 (754).
237 Mit Blick auf den Anschluss- und Benutzungszwang BVerwGE 123, 159 (161).
238 VGH BW, NVwZ-RR 1989, 267 (268); zu den Indizien, die für eine öffentlich-rechtliche oder privatrechtliche Ausgestaltung sprechen, *Ehlers*, Jura 2012, 692 (695 f.), der allerdings einer solchen Vermutung nicht zustimmt.

können das Benutzungsverhältnis demgegenüber grundsätzlich nicht öffentlich-rechtlich ausgestalten – dies würde vielmehr eine Beleihung voraussetzen.[239]

55 Entscheidet sich die Gemeinde für eine öffentlich-rechtliche Ausgestaltung des Benutzungsverhältnisses, wird die Benutzung im Einzelfall durch Verwaltungsakt oder verwaltungsrechtlichen Vertrag geregelt.[240] Das Leistungsstörungsrecht bestimmt sich dabei nach den Grundsätzen des Verwaltungsprivatrechts – namentlich Schadensersatzansprüche ergeben sich daher aus der sinngemäßen Anwendung des vertraglichen Schuldrechts als Ausdruck allgemeiner Rechtsgedanken auf öffentlich-rechtliche Verhältnisse jedenfalls in solchen Fällen, in denen besonders enge Beziehungen des Einzelnen zur Verwaltung begründet worden sind und mangels ausdrücklicher gesetzlicher Regelung ein Bedürfnis zu einer angemessenen Verteilung der Verantwortung innerhalb des öffentlichen Rechts vorliegt.[241] Des Weiteren können allgemeine Regelungen über das Benutzungsverhältnis grundsätzlich als Satzung oder öffentlich-rechtliche Benutzungsordnung – die als Allgemeinverfügung im Sinne des § 35 S. 2 VwVfG qualifiziert werden[242] – getroffen werden. Eine entsprechende Ermächtigung der Gemeinden soll sich nach der Rechtsprechung schon aus der Befugnis zum Betrieb öffentlicher Einrichtungen ergeben.[243] Des Weiteren werden die Gemeinden unmittelbar aus den gemeinderechtlichen Vorschriften über die öffentlichen Einrichtungen für berechtigt gehalten, Maßnahmen zu ergreifen, die den ordnungsgemäßen Betrieb und den Widmungszweck sicherstellen; dies könne auch ohne ausdrückliche Ermächtigung durch Verwaltungsakt geschehen.[244] Die Grenzen dieser Regelungsbefugnis werden regelmäßig aus ihrem Zweck (den ordnungsgemäßen Betrieb und den Widmungszweck sicherzustellen) sowie dem Gleichbehandlungsgrundsatz und schließlich dem Grundsatz der Verhältnismäßigkeit deduziert.[245] Das Bundesverwaltungsgericht hat diesbezüglich festgestellt, dass die Gemeinden befugt sind, bei drohenden Beschädigungen öffentlicher Einrichtungen Sicherungen und Sicherheiten zu verlangen.[246]

56 Grundrechtliche Grenzen hat die Rechtsprechung ebenfalls aufgezeigt: In einem kommunalen Kindergarten verstößt etwa ein Tischgebet grundsätzlich nicht gegen das

---

239 Ausführlich *Burgi*, KomR, § 16, Rn. 52 ff.
240 *Ehlers*, Jura 2012, 692 (696).
241 Dazu (sowie zur Bedeutung des Amtshaftungsrechts für das Benutzungsverhältnis) *Ehlers*, Jura 2012, 692 (699 f.); allgemein ferner BGHZ 54, 299 ff. (zu Schadensersatzansprüchen bei der Herstellung der Anschlussleitung an die Abwässerkanalisation); BGHZ 59, 303 ff. (zu Schadensersatzansprüchen bei der Lieferung verschmutzten Wassers durch die Gemeinde); BGHZ 61, 7 ff. (zur Haftung des gemeindlichen Schlachthofträgers wegen mangelhafter baulicher Beschaffenheit); siehe auch BVerwG, NJW 1995, 2303 ff. (zu Schadensersatzansprüchen der Gemeinde aus dem sogenannten Kanalbenutzungsverhältnis); zum Ganzen *Maurer*, AllgVerwR, 18. Aufl. 2011, § 29, Rn. 2 ff.
242 VGH BW, NVwZ-RR 2012, 939 (941 f.).
243 OVG Münster, NVwZ-RR 2003, 297 f.; kritisch dazu *Lange*, KomR, Kap. 13, Rn. 100 f.
244 OVG Münster, NWVBl. 1995, 313; siehe aber auch *Ehlers*, Jura 2012, 692 (697), der benutzungsregelnde Anordnungen schon nicht als Verwaltungsakte qualifiziert.
245 OVG Münster, NVwZ-RR 2009, 692 f.; aus europarechtlicher Sicht sind ferner das Diskriminierungsverbot gemäß Art. 18 AEUV sowie die Dienstleistungsfreiheit im Sinne des Art. 56 AEUV zu berücksichtigen – der Europäische Gerichtshof hat entschieden, dass ein Mitgliedstaat, der von lokalen oder dezentralen Einrichtungen des Staates gewährte Tarifvorteile für den Zugang zu öffentlichen Museen, Denkmälern, Galerien, antiken Ausgrabungsstätten sowie Parkanlagen und Gärten mit Denkmalcharakter seinen eigenen Staatsangehörigen oder den im Gebiet der die fragliche kulturelle Anlage betreibenden Stelle Ansässigen von mehr als sechzig oder fünfundsechzig Jahren vorbehält und Touristen, die Staatsangehörige der anderen Mitgliedstaaten sind, oder Gebietsfremde, die dieselben objektiven Altersvoraussetzungen erfüllen, von diesen Vorteilen ausschließt, gegen seine Verpflichtungen aus diesen Regelungen verstößt, siehe EuGH, Slg. 2003, I-721 ff.
246 BVerwGE 32, 333 (337 f.).

staatliche Neutralitätsgebot; der negativen Bekenntnisfreiheit muss allerdings dadurch Rechnung getragen werden, dass die Teilnahme am Tischgebet freiwillig ist.[247] Mehrschichtige Unsicherheiten folgten zuletzt aus gemeindlichen Benutzungsregelungen, nach denen auf einem Friedhof nur Grabmale aufgestellt werden dürfen, die nachweislich in der gesamten Wertschöpfungskette ohne ausbeuterische Kinderarbeit hergestellt wurden:[248] Der Bayerische Verwaltungsgerichtshof führte insoweit – letztlich in Übereinstimmung mit der nachfolgenden Entscheidung des Bundesverwaltungsgerichts – aus, dass für eine solche Benutzungsregelung eine Ermächtigungsgrundlage fehle. Insbesondere könnten sich die Gemeinden nicht darauf berufen, die Benutzung ihrer öffentlichen Einrichtungen durch Satzung regeln zu dürfen. Anstaltsfremde Zwecke dürften nämlich nicht verfolgt werden. Des Weiteren könnten die Gemeinden die Benutzung ihrer öffentlichen Einrichtungen zwar durch Satzung regeln, diese Satzungsbefugnis sei aber auf die Angelegenheiten der örtlichen Gemeinschaft beschränkt.[249] Der Bayerische Verfassungsgerichtshof wies demgegenüber darauf hin, dass nicht schon aufgrund der allgemeinpolitischen Bedeutung ausgeschlossen werden könne, eine derartige Benutzungsregelung gehöre nicht mehr zum Rechtskreis der Totenbestattung und damit auch nicht zum Rechtskreis des gemeindlichen Selbstverwaltungsrechts.[250] Das Bundesverwaltungsgericht geht ebenfalls davon aus, dass eine entsprechende Benutzungsregelung die Angelegenheiten der örtlichen Gemeinschaft nicht überschreitet – es handele sich um eine Regelung der Benutzung kommunaler Friedhöfe. Die Benutzungsregelung genüge jedoch nicht den verfassungsrechtlichen Anforderungen für Beeinträchtigungen der grundrechtlich geschützten Berufsfreiheit: Regelungen über das Benutzungsverhältnis, die das Grundrecht der Berufsfreiheit tangieren, bedürften zuvörderst einer gesetzlichen Grundlage.[251] Eine solche gesetzliche Grundlage könne aber nicht in der den Gemeinden eingeräumten Befugnis erblickt werden, die Benutzung ihrer öffentlichen Einrichtungen zu regeln.[252]

4. Sonstige Rechte der Bürger und Einwohner

Weitere Rechte der Bürger und Einwohner ergeben sich aus der Pflicht der Gemeinden zur Beratung und Unterrichtung. Die erforderliche Hilfestellung ist von Bundesland zu Bundesland unterschiedlich ausgeprägt, überwiegend bezieht diese sich auf die Einleitung von Verwaltungsverfahren sowie die Entgegennahme und Weiterleitung von Anträgen an zuständige Behörden oder das Bereithalten von Vordrucken.[253] Darüber hinaus sind die Einwohner oftmals über allgemein bedeutsame Angelegenheiten zu un-

57

---

247 HessVGH, NJW 2003, 2846 f.
248 Dazu auch Teil 1, § 3, Rn. 27, 65.
249 BayVGH, BayVBl. 2009, 367 ff.
250 BayVerfGH, NVwZ-RR 2012, 50 ff.
251 Allgemein dazu auch *Burgi*, KomR, § 16, Rn. 50 f. mit dem Hinweis, dass zwar grundsätzlich der Vorbehalt des Gesetzes gelte, aber nicht jede Verhaltensregel als Grundrechtseingriff zu qualifizieren sei – mit der Ausgestaltung der Nutzungsbestimmungen einer öffentlichen Einrichtung erklärten sich deren Benutzer nämlich einverstanden.
252 BVerwGE 148, 133 (143 f.); siehe aber auch noch BayVGH, NVwZ-RR 1995, 347 f.; OVG Koblenz, NVwZ-RR 2009, 394 ff.; *Ehlers*, Jura 2012, 692 (696) mit dem Hinweis, die Benutzer hätten sich mit der Nutzung der jeweiligen Einrichtung gleichsam den Regelungen unterworfen, die mit der Nutzung untrennbar verbunden sind.
253 Siehe etwa § 17 BbgKVerf; § 14 Abs. 3 KV M-V; § 37 NKomVG; § 22 GO NW; § 13 SächsGemO; § 29 KVG LSA; § 16d GO SH; § 15 Abs. 2 ThürKO.

terrichten;[254] die Gemeinden kommen dieser Anforderung regelmäßig durch die Einberufung von Einwohnerversammlungen nach.[255] Obschon das Gemeinderecht einiger Bundesländern sogar eine Verpflichtung zur Einberufung solcher Versammlungen enthält, soll beispielsweise Art. 18 Abs. 2 BayGO kein Recht einräumen, die Einberufung einer Bürgerversammlung zu verlangen.[256] Den Gedanken der Unterrichtung der Einwohner greift das Gemeinderecht (ohne insoweit eine Berechtigung zu normieren) auch noch in einem anderen Zusammenhang auf: Im Rahmen von öffentlichen Sitzungen der Gemeindevertretung kann Einwohnern – etwa nach § 33 Abs. 4 GemO BW – die Möglichkeit eingeräumt werden, Fragen zu stellen oder Anregungen und Vorschläge zu unterbreiten.[257]

58 Schließlich regelt das Gemeinderecht – obschon auch die Gemeindevertretung als Volksvertretung im Sinne des Art. 17 GG qualifiziert wird[258] –, dass sich jeder (oder jeder Einwohner) mit Anregungen und Beschwerden an die Gemeindevertretung wenden kann. Die Zuständigkeitsregelungen des Gemeindeverfassungsrechts bleiben dabei unberührt, der Gemeindevertretung obliegt dementsprechend die Weiterleitung.[259] Allerdings soll jedenfalls die Gemeindevertretung gehalten sein, ihrer Pflicht zur Unterrichtung nachzukommen. Ferner kann oftmals ein Ausschuss mit der Erledigung der Anregungen und Beschwerden beauftragt werden.[260]

III. Pflichten der Bürger und Einwohner

59 Den Rechten stehen Pflichten der Bürger und Einwohner gegenüber. Oftmals wird ganz in diesem Sinne im Zusammenhang mit öffentlichen Einrichtungen bestimmt, dass die Bürger und Einwohner verpflichtet sind, „die Lasten zu tragen, die sich aus ihrer Zugehörigkeit zu der Gemeinde ergeben."[261] Zuvörderst handelt es sich dabei um Geldleistungspflichten, etwa die Pflicht zur Zahlung von Steuern, Gebühren und Beiträgen.[262]

1. Anschluss- und Benutzungszwang

60 ▶ **FALL 20:** Eine Gemeinde beschließt eine Fernwärmeversorgungssatzung und ordnet darin den Anschluss- und Benutzungszwang für eine von einem privatrechtlich organisierten Unternehmen betriebene Fernwärmeversorgungseinrichtung an; dieses Unternehmen, dessen Mitgesellschafter die Gemeinde ist, und die Gemeinde hatten zuvor einen Vertrag zur

---

254 Dazu etwa § 20 GemO BW; § 13 S. 1 BbgKVerf; § 16 KV M-V; § 85 Abs. 5 NKomVG; § 23 GO NW; § 15 RhPfGemO; § 20 SaarlKSVG; § 11 SächsGemO; § 28 Abs. 1 S. 1 KVG LSA; § 16a GO SH; § 15 Abs. 1 S. 1 ThürKO.
255 § 20a GemO BW; Art. 18 BayGO; § 13 S. 2 BbgKVerf; § 16 Abs. 1 S. 2 KV M-V; § 85 Abs. 5 S. 4 NKomVG; § 23 Abs. 2 S. 2 GO NW; § 16 RhPfGemO; § 20 Abs. 1 S. 2 SaarlKSVG; § 22 SächsGemO; § 28 Abs. 1 S. 2 KSG LSA; § 16b GO SH; § 15 Abs. 1 S. 2 ThürKO.
256 BayVGH, NVwZ-RR 1996, 459 f.
257 Siehe auch § 13 S. 2 BbgKVerf; § 17 Abs. 1 KV M-V; § 62 Abs. 1 NKomVG; § 48 Abs. 1 S. 3 GO NW; § 16a RhPfGemO; § 20a SaarlKSVG; § 44 Abs. 3, 4 SächsGemO; § 28 Abs. 2 KVG LSA; ferner § 16c GO SH, wonach – ebenso wie nach § 35 NKomVG, § 20b SaarlKSVG und § 28 Abs. 3 KVG LSA – zudem auch eine konsultative Befragung durchgeführt werden kann.
258 OVG Münster, NJW 1979, 281 f.
259 *Lange*, KomR, Kap. 4, Rn. 228.
260 Zum Ganzen Art. 56 Abs. 3 BayGO; § 16 BbgKVerf; § 14 Abs. 1 KV M-V; § 34 Abs. 1 S. 1 NKomVG; § 24 Abs. 1 S. 1 GO NW; § 16b S. 1 RhPfGemO; § 12 Abs. 1 S. 1 SächsGemO; § 16e S. 1 GO SH; ferner Art. 19 LV LSA.
261 § 8 Abs. 2 GO NW; ferner § 10 Abs. 2 S. 3 GemO BW; Art. 21 Abs. 1 S. 2 BayGO; § 20 Abs. 1 HGO; § 14 Abs. 2 KV M-V; § 30 Abs. 1 NKomVG; § 14 Abs. 2 RhPfGemO; § 19 Abs. 1 SaarlKSVG; § 10 Abs. 2 SächsGemO; § 24 Abs. 1 KVG LSA; § 18 Abs. 1 S. 2 GO SH; § 14 Abs. 1 ThürKO.
262 *Mann*, in: Mann/Püttner (Hrsg.), HKWP, Bd. I, § 17, Rn. 32 ff.

§ 7 Bürger und Einwohner

Sicherung von Einwirkungs- und Kontrollrechten geschlossen. Der Geltungsbereich der Fernwärmeversorgungssatzung wird auf ein mit Wohnblöcken bebautes Gemeindegebiet beschränkt. Dagegen wendet sich die Eigentümerin mehrerer im Geltungsbereich der Satzung gelegener Grundstücke. Im Wege eines Normenkontrollverfahrens will sie die Fernwärmeversorgungssatzung für ungültig erklären lassen. ◄

Ebenfalls im unmittelbaren Zusammenhang mit öffentlichen Einrichtungen steht den Gemeinden die Möglichkeit offen, einen Anschluss- und Benutzungszwang (durch Satzung) für solche Einrichtungen anzuordnen, sofern ein öffentliches Bedürfnis vorliegt.[263] Die gemeinderechtlichen Vorschriften über die kommunale Satzungsautonomie sind angesichts der mit dem Anschluss- und Benutzungszwang verbundenen Grundrechtsbeeinträchtigungen insoweit allerdings nicht ausreichend, weswegen das Gemeinderecht eine ausdrückliche Ermächtigung zur Anordnung des Anschluss- und Benutzungszwangs formuliert.[264] Der Anschlusszwang beschreibt dabei die Verpflichtung, technische Vorrichtungen zu schaffen, um gemeindliche Leistungen in Anspruch nehmen zu können. Dass dabei oftmals auf die im Gemeindegebiet liegenden Grundstücke verwiesen wird, trägt der Grundstücksbezogenheit solcher Vorrichtungen Rechnung.[265] Der Benutzungszwang ist demgegenüber auf die Nutzung gemeindlicher Leistungen gerichtet und verbietet grundsätzlich eine anderweitige Beschaffung.[266] Auch der Anschluss- und Benutzungszwang begründet ein Benutzungsverhältnis, das ebenfalls öffentlich-rechtlich oder privatrechtlich ausgestaltet werden kann – insbesondere schließt die verpflichtende Anordnung eines Anschluss- und Benutzungszwangs es nicht aus, dass das Benutzungsverhältnis privatrechtlich ausgestaltet wird.[267]

61

a) Voraussetzungen

Das Gemeinderecht ermöglicht die Anordnung eines Anschluss- und Benutzungszwangs zunächst nur für bestimmte Einrichtungen. Es muss sich jedenfalls um öffentliche Einrichtungen handeln,[268] darüber hinaus nennt das Gemeinderecht von Bundesland zu Bundesland abweichend ausdrücklich nur bestimmte Einrichtungen: Der Anschlusszwang ist häufig gerichtet auf die Wasserleitung, die Kanalisation, Einrichtungen zur Versorgung mit (Nah- und) Fernwärme, die Straßenreinigung und ähnliche der Volksgesundheit (oder etwa auch dem Gemeinwohl[269] sowie dem Schutz der natürlichen Grundlagen des Lebens einschließlich des Klima- und Ressourcenschutzes[270] oder

62

---

263 § 11 Abs. 1 S. 1 GemO BW; Art. 24 Abs. 1 Nr. 2, 3 BayGO; § 12 Abs. 2 BbgKVerf; § 19 Abs. 2 S. 1 HGO; § 15 Abs. 1 S. 1 KV M-V; § 13 S. 1 NKomVG; § 9 S. 1 GO NW; § 26 Abs. 1 RhPfGemO; § 22 Abs. 1 SaarlKSVG; § 14 Abs. 1 SächsGemO; § 11 Abs. 1 KVG LSA; § 17 Abs. 2 S. 1 GO SH; § 20 Abs. 2 S. 1 Nr. 2 ThürKO.
264 BVerwGE 90, 359 (363); diesbezügliche Regelungen finden sich überwiegend auch auf Kreisebene, siehe Art. 18 Abs. 1 Nr. 2 BayLKrO; § 131 Abs. 1 S. 1 i.V.m. § 12 Abs. 2, 3 BbgKVerf; § 100 KV M-V; § 13 NKomVG; § 7 KrO NW; § 19 RhPfLKO; § 154 SaarlKSVG; § 12 SächsLKrO; § 17 KrO SH; § 99 Abs. 2 Nr. 2 ThürKO.
265 Nach der Rechtsprechung begründet die Anstaltsgewalt auch die Ermächtigung zur Durchsetzung des Anschluss- und Benutzungszwangs, siehe OVG Münster, DÖV 2012, 245.
266 Zum Ganzen *Lange*, KomR, Kap. 13, Rn. 125 ff. mit dem Hinweis, dass der Anschlusszwang diejenigen verpflichte, die rechtlich über die Schaffung einer solchen Vorrichtung bestimmen können.
267 BVerwGE 123, 159 ff.
268 OVG Bautzen, SächsVBl. 2005, 256 ff.; ferner OVG Magdeburg, NVwZ-RR 2008, 810 (811); das Bundesverwaltungsgericht hat darin keine Verletzung von Art. 28 Abs. 2 GG erblickt, siehe BVerwGE 123, 159 ff. mit dem Hinweis, dass Gemeinden den Betrieb der Einrichtung einschließlich der Rechtsbeziehungen zum Benutzer einem privaten Unternehmen übertragen können, wenn sie sich selbst entsprechend wirksame Kontroll- und Einflussmöglichkeiten vorbehalten.
269 § 15 Abs. 1 S. 1 KV M-V; § 13 S. 1 Nr. 1c) NKomVG, § 26 Abs. 1 S. 1 RhPfGemO; § 20 Abs. 2 S. 1 Nr. 2 ThürKO.
270 § 11 Abs. 1 S. 1 GemO BW; ähnlich § 17 Abs. 2 S. 1 GO SH.

aber dem Umweltschutz[271]) dienende Einrichtungen; beim Benutzungszwang kommen überwiegend die Schlachthöfe sowie Bestattungseinrichtungen dazu.[272] Insbesondere der Begriff der ähnlichen (der Volksgesundheit dienenden) Einrichtungen ist dabei mit Unsicherheiten belastet. Sofern lediglich die Volksgesundheit als Bezugspunkt genannt wird, darf die oftmals nachträglich normierte Erstreckung des Anschluss- und Benutzungszwangs auf Einrichtungen der Fernwärme nicht zu einem ausufernden Begriffsverständnis führen. Als zulässig wird der Anschluss- und Benutzungszwang daher etwa für die Entleerung von Kleinkläranlagen oder für Autoschrottplätze erachtet – wobei sondergesetzliche Regelungen (wie etwa § 17 Abs. 1 KrWG, der landesrechtliche Überlassungspflichten ermöglicht) zu berücksichtigen sind. Nicht der Volksgesundheit dienende Einrichtungen sind demgegenüber Gas- und Elektrizitätswerke oder Kultureinrichtungen.[273]

63 Überdies setzt der Anschluss- und Benutzungszwang ein (dringendes) öffentliches Bedürfnis voraus.[274] Grundsätzlich ist ein öffentliches Bedürfnis gegeben, wenn durch den Anschluss- und Benutzungszwang nach objektiven Maßstäben das Wohl der Einwohner gefördert wird.[275] Nach § 12 Abs. 2 S. 4 BbgKVerf können Gründe des öffentlichen Wohls überdies auch Gründe des Schutzes der natürlichen Grundlagen des Lebens einschließlich des Klima- oder Ressourcenschutzes sein. Abseits derartiger ausdrücklicher Regelungen kommt als öffentliches Bedürfnis auch die Volksgesundheit in Betracht. Schon abstrakte Gefahren der Volksgesundheit sollen den Anschluss- und Benutzungszwang rechtfertigen, derartige Gefahren müssten zudem nur für den Geltungsbereich des Anschluss- und Benutzungszwangs im Allgemeinen gegeben sein.[276] Kein öffentliches Bedürfnis kann gemäß § 15 Abs. 1 S. 2 KV M-V in der Erhöhung der Wirtschaftlichkeit der Einrichtung erblickt werden. „Fiskalische Gründe für sich vermögen den Anschluss- und Benutzungszwang [daher] nicht zu legitimieren" – im Interesse der Wirtschaftlichkeit und Rentabilität der gemeindlichen Einrichtung kann allerdings die zwangsweise Einbeziehung etwa aller Grundstückseigentümer zulässig sein.[277]

64 Den Gemeinden obliegen dementsprechend weitreichende Gestaltungsmöglichkeiten – etwa wurde der Anschluss- und Benutzungszwang für die Wasserversorgung und die Abwasserentsorgung für zulässig erachtet, da sowohl eine Versorgung mit Trinkwasser einwandfreier Qualität als auch eine ordnungsgemäße Entsorgung des Schmutzwassers gewährleistet und damit Gesundheitsgefahren vorgebeugt werde.[278] Des Weiteren wurde der Anschluss- und Benutzungszwang mit Blick auf die Trinkwasserversorgung damit gerechtfertigt, dass die Funktionsfähigkeit einer Vielzahl von hauseigenen Wasser-

---

271 § 14 Abs. 1 SächsGemO.
272 Zum Ganzen § 11 Abs. 1 S. 1 GemO BW; Art. 24 Abs. 1 Nr. 2, 3 BayGO; § 12 Abs. 2 BbgKVerf; § 19 Abs. 2 S. 1 HGO; § 15 Abs. 1 S. 1 KV M-V; § 13 S. 1 NKomVG; § 9 S. 1 GO NW; § 26 Abs. 1 RhPfGemO; § 22 Abs. 1 SaarlKSVG; § 14 Abs. 1 SächsGemO; § 11 Abs. 1 KVG LSA; § 17 Abs. 2 S. 1 GO SH; § 20 Abs. 2 S. 1 Nr. 2 ThürKO. Zur Unzulässigkeit des Benutzungszwangs für gemeindliche Leichenhäuser BayVerfGH, DVBl. 2005, 436 ff.; ferner HessVGH, NVwZ 1988, 847 ff.
273 Ausführlich *Lange*, KomR, Kap. 13, Rn. 129 ff.
274 § 11 Abs. 1 S. 1 GemO BW; Art. 24 Abs. 1 Nr. 2 BayGO; § 12 Abs. 2 S. 1 BbgKVerf; § 19 Abs. 2 S. 1 HGO; § 15 Abs. 1 S. 1 KV M-V; § 13 S. 1 NKomVG; § 9 S. 1 GO NW; § 26 Abs. 1 S. 1 RhPfGemO; § 22 Abs. 1 SaarlKSVG; § 14 Abs. 1 SächsGemO; § 11 Abs. 1 S. 1 KVG LSA; § 17 Abs. 2 S. 1 GO SH; § 20 Abs. 2 S. 1 Nr. 2 ThürKO.
275 VGH BW, VBlBW 2004, 337 ff.
276 BayVerfGH, NVwZ 2009, 298 (299).
277 BayVerfGH, NVwZ 2009, 298 (299 f.).
278 OVG Frankfurt (Oder), LKV 2004, 277 (278).

versorgungsanlagen und die Wasserqualität nicht laufend überwacht werden müsse.[279] Besonderheiten ergeben sich mit Blick auf Einrichtungen der Fernwärme, die von der Rechtsprechung unterschiedlich behandelt wurden: Sofern das Gemeinderecht zwar derartige Einrichtungen, nicht aber den Klimaschutz im Allgemeinen als den Anschluss- und Benutzungszwang rechtfertigendes öffentliches Bedürfnis erwähnt, hat die Rechtsprechung einen Anschluss- und Benutzungszwang bislang lediglich für zulässig erachtet, sofern die Gründe des öffentlichen Wohls einen hinreichenden örtlichen Bezug aufweisen. Diese Voraussetzung sei bei Einrichtungen der Fernwärme – so die Rechtsprechung – letztlich nur gegeben, wenn diese Einrichtungen darauf gerichtet sind, die örtliche Umweltsituation zu verbessern. Gestützt wurde diese Rechtsprechung darauf, dass der Kompetenzbereich der Gemeinden auf die Angelegenheiten der örtlichen Gemeinschaft beschränkt sei.[280] Etwas anderes gilt nach dem Bundesverwaltungsgericht allerdings dann, wenn sich die gemeinderechtlichen Regelungen über den Anschluss- und Benutzungszwang ausdrücklich auf die Versorgung mit Fernwärme sowie entweder den Schutz der natürlichen Grundlagen des Lebens oder den Klima- und Ressourcenschutz beziehen. Die Gemeinden seien dann ermächtigt, auch Ziele des Klimaschutzes im Allgemeinen zu verfolgen – abgesehen davon, dass die Landesgesetzgeber die Gemeinden zu einer entsprechenden Regelung ermächtigt hätte, könne – so das Bundesverwaltungsgericht – nicht zweifelhaft sein, dass die Versorgung der Gemeindeeinwohner mit Fernwärme einen deutlichen örtlichen Bezug aufweise, auch wenn das Ziel der Klimaschutz im Allgemeinen sei.[281] Diese Rechtsprechung hat der Bundesgesetzgeber zum Anlass genommen, um die Gemeinden gemäß § 16 EEWärmeG ganz allgemein zu ermächtigen, auch zum Zwecke des Klima- und Ressourcenschutzes einen Anschluss- und Benutzungszwang anzuordnen. Dadurch wurden die gemeinderechtlichen Ermächtigungsgrundlagen zur Anordnung eines Anschluss- und Benutzungszwangs für Einrichtungen der Fernwärme gewissermaßen erweitert, der Klimaschutz im Allgemeinen markiert folglich auch ohne örtlichen Bezug ein den Anschluss- und Benutzungszwang rechtfertigendes öffentliches Bedürfnis.[282]

Umstritten ist überdies, ob der Gemeinde mit Blick auf das (dringende) öffentliche Bedürfnis ein Beurteilungsspielraum zusteht. Die Rechtsprechung hat einen solchen Beurteilungsspielraum zuletzt wieder anerkannt – wohl überwiegend wird ein solcher Beurteilungsspielraum indes abgelehnt.[283] Nach der Rechtsprechung ist die Anordnung ei-

65

---

279 OVG Münster, NWVBl. 2011, 322; ferner OVG Münster, NWVBl. 2003, 380 ff., wonach ein öffentliches Interesse der Volksgesundheit zwar regelmäßig für die Anordnung des Anschluss- und Benutzungszwangs hinsichtlich des Schmutzwassers, nicht jedoch ohne weiteres auch des Niederschlagswassers anzunehmen ist; dazu aber auch BayVerfGH, NVwZ 2009, 298 (300), wonach der Anschluss- und Benutzungszwang mit Blick auf eine öffentliche Entwässerungseinrichtung für im Trennsystem zu beseitigendes Niederschlagswasser etwa durch die besonderen Verhältnisse des Untergrundes, den Schutz des Grundwassers, sonstiger Gewässer oder von Trinkwasserreservoiren oder auch dadurch, dass die Funktionsfähigkeit der Entwässerungsanlage die Trennung von Schmutz- und Niederschlagswasser erfordert, gerechtfertigt werden kann.
280 Mit Blick auf den inzwischen außer Kraft getretenen § 8 Nr. 2 GO LSA OVG Magdeburg, NVwZ-RR 2008, 810 (811 f.); mit Blick auf § 11 Abs. 2 GemO BW a.F. VGH BW, VBlBW 2004, 337 ff.; ferner BVerfG, NVwZ 2006, 595 ff. mit dem Hinweis, dass Art. 20a GG die Gemeinden nicht ermächtigt, Aufgaben des Umweltschutzes an sich zu ziehen.
281 BVerwGE 125, 68 ff.
282 Siehe dazu Kahl, VBlBW 2011, 53 ff.; Böhm/Schwarz, DVBl. 2012, 540 ff. – Besonderheiten ergeben sich allenfalls aus Art. 24 Abs. 1 Nr. 3 BayGO, wonach der Anschluss- und Benutzungszwang bei Einrichtungen der Fernwärme auf Grundstücke, die einer neuen Bebauung zugeführt werden, und in Sanierungsgebieten beschränkt ist.
283 Mann, in: Mann/Püttner (Hrsg.), HKWP, Bd. I, § 17, Rn. 42.

nes Anschluss- und Benutzungszwangs nur daraufhin zu überprüfen, ob die Gemeinden bei der Feststellung des (dringenden) öffentlichen Bedürfnisses den Sinn und Zweck der gesetzlichen Regelungen verkannt haben oder der Anschluss- und Benutzungszwang unverhältnismäßig erscheint;[284] des Weiteren müssten die Gemeinden den zugrunde liegenden Sachverhalt vollständig und zutreffend ermittelt haben – jede auf der Grundlage eines unvollständigen Sachverhaltes getroffene Ermessens- oder Beurteilungsentscheidung sei fehlerhaft.[285]

b) Grenzen

66 Aus Gründen der Verhältnismäßigkeit kann der Anschluss- und Benutzungszwang auf bestimmte Teile des Gemeindegebiets oder auf bestimmte Gruppen von Grundstücken oder Personen zu beschränken sein;[286] auch können Ausnahmen und Befreiungen vorzusehen sein.[287] Das Bestimmtheitsgebot steht entsprechenden Regelungen allenfalls selten entgegen, wurden doch etwa auch Befreiungen „für besondere Fälle" oder „aus schwerwiegenden Gründen" für zulässig erachtet.[288] Insbesondere mit Blick auf solche Formulierungen wird allerdings die Frage aufgeworfen, ob es sich lediglich um unbestimmte Rechtsbegriffe handelt[289] oder aber den Gemeinden auch insoweit ein Beurteilungsspielraum zusteht.[290] Ferner werden auch Regelungen für zulässig erachtet, die Ausnahmen ins Ermessen der Gemeinde stellen.[291]

67 Im Einzelnen hat das Bundesverwaltungsgericht darauf hingewiesen, dass die Anordnung eines Anschluss- und Benutzungszwangs für eine öffentliche Wasserversorgungsanlage eine zulässige gesetzliche Inhaltsbestimmung gemäß Art. 14 Abs. 1 S. 2 GG darstelle und Ausdruck der Sozialbindung des Eigentums gemäß Art. 14 Abs. 2 GG sei. Dies gelte auch, wenn der betroffene Grundstückseigentümer seinen Wasserbedarf bisher aus einer eigenen, einwandfreies Wasser liefernden Anlage gedeckt hat. Die Eigentumsrechte des Grundeigentümers seien von vornherein dahin eingeschränkt, dass er seine Anlage nur solange benutzen darf, bis die Gemeinde in zulässiger Weise einen Anschluss- und Benutzungszwang anordnet.[292] Nach der Rechtsprechung des Bundesgerichtshofes ist auch die Einführung einer gemeindlichen Müllabfuhr mit Benutzungszwang grundsätzlich kein enteignender Eingriff, auch nicht gegenüber einem Gewerbe-

---

284 Dazu auch BVerwG, NVwZ 2004, 1131 (1131 f.).
285 OVG Magdeburg, NVwZ-RR 2008, 810 (812); ferner OVG Münster, OVGE 38, 45 (52); ähnlich OVG Lüneburg, DVBl. 1991, 104 (1006); anders HessVGH, DVBl. 1975, 813 (814).
286 § 11 Abs. 2 GemO BW; § 12 Abs. 3 BbgKVerf; § 19 Abs. 2, 3 HGO; § 15 Abs. 2 KV M-V; § 13 S. 2 NKomVG; § 9 S. 2 GO NW; § 26 Abs. 2 RhPfGemO; § 22 Abs. 2 SaarlKSVG; § 14 Abs. 2 SächsGemO; § 11 Abs. 1 S. 2 KVG LSA; § 17 Abs. 2 S. 2, 3 GO SH; § 20 Abs. 2 S. 2 ThürKO.
287 *Lange*, KomR, Kap. 13, Rn. 144; ferner *Ehlers*, Jura 2012, 692 (698), der Härteklauseln, Befreiungstatbestände und Übergangsregelungen aus Gründen der Verhältnismäßigkeit für erforderlich hält.
288 OVG Münster, OVGE 14, 170 (180 ff.).
289 OVG Münster, OVGE 14, 170 (180).
290 *Lange*, KomR, Kap. 13, Rn. 146.
291 *Lange*, KomR, Kap. 13, Rn. 146, 149.
292 BVerwG, NVwZ-RR 1990, 96; ferner OVG Münster, NWVBl. 2011, 322; überdies OVG (Frankfurt (Oder), LKV 2004, 277 (279) mit dem Hinweis, eine Befreiung vom Anschluss- und Benutzungszwang komme mit Blick auf die Wasserversorgung sowie Abwasserentsorgung nur in atypischen Ausnahmefällen in Betracht; sie werde regelmäßig nicht schon durch eine auf dem Grundstück betriebene oder künftig zu betreibende Kläreinrichtung für das im Haushalt anfallende Schmutzwasser oder einen eigenen Brunnen begründet, zumindest setze aber die Nutzung eines eigenen Brunnens voraus, dass das geförderte Wasser Trinkwasserqualität hat; die Anordnung eines Anschluss- und Benutzungszwangs soll auch dann nicht gegen Art. 14 Abs. 1 GG verstoßen, wenn dem Grundstückseigentümer das Recht, Grundwasser zu fördern, besonders verliehen worden ist, siehe OVG Münster, OVGE 24, 219 ff.

betrieb, der bisher die Müllabfuhr erledigte – es sei denn, dieser Unternehmer konnte und durfte auf eine unbeschränkte Fortdauer oder jedenfalls lang andauernde Ausübung seines Gewerbebetriebes vertrauen.[293]

2. Ehrenamt und ehrenamtliche Tätigkeit

Weitere Pflichten der Bürger und Einwohner werden mit den Begriffen Ehrenamt und ehrenamtliche Tätigkeit zusammengefasst: Bürger (und vereinzelt auch Einwohner)[294] sind danach zunächst zur vorübergehenden Tätigkeit für die Gemeinde verpflichtet (ehrenamtliche Tätigkeit) und sodann zur Übernahme eines auf Dauer angelegten Bestandes von Verwaltungsgeschäften für die Gemeinde verpflichtet (Ehrenamt).[295] Als Beispiel für die ehrenamtliche Tätigkeit wird die Tätigkeit als sachkundiger Bürger sowie Einwohner genannt,[296] Wahlhelfer bei Kommunalwahlen ließen sich hinzufügen; zum Ehrenamt zählt etwa die außerhalb des Gemeinderechts geregelte Feuerwehrpflicht,[297] oder aber die Tätigkeit als ehrenamtlicher Bürgermeister.[298] Für das Ehrenamt und die ehrenamtliche Tätigkeit gelten besondere Vorschriften, insbesondere darf deren Übernahme allenfalls abgelehnt, ihre Ausübung verweigert oder das Ausscheiden verlangt werden, sofern ein wichtiger Grund vorliegt.[299] Des Weiteren begründen das Ehrenamt und die ehrenamtliche Tätigkeit eine besondere Treuepflicht gegenüber der Gemeinde, die durch – grundsätzlich auch für die Mitglieder der Gemeindevertretung geltende[300] – Regelungen zur Inkompatibilität, zur Verschwiegenheit, sowie zum Vertretungsverbot zum Ausdruck gebracht wird.

68

Unterschiedliche Regelungen finden sich diesbezüglich für die Mitglieder der Gemeindevertretung: Vereinzelt wird deren Tätigkeit ganz allgemein als ehrenamtliche Tätigkeit beschrieben;[301] andere Gemeindeordnungen gehen ebenfalls von einer solchen Zuordnung aus, bestimmen aber ausdrücklich, dass die Bürger nicht dazu verpflichtet sind, Mitglied der Gemeindevertretung zu werden.[302] Einige Bundesländer erklären demgegenüber lediglich bestimmte Vorschriften über das Ehrenamt und die ehrenamtliche Tätigkeit für entsprechend anwendbar.[303]

69

3. Sonstige Pflichten

Sondergesetzlich niedergelegt ist in einigen Bundesländern noch die Pflicht der Bürger und Einwohner zur Feuerwehrdienstpflicht: Gemeinden haben – etwa nach § 14 FSHG

70

---

293 BGHZ 40, 355 ff.
294 Siehe § 28 GO NW; § 18 RhPfGemO; nach § 19 S. 1 GO SH kann Einwohnern die Übernahme ehrenamtlicher Tätigkeiten oder Ehrenämter ermöglicht werden; ähnlich § 38 Abs. 2 S. 3 NKomVG.
295 Zum Ganzen § 15 GemO BW; Art. 19 BayGO; § 20 BbgKVerf; § 21 HGO; § 19 Abs. 2 KV M-V; § 38 NKomVG; § 28 GO NW; § 18 RhPfGemO; § 24 Abs. 2 SaarlKSVG; § 17 SächsGemO; § 30 KVG LSA; § 19 GO SH; § 12 Abs. 1, 3 ThürKO.
296 *Mann*, in: Mann/Püttner (Hrsg.), HKWP, Bd. I, § 17, Rn. 39.
297 *Mann*, in: Mann/Püttner (Hrsg.), HKWP, Bd. I, § 17, Rn. 39.
298 Dazu Teil 2, § 4, Rn. 58.
299 § 16 Abs. 1 S. 2 GemO BW; Art. 19 Abs. 1 S. 2 BayGO; § 20 Abs. 1 S. 2 BbgKVerf; § 23 Abs. 1, 2 HGO; § 19 Abs. 3 KV M-V; § 39 Abs. 1 NKomVG; § 29 Abs. 1 GO NW; § 19 Abs. 1, 2 RhPfGemO; § 25 Abs. 1 SaarlKSVG; § 18 SächsGemO; § 31 KVG LSA; § 20 Abs. 1, 2 GO SH; § 12 Abs. 2 ThürKO.
300 Ausführlich Teil 2, § 4, Rn. 26 f., 33 ff.
301 § 15 Abs. 1 GemO BW; Art. 31 Abs. 2 S. 1 BayGO; § 35 Abs. 1 S. 1 SächsGemO; § 43 Abs. 1 S. 1 KVG LSA.
302 § 12 Abs. 1 S. 2 ThürKO; ferner § 20 Abs. 2 BbgKVerf; § 18 Abs. 1 RhPfGemO; § 30 Abs. 1 S. 1, 4 SaarlKSVG.
303 § 35 Abs. 2 HGO; § 54 Abs. 3 NKomVG; § 43 Abs. 2 GO NW; § 32 Abs. 3 GO SH; § 19 Abs. 4 KV M-V erklärt demgegenüber die für die Mitglieder der Gemeindevertretung geltenden Regelungen für auf die ehrenamtliche Tätigkeit entsprechend anwendbar.

NW – eine Pflichtfeuerwehr einzurichten, wenn eine Freiwillige Feuerwehr nicht zustande kommt oder die bestehende öffentliche Feuerwehr einen ausreichenden Feuerschutz nicht gewährleisten kann. Zu dieser Pflichtfeuerwehr kann jeder Einwohner vom 18. bis zum 60. Lebensjahr herangezogen werden, falls er dies nicht aus einem wichtigen Grund ablehnen kann.[304] Die Feuerwehrdienstpflicht ist nach dem Bundesverfassungsgericht von Art. 12 Abs. 2 S. 1 GG gedeckt,[305] auch handelt es sich – so der Europäische Gerichtshof für Menschenrechte – nicht um eine unzulässige Zwangs- oder Pflichtarbeit.[306] Lediglich eine Differenzierung nach dem Geschlecht ist nach dem Bundesverfassungsgericht unvereinbar mit Art. 3 Abs. 3 GG.[307]

71 Daneben stehen oftmals antiquiert anmutende Pflichten, etwa die im Gemeinderecht einiger Bundesländer normierte Möglichkeit, Einwohner zu Gemeindediensten (Hand- und Spanndienste) im Interesse der Erfüllung kommunaler Aufgaben zu verpflichten.[308] Darunter fallen einerseits einfache Arbeiten, die ohne Ausbildung erbracht werden können, und andererseits Transportdienstleistungen.[309] Nach Art. 12 Abs. 2 GG darf es sich allerdings nur um „herkömmliche" Dienste handeln. Nach dem Bundesverwaltungsgericht kommt es dabei auf die jeweils vorhandenen und sich möglicherweise im Laufe der Zeit ändernden soziologischen Verhältnisse an; Hand- und Spanndiensten soll(t)en „die Leistung öffentlicher Abgaben einer Bevölkerung erleichtern, die über die Arbeitskraft von Menschen und Zugtieren verfügt, ohne diese für die eigenen wirtschaftlichen Bedürfnisse verwerten, ohne sie in Geld umsetzen zu können."[310]

72 ▶ **LÖSUNG FALL 17:** Die Zulässigkeit des Ausschlusses von Mitgliedern der Gemeindevertretung wird von der Rechtsprechung lediglich in engen Grenzen für zulässig erachtet. Ungeachtet des Beschlusses der Gemeindevertretung könnte vorliegend schon die Regelung des Gemeinderechts wegen einer Verletzung der Grundsätze der Freiheit, der Allgemeinheit und der Unmittelbarkeit der Wahl unwirksam sein. Gegen den Grundsatz der Freiheit der Wahl verstößt die Regelung indes nicht – die Freiheit von Mitgliedern der Gemeindevertretung, sich bei den Wahlen zur Gemeindevertretung aufstellen und wählen zu lassen, wird nicht berührt. Des Weiteren ist auch der Grundsatz der Allgemeinheit der Wahl schon nicht berührt: Wenn Mitglieder aus der Gemeindevertretung ausgeschlossen werden, dürfen diese gleichwohl an Wahlen zur Gemeindevertretung teilnehmen und sich wählen lassen. Dass die Mitglieder der Gemeindevertretung im Sinne des Grundsatzes der Unmittelbarkeit der Wahl direkt gewählt werden, wird schließlich ebenfalls nicht durch einen Ausschluss aus der Gemeindevertretung in Frage gestellt. Es wäre verfehlt, jeden Verlust der Mitgliedschaft als Verletzung des Grundsatzes der Unmittelbarkeit der Wahl anzusehen. Der Grundsatz der Unmittelbarkeit ist nämlich nur dann betroffen, wenn das Gewähltsein als solches negiert wird. Etwas anderes könnte sich allerdings aus dem Grundsatz der Gleichheit der Wahl ergeben. Dass die Regelung des Gemeinderechts die Gemeindevertretung zu einer Ungleichbehandlung von Mitgliedern ermächtigt, steht außer Zweifel: Ausgeschlossene Mitglieder

---

304 Siehe auch § 12 FwG BW; Art. 13 BayFwG; § 26 Abs. 2 BbgBKG; § 10 Abs. 3 HBKG; § 13 BrSchG M-V; § 15 NBrandSchG; § 12 Abs. 2 RhPfBKG; § 12 SBKG; § 20 SächsBRKG; § 11 BrSchG LSA; § 16 BrSchG SH; § 13 Abs. 2 ThürBKG.
305 BVerfGE 13, 167 (170).
306 EGMR, NVwZ 1995, 365 (365).
307 BVerfGE 92, 91 (109 ff.) mit dem weitergehenden Hinweis, dass es sich bei der mit der Feuerwehrdienstpflicht verknüpften Feuerwehrabgabe um eine finanzverfassungsrechtlich unzulässige Sonderabgabe handele.
308 Siehe § 10 Abs. 5 GemO BW; Art. 24 Abs. 1 Nr. 4 BayGO; § 22 HGO; ferner § 10 Abs. 4 SächsGemO.
309 *Lange*, KomR, Kap. 2, Rn. 19.
310 BVerwGE 2, 313 (314).

§ 7 Bürger und Einwohner

können ihre Mitgliedschaftsrechte nicht länger ausüben. Solche Ungleichbehandlungen können allerdings durch zwingende Gründe des gemeinen Wohls gerechtfertigt werden. Dazu zählt vorrangig die Wahrung oder Wiederherstellung der Funktionsfähigkeit der Gemeindevertretung – Voraussetzung insoweit ist allerdings, dass eine Beeinträchtigung der Funktionsfähigkeit typischerweise vorliegt oder hinlänglich konkret zu erwarten ist und dass die Ungleichbehandlung eine Beseitigung dieser Störung mit hinreichender Sicherheit verspricht. In diesem Sinne lässt sich die Regelung des Gemeinderechts grundsätzlich (verfassungskonform) auslegen: Die Vorschrift kann als Regelung zum Schutz der Funktionsfähigkeit der Gemeindevertretung im Sinne seiner Fähigkeit verstanden werden, seine gesetzlichen Aufgaben wahrzunehmen. Dies kann insbesondere dann angenommen werden, wenn der Ausschluss von Mitglieder der Gemeindevertretung auf der Verurteilung wegen einer Straftat beruht, die in sachlichem Zusammenhang mit der Arbeit der Gemeindevertretung steht und die deren Arbeitsfähigkeit so nachhaltig stört, dass ihre Sicherstellung oder Wiederherstellung den Ausschluss der Mitglieder erfordert. Nicht ausreichend wäre demgegenüber, wenn die Vorschrift als Regelung zur Sicherung des Ansehens der Gemeindevertretung in der Bevölkerung verstanden würde – damit allein ließe sich die Durchbrechung des Grundsatzes der Gleichheit der Wahl nicht rechtfertigen. Daraus ergibt sich zum einen, dass die dem Ausschluss von Mitgliedern der Gemeindevertretung zugrunde liegende Straftat in sachlichem Zusammenhang mit der Arbeit der Gemeindevertretung stehen muss; dieser Zusammenhang kann allerdings nicht nur bei einer Straftat in den Sitzungen der Gemeindevertretungen oder im Rahmen der sonstigen Ausübung des Mandats, sondern etwa auch bei einer Straftat im Zuge des Wahlkampfs gegeben sein. Straftaten ohne jegliche politische Konnotation können demgegenüber den Ausschluss aus der Gemeindevertretung nicht rechtfertigen. Des Weiteren muss die Straftat die Sorge begründen, von dem betreffenden Mitglied gehe auch künftig eine Gefährdung der Arbeitsfähigkeit der Gemeindevertretung aus. Das kommt namentlich in Betracht, wenn ein Mitglied organisierte Gewalt als Mittel der politischen Auseinandersetzung eingesetzt hat; ein solches Verhalten stellt die freie demokratische Willensbildung in der Gemeindevertretung in Frage. Kann folglich die Vorschrift des Gemeinderechts grundsätzlich verfassungskonform ausgelegt werden, erweist sich deren Anwendung als rechtswidrig: Allein unter Hinweis auf das nötige Ansehen der Gemeindevertretung in der Bevölkerung und deren Akzeptanz sowie ihrer Entscheidungen konnte eine Abweichung vom Grundsatz der Gleichheit der Wahl gerade nicht gerechtfertigt werden. ◂

▶ **Lösung Fall 18:** Die Vertreter eines Bürgerbegehrens sind grundsätzlich berechtigt, Belange des Bürgerbegehrens sowie die Durchführung des Bürgerentscheids, im eigenen Namen wahrzunehmen. Zu diesen Belangen zählt auch die Erhebung einer Verpflichtungsklage – gerichtet auf die Zulassung des Bürgerbegehrens (durch Verwaltungsakt seitens der Gemeindevertretung). Vorliegend hätte das Bürgerbegehren auch zugelassen werden müssen. Die Abwasserbeseitigung und Wasserversorgung gehören zu den Selbstverwaltungsangelegenheiten der Gemeinde, die grundsätzlich Gegenstand eines Bürgerbegehrens sein können. Die Übertragung der Aufgabenwahrnehmung auf eine Anstalt des öffentlichen Rechts steht dem nicht entgegen, da sich die Gemeinde dadurch nicht ihrer Verantwortung für die Abwasserbeseitigung und Wasserversorgung begeben hat. Ihr verbleiben insbesondere Einwirkungsmöglichkeiten auf Entscheidungen der Anstalt des öffentlichen Rechts. Das Bürgerbegehren betrifft auch keinen (nach dem Gemeinderecht der Bundesländer abweichend ausbuchstabierten) ausgeschlossenen Gegenstand. Insbesondere handelt es sich nicht um ein Bürgerbegehren, dass die (oftmals im Gemeinderecht als unzulässiger Gegenstand benannte) Haushaltssatzung betrifft. Maßnahmen, die lediglich mit Auswirkungen

73

auf den Haushalt verbunden sind, können grundsätzlich Gegenstand eines Bürgerbegehrens sein. Des Weiteren besitzt die dem Bürgerbegehren zugrundeliegende Fragestellung Entscheidungscharakter. Sie betrifft nämlich eine Grundsatzentscheidung. Solche Grundsatzentscheidungen können ebenfalls durch Bürgerentscheid getroffen werden. Bei der Entscheidung über die Zulässigkeit des Bürgerbegehrens ist schließlich (dies sieht das Gemeinderecht einiger Bundesländer ausdrücklich vor) zu prüfen, ob das Bürgerbegehren ein rechtswidriges Ziel verfolgt. Bei einem auf einen Grundsatzbeschluss gerichteten Bürgerentscheid ist dies nur dann der Fall, wenn bereits im Vorhinein absehbar ist, dass die getroffene Entscheidung nur auf rechtswidrige Weise umgesetzt werden kann. Mit Blick auf die Finanzierung der Verbesserung und Erneuerung der Entwässerungs- und Wasserversorgungseinrichtungen könnte die Gemeindevertretung indes selbst eine entsprechende Grundsatzentscheidung fällen – insbesondere haushaltsrechtliche Vorschriften würden dabei nicht verletzt. ◄

74 ▶ **Lösung Fall 19:** Bei der Mensa des Gymnasiums handelt es sich wegen der gemeindlichen Trägerschaft um eine öffentliche Einrichtung. Bei der Vergabe solcher öffentlicher Einrichtungen an politische Parteien darf grundsätzlich keine Differenzierung nach den jeweiligen politischen Vorstellungen stattfinden. Insbesondere kann einer bislang nicht verbotenen politischen Partei nicht entgegengehalten werden, sie verfolge verfassungsfeindliche Ziele. Dies gilt auch für die Vergabe schulischer Räumlichkeiten. Entgegenstehende schulische Belange sind insoweit allenfalls berührt, wenn der Schulbetrieb durch Art, Umfang oder Zeitpunkt der Nutzung beeinträchtigt werden kann. Allein aus den politischen Zielen kann sich dagegen noch keine Beeinträchtigung dieser Belange ergeben. Es kann sogar gerade zur Erziehung im Geiste der Demokratie gehören, Schülern über die Einübung demokratischer Verhaltensweisen hinaus auch die Erkenntnis zu vermitteln, dass extremistische Parteien nach geltendem Verfassungsrecht die gleichen Rechte wie andere politische Parteien haben und daher nur im Rahmen der geistigen Auseinandersetzung bekämpft werden können. Einer Überlassung der schulischen Räumlichkeiten steht allerdings entgegen, dass diese nicht für parteipolitische Veranstaltungen gewidmet wurden. Politischen Parteien kann ein Recht auf Gleichbehandlung nach § 5 Abs. 1 S. 1 PartG aber nur dann zustehen, wenn die Mensa des Gymnasiums politischen Parteien allgemein zur Verfügung gestellt wurde; auch ein gemeinderechtlicher Anspruch auf Benutzung einer öffentlichen Einrichtung besteht nur, soweit sich die Nutzung im Rahmen der Zweckbestimmung der Einrichtung hält. An den Widmungsakt sind dabei keine förmlichen Voraussetzungen zu stellen. Insbesondere eine konkludente Widmung ist allerdings nur dann wirksam, wenn von einer stillschweigenden Billigung durch die nach dem Gemeinderecht zuständige Gemeindevertretung ausgegangen werden kann. ◄

75 ▶ **Lösung Fall 20:** Nach dem Gemeinderecht aller Bundesländer ist die Anordnung eines Anschluss- und Benutzungszwangs grundsätzlich möglich. Regelmäßig kann ausdrücklich auch der Anschluss an die Fernwärmeversorgung und ähnliche der Gesundheit der Bevölkerung dienende Einrichtungen und deren Benutzung durch Satzung vorgeschrieben werden, wenn dafür ein öffentliches Bedürfnis besteht. Dass öffentliche Einrichtungen als Mittel zur Wahrnehmung von Selbstverwaltungsaufgaben dienen, bedingt allerdings, dass die Verantwortung für die jeweilige Einrichtung bei der Gemeinde liegen muss; überträgt die Gemeinde diese Verantwortung auf privatrechtlich organisierte Unternehmen, handelt es sich gerade nicht mehr um eine öffentliche Einrichtung. Die Übertragung lediglich der Betriebsführung lässt die Verantwortung der Gemeinde jedoch unberührt, wenn sie weiterhin maßgeblichen Einfluss auf die wesentlichen Fragen der Betriebsführung hat. Fraglich scheint al-

lerdings, ob der Anschluss- und Benutzungszwang insbesondere mit Blick auf die Fernwärme damit gerechtfertigt werden kann, dass dadurch ein Beitrag zum Klimaschutz erbracht wird. Grundsätzlich kann der Anschluss- und Benutzungszwang nämlich lediglich zum Schutz der Gesundheit der örtlichen Bevölkerung angeordnet werden. Sofern die gemeinderechtlichen Regelungen über den Anschluss- und Benutzungszwang allerdings ausdrücklich entweder auf den Schutz der natürlichen Grundlagen des Lebens oder den Klima- und Ressourcenschutz Bezug nehmen, sind die Gemeinden grundsätzlich ermächtigt, Ziele des Klimaschutzes auch ohne Bezug zum Schutz der Gesundheit der örtlichen Bevölkerung zu verfolgen – die Landesgesetzgeber haben die Gemeinde insoweit letztlich zu einer entsprechenden Regelung ermächtigt. Etwas anderes könnte allerdings gelten, wenn das Gemeinderecht nicht ausdrücklich auf den Klimaschutz im Allgemeinen verweist. Ein öffentliches Bedürfnis könnte insoweit nur gegeben sein, wenn tatsächlich die örtliche Umweltsituation verbessert werden soll – dahingehend müsste vorliegend dann auch die Fernwärmeversorgungssatzung verstanden werden. Ein weiteres Problem würde sich insoweit allerdings daraus ergeben, dass die Eignung des Anschluss- und Benutzungszwangs nicht festgestellt werden könnte, sofern dieser der Reduzierung von Abgasemissionen und konkret der Verbesserung der örtlichen Umweltsituation dienen soll. Zwar besteht ein nur eingeschränkt überprüfbarer Beurteilungsspielraum; wird allerdings eine Senkung der örtlichen Abgasbelastung durch die Fernwärmeversorgung lediglich behauptet, kann sich die Gemeinde nicht auf diesen Beurteilungsspielraum berufen. Die Senkung der Abgasemissionen hinge vielmehr gerade von den jeweiligen örtlichen Gegebenheiten ab und müsste konkret ermittelt werden. Auch sofern das Gemeinderecht nicht ausdrücklich auf den Klimaschutz im Allgemeinen Bezug nimmt, kommen derartige Erwägungen allerdings nicht (mehr) zum Tragen – § 16 EEWärmeG ermächtigt die Gemeinden inzwischen nämlich ausdrücklich dazu, auch ganz allgemein zum Zwecke des Klima- und Ressourcenschutzes einen Anschluss- und Benutzungszwang anzuordnen. Angesichts der Tatsache, dass sich der Bundesgesetzgeber mit Blick auf diese Regelung kompetenziell auf Art. 74 Abs. 1 Nr. 24 GG berufen kann und nicht gegen das bundesverfassungsrechtliche Aufgabenübertragungsverbot verstößt, sind die Gemeinden ganz allgemein zur Anordnung eines Anschluss- und Benutzungszwangs für Einrichtungen der Fernwärme ermächtigt, ohne dass der Klimaschutz einen örtlichen Bezug aufweisen müsste. ◀

IV. Wiederholungs- und Vertiefungsfragen

1. Welche Unterschiede bestehen zwischen Bürgern und Einwohnern?
2. Was setzt das aktive und passive Kommunalwahlrecht voraus?
3. Dürfen Staatsangehörige eines Mitgliedstaates der Europäischen Union bei Bürgerbegehren und Bürgerentscheiden mitwirken?
4. Was macht eine ausreichende Begründung eines Bürgerbegehrens aus?
5. Welche Besonderheiten sind mit Blick auf den Kostendeckungsvorschlag eines Bürgerbegehrens zu berücksichtigen?
6. Welche Besonderheiten sind für die Vertreter eines Bürgerbegehrens zu berücksichtigen?
7. Was kann Gegenstand eines Bürgerbegehrens sein?
8. Was sind öffentliche Einrichtungen?
9. Wie kann eine Einrichtung als öffentliche Einrichtung gewidmet werden?
10. Wann besteht ein Benutzungsanspruch öffentlicher Einrichtungen?

11. Welche Besonderheiten gelten für das Benutzungsverhältnis?
12. Was setzt die Anordnung eines Anschluss- und Benutzungszwangs voraus?

V. Weiterführende Literatur

77 *Axer*, Die Widmung als Grundlage der Nutzung kommunaler öffentlicher Einrichtungen, NVwZ 1996, 114 ff.; *Becker/Sichert*, Einführung in die kommunale Rechtsetzung am Beispiel gemeindlicher Benutzungssatzungen, JuS 2000, 144 ff., 348 ff., 552 ff.; *Blanke/Hufschlag*, Kommunale Selbstverwaltung im Spannungsfeld zwischen Partizipation und Effizienz, JZ 1998, 653 ff.; *Braun*, Zulassung auf Märkten und Veranstaltungen, NVwZ 2009, 747 ff.; *Burkholz*, Teilnahme von Unionsbürgern an kommunalen Bürgerentscheiden?, DÖV 1995, 816 ff.; *Dietlein*, Rechtsfragen des Zugangs zu kommunalen Einrichtungen, Jura 2002, 445 ff.; *Donhauser*, Neue Akzentuierungen bei der Vergabe von Standplätzen auf gemeindlichen Volksfesten und Märkten, NVwZ 2010, 931 ff.; *Ehlers*, Die Entscheidung der Kommunen für eine öffentlich-rechtliche oder privatrechtliche Organisation ihrer Einrichtungen und Unternehmen, DÖV 1986, 897 ff.; *ders.*, Rechtsprobleme der Nutzung kommunaler öffentlicher Einrichtungen, Jura 2012, 692 ff., 849 ff.; *Engelken*, Einbeziehung der Unionsbürger in kommunale Abstimmungen (Bürgerentscheide, Bürgerbegehren)?, NVwZ 1995, 433 ff.; *Erichsen*, Die kommunalen öffentlichen Einrichtungen, Jura 1986, 148 ff., 196 ff.; *Faber*, Der kommunale Anschluss- und Benutzungszwang, 2005; *Fischer*, Rechtsschutz der Bürger bei Einwohneranträgen sowie Bürgerbegehren und Bürgerentscheid, DÖV 1996, 181 ff.; *Fügemann*, Die Gemeindebürger als Entscheidungsträger, DVBl. 2004, 343 ff.; *Hager*, Rechtspraktische und rechtspolitische Notizen zu Bürgerbegehren und Bürgerentscheid, VerwArch 84 (1993), 97 ff.; *Hauser*, Die Wahl der Organisationsform kommunaler Einrichtungen, 1987; *Hendler*, Vorzüge und Nachteile verstärkter Bürgerbeteiligung auf kommunaler Ebene, in: Henneke (Hrsg.), Aktuelle Entwicklungen der inneren Kommunalverfassung, 1996, 101 ff.; *Henneke*, Das richtige Maß von Unmittelbarkeit und Distanz bei kommunalen Bürgerbegehren und -entscheiden, ZG 1996, 1 ff.; *ders./Ritgen*, Stärkung der Bürgerbeteiligung durch Seniorenbeiräte und niedrige Quoren bei Bürgerbegehren und Bürgerentscheid?, LKRZ 2008, 361 ff.; *Herdegen*, Die Zulassung zu kommunalen Einrichtungen in privatrechtlich ausgestalteter Regie, DÖV 1986, 906 ff.; *Huber*, Die Vorgaben des Grundgesetzes für kommunale Bürgerbegehren und Bürgerentscheide, AöR 126 (2001), 165 ff.; *Jaroschek*, Formen des Rechtsschutzes bei kommunalen Bürgerbegehren, BayVBl. 1997, 39 ff.; *Kästner*, Privatisierung kommunaler Einrichtungen, in: Baumeister (Hrsg.), Staat, Verwaltung, Rechtsschutz, Festschrift für Schenke, 2011, 863 ff.; *Katz*, Entwicklungen des Rechts und der Praxis der direkten Bürgerbeteiligung, VBlBW 2011, 455 ff.; *Kühling/Wintermeier*, Die Bauleitplanung als Gegenstand plebiszitärer Bürgerbeteiligung, DVBl. 2012, 317 ff.; *Lange*, Bürgerbegehren und Bürgerentscheid, in: Bäuerle (Hrsg.), Demokratie-Perspektiven, Festschrift für Bryde, 2013, 213 ff.; *ders.*, Kommunale öffentliche Einrichtungen im Licht der neueren Rechtsprechung, DVBl. 2014, 753 ff.; *Ludwig*, Der Anspruch auf Benutzung gemeindlicher öffentlicher Einrichtungen, 2000; *Meyer*, Rechtsschutz bei kommunalen Bürgerbegehren und -entscheiden, NVwZ 2003, 193 ff.; *Muckel*, Bürgerbegehren und Bürgerentscheid – wirksame Instrumente unmittelbarer Demokratie in Gemeinden?, NVwZ 1997, 223 ff.; *Oebbecke*, Nicht bürgerbegehrensfähige Angelegenheiten, DV 37 (2004), 105 ff.; *Peine/Starcke*, Rechtsprobleme beim Vollzug von Bürgerentscheiden, DÖV 1997, 740 ff.; *Pielow/Finger*, Der Anschluss- und Benutzungszwang im Kommunalrecht, Jura 2007, 189 ff.; *Ritgen*, Bürgerbegehren und Bür-

gerentscheid, 1997; *ders.*, Zu den thematischen Grenzen von Bürgerbegehren und Bürgerentscheid, NVwZ 2000, 129 ff.; *ders.*, Die Zulässigkeit von Bürgerbegehren, NWVBl. 2003, 87 ff.; *Roth*, Die kommunalen öffentlichen Einrichtungen, 1998, *Schliesky*; Aktuelle Rechtsprobleme bei Bürgerbegehren und Bürgerentscheid, DVBl. 1998, 169 ff.; *Schmidt*, Der Anspruch der Nichteinwohner auf Nutzung kommunaler Einrichtungen, DÖV 2002, 696 ff.; *Schoch*, Unmittelbare Demokratie im deutschen Kommunalrecht durch Bürgerbegehren und Bürgerentscheid, in: Schliesky (Hrsg.), Festschrift für Schmidt-Jortzig, 2011, 167 ff.; *ders.*, Bürgerbegehren und Bürgerentscheid im Spiegel der Rechtsprechung, NVwZ 2014, 1473 ff. *Seckler*, „Vertreter-Demokratie" statt Bürgermitwirkung?, BayVBl. 1997, 232 ff.; *Spies*, Bürgerversammlung – Bürgerbegehren – Bürgerentscheid, 1999; *Thum*, Bürgerbegehren und Bürgerentscheide im kommunalen Verfassungsgefüge, BayVBl. 1997, 225 ff.; *Troidl*, Kommunale Beiräte, BayVBl. 2004, 321 ff.; *von Arnim*, Möglichkeiten unmittelbarer Demokratie auf Gemeindeebene, DÖV 1990, 85 ff.; *von Danwitz*, Die Benutzung kommunaler öffentlicher Einrichtungen, JuS 1995, 1 ff.; *ders.*, Bürgerbegehren in der kommunalen Willensbildung, DVBl. 1996, 134 ff.; *Weber*, Benutzungszwang für Trauerhallen (Friedhofskapellen) und friedhofseigene Leichenkammern auf kommunalen Friedhöfen, NVwZ 1987, 641 ff.

§ 8 Kommunales Wirtschaftsrecht

1 Die kommunale Wirtschaftsbetätigung prägt seit jeher das Erscheinungsbild kommunaler Selbstverwaltung.[1] Oftmals war es in der Vergangenheit der Finanzlage der Gemeinden geschuldet, dass diese sich in der Hoffnung auf finanzielle Gewinne wirtschaftlich betätigten.[2] Schon die Bedeutung des Art. 28 Abs. 2 GG für die kommunale Wirtschaftsbetätigung bleibt gleichwohl unklar: Während Art. 28 Abs. 2 GG einerseits als Kompetenzregelung verstanden wird, die keine Aussagen darüber treffe, ob die Gemeinden konkurrierend mit Privaten tätig werden dürfen,[3] soll Art. 28 Abs. 2 GG andererseits die kommunale Wirtschaftsbetätigung gewährleisten.[4] Sofern man die kommunale Wirtschaftstätigkeit als verfassungsrechtlich gewährleistet ansieht, ergeben sich weitere Unsicherheiten: Fraglich ist vor allem, welchem Garantieelement des Art. 28 Abs. 2 GG die kommunale Wirtschaftsbetätigung zugehörig ist: Eine Zuordnung zur kommunalen Aufgabengarantie soll grundsätzlich ausscheiden, vielmehr wird die kommunale Wirtschaftsbetätigung als Modus der Aufgabenwahrnehmung verstanden (wobei die Möglichkeit zur kommunalen Wirtschaftsbetätigung dem Kernbereich der Eigenverantwortlichkeit zugehörig sein soll).[5] Jedenfalls erweisen sich danach gemeinderechtliche Regelungen über die kommunale Wirtschaftsbetätigung als rechtfertigungsbedürftige Beeinträchtigungen der kommunalen Selbstverwaltungsgarantie.[6]

2 Überdies bleibt unklar, ob die kommunale Wirtschaftsbetätigung zugleich als verwaltende Tätigkeit zu qualifizieren ist – obschon damit eine zentrale Weichenstellung angesprochen ist: Wird nämlich die wirtschaftliche Betätigung als verwaltende Tätigkeit qualifiziert, kann die Wahrnehmung kommunaler Aufgaben zunächst ganz grundsätzlich auch in Gestalt kommunalwirtschaftlicher Unternehmen erfolgen.[7] Zugleich steht damit aber auch fest, dass sich die kommunale Wirtschaftsbetätigung innerhalb der gemeindlichen Kompetenzgrenzen bewegen muss.[8] Eine derartige Begrenzung ergibt sich vereinzelt auch unmittelbar aus dem Gemeinderecht: Die kommunale Wirtschaftsbetätigung wird einfachgesetzlich ausdrücklich auf die Angelegenheiten der örtlichen Gemeinschaft oder die Angelegenheiten der Gemeinden beschränkt.[9]

---

1 *Hellermann*, Örtliche Daseinsvorsorge und gemeindliche Selbstverwaltung, 16 ff.
2 Siehe *Oebbecke*, in: Mann/Püttner (Hrsg.), HKWP, Bd. II, § 41, Rn. 2; ferner *Ehlers*, DVBl. 1998, 497 (497 f.); im Übrigen werden vielschichtige Gründe für die wirtschaftliche Betätigung der Gemeinden genannt – etwa die Sicherung oder Schaffung von Arbeitsplätzen, die Liberalisierung zahlreicher Märkte sowie die Ökonomisierung der kommunalen Binnenorganisation – siehe *Ruffert*, VerwArch 92 (2001), 27 (28 f.); zur Forderung nach einer Lockerung der Voraussetzungen der kommunalen Wirtschaftsbetätigung *Nierhaus*, in: Mann/Püttner (Hrsg.), HKWP, Bd. II, § 40, Rn. 30.
3 *Löwer*, Energieversorgung zwischen Staat, Gemeinde und Wirtschaft, 1989, 217 ff.; *ders.*, DVBl. 1991, 132 (140 f.).
4 Ausführlich *Hellermann*, Örtliche Daseinsvorsorge und gemeindliche Selbstverwaltung, 145 ff.; *Nierhaus*, in: Mann/Püttner (Hrsg.), HKWP, Bd. II, § 40, Rn. 22 ff.
5 Zuletzt *Schulz/Tischer*, GewArch 2014, 1 (2).
6 Ausführlich dazu *Nierhaus*, in: Mann/Püttner (Hrsg.), HKWP, Bd. II, § 40, Rn. 31 ff.
7 Dazu *Hellermann*, Örtliche Daseinsvorsorge und gemeindliche Selbstverwaltung, 146 ff.
8 *Suerbaum*, in: Ehlers/Fehling/Pünder (Hrsg.), BesVerwR, Bd. I, § 13, Rn. 60.
9 § 136 Abs. 1 S. 1 NKomVG; § 107 Abs. 1 S. 1 GO NW; siehe auch Art. 87 Abs. 1 S. 1 Nr. 1 BayGO; ferner auch § 128 Abs. 1 KVG LSA; siehe aber auch OVG Koblenz, DÖV 2006, 611 (612), wonach zwar die wirtschaftliche Tätigkeit nur durch einen gemeindlichen öffentlichen Zweck gerechtfertigt werden kann, dies aber nicht für die nichtwirtschaftlichen Unternehmen gilt.

§ 8 Kommunales Wirtschaftsrecht

I. Allgemeines

1. Kommunale Wirtschaftsbetätigung – eine begriffliche Annäherung

Die Unsicherheiten setzen sich auch einfachgesetzlich fort:[10] Unklarheiten ergeben sich zuvörderst daraus, dass die kommunale Wirtschaftsbetätigung abweichend definiert wird. Regelmäßig nehmen die gemeinderechtlichen Vorschriften auf den Betrieb eines Unternehmens Bezug.[11] Weitere Annäherungen finden sich sodann allenfalls selten, etwa gemäß § 107 Abs. 1 S. 3 GO NW ist als wirtschaftliche Betätigung der Betrieb von Unternehmen zu verstehen, die als Hersteller, Anbieter oder Verteiler von Gütern oder Dienstleistungen am Markt tätig werden, sofern die Leistung ihrer Art nach auch von einem Privaten mit der Absicht der Gewinnerzielung erbracht werden könnte.[12] Ähnliche Definitionsversuche finden sich in der Rechtsprechung: Gemeindliche Unternehmen sind danach Einrichtungen, die auch von Privaten mit der Absicht der Gewinnerzielung betrieben werden könnten.[13] Dementsprechend unterscheiden sich gemeindliche Unternehmen von anderen wirtschaftlichen Unternehmen allein dadurch, dass sie von einer Gemeinde betrieben werden. Des Weiteren erfordert der Begriff des Unternehmens jedenfalls ein gewisses Maß an organisatorischer und wirtschaftlicher Verselbstständigung sowie eine gewisse Dauerhaftigkeit.[14]

Vereinzelt wird demgegenüber nicht der Betrieb eines Unternehmens, sondern die wirtschaftliche Betätigung selbst zum Anknüpfungspunkt gemacht: Gemäß § 91 Abs. 1 S. 1 BbgKVerf ist wirtschaftliche Betätigung das Herstellen, Anbieten oder Verteilen von Gütern, Dienstleistungen oder vergleichbaren Leistungen, die ihrer Art nach auch mit der Absicht der Gewinnerzielung erbracht werden könnten. Der Betrieb eines Unternehmens im Sinne der §§ 92 ff. BbgKVerf scheint demnach nur eine mögliche Form der kommunalen Wirtschaftsbetätigung zu sein, wirtschaftliche Tätigkeiten, die nicht durch Unternehmen vorgenommen werden, müssen dann aber ebenfalls den Anforderungen des § 91 BbgKVerf genügen. Auch § 121 Abs. 1 HGO verweist – ohne eine anderweitige Definition anzubieten – nicht auf den Betrieb eines Unternehmens; nach § 121 Abs. 2 HGO wird im Zusammenhang mit den Bereichsausnahmen von den gemeinderechtlichen Vorschriften über die kommunale Wirtschaftsbetätigung diese allerdings mit dem Betrieb kommunaler Unternehmen in Verbindung gebracht.

2. Einfachgesetzliche Bereichsausnahmen: Nichtwirtschaftliche Unternehmen

Das Gemeinderecht unterscheidet ausgehend von diesen Grundannahmen oftmals ausdrücklich zwischen wirtschaftlichen und nichtwirtschaftlichen Unternehmen, bestimmte Unternehmen werden folglich aus dem Anwendungsbereich des kommunalen Wirt-

---

[10] Auch auf Kreisebene finden sich regelmäßig Vorgaben für die kommunale Wirtschaftsbetätigung – oftmals wird auf die gemeinderechtlichen Vorschriften verwiesen, siehe § 48 LKrO BW i.V.m. §§ 102 ff. GemO BW; Art. 74 ff. BayLKrO; § 131 Abs. 1 S. 1 i.V.m. §§ 91 ff. BbgKVerf; § 52 Abs. 1 HKO i.V.m. § 121 ff. HGO; § 122 i.V.m. §§ 68 ff. KV M-V; §§ 136 ff. NKomVG; § 53 Abs. 1 KrO NW i.V.m. §§ 107 ff. GO NW; § 57 RhPfLKO i.V.m. §§ 85 ff. RhPfGemO; § 189 Abs. 1 i.V.m. §§ 108 ff. SaarlKSVG; § 63 SächsLKrO i.V.m. §§ 94a ff. SächsGemO; § 65 LKO LSA i.V.m. §§ 128 ff. KVG LSA; § 57 KrO SH i.V.m. §§ 101 GO SH; § 114 i.V.m. §§ 71 ff. ThürKO.
[11] § 102 Abs. 1 GemO BW; Art. 86 BayGO; § 136 Abs. 1 S. 2 NKomVG; § 68 Abs. 1 KV M-V; § 107 Abs. 1 S. 3 GO NW; § 85 Abs. 1 S. 1 RhPfGemO; § 108 Abs. 1 SaarlKSVG; § 94a Abs. 1 S. 1 SächsGemO; § 128 Abs. 1 S. 1 KVG LSA; § 101 Abs. 1 GO SH; § 71 Abs. 1 S. 1 ThürKO.
[12] Ähnlich § 68 Abs. 1 KV M-V; kritisch dazu *Oebbecke*, in: Mann/Püttner (Hrsg.), HKWP, Bd. II, § 41, Rn. 9: „Diese Definition leistet praktisch nichts."
[13] BVerfGE 39, 329 (333).
[14] *Lange*, KomR, Kap. 14, Rn. 14 ff.

schaftsrechts ausgenommen und von den gemeinderechtlichen Zulässigkeitsvoraussetzungen für die wirtschaftliche Betätigung freigestellt, obwohl sie grundsätzlich in deren Anwendungsbereich fallen.[15] Solche nichtwirtschaftlichen Unternehmen werden überwiegend als Einrichtungen bezeichnet. Dies darf indes nicht dazu verleiten, solche Einrichtungen mit dem Begriff der öffentlichen Einrichtungen[16] zu parallelisieren. Grundsätzlich ist zum Verhältnis von (nichtwirtschaftlichen) Unternehmen und öffentlichen Einrichtungen festzuhalten, dass auch öffentliche Einrichtungen als kommunalwirtschaftliche Unternehmen betrieben werden können – nämlich dann, wenn sie auch von Privaten mit der Absicht der Gewinnerzielung betrieben werden könnten. Allerdings dürfte es auch öffentliche Einrichtungen geben, die diese Anforderung gerade nicht erfüllen, nicht alle öffentlichen Einrichtungen sind demnach als kommunalwirtschaftliche Unternehmen zu qualifizieren. Umgekehrt nehmen nicht alle kommunalwirtschaftlichen Unternehmen Aufgaben im Bereich der sogenannten Daseinsvorsorge – auf den öffentliche Einrichtungen Bezug nehmen[17] – wahr, so dass auch nicht alle kommunalwirtschaftlichen Unternehmen öffentliche Einrichtungen sind.[18]

6   Nichtwirtschaftliche Unternehmen sind meist solche Unternehmen, zu deren Betrieb die Gemeinden gesetzlich verpflichtet sind;[19] erfasst werden von dieser Bereichsausnahme gerade diejenigen Unternehmen, mit deren Hilfe die Gemeinden Pflichtaufgaben wahrnehmen.[20] Überschneidungen (etwa mit Blick auf § 20 KrWG sowie § 56 WHG) der auf die gemeindlichen Pflichtaufgaben bezogenen Bereichsausnahme ergeben sich oftmals mit einer weiteren Bereichsausnahme, nämlich derjenigen für die Aufgaben der sogenannten Daseinsvorsorge.[21] Die Wahrnehmung von Aufgaben der Daseinsvorsorge durch kommunale Unternehmen wird überwiegend ebenfalls von den gemeinderechtlichen Vorgaben für die kommunale Wirtschaftsbetätigung freigestellt. Der Begriff der Daseinsvorsorge ist angesichts seiner Unbestimmtheit allerdings mit Unklarheiten verbunden – die Rechtsprechung hat als Anwendungsfall der auf die Daseinsvorsorge bezogenen Bereichsausnahme etwa den Betrieb von Friedhöfen qualifiziert.[22] Die mit dem Begriff der Daseinsvorsorge verbundenen Unschärfen vermeidet das Gemeinderecht vereinzelt durch Enumerationen – § 107 Abs. 2 S. 1 Nr. 2 bis 4 GO NW nennen etwa ausdrücklich Einrichtungen, die für die soziale und kulturelle Be-

---

15   Art. 86 f. BayGO enthalten demgegenüber nicht nur einen formalen Unternehmensbegriff, vielmehr fehlen auch Aussagen über nichtwirtschaftliche Unternehmen, sodass wohl die kommunale Wirtschaftsbetätigung in ihrer Gesamtheit den gemeinderechtlichen Vorgaben genügen muss – die Unterscheidung zwischen wirtschaftlichen und nichtwirtschaftlichen Unternehmen findet sich allenfalls mit Blick auf das Subsidiaritätsgebot des Art. 87 Abs. 1 S. Nr. 4 BayGO, das lediglich außerhalb der sogenannten Daseinsvorsorge gilt; anstelle der Unterscheidung zwischen wirtschaftlicher und nichtwirtschaftlicher Tätigkeit erfordert Art. 87 Abs. 1 S. 1 Nr. 3 BayGO, dass die dem Unternehmen zu übertragenden Aufgaben für die Wahrnehmung außerhalb der allgemeinen Verwaltung geeignet sind; ein ähnliches Regelungskonzept formuliert Art. 71 Abs. 1 ThürKO.
16   Dazu Teil 2, § 7, Rn. 40.
17   Siehe Teil 2, § 7, Rn. 40.
18   *Lange*, KomR, Kap. 14, Rn. 23.
19   § 107 Abs. 2 S. 1 Nr. 1 GO NW; ähnlich § 102 Abs. 4 Nr. 1 GemO BW; § 121 Abs. 2 S. 1 Nr. 1 HGO; § 68 Abs. 3 Nr. 1 KV M-V; § 136 Abs. 3 Nr. 1 NKomVG; § 94a Abs. 3 Nr. 1 SächsGemO; § 101 Abs. 4 Nr. 1 GO SH; sofern keine entsprechende Bereichsausnahme besteht, wird die Unanwendbarkeit der gemeinderechtlichen Vorgaben im Wege der Spezialität hergeleitet, siehe *Lange*, KomR, Kap. 14, Rn. 28.
20   Anders *Leder*, DÖV 2008, 173 (174 f.), der auf den begrenzten Anwendungsbereich des § 67 Abs. 1 Nr. 1 DGO hinweist.
21   Siehe etwa HessVGH, NVwZ-RR 2009, 852 (853), wonach der Betrieb kommunaler Friedhöfe keine wirtschaftliche Betätigung der Gemeinden ist, da sie hierzu gesetzlich verpflichtet sind und es sich zudem um eine Aufgabe der Daseinsvorsorge handelt.
22   HessVGH, NVwZ-RR 2009, 852 (853).

treuung der Einwohner erforderlich sind, Einrichtungen, die der Straßenreinigung, der Wirtschaftsförderung, der Fremdenverkehrsförderung oder der Wohnraumversorgung dienen, sowie Einrichtungen des Umweltschutzes.[23] Sofern das Gemeinderecht bei entsprechenden Aufzählungen „Unternehmen ähnlicher Art" nennt, sollen das öffentliche Interesse an der Vorhaltung solcher Einrichtung sowie die Erwartung, dass entsprechende Leistungen nicht von Privaten erbracht werden, entscheidend sein.[24] Schließlich gelten die gemeinderechtlichen Vorgaben für die kommunale Wirtschaftsbetätigung regelmäßig nicht für solche Unternehmen, die ausschließlich der Deckung des Eigenbedarfs dienen – insbesondere etwa für Bauhöfe.[25] Nichtwirtschaftliche Unternehmen im Sinne dieser Bereichsausnahmen sind nach den ausdrücklichen Regelungen des Gemeinderechts einiger Bundesländer anders als kommunalwirtschaftliche Unternehmen lediglich – soweit es mit ihrem öffentlichen Zweck vereinbar ist – nach wirtschaftlichen Gesichtspunkten zu verwalten, sie können entsprechend den Vorschriften über die Eigenbetriebe geführt werden.[26]

II. Zulässigkeit der kommunalen Wirtschaftsbetätigung

▶ **FALL 21:** Das Grünflächen- und Friedhofsamt einer Gemeinde wird in einen Eigenbetrieb umgewandelt. Als Tätigkeitsfeld ist fortan die Ausführung gärtnerischer und landschaftsbaulicher Arbeiten aller Art vorgesehen. Ein privates Gartenbauunternehmen wendet sich gegen diese Erweiterung des Angebotes und begehrt verwaltungsgerichtlichen Rechtsschutz. Der Eigenbetrieb erbringe neben der Pflege der öffentlichen Grünanlagen nunmehr auch gärtnerischer Arbeiten für Private. Dies verstoße gegen die Vorgaben des Kommunalwirtschaftsrechts. Demgegenüber beruft sich die Gemeinde darauf, der Eigenbetrieb solle durch gärtnerische Arbeiten für Privatpersonen lediglich freie Kapazitäten ausnutzen. ◀

Hinsichtlich der Zulässigkeit der kommunalen Wirtschaftsbetätigung ist grundsätzlich zwischen dem „Ob" und dem „Wie" zu unterscheiden. Das Hauptaugenmerk insbesondere des Gemeinderechts liegt auf dem „Ob" der kommunalen Wirtschaftstätigkeit – mithin auf der Frage, welche Anforderungen erfüllt sein müssen, damit sich die Gemeinden überhaupt wirtschaftlich betätigen können.

Das „Wie" der kommunalen Wirtschaftsbetätigung wird angesichts des funktionalen Unternehmensbegriffs des § 59 Abs. 1 GWB hingegen zuvörderst durch das Wettbewerbsrecht geregelt.[27] Unklar ist dabei lediglich, ob das Wettbewerbsrecht auch dann Anwendung findet, wenn öffentlich-rechtliche Unternehmen auch die Leistungsbezie-

---

23 Siehe auch § 102 Abs. 4 S. 1 Nr. 2 GemO BW; § 121 Abs. 2 S. 1 Nr. 2 HGO; § 68 Abs. 3 S. 1 Nr. 2 KV M-V; § 136 Abs. 3 Nr. 2 NKomVG; § 85 Abs. 4 S. 1 Nr. 1-6 RhPfGemO; § 108 Abs. 2 Nr. 1 SaarlKSVG; § 101 Abs. 4 S. 1 Nr. 2 GO SH; fehlt eine ausdrückliche Regelung, werden die gemeinderechtlichen Voraussetzungen auf dem Gebiet der Daseinsvorsorge als regelmäßig erfüllt angesehen, siehe *Lange*, KomR, Kap. 14, Rn. 30.
24 Siehe *Lange*, KomR, Kap. 14, Rn. 46 ff.; *ders.*, NVwZ 2014, 616 (618), der darauf hinweist, dass der Begriff der Daseinsvorsorge zumindest nicht zur Konkretisierung der Unternehmen ähnlicher Art herangezogen werden könne, da er beispielsweise die Wirtschafts- und Fremdenverkehrsförderung nicht umfasse, an der aber ein allgemeines öffentliches Interesse bestehe.
25 § 102 Abs. 4 S. 1 Nr. 3 GemO BW; § 121 Abs. 2 S. 1 Nr. 3 HGO; § 68 Abs. 3 S. 1 Nr. 3 KV M-V; § 136 Abs. 3 Nr. 3 NKomVG; § 107 Abs. 2 S. 1 Nr. 5 GO NW; § 85 Abs. 4 S. 1 Nr. 7 RhPfGemO; § 108 Abs. 2 Nr. 2 SaarlKSVG; § 94a Abs. 3 Nr. 2 SächsGemO; § 101 Abs. 4 S. 1 Nr. 3 GO SH.
26 § 102 Abs. 4 S. 2 GemO BW; § 121 Abs. 2 S. 2 HGO; § 68 Abs. 3 S. 2 KV M-V; § 107 Abs. 2 S. 2 GO NW; § 85 Abs. 4 S. 2 RhPfGemO; § 101 Abs. 4 S. 2, 3 GO SH; jedenfalls die Verpflichtung auf wirtschaftliche Gesichtspunkte dürfte sich auch abseits ausdrücklicher Regelungen aus dem haushaltsrechtlichen Wirtschaftlichkeitsprinzip ergeben.
27 BGHZ 150, 343 (351); zur Geltendmachung von Verstößen nach § 17 Abs. 2 S. 1 GVG VGH BW, NVwZ-RR 2013, 328 ff.

hung öffentlich-rechtlich ausgestalten: Während der Bundesgerichtshof grundsätzlich davon ausgeht, dass in diesen Fällen das Wettbewerbsrecht nicht anwendbar ist,[28] wurde zuletzt in Zweifel gezogen, ob dies auch gelte, wenn eine öffentlich-rechtliche und privatrechtliche Ausgestaltung der Leistungsbeziehung weitgehend austauschbar sind.[29] Gemeinderechtlich wird neben den wettbewerbsrechtlichen Vorgaben oftmals lediglich festgeschrieben, dass Unternehmen so zu führen, zu steuern und zu kontrollieren sind, dass der öffentliche Zweck nachhaltig erfüllt wird.[30] Ferner sollen Unternehmen grundsätzlich einen Ertrag für den Haushalt der Kommunen abwerfen, soweit dadurch die Erfüllung des öffentlichen Zwecks nicht beeinträchtigt wird.[31]

1. Gemeinderechtliche Schrankentrias

10   Mit Blick auf das „Ob" der gemeindlichen Wirtschaftstätigkeit – hinsichtlich der Voraussetzungen der Zulässigkeit dieser Wirtschaftsbetätigung – gilt es zu beachten, dass oftmals verfassungsrechtliche Kriterien für die öffentlich-rechtliche Wirtschaftsbetätigung im Allgemeinen hergeleitet und sodann auch auf die kommunale Wirtschaftsbetätigung angewendet werden, sich darüber hinaus aber auch einfachgesetzliche Vorgaben im Gemeinderecht finden.[32] Grundsätzlich sind die verfassungsrechtlichen Vorgaben von den einfachgesetzlichen zu unterscheiden, obwohl sie sich oftmals überschneiden – beispielsweise bei der Frage, ob die bloße Gewinnerzielung als öffentlicher Zweck im Sinne des Gemeinderechts qualifiziert werden kann. Gerade mit Blick auf die einfachgesetzlich als nichtwirtschaftliche Unternehmen qualifizierten Tätigkeiten stellt sich allerdings die entscheidende Frage, ob sich einschränkende Voraussetzungen wenn schon nicht aus dem Gemeinderecht, dann doch zumindest aus dem Verfassungsrecht ergeben.[33]

11   Das Gemeinderecht normiert im Anschluss an die Deutsche Gemeindeordnung regelmäßig drei Voraussetzungen für die kommunale Wirtschaftsbetätigung: Das „Ob" der kommunalen Wirtschaftsbetätigung wird vom Vorliegen eines öffentlichen Zwecks abhängig gemacht, vorausgesetzt werden des Weiteren ein angemessenes Verhältnis zur Leistungsfähigkeit sowie die Subsidiarität kommunaler Wirtschaftsbetätigung. Hinsichtlich des Subsidiaritätsgebotes bestehen allerdings Unterschiede von Bundesland zu Bundesland, zudem finden sich im Gemeinderecht oftmals Bereichsausnahmen, die bestimmte Tätigkeiten ausdrücklich vom Subsidiaritätsgebot freistellen. Die Zielsetzung dieser Vorgaben wird selten ausdrücklich festgeschrieben, § 91 Abs. 1 S. 2 BbgKVerf etwa bestimmt, dass die gemeinderechtlichen Regelungen ausschließlich dem Schutz

---

28 Grundlegend BGH, NJW 1962, 196 ff.
29 BGH, NJW 2012, 1150 ff.
30 Siehe dazu § 102 Abs. 3 GemO BW; Art. 92 Abs. 1 S. 1 Nr. 1, 95 Abs. 1 S. 1 BayGO; § 121 Abs. 8 S. 1 HGO; § 75 Abs. 1 S. 1 KV M-V; § 149 Abs. 1 NKomVG; § 109 Abs. 1 S. 1 GO NW; § 85 Abs. 2 S. 1 RhPfGemO; § 116 S. 1 SaarlKSVG; § 94a Abs. 4 SächsGemO; § 107 S. 1 GO SH – dies wirft allerdings die Frage auf, ob gewissermaßen mittelbar die Verfolgung eines öffentlichen Zwecks auch dann vorausgesetzt wird, wenn kommunale Unternehmen lediglich fortgeführt werden, diese Fortführung nach dem Gemeinderecht aber nicht einem öffentlichen Zweck dienen muss, dazu *Lange*, KomR, Kap. 14, Rn. 155 f.
31 § 102 Abs. 3 GemO BW; § 92 Abs. 4 BbgKVerf; § 121 Abs. 8 S. 1 HGO; § 75 Abs. 1 S. 2, Abs. 2 KV M-V; § 149 Abs. 1 NKomVG; § 109 Abs. 1 S. 2 GO NW; § 85 Abs. 3 S. 1 RhPfGemO; § 116 Abs. 2 SaarlKSVG; § 94a Abs. 4 SächsGemO; § 107 S. 2 GO SH; § 75 Abs. 1 ThürKO; ausführlich zu den gemeinderechtlichen Vorgaben *Oebbecke*, in: Hoppe/Uechtritz/Reck (Hrsg.), Handbuch Kommunale Unternehmen, § 9.
32 § 102 Abs. 1 GemO BW; Art. 87 Abs. 1 BayGO; § 91 Abs. 2 BbgKVerf; § 121 Abs. 1 HGO; § 68 Abs. 2 KV M-V; § 136 Abs. 1 NKomVG; § 107 Abs. 1 GO NW; § 85 Abs. 1 RhPfGemO; § 108 Abs. 1 SaarlKSVG; § 94a Abs. 1 SächsGemO; § 128 Abs. 1 KVG LSA; § 101 Abs. 1 GO SH; § 71 Abs. 2 ThürKO.
33 Siehe dazu *Nierhaus*, in: Mann/Püttner (Hrsg.), HKWP, Bd. II, § 40, Rn. 40.

der Leistungsfähigkeit dienen. Ob die gemeinderechtlichen Regelungen abseits derartiger Regelungen auch den Schutz Privater bezwecken, ist nach wie vor ungeklärt und vor allem mit Blick auf den Rechtsschutz bedeutsam.

Der Bezugspunkt der gemeinderechtlichen Vorgaben bleibt bisweilen undeutlich. Das Gemeinderecht weniger Bundesländer nimmt ganz allgemein auf den Betrieb von Unternehmen Bezug.[34] Andere Bundesländer nennen demgegenüber ausdrücklich nur die Errichtung, die Übernahme und die wesentliche Erweiterung von Unternehmen.[35] Unklar bleibt dann aber, ob auch die bloße Fortführung der kommunalen Wirtschaftsbetätigung den gemeinderechtlichen Anforderungen unterworfen ist.[36] Dass auch für die Fortführung von kommunalen Unternehmen die gemeinderechtlichen Voraussetzungen gelten, lässt sich letztlich wohl nur begründen, wenn das Gemeinderecht dies ausdrücklich regelt oder ganz allgemein den Betrieb von kommunalen Unternehmen zum Anknüpfungspunkt macht. Zugunsten der kommunalen Unternehmen lässt sich unter diesen Voraussetzungen ein Bestandsschutz nicht begründen, die kommunale Wirtschaftsbetätigung unterliegt vielmehr einem fortlaufenden Rechtfertigungsbedarf. Zugleich begründen derartige Regelungen einen materiellen Privatisierungszwang.[37] Ohne derartige ausdrückliche Regelungen ist die Fortführung kommunaler Unternehmen einfachgesetzlich dagegen zulässig, sofern diese in zulässiger Weise errichtet wurden.[38] Gewissermaßen quer zu dieser Systematik liegen schließlich vereinzelte gemeinderechtliche Vorschriften, die eine regelmäßige Überprüfung dahingehend verlangen, ob die gemeinderechtlichen Voraussetzungen der kommunalen Wirtschaftstätigkeit noch vorliegen.[39]

12

Geltung beanspruchen die gemeinderechtlichen Voraussetzungen der kommunalen Wirtschaftsbetätigung schließlich auch für die sogenannte Rekommunalisierung.[40] Gemeinden sind – so scheint es – zunehmend bestrebt, Aufgaben insbesondere aus dem Bereich der Daseinsvorsorge wieder in eigener Verantwortung wahrzunehmen. Denn nicht alle mit der Privatisierung kommunaler Aufgaben verbundenen Erwartungen haben sich erfüllt,[41] zudem wünschen sich Gemeinden Gestaltungsmöglichkeiten (zurück)[42] und streben nach den finanziellen Erträgen (kommunaler) Unternehmen.[43] Zulässig sind Rekommunalisierungen allerdings nur, sofern die gemeinderechtlichen Vor-

13

---

34 § 107 Abs. 1 S. 3 GO NW.
35 § 102 Abs. 1 GemO BW; Art. 87 Abs. 1 BayGO; § 136 Abs. 1 S. 2 NKomVG; § 85 Abs. 1 RhPfGemO; § 108 Abs. 1 SaarlKSVG; § 101 Abs. 1 GO SH; § 71 Abs. 1 S. 1 ThürKO.
36 Ausdrücklich dazu § 94a Abs. 1 S. 1 SächsGemO: „errichten, übernehmen, *unterhalten*, wesentlich verändern oder sich daran unmittelbar oder mittelbar beteiligen"; ähnlich mit Blick auf kommunale Unternehmen in Privatrechtsform § 129 Abs. 1 S. 1 KSV LSA; § 69 Abs. 1 Nr. 1 KV M-V; Gleiches dürfte gelten, sofern das Gemeinderecht die kommunale Wirtschaftsbetätigung als solches bestimmten Anforderungen unterwirft und nicht lediglich auf den Betrieb eines Unternehmens Bezug nimmt, siehe § 91 Abs. 1 S. 1 BbgKVerf; § 121 Abs. 1 HGO.
37 *Suerbaum*, in: Ehlers/Fehling/Pünder (Hrsg.), BesVerwR, Bd. I, § 13, Rn. 57.
38 Kritisch *Suerbaum*, in: Ehlers/Fehling/Pünder (Hrsg.), BesVerwR, Bd. I, § 13, Rn. 57.
39 § 91 Abs. 6 BbgKVerf; § 121 Abs. 7 HGO; § 108 Abs. 6 S. 1 SaarlKSVG.
40 *Burgi*, NdsVBl. 2012, 225 (231 f.); allgemein dazu *Bauer*, DÖV 2012, 329 ff.; zuvor *Brüning*, VerwArch 100 (2009), 453 ff.; ferner *Ronellenfitsch*, in: Hoppe/Uechtritz/Reck (Hrsg.), Handbuch kommunale Unternehmen, § 2; *Leisner-Egensperger*, NVwZ 2013, 1110 ff.; *Budäus/Hilgers*, DÖV 2013, 701 ff.; *Guckelberger*, VerwArch 104 (2013), 161 ff.
41 Ausführlich *Röber*, in: Bauer/Büchner/Hajasch (Hrsg.), Rekommunalisierung öffentlicher Daseinsvorsorge, 2012, 81 (84).
42 *Guckelberger*, VerwArch 104 (2013), 161 (165 f.); *Burgi*, NdsVBl. 2012, 225 (226).
43 *Brüning*, VerwArch 100 (2009), 453 (453 f.).

aussetzungen für das „Ob" der kommunalen Wirtschaftsbetätigung entweder erfüllt sind oder es sich um nichtwirtschaftliche Tätigkeiten handelt.[44]

a) Öffentlicher Zweck

14 ▶ **FALL 22:** Eine Gemeinde vermietet Räumlichkeiten der Kfz-Zulassungsstelle an gewerbliche Schilderpräger. Dagegen wendet sich ein privater Vermieter von Gewerbeflächen und macht geltend, durch die Vermietung seitens der Gemeinde werde eine Vermietung seiner eigenen Gewerbeflächen erschwert. Denn gewerbliche Schilderpräger ließen sich regelmäßig in der Nähe von Kfz-Zulassungsstellen nieder – und, sofern diese Möglichkeit eröffnet werde, gerade auch in Räumlichkeiten der Kfz-Zulassungsstelle selbst. ◀

15 Vorausgesetzt wird zunächst, dass ein öffentlicher Zweck die kommunale Wirtschaftsbetätigung rechtfertigt oder erfordert.[45] Letztlich kann als öffentlicher Zweck jedweder im Aufgabenbereich der Gemeinden liegende Gemeinwohlbelang qualifiziert werden.[46] Der Aufgabenbereich der Gemeinden dürfte grundsätzlich gewahrt sein, sofern die betreffenden Leistungen im eigenen Gemeindegebiet erbracht werden. Dabei dürfte auch eine gewisse Mitversorgung dem erforderlichen Gebietsbezug nicht entgegenstehen, sofern sich die Leistungserbringung überwiegend an die eigenen Einwohner richtet.[47] Auch soll es nicht darauf ankommen, wo sich das jeweilige Unternehmen befindet, solange die betreffende Tätigkeit zugunsten der eigenen Einwohner erbracht wird[48] – wie etwa bei der Unterhaltung eines Landschulheims.[49] Lediglich vereinzelt wird demgegenüber bezweifelt, dass etwa auch ökologische oder soziale Zwecke[50] – etwa in Gestalt arbeitsmarktpolitischer Maßnahmen[51] – die kommunale Wirtschaftsbetätigung rechtfertigen. Diese restriktive Ansicht verlangt, dass der öffentliche Zweck konkret auf die kommunale Wirtschaftsbetätigung bezogen[52] und des Weiteren auch unmittelbar auf die Versorgung der Einwohner gerichtet sein muss.[53]

---

44 *Guckelberger*, VerwArch 104 (2013), 161 (170 ff.).
45 § 102 Abs. 1 Nr. 1 GemO BW; § 91 Abs. 2 Nr. 1 BbgKVerf; § 121 Abs. 1 S. 1 Nr. 1 HGO; § 68 Abs. 2 S. 1 Nr. 1 KV M-V; § 136 Abs. 1 S. 2 Nr. 1 NKomVG; § 85 Abs. 1 S. 1 Nr. 1 RhPfGemO; § 108 Abs. 1 Nr. 1 SaarlKSVG; § 94a Abs. 1 S. 1 Nr. 1 SächsGemO; § 128 Abs. 1 S. 1 Nr. 1 KVG LSA; § 101 Abs. 1 Nr. 1 GO SH; § 71 Abs. 2 Nr. 1 ThürKO; dass ein öffentlicher Zweck die kommunale Wirtschaftsbetätigung erfordert – siehe Art. 87 Abs. 1 S. 1 BayGO; § 107 Abs. 1 S. 1 Nr. 1 GO NW –, wird dahingehend verstanden, dass die kommunale Wirtschaftsbetätigung vernünftigerweise geboten sein muss, siehe OVG Münster, DVBl. 2008, 919 (921 f.); anders als die bloße Rechtfertigung durch einen öffentlichen Zweck soll die Erforderlichkeit daher nur gegeben sein, sofern keine Alternative zur kommunalen Wirtschaftsbetätigung besteht, siehe *Oebbecke*, in: Mann/Püttner (Hrsg.), HKWP, Bd. II, § 41, Rn. 32; angesichts der Notwendigkeit einer Abwägung wird den Gemeinden mit Blick auf die Erforderlichkeit ein Einschätzungsspielraum beigemessen, siehe OVG Münster, NVwZ 2008, 1031 (1035), auch mit Blick auf die Vorgabe, dass ein öffentlicher Zweck die kommunale Wirtschaftsbeteiligung rechtfertigt, wird ein solcher Beurteilungsspielraum angenommen, siehe OVG Schleswig, NordÖR 2013, 528 (532); auch das Bundesverfassungsgericht betont, die Begriffe der Rechtfertigung und der Erforderlichkeit dürften nicht synonym gebraucht werden, BVerfGE 61, 82 (107).
46 Dazu OVG Münster, NVwZ-RR 2005, 198 ff.
47 *Jarass*, DVBl. 2006, 1 (1 f.).
48 *Oebbecke*, in: Mann/Püttner (Hrsg.), HKWP, Bd. II, § 41, Rn. 22; *Uechtritz/Otting/Olgemöller*, in: Hoppe/Uechtritz/Reck (Hrsg.), Handbuch Kommunale Unternehmen, § 6 Rn. 22; ferner BVerwGE 122, 350 (355).
49 *Suerbaum*, in: Ehlers/Fehling/Pünder (Hrsg.), BesVerwR, Bd. I, § 13, Rn. 60.
50 Zur kommunalen Wohnungsvermittlung BVerwG, NJW 1978, 1539 (1540); zur Einrichtung einer Prägestelle für KfZ-Kennzeichen im Interesse der Beschleunigung des Verwaltungsvorgangs OVG Münster, NVwZ-RR 2005, 198 ff.
51 Siehe dazu *Lange*, NVwZ 2014, 616 (617), der auch insoweit einen öffentlichen Zweck annimmt; anders OLG Düsseldorf, NVwZ 2002, 248 (250), wonach die bloße Arbeitsplatzsicherung keinen öffentlichen Zweck darstellt.
52 Dazu auch *Lange*, NVwZ 2014, 616 (617).
53 *Suerbaum*, in: Ehlers/Fehling/Pünder (Hrsg.), BesVerwR, Bd. I, § 13, Rn. 67.

aa) Gewinnstreben und Gewinnmitnahme

Jedenfalls kein öffentlicher Zweck liegt isoliertem Gewinnstreben zugrunde. Diesen Grundsatz formuliert das Gemeinderecht einiger Bundesländer ausdrücklich,[54] im Übrigen wird die Unzulässigkeit isolierten Gewinnstrebens auch ganz allgemein aus den einfachgesetzlichen Vorgaben des Gemeinderechts deduziert.[55] Die bloße Gewinnmitnahme wird angesichts der Tatsache, dass gemeinderechtlich oftmals gefordert wird, Unternehmen sollten einen Ertrag für den Haushalt der Gemeinde abwerfen, soweit dadurch die Erfüllung des öffentlichen Zwecks nicht beeinträchtigt wird,[56] demgegenüber für zulässig erachtet.[57] Im Übrigen hat das Bundesverwaltungsgericht mit Blick auf das Vorliegen eines öffentlichen Zwecks einen Beurteilungsspielraum der Gemeinden anerkannt.[58]

16

bb) Randnutzung

▶ **FALL 23:** Eine Gemeinde vermietet Räumlichkeiten an den privaten Betreiber eines Fitnessstudios. Dabei wird die Gemeinde nicht unmittelbar selbst tätig, vielmehr erfolgt die Vermietung durch ein privatrechtlich organisiertes Unternehmen, das in der Gemeinde eigentlich Parkhäuser betreibt und dessen Alleingesellschafterin die Gemeinde ist. Dieses Unternehmen hatte auf einem seiner Parkhäuser ein zusätzliches Stockwerk mit Räumlichkeiten errichtet, die es nunmehr an den Betreiber des Fitnessstudios vermietet. Ein anderes Privatunternehmen, das ebenfalls Gewerbeflächen im Gemeindegebiet vermietet, begehrt verwaltungsgerichtlichen Rechtsschutz gegen die Vermietung der Räumlichkeiten. ◀

17

Besonderheiten gelten schließlich für die sogenannte Randnutzung. Eine ausdrückliche Regelung enthält etwa § 91 Abs. 5 BbgKVerf, wonach im Rahmen der wirtschaftlichen Betätigung Nebenleistungen erbracht werden dürfen, die üblicherweise zusammen mit der Hauptleistung angeboten werden und den öffentlichen Hauptzweck nicht beeinträchtigen oder die der Ausnutzung bestehender, sonst brachliegender Kapazitäten dienen.[59] Abseits solcher Regelungen lassen sich zunächst verschiedene Formen der Randnutzung unterscheiden: Neben der ohnehin gemeinderechtlich vorgeschriebenen Gewinnmitnahme sollen erstens Tätigkeiten erlaubt sein, die in Gestalt von Hilfs- oder Nebengeschäften im Zusammenhang mit einer wirtschaftlichen (oder aber auch nichtwirtschaftlichen) Tätigkeit stehen. Die Annäherung an den zulässigen Umfang solcher Hilfs- und Nebengeschäfte bereitet allerdings Schwierigkeiten: Nach der Rechtsprechung sollen auch unternehmensgegenstandsfremde Tätigkeiten zulässig sein, sofern es sich bei einer betriebsbezogenen Betrachtung um Hilfs- oder Nebengeschäfte handelt (die Einrichtung und Vermietung eines Fitnessstudios auf einem gemeindlichen Park-

18

---

54 Art. 87 Abs. 1 S. 2 BayGO; § 91 Abs. 2 Nr. 1 BbgKVerf; § 108 Abs. 3 S. 3 SaarlKSVG; § 128 Abs. 1 S. 2 KVG LSA.
55 Mit Blick auf die einfachgesetzliche Rechtslage BVerfGE 61, 82 (107 f.); BVerwGE 39, 329 (333 f.); anders *Otting*, Neues Steuerungsmodell und rechtliche Betätigungsspielräume der Kommunen, 1997, 166 ff.; *ders.*, DVBl. 1997, 1258 (1262); ausdrücklich auch Art. 87 Abs. 1 S. 2 BayGO; § 68 Abs. 2 S. 2 KV M-V.
56 Siehe nochmals § 102 Abs. 3 GemO BW; § 92 Abs. 4 BbgKVerf; § 121 Abs. 8 S. 1 HGO; § 75 Abs. 1 S. 2, Abs. 2 KV M-V; § 149 Abs. 1 NKomVG; § 109 Abs. 1 S. 2 GO NW; § 85 Abs. 3 S. 1 RhPfGemO; § 116 Abs. 2 SaarlKSVG; § 94a Abs. 4 SächsGemO; § 107 S. 2 GO SH; § 75 Abs. 1 ThürKO.
57 *Ehlers*, Jura 1999, 212 (214).
58 BVerwGE 39, 329 (334); dazu auch *Ruffert*, VerwArch 92 (2001), 27 (37 f.); siehe aber auch *Suerbaum*, in: Ehlers/Fehling/Pünder (Hrsg.), BesVerwR, Bd. I, § 13, Rn. 66, der lediglich hinsichtlich der Frage, ob und welcher öffentliche Zweck erfüllt werden soll, einen Beurteilungsspielraum anerkennt; kritisch auch *Brüning*, DÖV 2010, 553 (556 ff.).
59 Ähnlich § 121 Abs. 4 HGO; § 108 Abs. 3 S. 1 SaarlKSVG; § 128 Abs. 2 S. 2 KVG LSA.

haus).⁶⁰ Als Tätigkeit, die – etwa im Sinne des § 91 Abs. 5 BbgKVerf – üblicherweise zusammen mit der Hauptleistung angeboten wird, können derartige unternehmensgegenstandsfremde Hilfs- und Nebengeschäfte wohl allerdings kaum qualifiziert werden. Aus diesem Grund geht die Rechtsprechung teilweise auch davon aus, dass Hilfs- und Nebengeschäfte vom öffentlichen Zweck nur dann umfasst werden, wenn sie sich wirtschaftlich gesehen und wegen des Sachzusammenhangs als bloße Ergänzung oder Abrundung der einem öffentlichen Zweck dienenden Hauptleistung darstellen und diese nicht behindern.⁶¹

19 Für zulässig werden zweitens gewinnorientierte Tätigkeiten gehalten, die bei Gelegenheit der Erfüllung von Haupttätigkeiten wahrgenommen werden – etwa die Nutzung sonst brachliegender Kapazitäten. Auch insoweit besteht allerdings Abgrenzungsbedarf: Die Zulässigkeit der Randnutzung soll sich grundsätzlich nicht danach richten, ob diese nur vorübergehend erbracht wird, kommunale Kapazitäten dürfen allerdings auch nicht von vornherein derart bemessen werden, dass dadurch eine Umgehung der gemeinderechtlichen Vorgaben möglich wird.⁶² Überdies muss die Randnutzung auch nicht lediglich geringe wirtschaftliche Bedeutung haben, bliebe anderenfalls doch der Aspekt der Vermögensnutzung unberücksichtigt.⁶³ Ungeachtet der sichtbar werdenden Abgrenzungsfragen sind beide Formen der Randnutzung grundsätzlich zulässig, ohne dass die gemeinderechtlichen Vorschriften über die kommunale Wirtschaftsbetätigung zur Anwendung gelangen.⁶⁴

b) Angemessenes Verhältnis zur Leistungsfähigkeit

20 Die kommunale Wirtschaftstätigkeit muss ferner nach Art und Umfang in einem angemessenen Verhältnis zur Leistungsfähigkeit der Gemeinde stehen.⁶⁵ Dadurch soll eine finanzielle Überforderung verhindert werden. Letztlich handelt es sich beim Leistungsfähigkeitsvorbehalt folglich um ein Äquivalent der Grundsätze der Sparsamkeit und Wirtschaftlichkeit.⁶⁶ Allerdings wird den Gemeinden auch diesbezüglich ein Beurteilungsspielraum zugebilligt⁶⁷ – ohnehin dürfte eine finanzielle Überforderung wohl selten eindeutig feststehen; zudem kann eine Überschreitung der Leistungsfähigkeit durch Haftungsbegrenzung vermieden werden.⁶⁸ Sofern die Gemeinden nur über eine geringe Leistungsfähigkeit verfügen, dürften indes jedenfalls „gewagte Wirtschaftsaktivitäten" ausscheiden.⁶⁹

---

60 OVG Münster, NVwZ 2003, 1520 ff.
61 RhPfVerfGH, NVwZ 2000, 801 (803).
62 Siehe RhPfVerfGH, NVwZ 2000, 801 (803).
63 *Ehlers*, DVBl. 1998, 497 (550 f.).
64 Siehe dazu *Ehlers*, DVBl. 1998, 497 (500 f.); ferner *Lange*, NVwZ 2014, 616 (617).
65 § 102 Abs. 1 Nr. 2 GemO BW; Art. 87 Abs. 1 S. 1 Nr. 2 BayGO; § 91 Abs. 2 Nr. 2 BbgKVerf; § 121 Abs. 1 S. 1 Nr. 2 HGO; § 68 Abs. 2 S. 1 Nr. 2 KV M-V; § 136 Abs. 1 S. 2 Nr. 2 NKomVG; § 107 Abs. 1 S. 1 Nr. 2 GO NW; § 85 Abs. 1 S. 1 Nr. 2 RhPfGemO; § 108 Abs. 1 Nr. 2 SaarlKSVG; § 94a Abs. 1 S. 1 Nr. 2 SächsGemO; § 128 Abs. 1 S. 1 Nr. 2 KVG LSA; § 101 Abs. 1 Nr. 2 GO SH; § 71 Abs. 2 Nr. 2 ThürKO.
66 Zum Ganzen *Lange*, KomR, Kap. 14, Rn. 105 ff.; ferner *Stüer/Schmalenbach*, NWVBl. 2006, 161 (166).
67 *Lange*, KomR, Kap. 14, Rn. 107; siehe auch OVG Schleswig, NordÖR 2013, 528 (534).
68 *Burgi*, KomR, § 17, Rn. 45; *Oebbecke*, in: Mann/Püttner (Hrsg.), HKWP, Bd. II, § 41, Rn. 37.
69 *Ehlers*, DVBl. 1998, 497 (503); ferner OVG Schleswig, NordÖR 2013, 528 (534) mit dem Hinweis, dass verschuldete Gemeinden ihre Leistungsfähigkeit nicht durch neue Geschäftsfelder zurückgewinnen können.

c) Subsidiarität kommunaler Wirtschaftstätigkeit

Das Gemeinderecht regelt ausdrücklich auch die Subsidiarität der kommunalen Wirtschaftsbetätigung. Deswegen ist wohl letztlich unerheblich, ob sich der Subsidiaritätsgedanke bereits aus der Notwendigkeit eines öffentlichen Zwecks ergibt.[70] Gemeinderechtliche Unterschiede dürfen gleichwohl nicht übersehen werden: Nach der sogenannten einfachen Subsidiaritätsklausel darf der öffentliche Zweck durch Private grundsätzlich nicht besser und wirtschaftlicher erfüllt werden.[71] Einige Bundesländer gehen über diese einfache Subsidiaritätsklausel hinaus und fordern, dass der Zweck nicht *ebenso gut* und wirtschaftlich durch Private erfüllt wird oder erfüllt werden kann.[72] Damit dürfte zunächst eine Beweislastumkehr einhergehen,[73] des Weiteren nehmen derartige Subsidiaritätsgebote sowohl auf die Qualität als auch die Wirtschaftlichkeit der Aufgabenerfüllung Bezug. Namentlich der Qualitätsmaßstab macht das Subsidiaritätsgebot dabei zugänglich für eine Vielzahl von Erwägungen – etwa auch für den Gedanken der Nachhaltigkeit; Berücksichtigung kann daher auch das Bedürfnis nach einem krisenfesten Angebot zu sozial gerechtfertigten Bedingungen finden.[74] Überdies wird den Gemeinden auch hinsichtlich der Subsidiarität ein Beurteilungsspielraum eingeräumt.[75] Unklarheiten sind bisweilen mit solchen gemeinderechtlichen Regelungen verbunden, die nicht ausdrücklich auf Private, sondern vielmehr auf „andere" Unternehmen Bezug nehmen;[76] mit anderen Unternehmen in diesem Sinne dürften ebenfalls private Unternehmen gemeint sein, in den Anwendungsbereich des Subsidiaritätsgebotes dürften darüber hinaus aber gerade auch andere öffentlich-rechtliche Unternehmen fallen.[77]

Vereinzelt ist – zur Einhaltung sowohl des Subsidiaritätsgebotes als auch des Leistungsfähigkeitsvorbehaltes – die Durchführung eines Markterkundungsverfahrens vorgeschrieben. Gefordert wird etwa die Vornahme von Vergleichsberechnungen oder die Durchführung von Marktanalysen.[78] Weitere normative Vorgaben finden sich zwar nicht, nichtsdestotrotz begründet schon die Missachtung dieser gemeinderechtlichen Anforderung die Unzulässigkeit der kommunalen Wirtschaftsbetätigung.[79] Die Gemeinden sind allerdings auch zum Nachweis der Wahrung des Subsidiaritätsgebotes verpflichtet, sofern ein Markterkundungsverfahren nicht vorgeschrieben wird – auch abseits ausdrücklicher Regelungen sind dementsprechend Marktvergleiche vorzunehmen.[80] Letztlich haben die gemeinderechtlichen Vorschriften zur Durchführung eines Markterkundungsverfahrens daher nur deklaratorische Bedeutung,[81] die Unzulässig-

---

70 Siehe dazu *Ehlers*, DVBl. 1998, 497 (501).
71 § 102 Abs. 1 Nr. 3 GemO BW; § 91 Abs. 3 BbgKVerf; § 121 Abs. 1 S. 1 Nr. 3 HGO; § 68 Abs. 2 S. 1 Nr. 3 KV M-V; § 85 Abs. 1 S. 1 Nr. 3 RhPfGemO; § 108 Abs. 1 Nr. 3 SaarlKSVG; § 94a Abs. 1 S. 1 Nr. 3 SächsGemO.
72 § 102 Abs. 1 Nr. 3 GemO BW; Art. 87 Abs. 1 S. 1 Nr. 4 BayGO; § 121 Abs. 1 S. 1 Nr. 3 HGO; § 68 Abs. 2 S. 1 Nr. 3 KV M-V; § 136 Abs. 1 S. 2 Nr. 2 NKomVG; § 85 Abs. 1 S. 1 Nr. 3 RhPfGemO; § 108 Abs. 1 Nr. 3 SaarlKSVG; § 71 Abs. 2 Nr. 4 ThürKO; zur verfassungsrechtlichen Zulässigkeit RhPfVerfGH, NVwZ 2000, 801 ff.
73 Dazu *Nierhaus*, in: Mann/Püttner (Hrsg.), HKWP, Bd. II, § 40, Rn. 13.
74 RhPfVerfGH, NVwZ 2000, 801 (803).
75 *Lange*, KomR, Kap. 14, Rn. 112.
76 § 91 Abs. 1 Nr. 4 BayGO; § 108 Abs. 1 S. 2 Nr. 3 NKomVG; § 107 Abs. 1 S. 1 Nr. 3 GO NW; § 128 Abs. 1 S. 1 Nr. 3 KVG LSA; § 101 Abs. 1 Nr. 3 GO SH; § 71 Abs. 2 Nr. 4 ThürKO.
77 Siehe dazu *Oebbecke*, in: Mann/Püttner (Hrsg.), HKWP, Bd. II, § 41, Rn. 40; ferner aber auch *Uechtritz/Otting/Olgemöller*, in: Hoppe/Uechtritz/Reck (Hrsg.), Handbuch Kommunale Unternehmen, § 6 Rn. 82.
78 § 91 Abs. 3 BbgKVerf; § 121 Abs. 6 HGO; § 107 Abs. 5 GO NW; § 108 Abs. 5 SaarlKSVG; § 71 Abs. 2 Nr. 4 ThürKO.
79 *Burgi*, KomR, § 17, Rn. 46.
80 RhPfVerfGH, NVwZ 2000, 801 (805).
81 *Lange*, KomR, Kap. 14, Rn. 117 f.

keit der kommunalen Wirtschaftsbetätigung dürfte sich aus formalen Gründen dennoch nur herleiten lassen, sofern ausdrücklich die Durchführung eines Markterkundungsverfahrens angeordnet wird.

23 Schließlich normiert das Gemeinderecht oftmals Bereichsausnahmen vom Subsidiaritätsgebot. Einerseits finden sich insoweit Aufzählungen ausdrücklich ausgenommener Tätigkeitsbereiche,[82] andererseits wird erneut pauschal auf den Begriff der Daseinsvorsorge verwiesen.[83] Aus systematischer Perspektive müssen derartige Bereichsausnahmen überraschen – oftmals zählen die genannten Bereiche nämlich schon zur nichtwirtschaftlichen Betätigung, die ohnehin nicht den gemeinderechtlichen Voraussetzungen der kommunalen Wirtschaftstätigkeit unterliegt. Ein Anwendungsbereich verbleibt daher nur, wenn nichtwirtschaftliche Tätigkeiten hinter den Bereichsausnahmen zurückbleiben.[84] Unsicherheiten im Umgang gerade mit dem Begriff der Daseinsvorsorge drängen sich schließlich auf: Die Rechtsprechung legt ein weites Begriffsverständnis zugrunde, wonach Daseinsvorsorge nicht nur die klassischen Versorgungs- und Entsorgungsbereiche meint; allerdings sei auch zu berücksichtigen, dass Gemeinden nicht ohne Not mit Privaten konkurrieren sollen.[85]

2. Kommunale Wirtschaftsbetätigung „extra muros"

24 Das Gemeinderecht zahlreicher Bundesländer regelt die kommunale Wirtschaftstätigkeit auch außerhalb des jeweiligen Gemeindegebiets. Derartige Regelungen erweitern grundsätzlich die Möglichkeiten zum wirtschaftlichen Tätigwerden. Sofern die wirtschaftliche zugleich als verwaltende Tätigkeit verstanden wird, dürfen Gemeinden nämlich nicht jenseits ihrer Kompetenzen wirtschaftlich tätig werden.[86] Auch die Gründung von privatrechtlich organisierten Unternehmen berechtigt die Gemeinden trotz der Geltung privatrechtlicher Grundsätze nicht zum Tätigwerden außerhalb des jeweiligen Gemeindegebiets.[87] Einfachgesetzliche Regelungen sind des Weiteren auch zwingend erforderlich: Jede Erweiterung der Kompetenzen bedarf einer gesetzlichen Grundlage, überdies soll die Beeinträchtigung des kommunalen Selbstverwaltungsrechts betroffener Gemeinden nur aufgrund eines Gesetzes zulässig sein.[88]

a) Gemeinderechtliche Voraussetzungen im Überblick

25 § 107 Abs. 3 GO NW verlangt etwa für die kommunale Wirtschaftstätigkeit außerhalb des jeweiligen Gemeindegebiets, dass die allgemeinen Voraussetzungen für die gemeindliche Wirtschaftsbetätigung vorliegen und überdies die berechtigten Interessen

---

82 § 121 Abs. 1a HGO – formuliert werden insoweit allerdings Anforderungen, die die Möglichkeit der Gemeinden zur wirtschaftlichen Betätigung anderweitig einschränken, dazu Brüning, NVwZ 2015, 689 (691f.); § 136 Abs. 1 S. 2 Nr. 2 NKomVG; §§ 107 Abs. 1 S. 1 Nr. 3, 107a GO NW; § 85 Abs. 1 Nr. 2 RhPfGemO; § 128 Abs. 2 S. 1 KVG LSA.
83 § 102 Abs. 1 Nr. 3 GemO BW; Art. 87 Abs. 1 S. 1 Nr. 4 BayGO; § 71 Abs. 1 Nr. 4 ThürKO.
84 Dazu Lange, NVwZ 2014, 616 (620).
85 Mit Blick auf den Erwerb, die Bebauung und Veräußerung von Grundstücken, die nur dann der Daseinsvorsorge zugeordnet werden können, wenn die Art der geplanten Bebauung Zwecken der Daseinsvorsorge dient, VGH BW, NVwZ-RR 2013, 328 (329); ferner VGH BW, DVBl. 2015, 106 (107f.).
86 Siehe dazu Teil 2, § 8, Rn. 2.
87 Oebbecke, in: Hoppe/Uechtritz/Reck (Hrsg.), Handbuch Kommunale Unternehmen, § 8, Rn. 11.
88 Ausführlich dazu Brosius-Gersdorf, AöR 130 (2005), 392 (408 ff.); ferner Uechtritz/Otting/Olgemöller, in: Hoppe/Uechtritz/Reck (Hrsg.), Handbuch Kommunale Unternehmen, § 6 Rn. 28.

der betroffenen Gemeinden gewahrt werden.[89] Vereinzelt erfordert das Gemeinderecht darüber hinaus auch eine Genehmigung der Aufsichtsbehörde.[90] Zuvörderst verlangt auch die kommunale Wirtschaftstätigkeit außerhalb des jeweiligen Gemeindegebiets daher nach der Verfolgung eines öffentlichen Zwecks, der allerdings nicht länger auf das jeweilige Gemeindegebiet bezogen sein muss.[91] Das Einverständnis betroffener Gemeinden wird des Weiteren gerade nicht vorausgesetzt,[92] ausdrückliche Informationspflichten regelt das Gemeinderecht ebenfalls selten.[93] Hinsichtlich der zu wahrenden Interessen dürfte den betroffenen Gemeinden schließlich ein Beurteilungsspielraum zustehen.[94] Gleichwohl scheint insbesondere fraglich, ob sich berechtigte Interessen der betroffenen Gemeinden schon daraus ergeben, selbst wirtschaftlich tätig werden zu wollen. Dies wird oftmals abgelehnt; ein berechtigtes Interesse – so die Argumentation – soll sich allenfalls daraus ergeben, dass die Gemeinde ein eigenständiges Konzept verfolgt, das durch kommunale Konkurrenz gefährdet wird.[95]

b) Herausforderungen kommunalen Wirtschaftstätigkeit „extra muros"

Ungeachtet der gemeinderechtlichen Vorgaben für die kommunale Wirtschaftstätigkeit außerhalb des jeweiligen Gemeindegebiets wird deren Zulässigkeit mit Blick auf die demokratische Legitimation allerdings ganz grundsätzlich bezweifelt.[96] Auf dem Gebiet der betroffenen Gemeinden scheinen die erforderlichen Legitimationszusammenhänge tatsächlich fraglich, kann sich die außerhalb des jeweiligen Gemeindegebiets tätige Gemeinde doch nicht auf Art. 28 Abs. 1 S. 2 GG berufen.[97] Versucht wird daher eine Rechtfertigung des entstehenden Legitimationsdefizits: Sofern eine ordnungsgemäße Aufgabenerfüllung sichergestellt werde, soll dies – so die Argumentation – über das Legitimationsdefizit hinweghelfen können; des Weiteren könnten die gemeinderechtlichen Vorschriften über die kommunale Wirtschaftstätigkeit außerhalb des jeweiligen Gemeindegebiets in zulässiger Weise Art und Umfang der demokratischen Legitimation ausgestaltet.[98]

Schließlich wird die Beschränkung der kommunalen Wirtschaftsbetätigung auf das jeweilige Gemeindegebiet aus europarechtlicher Perspektive aber auch mit ganz anderen

---

89 Ähnlich § 85 Abs. 2 RhPfGemO; § 128 Abs. 4 KVG LSA; § 108 Abs. 5 SaarlKSVG; § 101 Abs. 2, 3 GO SH; § 71 Abs. 4 ThürKO; ferner § 102 Abs. 7 GemO BW; § 121 Abs. 5 HGO, wonach sowohl die wirtschaftliche als auch die nicht-wirtschaftliche Betätigung außerhalb des jeweiligen Gemeindegebiets zulässig ist; Gleiches gilt angesichts des formalen Unternehmensbegriffs wohl auch nach § 87 Abs. 3 BayGO.
90 § 71 Abs. 4 S. 3 ThürKO; für die kommunale Wirtschaftstätigkeit im Ausland ferner § 107 Abs. 3 S. 3, 4 GO NW; § 128 Abs. 5 KVG LSA; eine Anzeigepflicht regelt § 101 Abs. 3 S. 2 GO SH; kritisch dazu *Nierhaus*, in: Mann/ Püttner (Hrsg.), HKWP, Bd. II, § 40, Rn. 47, der die kommunale Wirtschaftstätigkeit im Ausland mangels öffentlichen Zwecks für unzulässig hält.
91 *Jarass*, DVBl. 2006, 1 (9 f.).
92 *Jarass*, DVBl. 2006, 1 (9); anders *Scharpf*, NVwZ 2005, 148 (151); wohl auch *Brosius-Gersdorf*, AöR 130 (2005), 392 (419); siehe aber auch § 91 Abs. 4 Nr. 2 BbgKVerf, wonach eine Vereinbarung und dementsprechend die Zustimmung erforderlich ist; dazu *Nierhaus*, in: Mann/Püttner (Hrsg.), HKWP, Bd. II, § 40, Rn. 21.
93 § 128 Abs. 4 S. 4 KVG LSA; § 101 Abs. 2 S. 3 GO SH.
94 *Lange*, KomR, Kap. 14, Rn. 96.
95 *Lange*, KomR, Kap. 14, Rn. 96; insbesondere mit Blick auf energiewirtschaftliche Tätigkeiten sieht das Gemeinderecht oftmals ausdrücklich (§ 107a Abs. 3 S. 2 GO NW; § 85 Abs. 2 S. 2 RhPfGemO; § 128 Abs. 3 S. 3 KVG LSA) vor, dass nur solche Interessen (und damit nicht das Interesse an eigener wirtschaftlicher Betätigung) zu berücksichtigen sind, die nach bundesgesetzlichen Vorgaben eine Einschränkung des Wettbewerbs zulassen.
96 *Suerbaum*, in: Ehlers/Fehling/Pünder (Hrsg.), BesVerwR, Bd. I, § 13, Rn. 63.
97 Mit Blick auf die kommunale Zusammenarbeit in Gestalt öffentlich-rechtlicher Vereinbarungen dazu Teil 2, § 11, Rn. 24.
98 *Brosius-Gersdorf*, AöR 130 (2005), 392 (422 ff.).

Bedenken konfrontiert. Die Grundfreiheiten des europäischen Unionsrechts gelten gemäß Art. 54 Abs. 2 AEUV grundsätzlich auch für öffentliche Unternehmen.[99] Die Beschränkung der kommunalen Wirtschaftstätigkeit auf das jeweilige Gemeindegebiet wird daher als Beschränkung dieser Grundfreiheiten wahrgenommen.[100] Sodann wird darauf verwiesen, dass eine Rechtfertigung nach § 52 Abs. 1 AEUV ausscheide – in Betracht komme allein eine Rechtfertigung aus Gründen des Allgemeinwohls. Maßgeblich könne dabei insbesondere der Schutz der Leistungsfähigkeit der Gemeinden sein. Fraglich sei allerdings die Wahrung des Grundsatzes der Verhältnismäßigkeit.[101]

3. Rechtsschutzfragen

28 Obwohl die kommunale Wirtschaftsbetätigung gemeinderechtlichen Vorgaben genügen muss, ist nach wie vor unsicher, ob Private eine Verletzung dieser Vorgaben verwaltungsgerichtlich geltend machen können. Sieht man von den Rechtsschutzmöglichkeiten des Vergaberechts ab,[102] bildet den Ausgangspunkt der Diskussion die Rechtsprechung des Bundesverwaltungsgerichts, wonach § 85 GemO BW a.F., der keine Subsidiaritätsklausel enthielt und auch nicht vorsah, dass ein *dringender* Zweck die kommunale Wirtschaftsbetätigung erfordern muss, nicht dazu bestimmt war, Private vor kommunaler Konkurrenz zu schützen.[103] Auch grundrechtliche Argumente hat das Bundesverwaltungsgericht im Anschluss an die Rechtsprechung des Bundesverfassungsgerichts nicht gelten lassen: Art. 12 GG stehe schon der Zulassung privater Konkurrenz nicht entgegen.[104] Als Verschärfung dieser Konkurrenz sei auch die staatliche Wirtschaftsbetätigung folglich nicht an Art. 12 GG zu messen, solange private Konkurrenz nicht unmöglich oder unzumutbar gemacht wird.[105] Gerade mit Blick auf die kommunale Wirtschaftsbetätigung war vor diesem Hintergrund die Rechtsprechung der Zivilgerichtsbarkeit erfinderisch: Verstöße gegen gemeinderechtliche Vorgaben wurden als Verstoß gegen § 1 UWG a.F. qualifiziert. Von dieser Sichtweise hat der Bundesgerichtshof inzwischen allerdings Abstand genommen.[106]

29 Zunehmend geht die Rechtsprechung allerdings davon aus, dass Private zumindest die Notwendigkeit der Verfolgung eines öffentlichen Zwecks[107] sowie die Wahrung des

---

99 Siehe dazu *Weiß*, EuR 2003, 165 (176 ff.), *Scharpf*, NVwZ 2005, 148 (152 f.); ferner *Wenzel*, Das Örtlichkeitsprinzip im europäischen Binnenmarkt, 2007, 108 ff.; *Ehricke*, Die Vereinbarkeit des kommunalen Örtlichkeitsprinzips mit dem EG-Recht, 2009, 19 ff.
100 *Krausnick*, VerwArch 102 (2011), 359 (361 ff.); ausführlich *Ehricke*, Die Vereinbarkeit des kommunalen Örtlichkeitsprinzips mit dem EG-Recht, 2009, 40 ff.; anders *Burgi*, Neuer Ordnungsrahmen für die energiewirtschaftliche Betätigung der Kommunen, 2010, 35 ff.
101 *Krausnick*, VerwArch 102 (2011), 359 (365 ff.); ferner *Ehricke*, Die Vereinbarkeit des kommunalen Örtlichkeitsprinzips mit dem EG-Recht, 2009, 82 ff.
102 Dazu *Brüning*, NVwZ 2012, 671 (672 f.); ferner *Oebbecke*, in: Mann/Püttner (Hrsg.), HKWP, Bd. II, § 41, Rn. 53 ff. – die Rechtsprechung tendiert insoweit dazu, im vergaberechtlichen Zusammenhang vorauszusetzen, dass die kommunalwirtschaftsrechtlichen Voraussetzungen gewahrt sind und anderenfalls die Vergabe für unzulässig zu erklären, siehe OLG Düsseldorf, VergabeR 2009, 905 ff.; ferner OLG Celle, NZBau 2009, 394 ff.; anders OVG Münster, NVwZ 2008, 1031 ff.
103 BVerwGE 39, 329 (336).
104 BVerfGE 34, 252 (256); 55, 261 (269); 105, 252 (265).
105 BVerwGE 39, 329 (336); 71, 183 (193); BVerwG, DVBl. 1996, 152 (153).
106 BGHZ 150, 343 (347 f.); ausführlich dazu *Wendt*, in: Mann/Püttner (Hrsg.), HKWP, Bd. II, § 42, Rn. 8 ff.
107 OVG Münster, NVwZ 2003, 1520 (1521) mit dem Hinweis, dass zweifelhaft erscheine, ob sich der drittschützende Charakter aus dem Subsidiaritätsprinzip allein ergebe, da diese erst eingreife, wenn andere Unternehmen den öffentlichen Zweck besser oder wirtschaftlicher erfüllen können – jedenfalls ergäben sich subjektive Rechte daraus, dass ein öffentlicher Zweck die wirtschaftliche Betätigung erfordern muss, und zudem deute die Notwendigkeit einer Marktanalyse unter anderem über die Auswirkungen auf das

§ 8 Kommunales Wirtschaftsrecht § 8

Subsidiaritätsgebotes[108] verwaltungsgerichtlich geltend machen können.[109] Demgegenüber entfaltet die gemeinderechtliche Maßgabe, dass die wirtschaftliche Betätigung der Leistungsfähigkeit der Gemeinden Rechnung tragen muss, keine drittschützende Wirkung.[110] Betrachtet man diese Rechtsprechung im Einzelnen, zeigt sich folgendes Bild: Schon das Bundesverwaltungsgericht hatte seine Auffassung darauf gestützt, dass § 85 GemO BW a.f. gerade kein Subsidiaritätsgebot enthielt. Vor diesem Hintergrund scheint es naheliegend (abseits ausdrücklicher Regelungen wie etwa § 91 Abs. 1 S. 2 BbgKVerf),[111] kommunalwirtschaftlichen Subsidiaritätsgeboten Drittschutz beizumessen,[112] gelten diese doch gerade im Verhältnis zur Privatwirtschaft.[113] Dass darüber hinaus auch die Notwendigkeit eines öffentlichen Zwecks drittschützende Wirkung entfaltet, lässt sich ebenfalls überzeugend begründen – auch das Erfordernis eines öffentlichen Zwecks ließe sich dahingehend interpretieren, dass „beim Fehlen eines öffentlichen Zwecks der Zugriff auf die entsprechende Aktivität ohne weiteres Privaten vorbehalten bleibt."[114] Private können dementsprechend in Gestalt der allgemeinen Leistungsklage entweder einen Unterlassungsanspruch geltend machen oder aber ein Einwirken der Gemeinde auf ihre Unternehmen verlangen, das darauf gerichtet ist, den gemeinderechtlichen Vorgaben widersprechende Wirtschaftstätigkeiten einzustellen.[115]

III. Kommunale Unternehmen

Neben den Vorgaben für das „Ob" der kommunalen Wirtschaftstätigkeit stellt das Gemeinderecht auch verschiedene Organisationsformen bereit – neben öffentlich-rechtlichen Organisationsformen wird insbesondere die wirtschaftliche Betätigung durch Unternehmen in Privatrechtsform ermöglicht. Vereinzelt regelt das Gemeinderecht dabei ausdrücklich die Subsidiarität privatrechtlicher Organisationsformen, Gemeinden dürfen danach auf solche Organisationsformen nur zurückgreifen, sofern der öffentliche Zweck nicht ebenso gut durch einen Eigenbetrieb oder eine Anstalt des öffentlichen

30

Handwerk und die mittelständische Wirtschaft gemäß § 107 Abs. 5 GO NW in diese Richtung; anders OVG Magdeburg, NVwZ-RR 2009, 347 (348); siehe auch *Jarass*, DVBl. 2006, 1 (10).

108 RhPfVerfGH, NVwZ 2000, 801 (804); ferner VGH BW, DÖV 2006, 831 (832) mit dem Hinweis, der Landesgesetzgeber habe eine echte Subsidiaritätsklausel normiert, „wonach der Vorrang [...] privater Dritter bereits bei Leistungsparität von gemeindlicher und privater Wirtschaftstätigkeit zu beachten ist", und ferner gemäß § 102 Abs. 2 GemO BW ein Branchendialog erforderlich sei; siehe auch VGH BW, NVwZ-RR 2013, 328 (329); VGH BW, DVBl. 2015, 106 (108) mit dem Hinweis, dass Unterlassungsansprüche auf die Beendigung der wirtschaftlichen Betätigung gerichtet sind – die Art und Weise der Beendigung allerdings den Gemeinden überlassen bleibe.

109 Dies gilt jedenfalls dann, wenn Subsidiaritätsgebote ausdrücklich auf den Vergleich mit privaten Dritten Bezug nehmen und „strikt" in dem Sinne formuliert sind, dass bereits bei Leistungsparität die private Vorrang vor der gemeindlichen Wirtschaftsbetätigung hat, zum Ganzen *Jungkamp*, NVwZ 2010, 546 ff.; siehe aber auch OVG Lüneburg, NdsVBl. 2008, 1008 f.; unabhängig von einer ausdrücklichen Nennung kommen praktisch allerdings ohnehin allein private Dritte in Betracht (siehe aber auch OVG Magdeburg, NVwZ-RR 2009, 347 ff.) und auch der Frage, ob der Vorrang privater Dritter mehr oder weniger stark ausgeprägt ist, muss keine entscheidende Bedeutung beigemessen werden, siehe *Wendt*, in: Mann/Püttner (Hrsg.), HKWP, Bd. II, § 42, Rn. 39).

110 *Wendt*, in: Mann/Püttner (Hrsg.), HKWP, Bd. II, § 42, Rn. 35.
111 Siehe auch BayVGH, BayVBl. 1976, 682 (629).
112 Siehe aber auch OVG Münster, NVwZ 2003, 1520 (1521).
113 *Suerbaum*, in: Ehlers/Fehling/Pünder (Hrsg.), BesVerwR, Bd. I, § 13, Rn. 79; ausführlich *Wendt*, in: Mann/Püttner (Hrsg.), HKWP, Bd. II, § 42, Rn. 36 ff.
114 Siehe dazu *Wendt*, in: Mann/Püttner (Hrsg.), HKWP, Bd. II, § 42, Rn. 33 f.; auf die Notwendigkeit eines öffentlichen Zwecks sollen sich sogar mittelbar betroffene Marktteilnehmer berufen können, siehe OVG Münster, NWVBl. 2005, 68 ff.
115 *Suerbaum*, in: Ehlers/Fehling/Pünder (Hrsg.), BesVerwR, Bd. I, § 13, Rn. 75.

Rechts erfüllt werden kann.[116] Jedenfalls eine Flucht ins Privatrecht gelingt mit dem Rückgriff auf privatrechtliche Organisationsformen aber ohnehin nicht: Nach der Rechtsprechung des Bundesverfassungsgerichts bleiben privatrechtlich organisierte Unternehmen an die Grundrechte gebunden und können sich ihrerseits auch nicht auf die Grundrechte berufen.[117]

31 Abseits ausdrücklicher Regelungen zur Subsidiarität privatrechtlicher Organisationsformen finden sich unterschiedliche Auffassungen dazu, ob Gemeinden vorrangig auf öffentlich-rechtliche Organisationsformen zurückgreifen müssen. Erstens wird den Gemeinden aufgrund der kommunalen Organisationshoheit oftmals die Befugnis zuerkannt, zwischen öffentlich-rechtlichen und privatrechtlichen Organisationsformen zu wählen.[118] Demgegenüber wird zweitens allerdings auch versucht, anstelle dieser Formenwahlfreiheit ganz allgemein einen Vorrang öffentlich-rechtlicher Organisationsformen zu begründen:[119] Privatrechtlichen Organisationsformen wird nämlich vorgehalten, den Einfluss der Gemeinden auf die Aufgabenwahrnehmung zu schmälern. Jedenfalls erforderlich sei daher eine ausreichende „Steuerung und Kontrolle" der Unternehmen in Privatrechtsform.[120] Ganz in diesem Sinne wird drittens die Auswahl zwischen den öffentlich-rechtlichen und privatrechtlichen Organisationsformen auch als ermessensgebundene Organisationsentscheidung qualifiziert, die bestimmte Ermessensgrenzen wahren müsse.[121]

1. Öffentlich-rechtliche Organisationsformen

32 Gemeinden können ihre Unternehmen zunächst als Regiebetriebe, Eigenbetriebe sowie rechtsfähige Anstalten des öffentlichen Rechts organisieren.[122]

a) Regiebetriebe

33 Das Gemeinderecht zahlreicher Bundesländer enthält keine ausdrückliche Regelung über Regiebetriebe, nach der gleichwohl allgemeingültigen Legaldefinition des Art. 88 Abs. 6 S. 1 BayGO sind Regiebetriebe Einrichtungen innerhalb der allgemeinen Gemeindeverwaltung; ähnlich bestimmt auch § 95 Abs. 1 Nr. 1 SächsGemO, dass kommunale Unternehmen nach den Vorschriften des Gemeinderechts über die Haushaltswirtschaft geführt werden können. Regiebetriebe unterscheiden sich dementsprechend nicht von der Gemeindeverwaltung im Übrigen, sie besitzen keine Rechtspersön-

---

[116] Siehe § 129 Abs. 1 Nr. 1 KVG LSA; ferner § 69 Abs. 1 Nr. 2 KV M-V; § 102 Abs. 1 Nr. 1 GO SH; § 73 Abs. 1 S. 1 Nr. 2 ThürKO; siehe auch § 136 Abs. 4 S. 4 NKomVG und § 92 Abs. 1 S. 1 RhPfGemO; zum Ganzen *Oebbecke*, in: Hoppe/Uechtritz/Reck (Hrsg.), Handbuch Kommunale Unternehmen, § 8, Rn. 19 ff.
[117] BVerfGE 128, 226 ff.
[118] Dazu *Suerbaum*, in: Ehlers/Fehling/Pünder (Hrsg.), BesVerwR, Bd. I, § 13, Rn. 81; gemeinderechtliche Vorgaben für die Organisationsformenwahl werden vor diesem Hintergrund als rechtfertigungsbedürftige Beschränkung der kommunalen Organisationshoheit angesehen, siehe *Hellermann*, in: Hoppe/Uechtritz/Reck (Hrsg.), Handbuch kommunale Unternehmen, § 7, Rn. 15.
[119] *Ehlers*, DVBl. 1998, 497 (505).
[120] *Ehlers*, DVBl. 1998, 497 (505f.).
[121] *Brüning*, VerwArch 100 (2009), 452 (460ff.); ausführlich *Pitschas/Schoppa*, in: Mann/Püttner (Hrsg.), HKWP, Bd. II, § 43, Rn. 7ff.; *Uechtritz/Reck*, in: Hoppe/Uechtritz/Reck (Hrsg.), Handbuch Kommunale Unternehmen, § 16.
[122] Zur Frage, ob Regiebetriebe mangels Verselbstständigung überhaupt als kommunale Unternehmen angesehen werden können – und dementsprechend die gemeinderechtlichen Vorgaben für die kommunale Wirtschaftsbetätigung überhaupt Anwendung finden, *Brüning*, in: Mann/Püttner (Hrsg.), HKWP, Bd. II, § 44, Rn. 2; ferner *Hellermann*, in: Hoppe/Uechtritz/Reck (Hrsg.), Handbuch kommunale Unternehmen, § 7, Rn. 25.

lichkeit und haben keine eigenen Organe. Die Zuständigkeit für die Errichtung von Regiebetrieben bestimmt sich dementsprechend nach den gemeinderechtlichen Organzuständigkeiten. Auch die Entscheidung über das Tätigwerden der Regiebetriebe bestimmt sich nach den allgemeinen Zuständigkeiten von Gemeindevertretung und Bürgermeister.[123] Vor diesem Hintergrund wird bezweifelt, dass sich Gemeinden mithilfe von Regiebetrieben angemessen wirtschaftlich betätigen können[124] – als Regiebetriebe werden daher oftmals Hilfsbetriebe organisiert.[125]

b) Eigenbetriebe

Als weitere öffentlich-rechtliche Organisationsform steht den Gemeinden der Eigenbetrieb zur Verfügung. Das Gemeinderecht definiert Eigenbetriebe weithin als wirtschaftliche Unternehmen ohne eigene Rechtspersönlichkeit und bestimmt zugleich, dass diese nach den Vorschriften der Eigenbetriebsgesetze (oder Eigenbetriebsverordnungen) geführt werden.[126] Anders als Regiebetriebe sind Eigenbetriebe zumindest wirtschaftlich selbstständig – sie werden als Sondervermögen im Sinne des Gemeinderechts geführt.[127] Trotz fehlender Rechtspersönlichkeit enthalten die Eigenbetriebsgesetze regelmäßig Vorgaben für deren Organisation: Der Eigenbetrieb wird von einer von der Gemeindevertretung zu bestellenden[128] Betriebsleitung selbstständig geleitet.[129] Ihr obliegt insbesondere die laufende Betriebsführung[130] – deren Umfang in Anlehnung an den Begriff der Geschäfte der laufenden Verwaltung bestimmt wird.[131] Zudem vertritt die Betriebsleitung in den Angelegenheiten des Eigenbetriebs die Gemeinde.[132]

34

---

123 *Brüning*, in: Mann/Püttner (Hrsg.), HKWP, Bd. II, § 44, Rn. 11.
124 *Pitschas/Schoppa*, in: Mann/Püttner (Hrsg.), HKWP, Bd. II, § 43, Rn. 67; ausführlich *Brüning*, in: Mann/Püttner (Hrsg.), HKWP, Bd. II, § 44, Rn. 17 ff.
125 *Lange*, KomR, Kap. 14, Rn 167; ferner *Brüning*, in: Mann/Püttner (Hrsg.), HKWP, Bd. II, § 44, Rn. 5 f., der zudem auf öffentliche Einrichtungen und nichtwirtschaftliche Tätigkeiten verweist.
126 § 1 EigBG BW; Art. 88 Abs. 1 BayGO; § 92 Abs. 2 Nr. 1 BbgKVerf; § 127 Abs. 1 HGO; § 136 Abs. 1 Nr. 2 NKomVG; § 114 Abs. 1 GO NW; § 86 Abs. 1 RhPfGemO – § 86 Abs. 5, 2, 3 RhPfGemO schreibt überdies für bestimmte Tätigkeiten die Organisationsform des Eigenbetriebes vor; § 109 Abs. 1 S. 2 SaarlKSVG; § 95a Abs. 1 S. 1 SächsGemO; § 1 EigBG LSA; § 106 GO SH; § 76 Abs. 1 S. 1 ThürKO; ferner § 64 Abs. 1 KV M-V.
127 Siehe § 96 Abs. 1 Nr. 3 GemO BW; Art. 88 Abs. 1 BayGO; § 68 Abs. 1 Nr. 1 BbgKVerf i.V.m. § 10 Abs. 1 S. 1 BbgEigV; § 115 Abs. 1 HGO i.V.m. § 10 Abs. 1 HessEigBG; § 25 Abs. 1 KV M-V; § 130 Abs. 1 Nr. 3 NKomVG; § 97 Abs. 1 Nr. 3 GO NW; § 80 Abs. 1 Nr. 3 i.V.m. § 86 Abs. 1 RhPfGemO; § 102 Abs. 1 Nr. 3 SaarlKSVG; § 91 Abs. 1 Nr. 1 i.V.m. § 95a Abs. 1 S. 2 SächsGemO; § 121 Abs. 1 Nr. 3 KVG LSA; § 97 Abs. 1 GO SH i.V.m. § 7 Abs. 1 S. 1 EigVO SH; § 76 Abs. 1 S. 1 ThürKO.
128 Ausdrücklich Art. 88 Abs. 2 BayGO; § 4 Abs. 1 S. 1 BbgEigVO; § 2 Abs. 1 S. 1 EigVO M-V; § 4 lit. a) EigVO NW; § 3 Abs. 1 S. 1 SächsEigBVO; § 5 Abs. 1 S. 1 EigBG LSA; § 2 Abs. 1 EigVO SH; § 76 Abs. 1 S. 1 ThürKO; siehe auch § 2 Abs. 1 Nr. 4 RhPfEigAnVO.
129 Vereinzelt ist eine Betriebsleitung lediglich fakultativ vorgesehen, ihre Aufgaben können dementsprechend auch vom Bürgermeister wahrgenommen werden, §§ 4 Abs. 1 S. 1, 10 Abs. 3 EigBG BW; § 4 Abs. 1 BbgEigV; § 2 Abs. 1 EigVO M-V; teilweise wird dies auch ausdrücklich untersagt, siehe § 4 Abs. 4 S. 1 RhPfEigAnVO, oder aber für zulässig erklärt, siehe § 6 Abs. 1 S. 2 SaarlEigBVO.
130 § 5 Abs. 1 S. 2 EigBG BW; Art. 88 Abs. 3 S. 1 BayGO; § 5 Abs. 1, 3 BbgEigV; § 4 Abs. 1 S. 1, 2 HessEigBG; § 3 Abs. 1 S. 1, 3 EigVO M-V; § 140 Abs. 4 NKomVG; § 2 Abs. 1, 3 EigVO NW; § 4 Abs. 1 S. 1, 2 RhPfEigAnVO; § 6 Abs. 1 S. 1, 2 SaarlEigBVO; § 4 Abs. 1 S. 1, 2 SächsEigBVO; § 6 Abs. 1 S. 1, 2 EigBG LSA; § 3 Abs. 1 S. 1, 2 EigVO SH; § 76 Abs. 1 S. 2 ThürKO.
131 *Hellermann*, in: Hoppe/Uechtritz/Reck (Hrsg.), Handbuch kommunale Unternehmen, § 7, Rn. 53.
132 § 6 Abs. 1 EigBG BW; Art 88 Abs. 3 S. 2 BayGO; § 6 Abs. 1 BbgEigV; § 3 Abs. 1 S. 1 HessEigBG § 4 Abs. 1 S. 1 EigVO M-V; § 3 Abs. 1 EigVO NW; § 5 Abs. 1 RhPfEigAnVO; § 3 Abs. 1 S. 2 SaarlEigBVO; § 5 Abs. 1 S. 1 SächsEigBVO; § 7 Abs. 1 S. 1 EigBG LSA; § 4 Abs. 1 S. 1 EigVO SH; § 76 Abs. 1 S. 3 ThürKO.

35   Des Weiteren bildet die Gemeindevertretung einen Betriebsausschuss.[133] Dieser Betriebsausschuss bereitet die Beschlüsse der Gemeindevertretung in Angelegenheiten vor,[134] die dieser entweder nach den Eigenbetriebsgesetzen vorbehalten sind oder die die Gemeindevertretung nicht an die Eigenbetriebe delegieren kann.[135] Darüber hinaus obliegen dem Betriebsausschuss nach den Eigenbetriebsgesetzen einiger Bundesländer auch besondere Aufgaben – wie etwa die Einstellung und Entlassung von Arbeitnehmern, Verfügungen über das Vermögen des Eigenbetriebes oder die Festsetzung von Tarifen.[136] Teilweise wird der Betriebsausschuss auch ganz allgemein als beschließender Ausschuss in allen Angelegenheiten des Eigenbetriebs tätig, sofern die Gemeindevertretung die Entscheidung übertragen kann.[137] Angesichts ihrer wirtschaftlichen Verselbstständigung sollen Eigenbetriebe – im Vergleich zu Regiebetrieben – letztlich eine wirtschaftliche Unternehmensführung ermöglichen, ohne die kommunalen Einwirkungsmöglichkeiten zu schmälern.[138] Gerade die fehlende rechtliche Verselbstständigung wird dem Eigenbetrieb aber auch vorgeworfen, die fehlende Unabhängigkeit seiner Organe verhindere – so die Argumentation – letztlich eine wirtschaftliche Aufgabenerfüllung.[139]

c) Kommunalunternehmen

36   Deswegen haben die Gemeinden nach dem Gemeinderecht einiger Bundesländer – ebenso wie im Bereich der kommunalen Zusammenarbeit[140] – die Möglichkeit, wirtschaftliche sowie nichtwirtschaftliche Unternehmen[141] als rechtsfähige Anstalten des öffentlichen Rechts zu errichten.[142] Von den Regie- und Eigenbetrieben unterscheiden sich diese Kommunalunternehmen durch ihre rechtliche Selbstständigkeit: Die Gemeinden können ihren Kommunalunternehmen Aufgaben einschließlich der Ausübung hoheitlicher Befugnisse übertragen.[143] Gleiches gilt für den Erlass von Satzungen sowie die Anordnung eines Anschluss- und Benutzungszwangs.[144] Das Recht zur Erhebung von Gebühren und Beiträgen kann demgegenüber nur vereinzelt übertragen werden.[145] Dadurch unterscheiden sich Kommunalunternehmen von privatrechtlich organisierten

---

133 Siehe auch § 7 Abs. 1 S. 1 EigBG BW; § 8 Abs. 1 S. 1 BbgEigV; § 6 Abs. 1 S. 1 EigVO M-V; § 5 Abs. 2 EigVO SH, wonach die Einrichtung eines Betriebsausschusses fakultativ ist.
134 Ausdrücklich § 8 Abs. 1 EigBG BW; § 7 Abs. 1 S. 1 HessEigBG; § 6 Abs. 1 EigVO M-V; § 5 Abs. 4 S. 1 EigVO NW; § 3 Abs. 4 RhPfEigAnVO; § 5 Abs. 2 SaarlEigVO; § 7 Abs. 1 SächsEigBVO; § 9 Abs. 1 S. 1 EigBG LSA.
135 § 9 EigBG BW; § 7 BbgEigV; § 5 HessEigBG; § 5 EigVO M-V; § 4 EigVO NW; § 2 RhPfEigAnVO; § 4 SaarlEigVO; § 8 SächsEigBVO; § 10 EigBG LSA; § 5 Abs. 1 EigVO SH.
136 § 8 Abs. 2 EigBG BW; § 7 Abs. 3 HessEigBG; § 5 Abs. 5 EigVO NW; § 3 Abs. 5 RhPfEigAnVO.
137 Art. 88 Abs. 1 S. 1, 2 BayGO; § 8 Abs. 1 EigBG LSA; § 76 Abs. 1 S. 4, 5 ThürKO; ferner § 7 Abs. 1 S. 1 EigBG BW; § 6 Abs. 1 EigVO M-V; § 7 Abs. 1 SächsEigBVO.
138 *Hellermann*, in: Hoppe/Uechtritz/Reck (Hrsg.), Handbuch kommunale Unternehmen, § 7, Rn. 33.
139 Zum Ganzen *Pitschas/Schoppa*, in: Mann/Püttner (Hrsg.), HKWP, Bd. II, § 43, Rn. 69 f.; ferner auch *Brüning*, in: Mann/Püttner (Hrsg.), HKWP, Bd. II, § 44, Rn. 76 ff.
140 Siehe dazu Teil 2, § 11, Rn. 20.
141 Differenzierend § 141 i.V.m. § 136 Abs. 3, 4 NKomVG.
142 Art. 86 Nr. 2 i.V.m. Art. 89 ff. BayGO; § 92 Abs. 2 Nr. 2 i.V.m. § 94 BbgKVerf; § 126a Abs. 1 HGO; § 70 Abs. 1 KV M-V; § 141 Abs. 1 S. 1 NKomVG; § 114a Abs. 1 GO NW; § 86a Abs. 1 RhPfGemO; § 128 Abs. 1 S. 1 KVG LSA i.V.m. § 1 AnstG LSA; § 106a Abs. 1 S. 1 GO SH; § 76a Abs. 1 S. 1 ThürKO.
143 Zur Unterscheidung *Hellermann*, in: Hoppe/Uechtritz/Reck (Hrsg.), Handbuch kommunale Unternehmen, § 7, Rn. 79 ff.
144 Art. 89 Abs. 2 S. 2, 3 BayGO; § 94 Abs. 5 S. 3, 4 BbgKVerf; § 126a Abs. 3 S. 2 HGO; § 70 Abs. 4 S. 2, 3 KV M-V; § 143 Abs. 1 S. 2, 3 NKomVG; § 114a Abs. 3 GO NW – zur Reichweite der übertragenen Befugnis zum Erlass von Satzungen OVG Münster, NVwZ-RR 2005, 278 ff.; § 86a Abs. 3 S. 2 RhPfGemO; § 3 S. 2, 3 AnstG LSA; § 106a Abs. 3 S. 2 GO SH; § 76a Abs. 2 S. 2, 3 ThürKO.
145 § 94 Abs. 4 S. 3, 10 BbgKVerf; § 143 Abs. 2 NKomVG; § 76a Abs. 2 S. 4 ThürKO.

kommunalen Unternehmen, die lediglich auf gesetzlicher Grundlage mit hoheitlichen Befugnissen beliehen werden können.[146]

Errichtet werden Kommunalunternehmen – abhängig von den Vorgaben des Gemeinderechts – entweder durch Umwandlung oder Neuerrichtung, jedenfalls aber durch den Erlass einer entsprechenden Unternehmenssatzung.[147] In dieser Unternehmenssatzung können die Gemeinden die Organisation ihrer Kommunalunternehmen regeln – das Gemeinderecht macht insoweit lediglich bestimmte Vorgaben:[148] Kommunalunternehmen werden von einem Vorstand in eigener Verantwortung geleitet,[149] er wird von einem Verwaltungsrat des Unternehmens bestellt. Des Weiteren überwacht der Verwaltungsrat den Vorstand und entscheidet außerdem insbesondere über den Erlass von Satzungen.[150] Der Verwaltungsrat setzt sich grundsätzlich aus den Bürgermeistern sowie weiteren Mitgliedern zusammen, die von der Gemeindevertretung gewählt werden.[151] Einige Bundesländer normieren Weisungsbefugnisse gegenüber den Mitgliedern des Verwaltungsrates sowie Zustimmungsvorbehalte.[152] Möglichkeiten zur Einflussnahme auf den Vorstand bestehen demgegenüber grundsätzlich nicht – etwa § 114a Abs. 7 S. 7 GO NW bestimmt lediglich, dass die Unternehmenssatzung bei Entscheidungen auch des Vorstandes von grundsätzlicher Bedeutung die Zustimmung der Gemeindevertretung vorsehen kann.[153] Auch dadurch unterscheiden sich Kommunalunternehmen von privatrechtlichen Organisationsformen: Die Gemeinden sind Rechtsträger der Kommunalunternehmen, die ihren Einfluss über den Verwaltungsrat geltend machen.[154] Aus diesem Grund regeln einige Bundesländer spiegelbildlich zur Anstaltslast auch die sogenannte Gewährträgerhaftung – die unbeschränkte Haftung der Gemeinden für die Verbindlichkeiten der Kommunalunternehmen.[155] Derartige Regelungen sind ähnlich der vormals bestehenden Vorschriften in den Sparkassengesetzen der Länder allerdings mit beihilferechtlichen Bedenken verknüpft.[156]

---

146 *Hellermann*, in: Hoppe/Uechtritz/Reck (Hrsg.), Handbuch kommunale Unternehmen, § 7, Rn. 82, 99 ff.
147 Art. 89 Abs. 1 BayGO; § 94 Abs. 1 S. 1, Abs. 2 S. 1 BbgKVerf; § 126a Abs. 1 S. 1, Abs. 2 S. 1 HGO; § 70 Abs. 1, 3 KV M-V; §§ 141 Abs. 1 S. 1, 142 NKomVG; § 114a Abs. 1 S. 1, Abs. 2 S. 1 GO NW; § 86a Abs. 1 S. 1, Abs. 2 S. 1 RhPfGemO; § 1 Abs. 1 S. 1, 2 AnstG LSA; § 106a Abs. 1 GO SH; § 76a Abs. 1 S. 1, Abs. 4 S. 1 ThürKO; ausführlich dazu *Schraml*, in: Mann/Püttner (Hrsg.), HKWP, Bd. II, § 45, Rn. 25 ff.; zur Zuständigkeit der Gemeindevertretung *Hellermann*, in: Hoppe/Uechtritz/Reck (Hrsg.), Handbuch kommunale Unternehmen, § 7, Rn. 68.
148 *Hellermann*, in: Hoppe/Uechtritz/Reck (Hrsg.), Handbuch kommunale Unternehmen, § 7, Rn. 74, 78.
149 Art. 90 Abs. 1 S. 1 BayGO; § 94 Abs. 6 S. 2 BbgKVerf; § 126a Abs. 5 S. 1 HGO; § 70a Abs. 2 S. 1 KV M-V; § 145 Abs. 2 S. 1 NKomVG; § 114a Abs. 6 S. 1 GO NW; § 86b Abs. 1 S. 1 RhPfGemO; § 5 Abs. 1 S. 1 AnstG LSA; § 76b Abs. 1 S. 1 ThürKO.
150 Art. 90 Abs. 2 BayGO; § 126a Abs. 6 HGO; § 70a Abs. 3 KV M-V; § 145 Abs. 3 NKomVG; § 114a Abs. 7 GO NW; § 86b Abs. 2 S. 1 RhPfGemO; § 5 Abs. 3 AnstG LSA; § 76b Abs. 2 ThürKO; ferner § 95 Abs. 2 BbgKVerf.
151 Art. 90 Abs. 3 BayGO; § 95 Abs. 2 S. 1, 2 BbgKVerf; § 126a Abs. 7 HGO; § 70a Abs. 4 KV M-V; § 145 Abs. 4 NKomVG; § 114a Abs. 8 GO NW; § 86b Abs. 3 RhPfGemO; § 5 Abs. 4 AnstG LSA; § 76b Abs. 3 ThürKO.
152 Art. 90 Abs. 2 S. 4, 5 BayGO; § 95 Abs. 2 S. 2 BbgKVerf; § 126a Abs. 6 S. 6, 7 HGO; § 70a Abs. 3 S. 4, 5 KV M-V; § 145 Abs. 3 S. 4, 5 NKomVG; § 114a Abs. 7 S. 4 GO NW; § 86b Abs. 2 S. 3 RhPfGemO; § 5 Abs. 3 S. 4, 5 AnstG LSA; § 106a Abs. 2 S. 3 GO SH; § 76b Abs. 2 S. 4, 5 ThürKO.
153 Ähnlich § 126a Abs. 6 S. 7 HGO; § 86b Abs. 2 S. 3 RhPfGemO; § 106a Abs. 2 S. 3 GO SH; § 76b Abs. 2 S. 5 ThürKO; ausführlich dazu *Schraml*, in: Mann/Püttner (Hrsg.), HKWP, Bd. II, § 45, Rn. 104 ff.
154 *Schraml*, in: Mann/Püttner (Hrsg.), HKWP, Bd. II, § 45, Rn. 6.
155 § Art. 89 Abs. 4 BayGO; § 94 Abs. 5 BbgKVerf; § 126a Abs. 4 S. 1 HGO; § 114a Abs. 5 S. 1 GO NW; § 86a Abs. 4 RhPfGemO; § 4 Abs. 1 AnstG LSA; § 76a Abs. 5 S. 1 ThürKO; dazu *Schraml*, in: Mann/Püttner (Hrsg.), HKWP, Bd. II, § 45, Rn. 10 ff.
156 *Lange*, KomR, Kap. 14, Rn. 173.

2. Kommunale Unternehmen in Privatrechtsform

38 Mit der rechtsfähigen Anstalt des öffentlichen Rechts steht letztlich eine öffentlich-rechtliche Organisationsform für die kommunale Wirtschaftsbetätigung bereit, der zugutegehalten wird, den privatrechtlichen Organisationsformen vorgehaltenen Einflussverlust auf die Aufgabenwahrnehmung vermeiden zu können.[157] Nichtsdestotrotz eröffnet das Gemeinderecht unabhängig davon, ob die wirtschaftliche Betätigung als solche oder aber der Betrieb von Unternehmen den einfachrechtlichen Anknüpfungspunkt bildet, den Gemeinden auch die Möglichkeit, kommunale Unternehmen in Privatrechtsform zu organisieren.[158] Unterscheiden lassen sich in systematischer Hinsicht dabei Eigengesellschaften – Unternehmen, deren Anteile sich vollständig in der Hand der Gemeinden befinden – und gemischt-wirtschaftliche Unternehmen.[159] Tatsächlich werden gemeindliche Unternehmen auch nach wie vor mehrheitlich privatrechtlich organisiert.[160] Durch privatrechtliche Organisationsformen sollen sie im Wettbewerb von politischen (und damit vermeintlich sachfremden) Einflüssen freigestellt werden.[161] Allerdings finden sich im Gemeinderecht zahlreiche Vorgaben, die derartige Einwirkungen seitens der Gemeinden auf privatrechtlich organisierte Unternehmen sicherstellen wollen und dabei letztlich auf die Ausfüllung gesellschaftsrechtlicher Gestaltungsspielräume zielen.[162]

a) Anwendbarkeit der gemeinderechtlichen Vorgaben für Unternehmen in Privatrechtsform

39 Schon der Anwendungsbereich solcher Regelungen ist von Bundesland zu Bundesland unterschiedlich ausgestaltet: Einige Bundesländer nehmen allein auf Gründungen von und Beteiligungen an Unternehmen in Privatrechtsform Bezug.[163] Teilweise gelten die gemeinderechtlichen Voraussetzungen daneben auch für die Übernahme – als Unterfall der Beteiligung – oder Erweiterung solcher Unternehmen.[164] Schließlich finden sich Regelungen, die anstelle der Gründung auf die Führung von Unternehmen in Privatrechtsform abstellen.[165] Fragen wirft dabei schon der Begriff der Beteiligung auf – grundsätzlich soll dieser unabhängig vom jeweiligen Umfang den Erwerb von Unternehmensrechten meinen.[166] Des Weiteren bleibt auch die Bedeutung der im Gemeinde-

---

157 *Wolf*, Anstalt des öffentlichen Rechts als Wettbewerbsunternehmen, 2002, 165 ff.; *Waldmann*, NVwZ 2008, 284 ff.; ferner *Mann*, NVwZ 1996, 557 ff.
158 § 103 Abs. 1 GemO BW; Art. 86 Nr. 3 i.V.m. Art. 92 BayGO; § 92 Abs. 2 Nr. 3, 4 i.V.m. § 96 BbgKVerf; § 69 Abs. 1 KV M-V; § 137 Abs. 1 NKomVG; § 108 Abs. 1 GO NW; § 87 Abs. 1 RhPfGemO; § 110 Abs. 1 SaarlKSVG; § 95 Abs. 1 Nr. 3 i.V.m. § 96 SächsGemO; § 128 Abs. 1 S. 1 i.V.m. § 129 Abs. 1 KVG LSA; § 73 Abs. 1 ThürKO; siehe auch § 122 Abs. 1 HGO; § 102 Abs. 2 GO SH; ausführlich *Hellermann*, in: Hoppe/Uechtritz/Reck (Hrsg.), Handbuch kommunale Unternehmen, § 7, Rn. 91 ff.
159 *Hellermann*, in: Hoppe/Uechtritz/Reck (Hrsg.), Handbuch kommunale Unternehmen, § 7, Rn. 92.
160 *Pitschas/Schoppa*, DÖV 2009, 469 ff.
161 Dazu *Hellermann*, in: Hoppe/Uechtritz/Reck (Hrsg.), Handbuch kommunale Unternehmen, § 7, Rn. 5 f., 96 f.; darüber hinaus ist nur bei privatrechtlichen Organisationsformen eine Veräußerung von Gesellschaftsanteilen und damit die Erschließung finanzieller Ressourcen möglich, siehe Geis/Madeja, JA 2013, 248 (252).
162 Ausführlich *Oebbecke*, in: Hoppe/Uechtritz/Reck (Hrsg.), Handbuch Kommunale Unternehmen, § 8, Rn. 32 ff.
163 Siehe § 122 Abs. 1 HGO; § 108 Abs. 1 S. 1 GO NW; § 102 Abs. 1, 2 GO SH.
164 § 103 Abs. 1 GemO BW; § 69 Abs. 1 KV M-V; § 110 Abs. 1 SaarlKSVG; ähnlich § 73 Abs. 1 ThürKO: „Zweckbestimmung ändern".
165 Art. 92 Abs. 1 BayGO; § 137 Abs. 1 NKomVG; § 87 Abs. 1 S. 1 RhPfGemO.
166 Dazu *Lange*, KomR, Kap. 14, Rn. 179, der überdies auch die Gewährung von Darlehen als Beteiligung qualifizieren will.

recht einiger Bundesländer enthaltenen Differenzierung zwischen wirtschaftlichen und nichtwirtschaftlichen Unternehmen unklar; lediglich vereinzelt wird nämlich bestimmt, dass die gemeinderechtlichen Regelungen über privatrechtlich organisierte Unternehmen sowohl für wirtschaftliche als auch für nichtwirtschaftliche Unternehmen gelten.[167]

Abgesehen davon zeigt sich auch schon grundsätzlich ein uneinheitliches Bild, insbesondere bleibt unklar, ob den gemeinderechtlichen Voraussetzungen für Unternehmen in Privatrechtsform auch die Fortführung solcher Unternehmen genügen muss.[168] Sofern das Gemeinderecht die wirtschaftliche Betätigung als solche oder die Fortführung von kommunalen Unternehmen im Allgemeinen zum Anknüpfungspunkt des Kommunalwirtschaftsrechts macht, wird diese Systematik (entgegen dem Wortlaut) auf privatrechtlich organisierte Unternehmen erstreckt: Auch die Fortführung von privatrechtlich organisierten Unternehmen soll dann von denjenigen Voraussetzungen abhängig sein, die ausdrücklich lediglich für die Gründung von und Beteiligung an diesen Unternehmen gelten. Umgekehrt und gegenläufig wird das Führen solcher Unternehmen nicht als Fortführen verstanden, sofern das jeweilige Gemeinderecht die Fortführung von Unternehmen nicht auch ganz allgemein regelt.[169]

b) Zulässigkeit privatrechtlicher Organisationsformen im Einzelnen

Finden die gemeinderechtlichen Vorgaben für Unternehmen in Privatrechtsform überhaupt Anwendung, gelten besondere Voraussetzungen. Zunächst werden grundsätzlich die allgemeinen Anforderungen für die kommunale Wirtschaftsbetätigung ganz oder teilweise für anwendbar erklärt.[170] Obwohl auch kommunale Unternehmen in Privatrechtsform einen öffentlichen Zweck verfolgen müssen, wird diese Anforderung oftmals auch noch besonders hervorgehoben: Privatrechtlich organisierte Unternehmen müssen im Wege des Gesellschaftsvertrages oder der Satzung auf den jeweiligen öffentlichen Zweck ausgerichtet werden.[171] Des Weiteren muss der Gemeinde zur Sicherstellung der Verfolgung öffentlicher Zwecke (sowie im Interesse der demokratischen Legitimation)[172] ein angemessener Einfluss auf das jeweilige Unternehmen – etwa durch die Sicherung der Stimmrechtsmacht, im Wege der Teilhabe an der Entscheidung über die Besetzung der Leitungs- und Aufsichtsorgane[173] oder mithilfe besonderer Regelungen über die Zuständigkeitsverteilung[174] – gesichert werden.[175] Ein *angemessener Ein-*

---

167 Siehe dazu § 69 Abs. 1 KV M-V; § 108 Abs. 1 GO NW; § 87 Abs. 1 RhPfGemO, wonach die für privatrechtlich organisierte Unternehmen geltenden Anforderungen ausdrücklich auch für nichtwirtschaftliche Unternehmen gelten.
168 Dazu aber auch §§ 96 f. SächsGemO; §§ 128 f. KVG LSA.
169 *Lange*, KomR, Kap. 14, Rn. 186 f.
170 § 102 Abs. 1 GemO BW; Art. 86 Nr. 3 i.V.m. Art. 87 Abs. 1 BayGO; § 92 Abs. 1, 2 BbgKVerf; § 122 Abs. 1 S. 1 Nr. 1 HGO; § 69 Abs. 1 KV M-V; § 137 Abs. 1 Nr. 1 NKomVG; § 108 Abs. 1 S. 1 Nr. 1 GO NW; § 85 Abs. 1 RhPfGemO; § 108 Abs. 1 SaarlKSVG; § 94a Abs. 1 S. 1 SächsGemO; § 129 Abs. 1 KVG LSA; § 102 Abs. 2 GO SH; § 73 Abs. 1 S. 1 Nr. 1 ThürKO.
171 § 103 Abs. S. 1 Nr. 2 GemO BW; Art. 92 Abs. 1 S. 1 Nr. 1 BayGO; § 96 Abs. 1 S. 1 Nr. 1 BbgKVerf; § 69 Abs. 1 Nr. 3 KV M-V; § 137 Abs. 1 Nr. 5 NKomVG; § 108 Abs. 1 S. 1 Nr. 7 GO NW; § 87 Abs. 1 S. 1 Nr. 2 RhPfGemO; § 96 Abs. 1 Nr. 1 SächsGemO; § 129 Abs. 1 Nr. 1 KVG LSA; zu den gesellschaftsrechtlichen Gestaltungsmöglichkeiten *Mann*, in: Mann/Püttner (Hrsg.), HKWP, Bd. II, § 46, Rn. 7 ff.
172 *Burgi*, KomR, § 17, Rn. 80 f.
173 Ausdrücklich dazu auch Art. 93 Abs. 2 S. 1 BayGO; § 138 Abs. 3 S. 1 NKomVG; § 113 Abs. 3 S. 1 GO NW.
174 Siehe auch Art. 92 Abs. 1 S. 2 BayGO; dazu *Oebbecke*, in: Hoppe/Uechtritz/Reck (Hrsg.), Handbuch Kommunale Unternehmen, § 8, Rn. 63.
175 § 103 Abs. 1 S. 1 Nr. 3 GemO BW; Art. 92 Abs. 1 S. 1 Nr. 2 BayGO; § 96 Abs. 1 S. 1 Nr. 2 BbgKVerf; § 122 Abs. 1 S. 1 Nr. 3 HGO; § 69 Abs. 1 Nr. 4 KV M-V; § 137 Abs. 1 Nr. 6 NKomVG; § 108 Abs. 1 S. 1 Nr. 6 GO NW; § 87 Abs. 1 S.

42 fluss soll gegeben sein, wenn die jeweilige gesellschaftsrechtliche Ausgestaltung unter Berücksichtigung eines Gestaltungsspielraums aus der Perspektive der Gemeinden nachvollziehbar ist.[176]

42 Neben diesen Voraussetzungen finden sich zahlreiche weitere Vorgaben. Angesichts der – nicht nur bei privatrechtlich organisierten Unternehmen bestehenden – Haftungsrisiken ist regelmäßig vorgesehen, dass die Haftung der Gemeinden auf einen bestimmten Betrag begrenzt werden muss – überwiegend auf einen der Leistungsfähigkeit angemessenen Betrag.[177] Für die kommunale Wirtschaftsbetätigung kommen dementsprechend nur solche Organisationsformen in Betracht, die eine entsprechende Haftungsbegrenzung überhaupt zulassen, insbesondere die Gesellschaft mit beschränkter Haftung sowie die Aktiengesellschaft.[178] Vereinzelt gelangt die Organisationsform der Aktiengesellschaft aber auch lediglich subsidiär zur Anwendung – wenn nämlich der öffentliche Zweck nicht ebenso gut in einer anderen Rechtsform erfüllt wird oder erfüllt werden kann;[179] solche Regelungen tragen der Erkenntnis Rechnung, dass die Bestimmungen über die Gesellschaften mit beschränkter Haftung angesichts ihrer Dispositivität einen größeren Gestaltungsspielraum eröffnen und dementsprechend eine gemeindliche Steuerung und Kontrolle eher ermöglichen.[180]

43 Gemeinderechtliche Vorgaben finden sich des Weiteren auch für die Vertretung der Gemeinden in privatrechtlich organisierten Unternehmen. Systematisch ist dabei – vorbehaltlich ausdrücklicher gemeinderechtlicher Regelungen – zu unterscheiden: Die Vertretung in Organen, denen die Gemeinden als Gesellschafter angehören, richtet sich grundsätzlich nach den gemeinderechtlichen Vorschriften über die gesetzliche Vertretung; die Vertretung der Gemeinden in anderen Organen betrifft demgegenüber nicht deren gesetzliche Vertretung, sondern vielmehr die Ausübung einer (gesellschaftsvertraglich) eingeräumten Gestaltungsmacht.[181] Die gemeinderechtlichen Regelungen über die Vertretung der Gemeinden in privatrechtlich organisierten Unternehmen greifen diese Unterscheidung überwiegend auf – verweisen allerdings nur selten auf die Regelungen über die gesetzliche Vertretung.[182] Vielmehr wird oftmals der Bürgermeister ausdrücklich als Vertreter in Organen, denen die Gemeinden als Gesellschafter ange-

---

Nr. 3 RhPfGemO; § 110 Abs. 1 Nr. 3 SaarlKSVG; § 96 Abs. 1 Nr. 2 SächsGemO; § 129 Abs. 1 Nr. 3 KVG LSA; § 102 Abs. 1 S. 1 Nr. 3 GO SH; § 73 Abs. 1 S. 1 Nr. 2 ThürKO; gemäß § 87 Abs. 1 S. 1 Nr. 3 RhPfGemO muss es sich um einen nach Maßgabe der Beteiligung angemessenen Einfluss handeln; ausführlich zu den gesellschaftsrechtlichen Gestaltungsmöglichkeiten *Mann*, in: Mann/Püttner (Hrsg.), HKWP, Bd. II, § 46, Rn. 13 ff.; zum Begriff des angemessenen Einflusses ferner *Huffmann*, in: Mann/Püttner (Hrsg.), HKWP, Bd. II, § 51, Rn. 28 ff.

176 *Oebbecke*, in: Hoppe/Uechtritz/Reck (Hrsg.), Handbuch Kommunale Unternehmen, § 8, Rn. 57.
177 § 103 Abs. S. 1 Nr. 4 GemO BW; Art. 92 Abs. 1 S. 1 Nr. 3 BayGO; § 122 Abs. 1 S. 1 Nr. 2 HGO; § 69 Abs. 1 Nr. 5, 6 KV M-V; § 137 Abs. 1 Nr. 2 NKomVG; § 108 Abs. 1 S. 1 Nr. 3 GO NW; § 87 Abs. 1 S. 1 Nr. 4 RhPfGemO; § 110 Abs. 1 Nr. 2 SaarlKSVG; § 96 Abs. 1 Nr. 3 SächsGemO; § 129 Abs. 1 Nr. 4 KVG LSA; § 102 Abs. 1 Nr. 2 GO SH; § 73 Abs. 1 S. 1 Nr. 3-5 ThürKO; ferner § 96 Abs. 1 S. 1 Nr. 3 BbgKVerf.
178 Siehe dazu *Oebbecke*, in: Hoppe/Uechtritz/Reck (Hrsg.), Handbuch Kommunale Unternehmen, § 8, Rn. 43 ff.
179 § 103 Abs. 2 GemO BW; § 122 Abs. 3 HGO; § 108 Abs. 4 GO NW; § 87 Abs. 2 RhPfGemO; § 68 Abs. 4 S. 2 KV M-V schließt die Organisationsform der Aktiengesellschaft hingegen kategorisch aus; siehe dazu auch *Suerbaum*, in: Ehlers/Fehling/Pünder (Hrsg.), BesVerwR, Bd. I, § 13, Rn. 88, der auch ohne ausdrückliche Regelung an die Grenzen des Organisationsermessens erinnert und eine Rechtfertigung für Einbußen bei der Steuerbarkeit kommunaler Unternehmen in Privatrechtsform fordert.
180 *Suerbaum*, in: Ehlers/Fehling/Pünder (Hrsg.), BesVerwR, Bd. I, § 13, Rn. 85.
181 *Lange*, KomR, Kap. 14, Rn. 232 ff.; *Oebbecke*, in: Hoppe/Uechtritz/Reck (Hrsg.), Handbuch Kommunale Unternehmen, § 9, Rn. 22 ff.
182 § 104 Abs. 1 S. 2 GO SH.

hören, benannt.[183] Teilweise wird allerdings auch der Gemeindevertretung die Bestellung von Vertretern aufgegeben.[184] Auch in anderen Organen kommunaler Unternehmen in Privatrechtsform vertreten oftmals die Bürgermeister die Gemeinden.[185] Andere Bundesländer sehen demgegenüber eine Entscheidungszuständigkeit der Gemeindevertretung vor.[186] Ohne ausdrückliche Regelung soll ebenfalls die Gemeindevertretung zuständig sein, da es sich insbesondere nicht um ein Geschäft der laufenden Verwaltung handele.[187] Ebenso wie die Vertreter, die die Gemeinde als Gesellschafter repräsentieren,[188] sind auch die Vertreter in anderen Organen oftmals weisungsgebunden.[189] Das Gemeinderecht stellt diese Weisungsgebundenheit allerdings häufig unter den Vorbehalt, dass gesetzlich nichts anderes bestimmt ist.[190] Dies trägt dem Vorrang des Gesellschaftsrechts Rechnung: Aktienrechtlich wird etwa der Grundsatz hergeleitet, dass namentlich Aufsichtsratsmitglieder allein dem Unternehmensinteresse – das allerdings aufgrund der Vorgaben des Gemeinderechts mit einem öffentlichen Zweck korrespondieren muss – verpflichtet sind und im Rahmen der ihnen obliegenden Amtsführung keinen Weisungen unterliegen.[191] Für den fakultativen Aufsichtsrat gemäß § 52 GmbHG soll demgegenüber ein solcher Grundsatz nicht begründbar sein, das Bestehen eines Weisungsrechts soll daher sogar durch Auslegung des Gesellschaftsvertrages ermittelt werden können.[192]

IV. Bereichsspezifische Vorgaben für die kommunalen Wirtschaftsbetätigung

Während das Gemeinderecht – so lässt sich zusammenfassen – vor allem Vorgaben für das „Ob" der wirtschaftlichen Betätigung von Kommunen enthält, die Vorgaben für das „Wie" dieser Betätigung hingegen nur schwach determiniert, ergeben sich bereichsspezifische Determinanten der kommunalen Wirtschaftsbetätigung schließlich aus dem Beihilfenrecht sowie dem Vergaberecht. Beide Rechtsgebiete sind für das Kommunalrecht zwar auch ganz allgemein von Bedeutung. Oftmals ergeben sich beihilfen- und vergaberechtliche Probleme aber gerade mit Blick auf kommunale Unternehmen.

44

---

183 § 104 Abs. 1 S. 1 GemO BW; Art. 93 Abs. 1 S. 1 BayGO; § 97 Abs. 1 S. 1 BbgKVerf; § 125 Abs. 1 S. 1 HGO; § 71 Abs. 1 S. 1 KV M-V; § 88 Abs. 1 S. 1 RhPfGemO; § 114 Abs. 1 S. 1 SaarlKSVG; § 98 Abs. 1 S. 1 SächsGemO; § 131 Abs. 1 S. 1 KVG LSA.
184 Siehe § 138 Abs. 1 S. 1 NKomVG; § 113 Abs. 2 S. 1 GO NW, wonach der Bürgermeister nur zu den Vertretern zählen muss, sofern die Gemeinde mehrere Vertreter bestellt.
185 § 125 Abs. 2 S. 1 HGO; § 88 Abs. 3 RhPfGemO; § 114 Abs. 1 S. 2 SaarlKSVG; § 131 Abs. 3 KVG LSA.
186 § 104 Abs. 2 BW GO; § 97 Abs. 2 BbgKVerf; § 138 Abs. 3 S. 2 NKomVG; § 113 Abs. 2 S. 3 GO NW; § 98 Abs. 2 S. 1 SächsGemO; siehe auch § 71 Abs. 2 KV M-V; ferner § 104 Abs. 2 GO SH, wonach die allgemeinen Vorschriften über die Vertretung von Kommunen in Vereinigungen zur Anwendung gelangen.
187 *Lange*, KomR, Kap. 14, Rn. 247.
188 § 104 Abs. 1 S. 3 GemO BW; § 97 Abs. 1 S. 6 BbgKVerf; § 125 Abs. 1 S. 3 HGO; § 71 Abs. 1 S. 5 KV M-V; § 88 Abs. 1 S. 6 RhPfGemO; § 114 Abs. 1 S. 3 SaarlKSVG; § 98 Abs. 1 S. 6 SächsGemO; § 131 Abs. 1 S. 5 KVG LSA; siehe auch § 138 Abs. 1 S. 2 NKomVG; § 113 Abs. 1 S. 2 GO NW;.
189 Art. 93 Abs. 2 S. 2 BayGO; § 125 Abs. 1 S. 4 HGO; § 71 Abs. 1 S. 2 KV M-V; § 88 Abs. 3 RhPfGemO; § 114 Abs. 1 S. 3 SaarlKSVG; § 131 Abs. 3 S. 1 KVG LSA; siehe auch § 113 Abs. 1 S. 2 GO NW; ausführlich zu den einfachgesetzlichen Gestaltungsmöglichkeiten *Mann*, in: Mann/Püttner (Hrsg.), HKWP, Bd. II, § 46, Rn. 24 ff.; zum Ganzen ferner *Oebbecke*, in: Hoppe/Uechtritz/Reck (Hrsg.), Handbuch Kommunale Unternehmen, § 9, Rn. 30 ff.
190 Art. 93 Abs. 2 S. 3 BayGO; § 125 Abs. 1 S. 4 HGO; § 71 Abs. 1 S. 5 KV M-V; § 113 Abs. 1 S. 4 GO NW; § 88 Abs. 1 S. 6, Abs. 2 RhPfGemO; § 131 Abs. 1 S. 5, Abs. 3 S. 1 KVG LSA.
191 BGHZ 169, 98 (106); siehe dazu auch HessVGH, DVBl. 2012, 647 ff.
192 BVerwGE 140, 300 ff.

1. Beihilfenrecht

45 Das Beihilfenrecht wird etwa relevant, sofern der öffentliche Zweck kommunaler Unternehmen nicht kostendeckend verfolgt werden kann. Gemeinden dürfen dann ihren Unternehmen grundsätzlich keine Zuwendungen gewähren. Art. 107 Abs. 1 AEUV bestimmt nämlich, dass staatliche Beihilfen, die durch die Begünstigung bestimmter Unternehmen den Wettbewerb verfälschen, mit dem Binnenmarkt unvereinbar sind. Als Beihilfen in diesem Sinne gelten nach dem Europäischen Gerichtshof alle Maßnahmen, die als ein wirtschaftlicher Vorteil anzusehen sind, den das begünstigte Unternehmen unter normalen Marktbedingungen nicht erhalten hätte.[193] Auch gemeindliche Maßnahmen sind Beihilfen in diesem Sinne,[194] als Unternehmen wird zudem jede eine wirtschaftliche Tätigkeit ausübende Einheit verstanden – unabhängig von ihrer Rechtsform und der Art ihrer Finanzierung.[195]

46 Keine Anwendung findet Art. 107 Abs. 1 AEUV – abgesehen von der Bereichsausnahme des Art. 106 Abs. 2 AEUV – nach dem Europäischen Gerichtshof lediglich dann, wenn die betreffende Maßnahme als Gegenleistung für die Erfüllung gemeinwirtschaftlicher Verpflichtungen erbracht wird. Dazu müssen allerdings bestimmte Voraussetzungen erfüllt sein: „Erstens muss das begünstigte Unternehmen tatsächlich mit der Erfüllung gemeinwirtschaftlicher Verpflichtungen betraut sein und diese Verpflichtungen müssen klar definiert sein. Zweitens sind die Parameter, anhand derer der Ausgleich berechnet wird, zuvor objektiv und transparent aufzustellen, um zu verhindern, dass der Ausgleich einen wirtschaftlichen Vorteil mit sich bringt, der das Unternehmen, dem er gewährt wird, gegenüber konkurrierenden Unternehmen begünstigt. Drittens darf der Ausgleich nicht über das hinausgehen, was erforderlich ist, um die Kosten der Erfüllung der gemeinwirtschaftlichen Verpflichtungen unter Berücksichtigung der dabei erzielten Einnahmen und eines angemessenen Gewinns aus der Erfüllung dieser Verpflichtungen ganz oder teilweise zu decken. Nur bei Einhaltung dieser Voraussetzung ist gewährleistet, dass dem betreffenden Unternehmen kein Vorteil gewährt wird, der dadurch, dass er die Wettbewerbsstellung dieses Unternehmens stärkt, den Wettbewerb verfälscht oder zu verfälschen droht. Wenn viertens die Wahl des Unternehmens, das mit der Erfüllung gemeinwirtschaftlicher Verpflichtungen betraut werden soll, im konkreten Fall nicht im Rahmen eines Verfahrens zur Vergabe öffentlicher Aufträge erfolgt, das die Auswahl desjenigen Bewerbers ermöglicht, der diese Dienste zu den geringsten Kosten für die Allgemeinheit erbringen kann, so ist die Höhe des erforderlichen Ausgleichs auf der Grundlage einer Analyse der Kosten zu bestimmen, die ein durchschnittliches, gut geführtes Unternehmen, das so angemessen mit Transportmitteln ausgestattet ist, dass es den gestellten gemeinwirtschaftlichen Anforderungen genügen kann, bei der Erfüllung der betreffenden Verpflichtungen hätte, wobei die dabei erzielten Einnahmen und ein angemessener Gewinn aus der Erfüllung dieser Verpflichtungen zu berücksichtigen sind."[196]

---

193 EuGH, Slg. 2003, I-7747 (Rn. 84).
194 EuGH, Slg. 1987, 4013 (Rn. 17).
195 EuGH, Slg. 1991, I-1979 (Rn. 21).
196 EuGH, Slg. 2003, I-7747 (Rn. 88 ff.).

2. Vergaberecht

Abgesehen davon, dass das Auftreten der Gemeinden als Nachfrager ganz allgemein Bezüge zum kommunalen Wirtschaftsrecht erkennen lässt,[197] ergeben sich vergaberechtliche Probleme mit Blick auf die kommunale Wirtschaftsbetätigung ganz grundsätzlich daraus, dass kommunale Unternehmen mit der Wahrnehmung von Aufgaben betraut werden. Sofern öffentliche Aufträge – gemäß § 99 Abs. 1 GWB entgeltliche Verträge von öffentlichen Auftraggebern mit Unternehmen über die Beschaffung von Leistungen, die Liefer-, Bau- oder Dienstleistungen zum Gegenstand haben, Baukonzessionen und Auslobungsverfahren, die zu Dienstleistungsaufträgen führen sollen – die Schwellenwerte des § 100 Abs. 1 GWB überschreiten, findet aber Vergaberecht Anwendung.[198] Mit Blick auf die kommunale Wirtschaftstätigkeit sind diesbezüglich verschiedene Konstellationen zu unterscheiden: Die Aufgabenwahrnehmung durch Regie- und Eigenbetriebe fällt mangels eines Vertrages zwischen einem öffentlichen Auftraggeber und einem Unternehmen zunächst nicht in den Anwendungsbereich des Vergaberechts.[199] Gleiches soll für die Aufgabenwahrnehmung durch eine rechtsfähige Anstalt des öffentlichen Rechts gelten – die Übertragung der Zuständigkeit sei ein dem Vergaberecht entzogener Akt der Verwaltungsorganisation (sofern diese Übertragung auf einer gesetzlichen Ermächtigung beruhe).[200] Mit Blick auf die kommunale Zusammenarbeit[201] hat der Europäische Gerichtshof ferner ausgeführt, dass bei einer Einrichtung, deren Anteile ausschließlich von öffentlichen Stellen gehalten werden, das Vergaberecht grundsätzlich keine Anwendung findet – eine solche Zusammenarbeit öffentlicher Stellen könne den freien Dienstleistungsverkehr und den unverfälschten Wettbewerb nicht in Frage stellen.[202] Unsicher scheint demgegenüber, ob im Anschluss an diese Rechtsprechung nunmehr auch eine vertragliche Vereinbarung über die Aufgabenwahrnehmung nicht dem Vergaberecht unterfällt – die sogenannte mandatierende Vereinbarung[203] war zuvor nämlich als Beschaffungsvorgang und nicht etwa als Zuständigkeitsübertragung qualifiziert und dem Vergaberecht unterworfen worden.[204]

Sofern kommunale Unternehmen in Privatrechtsform tätig werden, stellt sich demgegenüber regelmäßig die Frage, ob ein öffentlicher Auftrag im Sinne des § 99 Abs. 1 GWB vorliegt oder es sich vielmehr um ein dem Vergaberecht entzogenes In-house-Geschäft handelt. Nach der Rechtsprechung des Europäischen Gerichtshofes liegt ein öffentlicher Auftrag nicht vor, wenn der Vertragspartner eine Einrichtung ist, die sich vom öffentlichen Auftraggeber rechtlich unterscheidet, dieser aber über die fragliche Einrichtung eine ähnliche Kontrolle ausübt wie über eigene Dienststellen und diese ihre Tätigkeit im Wesentlichen mit der oder den öffentlichen Stellen verrichtet, die ihre Anteile innehaben.[205] Vorausgesetzt wird dabei eine Tätigkeit, die jede andere Tätigkeit als rein nebensächlich erscheinen lässt.[206] Im Anschluss daran hat der Europäische Gerichtshof allerdings darauf hingewiesen, dass diese Ausführungen mit Blick auf eine

---

197 Siehe *Burgi*, KomR, § 17, Rn. 15 ff.
198 Im Übrigen gelten haushaltsrechtliche Vorgaben sowie die Regelungen der Landesvergabegesetze, siehe *Lange*, KomR, Kap. 14, Rn. 274.
199 *Lange*, KomR, Kap. 14, Rn. 285 f.
200 *Brüning*, DVBl. 2009, 1539 (1539, 1543).
201 Ausführlich Teil 2, § 11.
202 EuGH, EuZW 2009, 55 ff.; EuGH, EuZW 2009, 529 ff.; dazu *Brüning*, DVBl. 2009, 1539 ff.
203 Ausführlich dazu Teil 2, § 11, Rn. 23.
204 *Brüning*, DVBl. 2009, 1539 (1540).
205 EuGH, Slg. 1999, I-8121 (Rn. 50).
206 EuGH, Slg. 2006, I-4137 (Rn. 63); Slg. 2007, I-2999 (Rn. 55).

Einrichtung erfolgten, die vollständig von öffentlichen Stellen gehalten wurde. Dagegen schließe – so der Europäische Gerichtshof – die auch nur minderheitliche Beteiligung Privater es auf jeden Fall aus, dass der öffentliche Auftraggeber über diese Gesellschaft eine ähnliche Kontrolle ausübt wie über seine eigenen Dienststellen.[207] Auch im Übrigen hat der Europäische Gerichtshof die Anforderungen an die Kontrolle über die jeweilige Einrichtung präzisiert: Die Einrichtung müsse einer Kontrolle unterworfen sein, die es der öffentlichen Stelle ermöglicht, auf deren Entscheidungen einzuwirken.[208]

49 Besonderheiten gelten schließlich für Dienstleistungskonzessionen, die sich von öffentlichen Aufträgen im Sinne des § 99 Abs. 1 GWB dadurch unterscheiden, dass eine unmittelbare Entgeltzahlung des öffentlichen Auftraggebers an den Unternehmer nicht erfolgt, sondern dieser das Recht erhält, Entgelte von Dritten zu erheben.[209] Der Europäische Gerichtshof hat abseits von Baukonzessionen, die ausdrücklich in den Anwendungsbereich des § 99 Abs. 1 GWB fallen,[210] auch insoweit eine Ausschreibungspflicht angenommen, diese allerdings aus den primärrechtlichen Grundsätzen der Gleichbehandlung, Nichtdiskriminierung und Transparenz deduziert.[211] Nach der Richtlinie 2014/23/EU über die Konzessionsvergabe gelten die europarechtlichen Vorgaben nunmehr ausdrücklich auch für Dienstleistungskonzessionen – gemäß Art. 5 Abs. 1 S. 1 lit. a) der Richtlinie entgeltliche, schriftlich geschlossene Verträge, mit denen ein oder mehrere öffentliche Auftraggeber einen oder mehrere Wirtschaftsteilnehmer mit der Erbringung und der Verwaltung von Dienstleistungen betrauen, wobei die Gegenleistung entweder allein in dem Recht zur Verwertung der vertragsgegenständlichen Dienstleistungen oder in diesem Recht zuzüglich einer Zahlung besteht. Gemäß Art. 51 der Richtlinie setzen die Mitgliedstaaten die Rechts- und Verwaltungsvorschriften in Kraft, die erforderlich sind, um dieser Richtlinie spätestens bis zum 18. April 2016 nachzukommen.[212]

50 ▶ **LÖSUNG FALL 21:** Private können sich gegenüber der gemeindlichen Wirtschaftsbetätigung nicht auf Grundrechte berufen. Ein rechtfertigungsbedürftiger Grundrechtseingriff liegt erst vor, wenn private Konkurrenz unmöglich oder unzumutbar gemacht wird. Anders als die Grundrechte sind (nach der wohl inzwischen überwiegenden Ansicht) hingegen die kommunalwirtschaftlichen Regelungen – jedenfalls die Notwendigkeit der Verfolgung öffentlicher Zwecke sowie das Subsidiaritätsgebot – drittschützend. Private können dementsprechend öffentlich-rechtliche Unterlassungsansprüche wegen einer Verletzung dieser Voraussetzungen der kommunalen Wirtschaftsbetätigung geltend machen. Die Gemeinde verstößt mit der Errichtung des Eigenbetriebes und der Erweiterung des Tätigkeitsfeldes vorliegend auch gerade gegen gemeinderechtliche Vorgaben, nämlich gegen das Gebot der Verfolgung öffentlicher Zwecke. Es ist kein öffentlicher Zweck ersichtlich, der eine solche Betätigung erfordert. Die Ausnutzung freier Kapazitäten allein stellt keinen öffentlichen Zweck dar. Denn Gemeinden können sich den die Betätigung rechtfertigenden Zweck nicht selbst schaffen, indem sie Einrichtungen dergestalt bemessen, dass sie nur mithilfe von Arbeiten für Private wirtschaftlich geführt werden können. Die Tätigkeit des Eigenbetriebes

---

207 EuGH, Slg. 2005, I-1 (Rn. 49).
208 EuGH, Slg. 2005, I-8585 (Rn. 65); Slg. 2009, I-8127 (Rn. 65).
209 EuGH, Slg. 2009, I-8377 (Rn. 57).
210 Dazu EuGH, Slg. 2010, I-2673 ff.
211 Grundlegend EuGH, Slg. 2005, I-8585 (Rn. 50); ferner EuGH, Slg. 2008, I-8457 (Rn. 25); Slg. 2009, I-8377 (Rn. 44).
212 Zum Ganzen *Opitz*, NVwZ 2014, 753 ff.

ist auch nicht als (in den meisten Bundesländern als Ausnahme von den kommunalwirtschaftlichen Anforderungen vorgesehene) nichtwirtschaftliche Tätigkeit zu qualifizieren. Nichtwirtschaftliche Tätigkeiten sind zwar oftmals solche, die ausschließlich der Deckung des Eigenbedarfs der Gemeinde dienen. Diese Bereichsausnahme betrifft allenfalls die Pflege der öffentlichen Grünanlagen, nicht aber die gärtnerischen Arbeiten für Private. Unerheblich ist auch, inwieweit Hilfsbetriebe Annextätigkeiten erbringen dürften. Um Annextätigkeiten geht es bei gärtnerischen Arbeiten für Private gerade nicht. ◄

▶ **Lösung Fall 22:** Bei der Vermietung von Räumlichkeiten handelt es sich um eine wirtschaftliche Betätigung, die den kommunalwirtschaftlichen Anforderungen genügen muss – die Vermietung von Räumlichkeiten könnte nämlich auch von gewerblichen Vermietern erbracht werden. Des Weiteren handelt es sich bei der Vermietung auch nicht um ein Hilfs- oder Nebengeschäft. Die Vermietung ist nicht eingebettet in eine andere wirtschaftliche Betätigung, sie soll vielmehr den Verwaltungsgebrauch am Verwaltungsgebäude ergänzen und im Zusammenhang mit dem Betrieb der Kfz-Zulassungsstelle erfolgen. Ein öffentlicher Zweck (der letztlich jeden im Aufgabenbereich der Gemeinde liegenden Gemeinwohlbelang und lediglich nicht die bloße Gewinnerwirtschaftung umgreift), der die Vermietung zu rechtfertigen vermag, liegt darin, dass der Kfz-Zulassungsvorgang beschleunigt und erleichtert wird. Wenn ein amtliches Kennzeichen zugeteilt wird, muss notwendigerweise nach der Zuteilung des Kennzeichens das Kennzeichenschild beschafft werden. Dass der Verwaltungsvorgang der Zulassung infolge der Vermietung nicht allzu lange unterbrochen wird, vermag die beabsichtigte Vermietung daher zu rechtfertigen. Dem kann auch nicht das Subsidiaritätsgebot entgegen gehalten werden: Maßstab dafür ist ein Vergleich der kommunalwirtschaftlichen Betätigung mit einer auf denselben Gegenstand gerichteten Tätigkeit Privater. Eine Vermietung durch Private ist aber gerade nicht in der Lage, den öffentlichen Zweck der Erleichterung der Schilderbeschaffung (wie überwiegend vom Gemeinderecht gefordert) besser oder wirtschaftlicher zu erfüllen. Private verfügen gerade nicht über derart günstig gelegene Gewerbeflächen. ◄ 51

▶ **Lösung 23:** Der Betrieb eines Unternehmens zum Zwecke der Bereitstellung von Parkraum stellt zunächst eine zulässige wirtschaftliche Betätigung der Gemeinde dar. Aber auch die Vermietung der Räumlichkeiten ist kommunalwirtschaftlich unbedenklich. Sie erfüllt zwar grundsätzlich ebenfalls den Tatbestand der wirtschaftlichen Betätigung. Dennoch unterfällt sie nicht selbst den Anforderungen des Kommunalwirtschaftsrechts. Entscheidend dafür, ob eine Tätigkeit den gemeinderechtlichen Vorgaben genügen muss oder ob sich die Zulässigkeit des Unternehmensgegenstandes auf sie erstreckt, ist, dass sich die betreffende Tätigkeit im Rahmen des Unternehmensgegenstandes bewegt. Darüber hinaus sind auch Hilfs- und Nebengeschäfte zulässig. Erwerbschancen dürfen etwa außerhalb des Unternehmensgegenstandes wahrgenommen werden, wenn sonst vorhandene Ressourcen brachliegen; auch können unternehmensgegenstandsfremde Geschäfte zulässig sein, soweit dies zur besseren Auslastung geschieht. Bei der Vermietung handelt es sich um ein unternehmensgegenstandsfremdes Geschäft, da es nicht der Bereitstellung von Parkraum dient. Die Vermietung erweist sich indes als zulässiges Hilfs- und Nebengeschäft. Mithilfe der Vermietung soll nämlich die Ausnutzung des Parkraums dadurch verbessert werden, dass die Räumlichkeiten an ein vornehmlich in Zeiten schwacher Auslastung des Parkhauses gerade Parkraum nachfragendes Unternehmen vermietet werden. Angesichts dieser Verklammerung von Parkraumbereitstellung und Vermietung verbietet es sich, die Vermietung selbst am Maßstab des Kommunalwirtschaftsrechts zu messen. ◄ 52

V. Wiederholungs- und Vertiefungsfragen

1. Was ist mit dem Begriff der kommunalen Wirtschaftsbetätigung gemeint?
2. Welche Besonderheiten sind für nichtwirtschaftliche Unternehmen zu beachten?
3. Welche Voraussetzungen formuliert das Gemeinderecht für die kommunalwirtschaftliche Betätigung und wann gelangen diese Voraussetzungen zur Anwendung?
4. Wann ist ein öffentlicher Zweck gegeben?
5. Was ist mit dem Begriff der Randnutzung gemeint?
6. Welche Schwierigkeiten sind mit dem Subsidiaritätsgebot verbunden?
7. Können sich Gemeinden außerhalb des jeweiligen Gemeindegebiets wirtschaftlich betätigen?
8. Können Private verwaltungsgerichtlichen Rechtsschutz gegen die kommunalwirtschaftliche Betätigung ersuchen?
9. Welche öffentlich-rechtlichen Organisationsformen für die kommunalwirtschaftliche Betätigung kennt das Gemeinderecht?
10. Welche Anforderung regelt das Gemeinderecht für den Rückgriff auf privatrechtliche Organisationsformen?
11. Welche Herausforderungen halten das Beihilfenrecht und das Vergaberecht für das kommunale Wirtschaftsrecht bereit?
12. Welche Bezüge weist das kommunale Wirtschaftsrecht zur Privatisierung auf?

VI. Weiterführende Literatur

Badura, Wirtschaftliche Betätigung der Gemeinde zur Erfüllung von Angelegenheiten der örtlichen Gemeinschaft im Rahmen der Gesetze, DÖV 1998, 818 ff.; *Berger*, Das kommunalrechtliche Subsidiaritätsgebot als subjektives öffentliches Recht, DÖV 2010, 118 ff.; *Brenner*, Gesellschaftsrechtliche Ingerenzmöglichkeiten von Kommunen auf privatrechtlich ausgestaltete kommunale Unternehmen, AöR 127 (2002), 223 ff.; *Britz*, Funktion und Funktionsweise öffentlicher Unternehmen im Wandel, NVwZ 2001, 380 ff.; *Brüning*, Mittelbare Beteiligungen der Kommunen im grenzüberschreitenden Wettbewerb, DVBl. 2004, 451 ff.; *ders.*, Risse im Rechtsrahmen kommunaler Wirtschaftsbetätigung, NVwZ 2015, 689 ff.; *Burgi*, Neue Organisations- und Kooperationsformen im europäisierten kommunalen Wirtschaftsrecht, in: Ruffert (Hrsg.), Recht und Organisation, 2003, 55 ff.; *Ehlers*, Rechtsprobleme der Kommunalwirtschaft, DVBl. 1998, 497 ff.; *Franzius*, Die wirtschaftliche Betätigung der Kommunen, Jura 2009, 677 ff.; *Geis/Madeja*, Kommunales Wirtschafts- und Finanzrecht, JA 2013, 248 ff., 321 ff.; *Hösch*, Öffentlicher Zweck und wirtschaftliche Betätigung von Kommunen, DÖV 2000, 393 ff.; *Jarass*, Kommunale Wirtschaftsunternehmen im Wettbewerb, 2002; *ders.*, Aktivitäten kommunaler Unternehmen außerhalb des Gemeindegebiets, insbesondere im öffentlichen Personennahverkehr, DVBl. 2006, 1 ff.; *Jungkamp*, Rechtsschutz privater Konkurrenten gegen die wirtschaftliche Betätigung der Gemeinden, NVwZ 2010, 546 ff.; *Koch*, Die Bestimmung des Gemeindevertreters in Gesellschaften mit kommunaler Beteiligung am Beispiel der Gemeindeordnung NRW, VerwArch 102 (2011), 1 ff.; *Kummer*, Vom Eigen- oder Regiebetrieb zum Kommunalunternehmen, 2003; *Leder*, Kohärenz und Wirksamkeit des kommunalen Wirtschaftsrechts im wettbewerblichen Umfeld, DÖV 2008, 173 ff.; *Leisner-Egensperger*, Die kommunale Anstalt des Öffentlichen Rechts nach §§ 76a bis c ThürKO n. F., ThürVBl. 2014,

81 ff.; *Mann*, Die öffentlich-rechtliche Gesellschaft, 2002; *Mehde*, Selbstverwaltung und Daseinsvorsorge im „Konzern Stadt", in: Schliesky (Hrsg.), Selbstverwaltung im Staat der Informationsgesellschaft, 2010, 47 ff.; *Meiski*, Die Nichtöffentlichkeit der Aufsichtsratssitzung einer kommunalen GmbH und das Öffentlichkeitsprinzip der kommunalen Selbstverwaltung, NVwZ 2007, 1355 ff.; *Oebbecke*, Die Kommune als Konzern, VBlBW 2010, 1 ff.; *Otting*, Die Aktualisierung öffentlich-rechtlicher Schranken kommunalwirtschaftlicher Betätigung durch das Wettbewerbsrecht, DÖV 1999, 549 ff.; *Papier*, Kommunale Daseinsvorsorge im Spannungsfeld zwischen nationalem Recht und Gemeinschaftsrecht, DVBl. 2003, 686 ff.; *Pitschas/Schoppa*, Rechtsformen kommunaler Unternehmenswirtschaft, DÖV 2009, 469 ff.; *Pogoda*, Wirtschaftliche Betätigung der Gemeinden und Subsidiaritätsklausel, LKV 2012, 159 ff.; *Reck*, Kommunale Unternehmen brauchen fairen Zugang zu Markt und Wettbewerb, DVBl. 2009, 1546 ff.; *Rennert*, Der Selbstverwaltungsgedanke im kommunalen Wirtschaftsrecht, DV 35 (2002), 319 ff.; *Sanden*, Die Privatisierungsprüfpflicht als Einstieg in die Verwaltungsprivatisierung, DV 38 (2005), 367 ff.; *Scharpf*, Die Konkretisierung des öffentlichen Zwecks, VerwArch 96 (2005), 485 ff.; *Schink*, Wirtschaftliche Betätigung kommunaler Unternehmen, NVwZ 2002, 129 ff.; *ders.*, Kommunale Daseinsvorsorge in Europa, DVBl. 2005, 961 ff.; *Schmidt-Leithoff*, Gemeindewirtschaft im Wettbewerb, 2011; *Schoch*, Konkurrenzschutz im kommunalen Wirtschaftsrecht, in: Appel (Hrsg.), Öffentliches Recht im offenen Staat, Festschrift für Wahl, 2011, 573 ff.; *Schraffer*, Der kommunale Eigenbetrieb, 1993; *Schulz*, Wirtschaftliche, nichtwirtschaftliche und nicht nichtwirtschaftliche Unternehmen, BayVBl. 1997, 518 ff.; *Strobel*, Weisungsfreiheit oder Weisungsgebundenheit kommunaler Vertreter in Eigen- und Beteiligungsgesellschaften?, DVBl. 2005, 77 ff.; *von Danwitz*, Vom Verwaltungsprivatrecht zum Verwaltungsgesellschaftsrecht, AöR 120 (1995), 595 ff.; *Waldmann*, Das Kommunalunternehmen als Rechtsformalternative für die wirtschaftliche Betätigung der Gemeinden, NVwZ 2008, 293 ff.; *Wolff*, Verfassungs- und europarechtliche Fragen der wirtschaftlichen Betätigung deutscher Kommunen im Ausland, DÖV 2011, 721 ff.; *Zieglmeier*, Kommunale Aufsichtsratsmitglieder, LKV 2005, 338 ff.

§ 9 Kommunales Finanz- und Haushaltsrecht

1   Lange befanden sich die Gemeinden in einer finanziellen Dauerkrise. Vielfältige Ursachen wurden dafür verantwortlich gemacht und mit der Formel „sinkende Steuereinnahmen bei gleichzeitig steigender Ausgabenlast" auf den Punkt gebracht.[1] In den letzten Jahren konnten die Gemeinden dagegen bundesweit Überschüsse erwirtschaften – mit Ausnahme der von der Finanzmarktkrise geprägten Jahre scheint sich die finanzielle Situation daher zu verbessern. Dabei zeigt sich allerdings ein heterogenes Bild – Disparitäten zwischen einzelnen Gemeinden haben sich eindeutig verschärft.[2]

2   Zur Bewältigung der finanziellen Dauerkrise der Gemeinden sind zahlreiche Instrumente zum Einsatz gekommen. Sieht man von den eigenen Einnahmequellen der Gemeinden und vom kommunalen Finanzausgleich ab, haben die Bundesländer mithilfe etwa von kommunalen Entschuldungs- und Konsolidierungsprogrammen und sogenannten Finanzausgleichsumlagen versucht, die finanzielle Dauerkrise der Gemeinden zu lösen. Im Rahmen von Entschuldungs- und Konsolidierungsprogrammen stellen die Bundesländer (zusätzliche) Finanzmittel bereit.[3] Finanzausgleichsumlagen bewirken demgegenüber einen horizontalen kommunalen Finanzausgleich: Abundante Gemeinden werden aus Gründen der interkommunalen Solidarität zur Finanzierung bedürftiger Gemeinden herangezogen und zur Umverteilung verpflichtet. Die Landesverfassungsgerichte haben solche Umlagen grundsätzlich für (landes)verfassungsgemäß erklärt.[4] Sie stoßen nach der Rechtsprechung nicht auf durchgreifende Bedenken, solange auch abundante Gemeinden noch über eine finanzielle Mindestausstattung verfügen. Beachtet werden müssten lediglich der Grundsatz der Verhältnismäßigkeit und das Willkürverbot; angesichts der Tatsache, dass die Finanzmittel anderen Gemeinden zugutekämen, würden finanzverfassungsrechtliche Vorgaben des Grundgesetzes hingegen nicht berührt.[5]

3   Angesichts der Disparitäten zwischen einzelnen Gemeinden wird zunehmend aber auch deren Verursachungsbeitrag für die finanziellen Dauerkrise in den Blick genommen: Disparitäten insbesondere zwischen den Gemeinden unterschiedlicher Bundesländer seien – so die Argumentation – strukturell nämlich nicht zu erklären. Aus rechtlicher Perspektive könnten Gemeinden auch zur Verantwortung gezogen und zur Erhebung der für die Finanzierung der Aufgabenwahrnehmung notwendigen eigenen Einnahmen verpflichtet werden; der Haushaltsausgleich sei verbindlich vorgeschrieben, zur Durchsetzung seien die Aufsichtsbehörden berufen.[6] Ganz in diesem Sinne hat auch das Bundesverwaltungsgericht eine Pflicht der Gemeinden angenommen, alles zu unternehmen, um durch Zurückführung der Ausgaben und Erhöhung der Einnahmen den Haushaltsausgleich im Rahmen des Zumutbaren so schnell wie möglich zu errei-

---

1   Eingehend *Krausnick*, VerwArch 102 (2011), 359 (360).
2   Siehe *Henneke*, DVBl. 2014, 1422 ff.
3   Zu kommunalen Entschuldungs- und Konsolidierungsprogrammen *Keilmann/Duve/Gnädinger*, DÖV 2013, 631 ff.; ferner *Göhring/Müller/Meffert/Wagenführer*, LKRZ 2011, 1 ff.
4   Grundlegend NdsStGH, NVwZ-RR 2001, 553 (558); zur Zulässigkeit von Stadt-Umland-Umlagen ferner VerfG M-V, NordÖR 2012, 235 ff.; zu sogenannten Kompensationsumlagen HessStGH, NVwZ 2013, 1151 (1155 f.).
5   BbgVerfG, DVBl. 2013, 1180 ff.; zur Argumentation der Landesverfassungsgerichtsbarkeit im Übrigen SächsVerfGH, Urteil vom 26.8.2010, Az.: Vf. 129-VIII-09; VerfG M-V, NVwZ-RR 2012, 377 ff.; VerfG M-V, NordÖR 2012, 229 ff.; LVerfG LSA, DVBl. 2015, 182 ff.; siehe dazu auch *Thormann*, NVwZ 2014, 1548 ff.
6   *Oebbecke*, DVBl. 2013, 1409 (1410 ff.).

§ 9 Kommunales Finanz- und Haushaltsrecht

chen und von die Einnahmen mindernden Maßnahmen – wie der Senkung der Realsteuerhebesätze – abzusehen.[7]

I. Einnahmequellen

Grundsätzlich stehen den Gemeinden zur Finanzierung der Aufgabenwahrnehmung Abgaben – Steuern, Gebühren und Beiträge (sowie Sonderabgaben)[8] – und staatliche Zuweisungen des kommunalen Finanzausgleichs zur Verfügung. Als Einnahmequellen kommen (ohne dass diesbezügliche gemeinderechtliche Vorgaben erkennbar wären) privatrechtliche Erträge und Entgelte hinzu, gerade in der jüngeren Vergangenheit waren Gemeinden überdies als Nachfrager auf den (internationalen) Finanzmärkten tätig.[9]

1. Finanzverfassungsrechtliche Grundlagen

▶ **FALL 24:** Die Gemeinden erhalten im Wege des kommunalen Finanzausgleichs finanzielle Zuweisungen. Das Finanzausgleichsgesetz sieht nunmehr eine Veränderung zum Nachteil der Gemeinden vor. Zur Begründung führt der Landesgesetzgeber aus, die Steuereinnahmen hätten sich in den vergangenen Jahren zugunsten der Gemeinden verschoben. Eine Gemeinde erhebt gegen das Finanzausgleichsgesetz kommunale Landesverfassungsbeschwerde. Gerügt wird eine Verletzung des Rechts auf angemessene Finanzausstattung. Die Änderung des Finanzausgleichsgesetzes sei lediglich einnahmeseitig begründet worden. ◀

Steuern – Gleiches gilt auch für den kommunalen Finanzausgleich – sind den Gemeinden zunächst verfassungsunmittelbar garantiert, Gemeinden sind mithin – der Zweistufigkeit des Staatsaufbaus widersprechend[10] – Träger von Finanzhoheit.[11] Das Finanzverfassungsrecht gewährleistet nach Art. 106 Abs. 6 S. 1 GG den Gemeinden das Aufkommen der Grundsteuer und Gewerbesteuer, das Aufkommen der örtlichen Verbrauch- und Aufwandsteuern steht nach Maßgabe der Landesgesetzgebung ebenfalls den Gemeinden oder Gemeindeverbänden zu; Bund und Bundesländer können nach Art. 106 Abs. 6 S. 4, 5, 6 GG allerdings am Aufkommen der Grund- und Gewerbesteuer beteiligt werden.[12] Des Weiteren gewährleistet Art. 106 Abs. 3, Abs. 5 S. 1 GG den Gemeinden einen Anteil am Aufkommen der Einkommensteuer, nach Art. 106 Abs. 5a GG erhalten die Gemeinden zudem einen Anteil an dem Aufkommen der Umsatzsteuer.

---

7 BVerwGE 138, 89 ff.; zum Rechtsschutz gegen die Erhöhung von Hebesätzen aber auch *Lange*, NVwZ 2015, 695 ff.
8 Zur verfassungsrechtlichen Zulässigkeit von Sonderabgaben BVerfGE 55, 274 (305 ff.); 82, 159 (179 ff.); Voraussetzung für die Erhebung von Sonderabgaben ist allerdings eine allenfalls punktuell bestehende gesetzliche Grundlage – zur Ablösung einer Stellplatzpflicht durch Ausgleichsbeträge BVerwG, NJW 1986, 600 f.
9 Zu Konzessionen *Fehling*, in: Henneke/Pünder/Waldhoff (Hrsg.), Recht der Kommunalfinanzen, § 17; namentlich zu § 46 EnWG zuletzt BGHZ 199, 298 ff.; BGH, NVwZ 2014, 817 ff.; zur wirtschaftlichen Betätigung *Schliesky*, in: Henneke/Pünder/Waldhoff (Hrsg.), Recht der Kommunalfinanzen, § 22; zu Spekulationsgeschäften *Lammers*, NVwZ 2012, 12 ff.; *Weck/Schick*, NVwZ 2012, 18 ff.; zum sogenannten Cross-Border-Leasing *Böhm/Stepputat*, DÖV 2009, 984 ff.; *Rahm*, NVwZ 2010, 288 ff.; siehe auch OVG Münster, NWVBl. 2007, 110 f.; zu sogenannten Bürgerdarlehen *Prehn*, DÖV 2011, 174 ff.; ferner *Erting*, DÖV 2009, 1339 ff.
10 BVerfGE 26, 172 (181); 39, 96 (122); 41, 291 (313).
11 Ausführlich *Hidien*, in: Henneke/Pünder/Waldhoff (Hrsg.), Recht der Kommunalfinanzen, § 26; ferner *Brüning*, in: Ehlers/Fehling/Pünder (Hrsg.), BesVerwR, Bd. III, § 64, Rn. 52 ff.
12 Dazu *Wendt*, in: Isensee/Kirchhof (Hrsg.), HStR, Bd. VI, 3. Aufl. 2008, § 139, Rn. 81.

7 Der kommunale Finanzausgleich bewirkt demgegenüber eine Umverteilung – den Gemeinden werden nicht etwa als Träger von Finanzhoheit weitere Steuern zugewiesen:[13] Mit Blick auf die Einkommens-, Körperschafts- und Umsatzsteuer bestimmt Art. 106 Abs. 7 S. 1 GG zunächst, dass „[v]on dem Länderanteil am Gesamtaufkommen der Gemeinschaftsteuern [...] den Gemeinden und Gemeindeverbänden insgesamt ein von der Landesgesetzgebung zu bestimmender Hundertsatz zu[fließt]." Art. 106 Abs. 7 S. 2 GG eröffnet überdies die Möglichkeit zum fakultativen Finanzausgleich, wonach die Länder die Gemeinden und Gemeindeverbände am Aufkommen der Landessteuern beteiligen können.[14]

8 Schließlich normiert das Finanzverfassungsrecht spezifische Zuweisungs- und Ausgleichsmechanismen. Nach Art. 104b Abs. 1 GG können neben den Ländern auch die Gemeinden und Gemeindeverbände Finanzhilfen des Bundes für bedeutsame Investitionen verlangen, die zur Abwehr einer Störung des gesamtwirtschaftlichen Gleichgewichts oder zum Ausgleich unterschiedlicher Wirtschaftskraft im Bundesgebiet oder zur Förderung des wirtschaftlichen Wachstums erforderlich sind.[15] Während diese Finanzhilfen den Gemeinden und Gemeindeverbänden allerdings nur zugutekommen, wenn die Bundesländer entsprechende Mittel weiterleiten,[16] regelt der Sonderlastenausgleich nach Art. 106 Abs. 8 GG unmittelbare Finanzbeziehungen zwischen Bund und Gemeinden sowie Gemeindeverbänden: Veranlasst der Bund in einzelnen Ländern oder Gemeinden sowie Gemeindeverbänden besondere Einrichtungen, die diesen unmittelbar Mehrausgaben oder Mindereinnahmen verursachen, gewährt er nach Art. 106 Abs. 8 S. 1 GG den erforderlichen Ausgleich, wenn und soweit den Ländern oder Gemeinden sowie Gemeindeverbänden nicht zugemutet werden kann, die Sonderbelastungen zu tragen.[17] Nach Art. 91e Abs. 2 S. 2 GG trägt der Bund schließlich die notwendigen Ausgaben einschließlich der Verwaltungsaufgaben der sogenannten Optionskommunen, die vom Bund zum alleinigen Träger der Leistungen der Grundsicherung für Arbeitsuchende gemacht werden.[18]

2. Anspruch auf eine angemessene Finanzausstattung

9 Obwohl das Finanzverfassungsrecht den Gemeinden sowohl Steuern zuweist als auch den kommunalen Finanzausgleich regelt, liegt eine wesentliche Schwäche der verfas-

---

13 Zu den Funktionen des kommunalen Finanzausgleichs HessStGH, NVwZ 2013, 1151 (1152): „[D]ie Hauptfunktionen [des] [...] kommunalen Finanzausgleichs [bestehen] darin, die Finanzmittel der Kommunen (vertikal) aufzustocken, damit sie ihre Aufgaben erfüllen können (fiskalische Funktion), sowie die Finanzkraftunterschiede zwischen den Kommunen (horizontal) auszugleichen (redistributive Funktion)".
14 Zum kommunalen Finanzausgleich *Henneke*, in: Henneke/Pünder/Waldhoff (Hrsg.), Recht der Kommunalfinanzen, § 25; *Schmidt*, DÖV 2012, 8 ff.
15 Am Beispiel des Kinderförderungsgesetzes dazu *Höfling/Engels*, RdJB 2008, 292 ff.; allgemein *Schmehl*, in: Friauf/Höfling (Hrsg.), GG, Art. 104b (2009), Rn. 7 ff.
16 Zu Art. 104a Abs. 4 GG a.F. BVerfGE 39, 96 (122); 41, 291 (313).
17 Dazu *Mückl*, Finanzverfassungsrechtlicher Schutz der kommunalen Selbstverwaltung, 1998, 167 f.; *Brems*, Die Aufgabenverlagerung des Landes Nordrhein-Westfalen auf die Kommunen und die Frage der Finanzierungsfolgen, 2006, 183 f.
18 Art. 91e GG ermöglicht das Zusammenwirken von Bund und Gemeinden auf dem Gebiet der Grundsicherung von Arbeitsuchenden und durchbricht damit das Verbot der Mischverwaltung, auf dessen Grundlage eine einfachgesetzliche Regelung vom Bundesverfassungsgericht für verfassungswidrig erklärt worden war, siehe BVerfGE 119, 331 ff.; zudem hat das Bundesverfassungsgericht festgestellt, dass Art. 91e GG für das Gebiet der Grundsicherung für Arbeitsuchende eine umfassende Sonderregelung darstellt, die in ihrem Anwendungsbereich die allgemeinen Vorschriften des Grundgesetzes verdrängt und eine unmittelbare Finanzbeziehung zwischen Gemeinden und Gemeindeverbänden und dem Bund begründet sowie eine besondere Finanzkontrolle des Bundes ermöglicht, BVerfG, DVBl. 2014, 1534 ff.

sungsrechtlichen Regelungen darin, dass der Umfang der kommunalen Finanzausstattung nicht festgeschrieben wird. Mit Blick auf Art. 106 Abs. 5 GG stellt das Bundesverfassungsgericht etwa fest: „Diese Verfassungsnorm stellt [...] insofern eine Konkretisierung des Art. 28 Abs. 2 GG dar, als die in ihr vorgesehene, aber nicht näher bezifferte kommunale Steuerbeteiligung in ihrer Ausgestaltung nicht zu einer Unterschreitung des durch Art. 28 Abs. 2 GG garantierten Gesamtumfangs der gemeindlichen Finanzausstattung führen darf. Die Höhe des gemeindlichen Anteils ist zwar in Art. 106 Abs. 5 GG selbst nicht festgelegt, dieser Anteil soll aber, wie der Normzweck zeigt, eine eigenständige Säule der gemeindlichen Finanzausstattung darstellen. Insoweit wirkt Art. 106 Abs. 5 GG in den Gewährleistungsumfang des Art. 28 Abs. 2 GG hinein".[19]

a) Art. 28 Abs. 2 GG als Grundlage eines Anspruchs auf eine angemessene Finanzausstattung

Vor diesem Hintergrund wird selten das Finanzverfassungsrecht zum Ausgangspunkt der Suche nach einer verfassungsrechtlichen Garantie der kommunalen Finanzausstattung gemacht. Vielmehr soll Art. 28 Abs. 2 GG angesichts der Zweistufigkeit des Staatsaufbaus einen gegen die Bundesländer gerichteten[20] Anspruch der Gemeinden (und Gemeindeverbände)[21] auf eine angemessene Finanzausstattung enthalten, der es „dem Gesetzgeber [gebietet], den Gemeinden und Gemeindeverbänden die zur Erfüllung ihrer Aufgaben erforderlichen Finanzmittel zur Verfügung zu stellen".[22] Vor allem die Landesverfassungsgerichtsbarkeit hat – bezugnehmend auf das grundsätzlich „gesprächigere" Landesverfassungsrecht[23] – einen solchen Anspruch anerkannt, Gleiches gilt nicht zuletzt auch für die Judikatur des Bundesverwaltungsgerichts.[24]

b) Bemessungskriterien für den Anspruch auf eine angemessene Finanzausstattung

aa) Zur Kern- und Randbereichsdogmatik und zum Vorbehalt der Leistungsfähigkeit

Die Reichweite dieses Anspruchs ist allerdings unsicher: Während die Literatur wohl überwiegend die Kern- und Randbereichsdogmatik zur Anwendung bringt,[25] steht der Anspruch der Gemeinden auf eine angemessene Finanzausstattung nach der inzwischen überwiegenden Landesverfassungsgerichtsbarkeit unter dem Vorbehalt der Leistungsfähigkeit der Bundesländer – eine absolute finanzielle Mindestausstattung wird danach gewährleistet. Verfügen die Bundesländer nicht über ausreichende Finanzmittel, sind sie danach nicht gehalten, den Gemeinden die zur Finanzierung der Aufgaben-

---

19 BVerfGE 71, 25 (38).
20 Zur Verantwortung der Bundesländer für eine aufgabengerechte Finanzausstattung der Gemeinden auch BVerfGE 86, 148 (218).
21 Siehe dazu *Schmidt-Jortzig*, FG Schlebusch, 2006, 137 ff.
22 Grundlegend StGH BW, DVBl. 1994, 206 (207); StGH BW, DVBl. 1999, 1351 (1354).
23 Art. 73 Abs. 1 LV BW; Art. 99 S. 2 BbgLV; Art. 83 Abs. 2 S. 3 BayLV; Art. 137 Abs. 5 S. 1 HessLV; Art. 73 LV M-V; Art. 58 NdsLV; Art. 79 LV NW; Art. 49 Abs. 6 S. 1 RhPflV; Art. 119 Abs. 2 S. 1 SaarLV; Art. 87 Abs. 1 SächsLV; Art. 88 Abs. 1 LV LSA; Art. 49 Abs. 1 LV SH; Art. 93 Abs. 1 S. 1 ThürLV.
24 BVerwGE 106, 280 (287); 127, 155 (157); BVerwGE 145, 378 (379); ausführlich zum Ganzen *Lange*, DVBl. 2015, 457 ff.
25 *Schoch*, Verfassungsrechtlicher Schutz der kommunalen Finanzautonomie, 1997, 142 ff.; *ders./Wieland*, Finanzierungsverantwortung für gesetzgeberisch veranlasste kommunale Aufgaben, 1995, 176 ff.; *Henneke*, DÖV 2008, 857 (858 ff.); *ders.*, Die Kommunen in der Finanzverfassung des Bundes und der Länder, 5. Aufl. 2012, 336 ff., 357 ff.

wahrnehmung notwendigen Finanzmittel bereitzustellen.[26] Daher werden gerade auch bundes- und landesverfassungsrechtliche Schuldenbremsen als Bedrohung für die kommunale Finanzausstattung wahrgenommen, deren Auswirkungen auf eine finanzkraftabhängige Finanzausstattung die Gemeinden träfen.[27]

bb) Der Grundsatz der Verteilungssymmetrie

12 Die Bundesländer haben bei der Bemessung der angemessenen Finanzausstattung der Gemeinden allerdings den Grundsatz der Verteilungssymmetrie zu wahren,[28] der „dem Land und den Kommunen die jeweils verfügbaren Finanzmittel gleichermaßen aufgabengerecht zukommen" lässt und verhindern soll, dass „in Zeiten knapper Finanzen an Stelle einer gleichmäßigen Verteilung des Defizits primär das Land betroffen wird"; ein solches „Gebot einer gerechten und gleichmäßigen Verteilung bestehender Lasten"[29] stützt sich auf den Grundsatz der Gleichwertigkeit der Bundes- und Landesaufgaben einerseits sowie der Aufgaben der Gemeinden andererseits,[30] die allerdings lediglich als prinzipielle Gleichrangigkeit verstanden wird und nicht jede am Maßstab veränderter Rahmenbedingungen und gewandelter Präferenzvorstellungen orientierte Differenzierung ausschließt.[31]

cc) Der interkommunale Gleichbehandlungsgrundsatz

13 Geltung beansprucht überdies der kommunale Gleichbehandlungsgrundsatz.[32] Der Verfassungsgerichtshof für das Land Nordrhein-Westfalen stellte dazu fest: „Art. 78 LV i.V.m. dem rechtsstaatlich determinierten Gleichheitssatz widerspricht es, bei der Ausgestaltung des kommunalen Finanzausgleichs bestimmte Gemeinden oder Gemeindeverbände sachwidrig zu benachteiligen oder zu bevorzugen. Dieses interkommunale Gleichbehandlungsgebot verbietet willkürliche, sachlich nicht vertretbare Differenzierungen."[33] Bestehende Finanzkraftunterschiede dürfen allerdings auch nicht nivelliert werden; Ungleichheiten dürfen folglich nicht eingeebnet, sondern lediglich abgemildert werden.[34]

---

26 VerfGH NW, DVBl. 1985, 685 ff.; VerfGH NW, OVGE 38, 312 (315); VerfGH NW, DVBl. 1989, 151 (152); VerfGH NW, DVBl. 1993, 1205 (1205); VerfGH NW, DVBl. 1999, 391 (392); VerfGH NW, DVBl. 2011, 1155 (1156); StGH BW, DVBl. 1999, 1351 (1355); BbgVerfG, NVwZ-RR 2000, 129 (130); LVerfG LSA, NVwZ-RR 2000, 1 (6); LVerfG M-V, LKV 2006, 461 (462); LVerfG LSA, DVBl. 2012, 1560 (1560 f.); RhPfVerfGH, DVBl. 2012, 432 (432 f.); siehe auch NdsStGH, NdsVBl. 2008, 152 (154 ff.); BayVerfGH, BayVBl. 2007, 364 (366 f.); BayVerfGH, BayVBl. 2008, 172 (175 f.); BayVerfGH, ZFSH/SGB 2008, 82 (85); anders noch BayVerfGH, BayVBl. 1997, 303 (304); BayVerfGH, NVwZ-RR 1997, 301 (302 f.); NdsStGH, NdsVBl. 1998, 43 (44 f.); ThürVerfGH, NVwZ-RR 2005, 665 (668); schließlich HessStGH, NVwZ 2013, 1151 (1152).
27 Groh, LKV 2010, 1 (6 ff.).
28 Dazu NdsStGH, DVBl. 1998, 185 (187); NdsStGH, NVwZ-RR 2001, 553 (556 f.); NdsStGH, NdsVBl. 2008, 152 (156 f.).
29 NdsStGH, NVwZ-RR 2001, 553 (556 f.); ferner NdsStGH, NdsVBl. 2008, 152 (156); siehe auch ThürVerfGH, NVwZ-RR 2005, 665 (668); LVerfG M-V, LKV 2006, 461 (462).
30 NdsStGH, DVBl. 1998, 185 (187); NdsStGH, NVwZ-RR 2001, 553 (556 f.); ferner LVerfG LSA, NVwZ-RR 2000, 1 (5, 6).
31 VerfGH NW, DVBl. 1993, 1205 (1206); LVerfG LSA, NVwZ-RR 2000, 1 (6); ähnlich BayVerfGH, NVwZ-RR 1997, 301 (303); siehe auch RhPfVerfGH, DVBl. 2012, 432 (433); zum einnahmenorientierten Milbradtschen Gleichmäßigkeitsgrundsatz BbgVerfG, NVwZ-RR 2000, 129 (131); VerfG M-V, LKV 2006, 461 (465 f.).
32 VerfG M-V, NordÖR 2011, 391 (392 f.); RhPfVerfGH, DVBl. 2012, 432 (434).
33 VerfGH NW, DVBl. 1998, 1280 (1282); ferner VerfGH NW, DVBl. 1993, 201 (204).
34 VerfGH NW, OVGE 38, 312 (316); VerfGH NW, DVBl. 1985, 685 (686); VerfGH NW, DVBl. 1989, 151 (153); VerfGH NW, DVBl. 1993, 1205 ff.; VerfGH NW, DVBl. 1998, 1280 (1282); VerfGH NW, DVBl. 2011, 1155 (1157); zum Harmonisierungsgebot und Nivellierungsverbot BayVerfGH, BayVBl. 1998, 207 ff.; RhPfVerfGH, NVwZ-

c) Bezifferung des Anspruchs auf eine angemessene Finanzausstattung

Eine Bezifferung des Anspruchs der Gemeinden auf eine angemessene Finanzausstattung bereitet angesichts der unterschiedlichen Bemessungskriterien erhebliche Schwierigkeiten.[35] Umstritten ist insoweit schon, ob mit der „Verpflichtung des Landes, den Gemeinden [...] die zur Erfüllung ihrer eigenen Aufgaben erforderlichen Mittel zur Verfügung zu stellen und sie dadurch zu einer angemessen Wahrnehmung ihrer Aufgaben zu befähigen, [...] ein Anspruch jeder einzelnen Kommune" korrespondiert.[36] Jedenfalls findet nach der Landesverfassungsgerichtsbarkeit der weite Gestaltungsspielraum der Bundesländer eine Grenze, sofern das gemeindliche Selbstverwaltungsrecht ausgehöhlt würde[37] oder die Beeinträchtigungen der gemeindlichen Finanzausstattung nicht durch am öffentlichen Wohl orientierte, hinreichend sachliche Gründe gerechtfertigt seien.[38] Sofern dagegen der Vorbehalt der Leistungsfähigkeit von der Landesverfassungsgerichtsbarkeit nicht zur Anwendung gebracht wird, soll die verfassungsrechtlich gebotene finanzielle Mindestausstattung demgegenüber unterschritten sein, wenn die Wahrnehmung freiwilliger Selbstverwaltungsangelegenheiten infolge einer unzureichenden Finanzausstattung unmöglich wird.[39] Der Anspruch auf eine angemessene Finanzausstattung soll sich indes nicht auf eine bestimmte Ausgestaltung der kommunalen Einnahmen oder bestimmte Einnahmequellen richten;[40] auch sind – so die Landesverfassungsgerichtsbarkeit – weder zahlenmäßig festgelegte Beträge noch bestimmte Quoten verfassungsrechtlich festgeschrieben.[41] Gleiches dürfte auch für die sogenannte „freie Spitze" gelten:[42] Der Anspruch auf eine angemessene Finanzausstattung ist danach auf einen prozentualen Anteil des Gesamtumfangs des kommunalen Finanzausgleichs gerichtet, der den Gemeinden für die Wahrnehmung freiwilliger Selbstverwaltungsaufgaben zur Verfügung stehen muss; suggeriert wird damit – in unterschiedlichem Ausmaß[43] – ein rechnerisch quantifizierbarer Anspruch auf eine angemessene Finanzausstattung.[44]

14

RR 1998, 607 ff.; RhPfVerfGH, DVBl. 2012, 432 (434); NdsStGH, NVwZ-RR 2001, 553 (559); NdsStGH, NdsVBl. 2010, 236 (239 ff.); VerfG M-V, NordÖR 2011, 391 (395); ferner BVerwGE 106, 280 (287).

35 Aus finanzwissenschaftlicher Perspektive aber auch *Boettcher*, DÖV 2013, 460 ff.
36 Dazu NdsStGH, NVwZ-RR 2001, 553 (558); NdsStGH, NdsVBl. 2008, 152 (154, 155); RhPfVerfGH, NVwZ-RR 1998, 607 (607); RhPfVerfGH, DVBl. 1993, 894 (897); BbgVerfG, NVwZ-RR 2000, 129 (134); ähnlich VerfG M-V, LKV 2006, 461 (463); ferner BVerwGE 106, 280 (287); anders VerfGH NW, DVBl. 2011, 1155 (1157) mit dem allerdings zutreffenden Hinweis, es bedürfe einer generalisierenden und pauschalierenden Betrachtung – andernfalls bliebe unberücksichtigt, dass die Gemeinden die entstehenden Kosten beeinflussen können.
37 SächsVerfGH, LKV 2001, 223 (227); SächsVerfGH, Urteil vom 26.8.2010, Az.: Vf. 129-VIII-09.
38 BayVerfGH, BayVBl. 1997, 303 (304); ferner BayVerfGH, BayVBl. 1998, 207 (208); BayVerfGH, BayVBl 2007, 364 ff.; siehe auch VerfGH NW, DVBl. 1993, 1205 (1205); VerfGH NW, DVBl. 1998, 1280 (1282); VerfGH NW, DVBl. 2011, 1155 (1156); LVerfG LSA, NVwZ-RR 2000, 1 (7).
39 Siehe noch NdsStGH, DVBl. 1998, 185 (187); ferner NdsStGH, NdsVBl. 2008, 152 (156).
40 HessStGH, NVwZ 2013, 1151 (1152 f.); ferner NdsStGH, NdsVBl. 2010, 236 (241).
41 VerfGH NW, DVBl. 1998, 1280 (1281); ferner VerfGH NW, DVBl. 1993, 1205 (1205); siehe nochmals auch SächsVerfGH, LKV 2001, 223 (227); SächsVerfGH, Urteil vom 26.8.2010, Az.: Vf. 129-VIII-09; NdsStGH, DVBl. 1998, 185 (187); NdsStGH, NdsVBl. 2008, 152 (156).
42 *Schoch*, Verfassungsrechtlicher Schutz der kommunalen Finanzautonomie, 1997, 153 f.; *ders./Wieland*, Finanzierungsverantwortung für gesetzgeberisch veranlasste kommunale Aufgaben, 1995, 189 f.; *Hufen*, DÖV 1998, 276 (280); *Geis*, FS Maurer, 2001, 79 (85).
43 *Schmidt-Jortzig*, DÖV 1993, 973 (978); *Schoch*, Verfassungsrechtlicher Schutz der kommunalen Finanzautonomie, 1997, 153 f.; *ders./Wieland*, Finanzierungsverantwortung für gesetzgeberisch veranlasste kommunale Aufgaben, 1995, 189 f.; *Wendt*, FS Stern, 1997, 603 (625); *Hufen*, DÖV 1998, 276 (280).
44 Kritisch StGH BW, DVBl. 1999, 1351 (1355 ff.); VerfGH NW, DVBl. 1999, 391 (392); VerfG M-V, LKV 2006, 461 (462 f.).

d) Prozeduralisierung des Anspruchs auf eine angemessene Finanzausstattung

15 Angesichts der Schwierigkeiten bei der Bezifferung des Anspruchs auf eine angemessene Finanzausstattung ist verschiedentlich eine Prozeduralisierung vorgeschlagen worden. Namentlich der Staatsgerichtshof für das Land Baden-Württemberg hält eine „von außen [...] bestimmte Festlegung der in einer konkreten Situation für die verfassungsrechtliche Mindestausstattung der Gemeinden und Gemeindeverbände erforderlichen Mittel" für unzulässig. Daher müssten mit der Entscheidungs*findung* wesentliche Determinanten des Entscheidungs*ergebnisses* indirekt überprüft werden; notwendig sei eine auf das Gesetzgebungsverfahren gerichtete landesverfassungsrechtliche Überprüfung, die materielle Gesichtspunkte mittelbar einbezieht.[45]

16 Zuletzt wurden allerdings auch die Landesgesetzgeber stärker in die Pflicht genommen: Der Staatsgerichtshof des Landes Hessen betonte, dass diese dem Anspruch der Gemeinden auf eine angemessene Finanzausstattung nur gerecht werden könnten, wenn sie die Höhe der zur Aufgabenwahrnehmung notwendigen Finanzmittel kennen. Sie müssten daher den Finanzbedarf der Gemeinden zur Wahrnehmung der pflichtigen Selbstverwaltungsaufgaben sowie der Aufgaben des übertragenen Wirkungskreises realitätsgerecht ermitteln und insofern auch einer Beobachtungs- und gegebenenfalls Nachbesserungspflicht gerecht werden.[46]

e) Zur Rechtsprechung des Bundesverfassungsgerichts – zugleich zu Art. 28 Abs. 2 S. 3 GG

17 Das Bundesverfassungsgericht hat demgegenüber einen Anspruch auf eine angemessene Finanzausstattung nicht anerkannt[47] und lediglich die Bundesländer angehalten, für eine aufgabengerechte Finanzausstattung der Gemeinden zu sorgen.[48] Darüber hinaus nahm das Bundesverfassungsgericht auf Art. 28 Abs. 2 S. 3 GG Bezug – der gemeinsam mit Art. 106 Abs. 5, 5a GG eine „gestärkte finanzwirtschaftliche Unabhängigkeit und Verselbstständigung" zum Ausdruck bringe,[49] aber ebenfalls keinen Anspruch auf eine angemessene Finanzausstattung enthalte.

18 Art. 28 Abs. 2 S. 3 GG, der der Verfassungsgarantie kommunaler Selbstverwaltung nachträglich angefügt wurde,[50] garantiert tatsächlich lediglich die kommunale Finanzhoheit.[51] Zwar betrifft Art. 28 Abs. 2 S. 3 GG nicht (mehr) allein den Aspekt der finanziellen Eigenverantwortung; verfassungsrechtlich gewährleistet wird vielmehr auch eine den Gemeinden mit Hebesatzrecht zustehende wirtschaftskraftbezogene Steuerquelle. Während der Beratungen über die Verfassungsänderung wurde allerdings darauf hingewiesen, dass ein Anspruch der Gemeinden auf eine angemessene Finanzaus-

---

45 StGH BW, DVBl. 1999, 1351 (1356 f.); siehe auch ThürVerfGH, NVwZ-RR 2005, 665 (671); ähnlich BayVerfGH, ZFSH/SGB 2008, 82 (86); im Übrigen wird zwar kein formalisiertes Verfahren, zumindest aber eine Bedarfsanalyse gefordert und den Landesgesetzgebern eine Begründungspflicht auferlegt, siehe NdsStGH, NdsVBl. 2010, 236 (241); RhPfVerfGH, DVBl. 2012, 432 (434); kritisch LVerfG LSA, NVwZ-RR 2000, 1 (7 f.); SächsVerfGH, LKV 2001, 223 (227).
46 HessStGH, NVwZ 2013, 1151 (1153); zur Beschränkung der landesverfassungsgerichtlichen Überprüfung auf den Maßstab der Evidenz NdsStGH, NdsVBl. 2008, 152 (157); anders ThürVerfGH, LKV 2010, 220 ff.
47 BVerfGE 26, 172 (181); 71, 25 (36 f.); 83, 363 (386); siehe ferner BVerfG (K), DVBl. 1987, 697 (698); BVerfG (K), LKV 1994, 145 (145); BVerfG (K), BayVBl. 1999, 243 (244); zuletzt BVerfGE 125, 141 (159 ff.).
48 BVerfGE 86, 148 (219).
49 BVerfGE 101, 158 (230).
50 Zu den unterschiedlichen Formulierungsvorschlägen *Schwarz*, Finanzverfassung und kommunale Selbstverwaltung, 1996, 72 ff.
51 Zur kommunalen Finanzhoheit Teil 1, § 1, Rn. 19 ff.

stattung nicht zu einer „‚Privilegierung' des kommunalen Finanzbedarfs" führen dürfe.[52] Mit den „Grundlagen der finanziellen Eigenverantwortlichkeit" war daher lediglich die kommunale Finanzhoheit – nach dem Bundesverfassungsgericht die Befugnis zu eigenverantwortlicher gemeindlicher Einnahmen- und Ausgabenwirtschaft[53] – gemeint.[54] Dass Art. 28 Abs. 2 S. 3 GG im Übrigen „eine den Gemeinden mit Hebesatzrecht zustehende wirtschaftskraftbezogene Steuerquelle" garantiert, ist demgegenüber Folge von Umstrukturierungen des Finanzverfassungsrechts, nicht aber verfassungsrechtliche Grundlage eines Anspruchs der Gemeinden auf eine angemessene Finanzausstattung.

3. Landesverfassungsrechtliche Konnexitätsprinzipien

Ungeachtet des Anspruchs auf eine angemessene Finanzausstattung wurden den Gemeinden (und Gemeindeverbänden) zahlreiche Aufgaben tatsächlich ohne ausreichenden finanziellen Ausgleich übertragen.[55] Vor Inkrafttreten des bundesverfassungsgerichtlichen Aufgabenübertragungsverbotes nach Art. 84 Abs. 1 S. 7, 85 Abs. 1 S. 2 GG waren es namentlich bundesgesetzliche Aufgabenübertragungen, die nicht von der Bereitstellung finanzieller Mittel abhängig gemacht wurden.[56] Das Bundesverfassungsgericht erklärte sie als punktuelle Annexregelung schon dann für zulässig, wenn sie für den wirksamen Vollzug der materiellen Bestimmungen eines Bundesgesetzes notwendig waren.[57] Sodann waren es die Länder, die im Rahmen des kommunalen Finanzausgleichs nicht für eine – gemessen an den bundesgesetzlich übertragenen Aufgaben – angemessene Finanzausstattung der Gemeinden sorgten. Deswegen wird verfassungsrechtlich nunmehr nicht nur die bundesgesetzliche Aufgabenübertragung untersagt, vielmehr enthält das Landesverfassungsrecht aller Bundesländer darüber hinaus sogenannte Konnexitätsprinzipien.[58]

a) Relative und strikte Konnexitätsprinzipien

Ungeachtet der föderalen Vielfalt lässt sich grundsätzlich festhalten, dass landesverfassungsrechtliche Konnexitätsprinzipien neben den Anspruch der Gemeinden (und Gemeindeverbände) auf eine angemessene Finanzausstattung treten[59] und einen aufgabenbezogenen und zugleich finanzkraftunabhängigen Mehrbelastungsausgleich fordern.[60] Landesverfassungsrechtliche Konnexitätsprinzipien wollen dadurch allerdings

---

52 BT-Drs. 12/60000, 47.
53 BVerfGE 26, 228 (244); 71, 25 (36).
54 BT-Drs. 12/60000, 48.
55 *Schoch/Wieland*, Finanzierungsverantwortung für gesetzgeberisch veranlasste kommunale Aufgaben, 1995, 115 ff.; *Mückl*, Finanzverfassungsrechtlicher Schutz der kommunalen Selbstverwaltung, 1998, 117 f., 253 ff.
56 *Remmert*, VerwArch 94 (2003), 459 (463 ff.); *Henneke*, in: Henneke/Pünder/Waldhoff (Hrsg.), Recht der Kommunalfinanzen, § 4, Rn. 30 ff.
57 BVerfGE 22, 180 (210); 77, 288 (299); siehe auch BVerfGE 119, 331 (356) mit dem weitergehenden Hinweis, dass eine Verletzung des Art. 84 Abs. 1 GG im Verfahren der kommunalen Verfassungsbeschwerde nicht gerügt werden könne; kritisch dazu *Korioth*, DVBl. 2008, 812 (813 f.); *Schoch*, DVBl. 2008, 937 (941 f.).
58 Art. 71 Abs. 3 LV BW; Art. 83 Abs. 3 BayLV; Art. 87 Abs. 3 BbgLV; Art. 137 Abs. 6 HessLV; Art. 72 Abs. 3 LV M-V; Art. 57 Abs. 4 NdsLV; Art. 78 Abs. 3 LV NW; Art. 49 Abs. 5 RhPfLV; Art. 120 Abs. 1 SaarLV; Art. 85 Abs. 2 SächsLV; Art. 87 Abs. 3 LV LSA; Art. 49 Abs. 2 LV SH; Art. 93 Abs. 1 S. 2 ThürLV.
59 Dazu NdStGH, DVBl. 1995, 1175 (1177).
60 *Schoch/Wieland*, Finanzierungsverantwortung für gesetzgeberisch veranlasste kommunale Aufgaben, 1995, 154 ff.; *Mückl*, Finanzverfassungsrechtlicher Schutz der kommunalen Selbstverwaltung, 1998, 77 ff.

nicht nur die kommunale Finanzausstattung sicherstellen,[61] sondern auch schon die Entscheidung über die Aufgabenübertragung auf die Gemeinden beeinflussen.[62] Systematisierend werden strikte Konnexitätsprinzipien, die einen „entsprechenden" finanziellen Ausgleich verlangen,[63] und relative Konnexitätsprinzipien, die lediglich einen „angemessenen" finanziellen Ausgleich fordern,[64] unterschieden.[65] Während relative Konnexitätsprinzipien lediglich eine grundsätzliche Regelung der Kostendeckung verlangen, verpflichten strikte Konnexitätsprinzipien nicht nur zu einer Kostenregelung, sondern auch zum vollständigen Ausgleich der kommunalen Mehrbelastung.[66]

b) Tatbestandliche Reichweite

21 Abseits dieser Kategorisierung sind zahlreiche Einzelfragen umstritten und nur mit Blick auf das jeweilige Landesverfassungsrecht zu beantworten. Auf Tatbestandsebene gilt dies etwa für die Frage, wann überhaupt eine Aufgabenübertragung vorliegt. Maßgeblich dürfte insoweit ein Vergleich der Rechtslagen vor und nach dem Inkrafttreten der betreffenden Regelungen sein.[67] Art. 91 Abs. 1 S. 2, Abs. 3 der Verfassung des Freistaates Thüringen und Art. 120 Abs. 1, 2 der Verfassung des Saarlandes beschränken den Anwendungsbereich ihrer Konnexitätsprinzipien allerdings auf staatliche Aufgaben und betreffen demnach wohl weder pflichtige Selbstverwaltungsaufgaben noch Aufgabenverlagerungen etwa von Gemeindeverbänden auf Gemeinden. Die Wahrnehmung sogenannter Existenzaufgaben[68] und solcher Aufgaben, die für die staatliche Aufgabenerfüllung insgesamt gelten und keinen spezifischen Bezug zur kommunalen Aufgabenwahrnehmung haben,[69] soll demgegenüber ganz grundsätzlich nicht in den Anwendungsbereich landesverfassungsrechtlicher Konnexitätsprinzipien fallen. Unsicher ist ferner, ob auch die Begründung von Finanzierungspflichten eine Aufgabenübertragung darstellt[70] und ob landesverfassungsrechtliche Konnexitätsprinzipien ab-

---

61 Zu den Funktionen landesverfassungsrechtlicher Konnexitätsprinzipien *Gallwas*, FS Schmidt, 2006, 677 (678); *Schoch*, VBlBW 2006, 122 (124 f.); *Macht/Scharrer*, DVBl. 2008, 1150 ff.
62 BVerfGE 103, 332 (363); StGH BW, DVBl. 1998, 1276 (1279); SächsVerfGH, LKV 2001, 223 (225).
63 Art. 71 Abs. 3 S. 3 LV BW; Art. 83 Abs. 3 S. 2 BayLV; Art. 97 Abs. 3 S. 3 BbgLV; Art. 137 Abs. 6 S. 2 HessLV; Art. 72 Abs. 3 S. 2 LV M-V; Art. 57 Abs. 4 S. 2 NdsLV; Art. 78 Abs. 3 S. 2 LV NW; Art. 49 Abs. 5 S. 2 RhPfLV; Art. 85 Abs. 2 S. 1 SächsLV; Art. 49 Abs. 2 S. 2 LV SH.
64 Art. 87 Abs. 3 S. 3 LV LSA; Art. 93 Abs. 1 S. 2 ThürLV; siehe auch Art. 120 Abs. 1 S. 2 SaarlLV.
65 Grundlegend *Schoch/Wieland*, Finanzierungsverantwortung für gesetzgeberisch veranlasste kommunale Aufgaben, 1995, 160 ff.; siehe auch StGH BW, DÖV 1999, 73 ff.; LVerfG LSA, NVwZ-RR 1999, 393 (395); LVerfG LSA, NVwZ-RR 1999, 464 (465); SächsVerfGH, LKV 2001, 223 ff.
66 Ausführlich *Schoch/Wieland*, Finanzierungsverantwortung für gesetzgeberisch veranlasste kommunale Aufgaben, 1995, 160 ff.; zur Begründung kommunaler Interessenquoten NdsStGH, DVBl. 1998, 185 (186); NdsStGH, NVwZ-RR 2001, 553 (554); LVerfG LSA, DVBl. 1998, 1288 (1289); BbgVerfG, DÖV 1998, 336 (336 f.); siehe aber auch ThürVerfGH, NVwZ-RR 2005, 665 (673) mit dem Hinweis, dass der landesverfassungsrechtlich vorgesehene angemessene Ausgleich einen vollständigen Kostenausgleich erfordert.
67 LVerfG LSA, DVBl. 2004, 434 (435); VerfGH NW, DVBl. 2010, 1561 (1564); siehe aber auch BbgVerfG, DÖV 1998, 336 (336 f.); BbgVerfG, LKV 2002, 323 (324) – mit der weitergehenden Annahme eines Verschlechterungsverbotes; ferner BbgVerfG, NVwZ-RR 2009, 185 (186) mit dem Hinweis, dass die Schaffung einer neuen Rechtsgrundlage als Anwendungsfall strikter Konnexitätsprinzipien zu qualifizieren sei.
68 Zur Umstellung der kommunalen Haushalts- und Rechnungsführung von der Kameralistik auf die Doppik VerfG M-V, Urteil vom 26.9.2009, Az.: LVerfG 9/08; kritisch dazu (mit Blick von den Gemeinden und Gemeindeverbänden zu wahrenden Vorgaben des Vergaberechts) *Trips*, NVwZ 2015, 102 ff.
69 Ausdrücklich etwa § 2 Abs. 3 KonnexAG NW.
70 Siehe dazu Art. 49 Abs. 5 S. 1 RhPfLV; anders wohl StGH BW, VBlBW 1998, 295 (304 f.); LVerfG LSA, NVwZ-RR 1999, 393 (395 f.); LVerfG LSA, NVwZ-RR 1999, 464 (465).

seits ausdrücklicher Vorgaben auch auf die Erweiterung bestehender Aufgaben anwendbar sind.[71]

Neben einer Aufgabenübertragung setzen landesverfassungsrechtliche Konnexitätsprinzipien des Weiteren eine finanzielle Mehrbelastung der (Gesamtheit der betroffenen) Gemeinden (und Gemeindeverbände) voraus – auch diesbezüglich bestehen oftmals Unsicherheiten. Die Landesverfassungsgerichtsbarkeit bemisst vereinzelt wohl zu Unrecht eine Mehrbelastung danach, ob die Gemeinden oder Gemeindeverbände die betreffende Aufgabe zuvor schon freiwillig wahrgenommen haben.[72] Überdies sieht das Verfassungsrecht einiger Bundesländer einen ausdrücklichen Wesentlichkeitsvorbehalt vor – nicht wesentliche Mehrbelastungen führen danach nicht zur Anwendbarkeit landesverfassungsrechtlicher Konnexitätsprinzipien.[73] Solche Regelungen werden als Bagatellschwelle verstanden[74] und auch abseits ausdrücklicher Regelungen sollen unwesentliche Belastungen nicht ausgleichspflichtig sein.[75]

c) Rechtsfolgen (strikter) Konnexitätsprinzipien

Auch auf Rechtsfolgenseite setzen sich die Unklarheiten fort. Zunächst normieren landesverfassungsrechtliche Konnexitätsprinzipien oftmals sowohl eine Pflicht zur Kostendeckungsregelung als auch zum Mehrbelastungsausgleich. Beide Verpflichtungen sind allerdings nicht als eigenständig anzusehen, vielmehr muss der Mehrbelastungsausgleich Vorgabe für die Kostendeckungsregelung sein mit der Folge, dass die Verpflichtung zum Mehrbelastungsausgleich greift, wenn und soweit die entstehenden Kosten nicht durch andere Bestimmungen gedeckt werden.[76] Weitere Unsicherheiten lassen sich im Wesentlichen darauf zurückführen, dass landesverfassungsrechtliche Konnexitätsprinzipien zwar kein unmittelbares Junktim statuieren, aber gleichwohl Bestimmungen über die Deckung der Kosten im unmittelbaren Zusammenhang mit der Aufgabenübertragung verlangen.[77] Dementsprechend notwendige Prognosen über zukünftig anfallende Verwaltungskosten sind allerdings mit Schwierigkeiten belastet[78] und implizieren grundsätzlich einen Prognosespielraum.[79] Hinzu kommt, dass die Gemeinden sowie die Gemeindeverbände die bei der Aufgabenwahrnehmung entstehenden Kosten durch eigenverantwortliches Handeln beeinflussen (können),[80] eine Spitzabrechnung intendieren landesverfassungsrechtliche Konnexitätsprinzipien deswegen gerade nicht.[81]

Nichtsdestotrotz muss ungeachtet zulässiger Typisierungen und Pauschalierungen letztlich jeder Gemeinde (sowie jeden Gemeindeverband) die realistische und nicht nur

---

71 Art. 71 Abs. 3 LV BW schlüsselt die Aufgabenerweiterung in verschiedene Fallgruppen auf; auch Art. 78 Abs. 3 S. 2 LV NW enthält eine diesbezügliche ausdrückliche Regelung; Gleiches gilt für Art. 83 Abs. 3 S. 1 BayLV; Art. 137 Abs. 6 S. 2 HessLV; Art. 57 Abs. 4 S. 3 NdsLV; Art. 49 Abs. 5 S. 1 RhPfLV; Art. 85 Abs. 2 S. 2 SächsLV; allgemein auch BbgVerfG, LKV 2002, 323 (323 f.).
72 LVerfG LSA, DVBl. 2004, 434 (436).
73 Art. 78 Abs. 3 S. 2 LV NW; ferner Art. 71 Abs. 3 S. 3 LV BW; Art. 57 Abs. 4 S. 2 NdsLV.
74 VerfGH NW, Urteile vom 23.3.2010, Az.: 19/08, 21/08, 28/08, 29/08.
75 Kluth, LKV 2009, 337 (341).
76 Gallwas, FS Schmidt, 2006, 677 (680 f.).
77 BVerfGE 103, 322 (362 ff.); ferner LVerfG LSA, NVwZ-RR 2000, 1 (3); SächsVerfGH, LKV 2001, 223 (224); VerfGH NW, DVBl. 2010, 1561 (1561).
78 SächsVerfGH, LKV 2001, 223 (226).
79 BbgVerfG, LKV 2002, 323 (325); VerfGH NW, Urteile vom 23.3.2010, Az.: 19/08, 21/08, 28/08 und 29/08.
80 StGH BW, DVBl. 1998, 1276 (1278).
81 SächsVerfGH, LKV 2001, 223 (225 f.); VerfGH NW, Urteile vom 23.3.2010, Az.: 19/08, 21/08, 28/08, 29/08.

theoretische Möglichkeit eingeräumt werden, durch zumutbare eigene Anstrengungen zu einem vollständigen Mehrbelastungsausgleich zu gelangen.[82] Erforderlich ist daher eine fundierte Prognose über die entstehenden Kosten.[83] Die voraussichtlichen finanziellen Auswirkungen der Aufgabenübertragung sind so zuverlässig wie möglich abzuschätzen.[84] Gestaltungsspielräume und Kostensenkungspotentiale dürfen überdies nicht abstrakt und gleichsam ins Blaue hinein vorausgesetzt werden.[85] Eine diesen Maßstäben entsprechende Kostenfolgeabschätzung erweist sich selbst dann nicht als landesverfassungswidrig, wenn sie sich nicht bewahrheitet;[86] die Gemeinden und Gemeindeverbände tragen somit grundsätzlich das Risiko der etwa durch tatsächliche Veränderungen[87] verursachten Mehrbelastung.[88]

d) Konnexitätsprinzipien und Aufgabenübertragungen im Mehrebenensystem

25 Schließlich ergeben sich schwierige Abgrenzungsfragen beim Zusammenspiel landesverfassungsrechtlicher Konnexitätsprinzipien mit dem bundesverfassungsgerichtlichen Aufgabenübertragungsverbot nach Art. 84 Abs. 1 S. 7, 85 Abs. 1 S. 2 GG. Angesprochen sind etwa Aufgaben, die inhaltlich durch bundesrechtliche Regelungen ausgeformt und anschließend durch landesgesetzliche Regelungen auf die Gemeinden übertragen werden. Überwiegend werden landesverfassungsrechtliche Konnexitätsprinzipien dann für anwendbar gehalten, wenn den Bundesländern bei der Umsetzung bundes- oder europarechtlicher Vorgaben ein eigener Gestaltungsspielraum[89] verbleibt.[90] Landesrechtliche Zuständigkeitsregelungen machen dementsprechend eine Kostendeckungsregelung sowie einen Mehrbelastungsausgleich erforderlich.[91] Fraglich ist allerdings, ob dies auch für das Außerkrafttreten bundesrechtlicher Zuständigkeitsregelungen und deren landesrechtliche Ersetzung[92] oder für das Außerkrafttreten bundesrechtlicher Zuständigkeitsregelungen gilt, wodurch eine bislang nur deklaratorische landesrechtliche Vorschrift zur maßgeblichen Zuständigkeitsregelung erstarkt.[93] Nach der Landesverfassungsgerichtsbarkeit nicht konnexitätsrelevant sind jedenfalls Aufgabenveränderungen durch Bundesrecht, sofern sich der Beitrag der Bundesländer auf eine vorausgegangene allgemeine Zuständigkeitsregelung zu Lasten der Gemeinden und Gemeindeverbände beschränkt, bei der die Aufgabenänderung durch Bundesrecht

---

82 BbgVerfG, LKV 2002, 323 (325).
83 ThürVerfGH, NVwZ-RR 2005, 665 (671, 672); LVerfG LSA, NVwZ-RR 1999, 393 (395 f.).
84 BbgVerfG, LKV 2002, 323 (325).
85 BbgVerfG, LKV 2002, 323 (325); ferner ThürVerfGH, NVwZ-RR 2005, 665 (673).
86 StGH BW, DVBl. 1998, 1276 (1279); BbgVerfG, LKV 2002, 323 (325).
87 Siehe aber auch Art. 71 Abs. 3 LV BW, wonach „spätere nicht vom Land veranlasste Änderung[en] der Kosten" konnexitätsrelevant sind; eine Anpassung des Mehrbelastungsausgleichs für die Zukunft sieht Art. 78 Abs. 3 S. 4 LV NW vor.
88 StGH BW, DÖV 1999, 73 (77); ferner SächsVerfGH, LKV 2001, 223 (224); siehe aber auch BbgVerfG, LKV 2002, 323 (325) mit dem Hinweis auf eine Nachbesserungspflicht des Gesetzgebers; in diesem Sinne wurde darauf hingewiesen, dass der Mehrbelastungsausgleich nicht als punktuelles Ereignis, sondern nur als andauernde, fortlaufende und mit einer permanenten Überprüfung einhergehende Verpflichtung verstanden werden kann, ThürVerfGH, NVwZ-RR 2005, 665 (672); ferner BbgVerfG, DVBl. 1998, 336 (337); StGH BW, DVBl. 1998, 1276 (1279 f.).
89 Anders *Engelken*, Das Konnexitätsprinzip im Landesverfassungsrecht, 2009, 47 ff.; *ders.*, NVwZ 2010, 618 ff.; *ders.*, DÖV 2011, 745 (747).
90 VerfGH NW, DVBl. 2010, 1561 (1563); siehe auch § 2 Abs. 1 KonnexAG NW und § 1 Abs. 2 RhPfKonnexAG; zu Art. 83 BayLV BayVerfGH, ZFSH/SGB 2008, 82 (86); ausführlich *Ziekow*, DÖV 2006, 489 (492 f.).
91 VerfGH NW, DVBl. 2010, 1561 (1562); siehe auch *Ziekow*, DÖV 2006, 489 (494); *Jäger*, NWVBl. 2013, 121 (124).
92 VerfGH NW, DVBl. 2010, 1561 ff.; ferner *Engelken*, DÖV 2011, 745 ff.; *ders.*, NWVBl. 2011, 413 ff.; *Henneke*, DVBl. 2011, 125 ff.
93 BbgVerfG, DVBl. 2013, 852 ff.

noch nicht absehbar war.[94] Gemeinden und Gemeindeverbände können sich demnach allenfalls gegenüber dem Bundesgesetzgeber darauf berufen, dass dieser mit der Aufgabenveränderung gegen Art. 84 Abs. 1 S. 7, 85 Abs. 1 S. 2 GG verstoßen hat – und im Übrigen den Anspruch auf angemessene Finanzausstattung geltend machen.

4. Insbesondere: Die Kreisumlage

Obwohl das Finanzverfassungsrecht stellenweise auf die Gemeindeverbände Rücksicht nimmt und auch die landesverfassungsrechtlichen Finanzgarantien nicht zwischen Gemeinden und Gemeindeverbänden differenzieren, wird der Finanzierungsbedarf der Gemeindeverbände im Wesentlichen durch Umlagen gedeckt.[95] Beispielhaft nennen lässt sich insoweit die Kreisumlage,[96] die neben den auf Art. 106 Abs. 7 GG gestützten Finanzausgleichsleistungen die bedeutendste Einnahmequelle – und nicht etwa ein bloßes Restfinanzierungsmittel – der Kreise bildet.[97]

26

a) Allgemeines

Die Kreise sind nach den auf Art. 106 Abs. 6 S. 6 GG gestützten Regelungen aller Bundesländer gegenüber den kreisangehörigen Gemeinden zur Erhebung einer Kreisumlage zur Deckung des für die Aufgabenwahrnehmung notwendigen Finanzbedarfs befugt, soweit ihre sonstigen Einnahmen dazu nicht ausreichen. Mit dem einschränkenden Zusatz ist dabei nicht gemeint, dass alle anderweitigen Einnahmequellen ausgeschöpft werden müssen; Einnahmen der Kreise müssen lediglich vorrangig verwendet werden, auch dürfen Einnahmequellen nicht bewusst verschont werden.[98] Offenkundig wird damit das Konfliktpotential der Kreisumlage, können sich doch sowohl die kreisangehörigen Gemeinden als auch die Kreise auf die Gewährleistung einer angemessenen Finanzausstattung berufen[99] und die Kreise ferner geltend machen, zu ihrer Finanzhoheit gehöre auch die Befugnis, sich Finanzmittel zur Aufgabenwahrnehmung zumindest teilweise aus eigenem Recht zu beschaffen.[100] Aus diesem Grund wird die vereinzelt im Landesrecht vorgesehene aufsichtsbehördliche Genehmigung der Festsetzung der Kreisumlage[101] auch auf eine Rechtmäßigkeitskontrolle beschränkt.[102]

27

b) Zur Rechtsprechung des Bundesverwaltungsgerichts

Differenzen entstehen vor diesem Hintergrund oftmals darüber, welches Ausmaß an freiwilligen Selbstverwaltungsaufgaben die Kreise wahrnehmen und im Wege der

28

---

94 VerfGH NW, NVwZ 2015, 368 ff. – festgestellt wurde zudem, dass sich eine kommunale Verfassungsbeschwerde auch gegen ein Unterlassen (eines Mehrbelastungsausgleichs) des Landesgesetzgebers (dazu *Lange*, DÖV 2014, 793 ff.) richten kann; siehe dazu *Engelken*, DÖV 2015, 184 ff.; ders., NVwZ 2015, 342 ff.
95 *Henneke*, in: Henneke/Pünder/Waldhoff (Hrsg.), Recht der Kommunalfinanzen, § 14, Rn. 6; zur Samtgemeindeumlage etwa BVerwGE 127, 155 ff.
96 § 49 Abs. 2 S. 1 LKrO BW; Art. 18 Abs. 1 BayFAG; § 130 Abs. 1 BbgKVerf; § 53 Abs. 2 HKO; § 23 Abs. 1 FAG M-V; § 15 Abs. 1 NFAG; § 56 KrO NW; § 58 Abs. 4 RhPfLKO; § 18 Abs. 1 SaarlKFAG; § 26 Abs. 1 SächsFAG; § 67 Abs. 2 LKO LSA; § 27 Abs. 1 FAG SH; § 25 Abs. 1 ThürFAG.
97 *Henneke*, in: Henneke/Pünder/Waldhoff (Hrsg.), Recht der Kommunalfinanzen, § 14, Rn. 3 f.
98 OVG Schleswig, NVwZ-RR 1995, 690 (695).
99 Mit Blick auf die Kreisumlage *Lange*, KomR, Kap. 18, Rn. 98.
100 OVG Schleswig, DVBl. 2003, 278 (280); ferner OVG Schleswig, NVwZ-RR 1995, 690 (691); VerfGH NW, NVwZ-RR 1997, 249 (249); BbgVerfG, NVwZ-RR 1999, 90 (90 f.).
101 Siehe Art. 18 Abs. 2 BayFAG; § 15 Abs. 6 NFAG; § 56 Abs. 2 S. 2 GO NW; § 19 Abs. 1 SaarlKFAG; § 26 Abs. 6 S. 1 SächsFAG; § 67 Abs. 3 LKO LSA; § 28 Abs. 4 ThürFAG.
102 VerfGH NW, NVwZ-RR 1997, 249 (250).

Kreisumlage finanzieren dürfen, können die kreisangehörigen Gemeinden doch geltend machen, die Kreise würden auf ihre Kosten im eigenen Wirkungskreis tätig. Oftmals haben kreisangehörige Gemeinden ganz in diesem Sinne von ihrer Möglichkeit Gebrauch gemacht, gegen Umlagebescheide der Kreise verwaltungsgerichtlichen Rechtsschutz zu ersuchen oder – unter der Voraussetzung einer landesrechtlichen Regelung im Sinne des § 47 Abs. 1 Nr. 2 VwGO – eine Haushaltssatzung der Kreise im Wege eines Normenkontrollantrages überprüfen zu lassen,[103] wird die Kreisumlage doch grundsätzlich als Satzung festgesetzt.[104]

29 Das Bundesverwaltungsgericht stellte insoweit fest, dass – da die Kreisumlage jedenfalls nur zur Finanzierung von Aufgaben erhoben werden darf, für deren Wahrnehmung die Kreise zuständig sind[105] – Art. 28 Abs. 2 S. 1 GG die Landesgesetzgeber nicht daran hindere, den Kreisen Aufgaben zuzuweisen, die herkömmlich mit den Begriffen Ergänzungs- und Ausgleichsaufgaben umschrieben werden. Zudem könnten die Kreise über den Umfang der von ihnen wahrgenommenen Aufgaben auf der Grundlage des auch ihnen zustehenden Selbstverwaltungsrechts in eigener Verantwortung entscheiden.[106] Zuletzt betonte das Bundesverwaltungsgericht allerdings, dass die Kreisumlage nicht nur zulässiges Instrument zur Finanzierung der Kreise sei, sondern den kreisangehörigen Gemeinden gerade Finanzmittel entzieht. Daher dürfe die Kreisumlage nicht dazu führen, dass die verfassungsrechtlich gewährleistete finanzielle Mindestausstattung der Gemeinden unterschritten wird. Im Übrigen müssten die Kreise den grundsätzlich gleichrangigen Interessen der kreisangehörigen Gemeinden Rechnung tragen, sie sind – so das Bundesverwaltungsgericht – verpflichtet, nicht nur den eigenen Finanzbedarf, sondern auch denjenigen der kreisangehörigen Gemeinden zu ermitteln. Da die Erhebung der Kreisumlage (wegen des mit ihr ebenfalls intendierten Finanzausgleichs zwischen den kreisangehörigen Gemeinden) nach den Steuer(kraft)zahlen und Schlüsselzuweisungen des kommunalen Finanzausgleichs bemessen wird,[107] muss die Erhebung der Kreisumlage des Weiteren den Gleichheitssatz im Verhältnis der umlagepflichtigen Gemeinden zueinander beachten; der steuerkraftausgleichende Effekt der Kreisumlage bedarf danach einer Rechtfertigung durch sachliche Gründe. Schließlich darf nach dem Bundesverwaltungsgericht die Erhebung der Kreisumlage auch nicht dazu führen, dass die verfassungsrechtliche Grundentscheidung für eine ei-

---

103 Zur Gleichrangigkeit dieser verwaltungsprozessualen Möglichkeiten BayVGH, BayVBl 2011, 632 ff.
104 Ausdrücklich etwa § 49 Abs. 2 S. 2 LKrO BW; § 53 Abs. 2 S. 2 HKO; § 23 Abs. 2 S. 2 FAG M-V; § 15 Abs. 3 S. 1 NFAG; § 25 Abs. 2 S. 1 RhPfLFAG; § 18 Abs. 3 S. 1 SaarlKFAG; § 26 Abs. 2 S. 2 SächsFAG; § 67 Abs. 2 S. 3 LKO LSA; § 25 Abs. 1 S. 2 ThürFAG.
105 OVG Schleswig, NVwZ-RR 1995, 690 (692); zuletzt BayVGH, BayVBl 2011, 632 ff. mit dem einschränkenden Hinweis, dass kreisangehörige Gemeinden die Kreise nicht unmittelbar an einer rechtswidrigen Aufgabenwahrnehmung hindern können; siehe aber auch OVG Münster, DÖV 2005, 568 ff., wonach den kreisangehörigen Gemeinden ein Anspruch auf Unterlassung zusteht, wenn die Kreise auf Kosten der Gemeinden rechtswidrig Aufgaben wahrnehmen; im Übrigen soll nicht schon jeder unbedeutende Fehler bei der Festsetzung der Kreisumlage zur Rechtswidrigkeit der Haushaltssatzung führen, siehe OVG Koblenz, DVBl. 1999, 846 ff.; OVG Weimar, ThürVBl. 2002, 208 ff.
106 BVerwGE 101, 99 ff.; siehe aber auch BayVGH, BayVBl. 1993, 112 ff. mit dem Hinweis, kreisangehörige Gemeinden könnten einem Kreisumlagebescheid mit der Begründung anfechten, im Kreishaushalt seien Ausgaben in spürbarem Umfang zur Erfüllung landkreisfremder Aufgaben vorgesehen; anders OVG Münster, DVBl. 2005, 652 ff., wonach kreisangehörige Gemeinden einem Kreisumlagebescheid gerade nicht entgegen halten können, mit der Kreisumlage würden Aufgaben finanziert, für deren Wahrnehmung die Kreise nicht zuständig seien.
107 Art. 18 Abs. 3 BayFAG; § 18 Abs. 2 BbgFAG; § 37 Abs. 2 HessFAG; § 23 Abs. 2 FAG M-V; § 15 Abs. 2 NFAG; § 24 Abs. 1 i.V.m. § 23 GFG NW; § 25 Abs. 1 RhPfLFAG; § 18 Abs. 2 SaarlKFAG; § 26 Abs. 3 SächsFAG; § 19 Abs. 2 FAG LSA; § 27 Abs. 2 FAG SH; § 25 Abs. 4 ThürFAG; ferner § 35 Abs. 1 FAG BW.

gene gemeindliche Steuerhoheit entwertet wird, die Ertragshoheit dürfe den Gemeinden nicht gänzlich entzogen und die finanzielle Eigenverantwortung nicht entwertet werden.[108]

II. Kommunale Abgaben

▶ **FALL 25:** Auf der Grundlage der „Satzung über die Erhebung einer Kultur- und Tourismusförderabgabe für Übernachtungen" erhebt eine Gemeinde Abgaben für Übernachtungen als örtliche Aufwandsteuer. Dagegen wendet sich der Betreiber eines Hotels im Gemeindegebiet im Wege eines Normenkontrollantrages, um die Satzung für ungültig erklären zu lassen. ◀

▶ **FALL 26:** Ein Unternehmen leitet die auf seinem Grundstück anfallenden Abwässer in die als Mischkanalisation betriebene Gemeindeentwässerung ab. Für die öffentliche Entwässerung erhebt die Gemeinde Benutzungsgebühren nach Maßgabe ihrer Entwässerungssatzung. Bemessungsgrundlage ist dabei die auf dem Grundstück anfallende Abwassermenge; als solche gilt das dem Grundstück aus öffentlichen oder privaten Wasserverbrauchsanlagen zugeführte Frischwasser abzüglich der nachweislich nicht in die Entwässerung eingeleiteten Wassermenge. Die Gemeinde fordert das Unternehmen zur Zahlung entsprechender Gebühren auf. Hiergegen erhebt dieses Anfechtungsklage und beruft sich darauf, dass die Bemessung der Gebühren nach dem Frischwassermaßstab gegen das Äquivalenzprinzip und den Gleichheitssatz verstößt. Die Gesamtkosten der Entwässerung seien (geringfügig aber immerhin) auch durch die Beseitigung des Oberflächenwassers verursacht. Durch den allein an der Schmutzwassermenge orientierten Gebührenmaßstab werde das Unternehmen mit seinem abwasserintensiven Betrieb gegenüber solchen Grundstückseigentümern, die nur geringe Abwassermengen einleiteten, benachteiligt. ◀

Abseits des Anspruchs der Gemeinden auf eine angemessene Finanzausstattung und landesverfassungsrechtlicher Konnexitätsprinzipien stehen namentlich den Gemeinden entsprechend den finanzverfassungsrechtlichen Vorgaben eigene Einnahmequellen offen.

1. Steuern

a) Grund- und Gewerbesteuern

Nach Art. 28 Abs. 2 S. 3 GG gehört zu den Grundlagen der finanziellen Eigenverantwortung zunächst eine den Gemeinden mit Hebesatzrecht zustehende wirtschaftskraftbezogene Steuerquelle. Art. 106 Abs. 6 S. 2 GG garantiert – die Festlegung des Art. 28 Abs. 2 S. 3 GG aufgreifend – den Gemeinden daher die Ertragshoheit im Bereich der Grund- und Gewerbesteuer. Das von Art. 28 Abs. 2 S. 3 GG geforderte Hebesatzrecht wird den Gemeinden einfachgesetzlich im Grund- und Gewerbesteuergesetz gewährleistet. Für die Gewerbesteuer setzt § 16 Abs. 4 S. 2 GewStG allerdings einen Mindesthebesatz von 200 v. H. voraus, wodurch ein „race to the bottom" verhindert werden soll.[109] Landesrechtliche Regelungen können gemäß § 16 Abs. 5 GewStG, § 26 GrStG überdies auch Höchsthebesätze festschreiben.

---

108 BVerwGE 145, 378 ff.
109 Zur Verfassungsmäßigkeit von Mindesthebesätzen BVerfGE 125, 141 ff.

b) Örtliche Verbrauch- und Aufwandsteuern

34 Gemäß Art. 106 Abs. 6 S. 1 GG steht den Gemeinden des Weiteren die Ertragshoheit hinsichtlich der örtlichen Verbrauchs- und Aufwandsteuern zu. Überdies haben die Bundesländer ihre Gesetzgebungsbefugnis nach Art. 105 Abs. 2a GG regelmäßig dahingehend ausgeübt, dass die Regelung der örtlichen Verbrauch- und Aufwandsteuern im Einzelnen grundsätzlich – die Erhebung bestimmter Steuern wird oftmals untersagt – den Gemeinden überlassen wird.[110] Nach dem Bestimmtheitsgebot muss diesen Regelungen lediglich zweifelsfrei entnommen werden können, welchen Gegenstand die Steuern betreffen dürfen.[111] Vereinzelt haben die Länder die Gemeinden auch zur Steuererhebung verpflichtet.[112] Ein eigenes Steuerfindungsrecht steht den Gemeinden demnach nicht zu,[113] sie sind abseits des auf Art. 105 Abs. 2a GG beruhenden Steuererhebungsrechts nicht schon aufgrund ihres Selbstverwaltungsrechts zur Steuererhebung berechtigt.[114]

aa) Verbrauchsteuern

35 Verbrauchsteuern sind nach dem Bundesverfassungsgericht Warensteuern, die den Verbrauch vertretbarer, regelmäßig zum baldigen Verzehr oder kurzfristigen Verbrauch bestimmter Güter des ständigen Bedarfs belasten.[115]

bb) Aufwandsteuern

36 Aufwandsteuern zielen nach der Rechtsprechung demgegenüber auf die in der Vermögens- und Einkommensverwendung für den persönlichen Lebensbedarf zum Ausdruck kommende besondere wirtschaftliche Leistungsfähigkeit, welche durch den Gebrauch von Gütern, das Halten eines Gegenstandes oder die Inanspruchnahme von Dienstleistungen vermutet wird. Belastet werden soll lediglich der über die Befriedigung der allgemeinen Lebensführung hinausgehende Aufwand und die darin zum Ausdruck kommende besondere Leistungsfähigkeit. Zulässig sind danach etwa Zweitwohnungssteuern oder aber Jagdsteuern.[116] Unsicher scheint demgegenüber, ob die Gemeinden auch beruflich bedingte Aufwendungen zum Gegenstand einer Aufwandsteuer machen können: Das Bundesverwaltungsgericht differenzierte mit Blick auf eine Kultur- und Tourismusförderabgabe für entgeltliche Übernachtungen zwischen der persönlichen Lebensführung und der Einkommenserzielung und erklärte die Besteuerung von Übernachtungen, die der Einkommenserzielung dienen, für unzulässig.[117] Das Bundesver-

---

110 § 9 Abs. 4 KAG BW; Art. 3 Abs. 1, 3 BayKAG; § 3 Abs. 1 BbgKAG; § 7 Abs. 2 HessKAG; § 3 Abs. 1 KAG M-V; Art. 3 Abs. 1, 3 NKAG; § 3 Abs. 1 KAG NW; § 5 Abs. 2 bis 4 RhPfKAG; § 3 Abs. 1, 4 SaarlKAG; § 7 Abs. 2 SächsKAG; § 3 Abs. 1, 2 KAG LSA; § 3 Abs. 1 bis 4 KAG SH; § 5 Abs. 1 ThürKAG.
111 BVerfG, NVwZ 1994, 902 (902 f.); BVerwGE 45, 277 (284).
112 § 9 Abs. 3 S. 1 KAG BW; § 3 Abs. 3 SaarlKAG.
113 Zur Existenz eines Anspruchs auf Übertragung des Steuererhebungsrechts *Lammers*, DVBl. 2013, 348 ff.; *Lange*, KomR, Kap. 15, Rn. 45 ff.
114 BVerwGE 96, 272 (280); ausführlich *Lange*, KomR, Kap. 15, Rn. 39 ff.
115 BVerfGE 98, 106 (123).
116 BVerfGE 65, 325 (346 f.); BVerfG, NVwZ 1989, 1152 f.; BVerwGE 115, 165 (168); 143, 301 (303); BVerwG, BayVBl. 2015, 175 ff.
117 BVerwGE 143, 301 (303 ff.); siehe dazu ferner OVG Lüneburg, DVBl. 2015, 510 ff. mit dem Hinweis, es sei mit dem aus Art. 3 Abs. 1 GG folgenden Verbot der Gleichmäßigkeit der Besteuerung unvereinbar, eine Kultur- und Tourismusförderabgabe ohne sachliche Rechtfertigung nur in bestimmten Teilen des Gemeindegebiets zu erheben – ferner verletze die pauschale Staffelung der Abgabensätze nach Maßgabe der Klassifizierung von Übernachtungsmöglichkeiten in der Regel das sich ebenfalls aus Art. 3 Abs. 1 GG ergebende

fassungsgericht hatte demgegenüber zuvor ganz allgemein darauf hingewiesen, dass es das Wesen der Aufwandsteuer ausschließe, für die Steuerpflicht auf Absichten und verfolgte Zwecke abzustellen.[118]

c) Grenzen der kommunalen Steuererhebung

Grenzen des kommunalen Steuererhebungsrechts ergeben sich zunächst aus dem Verbot von Steuern, deren Gewicht und Auswirkungen einer verbindlichen Verhaltensregel nahekommen und deren Finanzfunktion durch eine Verbotsfunktion verdrängt wird,[119] und dem Gebot, nur insoweit lenkend in den Kompetenzbereich des Sachgesetzgebers überzugreifen, als die Lenkung weder der Gesamtkonzeption der sachlichen Regelung noch konkreten Einzelregelungen zuwiderläuft.[120] Weitere Grenzen zieht Art. 106 Abs. 6 S. 2 GG mit der Nennung lediglich örtlicher Verbrauch- und Aufwandsteuern – das Kriterium der Örtlichkeit setzt eine örtliche Radizierung voraus, die sich aus der jeweiligen Regelung ergeben muss und nicht schon aus der natürlichen Beschaffenheit etwa eines Gegenstandes abgeleitet werden kann, dessen Gebrauch einer Steuer unterworfen wird. Örtliche Steuern sind folglich nur solche Abgaben, die an örtliche Gegebenheiten, vor allem an die Belegenheit einer Sache oder an einen Vorgang im Gemeindegebiet anknüpfen und wegen der Begrenzung ihrer unmittelbaren Wirkungen auf das Gemeindegebiet nicht zu einem die Wirtschaftseinheit berührenden Steuergefälle führen können.[121]

37

Des Weiteren dürfen örtliche Verbrauch- und Aufwandsteuern – mit Ausnahme der vor dem Inkrafttreten des Art. 105 Abs. 2a GG üblichen örtlichen Verbrauch- und Aufwandsteuern[122] – nicht gegen das Gleichartigkeitsverbot des Art. 105 Abs. 2a GG verstoßen: Steuern dürfen nicht denselben Belastungsgrund haben wie eine Bundessteuer, sie müssen sich also in Gegenstand, Bemessungsgrundlage, Erhebungstechnik und wirtschaftlicher Auswirkung von den Bundessteuern unterscheiden.[123] Kommunalabgabenrechtlich sowie gemeinderechtlich ist überdies oftmals ein Vorrang der Erhebung von Gebühren und Beiträgen angeordnet[124] – was allerdings die Frage aufwirft, welche Bedeutung der Finanzhoheit der Gemeinden insoweit zukommt.[125] Die erstmalige Erhebung örtlicher Verbrauch- und Aufwandsteuern ist nach den Kommunalabgabengesetzen einiger Bundesländer schließlich von einer aufsichtsbehördlichen Genehmigung abhängig.[126] Versagungsgründe sind allerdings lediglich selten ausdrücklich festgeschrieben,[127] so dass sich die Frage stellt, ob eine entsprechende Ge-

38

Gebot der Besteuerung nach der wirtschaftlichen Leistungsfähigkeit; zum Ganzen Buchberger, DVBl. 2015, 601 ff.
118 BVerfGE 65, 325 (357).
119 BVerfGE 98, 106 (118); BVerwGE 96, 272 (277 f.); 110, 265 (270 f.); zuletzt BVerwG, BayVBl. 2015, 241 ff., wonach eine Kampfhundesteuer, die wegen ihrer „erdrosselnden Wirkung" einem faktischen Verbot der Haltung solcher Hunde gleichkommt, unzulässig ist.
120 BVerfGE 98, 106 (119).
121 BVerfGE 65, 325 (349).
122 BVerfGE 98, 106 (124 f.).
123 BVerfGE 65, 325 (351); 98, 106 (125).
124 § 3 Abs. 2 BbgKAG; § 3 Abs. 4 NKAG; § 3 Abs. 2 KAG NW; § 3 Abs. 5 SaarlKAG.
125 Dazu BayVGH, NVwZ-RR 2008, 53 (54), wonach es den Gemeinden überlassen bleibt, inwieweit sie von ihren Einnahmequellen Gebrauch machen.
126 § 2 Abs. 3 S. 1 BayKAG; § 2 Abs. 2 S. 1 BbgKAG; § 3 Abs. 2 S. 1 KAG M-V; § 2 Abs. 2 KAG NW; § 2 Abs. 2 SaarlKAG; ferner § 2 Abs. 4 S. 1 ThürKAG, wonach Satzungen über die Erhebung von Steuern grundsätzlich der vorherigen Genehmigung bedürfen.
127 Art. 2 Abs. 3 S. 3 BayKAG; § 2 Abs. 4 S. 2 ThürKAG.

nehmigung auch aus anderen Gründen als der Rechtswidrigkeit der örtlichen Verbrauch- und Aufwandsteuern verweigert werden darf.[128]

d) Steuererhebung durch Gemeindeverbände

39 Auch den Gemeindeverbänden steht gemäß Art. 106 Abs. 6 S. 2 GG schließlich das Aufkommen der örtlichen Verbrauch- und Aufwandsteuern nach Maßgabe der Landesgesetzgebung zu. Überwiegend werden den Kreisen – sofern deren Erhebung nicht ausdrücklich untersagt ist – die Jagdsteuer oder andere ausdrücklich genannte Steuern zugewiesen.[129] Im Übrigen dürfen die Kreise vereinzelt örtliche Verbrauch- und Aufwandsteuern erheben, sofern die kreisangehörigen Gemeinden diese Steuern nicht selbst erheben; kreisangehörige Gemeinden dürfen nur vom Beginn eines Jahres an das Steuererhebungsrecht der Kreise dadurch ausschließen, dass sie die betreffenden Steuern selbst erheben.[130] Andere Kommunalabgabengesetze untersagen lediglich die Doppelbesteuerung[131] – auch solche Vorschriften werden dahingehend verstanden, dass das Steuererhebungsrecht der Kreise unter dem Vorbehalt der Steuererhebung durch die kreisangehörigen Gemeinden steht, die Steuererhebung allerdings möglich bleibt, sofern nur einzelne kreisangehörige Gemeinden von ihrem Steuererhebungsrecht Gebrauch machen.[132]

2. Gebühren und Beiträge

40 Anders als das Steuererhebungsrecht haben die Gemeinden die Befugnis zur Erhebung von Gebühren und Beiträgen unmittelbar entweder aufgrund landesverfassungsrechtlicher Gewährleistungen[133] oder aber – angesichts des Vorbehaltes des Gesetzes – der Kommunalabgabengesetze der Bundesländer.[134]

a) Gebühren

41 „Gebühren sind öffentlich-rechtliche Geldleistungen, die aus Anlass individuell zurechenbarer, öffentlicher Leistungen dem Gebührenschuldner durch eine öffentlich-rechtliche Norm oder sonstige hoheitliche Maßnahme auferlegt werden und dazu bestimmt sind, in Anknüpfung an diese Leistung deren Kosten ganz oder teilweise zu decken."[135] Ganz allgemein müssen sich nach der Rechtsprechung des Bundesverfassungsgerichts Gebühren deswegen von Steuern unterscheiden, die der Deckung des allgemeinen Finanzbedarfs dienen: Das Finanzverfassungsrecht und seine Vorgaben zur Steuererhebung dürfen nämlich nicht dadurch umgangen werden, dass Gebühren be-

---

128 Ungeachtet der Regelung des Art. 2 Abs. 3 S. 3 BayKAG ablehnend BayVerfGH, DVBl 1989, 308 (310 f.); BayVerfGH, DVBl. 2012, 767 (767); ausführlich dazu *Lange*, KomR, Kap. 15, Rn. 48 ff.; ferner *Wettlaufer*, in: Henneke/Pünder/Waldhoff (Hrsg.), Recht der Kommunalfinanzen, § 19, Rn. 13.
129 § 10 Abs. 2 S. 1 KAG BW; § 8 Abs. 1 HessKAG; § 3 Abs. 2 NKAG; § 6 Abs. 1, 2 RhPfKAG; § 3 Abs. 4 SaarlKAG; § 8 Abs. 2 SächsKAG; § 3 Abs. 3 KAG SH.
130 Art. 3 Abs. 2 BayKAG; § 5 Abs. 2 ThürKAG.
131 § 3 Abs. 1 S. 2 KAG M-V; § 3 Abs. 1 S. 2 NKAG; § 3 Abs. 1 S. 2 SaarlKAG; § 3 Abs. 1 KAG LSA.
132 *Lange*, KomR, Kap. 15, Rn. 35 ff.
133 Art. 73 Abs. 2 LV BW; Art. 99 S. 1 BbgLV; Art. 73 Abs. 1 S. 2 LV M-V; Art. 58 NdsLV; Art. 79 LV NW; Art. 119 Abs. 1 S. 2 SaarlLV; Art. 87 Abs. 2 SächsLV; Art. 88 Abs. 3 LV LSA; Art. 93 Abs. 2 ThürLV; Art. 48 LV SH normiert demgegenüber lediglich die Ertragshoheit; zu Art. 83 Abs. 2 S. 2 BayLV BayVerfGH, DÖV 1989, 306 (307).
134 § 1 KAG BW; Art. 1 BayKAG; § 1Abs. 1 BbgKAG; § 1 Abs. 1 HessKAG; § 1 Abs. 1 KAG M-V; § 1 Abs. 1 NKAG; § 1 Abs. 1 S. 1 KAG NW; § 1 Abs. 1 RhPfKAG; § 1 Abs. 1 SaarlKAG; § 1 Abs. 1 SächsKAG; § 1 Abs. 1 KAG LSA; § 1 Abs. 1 KAG SH; § 1 Abs. 1 ThürKAG.
135 Allgemein BVerfGE 50, 217 (226).

liebig erhoben werden. Vielmehr bedürfen sie dem Grund und der Höhe nach einer besonderen sachlichen Rechtfertigung. Gerechtfertigt werden Gebühren dem Grunde nach zuvörderst durch den Gedanken des Vorteilsausgleichs für gemeindliche Leistungen.

Was die Höhe der Gebühren angeht, bestehen demgegenüber Unsicherheiten: Das Bundesverwaltungsgericht deduziert aus dem Grundsatz der Verhältnismäßigkeit ein Äquivalenzprinzip, wonach Gebühren jedenfalls nicht in einem groben Missverhältnis zu dem Wert der mit ihnen abgegoltenen Leistungen stehen dürfen; dies ergebe sich aus dem Zweck der Gebühr, die anders als die Steuer anlässlich der Inanspruchnahme gemeindlicher Leistungen auferlegt werde.[136] Allerdings soll sich auch nach dem Bundesverwaltungsgericht aus dem allgemeinen Gleichheitsgrundsatz kein striktes Gebot der Leistungsproportionalität ergeben: Einzelne Gebührenschuldner dürften zwar im Verhältnis zu anderen nicht übermäßig belastet werden, die Belastungsgleichheit aller Gebührenpflichtigen lasse aber die Befugnis unberührt, mit der Gebührenregelung eine begrenzte Verhaltenssteuerung zu verbinden; obwohl die Gebührenpflichtigen lediglich mit Kosten gemeindlicher Leistungen belastet werden dürften,[137] könnten etwa Vorhaltekosten unabhängig von der tatsächlichen Inanspruchnahme und sogar im Falle der Nichtinanspruchnahme solcher Leistungen die Erhebung einer Grundgebühr rechtfertigen.[138]

42

Das Bundesverfassungsgericht hat demgegenüber eine Gebührenerhebung auch nach sozialen Maßstäben ausdrücklich für zulässig erklärt[139] – namentlich Kindergartengebühren können danach grundsätzlich nach dem Familieneinkommen gestaffelt werden.[140] Anfänglich hatte das Bundesverfassungsgericht insoweit zwar noch den allgemeinen Gleichheitsgrundsatz herangezogen und festgestellt, dieser verbiete eine Festsetzung von Gebühren völlig unabhängig von den jeweiligen Kosten der staatlichen Leistung und erfordere eine verhältnismäßige Gleichheit unter den Gebührenschuldnern.[141] Nachfolgend stellte das Bundesverfassungsgericht allerdings klar, dass das Kostendeckungsprinzip kein Grundsatz mit Verfassungsrang sei, mit der Gebührenerhebung daher neben der Kostendeckung auch andere Zwecke verfolgt werden dürften.[142] Dementsprechend wird das Äquivalenzprinzip vom Bundesverfassungsgericht inzwischen lediglich noch erwähnt.[143]

43

---

136 Allgemein dazu BVerwGE 118, 123 (125 f.).
137 *Kaufmann*, in: Henneke/Pünder/Waldhoff (Hrsg.), Recht der Kommunalfinanzen, § 15, Rn. 56 ff.
138 BVerwGE 112, 297 (301 f.).
139 Am Beispiel der Rückmeldegebühren von Hochschulen BVerfGE 108, 1 (16 f., 18 ff.).
140 BVerfGE 97, 332 ff.
141 BVerfGE 50, 217 (227).
142 Mit Blick auf die Erhebung von Kindergartengebühren BVerfGE 97, 332 (345); siehe dazu ferner BVerwGE 107, 188 ff.; zudem wurde vom Bundesverwaltungsgericht auch eine Differenzierung zwischen Einheimischen und Ortsfremden mit Blick auf Art. 3 Abs. 1 GG für zulässig erachtet, siehe BVerwGE 104, 60 ff. – der Europäische Gerichtshof hat allerdings entschieden, dass ein Mitgliedstaat, der von lokalen oder dezentralen Einrichtungen des Staates gewährte Tarifvorteile für den Zugang zu Museen, Denkmälern, Galerien, antiken Ausgrabungsstätten sowie Parkanlagen und Gärten mit Denkmalcharakter seinen eigenen Staatsangehörigen oder den im Gebiet der die fragliche kulturelle Anlage betreibenden Stelle Ansässigen von mehr als sechzig oder fünfundsechzig Jahren vorbehält und Touristen, die Staatsangehörige der anderen Mitgliedstaaten sind, oder Gebietsfremde, die dieselben objektiven Altersvoraussetzungen erfüllen, von diesen Vorteilen ausschließt, gegen das Diskriminierungsverbot gemäß Art. 18 AEUV sowie die Dienstleistungsfreiheit im Sinne des Art. 56 AEUV verstößt, siehe EuGH, Slg. 2003, I-721 ff.
143 BVerfGE 108, 1 (32).

aa) Verwaltungsgebühren

44 Nach den Kommunalabgabengesetzen sind die Gemeinden regelmäßig berechtigt, Gebühren in Gestalt von Verwaltungsgebühren als Gegenleistung für besondere Amtshandlungen oder sonstige Tätigkeiten und darüber hinaus Benutzungsgebühren für die – nicht zwingend willentliche[144] – Inanspruchnahme öffentlicher Einrichtungen zu erheben.[145] Einige Bundesländer normieren demgegenüber Rechtsgrundlagen für die Erhebung von Verwaltungsgebühren im jeweiligen Verwaltungsgebühren- bzw. Verwaltungskostenrecht.[146] Die Regelungen zur Erhebung von Verwaltungsgebühren jedenfalls der Kommunalabgabengesetze sind dabei grundsätzlich auf die Wahrnehmung von Selbstverwaltungsangelegenheiten beschränkt,[147] die Gemeinden haben dementsprechend nur für Selbstverwaltungsangelegenheiten die Möglichkeit zur Einflussnahme auf die Gebührenbemessung. Des Weiteren sind die Gemeinden regelmäßig zur Erhebung von oftmals näher bezeichneten Auslagen berechtigt, die im Zusammenhang mit einer Amtshandlung entstehen.[148]

45 Abseits ausdrücklich normierter Ausnahmetatbestände etwa für Auskünfte[149] sowie der Gebührenbefreiung für andere Körperschaften des öffentlichen Rechts[150] können Verwaltungsgebühren allerdings oftmals nur erhoben werden, wenn diese – etwa durch einen förmlichen oder auch nur konkludenten Antrag[151] – vom Gebührenschuldner veranlasst worden sind oder Amtshandlungen überwiegend in dessen Interesse vorgenommen werden.[152] Die Gebührenerhebung hängt demnach nicht davon ab, ob die Amtshandlung für den Gebührenschuldner vorteilhaft ist oder eine gesetzliche Pflicht zur Duldung besteht.[153] Maßstab der Gebührenbemessung ist dabei überwiegend das Kostenüberschreitungsverbot, wonach das Gebührenaufkommen der Verwaltungsgebühren die voraussichtlichen Aufwendungen (allerdings des jeweiligen Verwaltungsbereichs insgesamt) nicht überschreiten darf.[154] Weitere Maßgaben für die Ge-

---

144 *Kaufmann*, in: Hennecke/Pünder/Waldhoff (Hrsg.), Recht der Kommunalfinanzen, § 15, Rn. 40; allgemein zum Anschluss- und Benutzungszwang Teil 2, § 7, Rn. 60 ff.
145 § 4 Abs. 2 BbgKAG; §§ 9 Abs. 1, 10 Abs. 1 HessKAG; § 4 Abs. 1 KAG M-V; §§ 4 Abs. 1, 5 Abs. 1 NKAG; § 4 Abs. 2 KAG NW; § 4 Abs. 2 SaarlKAG; §§ 4 Abs. 1, 5 Abs. 1 KAG LSA; § 4 Abs. 1 KAG SH; § 10 ThürKAG.
146 §§ 11, 13 KAG BW, § 4 Abs. 3 LGebG BW; Art. 8 BayKostG, Art. 20 Abs. 1 BayKostG; § 7 Abs. 1 RhPfKAG, § 1 Abs. 1 Nr. 1 RhPfGebG; § 9 SächsKAG, § 1 Abs. 1 SächsVwKostG.
147 Ausdrücklich etwa Art. 20 Abs. 1 BayKostG; § 4 Abs. 1 KAG M-V; § 4 Abs. 1 NKAG; § 25 Abs. 1 SächsVwKostG; § 4 Abs. 1 KAG LSA; § 10 ThürKAG; siehe aber auch § 4 Abs. 3 LGebG BW.
148 § 5 Abs. 7 BbgKAG; § 9 Abs. 3 HessKAG i.V.m. § 9 HessVwKostG; § 5 Abs. 7 KAG M-V; § 4 Abs. 4 NKAG i.V.m. § 13 NVwKostG; § 5 Abs. 7 KAG NW; § 10 RhPfGebG; § 5 Abs. 4 SaarlKAG i.V.m. § 2 SaarlGebG; § 25 Abs. 2 SächsVwKostG i.V.m. § 12 SächsVwKostG; § 4 Abs. 4 KAG LSA i.V.m. § 14 VwKostG LSA; § 5 Abs. 5 KAG SH; § 11 Abs. 1 S. 2 ThürKAG.
149 § 9 LGebG BW; Art. 3 BayKostG; § 5 Abs. 5 BbgKAG; § 9 Abs. 3 HessKAG i.V.m. § 7 HessVwKostG; § 5 Abs. 6 KAG M-V; § 5 Abs. 5 KAG NW; § 7 RhPfGebG; § 5 Abs. 2 SaarlKAG; § 25 Abs. 2 SächsVwKostG i.V.m. § 3 SächsVwKostG; § 5 Abs. 1 S. 2 KAG SH; § 11 Abs. 4 ThürKAG i.V.m. § 2 ThürVwKostG.
150 § 10 LGebG BW; Art. 4 BayKostG; § 5 Abs. 6 BbgKAG; § 5 Abs. 7 KAG M-V; § 4 Abs. 2 NKAG; § 5 Abs. 6 KAG NW; § 8 RhPfGebG; § 5 Abs. 4 SaarlKAG; § 3 SaarlGebG; § 25 Abs. 2 SächsVwKostG; § 4 SächsVwKostG; § 4 Abs. 2 KAG LSA; § 5 Abs. 6 KAG SH; § 11 Abs. 4 ThürKAG i.V.m. § 3 ThürVwKostG; siehe aber auch § 9 Abs. 3 HessKAG, der nicht auf § 8 HessVwKostG verweist.
151 *Lichtenfeld*, in: Driehaus (Hrsg.), Kommunalabgabenrecht, § 5 (1989), Rn. 15; *Kaufmann*, in: Hennecke/Pünder/Waldhoff (Hrsg.), Recht der Kommunalfinanzen, § 15, Rn. 26.
152 § 5 Abs. 1 BbgKAG; § 9 Abs. 1 HessKAG; § 5 Abs. 1 KAG M-V; § 5 Abs. 1 KAG NW; § 5 Abs. 1 SaarlKAG; siehe aber auch § 3 LGebG BW; Art. 1 BayKostG; § 1 Abs. 1 Nr. 1 RhPfGebG; § 25 Abs. 1 SächsVwKostG; § 5 Abs. 1 S. 1 KAG SH; § 11 Abs. 1 S. 1 ThürKAG; ferner § 4 Abs. 1 NKAG; § 4 Abs. 1 KAG LSA: „wenn die Beteiligten hierzu Anlass gegeben haben".
153 *Lichtenfeld*, in: Driehaus (Hrsg.), Kommunalabgabenrecht, § 5 (1989), Rn. 14.
154 § 5 Abs. 4 BbgKAG; § 5 Abs. 4 KAG NW; § 5 Abs. 4 KAG M-V; § 5 Abs. 2 S. 3 KAG SH i.V.m. § 249 Abs. 4 S. 2 LVerwG SH; teilweise findet sich auch die Wendung, dass das Gebührenaufkommen die Kosten des be-

bührenbemessung finden sich in den Kommunalabgabengesetzen der Bundesländer grundsätzlich nicht, Anwendung finden vielmehr – sofern diese nicht ohnehin unmittelbar anwendbar sind – die entsprechenden gebühren- bzw. verwaltungskostenrechtlichen Vorgaben.[155]

bb) Benutzungsgebühren

Vereinzelt werden die Gemeinden von Gesetzes wegen ganz allgemein zur Erhebung von Benutzungsgebühren verpflichtet,[156] im Übrigen besteht eine solche Pflicht nach den Kommunalabgabengesetzen nur unter besonderen Voraussetzungen – nämlich sofern die betreffende Einrichtung dem Vorteil Einzelner dient[157] (wie etwa Einrichtungen der Strom-, Gas- sowie Wasserversorgung und -entsorgung, der Abfallbeseitigung und der Straßenreinigung).[158] In diesen Fällen ist die Erhebung von Benutzungsgebühren angesichts der Privatisierung zahlreicher öffentlicher Einrichtungen allerdings oftmals nur zulässig, wenn keine privatrechtlichen Entgelte erhoben werden.[159] Überdies können abseits ausdrücklicher Regelungen die gemeindlichen Haushaltsgrundsätze einem Verzicht auf die Erhebung von Benutzungsgebühren entgegenstehen.[160]

46

(1) Kostendeckungsprinzip

Grundsätzlich darf das Gebührenaufkommen der Benutzungsgebühren die voraussichtlichen Kosten der Einrichtung nicht übersteigen[161] – wovon allerdings kommunalwirtschaftliche Unternehmen ausgenommen sein dürften, denen die gemeinderechtlichen Vorschriften oftmals aufgeben, einen Ertrag für den Haushalt der Gemeinde zu erwirtschaften.[162] Das Kostendeckungsprinzip bezieht sich dabei auf das gesamte Gebührenaufkommen und steht anders als das Äquivalenzprinzip daher einer Gebührenbemessung im Einzelfall nicht entgegen, die über die Kosten der tatsächlichen Inanspruchnahme hinausgeht.[163] Geregelt ist oftmals auch eine Pflicht zum Ausgleich von

47

---

troffenen Verwaltungszweiges decken soll (sodass sich die Frage stellt, ob neben dem Kostenüberschreitungs- auch ein Kostenunterschreitungsverbot gilt), siehe § 7 Abs. 1 LGebG BW; § 9 Abs. 2 S. 1 HessKAG; § 11 Abs. 1 S. 2 ThürKAG; siehe ferner § 5 Abs. 4 SaarlKAG i.V.m. § 6 Abs. 3 SaarlGebG; § 25 Abs. 1, 2 SächsVwKostG i.V.m. § 6 Abs. 2 S. 2 SächsVwKostG; § 11 Abs. 2 S. 2 ThürKAG.
155 Ausdrücklich § 9 Abs. 3 HessKAG i.V.m. § 5 HessVwKostG; § 4 Abs. 4 NKAG i.V.m. § 9 NVwKostG; § 5 Abs. 4 SaarlKAG i.V.m. § 6 Abs. 3 SaarlGebG; § 4 Abs. 4 KAG LSA i.V.m. § 10 VwKostG LSA; § 5 Abs. 2 S. 3 KAG SH i.V.m. § 249 Abs. 4 S. 2 bis 4 LVerwG SH.
156 § 5 Abs. 1 S. 1 NKAG; § 5 Abs. 1 S. 1 KAG LSA.
157 Siehe § 6 Abs. 1 S. 1 KAG NW; ferner § 6 Abs. 1 S. 1 BbgKAG; § 6 Abs. 1 S. 1 KAG M-V; § 6 Abs. 1 S. 2 SaarlKAG; § 6 Abs. 1 S. 1 KAG SH; ähnlich Art. 8 Abs. 1 S. 2 BayKAG; siehe auch § 12 Abs. 1 S. 2 ThürKAG.
158 *Kaufmann*, in: Henneke/Pünder/Waldhoff (Hrsg.), Recht der Kommunalfinanzen, § 15, Rn. 35.
159 Art. 8 Abs. 1 S. 2 BayKAG; § 6 Abs. 1 S. 1 BbgKAG; § 6 Abs. 1 S. 1 KAG NW; § 6 Abs. 1 S. 2 SaarlKAG; § 6 Abs. 1 S. 1 KAG SH; § 12 Abs. 1 S. 2 ThürKAG; allgemein § 13 Abs. 2 KAG BW; § 5 Abs. 1 S. 1 NKAG; § 7 Abs. 9 RhPfKAG; § 5 Abs. 1 S. 1 KAG LSA.
160 *Kaufmann*, in: Henneke/Pünder/Waldhoff (Hrsg.), Recht der Kommunalfinanzen, § 15, Rn. 20.
161 § 14 Abs. 1 S. 1 KAG BW; § 6 Abs. 1 S. 3 BbgKAG; § 10 Abs. 1 S. 3 HessKAG; § 6 Abs. 1 S. 2 KAG M-V; § 5 Abs. 1 S. 2 NKAG; § 6 Abs. 1 S. 3 KAG NW; § 8 Abs. 1 S. 3 RhPfKAG; § 6 Abs. 1 S. 3 SaarlKAG; § 10 Abs. 1 S. 1 SächsKAG; § 5 Abs. 1 S. 2 KAG LSA; mit Blick auf Benutzungspflichten auch Art. 8 Abs. 2 S. 2 BayKAG; § 12 Abs. 2 S. 3 ThürKAG.
162 Ausdrücklich etwa § 6 Abs. 1 S. 3, 4 KAG NW i.V.m. § 109 GO NW; ferner § 10 Abs. 1 S. 4 HessKAG i.V.m. § 121 Abs. 8 HGO; § 6 Abs. 2c KAG M-V; § 8 Abs. 1 S. 6 RhPfKAG; § 6 Abs. 1 S. 3 SaarlKAG i.V.m. § 116 SaarlKSVG; § 10 Abs. 1 S. 2 SächsKAG; § 12 Abs. 2 S. 2 ThürKAG; siehe aber auch § 14 Abs. 1 S. 2 KAG BW: „*Versorgungseinrichtungen und* wirtschaftliche Unternehmen können einen angemessenen Ertrag für den Haushalt der Gemeinde abwerfen."
163 *Kaufmann*, in: Henneke/Pünder/Waldhoff (Hrsg.), Recht der Kommunalfinanzen, § 15, Rn. 42.

Kostenüberdeckungen[164] sowie – die nur vereinzelt als Pflicht ausgestaltete – Maßgabe zum Ausgleich von Kostenunterdeckungen,[165] sofern die tatsächlichen Kosten nicht mit den voraussichtlichen Kosten übereinstimmen. Das Kostenausgleichsgebot im Falle von Kostenunterdeckungen korrespondiert mit dem teilweise ausdrücklich normierten „Verbot" der Kostenunterschreitung: Das Gebührenaufkommen *soll* – vorbehaltlich einer Abweichung im öffentlichen Interesse[166] – die voraussichtlichen Kosten der Einrichtung decken.[167] Eine Gebührenerhebungspflicht geht damit allerdings nicht einher,[168] das Verbot der Kostenunterschreitung dient allein als Maßstab für die Bemessung der Höhe der Benutzungsgebühren. Die Kommunalabgabengesetze enthalten überdies Vorgaben für die Gebührenberechnung (etwa die Geltung betriebswirtschaftlicher Grundsätze, Einzelheiten zu den ansatzfähigen Kosten sowie die Bestimmung des Kalkulationszeitraums).[169]

(2) Gebührenmaßstab: Wirklichkeitsmaßstab und Wahrscheinlichkeitsmaßstab

48 Den Gebührenmaßstab bildet der sogenannte Wirklichkeitsmaßstab, wonach die Gebühr nach Art und Umfang der Inanspruchnahme der Einrichtung und folglich nicht zwingend nach den (durchschnittlichen) Kosten der Inanspruchnahme zu bemessen ist.[170] Ergänzend tritt oftmals der Wahrscheinlichkeitsmaßstab hinzu, der überwiegend zur Anwendung gelangt, wenn die Anwendung des Wirklichkeitsmaßstabes (besonders) schwierig oder wirtschaftlich nicht vertretbar ist.[171] Schließlich sehen einige Kommunalabgabengesetze die Möglichkeit zur Erhebung verbrauchsunabhängiger Vorhaltekosten vor, Gleiches gilt für Mindestgebühren, die im niedrigen Leistungsmengenbereich die Inanspruchnahme pauschalieren.[172]

---

164 § 14 Abs. 2 S. 2 KAG BW; Art. 8 Abs. 6 S. 2 BayKAG; § 6 Abs. 3 S. 2 BbgKAG; § 10 Abs. 2 S. 7 HessKAG; § 6 Abs. 2d S. 2 KAG M-V; § 5 Abs. 2 S. 3 NKAG; § 6 Abs. 2 S. 3 KAG NW; § 8 Abs. 1 S. 5 RhPfKAG; § 6 Abs. 2 S. 3 SaarlKAG; § 10 Abs. 2 S. 2 SächsKAG; § 5 Abs. 2b S. 2 KAG LSA; § 6 Abs. 2 S. 9 KAG SH; § 12 Abs. 6 S. 2 Thür-KAG.
165 § 14 Abs. 2 S. 2 KAG BW; Art. 8 Abs. 6 S. 2 BayKAG; § 6 Abs. 3 S. 2 BbgKAG; § 10 Abs. 2 S. 7 HessKAG; § 6 Abs. 2d S. 2 KAG M-V; § 5 Abs. 2 S. 3 NKAG; § 6 Abs. 2 S. 3 KAG NW; § 8 Abs. 1 S. 5 RhPfKAG; § 6 Abs. 2 S. 3 SaarlKAG; § 10 Abs. 2 S. 3 SächsKAG; § 5 Abs. 2b S. 2 KAG LSA; § 6 Abs. 2 S. 9 KAG SH; § 12 Abs. 6 S. 2 ThürKAG.
166 § 6 Abs. 1 S. 3 KAG M-V; § 5 Abs. 1 S. 3 NKAG; § 5 Abs. 1 S. 3 KAG LSA; siehe auch § 6 Abs. 3 KAG SH.
167 Art. 8 Abs. 2 S. 1 BayKAG; § 6 Abs. 1 S. 2 KAG M-V; § 5 Abs. 1 S. 2 NKAG; § 5 Abs. 1 S. 2 SaarlKAG; § 5 Abs. 1 S. 1 KAG LSA; § 6 Abs. 5 S. 1 KAG SH; § 12 Abs. 2 S. 1 ThürKAG; mit Blick auf Einrichtungen, die überwiegend dem Vorteil Einzelner dienen, § 6 Abs. 1 S. 3 BbgKAG; siehe ferner § 10 Abs. 1a SächsKAG, wonach im Falle der Ablagerung von Abfällen die Gebühren alle Kosten für die Errichtung und den Betrieb der Einrichtung decken *müssen*.
168 *Lange*, KomR, Kap. 15, Rn. 110.
169 §§ 14, 17, 18 KAG BW; §§ 14 Abs. 2 bis 4, 17, 18 KAG BW; Art. 8 Abs. 2 S. 1, Abs. 6 S. 1 BayKAG; § 6 Abs. 2, 3 Bbg-KAG; § 10 Abs. 2 HessKAG; § 6 Abs. 2 bis 2d KAG M-V; § 5 Abs. 2 NKAG; § 6 Abs. 2 KAG NW; § 8 RhPfKAG; § 6 Abs. 2 SaarlKAG; §§ 10 Abs. 2, 11 SächsKAG; § 5 Abs. 2 bis 2b KAG LSA; § 6 Abs. 2 S. 2, 3 KAG SH; § 12 Abs. 2 S. 1, Abs. 3 ThürKAG.
170 Siehe Art. 8 Abs. 4 BayKAG; § 6 Abs. 4 S. 1 BbgKAG; § 10 Abs. 3 S. 1 HessKAG; § 6 Abs. 3 S. 1 KAG M-V; § 5 Abs. 3 S. 1 NKAG; § 6 Abs. 3 S. 1 KAG NW; § 7 Abs. 1 S. 2 RhPfKAG; § 6 Abs. 3 S. 1 SaarlKAG; § 14 Abs. 1 S. 1 SächsKAG; § 5 Abs. 3 S. 1 KAG LSA; § 6 Abs. 4 S. 2 KAG SH; § 12 Abs. 4 ThürKAG; siehe auch § 14 Abs. 1 KAG BW: „[…], wobei die Gebühren in Abhängigkeit von Art und Umfang der Benutzung progressiv gestaltet werden können."
171 § 6 Abs. 4 S. 2 BbgKAG; § 10 Abs. 3 S. 2 HessKAG; § 6 Abs. 3 S. 2 KAG M-V; § 5 Abs. 3 S. 2 NKAG; § 6 Abs. 3 S. 2 KAG NW; § 7 Abs. 1 S. 2 RhPfKAG; § 6 Abs. 3 S. 2 SaarlKAG; § 5 Abs. 3 S. 2 KAG LSA; wohl auch § 6 Abs. 4 S. 3 KAG SH; ähnlich § 14 Abs. 1 S. 1 SächsKAG.
172 Art. 8 Abs. 2 S. 3 BayKAG, wonach die Erhebung einer Mindestgebühr bei der Wasserversorgung und der Abwasserbeseitigung unzulässig ist; § 6 Abs. 4 S. 3, 4 BbgKAG, wonach für die Schlammsorgung aus Kleinkläranlagen mit biologischer Reinigungsstufe keine Grundgebühren erhoben werden dürfen; § 10 Abs. 3 S. 3, 4 HessKAG; § 6 Abs. 3 S. 4 KAG M-V; § 5 Abs. 4 NKAG; § 6 Abs. 3 S. 3 KAG NW; § 6 Abs. 3 S. 4 Saarl-KAG; § 14 Abs. 1 S. 3 SächsKAG; § 5 Abs. 3 S. 4 KAG LSA mit Blick auf die Wasserversorgung, Abwasserbesei-

§ 9 Kommunales Finanz- und Haushaltsrecht § 9

Mithilfe des Wahrscheinlichkeitsmaßstabes wird die Benutzungsgebühr anhand typisierter Merkmale ermittelt, die erfahrungsgemäß das Maß der Inanspruchnahme indizieren.[173] Die Gemeinden sind dabei nicht gehalten den zweckmäßigsten, vernünftigsten oder wahrscheinlichsten Maßstab anzuwenden. Der Wahrscheinlichkeitsmaßstab muss vielmehr lediglich sicherstellen, dass die Benutzungsgebühr im Allgemeinen nach dem Umfang der Benutzung bemessen wird, so dass bei etwa gleicher Inanspruchnahme der gemeindlichen Einrichtung etwa gleichhohe Gebühren und bei unterschiedlicher Benutzung diesen Unterschieden in etwa angemessene Gebühren gezahlt werden.[174] Die Kommunalabgabengesetze regeln dementsprechend, dass der Wahrscheinlichkeitsmaßstab nicht in einem offensichtlichen Missverhältnis zur Inanspruchnahme der Leistung stehen darf.[175] Differenzierungsmöglichkeiten bestehen indes, sofern die Kommunalabgabengesetze – angesichts der Rechtsprechung des Bundesverfassungsgerichts in wohl verfassungskonformer Weise[176] – die Berücksichtigung weiterer Aspekte zulassen.[177]

49

b) Beiträge

Anders als Benutzungsgebühren sind Beiträge nach den Kommunalabgabengesetzen[178] – etwa nach § 8 Abs. 2 S. 1 KAG NW – „Geldleistungen, die dem Ersatz des Aufwandes für die Herstellung, Anschaffung und Erweiterung [sowie Erneuerung[179]] öffentlicher Einrichtungen und Anlagen […], bei Straßen, Wegen und Plätzen auch für deren Verbesserung, jedoch ohne die laufende Unterhaltung und Instandsetzung, dienen."[180] Beiträge werden dementsprechend für die Möglichkeit der Inanspruchnahme einer öffentlichen Einrichtung erhoben[181] und dienen der Finanzierung ihrer Herstellung, An-

50

---

tigung und Abfallentsorgung; § 6 Abs. 4 S. 1 KAG SH; § 12 Abs. 2 S. 4 ThürKAG, wonach die Erhebung einer Mindestgebühr bei der Wasserversorgung und der Abwasserbeseitigung unzulässig ist; zur Zulässigkeit von Mindestgebühren OVG Münster, KStZ 1986, 117 ff.; siehe aber auch BVerwG, NVwZ 1987, 231 f. mit dem Hinweis, Mindestgebühren könnten nicht mit den anfallenden Vorhaltekosten gerechtfertigt werden.

173 *Kaufmann*, in: Henneke/Pünder/Waldhoff (Hrsg.), Recht der Kommunalfinanzen, § 15, Rn. 65.
174 Siehe etwa BVerwG, NVwZ 1985, 496 (496).
175 § 6 Abs. 4 S. 2 BbgKAG; § 10 Abs. 3 S. 2 HessKAG; § 6 Abs. 3 S. 2 KAG M-V; § 5 Abs. 2 S. 3 NKAG; § 6 Abs. 3 S. 2 KAG NW; § 7 Abs. 1 S. 3 RhPfKAG; § 6 Abs. 3 S. 2 SaarlKAG; § 5 Abs. 3 S. 2 KAG LSA.
176 Siehe dazu Teil 2, § 9, Rn. 43.
177 § 10 Abs. 4 HessKAG; § 6 Abs. 3 S. 3 KAG M-V; § 5 Abs. 3 S. 3 NKAG; § 7 Abs. 1 S. 4 RhPfKAG; § 6 Abs. 3 S 3 SaarlKAG; § 14 Abs. 2 SächsKAG; § 5 Abs. 3 S. 2, Abs. 3a KAG LSA; siehe ferner Art. 8 Abs. 4 BayKAG; § 12 Abs. 4, 5 ThürKAG; mit Blick auf die Abfallbeseitigung sowie die Benutzung von Kindergärten und Kindertageseinrichtungen §§ 18, 19 KAG BW; zur Berücksichtigung anderer Gesichtspunkte ohne diesbezüglichen Anhaltspunkt im Wortlaut der Kommunalabgabengesetze der Bundesländer *Gern*, DtKomR, Rn. 1078; *Lange*, KomR, Kap. 15, Rn. 135 f.
178 Die Zulässigkeit von Erschließungsbeiträgen regeln trotz inzwischen entfallener Gesetzgebungskompetenz des Bundes (Art. 74 Abs. 1 Nr. 18 GG) nach wie vor §§ 127 ff. BauGB.
179 Die Erneuerung ist in den Kommunalabgabengesetzen der Bundesländer überwiegend ausdrücklich genannt, siehe Art. 5 Abs. 1 S. 1 BayKAG; § 8 Abs. 2 S. 1 BbgKAG; § 11 Abs. 1 S. 1 HessKAG; § 7 Abs. 1 S. 1 KAG M-V; § 6 Abs. 1 S. 1 NKAG; § 8 Abs. 2 S. 1 SaarlKAG; § 6 Abs. 1 S. 1 KAG LSA; § 8 Abs. 1 S. 1 KAG SH; § 7 Abs. 1 S. 1 ThürKAG; ferner § 29 Abs. 2 S. 2 KAG BW; siehe auch § 9 Abs. 1 S. 2 RhPfKAG; mit Blick auf § 8 Abs. 2 S. 1 KAG NW dazu *Arndt*, in: Henneke/Pünder/Waldhoff (Hrsg.), Recht der Kommunalfinanzen, § 16, Rn. 189, der die Erneuerung als „nochmalige Herstellung" qualifiziert; Verbesserungen – siehe dazu Art. 5 Abs. 1 S. 1 BayKAG; § 8 Abs. 2 S. 1 BbgKAG; § 7 Abs. 1 S. 1 KAG M-V; § 6 Abs. 1 S. 1 NKAG; § 8 Abs. 2 S. 1 SaarlKAG; § 6 Abs. 1 S. 1 KAG LSA; § 7 Abs. 1 S. 1 ThürKAG; ferner § 29 Abs. 2 S. 2 KAG BW; § 9 Abs. 1 S. 2 RhPfKAG – sind nach § 8 Abs. 2 S. 1 KAG NW im Gegensatz zu anderen Bundesländern demgegenüber nur im Ausbaubeitragsrecht, nicht aber im Anschlussbeitragsrecht beitragsfähig.
180 Siehe auch § 20 Abs. 1 KAG BW; Art. 5 Abs. 1 S. 1 BayKAG; § 8 Abs. 1 S. 1 BbgKAG; § 11 Abs. 1 S. 1 HessKAG; § 7 Abs. 1 S. 1 KAG M-V; § 6 Abs. 1 S. 1 NKAG; § 7 Abs. 2 RhPfKAG; § 8 Abs. 1 SaarlKAG; § 6 Abs. 1 S. 1 KAG LSA; § 8 Abs. 1 S. 1 KAG SH; § 7 Abs. 1 ThürKAG; ferner aber auch § 17 Abs. 1 S. 1 SächsKAG; § 26 Abs. 1 S. 1 SächsKAG.
181 Allgemein BVerfGE 92, 91 (115); 110, 370 (388).

schaffung und Erweiterung, während Benutzungsgebühren die tatsächliche Inanspruchnahme betreffen und der fortlaufenden Kostendeckung dienen.[182] Eine Beitragserhebungspflicht wird vorbehaltlich ausdrücklicher Vorgaben[183] aus dem kommunalabgaben- bzw. gemeinderechtlich angeordneten Vorrang der Erhebung von Beiträgen und Gebühren[184] deduziert.[185] Teilweise finden sich überdies ausdrückliche Ermächtigungsgrundlagen für die Erhebung von Kur- oder Fremdenverkehrsbeiträgen.[186] Ihre Rechtfertigung finden Beiträge in den mit öffentlichen Einrichtungen einhergehenden Vorteilen: „Sie werden von den Grundstückseigentümern als Gegenleistung dafür erhoben, daß ihnen durch die Möglichkeit der Inanspruchnahme der Einrichtungen und Anlagen wirtschaftliche Vorteile geboten werden."[187] Kur- und Fremdenverkehrsbeiträge rechtfertigen sich ebenfalls dadurch, dass Ortsfremden die Möglichkeit zur Benutzung der jeweiligen Einrichtungen geboten wird.[188]

51 Die Beitragsbemessung richtet sich demzufolge regelmäßig nach dem wirtschaftlichen Vorteil, der – abhängig davon, ob es sich um eine Herstellung, Anschaffung, Erweiterung oder Erneuerung sowie Verbesserung handelt – mit öffentlichen Einrichtungen verbunden ist;[189] der Beitragsschuldner hat anders als bei der Erhebung von Benutzungsgebühren folglich keinen Einfluss auf die Beitragsbemessung.[190] In den Kommunalabgabegesetzen finden sich weitere Vorgaben für die Ermittlung der beitragsfähigen Kosten,[191] vereinzelt wird zudem ausdrücklich auf den erforderlichen Aufwand verwiesen.[192] Allenfalls selten ist überdies festgeschrieben, dass die Gemeinden einen Anteil der beitragsfähigen Kosten zu tragen haben.[193] Grenzen der Beitragsbemessung ergeben sich schließlich aus dem Gleichheitsgrundsatz; der Maßstab der Typengerechtigkeit gestattet allerdings Verallgemeinerungen und Pauschalierungen.[194] Des Weiteren gilt der Grundsatz der Einmaligkeit der Beitragserhebung.[195]

---

182 *Lichtenfeld*, in: Driehaus (Hrsg.), Kommunalabgabenrecht, § 4 (2008), Rn. 15 f.
183 Mit Blick auf Erschließungsbeiträge etwa § 20 Abs. 2 KAG BW; zu Straßenbaubeiträgen ferner § 8 KAG M-V; allgemein wohl § 8 Abs. 1 S. 1 KAG SH; oftmals findet sich in den Kommunalabgabengesetzen die Maßgabe, dass Gemeinden bestimmte Beiträge erheben sollen, siehe etwa Art. 5 Abs. 1 S. 3 BayKAG; § 8 Abs. 1 S. 2 BbgKAG; § 11 Abs. 1 S. 2 HessKAG; § 8 Abs. 1 S. 2 KAG NW.
184 Dazu Teil 2, § 9, Rn. 38.
185 *Arndt*, in: Henneke/Pünder/Waldhoff (Hrsg.), Recht der Kommunalfinanzen, § 16, Rn. 11.
186 §§ 43, 44 KAG BW; Art. 6, 7 BayKAG; § 11 BbgKAG; § 13 HessKAG; § 11 KAG M-V; §§ 9, 10 NKAG; § 11 Abs. 1 S. 1 KAG NW; § 12 RhPfKAG; § 11 SaarlKAG; §§ 34, 35 SächsKAG; §§ 9, 9a KAG LSA; § 10 KAG SH; §§ 8, 9 ThürKAG.
187 § 8 Abs. 2 S. 2 KAG NW; siehe auch § 20 Abs. 1 S. 1 KAG BW; Art. 5 Abs. 1 S. 1 BayKAG; § 8 Abs. 2 S. 2 BbgKAG; § 7 Abs. 1 S. 2 KAG M-V; § 6 Abs. 1 S. 1 NKAG; § 7 Abs. 2 S. 1 RhPfKAG; § 8 Abs. 2 S. 1 SaarlKAG; § 17 Abs. 1 S. 1 SächsKAG; § 6 Abs. 1 S. 1 KAG LSA; § 8 Abs. 1 S. 1 KAG SH; § 7 Abs. 1 S. 1 ThürKAG.
188 Siehe BVerwG, NVwZ 2001, 689 (690).
189 § 8 Abs. 6 S. 1 KAG NW; ferner Art. 5 Abs. 2 S. 1 BayKAG; § 8 Abs. 6 S. 1 BbgKAG; § 11 Abs. 5 S. 1 HessKAG; § 7 Abs. 1 S. 3 KAG M-V; § 6 Abs. 5 S. 1 NKAG; § 8 Abs. 6 S. 1 RhPfKAG; § 18 Abs. 1 SächsKAG; § 6 Abs. 5 S. 1 KAG LSA; § 8 Abs. 1 S. 2 KAG SH; ferner § 7 Abs. 3 ThürKAG; siehe aber auch § 9 Abs. 2 S. 1 RhPfKAG, wonach der Beitragssatz nach den tatsächlichen Investitionsaufwendungen ermittelt werden kann.
190 *Arndt*, in: Henneke/Pünder/Waldhoff (Hrsg.), Recht der Kommunalfinanzen, § 16, Rn. 7.
191 Art. 5 Abs. 1 BayKAG; § 8 Abs. 4 BbgKAG; § 11 Abs. 2 HessKAG; § 6 Abs. 3 NKAG; § 8 Abs. 4 KAG NW; § 9 Abs. 1 RhPfKAG; § 8 Abs. 4 SaarlKAG; § 17 Abs. 3 SächsKAG; § 6 Abs. 3 KAG LSA; § 8 Abs. 3 KAG SH; § 7 Abs. 1 ThürKAG.
192 Zur grundsätzlichen Geltung des Grundsatzes der Erforderlichkeit *Arndt*, in: Henneke/Pünder/Waldhoff (Hrsg.), Recht der Kommunalfinanzen, § 16, Rn. Rn. 142, 195 f.
193 Siehe etwa § 23 KAG BW; ferner Art. 5 Abs. 3 BayKAG; § 11 Abs. 4 HessKAG; § 6 Abs. 5 S. 4 NKAG; § 8 Abs. 6 S. 2 SaarlKAG; § 6 Abs. 5 S. 4 KAG LSA; mit Blick auf wiederkehrende Beiträge § 7a Abs. 3 ThürKAG; mit Blick auf Verkehrsanlagen § 28 SächsKAG.
194 Siehe BVerwGE 25, 147 (148).
195 BVerwGE 114, 1 ff.

3. Verfahren der Abgabenerhebung und Rechtsschutz

Voraussetzung für die Erhebung kommunaler Abgaben ist nach den Kommunalabgabengesetzen grundsätzlich der Erlass einer Satzung.[196] Für das Verfahren des Satzungserlasses enthalten die Kommunalabgabengesetze keine Vorgaben, so dass insoweit die allgemeinen Regelungen Anwendung finden.[197] Nach dem Bestimmtheitsgebot, wonach Inhalt, Gegenstand, Zweck und Ausmaß hinreichend bestimmt und begrenzt sein müssen, so dass die finanzielle Belastung messbar und in gewissem Umfang voraussehbar und berechenbar wird,[198] müssen Kommunalabgabensatzungen den Kreis der Abgabeschuldner, den die Abgabe begründenden Tatbestand, den Maßstab zur Bemessung der Abgabe sowie den Zeitpunkt ihrer Fälligkeit bestimmen.[199] Überdies bedürfen Kommunalabgabensatzungen in unterschiedlichem Ausmaß einer aufsichtsbehördlichen Genehmigung. Für die Abgabenerhebung einschließlich der Vollstreckung[200] verweisen die Kommunalabgabengesetze sodann auf die Vorschriften der Abgabenordnung.[201]

52

Dementsprechend ergeben sich vielfältige Rechtsschutzmöglichkeiten: Abgesehen von Ausnahmefällen[202] dürften überwiegend Abgabenbescheide den Gegenstand von Anfechtungsklagen bilden, die mit der Festsetzung und dem Leistungsgebot ihrerseits regelmäßig zwei Regelungen enthalten.[203] Anwendung finden dabei die Vorschriften der Verwaltungsgerichtsordnung, da die Finanzgerichtsordnung gemäß § 33 Abs. 1 Nr. 1 FGO nur solche Abgaben erfasst, die „der Gesetzgebung des Bundes unterliegen und durch Bundesfinanzbehörden oder Landesfinanzbehörden verwaltet werden". Rechtsbehelfen fehlt gemäß § 80 Abs. 2 Nr. 1 VwGO allerdings die aufschiebende Wirkung; es bedarf dementsprechend eines Antrages auf Aussetzung der Vollstreckung gemäß § 80 Abs. 4 i.V.m. Abs. 6 VwGO sowie auf Anordnung der aufschiebenden Wirkung gemäß § 80 Abs. 5 VwGO; geleistete Zahlungen können mithilfe des öffentlich-rechtlichen Erstattungsanspruchs zurückgefordert werden.[204] Neben Abgabenbescheiden können – abhängig vom jeweiligen Landesrecht – auch Kommunalabgabensatzungen gemäß § 47 Abs. 1 Nr. 2 VwGO der verwaltungsgerichtlichen Überprüfung zugänglich gemacht werden. Die Aufhebung von Abgabenbescheiden wegen einer Verletzung des Äquivalenz- sowie des Kostendeckungsprinzips kommt nach der Rechtsprechung des Bundesverwaltungsgerichts allerdings nur in Betracht, wenn die Einnahmen die öffentlichen Aufwendungen erheblich übersteigen, das Äquivalenzprinzip mithin gröblich

53

---

196 § 2 Abs. 1 S. 1 KAG BW; Art. 2 Abs. 1 S. 1 BayKAG; § 2 Abs. 1 S. 1 BbgKAG; § 2 S. 1 HessKAG; § 2 Abs. 1 S. 1 KAG M-V; § 2 Abs. 1 S. 1 NKAG; § 2 Abs. 1 S. 1 KAG NW; § 2 Abs. 1 S. 1 RhPfKAG; § 2 Abs. 1 S. 1 SaarlKAG; § 2 Abs. 1 S. 1 SächsKAG; § 2 Abs. 1 S. 1 KAG LSA; § 2 Abs. 1 S. 1 KAG SH; § 2 Abs. 1 ThürKAG.
197 *Holtbrügge*, in: Driehaus (Hrsg.), Kommunalabgabenrecht, § 2 (2011), Rn. 7; *Wettlaufer*, in: Henneke/Pünder/Waldhoff (Hrsg.), Recht der Kommunalfinanzen, § 16, Rn. 12.
198 Grundlegend mit Blick auf die Steuerpflicht BVerfGE 13, 153 (160).
199 § 2 Abs. 1 S. 2 KAG BW; Art. 2 Abs. 1 S. 2 BayKAG; § 2 Abs. 1 S. 2 BbgKAG; § 2 S. 1 HessKAG; § 2 Abs. 1 S. 2 KAG M-V; § 2 Abs. 1 S. 2 NKAG; § 2 Abs. 1 S. 2 KAG NW; § 2 Abs. 1 S. 2 RhPfKAG; § 2 Abs. 1 S. 2 SaarlKAG; § 2 Abs. 1 S. 2 SächsKAG; § 2 Abs. 1 S. 2 KAG LSA; § 2 Abs. 1 S. 2 KAG SH; § 2 Abs. 2 ThürKAG.
200 Ausführlich dazu *Wettlaufer*, in: Henneke/Pünder/Waldhoff (Hrsg.), Recht der Kommunalfinanzen, § 19, Rn. 14 ff.
201 § 3 KAG BW; Art. 13 BayKAG; § 12 BbgKAG; § 4 HessKAG; § 12 KAG M-V; § 11 NKAG; § 12 KAG NW; § 3 RhPfKAG; § 12 SaarlKAG; § 3 SächsKAG; § 13 KAG LSA; § 11 KAG SH; § 15 ThürKAG.
202 Zum Rechtsschutz im Falle der Ablehnung von Korrekturanträgen, gegen Nachverlangungen sowie Grundlagenbescheide und Vollstreckungsmaßnahmen *Arndt*, in: Henneke/Pünder/Waldhoff (Hrsg.), Recht der Kommunalfinanzen, § 20, Rn. 60 ff.
203 *Arndt*, in: Henneke/Pünder/Waldhoff (Hrsg.), Recht der Kommunalfinanzen, § 20, Rn. 2 ff.
204 *Arndt*, in: Henneke/Pünder/Waldhoff (Hrsg.), Recht der Kommunalfinanzen, § 20, Rn. 2, 39 ff.

verletzt ist.[205] Auch hinsichtlich der Kalkulation von Abgaben hat das Bundesverwaltungsgericht einen Prognosespielraum anerkannt.[206]

III. Kommunales Haushaltsrecht (im Überblick)

54 Regelungen zum kommunalen Haushaltsrecht – die regelmäßig auch für die Kreise gelten[207] – finden sich im Gemeinderecht sowie in den Gemeindehaushaltsverordnungen. Die Grundlage der kommunalen Haushaltswirtschaft bildet danach die Haushaltssatzung – des Weiteren finden sich Vorschriften über Kredite[208] und Kassenkredite,[209] den Erwerb und die Veräußerung von Vermögen sowie Geldgeschäfte[210] und die Gewährung von Zuwendungen und Sicherheiten zugunsten Dritter.[211]

1. Haushaltssatzung und Haushaltsplan

55 Die Haushaltssatzung ist für jedes Haushaltsjahr zu erlassen. Sie enthält – als Gesamtbeträge – die Festsetzungen des Haushaltsplans, dessen Gestaltung sich entweder nach der Kameralistik oder der Doppik richtet. Die Kameralistik wurde angesichts der Aufteilung des Haushaltsplanes in Verwaltungs- und Vermögenshaushalt und der Veranschlagung lediglich von Ausgaben und Einnahmen überwiegend zugunsten der Doppik verabschiedet (oder deren Einführung wurde zumindest ermöglicht),[212] die geprägt vom Neuen Steuerungsmodell[213] zwischen Finanzplan, Ergebnisplan und Bilanz unterscheidet und dadurch den Ressourcenverbrauch vollständig sichtbar machen soll.[214] Zum Haushaltsplan gehören zudem regelmäßig die vorgesehenen Kreditaufnahmen für Investitionen sowie die vorgesehenen Ermächtigungen für Verpflichtungen, die künftige Haushaltsjahre mit Auszahlungen für Investitionen belasten. Neben dem Haushaltplan legt die Haushaltssatzung grundsätzlich auch den Höchstbetrag für die Aufnahme von Krediten zur Liquiditätssicherung fest, sie enthält zudem die Realsteuerhebesät-

---

205 BVerwGE 12, 162 (166).
206 BVerwGE 116, 188 ff.; siehe dazu auch BVerfGE 108, 1 (18 f.).
207 § 48 LKrO BW i.V.m. §§ 77 ff. GemO BW; § 131 Abs. 1 S. 1 i.V.m. §§ 63 ff. BbgKVerf; § 52 Abs. 1 HKO i.V.m. §§ 92 ff. HGO; § 120 Abs. 1 i.V.m. §§ 43 ff. KV M-V; §§ 110 ff. NKomVG; § 53 Abs. 1 KrO NW i.V.m. §§ 75 ff. GO NW; § 57 RhPfLKO i.V.m. §§ 78 RhPfGemO; § 189 Abs. 1 i.V.m. §§ 82 ff. SaarlKSVG; § 61 SächsLKrO i.V.m. §§ 72 ff. SächsGemO; § 65 LKO LSA i.V.m. §§ 98 ff. KVG LSA; § 57 KrO SH i.V.m. §§ 75 ff. GO SH ; § 114 i.V.m. §§ 53 ff. ThürKO; siehe aber auch Art. 55 BayLKrO.
208 § 87 Abs. 1 GemO BW; Art. 71 BayGO; § 74 BbgKVerf; § 103 HGO; § 52 KV M-V; § 120 NKomVG; § 86 Abs. 1 GO NW; § 103 RhPfGemO; § 92 SaarlKSVG; § 82 SächsGemO; § 108 KVG LSA; § 85 GO SH; § 63 ThürKO.
209 § 89 Abs. 2 GemO BW; Art. 73 BayGO; § 76 Abs. 2 BbgKVerf; § 105 HGO; § 53 KV M-V; § 122 NKomVG; § 89 Abs. 2 GO NW; § 105 RhPfGemO; § 94 SaarlKSVG; § 84 SächsGemO; § 110 KVG LSA; § 87 GO SH; § 65 ThürKO; eingehend *Fromme*, in: Henneke/Pünder/Waldhoff (Hrsg.), Recht der Kommunalfinanzen, § 31.
210 Dazu §§ 91, 92 GemO BW; Art. 73, 74 BayGO; §§ 78, 79 BbgKVerf; § 108, 109 HGO; § 56 KV M-V; §§ 124, 125 NKomVG; § 90 GO NW; §§ 78, 79 RhPfGemO; § 95 SaarlKSVG; §§ 89, 90 SächsGemO; § 112 KVG LSA; § 89 GO SH; §§ 66, 67 ThürKO; ausführlich *Richter*, in: Henneke/Pünder/Waldhoff (Hrsg.), Recht der Kommunalfinanzen, § 38; ferner *Weiß*, Erwerb, Veräußerung und Verwendung von Vermögensgegenständen durch die Gemeinden, 1991, passim.
211 § 88 GemO BW; Art. 72 Abs. 3 BayGO; § 75 BbgKVerf; § 104 HGO; § 57 KV M-V; § 121 NKomVG; § 87 GO NW; § 104 RhPfGemO; § 93 SaarlKSVG; § 83 SächsGemO; § 109 KVG LSA; § 86 GO SH; § 64 ThürKO.
212 Siehe etwa § 77 Abs. 3 GemO BW; Art. 61 Abs. 4 BayGO; § 63 Abs. 3 BbgKVerf; § 92 Abs. 2 HGO; § 43 Abs. 5 KV M-V; § 110 Abs. 3 NKomVG; § 27 GemHVO NW; § 93 Abs. 2 RhPfGemO; § 26 Abs. 2 SaarlKommHVO; § 72 Abs. 2 SächsGemO; §§ 1 ff. GemHVO-Doppik LSA; §§ 95 ff. GO SH; § 52a ThürKO.
213 Siehe dazu *Bals*, in: Henneke/Strobl/Diemert (Hrsg.), Recht der kommunalen Haushaltswirtschaft, § 2.
214 Ausführlich *Schwarting*, in: Henneke/Pünder/Waldhoff (Hrsg.), Recht der Kommunalfinanzen, § 28; *Strobl*, in: Henneke/Strobl/Diemert (Hrsg.), Recht der kommunalen Haushaltswirtschaft, § 4; ferner *Pünder*, in: Henneke/Pünder/Waldhoff (Hrsg.), Recht der Kommunalfinanzen, § 5.

ze.[215] Angesichts der oftmals im Gemeinderecht enthaltenen Öffnungsklauseln hinsichtlich des Inhalts der Haushaltssatzung[216] wird die Festsetzung auch der übrigen Steuersätze sowie der Gebühren- und Beitragssätze in der Haushaltssatzung für zulässig erachtet.[217]

Die Haushaltssatzung ist für die Haushaltsführung grundsätzlich verbindlich, obwohl dies oftmals lediglich mit Blick auf den Haushaltsplan ausdrücklich normiert wurde.[218] Ungeachtet der grundsätzlichen Möglichkeit einer Nachtragssatzung[219] sind überplanmäßige und außerplanmäßige Aufwendungen und Auszahlungen daher nur zulässig, wenn sie unabweisbar sind und die Deckung im laufenden Haushaltsjahr gesichert ist.[220] Überdies ist eine begrenzte vorläufige Haushaltsführung nur zulässig, sofern die Haushaltssatzung bei Beginn des Haushaltsjahres noch nicht bekannt gemacht ist.[221] Das Verfahren der Aufstellung der Haushaltssatzung folgt dabei nicht den allgemeinen gemeinderechtlichen Vorschriften, vielmehr finden sich insoweit besondere Vorgaben – hinsichtlich des Entwurfs der Haushaltssatzung, der Zuleitung dieses Entwurfs an die Gemeindevertretung und seiner weiteren Behandlung (insbesondere mit Blick auf die Möglichkeit zur Einsichtnahme sowie die Erhebung etwaiger Einwände von Einwohnern und Abgabepflichtigen), zur Öffentlichkeit der Sitzung der Gemeindevertretung, in der über die Haushaltssatzung beraten und beschlossen werden soll sowie zur Bekanntmachung;[222] Gleiches gilt für die Genehmigungsbedürftigkeit der Haushaltssatzung.[223]

56

2. Haushaltsgrundsätze

Gemeinderechtlich sind des Weiteren inhaltliche Maßstäbe der kommunalen Haushaltswirtschaft vorgegeben. Zuvörderst ist die Haushaltswirtschaft so zu planen und zu führen, dass die stetige Erfüllung ihrer Aufgaben gesichert ist.[224] Zudem gelten die

57

---

215 § 79 Abs. 2 S. 1 GemO BW; Art. 63 Abs. 2 S. 1 BayGO; § 65 Abs. 2 S. 1 BbgKVerf; § 94 Abs. 2 S. 1 HGO; § 45 Abs. 3 S. 1 KV M-V; § 112 Abs. 2 S. 1 NKomVG; § 78 Abs. 1 GO NW; § 95 Abs. 2 S. 1 RhPfGemO; § 84 Abs. 2 S. 1 SaarlKSVG; § 74 Abs. 2 S. 1 SächsGemO; § 100 Abs. 2 S. 1 KVG LSA; § 77 Abs. 2 S. 1 GO SH; § 55 Abs. 2 S. 1 ThürKO.
216 § 79 Abs. 2 S. 2 GemO BW; Art. 63 Abs. 2 S. 3 BayGO; § 65 Abs. 2 S. 2 BbgKVerf; § 94 Abs. 2 S. 2 HGO; § 45 Abs. 3 S. 2 KV M-V; § 112 Abs. 2 S. 2 NKomVG; § 78 Abs. 2 S. 2 GO NW; § 95 Abs. 2 S. 2 RhPfGemO; § 84 Abs. 2 S. 2 SaarlKSVG; § 74 Abs. 2 S. 2 SächsGemO; § 100 Abs. 2 S. 2 KVG LSA; § 77 Abs. 2 S. 2 GO SH; § 55 Abs. 2 S. 3 ThürKO.
217 *Lange*, KomR, Kap. 16, Rn. 32.
218 § 80 Abs. 4 S. 1 GemO BW; Art. 64 Abs. 3 S. 2 BayGO; § 66 Abs. 3 S. 2 BbgKVerf; § 95 Abs. 1 S. 2 HGO; § 46 Abs. 6 S. 2 KV M-V; § 113 Abs. 3 S. 2 NKomVG; § 79 Abs. 3 S. 2 GO NW; § 96 Abs. 2 S. 2 RhPfGemO; § 85 Abs. 3 S. 2 SaarlKSVG; § 75 Abs. 4 S. 1 SächsGemO; § 101 Abs. 3 S. 1 KVG LSA; § 78 Abs. 3 S. 2 GO SH; § 56 Abs. 4 S. 1 ThürKO.
219 § 82 GemO BW; Art. 68 BayGO; § 68 BbgKVerf; § 98 HGO; § 48 KV M-V; § 115 NKomVG; § 81 GO NW; § 98 RhPfGemO; § 87 SaarlKSVG; § 77 SächsGemO; § 103 KVG LSA; § 81 GO SH; § 60 ThürKO.
220 § 84 GemO BW; Art. 66 BayGO; § 70 BbgKVerf; § 100 HGO; § 50 KV M-V; § 117 NKomVG; § 83 GO NW; § 100 RhPfGemO; § 89 SaarlKSVG; § 79 SächsGemO; § 105 KVG LSA; § 82 GO SH; § 58 ThürKO.
221 § 83 GemO BW; Art. 69 BayGO; § 69 BbgKVerf; § 99 HGO; § 49 KV M-V; § 116 NKomVG; § 82 GO NW; § 99 RhPfGemO; § 88 SaarlKSVG; § 78 SächsGemO; § 104 KVG LSA; § 81 GO SH; § 61 ThürKO.
222 Siehe etwa § 80 NW GO; ferner beispielsweise § 81 GemO BW; Art. 65 BayGO; § 67 BbgKVerf; § 97 HGO; § 76 SächsGemO.
223 Dazu etwa §§ 86 Abs. 4, 87 Abs. 2 GemO BW; Art. 67 Abs. 4, 71 Abs. 2 BayGO; §§ 102 Abs. 4, 103 Abs. 2 HGO; §§ 81 Abs. 4, 82 Abs. 2 SächsGemO.
224 § 77 Abs. 1 S. 1 GemO BW; Art. 61 Abs. 1 S. 1 BayGO; § 63 Abs. 1 S. 1 BbgKVerf; § 92 Abs. 1 S. 1 HGO; § 43 Abs. 1 S. 1 KV M-V; § 110 Abs. 1 NKomVG; § 75 Abs. 1 S. 1 GO NW; § 93 Abs. 1 S. 1 RhPfGemO; § 82 Abs. 1 S. 1 SaarlKSVG; § 72 Abs. 1 S. 1 SächsGemO; § 98 Abs. 1 S. 1 KVG LSA; § 75 Abs. 1 S. 1 GO SH; § 53 Abs. 1 S. 1 ThürKO.

Grundsätze der Wirtschaftlichkeit und Sparsamkeit:[225] Der Grundsatz der Wirtschaftlichkeit umfasst sowohl den Gedanken der Nutzenmaximierung als auch den Aspekt der Kostenminimierung; der Grundsatz der Sparsamkeit wird dementsprechend vom Grundsatz der Wirtschaftlichkeit umfasst.[226] Auch der vereinzelt im Gemeinderecht anzutreffende Grundsatz der Effizienz[227] weist Übereinstimmungen mit dem Grundsatz der Wirtschaftlichkeit auf, unterscheidet sich von diesem aber dadurch, dass er auch außerökonomische Zweckmäßigkeiten berücksichtigt.[228] Aufgrund des gemeindlichen Selbstverwaltungsrechts besteht hinsichtlich der Einhaltung der Grundsätze der Wirtschaftlichkeit und Sparsamkeit allerdings ein weitreichender Beurteilungsspielraum.[229] Weitere Maßgabe für die kommunale Haushaltswirtschaft ist der Haushaltsausgleich.[230] Nach der Kameralistik erfordert der Haushaltsausgleich grundsätzlich einen Ausgleich nach Einnahmen und Ausgaben.[231] Mit Blick auf die Doppik bestimmt etwa § 75 Abs. 2 S. 2, 3 GO NW, dass der Haushalt ausgeglichen ist, wenn der Gesamtbetrag der Erträge die Höhe des Gesamtbetrages der Aufwendungen erreicht oder übersteigt; als ausgeglichen gilt der Haushalt auch dann, wenn der Fehlbedarf im Ergebnisplan und der Fehlbetrag in der Ergebnisrechnung durch Inanspruchnahme der Ausgleichsrücklage gedeckt werden können. Wird der Haushaltsausgleich nicht erreicht (oder liegen andere im Einzelnen näher bestimmte Voraussetzungen vor), besteht oftmals die Verpflichtung zur Aufstellung eines (genehmigungsbedürftigen) Haushaltssicherungskonzepts; es dient dem Ziel, im Rahmen einer geordneten Haushaltswirtschaft die künftige, dauernde Leistungsfähigkeit der Gemeinden zu erreichen.[232]

58 Des Weiteren gilt für den Haushaltsplan der Grundsatz der Gesamtdeckung, Erträge dürfen danach allenfalls zweckgebunden auf die Verwendung für bestimmte Aufwendungen verwendet werden, sofern dies ausdrücklich zugelassen ist.[233] Der Grundsatz der Vollständigkeit verlangt überdies, dass alle im Haushaltsjahr anfallenden Ausgaben

---

225 § 77 Abs. 2 GemO BW; Art. 61 Abs. 2 S. 1 BayGO; § 63 Abs. 2 BbgKVerf; § 92 Abs. 2 HGO; § 43 Abs. 4 KV M-V; § 110 Abs. 2 NKomVG; § 75 Abs. 1 S. 2 GO NW; § 93 Abs. 3 RhPfGemO; § 82 Abs. 2 SaarlKSVG; § 72 Abs. 2 S. 1 SächsGemO; § 98 Abs. 2 KVG LSA; § 75 Abs. 2 GO SH; § 53 Abs. 2 S. 1 ThürKO.
226 Allgemein *Gröpl*, in: Isensee/Kirchhof (Hrsg.), HStR, Bd. V, 3. Aufl. 2007, § 121, Rn. 9 f.
227 Siehe etwa § 75 Abs. 1 S. 2 GO NW.
228 Siehe *Gröpl*, in: Isensee/Kirchhof (Hrsg.), HStR, Bd. V, 3. Aufl. 2007, § 121, Rn. 13.
229 OVG Münster, DÖV 1991, 611 f.; BayVGH, NVwZ-RR 1999, 137 (138).
230 § 80 Abs. 2 S. 2 GemO BW; Art. 64 Abs. 1 BayGO; § 63 Abs. 4 S. 1 BbgKVerf; § 92 Abs. 3 S. 1 HGO; § 43 Abs. 6 KV M-V; § 110 Abs. 4 S. 1 NKomVG; § 75 Abs. 2 S. 1 GO NW; § 93 Abs. 4 RhPfGemO; § 82 Abs. 3 S. 1 SaarlKSVG; § 72 Abs. 3 SächsGemO; § 98 Abs. 3 S. 1 KVG LSA; § 75 Abs. 3 GO SH; § 53 Abs. 3 ThürKO; ausführlich dazu *Faber*, in: Hennecke/Pünder/Waldhoff (Hrsg.), Recht der Kommunalfinanzen, § 34.
231 Eingehend dazu *Diemert*, in: Hennecke/Strobl/Diemert (Hrsg.), Recht der kommunalen Haushaltswirtschaft, § 10, Rn. 11 ff.
232 § 63 Abs. 5 BbgKVerf; § 92 Abs. 4 HGO; § 43 Abs. 7, 8 KV M-V; § 110 Abs. 6 NKomVG; § 76 GO NW – die Rechtsprechung anerkennt insoweit die Befugnis der Kommunalaufsicht, den Beschluss der Gemeindevertretung aufzuheben, mit dem die Realsteuerhebesätze gesenkt werden, siehe OVG Münster, DVBl. 2009, 1181 ff.; zudem soll die Pflicht bestehen, Finanzierungslücken bei Kindertageseinrichtungen vorrangig durch Elternbeiträge statt durch Steuern oder Kredite abzudecken, siehe OVG Münster, DÖV 2007, 934 f.; § 82a SaarlKSVG; § 72 Abs. 4 SächsGemO; § 100 Abs. 3 KVG LSA; § 53a ThürKO.
233 Siehe §§ 18, 19 GemHVO BW; §§ 18, 19 BayKommHV-Doppik; § 21 BbgGemHV-Doppik; §§ 18, 19 HessGemHVO-Doppik; §§ 12, 13 GemHVO-Doppik M-V; §§ 17, 18 NGemHKVO; § 20 GemHVO NW; §§ 14, 15 RhPfGemHVO; §§ 16, 17 SaarlKommHVO; §§ 18, 19 SächsKomHVO-Doppik; §§ 17, 18 GemHVO-Doppik LSA; §§ 19, 21 GemHVO-Doppik SH; §§ 14, 15 ThürGemHV-Doppik; dazu *Albers*, in: Hennecke/Strobl/Diemert (Hrsg.), Recht der kommunalen Haushaltswirtschaft, § 11, Rn. 8 ff.; *Gröpl*, in: Hennecke/Pünder/Waldhoff (Hrsg.), Recht der Kommunalfinanzen, § 29, Rn. 62 ff.

und Einnahmen im Haushaltsplan enthalten sein müssen;[234] Sondervermögen sind von diesem Grundsatz der Vollständigkeit oftmals ausgenommen,[235] für sie gelten spezifische gemeinderechtliche Vorgaben.[236] Eng mit dem Grundsatz der Vollständigkeit ist der Grundsatz der Haushaltseinheit verknüpft, wonach ungeachtet seiner Untergliederungen lediglich ein Haushaltsplan aufzustellen ist.[237] Des Weiteren sind Einnahmen und Ausgaben – nach der Doppik das Ressourcenaufkommen und der Ressourcenverbrauch durch Erträge und Aufwendungen und die Einzahlungen und Auszahlungen – in voller Höhe und getrennt voneinander zu veranschlagen; Saldierungen sind nach dem sogenannten Bruttoprinzip grundsätzlich ausgeschlossen.[238] Ferner ist die Haushaltssatzung mit ihren Anlagen den Aufsichtsbehörden anzuzeigen, diese Anzeige soll spätestens einen Monat vor Beginn des Haushaltsjahres erfolgen (Prinzip der Vorherigkeit).[239] Sie tritt ferner mit Beginn des Haushaltsjahres in Kraft und gilt für das Haushaltsjahr (Prinzip der Jährlichkeit), kann allerdings oftmals auch Festsetzungen für zwei Haushaltsjahre, nach Jahren getrennt, enthalten.[240] Sowohl die Kameralistik als auch die Doppik kennen allerdings auch Ausnahmen, die die zeitliche Übertragbarkeit von Haushaltsmitteln eröffnen.[241] Schließlich ist dem gesamtwirtschaftlichen Gleichgewicht im Sinne des § 1 StabG Rechnung zu tragen,[242] dessen Vorgaben für wirtschafts- und finanzpolitische Maßnahmen allerdings kein unbedingter Vorrang zukommt.[243] Lediglich die Kameralistik setzt überdies voraus, dass die Einnahmen einzeln nach ihrem Entstehungsgrund und die Ausgaben nach Einzelzwecken zu veranschlagen sind, wodurch insbesondere eine sachliche Bindung erreicht wird. Geringfügige Beträge dürfen aber auch für verschiedene Zwecke zusammengefasst und Verfügungsmittel sowie eine Deckungsreserve ohne nähere Angabe des Verwendungszwecks veranschlagt wer-

---

234 § 80 Abs. 1 S. 2 GemO BW; Art. 64 Abs. 1 BayGO; § 66 Abs. 1 BbgKVerf; § 95 Abs. 2 HGO; § 46 Abs. 2 KV M-V; § 113 Abs. 1 NKomVG; § 79 Abs. 1 S. 1 GO NW; § 96 Abs. 3 RhPfGemO; § 85 Abs. 1 S. 2 SaarlKSVG; § 75 Abs. 1 S. 2 SächsGemO; § 101 Abs. 1 S. 2 KVG LSA; § 95a Abs. 1 GO SH; § 56 Abs. 2 ThürKO.
235 § 80 Abs. 1 S. 5 GemO BW; § 95 Abs. 2 S. 2 HGO; § 46 Abs. 3 KV M-V; § 113 Abs. 1 S. 2 NKomVG; § 79 Abs. 1 S. 2 GO NW; § 96 Abs. 5 RhPfGemO; § 85 Abs. 1 S. 3 SaarlKSVG; § 95a Abs. 1 S. 2 GO SH; mit Blick auf Eigenbetriebe, die gemäß Art. 88 Abs. 1 BayGO als Sondervermögen geführt werden, Art. 64 Abs. 1 S. 2 BayGO; ebenso § 56 Abs. 2 S. 2 ThürKO.
236 §§ 96 ff. GemO BW; Art. 88 BayGO; §§ 86 ff. BbgKVerf; §§ 115 ff. HGO; §§ 64 ff. KV M-V; §§ 130 ff. NKomVG; §§ 107 ff. GO NW; §§ 80 ff. RhPfGemO; §§ 102 ff. SaarlKSVG; §§ 91 ff. SächsGemO; §§ 121 ff. KVG LSA; §§ 96 ff. GO SH; § 76 ThürKO.
237 § 80 Abs. 1 GemO BW; Art. 64 Abs. 1 BayGO; § 66 Abs. 1 BbgKVerf; § 95 Abs. 2 HGO; § 46 Abs. 2 KV M-V; § 113 Abs. 1 NKomVG; § 79 Abs. 1 S. 1 GO NW; § 96 Abs. 3 RhPfGemO; § 85 Abs. 1 S. 2 SaarlKSVG; § 75 Abs. 1 S. 2 SächsGemO; § 101 Abs. 1 S. 2 KVG LSA; § 95a Abs. 1 GO SH; § 56 Abs. 2 ThürKO.
238 § 10 Abs. 2 GemHVO BW; § 10 Abs. 2 BayKommHV-Doppik; § 13 Abs. 1 BbgGemHV-Doppik; § 10 Abs. 1 Hess-GemHVO-Doppik; § 8 Abs. 1 GemHVO-Doppik M-V; § 10 Abs. 1 NGemHKVO; § 11 Abs. 1 GemHVO NW; § 9 Abs. 1 RhPfGemHVO; § 10 Abs. 1 SaarlKommHVO; § 10 Abs. 2 SächsKomHVO-Doppik; § 9 Abs. 1 GemHVO-Doppik LSA; § 10 Abs. 2 GemHVO-Doppik SH; § 9 Abs. 1 ThürGemHV-Doppik.
239 § 81 As. 2 GemO BW; Art. 65 Abs. 2 BayGO; § 67 Abs. 4 BbgKVerf; § 97 Abs. 4 HGO; § 47 Abs. 2 KV M-V; § 114 Abs. 1 NKomVG; § 80 Abs. 5 GO NW; § 97 Abs. 1 RhPfGemO; § 87 Abs. 1 SaarlKSVG; § 76 Abs. 2 SächsGemO; § 57 Abs. 2 ThürKO; ähnlich § 102 Abs. 2 KVG LSA; § 79 Abs. 2 GO SH.
240 § 79 Abs. 3 GemO BW; Art. 63 Abs. 3 BayGO; § 65 Abs. 3 BbgKVerf; § 94 Abs. 3 HGO; § 45 Abs. 5 KV M-V; § 112 Abs. 1 NKomVG; § 78 Abs. 3 GO NW; § 95 Abs. 5 RhPfGemO; § 84 Abs. 3 SaarlKSVG; § 74 Abs. 1 SächsGemO; § 100 Abs. 4 KVG LSA; § 77 Abs. 3 GO SH; § 55 Abs. 3 ThürKO; zum Ganzen *Gröpl*, in: Henneke/Pünder/Waldhoff (Hrsg.), Recht der kommunalen Haushaltsfinanzen, § 30.
241 *Albers*, in: Henneke/Strobl/Diemert (Hrsg.), Recht der kommunalen Haushaltswirtschaft, § 11, Rn. 16 f.; *Lange*, KomR, Kap. 16, Rn. 74.
242 Siehe etwa § 77 Abs. 1 S. 2 GemO BW; Art. 61 Abs. 1 S. 3 BayGO; § 63 Abs. 1 S. 2 BbgKVerf; § 92 Abs. 1 S. 2 HGO; § 43 Abs. 1 S. 2 KV M-V; § 75 Abs. 1 S. 3 GO NW; § 93 Abs. 1 S. 2 RhPfGemO; § 82 Abs. 1 S. 2 SaarlKSVG; § 72 Abs. 1 S. 2 SächsGemO; § 98 Abs. 1 S. 2 KVG LSA; § 75 Abs. 1 S. 2 GO SH; § 53 Abs. 1 S. 2 ThürKO; im Übrigen nur § 16 StabG.
243 *Lange*, KomR, Kap. 16, Rn. 65.

den.²⁴⁴ Ebenfalls für die Kameralistik gilt die Maßgabe, dass grundsätzlich alle im Haushaltsjahr voraussichtlich zu erwartenden Einnahmen und zu leistenden Ausgaben – im Sinne eines Fälligkeitsprinzips – im Haushaltsplan enthalten sein müssen.²⁴⁵ Die Doppik setzt diesen Grundsatz der Kassenwirksamkeit demgegenüber nur im Finanzhaushalt, nicht aber im Ergebnishaushalt voraus.²⁴⁶

59 ▶ **LÖSUNG FALL 24:** Gemeinden haben auf der Grundlage landesverfassungsrechtlicher Gewährleistungen kommunaler Selbstverwaltung einen Anspruch auf angemessene Finanzausstattung. Gemeinden müssen neben Pflichtaufgaben auch freiwillige Selbstverwaltungsaufgaben wahrnehmen. Dieser Anspruch auf finanzielle Mindestausstattung ist verletzt, wenn infolge unzureichender Finanzausstattung keine freiwilligen Selbstverwaltungsaufgaben mehr wahrgenommen werden können; unsicher ist dabei lediglich, ob angesichts der grundsätzlichen Gleichwertigkeit staatlicher und gemeindlicher Aufgaben die Finanzkraft der Bundesländer zu berücksichtigen ist. Über eine solche Mindestausstattung hinaus haben die Gemeinden zudem einen (jedenfalls finanzkraftabhängigen) Anspruch auf angemessene Finanzausstattung. Die Landesgesetzgeber haben insoweit einen erheblichen Spielraum – veränderte Rahmenbedingungen oder gewandelte Präferenzen können bei der Umgestaltung des kommunalen Finanzausgleichs etwa berücksichtigt werden; auf den unveränderten Fortbestand des kommunalen Finanzausgleichs können die Gemeinden nicht vertrauen. Diesen Vorgaben können die Bundesländer allerdings nur gerecht werden, wenn sie zumindest die für die kommunale Aufgabenwahrnehmung erforderlichen Finanzmittel kennen oder nachvollziehbar einschätzen. Sie müssen daher den Finanzbedarf der Gemeinden realitätsgerecht ermitteln und unterliegen insofern auch einer Beobachtungs- und Nachbesserungspflicht. Ohne eine solche Bedarfsanalyse, bei der den Bundesländern ebenfalls Gestaltungs- und Einschätzungsspielräume zustehen, erweisen sich Änderungen des kommunalen Finanzausgleichs zum Nachteil der Gemeinden als unzulässig. ◀

60 ▶ **LÖSUNG FALL 25:** Zunächst obliegt nach dem Finanzverfassungsrecht den Bundesländern die Gesetzgebungskompetenz für die örtlichen Verbrauch- und Aufwandsteuern, solange und soweit diese nicht bundesgesetzlichen Steuern gleichartig sind. Die Bundesländer delegieren sodann grundsätzlich das Recht zur Steuererhebung an die Gemeinden, diese sind ihrerseits allerdings an die finanzverfassungsrechtlichen Grenzen gebunden. Die Kultur- und Tourismusförderabgabe muss daher den finanzverfassungsrechtlichen Vorgaben genügen. Zunächst handelt es sich bei der Kultur- und Tourismusförderabgabe ganz grundsätzlich um eine Steuer – sie wird ohne Gegenleistung erhoben und dient der Erzielung von Einnahmen zur Deckung des allgemeinen Finanzbedarfs. Aufwandsteuern im Sinne des Art. 105 Abs. 2a GG zielen überdies auf die in der Vermögens- und Einkommensverwendung für den persönlichen Lebensbedarf zum Ausdruck kommende besondere wirtschaftliche Leistungsfähigkeit; belastet werden soll lediglich der über die Befriedigung der allgemeinen Lebensführung hinausgehende Aufwand. Davon muss indes derjenige Aufwand unterschieden werden, der nicht der persönlichen Lebensführung, sondern der Einkommenserzielung dient; eine Aufwandsteuer ist deshalb etwa von der Einkommensteuer

---

244 Siehe § 7 Abs. 3 ThürGemHV; dazu *Albers*, in: Henneke/Strobl/Diemert (Hrsg.), Recht der kommunalen Haushaltswirtschaft, § 11, Rn. 11 ff.; *Gröpl*, in: Henneke/Pünder/Waldhoff (Hrsg.), Recht der Kommunalfinanzen, § 29, Rn. 1 ff.
245 Siehe Art. 64 Abs. 1 S. 1 Nr. 2 BayGO.
246 § 10 Abs. 1 GemHVO BW; § 10 Abs. 1 BayKommHV-Doppik; § 13 Abs. 2 BbgGemHV-Doppik; § 10 Abs. 2 Hess-GemHVO-Doppik; § 8 Abs. 3 GemHVO-Doppik M-V; § 10 Abs. 2 NGemHKVO; § 11 Abs. 2 S. 1 GemHVO NW; § 9 Abs. 3 RhPfGemHV; § 10 Abs. 2 SaarlKommHVO; § 10 Abs. 1 SächsKomHVO-Doppik; § 9 Abs. 2 GemHVO-Doppik LSA; § 10 Abs. 2 GemHVO-Doppik SH; § 9 Abs. 2 ThürGemHV-Doppik.

zu unterscheiden. Sie kann somit nicht für Gegenstände oder Dienstleistungen erhoben werden, die nicht der Einkommensverwendung, sondern der Einkommenserzielung dienen. Der Aufwand für entgeltliche Übernachtungen ist aber gerade dann ein solcher Aufwand, wenn die Übernachtung mit der Berufs- oder Gewerbeausübung oder einer freiberuflichen Tätigkeit zwangsläufig verbunden ist. Anders als etwa bei der Zweitwohnungssteuer besteht nämlich nicht die Möglichkeit, durch Verlegung der Hauptwohnung den Aufwand zu vermeiden. Die Erhebung der Kultur- und Tourismusförderabgabe verstößt daher gegen Art. 105 Abs. 2a GG. ◄

▶ **LÖSUNG FALL 26:** Die Bemessung der Entwässerungsgebühren nach dem sogenannten modifizierten Frischwassermaßstab ohne besondere Berücksichtigung der Niederschlagswasserbeseitigung verletzt nicht das Äquivalenzprinzip und den Gleichheitssatz. Erstens sind die durch Gebühren zu deckenden Aufwendungen für die Beseitigung des Niederschlagswassers geringfügig. Sofern bei einer Mischkanalisation die durch Benutzungsgebühren zu deckenden Kosten der Beseitigung des Niederschlagswassers aber nur geringfügig sind, können diese Kosten mittels der Brauchwassergebühr nach dem Frischwassermaßstab umgelegt werden; einer eigenen Gebühr für die Beseitigung des Niederschlagswassers bedarf es nicht. Zweitens verlangen das Äquivalenzprinzip und der Gleichheitssatz ohnehin nicht, dass die Entwässerungsgebühren nach dem Maß der durch die jeweilige Benutzung verursachten Kosten erhoben werden müssen. Das Äquivalenzprinzip besagt vielmehr, dass zwischen der Benutzungsgebühr und der erbrachten Leistung kein Missverhältnis bestehen darf; es fordert in Verbindung mit dem Gleichheitssatz überdies nur, dass die Benutzungsgebühr im Allgemeinen nach dem Umfang der Benutzung bemessen wird, so dass bei etwa gleicher Inanspruchnahme etwa gleichhohe Benutzungsgebühren und bei unterschiedlicher Benutzung diesen Unterschieden angemessene Benutzungsgebühren erhoben werden. Wegen des weiten Ermessens der Gemeinden kann demgegenüber nicht gefordert werden, dass der zweckmäßigste, vernünftigste, gerechteste oder wahrscheinlichste Gebührenmaßstab angewendet wird; bei der Bemessung der Benutzungsgebühren nach Wahrscheinlichkeitsmaßstäben ist ferner neben den örtlichen Verhältnissen gerade auch die Praktikabilität des Gebührenmaßstabes zu berücksichtigen. Da die zu deckenden Kosten der Niederschlagswasserbeseitigung nur geringfügig sind, durfte die Gemeinde folglich schon aus Gründen der Praktikabilität von der Erhebung einer eigenen Gebühr für die Beseitigung des Niederschlagswassers absehen. ◄

IV. WIEDERHOLUNGS- UND VERTIEFUNGSFRAGEN

1. Welche Vorgaben enthält das Finanzverfassungsrecht für die kommunale Finanzausstattung?
2. Haben die Gemeinden einen Anspruch auf angemessene Finanzausstattung?
3. Welche Bedeutung haben landesverfassungsrechtliche Konnexitätsprinzipien für die kommunale Finanzausstattung?
4. Welche Herausforderungen sind mit kommunalen Umlagen verbunden?
5. Was sind örtliche Verbrauch- und Aufwandsteuern und unter welchen Voraussetzungen dürfen diese erhoben werden?
6. Welche Gebühren können Gemeinden erheben und wodurch unterscheiden diese sich von Beiträgen?
7. Welche Vorgaben gelten für die Erhebung von Gebühren und Beiträgen?
8. Welche Haushaltsgrundsätze formuliert das Gemeinderecht?

V. Weiterführende Literatur

63 *Ammermann*, Das Konnexitätsprinzip im kommunalen Finanzverfassungsrecht, 2007; *Bickeböller/Pehlke*, Haushaltsausgleich in der Doppik, Gemeindehaushalt 2003, 97 ff.; *Bittig/Fudalla/zur Mühlen*, Doppisches kommunales Rechnungswesen, Gemeindehaushalt 2002, 29 ff.; *Diemert*, Das Haushaltssicherungskonzept, 2005; *Dietlein/Peters*, Rechtsfragen einer kommunalen „Pferdesteuer", LKV 2013, 1 ff.; *Dombert*, Zur finanziellen Mindestausstattung von Kommunen, DVBl. 2006, 1136 ff.; *Duve*, Haushaltsnotlagen bei Kommunen, DÖV 2008, 22 ff.; *Ehlers*, Die Ergänzungs- und Ausgleichsaufgaben der Kreise und ihre Finanzierung, DVBl. 1997, 225 ff.; *Engelken*, Wenn der Bund seine alten Aufgabenzuweisungen an Kommunen aufhebt, DÖV 2011, 745 ff.; *ders.*, Das Konnexitätsprinzip im Landesverfassungsrecht, 2. Aufl. 2012; *ders.*, Keine konnexitätsrechtliche Ausgleichspflicht der Länder gegenüber den Kommunen für bundesrechtliche Aufgabenerweiterungen, NVwZ 2015, 342 ff.; *Engels*, Kostenfolgeabschätzung und Evaluation als Elemente landesverfassungsrechtlicher Konnexitätsprinzipien, VerwArch 102 (2011), 285 ff.; *Faber*, Die Kommunen zwischen Finanzautonomie und staatlicher Aufsicht, 2012; *Geis/Madeja*, Kommunales Wirtschafts- und Finanzrecht, JA 2013, 249 ff., 321 ff.; *Hellermann*, Die Zulässigkeit kommunaler Bürgerhaushalte, DVBl. 2011, 1195 ff.; *Henneke*, Das Gemeindefinanzierungssystem, Jura 1986, 568 ff.; *ders.*, Der kommunale Finanzausgleich, Jura 1987, 393 ff.; *ders.*, Begrenzt die finanzielle Leistungsfähigkeit des Landes den Anspruch der Kommunen auf eine angemessene Finanzausstattung?, DÖV 2008, 857 ff.; *ders.*, Die Kommunen in der Finanzverfassung des Bundes und der Länder, 5. Aufl. 2012; *Hornfischer*, Die Insolvenzfähigkeit von Kommunen, 2010; *Huber/Wollenschläger*, Durchgriffsverbote und landesverfassungsrechtliches Konnexitätsgebot, VerwArch 100 (2009), 305 ff.; *Jäger*, Und wer zahlt den Belastungsausgleich bei Aufgabenübertragungen durch Bundes-, Europa- und Völkerrecht?, NWVBl. 2013, 121 ff.; *Kemmler*, Finanzbeziehungen zwischen Ländern und Kommunen, DÖV 2008, 983 ff.; *Kluth*, Das kommunale Konnexitätsprinzip der Landesverfassungen, LKV 2009, 337 ff.; *Lange*, Die finanzielle Mindestausstattung und die angemessene Finanzausstattung der Kommunen, DVBl. 2015, 457 ff.; *Lange*, Plebiszitäre Budgetverantwortung, 2011; *Leisner-Egensperger*, Die Finanzausgleichsgesetze der Länder und das kommunale Selbstverwaltungsrecht, DÖV 2010, 705 ff.; *Lohse*, Kommunale Aufgaben, kommunaler Finanzausgleich und Konnexitätsprinzip, 2006; *Macht/Scharrer*, Landesverfassungsrechtliche Konnexitätsprinzipien und Föderalismusreform, DVBl. 2008, 857 ff.; *Mandelartz/Neumeyer*, Kommunale Finanzprobleme und kommunaler Finanzausgleich, DÖV 2000, 103 ff.; *Mehde*, Neues Steuerungsmodell und Demokratieprinzip, 2000; *Meinen*, Vorschläge zur Anpassung der Standards staatlicher Doppik an die Zwecke der öffentlichen Rechnungslegung, DÖV 2012, 393 ff.; *Mückl*, Finanzverfassungsrechtlicher Schutz der kommunalen Selbstverwaltung, 1998; *ders.*, Kommunale Selbstverwaltung und aufgabengerechte Finanzausstattung, DÖV 1999, 841 ff.; *Obermann*, Abundanzumlage bei „reichen" Gemeinden als Notnagel der Kommunalfinanzierung?, LKV 2011, 289 ff.; *Oebbecke*, Kommunale Umlagen, DV 42 (2009), 247 ff.; *Pünder*, Verfassungsrechtliche Vorgaben für die Normierung neuer Steuerungsmodelle, DÖV 2001, 70 ff.; *ders.*, Haushaltsrecht im Umbruch, 2003; *Quaas*, Kommunales Abgabenrecht, 1997; *Reif*, Der Haushaltsplan – kein Buch mit sieben Siegeln, BWGZ 2004, 600 ff.; *Schink*, Die Kreisumlage, DVBl. 2003, 417 ff.; *Schmidt*, Die Grundlagen des kommunalen Finanzausgleichs, DÖV 2012, 8 ff.; *Schoch*, Verfassungsrechtlicher Schutz der kommunalen Finanzautonomie, 1997, 142 ff.; *ders.*, Die finanzverfassungsrechtlichen Grundlagen

der kommunalen Selbstverwaltung, in: Ehlers/Krebs (Hrsg.), Grundfragen des Verwaltungsrechts und des Kommunalrechts, 2000, 93 ff.; *ders./Wieland*, Finanzierungsverantwortung für gesetzgeberisch veranlasste kommunale Aufgaben, 1995; *Schwarting*, Der kommunale Haushalt, 4. Aufl. 2010; *Schwarz*, Finanzverfassung und kommunale Selbstverwaltung, 1996; *Siegel*, Einführung in das Kommunalabgabenrecht, JuS 2008, 1071 ff.; *Tappe*, Gewinnerzielung durch kommunale Benutzungsgebühren, VerwArch 101 (2010), 279 ff.; *Thormann*, Die Finanzierung über die Kreisumlage (oder über Verbandsumlagen) nach Umstieg auf die kommunale Doppik, DVBl. 2009, 1346 ff.; *Tolkmitt/Berlit*, Not macht erfinderisch – Möglichkeiten und Grenzen einer Kultur(förder)abgabe der Gemeinden, LKV 2010, 385 ff.; *Volkmann*, Der Anspruch der Kommunen auf finanzielle Mindestausstattung, DÖV 2001, 497 ff.; *Waldhoff*, Satzungsautonomie und Abgabenerhebung, in: Kirchhof (Hrsg.), Staaten und Steuern, Festschrift für Vogel, 2000, 495 ff.; *Wernsmann*, Übernachtungsteuern als örtliche Aufwandsteuern, NVwZ 2013, 124 ff.; *Wienbracke*, Bemessungsgrenzen der Verwaltungsgebühr, 2004; *Wohltmann*, Bemessung und Ausstattung des kommunalen Finanzausgleichs, ZG 2011, 377 ff.; *Wollenschläger*, Kommunalabgabenrecht unter europäischem Einfluss: Die Zweitwohnungsteuer auf dem Prüfstand des Gemeinschaftsrechts, NVwZ 2008, 506 ff.; *Worms*, Die landesverfassungsrechtlichen Konnexitätsregelungen am Beispiel des Art. 49 Abs. 5 der Verfassung für Rheinland-Pfalz, DÖV 2007, 353 ff.; *Zieglmeier*, Das strikte Konnexitätsprinzip am Beispiel der Bayerischen Verfassung, NVwZ 2008, 270 ff.; *Ziekow*, Die Anwendung des landesverfassungsrechtlichen Konnexitätsprinzips bei bundes- oder gemeinschaftsrechtlichen Beeinflussungen des Bestands kommunaler Aufgaben, DÖV 2006, 489 ff.

§ 10 Die Staatsaufsicht über die Kommunen

1 Die Staatsaufsicht ist zum einen ein zentrales Instrument dafür, die Verfassungsmäßigkeit des kommunalen Verwaltungshandelns sicherzustellen. Zum anderen sind Fragen der Aufsicht ein beliebtes Klausurthema, weil sich hier das Kommunalrecht mit anderen Bereichen des Verwaltungsrechts sowie mit dem Verwaltungsprozessrecht geschickt verbinden lässt.

I. Grundlagen
1. Vorgaben des Verfassungsrechts

2 Staatsaufsicht ist zunächst deswegen notwendig, weil ohne sie das Handeln der Kommunen nicht ausreichend demokratisch legitimiert wäre. Durch das Selbstverwaltungsrecht nach Art. 28 Abs. 2 S. 1 GG wird die Legitimationskette bei Aufgaben des eigenen Wirkungskreises in personell-organisatorischer Hinsicht unterbrochen (s. o. Teil 1 § 3 Rn. 42 ff.). Der Staat darf aufgrund des Selbstverwaltungsrechts – abgesehen von generellen Vorgaben, die er in den Kommunalgesetzen machen kann – weder Einfluss darauf nehmen, wer in der Kommune die Aufgabe im konkreten Einzelfall erledigt (kommunale Personalhoheit) noch, wie die Erledigung konkret auszugestalten ist (kommunale Organisationshoheit). Die Legitimation durch die Bürger der Kommune kann das so entstehende Legitimationsdefizit nicht ausgleichen, soweit die Kommune hoheitlich gegenüber externen Dritten handelt. Damit das Legitimationsdefizit verfassungsrechtlich hinnehmbar ist, muss gewährleistet sein, dass die Entscheidungen der Kommune sich zumindest in sachlich-inhaltlicher Hinsicht stets auf den Willen des (Staats-)Volks i.S.d. Art. 20 Abs. 2 S. 1 GG zurückführen lassen. Deshalb muss das Handeln der Kommunen auch im eigenen Wirkungskreis zumindest einer effektiven staatlichen Rechtsaufsicht unterliegen[1]. Hierbei unterscheiden sich die Kommunen nicht von anderen rechtlich verselbstständigten Verwaltungseinrichtungen des öffentlichen Rechts, wie etwa den Universitäten, den Kammern und den Rundfunkanstalten[2].

3 Zugleich wird durch die Staatsaufsicht über die Kommunen sichergestellt, dass die Kommunen – wie alle Teile der vollziehenden Gewalt – i.S.d. Art. 20 Abs. 3 GG an Gesetz und Recht gebunden sind bzw. dass ihr Handeln den Rahmen/die Maßgabe der Gesetze (vgl. den Wortlaut des Art. 28 Abs. 2 GG) einhält. Somit besteht auch ein enger Zusammenhang Staatsaufsicht und Rechtsstaatsprinzip[3].

4 Dass das Grundgesetz trotz dieser verfassungsrechtlichen Implikationen die Staatsaufsicht über die Kommunen nicht ausdrücklich erwähnt, macht gleichwohl Sinn[4], denn dadurch wird der aus Art. 28 Abs. 1 GG folgenden Verfassungsautonomie der Länder Rechnung getragen. Die Länder sind – auch wenn das Grundgesetz die Entscheidung über das Ob der Kommunalaufsicht durch Art. 20 Abs. 2 und 3 GG sowie Art. 28 Abs. 2 GG im Grunde selbst trifft – zumindest im Hinblick auf das Wie dieser Aufsicht

---

1 Statt vieler *Th. I. Schmidt*, KomR, § 20 Rn. 676 ff.
2 *Burgi*, KomR, § 8 Rn. 27.
3 So u. a. auch *Geis*, KomR, § 24 Rn. 1.
4 A. A. wohl *Th. I. Schmidt*, KomR, § 20 Rn. 671.

frei. Durch Regelungen in den Landesverfassungen[5] erhält die Staatsaufsicht über die Kommunen im Übrigen eine ausreichende verfassungsrechtliche Grundlage.

2. Begrifflichkeiten und Abgrenzungen

Wie bereits erwähnt , sind Rechtsaufsicht als bloße Kontrolle der Rechtmäßigkeit und Fachaufsicht als Kontrolle von Recht- und Zweckmäßigkeit des Verwaltungshandelns voneinander zu unterscheiden. Als dritte Aufsichtsform tritt die Dienstaufsicht hinzu, die (dienstrechtliche) Kontrolle über das persönliche Handeln des die betreffende Verwaltungshandlung durchführenden Amtswalters durch seinen Vorgesetzten. Da sich bei der letzteren Aufsichtsform keine spezifisch kommunalrechtlichen Probleme stellen, bleibt sie hier außen vor. Erwähnt sei nur, dass den Kommunen, weil sie dienstherrnfähig sind (s. o. Teil 1 § 2 Rn. 11, Teil 2 § 1 Rn. 10) auch die Zuständigkeit für die bei ihnen tätigen Beamten obliegt.

Häufig wird zwischen präventiver und repressiver Staatsaufsicht unterschieden[6]. Dabei werden als „präventive" Aufsicht neben der allgemeinen Beratung der Kommune durch die Aufsichtsbehörde insbesondere Genehmigungserfordernisse für kommunale Rechtsnormen angesehen. Dieses Thema wurde bereits im Zusammenhang mit dem kommunalen Satzungsrecht behandelt (s. o. Teil 2 § 3 Rn. 23 f.). Im Folgenden soll es nur um die repressive Aufsicht, d. h. um die Rechtmäßigkeits- und gegebenenfalls auch Zweckmäßigkeitskontrolle über das kommunale Verwaltungshandeln im konkreten Einzelfall gehen. Hinzuweisen ist allerdings darauf, dass ein Verzicht auf präventive Aufsicht, z.B. indem die Aufsichtsbehörde das Handeln der Kommune genehmigt hat, ein späteres repressives Einschreiten regelmäßig nicht ausschließt[7].

Die Rechts- und Fachaufsicht über die Kommunen steht im Kontext anderer (insbesondere interner) Kontrollmechanismen, die die Recht- und Zweckmäßigkeit des Verwaltungshandelns gewährleisten sollen. Zu denken ist zum einen an die vielfältigen Beziehungen zwischen den kommunalen Organen und innerhalb dieser Organe[8]. Prominentestes Beispiel hierfür dürfte das Widerspruchs- und Beanstandungsrecht des Bürgermeisters sein (dazu s. o. Teil 2 § 4 Rn. 69). Zum anderen schafft der hierarchische Aufbau der Kommunalverwaltung für diese ein zusätzliches internes Kontrollsystem[9].

3. Gemeinsamkeiten aller Aufsichtsmaßnahmen

Die Staatsaufsicht über die Kommunen dient allein dem öffentlichen Interesse. Ihr Zweck ist es, die beaufsichtigte Kommune bei ihrer Aufgabenerfüllung zu beraten, zu fördern und (vor Rechtsstreitigkeiten und Haftungsfällen) zu schützen, und so die Entschlusskraft der Kommune sowie der Verantwortungsbereitschaft zu stärken[10]. Deshalb kann aus den Grundrechten kein Anspruch auf ein aufsichtliches Tätigwerden

---

5 Art. 75 BWLV; Art. 83 Abs. 4 BV; Art. 97 Abs. 1 S. 2, Abs. 3 S. 1 BbgVerf; Art. 137 Abs. 3 S. 2 HV; Art. 72 Abs. 4 LVMV; Art. 57 Abs. 5 NV; Art. 78 Abs. 4 Verf NRW; Art. 49 Abs. 3 S. 2 RPLV; Art. 122 SVerf; Art. 89 SächsVerf; Art. 87 Abs. 2 Verf LSA; Art. 46 Abs. 3 Verf SH; Art. 94 ThürLV.
6 Etwa *Geis*, KomR, § 24 Rn. 15 ff.
7 OVG Münster, DVBl. 1987, 143.
8 *Th. I. Schmidt* (KomR, § 20 Rn. 681) spricht treffend von „kommunaler Binnenkontrolle".
9 *Burgi*, KomR, § 8 Rn. 28.
10 Vgl. § 118 Abs. 3 GemO BW; Art. 108 BayGO; § 108 BbgKVerf; § 135 S. 2 HGO; § 78 Abs. 1 KVMV; § 170 Abs. 1 NKomVG; § 11 GO NRW; § 117 GemO RP; § 127 Abs. 1 KSVG; § 111 Abs. 3 SächsGemO; § 143 Abs. 1 KVG LSA; § 120 GO SH; § 116 ThürKO.

hergeleitet werden[11]. Für die eigenen Organe der Kommune und für benachbarte Kommunen, die von einer Aufsichtsmaßnahme profitieren könnten, gilt Ähnliches[12]. Verpflichtungsklagen oder allgemeine Leistungsklagen, die auf Erlass einer Aufsichtsmaßnahme oder ermessensfreie Entscheidung darüber gerichtet sind, sind somit mangels Klagebefugnis nach § 42 Abs. 2 VwGO grundsätzlich unzulässig. Dies bedeutet freilich nicht, dass die Aufsichtsbehörde bei ihrem Tun die Grundrechte und andere Rechte von der Aufsichtsmaßnahme Betroffener ausblenden dürfte. Ein Aufsichtsmaßnahme kann (objektiv) rechtswidrig sein, weil sie einen unzulässigen Grundrechtseingriff beinhaltet bzw. einen solchen Eingriff durch die beaufsichtigte Kommune ermöglicht.

9   Für die Kommunalaufsicht gilt das Opportunitätsprinzip[13]. Die zuständige Aufsichtsbehörde hat (was schon aus der Formulierung „kann" in den entsprechenden Befugnisnormen der Kommunalgesetze folgt) ein Auswahlermessen, ob sie tätig wird oder stattdessen auf die „Selbstheilungskräfte" der betroffenen Kommune vertraut. Daneben kommt der Aufsichtsbehörde ein (im Lichte des Art. 28 Abs. 2 GG und unter Beachtung der Verhältnismäßigkeit auszuübendes) Auswahlermessen bei der Wahl der Aufsichtsmaßnahme zu[14].

10 Der Einfluss des Art. 28 Abs. 2 GG auf die Aufsicht hat unterschiedlichen Umfang: Rechtsaufsichtliche Maßnahmen sind stets ein verfassungsrechtlich zu rechtfertigender Eingriff in die Selbstverwaltungsgarantie. Deshalb sind sie unter strikter Beachtung des Verhältnismäßigkeitsgrundsatzes anzuwenden. Demgegenüber greifen Maßnahmen der Fachaufsicht nicht in Rechte aus Art. 28 Abs. 2 GG ein, weil die Kommune im übertragenen Wirkungskreis bzw. bei den Pflichtaufgaben nach Weisung als Teil der Staatsverwaltung handelt. Auch im Rahmen der Fachaufsicht ist jedoch darauf zu achten, dass Maßnahmen nicht in den Selbstverwaltungsbereich übergreifen (z.B. indem die Personal- oder Organisationshoheit tangiert wird). Insgesamt hat die Aufsicht wegen des Einflusses des Art. 28 Abs. 2 GG möglichst weitgehende Zurückhaltung zu üben und darf insbesondere nicht in eine Art von Bevormundung der beaufsichtigten Kommune umschlagen[15].

II. Die Rechtsaufsicht

11 ▶ **FALL 27:** Die Gemeinde G will ihr Ortsbild verschönern und deswegen die örtlichen Grünanlagen neu bepflanzen lassen. Der Auftrag wird (entgegen den Vorgaben des Vergaberechts) nicht ausgeschrieben, sondern sofort der ortsansässigen Gärtnerei A erteilt. Die mit A konkurrierende Gärtnerei B legt bei G zwei Tage später Widerspruch ein. Als die zuständige Aufsichtsbehörde ebenfalls von der Vergabe an A erfährt, hört sie G an und fordert sie anschließend schriftlich auf, die Beauftragung von A umgehend rückgängig zu machen. G und A wollen sich dagegen wehren und fragen, ob ein WiderspruchAussicht auf Erfolg hätte. ◀

---

11 BVerwG, DÖV 1972, 723; OVG Koblenz, DÖV 1986, 15.
12 BVerwG, NVwZ 2004, 220.
13 Statt vieler *Lange*, KomR, Kap 17, Rn. 42; *Röhl*, in: Schoch, BesVerwR, S. 47.
14 *Th. I. Schmidt*, KomR, § 21 Rn. 737.
15 BVerfGE 6, 104 ff.; BayVGH, BayVBl. 1989, 237.

1. Anwendungsbereich und Umfang

Der staatlichen Rechtsaufsicht (z.T. auch als Kommunalaufsicht[16] oder allgemeine Aufsicht[17] bezeichnet[18]) unterliegt das Handeln der Kommunen im eigenen Wirkungskreis bzw. im Bereich der weisungsfreien Aufgaben. Die Aufsichtsbehörde prüft umfassend die Rechtmäßigkeit, insbesondere die Vereinbarkeit des kommunalen Handelns mit Bundes- und Landesgesetzen im materiellen Sinne sowie mit unmittelbar geltenden Vorgaben des EU-Rechts. Teil der Rechtmäßigkeitsprüfung ist dabei auch die Kontrolle auf Ermessensfehler i.S.d. §§ 40 VwVfG, 114 VwGO[19]. Eine rechtmäßige Ermessensausübung durch die Kommune muss die Rechtsaufsichtsbehörde (im Gegensatz zur Fachaufsichtsbehörde, s. u. Teil 2 § 10 Rn. 37) jedoch auch dann akzeptieren, wenn sie zweckwidrig erscheint[20]. Zuzugeben ist allerdings, dass die Grenzen zwischen Rechtmäßigkeit und Zweckmäßigkeit teilweise verschwimmen können, wenn es um die Auslegung unbestimmter Rechtsbegriffe geht[21]. Hier ist für die Aufsichtsbehörde in der Weise Zurückhaltung geboten, dass sie lediglich bei schlechterdings unvertretbarer Auslegung einschreiten kann.

12

Umstritten ist, ob auch Verstöße der Kommune gegen privatrechtliche Verpflichtungen ein Einschreiten der Rechtsaufsicht legitimieren können[22]. Hier ist zu differenzieren: Weil die Aufsicht dem öffentlichen und nicht dem privaten Interesse dient, kann es nicht ihre Aufgabe sein, privaten Ansprüchen Dritter gegen die Kommune zur Durchsetzung zu verhelfen. Hält die Kommune privatrechtliche Verträge nicht ein, rechtfertigt dies deshalb kein Einschreiten der Rechtsaufsicht. Anders ist es, wenn das Verhalten der Kommune gegen objektiv-rechtliche Normen des BGB verstößt. Als Bundesgesetz ist das BGB Teil der Rechtsordnung, deren Einhaltung durch die Kommune die Aufsichtsbehörde zu kontrollieren hat. Anders ist die Rechtslage lediglich in **Bayern** und **Thüringen**, weil dort die Aufsicht sich nur auf die öffentlich-rechtlichen Aufgaben bzw. auf die Verwaltungstätigkeit der Kommunen bezieht[23].

13

2. Zuständigkeit

Die (sachliche) Zuständigkeit für die Rechtsaufsicht hängt maßgeblich davon ab, welche Art von Kommune beaufsichtigt wird:

14

Die Aufsicht über kreisangehörige Gemeinde obliegt in der Mehrzahl der Länder dem Landratsamt bzw. dem Landrat als unterer staatlicher Verwaltungsbehörde[24]. Im Saarland, in Hessen, Niedersachsen, Rheinland-Pfalz, Sachsen-Anhalt, Schleswig-Holstein und Thüringen ist vorgesehen, dass dann, wenn der Landkreis bzw. der Stadtverbands-

15

---

16 § 109 BbgKVerf; §§ 170 ff. NKomVG; §§ 127 ff. KSVG; §§ 120 ff. GO SH.
17 § 119 GemO NRW; §§ 143 ff. KVG LSA;.
18 Ohne begriffliche Differenzierung zwischen den Arten der Aufsicht: §§ 134 ff. HGO.
19 BVerwG, DÖV 1981, 178.
20 Diesen Kontrast in die Gesetzesformulierung aufnehmend § 117 Abs. 2 ThürKO: „In den Angelegenheiten des übertragenen Wirkungskreises (§§ 3, 88) erstreckt sich die staatliche Aufsicht über die Rechtsaufsicht hinaus auch auf die Handhabung des Verwaltungsermessens (Fachaufsicht)"; ähnlich Art. 109 Abs. 2 S. 1 BayGO.
21 Dazu OVG Münster, DÖV 1991, 611 am Beispiel der Begriffe „Wirtschaftlichkeit und Sparsamkeit".
22 Näher etwa *Lange*, KomR, S. 1127 ff.
23 Art. 109 Abs. 1 BayGO; § 117 Abs. 1 ThürKO; so auch *Lange*, KomR, Kap. 17 Rn. 25 m.w.N.
24 § 119 S. 1 GemO BW; Art. 110 S. 1 BayGO; § 110 Abs. 1 BbgKVerf; § 136 Abs. 1 HGO; § 79 Abs. 1 KVMV; § 171 Abs. 2 NKomVG; § 120 Abs. 1 GO NRW; § 128 Abs. 1 Nr. 1 KSVG; § 112 Abs. 1 S. 1 SächsGemO; § 118 Abs. 1 S. 1 ThürKO.

präsident in einer aufsichtlichen Angelegenheit als Gebietskörperschaft beteiligt ist, die obere bzw. oberste Rechtsaufsichtsbehörde an seine Stelle tritt[25].

16 Für die Rechtsaufsicht über kreisfreie Gemeinden bzw. Stadtkreise und Landkreise ist die (Bezirks-)Regierung bzw. das Regierungspräsidium (soweit ein Landesverwaltungsamt existiert, dieses) zuständig[26]. In Brandenburg, Niedersachsen, Mecklenburg-Vorpommern und Schleswig-Holstein liegt diese Zuständigkeit beim Innenministerium[27].

17 Die großen Kreisstädte (z.T. auch als große kreisangehörige Gemeinden oder große selbstständige Städte bezeichnet; s. o. Teil 1 § 1 Rn. 14) werden im Hinblick auf die Rechtsaufsicht in Baden-Württemberg, Niedersachsen, Rheinland-Pfalz und Thüringen ausdrücklich den kreisfreien Städten gleichgestellt (Regierung/Regierungspräsidium bzw. Landesverwaltungsamt als Rechtsaufsichtsbehörde)[28]. In den übrigen Ländern sind die großen Kreisstädte – sofern sie nicht Staatsaufgaben wahrnehmen – den kreisangehörigen Gemeinden gleichgestellt, d. h. das Landratsamt bzw. der Landrat ist zuständige Rechtsaufsichtsbehörde.

18 Sonderregelungen für die Zuständigkeit (neben den bereits erwähnten) bestehen außerdem in:

- **Hessen** (§ 136 HGO), wo Rechtsaufsichtsbehörde für die Städte Wiesbaden und Frankfurt am Main der Innenminister ist, für andere Städte über 50.000 Einwohner aber (gleichgültig, ob kreisfrei oder nicht) der Regierungspräsident,
- in **Niedersachsen**, wo das Innenministerium auch die Kommunalaufsicht über die Region Hannover, die Landeshauptstadt Hannover und die Stadt Göttingen führt, während Kommunalaufsichtsbehörde für die übrigen nicht kreis- sondern regionsangehörigen Gemeinden die Region Hannover ist (§ 171 Abs. 1 und 3 NKomVG),
- in **Rheinland-Pfalz**, wo für kreisangehörige Gemeinden die (einem Landratsamt entsprechende) Kreisverwaltung als Staatsbehörde zuständig ist (§ 118 Abs. 1 S. 1 GemO RP), während Rechtsaufsichtsbehörde der kreisfreien Städte, Landkreise und großen kreisangehörigen Städte nach § 118 Abs. 1 S. 1 GemO RP und § 61 Abs. 1 LKrO RP die Aufsichts- und Dienstleistungsdirektion (eine zentrale obere Landesbehörde, die zwischen Kommunal- und Landesverwaltung vermitteln soll) ist,
- im **Saarland**, wo die Zuständigkeit für stadtverbandsangehörige Gemeinden beim Stadtverbandspräsidenten als unterer staatlicher Verwaltungsbehörde liegt (§ 128 Abs. 1 Nr. 2 KSVG), für die Landeshauptstadt Saarbrücken, die kreisfreien Städte, die Mittelstädte und die Landkreise aber das Innenministerium zuständig ist (§§ 128 Abs. 1 Nr. 3, 193 Abs. 1 KSVG),
- in **Sachsen-Anhalt**, wo Kommunalaufsichtsbehörde für die kreisangehörigen Gemeinden nach § 144 Abs. 1 S. 1 KVG LSA der Landkreis (als kommunale Behörde) ist und

---

25 § 136 Abs. 5 S. 1 HGO; § 171 Abs. 4 NKomVG; § 118 Abs. 1 S. 2 GemO RP; § 128 Abs. 3 KSVG; § 144 Abs. 2 KVG LSA; § 121 Abs. 4 GO SH; § 118 Abs. 1 S. 2 ThürKO.
26 § 119 S. 1 GemO BW; § 51 LKrO BW; Art. 110 S. 2 BayGO; Art. 96 S. 1 BayLKrO; § 54 Abs. 2 S. 1 HKO; § 120 Abs. 2 GO NRW; § 57 Abs. 1 S. 1 KrO NRW; § 112 Abs. 1 S. 1 SächsGemO; § 65 Abs. 1 S. 1 SächsLKrO (Landesdirektion, vergleichbar einem Landesverwaltungsamt); § 144 Abs. 1 S. 1 KVG LSA; § 68 Abs. 5 LKO LSA; § 118 Abs. 2 Thür-KO.
27 §§ 110 Abs. 2 S. 1, 131 Abs. 1 S. 1 BbgKVerf; § 124 Abs. 1 KVMV; § 171 Abs. 1 NKomVG; § 121 Abs. 2 GO SH; § 60 KrO SH.
28 § 119 S. 1 GemO BW; § 171 Abs. 1 NKomVG; § 118 Abs. 1 S. 1 GemO RP; § 118 Abs. 6 ThürKO.

- in **Schleswig-Holstein**, wo sich die Zuständigkeit gemäß § 121 Abs. 1 und 2 GO SH nach der Einwohnerzahl richtet (kreisangehörige Städte bis 20.000 Einwohner: Landrat; Städte über 20.000 Einwohner: Innenministerium).

Im Übrigen ist der Aufbau der Rechtsaufsichtsbehörden regelmäßig dreistufig (untere Rechtsaufsichtsbehörde, obere Rechtsaufsichtsbehörde, oberste Rechtsaufsichtsbehörde), in Brandenburg, Niedersachsen, dem Saarland und Schleswig-Holstein zweistufig[29]. Obere Rechtsaufsichtsbehörde ist die (Bezirks-)Regierung/das Regierungspräsidium (soweit ein Landesverwaltungsamt existiert, dieses)[30]. Oberste Rechtsaufsichtsbehörde ist in aller Regel das Innenministerium bzw. der Innenminister[31]. Die höheren Rechtsaufsichtsbehörden haben nach den meisten Kommunalgesetzen eine originäre Zuständigkeit bei der Auflösung von Organen bzw. der vorzeitigen Beendigung der Amtszeit des Bürgermeisters[32]. Im Übrigen umfasst ihre Zuständigkeit Weisungs- und gegebenenfalls Selbsteintrittsrechte im Verhältnis zur unteren Rechtsaufsichtsbehörde, die jedoch nur in wenigen Kommunalgesetzen explizit erwähnt werden[33]

19

3. Befugnisse der Rechtsaufsicht

Die einzelnen, im Folgenden zu erörternden Befugnisse der Rechtsaufsicht sind, wie bereits erwähnt, im Lichte des Art. 28 Abs. 2 GG und insbesondere unter Wahrung des Verhältnismäßigkeitsgrundsatzes anzuwenden. Über eine Beanstandung hinausgehende Maßnahmen werden deshalb in der Praxis nur in besonderen Ausnahmefällen und mit entsprechend ausführlicher Begründung zulässig sein.

20

a) Informationsrecht

Um klären zu können, ob die zu beaufsichtigende Kommune rechtswidrig gehandelt hat, und um gegebenenfalls über rechtsaufsichtliche Maßnahmen entscheiden zu können, muss die Aufsichtsbehörde den Sachverhalt kennen. Deshalb weisen ihr die Kommunalordnungen das Recht zu, sich in geeigneter Weise zu informieren. Teilweise ist dabei die Art und Weise, wie die Aufsichtsbehörde an entsprechende Informationen gelangt (Besichtigung von Einrichtungen, Akten- und Protokolleinsicht, Anfordern von

21

---

29 § 110 Abs. 2 BbgKVerf; § 171 Abs. 2 und 3 NKomVG; § 128 Abs. 2 S. 2 KSVG; § 121 Abs. 2 GO SH.
30 § 119 S. 2 GemO BW; Art. 110 S. 3 BayGO; § 136 Abs. 3 HGO; § 112 Abs. 1 S. 2 SächsGemO; § 144 Abs. 1 S. 2 KVG LSA; § 118 Abs. 2 ThürKO. In NRW ist nach § 120 Abs. 3 und 4 GO NRW ist obere Rechtsaufsichtsbehörde für kreisangehörige Gemeinden die Bezirksregierung, für kreisfreie Städte ist das Innenministerium obere und oberste Aufsichtsbehörde (ähnlich in Rheinland-Pfalz nach § 118 Abs. 2 und 3 GemO RP).
31 § 119 S. 3 GemO BW; Art. 110 S. 4 BayGO; § 110 Abs. 2 S. 2 BbgKVerf; § 136 Abs. 4 HGO; 79 Abs. 2 KVMV; § 171 Abs. 2 und 3 NKomVG; § 120 Abs. 4 GO NRW; § 118 Abs. 3 GemO RP; § 112 Abs. 1 S. 3 SächsGemO; § 144 Abs. 1 S. 3 KVG LSA; § 118 Abs. 3 ThürKO.
32 § 128 Abs. 2 GemO BW; Art. 114 Abs. 3 BayGO und Art. 100 Abs. 3 BayLKrO mit der Besonderheit, dass nicht das Innenministerium, sondern die Staatsregierung zuständig ist (ähnlich § 125 GO NRW: Ermächtigung des Innenministeriums durch die Landesregierung); § 141a Abs. 2 HGO; § 84 KVMV; § 125 GemO RP; § 134 KSVG mit der Besonderheit das schon die Zuständigkeit für die Bestellung eines Beauftragten bei der obersten Aufsichtsbehörde liegt (eine Auflösung von Organen ist nicht vorgesehen); § 118 Abs. 2 SächsGemO; § 153 Abs. 2 KVG LSA; § 122 Abs. 2 ThürKO.
33 § 141b HGO; § 112 Abs. 2 SächsGemO; § 121 Abs. 3 GO SH.

22 Berichten, Teilnahme an Sitzungen usw.) näher ausgeführt[34], darin liegt jedoch keine Begrenzung der Informationsmöglichkeiten.

22 Das Informationsrecht ist der geringstmögliche Eingriff im Rahmen der Aufsicht. Die beaufsichtigte Kommune kann sich gegenüber dem Informationsverlangen nicht auf etwaige Geheimhaltungspflichten, auf datenschutzrechtliche Regelungen oder darauf berufen, dass die entsprechende Sitzung nicht öffentlich war[35].

b) Beanstandungsrecht

23 Hat die Rechtsaufsichtsbehörde festgestellt, dass die beaufsichtigte Kommune einen rechtswidrigen Beschluss gefasst oder eine rechtswidrige Verfügung getroffen hat, so kann sie die entsprechende Entscheidung beanstanden und deren Aufhebung binnen einer angemessenen Frist verlangen[36]. Zugleich kann in der Regel (im Sinne einer Folgenbeseitigungspflicht[37]) verlangt werden, dass Maßnahmen, die aufgrund der Entscheidung getroffen wurden, rückgängig gemacht werden[38]. In **Thüringen** besteht für die Aufsichtsbehörde sogar eine Beanstandungspflicht (kein Ermessen)[39]. In **Hessen** kann nach § 138 HGO die Aufsichtsbehörde rechtswidrige Beschlüsse und Anordnungen der Gemeindevertretung selbst innerhalb von sechs Monaten nach Erlass aufheben (ohne dass sie vorher ein Gemeindeorgan dazu aufgefordert haben müsste).

24 Die Beanstandung ist ein Verwaltungsakt i.S.d. § 35 VwVfG, der die Rechtswidrigkeit des beanstandeten Vorgehens verbindlich feststellt und den die Kommune unter Berufung auf ihr Selbstverwaltungsrecht aus Art. 28 Abs. 2 GG anfechten kann. Ist die der Kommune gesetzte Frist zu kurz bemessen, macht dies die Beanstandung rechtswidrig; die Frist verlängert sich nicht etwa automatisch[40]. Entbehrlich ist die Fristsetzung allerdings dann, wenn die beaufsichtigte Kommune ankündigt, der Beanstandung in keinem Fall Folge leisten zu wollen[41].

25 Nach der Mehrzahl der Kommunalgesetze (Ausnahmen: Bayern, Hessen, Nordrhein-Westfalen und Thüringen) hat die Beanstandung aufschiebende Wirkung, d.h. die beanstandete Maßnahme darf nicht vollzogen werden[42]. Der Begriff „aufschiebende Wir-

---

34 Art. 111 S. 2 BayGO; Art. 97 S. 2 BayLKrO; §§ 112 S. 2, 131 Abs. 1 BbgKVerf; § 137 HGO; § 54 Abs. 1 HKO; §§ 80 S. 2, 123 S. 1 KVMV; § 172 NKomVG; § 120 GemO RP; § 63 LKrO RP; §§ 129, 192 KSVG; § 145 S. 2 KVG LSA; § 122 GO SH; § 61 KrO SH; § 119 S. 2 ThürKO. Die übrigen Kommunalgesetze nehmen keine Konkretisierungen der Informationsmöglichkeiten vor (§ 120 GemO BW; § 51 Abs. 2 S. 1 LKrO BW; § 121 GO NRW; § 57 Abs. 3 KrO NRW; § 113 SächsGemO; § 65 Abs. 2 SächsLKrO).
35 Statt vieler *Geis*, KomR, § 24 Rn. 17.
36 § 121 Abs. 1 S. 1 und 2 GemO BW; Art. 112 S. 1 BayGO; Art. 98 S. 1 BayLKrO; § 113 Abs. 1 S. 1 BbgKVerf; § 138 HGO; § 81 Abs. 1 S. 1 KVMV; § 173 Abs. 1 S. 1 NKomVG; § 122 GO NRW mit der Besonderheit, dass die Pflicht zur Fristsetzung, nicht erwähnt wird; § 121 S. 1 GemO RP; § 64 S. 1 LKrO RP; § 130 S. 1 KSVG; § 114 Abs. 1 S. 1 SächsGemO; § 146 Abs. 1 S. 1 KVG LSA; § 123 Abs. 1 S. 1 GO SH; § 62 Abs. 1 S. 1 KrO SH.
37 Der von Schmidt (*Th. I. Schmidt*, KomR, § 21 Rn. 714) verwendete Begriff „Folgenbeseitigungsanspruch" passt nicht, weil das Verhältnis zum Adressaten der entsprechenden Maßnahmen (als möglichem Berechtigtem eines Folgenbeseitigungsanspruchs) nur mittelbar betroffen ist.
38 § 121 Abs. 1 S. 2 GemO BW; § 113 Abs. 1 S. 2 BbgKVerf; § 138 HGO; § 81 Abs. 2S. 2 KVMV (jedoch nur für den Fall, dass die Gemeinde der Beanstandung nicht nachkommt); § 173 Abs. 1 S. 3 NKomVG; § 121 S. 2 GemO RP; § 64 S. 2 LKrO RP; § 130 S. 1 KSVG; § 114 Abs. 1 S. 2 SächsGemO; § 146 Abs. 1 S. 2 KVG LSA; § 123 Abs. 1 S. 2 GO SH; § 62 Abs. 1 S. 1 KrO SH.
39 § 120 Abs. 1 S. 1 ThürKO.
40 *Geis*, KomR, § 24 Rn. 18.
41 *Th. I. Schmidt*, KomR, § 21 Rn. 716.
42 § 121 Abs. 1 S. 3 GemO BW; § 113 Abs. 1 S. 3 BbgKVerf; § 81 Abs. 1 S. 2 KVMV; § 173 Abs. 1 S. 2 NKomVG; § 121 S. 3 GemO RP; § 64 S. 3 LKrO RP; § 130 S. 2 KSVG; § 114 Abs. 1 S. 3 SächsGemO; § 146 Abs. 1 S. 3 KVG LSA; § 123 Abs. 1 S. 3 KrO SH; § 62 Abs. 1 S. 1 KrO SH.

kung" ist dabei nicht unproblematisch, denn die Situation ist derjenigen nach § 80 Abs. 1 VwGO nicht vergleichbar[43]. Bei § 80 Abs. 1 VwGO hindert die aufschiebende Wirkung im Interesse des Adressaten den Vollzug eines Verwaltungsakts. Demgegenüber hindert die Beanstandung im öffentlichen Interesse allein ihren Adressaten (die Kommune) am Vollzug der Maßnahme. Die Außenwirkung bleibt hingegen erhalten[44].

In **Brandenburg, Mecklenburg-Vorpommern, Sachsen** und **Schleswig-Holstein** besteht die Möglichkeit, eine einstweilige Beanstandung auszusprechen, mit der ein Beschluss oder eine Anordnung bis zur Ermittlung des Sachverhalts, längstens jedoch für einen Monat (Mecklenburg-Vorpommern, Sachsen und Schleswig-Holstein) bzw. zwei Monate (Brandenburg) ausgesetzt wird[45].

Für den Fall, dass die Kommune nicht etwa pflichtwidrig handelt, sondern ein pflichtgemäßes Handeln unterlässt, sehen die Kommunalgesetze ein Anordnungsrecht vor[46]. Die Anordnung ist ebenfalls ein Verwaltungsakt i.S.d. § 35 VwVfG. Sie ist nur rechtmäßig, wenn die Kommune zu einem bestimmten Handeln rechtlich verpflichtet ist. Unzulässig ist die Anordnung somit im Bereich der freiwilligen Aufgaben. Außerdem muss, die von der Kommune verlangte Maßnahme hinreichend genau bestimmt werden[47]. Ähnlich wie bei der Beanstandung ist der Kommune bei der Anordnung eine angemessene Handlungsfrist zu setzen, deren Fehlen oder deren zu knappe Bemessung die Anordnung rechtswidrig macht.

Rechtswidrig sind sowohl Beanstandung als auch Anordnung, wenn das Verlangen der Rechtsaufsichtsbehörde durch die Kommune nicht rechtmäßig erfüllbar ist, wenn also beispielsweise die Rechtsaufsicht ein konkretes Tun fordert, der Kommune aber noch ein (nicht auf Null reduziertes) Auswahlermessen zusteht[48].

c) Ersatzvornahme

Kommt die beaufsichtigte Kommune der Beanstandung oder Anordnung nicht innerhalb der gesetzten Frist nach, so kann die Aufsichtsbehörde die Maßnahme an Stelle der Kommune und auf deren Kosten durchführen oder einem Dritten zur Durchführung übertragen[49]. Diese Ersatzvornahme ist mit derjenigen nach den Verwaltungsvollstreckungsgesetzen nicht identisch. Dies folgt schon daraus, dass die der Kommune gesetzte Handlungsfrist im Einzelfall auch kürzer als die einmonatige Rechtsbehelfsfrist nach §§ 70 Abs. 1, 74 Abs. 1 VwGO sein kann, eine kommunalrechtliche Ersatzvornahme also schon vor Bestandskraft (bzw. Vollstreckbarkeit) der Beanstandung oder Anordnung und ohne Anordnung des Sofortvollzugs nach § 80 Abs. 2 S. 1 Nr. 4 VwGO denkbar ist[50]. Rechtsbehelfe, die gegen die Ersatzvornahme eingelegt werden,

---

43 So auch *Geis*, KomR, § 24 Rn. 19.
44 *Röhl*, in: Schoch, BesVerwR, S. 46.
45 § 113 Abs. 2 BbgKVerf; § 81 Abs. 3 KVMV; § 114 Abs. 2 SächsGemO; § 123 Abs. 2 GO SH; § 62 Abs. 2 KrO SH; ähnlich § 146 Abs. 2 KVG LSA für Beschlüsse, die der Kommunalaufsichtsbehörde vorzulegen sind.
46 § 122 GemO BW; Art. 112 S. 2 BayGO; Art. 98 S. 2 BayLKrO; § 115 BbgKVerf; § 139 HGO; § 82 Abs. 1 KVMV; § 174 Abs. 1 NKomVG; § 123 Abs. 1 GO NRW; § 122 GemO RP; § 65 LKrO RP; § 132 KSVG; § 115 SächsGemO; § 137 GO LSA; § 124 GO SH; § 63 Abs. 1 KrO SH; § 120 Abs. 1 S. 2 ThürKO.
47 *Th. I. Schmidt*, KomR, § 21 Rn. 715.
48 So auch *Mögele*, BayVBl. 1985, 519 (522); a.A. *Lange*, KomR, Kap. 17 Rn. 97.
49 § 123 GemO BW; Art. 113 BayGO; Art. 99 BayLKrO; § 116 BbgKVerf; § 140 HGO; § 82 Abs. 2 KVMV; § 174 Abs. 2 NKomVG; § 123 Abs. 2 GO NRW; § 123 GemO RP; § 66 LKrO RP; § 133 KSVG; § 116 SächsGemO; § 148 KVG LSA; § 125 GO SH; § 64 KrO SH; § 121 Abs. 1 ThürKO.
50 *Lange*, KomR, Kap. 17 Rn. 121; a.A. *Geis*, KomR, § 24 Rn. 21.

haben allerding regelmäßig[51] nach § 80 Abs. 1 VwGO aufschiebende Wirkung. Deshalb ist es ratsam, die Ersatzvornahme erst dann zu vollstrecken, wenn sie auch bestandskräftig ist.

30 Eine im Wege der Ersatzvornahme getroffene Maßnahme (in Betracht kommen Beschlüsse, Verwaltungsakte, Realakte, aber auch Rechtsnormen[52]) wirkt wie eine von der beaufsichtigten Kommune selbst getroffene Maßnahme. Klagegegner einer dagegen gerichteten Klage eines Betroffenen ist somit nach § 78 Abs. 1 Nr. 1 VwGO (analog) nicht der Rechtsträger der Aufsichtsbehörde (d. h. das jeweilige Bundesland), sondern die Kommune selbst[53]. Weil die Kommune wenig Interesse haben dürfte, den ihr durch die Aufsicht aufgedrängten Rechtsakt vor Gericht zu verteidigen, kommt die Beiladung des jeweiligen Bundeslands (als Rechtsträger der Aufsichtsbehörde) nach § 65 Abs. 1 VwGO in Betracht[54]. Zugleich ist die Ersatzvornahme im Verhältnis zur beaufsichtigten Kommune ein (auf Duldung gerichteter) Verwaltungsakt[55].

d) Bestellung eines Beauftragten

31 Es ist prinzipiell möglich, dass sich die Verwaltung einer Kommune von den Anforderungen des Rechtsstaatsprinzips so weit und so dauerhaft entfernt, dass ein auf einzelne Maßnahmen bezogenes rechtsaufsichtliches Einschreiten unter Anwendung der bisher dargestellten Befugnisse als nicht mehr ausreichend erscheint. In diesem Fall kann die Aufsichtsbehörde einen Beauftragten bestellen, der einzelne oder alle Aufgaben der Kommune auf deren Kosten erfüllt[56]. Die Kommunalgesetze in **Bayern** sehen vor, dass Beauftragter stets der erste Bürgermeister bzw. der Landrat oder (falls dieser sich weigert) sein Stellvertreter ist[57]. Die Möglichkeit, den Bürgermeister oder Landrat zum Beauftragten zu machen, besteht jedoch auch in den anderen Ländern und dies kann der Wirksamkeit dieser Maßnahme dienlich sein[58].

32 Die Bestellung eines Beauftragten bzw. eines „Staatskommissars" stellt einen intensiven Eingriff in die Rechte aus Art. 28 Abs. 2 GG, insbesondere in die Personal- und Organisationshoheit dar und ist deshalb nur als ultima ratio zulässig und strikt auf den (sachlich und zeitlich) erforderlichen Umfang zu begrenzen[59].

e) Auflösung von Organen

33 Reicht auch die Bestellung eines Beauftragten nicht mehr aus, um in einer Kommune die Gesetzmäßigkeit der Verwaltung dauerhaft garantieren zu können, kann die obere (nach einigen Kommunalgesetzen auch oberste) Aufsichtsbehörde den Gemeinderat oder den Kreistag auflösen[60]. An diese Maßnahme sind wegen ihrer äußerst einschnei-

---

51 § 119 S. 3 BbgKVerf ordnet ausdrücklich ein Fehlen dieser aufschiebenden Wirkung an.
52 Hierzu OVG Münster, NVwZ 1990, 187.
53 *Geis*, KomR, § 24 Rn. 22.
54 I. E. auch *Th. I. Schmidt*, KomR, § 21 Rn. 720.
55 So auch *Th. I. Schmidt*, KomR, § 21 Rn. 718 ff; *Burgi*, KomR, § 8 Rn. 47;.
56 § 124 GemO BW; § 117 BbgKVerf; § 141 HGO; § 83 KVMV (differenzierend im Hinblick auf die Aufgaben des Bürgermeisters); § 175 NKomVG; § 124 GO NRW; § 124 GemO RP; § 67 LKrO RP; § 134 KSVG (oberste Aufsichtsbehörde zuständig); § 117 SächsGemO; § 149 KVG LSA; § 127 GO SH; § 66 KrO SH; § 122 Abs. 1 ThürKO.
57 Art. 114 Abs. 1 und 2 BayGO; Art. 100 Abs. 1 und 2 BayLKrO.
58 So auch *Th. I. Schmidt*, KomR, § 21 Rn. 726.
59 *Geis*, KomR, § 24 Rn. 26.
60 Art. 114 Abs. 3 BayGO; Art. 100 Abs. 3 BayLKrO; § 141a HGO; § 84 KVMV; § 125 GO NRW; § 70 Abs. 2 NKomVG; § 125 GemO RP; § 68 LKrO RP; § 53 Abs. 2 KSVG; § 44 GO SH; § 39 KrO SH; § 122 Abs. 2 ThürKO.

denden Wirkung für die Kommune mindestens ebenso hohe Anforderungen zu stellen, wie an die Bestellung eines Beauftragten.

In **Baden-Württemberg**, **Sachsen** und **Sachsen-Anhalt** kann unter prinzipiell ähnlichen Voraussetzungen die Amtszeit des Bürgermeisters vorzeitig beendet werden, wenn dieser den Anforderungen an sein Amt nicht mehr gerecht wird und dadurch erhebliche Missstände in der kommunalen Verwaltung eingetreten sind[61]. Aufgrund der dienstrechtlichen Stellung des Bürgermeisters sind die Anforderungen insoweit allerdings formal gesehen noch etwas höher: in allen Ländern ist ein förmliches, dem Disziplinarverfahren entsprechendes Verfahren durchzuführen, in Baden-Württemberg entscheidet außerdem das Verwaltungsgericht auf Antrag der oberen Rechtsaufsichtsbehörde.

III. Die Fachaufsicht

▶ **FALL 28:** Die Gemeinde G erteilt dem Bauherrn B unter Befreiung von Festsetzungen des Bebauungsplans eine Baugenehmigung für ein fünfstöckiges Bürogebäude. Die zuständige Aufsichtsbehörde weist G an, die Baugenehmigung zurückzunehmen, weil anderenfalls ein Präzedenzfall geschaffen würde. G möchte gegen die Weisung Widerspruch einlegen. Erfolgsaussichten? ◀

Nicht alle Kommunalgesetze enthalten Regelungen zur Fachaufsicht bzw. (so die Formulierung in Brandenburg, Nordrhein-Westfalen[62]) Sonderaufsicht[63]. Dies ist verfassungsrechtlich jedoch unproblematisch, weil auch diejenigen Kommunalgesetze, die die Fachaufsicht explizit ansprechen, vollständig oder zumindest im Wesentlichen auf Spezialgesetze verweisen[64]. An dieser Stelle kann es im Übrigen, weil ein Überblick über die zur Fachaufsicht bestehenden spezialgesetzlichen Regelungen aller Bundesländer den Rahmen eines Kommunalrechtslehrbuchs klar sprengen würde, allein darum gehen, sich die allgemeinen Grundsätze der Fachaufsicht über die Kommunen zu vergegenwärtigen:

1. Anwendungsbereich und Umfang

Der Fachaufsicht unterliegt das gesamte Handeln der Kommunen im übertragenen Wirkungskreis. Zum Prüfungsumfang der Fachaufsichtsbehörde gehören – wie bereits erwähnt – Rechtmäßigkeit und Zweckmäßigkeit. Kommunale Ermessensentscheidungen unterliegen der Kontrolle also auch insoweit, als das Ermessen rechtmäßig ausgeübt wurde.

2. Zuständigkeit

Die Zuständigkeit der Fachaufsichtsbehörden ist in erster Linie spezialgesetzlich geregelt[65]. Teilweise ist der Rechtsaufsichtsbehörde eine Auffangzuständigkeit auch für die

---

61 § 128 GemO BW; § 118 SächsGemO; § 153 KVG LSA.
62 § 121 Abs. 1 BbgKVerf; § 119 Abs. 2 GO NRW.
63 Keine entsprechende Regelung in Rheinland-Pfalz, dem Saarland und Schleswig-Holstein.
64 Art. 115 Abs. 1 S. 1 BayGO; § 118 Abs. 2 GemO BW; § 51 Abs. 2 S. 1 LKrO BW; §§ 121 Abs. 1, 131 Abs. 1 S. 1 BbgKVerf; § 119 Abs. 2 GO NRW; § 57 Abs. 2 KrO NRW; § 123 Abs. 1 SächsGemO; § 65 Abs. 2 S. 1 SächsLKrO; § 155 Abs. 1 u. 3 KVG LSA.
65 Vgl. die Verweise in § 129 Abs. 1 GemO BW; § 51 Abs. 2 S. 1 LKrO BW; Art. 115 Abs. 1 S. 1 BayGO; Art. 101 S. 1 BayLKrO; § 121 Abs. 1 BbgKVerf; § 123 Abs. 1 SächsGemO; § 65 Abs. 2 SächsLKrO; § 155 Abs. 1 KVG LSA;.

Fachaufsicht zugewiesen[66]. Eine ausdrückliche, von der rechtsaufsichtlichen Zuständigkeitsverteilung abweichende Zuweisung einer fachaufsichtlichen Zuständigkeit existiert in **Mecklenburg-Vorpommern** (§ 124 Abs. 2 KVMV; fachlich zuständige oberste Landesbehörde als Fachaufsichtsbehörde für die Landräte). In **Bayern** werden die Großen Kreisstädte bei der Fachaufsicht anders als bei der Rechtsaufsicht (s. o. Teil 2 § 10 Rn. 17) gemäß Art. 115 Abs. 2 BayGO den kreisfreien Städten gleichgestellt.

3. Befugnisse der Fachaufsicht

39 Sinn der Fachaufsicht ist, dass die Aufsichtsbehörde der beaufsichtigten Behörde Einzelweisungen erteilen kann und zwar insbesondere auch deswegen, weil erstere die Zweckmäßigkeit einer Maßnahme anders beurteilt als letztere. Entsprechende Weisungsrechte sind zum einen spezialgesetzlich geregelt, zum anderen (mit z.T. ausdrücklich festgelegter Nachrangigkeit zu den Spezialgesetzen) in den Kommunalgesetzen enthalten[67]. Außerdem haben die Fachaufsichtsbehörden die gleichen Informationsrechte wie die Rechtsaufsichtsbehörden[68].

40 Weitere Befugnisse, insbesondere solche zur Durchsetzung der Weisungen, sind für die Fachaufsicht (anders als für die Rechtsaufsicht) in den Kommunalgesetzen mit Ausnahme von Brandenburg, Mecklenburg-Vorpommern und Sachsen-Anhalt[69] nicht vorgesehen. Dies überrascht auf den ersten Blick, weil der Einfluss der Fachaufsicht auf die Kommune (Kontrolle von Recht- und Zweckmäßigkeit) intensiver ist als derjenige der Rechtsaufsicht (Kontrolle nur der Rechtmäßigkeit). Zu bedenken ist jedoch, dass die Kommune, wenn sie eine Weisung nicht befolgt, rechtswidrig handelt, so dass die Rechtsaufsichtsbehörde aktiv werden und unter Einsatz ihres oben erläuterten Instrumentariums die (fachaufsichtliche) Weisung durchsetzen kann und gegebenenfalls muss[70]. Diese Arbeitsteilung zwischen Fachaufsicht und Rechtsaufsicht dient der Vermeidung von Zuständigkeitskonflikten und macht so die Kommunalaufsicht effizienter[71].

IV. Rechtsschutz gegen Aufsichtsmaßnahmen

41 Wie erwähnt (Teil 2 § 10 Rn. 8), haben Dritte keinen Anspruch auf ein Einschreiten der Kommunalaufsicht. Zu klären bleibt jedoch, wie sich die beaufsichtigte Kommune gerichtlich gegen Aufsichtsmaßnahmen wehren kann:

---

66 Art. 115 Abs. 1 S. 2 BayGO; Art. 101 S. 2 BayLKrO; § 86 Abs. 1 und 3 KVMV; § 171 Abs. 5 S. 1 NKomVG (mit der Besonderheit, dass die zuständige oberste Landesbehörde anstelle des Innenministeriums tritt); § 118 Abs. 4–6 ThürKO.
67 § 129 Abs. 3 GemO BW; Art. 116 Abs. 1 S. 2 BayGO; Art. 102 Abs. 1 S. 2 BayLKrO; § 121 Abs. 2 S. 1, Abs. S. 2 Nr. 2 und 3 BbgKVerf; § 87 Abs. 2 KVMV; § 155 Abs. 3 KVG LSA.
68 § 129 Abs. 2 S. 1 GemO BW; Art. 116 Abs. 1 S. 1 BayGO; Art. 102 Abs. 1 S. 1 BayLKrO; § 121 Abs. 2 S. 2 Nr. 1 BbgKVerf; § 87 Abs. 1 KVMV; § 123 Abs. 2 S. 1 SächsGemO; § 155 Abs. 2 S. 1 KVG LSA.
69 Selbsteintrittsrechte in: § 121 Abs. 3 BbgKVerf, §§ 87 Abs. 3 und 4 KVMV, § 155 Abs. 4 KVG LSA.
70 Die bayerischen Kommunalgesetze (Art. 116 Abs. 2 BayGO; Art. 102 Abs. 2 BayLKrO) verpflichten die Rechtsaufsichtsbehörden hierzu ausdrücklich. Andere Regelungen sind insoweit zurückhaltender (§ 121 Abs. 4 BbgKVerf) oder erwähnen den hier dargelegten Zusammenhang zwischen Fachaufsicht und Rechtsaufsicht nicht ausdrücklich (§ 129 GemO BW).
71 Gleichsam zur Absicherung stellen die Kommunalgesetze klar, dass den Fachaufsichtsbehörden die Befugnisse der Rechtsaufsicht nicht zukommen (§ 129 Abs. 2 S. 2 GemO BW; Art. 116 Abs. 1 S. 3 BayGO; Art. 102 Abs. 1 S. 3 BayLKrO; § 120 S. 1 BbgKVerf; § 137 Abs. 1 KSVG; § 123 Abs. 2 S. 2 SächsGemO; § 155 Abs. 2 S. 2 KVG LSA).

§ 10 Die Staatsaufsicht über die Kommunen

1. Rechtsschutz gestützt auf die Kommunalgesetze?

Die meisten Kommunalgesetze enthalten Regelungen, nach denen die beaufsichtigte Kommune gegen rechtsaufsichtliche Verfügungen Rechtsbehelfe nach den Bestimmungen der VwGO erheben kann[72]. Diese Normen sind allerdings, weil für das Verwaltungsprozessrecht nach Art. 74 Abs. 1 Nr. 1 GG der Bund die konkurrierende Gesetzgebungskompetenz besitzt und er von ihr abschließenden Gebrauch i.S.d. Art. 72 Abs. 1 GG gemacht hat, rein deklaratorisch zu verstehen[73].

Bedeutung haben sie lediglich insoweit, als sie – wie etwa § 119 BbgKVerf und § 126 GO NRW im Hinblick auf die Entbehrlichkeit eines Vorverfahrens oder § 126 GemO RP und Art. 120 BayGO im Hinblick auf die zuständige Widerspruchsbehörde –Abweichungsermächtigungen für die Länder aus der VwGO (hier: § 68 Abs. 1 S. 2 VwGO und § 73 Abs. 1 S. 2 VwGO) nutzen.

2. Statthafte Klageart

Die statthafte Klageart gegen Aufsichtsmaßnahmen hängt insbesondere davon ab, ob diese Maßnahmen Verwaltungsakte i.S.d. § 42 Abs. 1 VwGO bzw. § 35 VwVfG darstellen:

Dies ist bei repressiven rechtsaufsichtlichen Maßnahmen in aller Regel der Fall; insbesondere auch dann, wenn sie dem Vollzug fachaufsichtlicher Weisungen dienen. Insoweit ist die Anfechtungsklage nach § 42 Abs. 1 VwGO statthaft. Eine Ausnahme bilden bloße Informationsmaßnahmen (s. o. Teil 2 § 10 Rn. 21 f.), bei denen es sich um Realakte handelt. Gegen sie ist lediglich die allgemeine Leistungsklage, u.U. auch als Unterlassungsklage statthaft[74].

Schwieriger zu beantworten ist die Frage, wann fachaufsichtliche Weisungen Verwaltungsakte darstellen, denn solche Weisungen haben im Regelfall keine Außenwirkung i.S.d. § 35 VwVfG. Diese Wirkung erlangen sie höchstens dann, wenn die Weisung zugleich in das Selbstverwaltungsrecht der Kommune ein- bzw. übergreift. Letzeres ist zum einen dann der Fall, wenn die Kommune verpflichtet wird, die Weisung auf bestimmte Weise, durch bestimmte Amtswalter oder unter Einsatz bestimmter Mittel umzusetzen (Eingriff in die von Art. 28 Abs. 2 GG geschützte Personal- und/oder Organisations- und/oder Finanzhoheit). Zum anderen ist Außenwirkung auch dann gegeben, wenn sich die fachaufsichtliche Weisung auf eine Angelegenheit bezieht, die in Wahrheit zum eigenen Wirkungskreis der Gemeinde gehört. Im Regelfall ist die Anfechtungsklage nach § 42 Abs. 1 VwGO gegen fachaufsichtliche Weisungen somit unstatthaft[75]. Anders ist es in **Bayern**, wo aus Art. 109 Abs. 2 S. 2 BayGO hergeleitet wird, dass den Kommunen auch im Bereich der Fachaufsicht subjektiv-öffentliche Rechte zustehen sollen[76].

Über die Statthaftigkeit anderer Klagearten gegen fachaufsichtliche Weisungen wird soweit ersichtlich nicht diskutiert. Allgemeine Leistungsklage (auf Aufhebung der Weisung) und Feststellungsklage wären aber insoweit jedenfalls aus anderen Gründen un-

---

[72] § 125 GemO BW; § 119 S. 1 BbgKVerf; § 142 HGO; § 85 KVMV; § 126 GO NRW; § 126 GemO RP; § 69 LKrO RP; § 136 KSVG; § 141 GO LSA; implizit auch: Art. 120 BayGO; Art. 105 BayLKrO.; § 125 ThürKO.
[73] So u. a. auch *Lange*, Kommunalrecht, Kap. 17 Rn. 214.
[74] Th. I. *Schmidt*, KomR, § 21 Rn. 709.
[75] So statt vieler auch *Tettinger/Erbguth/Mann*, BesVerwR, Rn. 366.
[76] So auch BayVGH, BayVBl. 1985, 368 ff.; *Knemeyer*, Bayerisches Kommunalrecht, Rn. 324 ff.

zulässig: Für die Feststellungsklage fehlt es am Rechtsschutzbedürfnis (und wohl auch am Feststellungsinteresse nach § 43 Abs. 1 VwGO), weil die Weisung grundsätzlich auch dann in der Welt und von der Kommune zu vollziehen bleibt, wenn ihre Rechtswidrigkeit festgestellt wurde. Bei der allgemeinen Leistungsklage fehlt es an einer Klagebefugnis nach § 42 Abs. 2 VwGO analog, weil im Rahmen der Fachaufsicht die Möglichkeit einer Verletzung der beaufsichtigten Kommune in Rechten aus Art. 28 Abs. 2 GG in der Regel gerade nicht besteht. Besteht ausnahmsweise die Möglichkeit der Rechtsverletzung i.s.d. § 42 Abs. 2 VwGO ist jedoch im Zweifel die Außenwirkung nach § 35 VwVfG und somit die Statthaftigkeit der Anfechtungsklage zu bejahen. Auch die allgemeine Leistungsklage wäre also so oder so unzulässig.

48 Eine Verpflichtungsklage nach § 42 Abs. 2 2. Var. VwGO ist dann statthaft, wenn die Kommune einen (aus Art. 28 Abs. 2 GG folgenden) Anspruch auf Erteilung einer Genehmigung gegenüber der Rechtsaufsichtsbehörde geltend machen will[77] (dazu im Zusammenhang mit dem Satzungsrecht s. o. Teil 2 § 3 Rn. 23).

3. Sonstige verwaltungsprozessuale Probleme

49 Nach teilweise vertretener Ansicht kann sich auch ein einzelnes Kommunalorgan auf die Verletzung seiner organschaftlichen Rechte durch die Aufsichtsmaßnahme im Rahmen des § 42 Abs. 2 VwGO berufen[78]. Dem ist zuzustimmen, denn der (dogmatisch durchaus gangbare) Weg, das betreffende Organ zunächst dazu zu verpflichten, im Wege des Kommunalverfassungsstreits die zuständigen anderen Organe zur Erhebung einer Klage gegen die Aufsichtsmaßnahme im Namen der Kommune zu veranlassen ist mit dem Gedanken der Prozessökonomie kaum vereinbar.

50 Ein Vorverfahren nach §§ 68 ff VwGO hat die klagende Kommune nur in den Ländern durchzuführen, in denen das Vorverfahren noch nicht weitgehend abgeschafft[79] oder zumindest für diesen konkreten Fall für entbehrlich erklärt worden ist[80].

51 Bei der Begründetheit einer Klage gegen eine rechtsaufsichtliche Ersatzvornahme ist der Rechtswidrigkeitszusammenhang mit der Beanstandung oder Anordnung zu beachten: Die Klage ist unbegründet, wenn die Ersatzvornahme höchstens deswegen rechtswidrig sein kann, weil die bestandskräftige Beanstandung/Anordnung rechtswidrig ist[81]. In der Klausur ist bei einer Ersatzvornahme als Klagegegenstand die Rechtmäßigkeit der Beanstandung/Anordnung somit nur dann zu prüfen, wenn sich die Bestandskraft der letzteren Maßnahme aufgrund der im Sachverhalt enthaltenen Informationen nicht zweifelsfrei klären lässt. Steht die Bestandskraft der Beanstandung/Anordnung bereits fest, sollte zu ihrer Rechtmäßigkeit in der Klausur allenfalls ein Hilfsgutachten gefertigt werden.

V. Staatsaufsicht und Haftung

52 Weil die Kommunalaufsicht allein dem öffentlichen Interesse dient, können von der aufsichtlichen Entscheidung betroffene Dritte im Zusammenhang mit dieser keine

---

[77] Tettinger/Erbguth/Mann, BesVerwR, Rn. 367.
[78] Lange, KomR, Kap 17 Rn. 218 m.w.N.
[79] So nach Art. 15 AGVwGO in Bayern.
[80] Z. B. in Nordrhein-Westfalen nach § 126 GO NRW.
[81] Lange, KomR, Kap. 17 Rn. 217. Dieses Problem kann auch schon in der Zulässigkeit beim Rechtsschutzbedürfnis angesprochen werden.

Amtshaftungsansprüche nach § 839 BGB i. V. m. Art. 34 GG geltend machen[82]. Denkbar sind hingegen Amtshaftungsansprüche der beaufsichtigten Kommune, wenn die Aufsichtsbehörde ein Einschreiten pflichtwidrig unterlassen hat[83]. In diesem letzteren Fall ist jedoch auch stets zu prüfen, ob die Kommune an der Entstehung des Schadens ein Mitverschulden trifft.

▶ **Lösungshinweis zu Fall 27**: Da die Kommunalaufsicht nur dem öffentlichen Interesse dient, ist A nicht nach § 42 Abs. 2 VwGO analog widerspruchsbefugt. Sein Widerspruch ist also unzulässig.

Anders ist es bei G:Die Verschönerung des Ortsbilds ist eine Angelegenheit des eigenen Wirkungskreises (bzw. eine weisungsfreie Aufgabe). Deshalb unterliegt das Handeln der G insoweit der Rechtsaufsicht. Die Verfügung, den Auftrag an A zurückzunehmen hat Außenwirkung i.S.d. § 35 VwVfG, ist also ein VA. Somit ist der Anfechtungswiderspruch nach § 68 Abs. 1 VwGO statthaft. G ist, weil sie in ihrem Selbstverwaltungsrecht aus Art. 28 Abs. 2 S. 1 GG verletzt sein könnte, i.S.d. § 42 Abs. 2 VwGO analog widerspruchsbefugt. Auch ansonsten bestehen gegen die Zulässigkeit des Widerspruchs keine Bedenken.

Der Widerspruch wäre begründet, wenn die Verfügung der Aufsichtsbehörde rechtswidrig wäre. Dass kommunalrechtliche Vorschriften verletzt worden sein könnten, ist nicht ersichtlich. Das Verlangen der Aufsichtsbehörde, den an A erteilten Auftrag aufzuheben, muss für die G jedoch auch erfüllbar sein. Dies wäre nicht der Fall, wenn sich aus §§ 48 ff. LVwVfG Aufhebungshindernisse ergeben würden. Die Vergabe an A war nach Sachverhalt rechtswidrig, d. h. die Aufhebung richtet sich nach § 48 LVwVfG. A kann sich also möglicherweise auf Vertrauensschutz nach § 48 Abs. 2 LVwVfG berufen, zumindest aber Entschädigung nach § 48 Abs. 3 LVwVfG verlangen. Zu bedenken ist jedoch, dass B hier einen nicht offensichtlich unzulässigen Widerspruch eingelegt hatte. Damit finden §§ 48 Abs. 2 und 3 LVwVfG gemäß § 50 LVwVfG keine Anwendung. Die Aufsichtsverfügung könnte somit nur deshalb rechtswidrig sein, weil G bei der Rücknahme Ermessen zusteht. Dieses Ermessen ist angesichts der eindeutigen Rechtswidrigkeit und mangels anderer Korrekturmöglichkeiten jedoch auf Null reduziert. Somit ist die Aufsichtsverfügung rechtmäßig und der Widerspruch unbegründet. ◀

▶ **Lösungshinweis zu Fall 28**: Die Erteilung von Baugenehmigungen durch eine Gemeinde ist eine typische Aufgabe des eigenen Wirkungskreises bzw. eine Pflichtaufgabe nach Weisung. Somit handelt es sich um einen Fall der Fachaufsicht. Fachaufsichtliche Weisungen haben, weil die Gemeinde im übertragenen Wirkungskreis quasi als Teil des Staates handelt, regelmäßig keine Außenwirkung i.S.d. § 35 VwVfG. Deshalb ist ein Widerspruch gegen sie nach § 68 Abs. 1 VwGO meistens unstatthaft. Anders ist es jedoch dann, wenn die Weisung in den Selbstverwaltungsbereich übergreift. Hier hat die Gemeinde die Baugenehmigung gestützt auf §§ 30, 31 Abs. 2 BauGB erteilt. Bei der Entscheidung über eine Befreiung nach § 31 Abs. 2 BauGB sind Überlegungen anzustellen, die Teil der von Art. 28 Abs. 2 S. 1 GG geschützten Planungshoheit sind.Dies folgt aus den in § 31 BauGB genannten Stichworten „Grundzüge der Planung" und „städtebaulich vertretbar". Weil die Aufsichtsbehörde im vorliegenden Fall die Aufhebung der Genehmigung fordert, damit kein Präzedenzfall geschaffen wird, also aus planungsrechtlichen Gründen, greift die Weisung in die Planungs-

---

[82] *Geis*, KomR, § 24 Rn. 37.
[83] Vgl. etwa BGH, DÖV 2003, 415.

hoheit der Gemeinde G ein. Somit ist die Weisung hier ausnahmsweise ein VA i.S.d. § 35 VwVfG und der Widerspruch nach § 68 Abs. 1 VwGO zulässig. ◄

55 **VI. WIEDERHOLUNGS- UND VERTIEFUNGSFRAGEN**

1. Warum wäre ein vollständiger Verzicht auf die Staatsaufsicht über die Kommunen verfassungswidrig?
2. Worin liegen die Unterschiede zwischen Rechtsaufsicht, Fachaufsicht und Dienstaufsicht?
3. Unter welchen Voraussetzungen ist eine Ersatzvornahme durch die Rechtsaufsichtsbehörde rechtmäßig?
4. Wann ist Rechtsschutz vor dem Verwaltungsgericht gegen Maßnahmen der Fachaufsicht möglich?
5. In welchen Fällen kann es im Zusammenhang mit Aufsichtsmaßnahmen zu staatshaftungsrechtlichen Problemen kommen?

VII. Weiterführende Literatur

56 *Brinktrine*, Die Amts- und Staatshaftung der Rechts- und Fachaufsichtsbehörden für Maßnahmen der Kommunalaufsicht, Die Verwaltung 43 (2010), 273; *ders.*, Maßnahmen der Kommunalaufsicht im Spiegel der verwaltungsgerichtlichen Rechtsprechung, Die Verwaltung 42 (2009), 565; *Brüning/Vogelgesang*, Die Kommunalaufsicht, 2. Aufl. 2009; *Buck*, Der Beauftragte als Mittel der Kommunalaufsicht, 2009; *Ehlers*, Kommunalaufsicht und europäisches Gemeinschaftsrecht, DÖV 2001, 412; *Franz*, Die Staatsaufsicht über die Kommunen, JuS 2004, 937; *Groß*, Was bedeutet „Fachaufsicht"?, DVBl. 2002, 793; *Kahl*, Die Staatsaufsicht, 2000; *Knemeyer*, Staatsaufsicht über Kommunen, JuS 2000, 521; *Lühmann*, Das Prinzip der kommunalisierten Kommunalaufsicht im Kommunalrecht der deutschen Länder, 2003; *Mitzel*, Die Amtshaftung im Rahmen der Kommunalaufsicht gegenüber Gemeinden, 2007; *Schoch*, Die staatliche Fachaufsicht über Kommunen, Jura 2006, 358; *Scholz*, Der Rechtsschutz der Gemeinden gegen fachaufsichtliche Weisungen, 2002; *Shirvani*, Neues Steuerungsmodell und Kommunalaufsicht, DVBl. 2009, 29; *Wehr*, Das Ermessen der Rechtsaufsicht über die Kommunen, BayVBl. 2001, 705.

§ 11 Kommunale Zusammenarbeit

▶ **FALL 29:** Um die Verwaltungskraft kleinerer Gemeinden zu stärken, beschließt der Landesgesetzgeber, dass benachbarte Gemeinden eine Verwaltungsgemeinschaft bilden sollen. Das entsprechende Gesetz ermächtigt das Innenministerium, aus Gründen des öffentlichen Wohls durch Rechtsverordnung Gemeinden, die nicht über eine hinreichende Verwaltungskraft verfügen, zu einer Verwaltungsgemeinschaft zusammenzufassen oder sie einer solchen zuzuordnen, wenn (freiwillige) öffentlich-rechtliche Vereinbarungen nicht zustande kommen. Das Innenministerium hat von der Ermächtigung Gebrauch gemacht und Gemeinden nach deren Anhörung zu einer Verwaltungsgemeinschaft zusammengefasst. Erfolglos strengt eine dieser Gemeinden ein Normenkontrollverfahren vor den Verwaltungsgerichten an, eine landesverfassungsgerichtliche Entscheidung in der Sache ergeht wegen der Beschränkung der landesverfassungsgerichtlichen Überprüfung auf formelle Gesetze nicht. Die Gemeinde erhebt daraufhin kommunale Verfassungsbeschwerde zum Bundesverfassungsgericht und rügt eine Verletzung von Art. 28 Abs. 2 S. 1 GG. ◀

▶ **FALL 30:** Mehrere Gemeinden beschließen die Gründung eines Zweckverbandes, der den Betrieb von Volkshochschulen übernehmen soll. Die Verbandssatzung bestimmt, dass die durch Gebühren und Zuschüsse nicht gedeckten Kosten auf die Verbandsmitglieder umgelegt werden. Nachfolgend vereinbarte Ausweitungen des Bildungsangebotes werden von einer Mitgliedsgemeinde als uninteressant empfunden; sie beantragt nicht zuletzt auch wegen der nach ihrer Ansicht ungünstigen Kostenentwicklung daher das Ausscheiden aus dem Zweckverband. Dies wird von der Verbandsversammlung abgelehnt. Daraufhin kündigt die Mitgliedsgemeinde ihre Mitgliedschaft beim Zweckverband, stellt ihre Mitarbeit ein und verweigert die Zahlung der Umlage. Der Zweckverband begehrt die verwaltungsgerichtliche Feststellung, dass die Mitgliedsgemeinde weiterhin zu seinen Mitgliedern gehört. ◀

Gemeinden nehmen zahlreiche Aufgaben gemeinsam wahr, kaum ein Aufgabenfeld scheint der kommunalen Zusammenarbeit noch verschlossen.[1] Die Herausforderungen derartiger Kooperationen sind offensichtlich: Gemeinden – oftmals werden auch Gemeindeverbände, insbesondere Kreise, zur kommunalen Zusammenarbeit befähigt[2] – geben die Möglichkeit zur alleinigen Einflussnahme auf die Aufgabenwahrnehmung aus der Hand. Deswegen steht nicht nur das Verwaltungsorganisationsgefüge unter dem Druck der Unübersichtlichkeit, vielmehr wird auch die bürgerschaftliche Mitwirkung mediatisiert. Weitere Aspekte treten hinzu: Die Willensbildung kann durch kommunale Zusammenarbeit schwerfälliger werden, sowohl innerhalb der Gemeinden als auch in ihrem Verhältnis zueinander gehen überdies innovationsfördernde Konkurrenzsituationen verloren.[3] Nichtsdestotrotz ist die kommunale Zusammenarbeit keinesfalls eine neue Erscheinung, sie wurde vielmehr schon früh gesetzlich geordnet. Einheitliche Regelungen formulierte etwa das Reichszweckverbandsgesetz, das entgegen seinem Namen nicht nur Regelungen zu Zweckverbänden, sondern auch zu öffentlich-rechtlichen Vereinbarungen enthielt.[4]

---

1 *Schmidt*, in: Ehlers/Fehling/Pünder (Hrsg.), BesVerwR, Bd. III, § 65, Rn. 2.
2 Siehe dazu § 1 S. 1 GKZ BW; Art. 1 Abs. 1 S. 1 BayKommZG; § 1 Abs. 1 S. 1 BbgGKG; § 1 Abs. 1 S. 1 HessKGG; § 149 Abs. 1 S. 1 KV M-V; § 1 Abs. 1 S. 1 NKomZG; § 1 Abs. 1 S. 1 GkG NW; § 1 Abs. 1 S. 1 RhPfKomZG; § 1 Abs. 1 S. 1 SaarlKGG; § 1 SächsKomZG; § 1 S. 1 GKG LSA; § 1 Abs. 1 S. 1 GkZ SH; § 1 Abs. 1 S. 1 ThürKGG.
3 *Oebbecke*, in: Mann/Püttner (Hrsg.), HKWP, Bd. I, § 29, Rn. 5.
4 Reichszweckverbandsgesetz vom 7.6.1939, RGBl. I, 979; ausführlich *Schmidt*, Kommunale Kooperation, 32 ff.

4   Zugunsten der kommunalen Zusammenarbeit werden oftmals – theoretisch und empirisch indes nur schwach fundiert[5] – Kostengründe angeführt: Bereits die Überwindung der räumlichen Grenzen von Gemeinden könne, so die Argumentation, angesichts gebietlicher Besonderheiten Vorteile mit sich bringen; Gleiches gelte für vorgehaltene Kapazitäten öffentlicher Einrichtungen. Überdies seien Stadt-Umland-Probleme von Bedeutung,[6] diesbezügliche finanzielle Belastungen ließen sich im Wege der kommunalen Zusammenarbeit angemessen verteilen.[7] All dies führt zu der Feststellung, dass „Kommunalverwaltung […] [nicht] ohne Kooperation […] [auskommt]":[8] Bestimmte Angelegenheiten hätten einen gewissen Verflechtungsgrad, der kommunale Zusammenarbeit zur effektiven Aufgabenwahrnehmung erfordere.[9]

I. Allgemeines

5   Unter dem Stichwort der kommunalen Zusammenarbeit werden unterschiedliche Formen der Kooperation von Gemeinden zusammengefasst. Den rechtlichen Rahmen bilden dabei Vorschriften unterschiedlicher Normebenen.

1. Die kommunale Kooperationshoheit

6   Auf der Ebene des Verfassungsrechts ergänzt das Bundesverfassungsgericht die kommunale Organisationshoheit[10] zunächst um die kommunale Kooperationshoheit.[11] Gemeinden sind danach von Verfassungs wegen berechtigt, Aufgaben gemeinsam wahrzunehmen.[12] Gesetzliche Vorgaben für die Zusammenarbeit von Gemeinden werden deswegen als Beeinträchtigung des kommunalen Selbstverwaltungsrechts wahrgenommen.[13] Art. 28 Abs. 2 GG begründet dementsprechend zwar nicht den „Schutz des herkömmlichen Kooperationsarsenals, wohl aber das Verbot seines ersatzlosen Fortfalls".[14] Neben die positive Kooperationshoheit soll zudem die negative Kooperationshoheit treten, die nach überkommener Auffassung vor zwangsweisen Zusammenschlüssen schützt;[15] mit Blick auf die Zuordnung zu einer Verwaltungsgemeinschaft hat das Bundesverfassungsgericht für den übertragenen Wirkungskreis allerdings ausgeführt, dass dadurch das Selbstverwaltungsrecht nicht berührt werde, da eine verfassungsrechtliche Gewährleistung, staatliche Aufgaben wahrzunehmen, nicht aus Art. 28 Abs. 2 S. 1 GG abgeleitet werden könne.[16]

7   Weitere verfassungsrechtliche Bezugspunkte ergeben sich aus der kommunalen Aufgabengarantie: Werden Gemeinden zur Zusammenarbeit verpflichtet und geht damit ein

---

5   *Oebbecke*, in: Mann/Püttner (Hrsg.), HKWP, Bd. I, § 29, Rn. 1.
6   Ausführlich zu Stadt-Umland-Verbänden *Schliesky*, in: Mann/Püttner (Hrsg.), HKWP, Bd. I, § 30.
7   Zum Ganzen *Oebbecke*, in: Mann/Püttner (Hrsg.), HKWP, Bd. I, § 29, Rn. 2.
8   *Oebbecke*, in: Mann/Püttner (Hrsg.), HKWP, Bd. I, § 29, Rn. 6; *Schmidt*, Kommunale Kooperation, 9 f.
9   *Loschelder*, FG von Unruh, 1983, 381 (397).
10 Siehe dazu Teil 2, § 1, Rn. 12 ff.
11 BVerfG, NVwZ 1987, 123 (124); eingehend *Schmidt-Jortzig*, FG von Unruh, 1983, 525 ff.; ferner *Schink*, DVBl. 1982, 769 (775 f.).
12 Dazu *Dreier*, in: Dreier (Hrsg.), GG, Bd. II, 2. Aufl. 2006, Art. 28, Rn. 138.
13 Siehe dazu BVerfG, NVwZ 1987, 123 (124), wonach allerdings lediglich „direkte" Eingriffe die kommunale Kooperationshoheit beeinträchtigen.
14 *Loschelder*, FG von Unruh, 1983, 381 (397).
15 *Schmidt-Jortzig*, FG von Unruh, 1983, 525 (537 ff.); *Schmidt*, Kommunale Kooperation, 59 ff.; ohne ausdrückliche Erwähnung einer negativen Kooperationshoheit BVerfGE 26, 228 (239 ff.); mit Blick auf die Eigenverantwortlichkeit der kommunalen Aufgabenwahrnehmung BVerfGE 107, 1 (18 ff.).
16 BVerfGE 107, 1 (18).

Verlust von Zuständigkeiten (im eigenen Wirkungskreis) einher, bedarf es – unter Zugrundelegung des institutionellen Deutungsansatzes[17] – einer verfassungsrechtlichen Rechtfertigung am Maßstab der gemeindlichen Aufgabengarantie.[18] Darüber hinaus muss wohl die Frage, ob die positive Kooperationsfreiheit tatsächlich die Aufgabenwahrnehmung in kommunaler Zusammenarbeit und den damit einhergehenden Verzicht der Gemeinden auf eine eigenständige Aufgabenwahrnehmung legitimiert, angesichts der Rechtsprechung des Bundesverwaltungsgerichts zur Pflicht der Gemeinden „zur grundsätzlichen Sicherung und Wahrung des Aufgabenbestandes, der zu den Angelegenheiten des örtlichen Wirkungskreises gehört",[19] grundsätzlich neu vermessen werden.

2. Kommunale Kooperationen als Träger des Selbstverwaltungsrechts

Die Frage, ob kommunale Kooperationen selbst Träger des kommunalen Selbstverwaltungsrechts sind, schließt die verfassungsrechtliche Maßstabsbildung ab. Lediglich nach Art. 71 Abs. 1 LV BW wird neben den Gemeinden und Gemeindeverbänden ausdrücklich auch Zweckverbänden das Recht der Selbstverwaltung eingeräumt. Abseits derartiger ausdrücklicher Regelungen hängt der verfassungsrechtliche Status kommunaler Kooperationen vom Begriff der Gemeindeverbände und seiner Reichweite ab – grundsätzlich dürften Formen der kommunalen Zusammenarbeit allerdings nicht als Gemeindeverbände und damit Träger des kommunalen Selbstverwaltungsrechts zu qualifizieren sein.[20]

8

Die Frage nach der Geltung des kommunalen Selbstverwaltungsrechts auch für kommunale Kooperationen führt zu einem weiteren Problemaspekt: Vom Gesetzgeber werden bestimmte Formen der kommunalen Zusammenarbeit ausdrücklich im Zusammenhang mit der kommunalen Binnenorganisation normiert. Problemabschichtend sind demzufolge mehrstufige kommunale Organisationseinheiten (namentlich Samtgemeinden sowie Verbandsgemeinden und Ämter)[21] von der kommunalen Zusammenarbeit zu unterscheiden; auch die Frage nach der Geltung des kommunalen Selbstverwaltungsrechts für solche mehrstufigen kommunalen Organisationseinheiten dürfte differenziert zu beantworten sein. Eine solche Abgrenzung wird allerdings dadurch erschwert, dass einige Bundesländer namentlich Gemeindeverwaltungsverbände und Verwaltungsgemeinschaften – die je nach landesrechtlicher Ausgestaltung ihrerseits zu den mehrstufigen kommunalen Organisationseinheiten zählen (können) – gerade als Gegenstand der kommunalen Zusammenarbeit thematisieren. Letztlich lässt sich daher systematisierend nur festhalten, dass jedenfalls die auf vertraglicher Grundlage beruhende Zusammenarbeit mangels Rechtspersönlichkeit keinen verfassungsrechtlichen Schutz genießen kann;[22] diese Feststellung beansprucht auch Geltung, sofern Gemeindeverwaltungsverbände und Verwaltungsgemeinschaften nicht im Zusammenhang mit der kommunalen Zusammenarbeit geregelt werden – etwa nach §§ 59 ff. GemO BW, Art. 1 ff. BayVGemO sowie §§ ff. 46 ThürKO. Werden zur kommunalen Zusammenarbeit hingegen Körperschaften des öffentlichen Rechts gebildet, hängt deren

9

---

17 Allgemein dazu Teil 1, § 3, Rn. 22 f.
18 *Oebbecke*, in: Mann/Püttner (Hrsg.), HKWP, Bd. I, § 29, Rn. 18.
19 Dazu Teil 2, § 7, Rn. 47.
20 Das Bundesverwaltungsgericht anerkennt Zweckverbände nicht als Gemeindeverbände im verfassungsrechtlichen Sinne, siehe BVerwGE 140, 245 ff.
21 Siehe dazu Teil 2, § 4, Rn. 91 ff.
22 Mit Blick auf § 59 GemO BW *Gern*, DtKomR, Rn. 949.

verfassungsrechtlicher Status entscheidend von der Reichweite des Gemeindeverbandsbegriffs und seiner Anwendbarkeit auf die entsprechenden Formen der kommunalen Zusammenarbeit ab.

3. Einfach-gesetzliche Vorgaben für die kommunale Kooperation

10 Einfachgesetzliche Regelungen zur kommunalen Zusammenarbeit finden sich in allen Bundesländern, entweder in Gesetzen zur kommunalen Zusammen- oder Gemeinschaftsarbeit oder im Gemeinderecht. Nach den einfachgesetzlichen Maßstäben können Gemeinden – abgesehen von der Bildung von Gemeindeverwaltungsverbänden oder Verwaltungsgemeinschaften[23] – regelmäßig Körperschaften des öffentlichen Rechts bilden, nämlich Zweckverbände und gemeinsame kommunale Anstalten des öffentlichen Rechts. Abseits der Bildung solcher Körperschaften des öffentlichen Rechts steht es den Gemeinden frei, Arbeitsgemeinschaften zu gründen und öffentlich-rechtliche Vereinbarungen zu schließen.[24] Daneben bleibt die Befugnis, zur gemeinsamen Wahrnehmung von Aufgaben die Gestaltungsmöglichkeiten des Privatrechts zu nutzen, nach den Regelungen über die kommunale Zusammenarbeit ausdrücklich unberührt.[25]

a) Unterschiede und Gemeinsamkeiten der einzelnen Formen kommunaler Zusammenarbeit

11 Grundsätzlich ist zwischen den einzelnen Formen der kommunalen Zusammenarbeit zu unterscheiden. Allerdings werden auch vielfältige Gestaltungsmöglichkeiten eröffnet, um unterschiedliche Formen der kommunalen Zusammenarbeit miteinander zu kombinieren. Im Mittelpunkt derartiger Überlegungen stehen regelmäßig Zweckverbände: Diese zählen nämlich zu denjenigen öffentlich-rechtlichen Körperschaften, die ihrerseits oftmals öffentlich-rechtliche Vereinbarungen schließen und dadurch auf vertraglicher Grundlage weitere Aufgaben wahrnehmen können.[26] Die Möglichkeit zur Gründung einer öffentlich-rechtlichen Körperschaft und die Befugnis zur Aufgabenübertragung auf vertraglicher Grundlage werden auf diesem Wege miteinander verbunden. Überdies steht Zweckverbänden vereinzelt die Möglichkeit offen, sich selbst an gemeinsamen kommunalen Anstalten und damit an anderen Körperschaften des öffentlichen Rechts zu beteiligen.[27] Neben solchen Überschneidungen sind auch grundlegende Gemeinsamkeiten aller Formen der kommunalen Zusammenarbeit auszumachen: Regelmäßig findet sich die allgemeingültige einfachgesetzliche Maßgabe, dass Gemeinden Aufgaben, zu deren Erfüllung sie berechtigt oder verpflichtet sind, gemeinsam wahrnehmen können.[28] Erfasst werden folglich sowohl eigene als auch übertrage-

---

23 Siehe dazu Teil 2, § 11, Rn. 25 ff.
24 Zu den zulässigen Formen kommunaler Gemeinschaftsarbeit § 1 S. 1 GKZ BW; Art. 2 BayKommZG; § 2 Abs. 1 S. 1 BbgGKG; § 2 Abs. 1 HessKGG; § 149 Abs. 1 S. 2 KV M-V; § 1 Abs. 1 S. 1 NKomZG; § 1 Abs. 2 GkG NW; § 1 Abs. 1 RhPfKomZG; § 1 Abs. 1 S. 1 SaarlKGG; § 2 Abs. 1 SächsKomZG; § 2 GKG LSA; § 1 Abs. 2 GkZ SH; § 2 ThürKGG.
25 Siehe Art. 1 Abs. 3 S. 1 BayKommZG; § 2 Abs. 2 BbgGKG; § 2 Abs. 2 HessKGG; § 1 Abs. 2 NKomZG; § 1 Abs. 3 GkG NW; § 1 Abs. 2 RhPfKomZG; § 1 Abs. 2 SaarlKGG; § 2 Abs. 2 SächsKomZG; § 2 Abs. 3 GKG LSA; § 1 Abs. 3 S. 1 ThürKGG.
26 Art. 7 Abs. 5 BayKommZG; § 5 Abs. 1 S. 2 BbgGKG; § 165 Abs. 1 KV M-V; § 12 Abs. 1 S. 1 RhPfKomZG; § 17 Abs. 1 SaarlKGG; § 71 Abs. 5. 1 SächsKomZG; § 18 Abs. 1 S. 1 GkZ SH; dazu *Kneymeyer*, BayVBl. 2003, 257 ff.
27 § 29a Abs. 1 S. 2 HessKGG; § 19c Abs. 1 S. 1 GkZ SH; zum Ganzen *Schmidt*, in: Ehlers/Fehling/Pünder (Hrsg.), BesVerwR, Bd. III, § 65, Rn. 121 ff.
28 Siehe dazu § 1 S. 1 GKZ BW; § 1 Abs. 1 S. 2 BbgGKG; § 1 Abs. 1 HessKGG; § 1 Abs. 1 S. 1 RhPfKomZG; § 1 Abs. 1 SaarlKGG; siehe auch § 1 Abs. 1 S. 1 GkG NW – allerdings steht diese Vorschrift wohl im Widerspruch zu § 3 Abs. 5 GO NW, wonach im Bereich der Pflichtaufgaben zur Erfüllung nach Weisung lediglich öffentlich-

ne Aufgaben,[29] sofern nicht durch Gesetz deren gemeinsame Wahrnehmung ausgeschlossen ist.[30] Lediglich sogenannte Existenzaufgaben sollen nicht gemeinsam wahrgenommen werden können; Gleiches soll für Aufgaben gelten, die aufgrund ihrer Rechtsnatur nicht für eine gemeinsame Wahrnehmung geeignet sind – etwa, wenn durch die kommunale Zusammenarbeit der Bestand oder die Funktionsfähigkeit der Gemeinden gefährdet würde.[31]

Darüber hinaus wird in Anbetracht der Rechtsprechung des Bundesverwaltungsgerichts zur Pflicht der Gemeinden „zur grundsätzlichen Sicherung und Wahrung des Aufgabenbestandes, der zu den Angelegenheiten des örtlichen Wirkungskreises gehört",[32] davon auszugehen sein, dass sich die Gemeinden im Wege der kommunalen Zusammenarbeit nicht aller Selbstverwaltungsaufgaben begeben dürfen. Zwar werden die betreffenden Aufgaben nach wie vor in kommunaler Verantwortung wahrgenommen und auch das Bundesverwaltungsgericht hatte ausdrücklich noch darauf hingewiesen, dass die verfassungsrechtliche Gewährleistung kommunaler Selbstverwaltung anders als im Falle der zwangsweisen Zuordnung zu einer Verwaltungsgemeinschaft von vornherein nicht berührt werde, wenn Selbstverwaltungsaufgaben freiwillig übertragen werden. Nichtsdestotrotz geht die Rechtsprechung mit Blick auf die kommunale Zusammenarbeit (beiläufig und überdies systematisch fragwürdig, indes ganz im Sinne der jüngeren Rechtsprechung des Bundesverwaltungsgerichts) davon aus, dass sich die Gemeinden durch kommunale Zusammenarbeit nicht des Kernbereichs ihrer eigenverantwortlichen Aufgabenwahrnehmung entledigen dürften.[33]

12

b) Grenzüberschreitende kommunale Zusammenarbeit

Kommunale Zusammenarbeit findet auch über die Grenzen des Bundes und der Bundesländer hinweg statt. Diese grenzüberschreitende Zusammenarbeit lässt sich auf unterschiedliche rechtliche Grundlagen zurückführen. Zunächst steht es den Gemeinden frei, auf privatrechtliche Gestaltungsmöglichkeiten zurückzugreifen, für die mit dem Internationalen Privatrecht ein umfängliches Kollisionsrecht bereit steht. Sodann finden sich vereinzelt gemeinderechtliche Regelungen, die grenzüberschreitende kommunale Kooperationen einseitig für zulässig erklären.[34] Auf europäischer Ebene werden ebenfalls Organisationsformen für die grenzüberschreitende Zusammenarbeit bereitgestellt;[35] auch das Verfassungsrecht legitimiert gemäß Art. 24 Abs. 1a GG diesbezüglich die Übertragung von Hoheitsrechten auf grenznachbarschaftliche Einrichtungen. Städtepartnerschaften werden sogar ganz grundsätzlich den Angelegenheiten der örtlichen Gemeinschaft im Sinne des Art. 28 Abs. 2 S. 1 GG zugeordnet.[36]

13

---

rechtliche Vereinbarungen geschlossen werden können; auch nach § 6 Abs. 2 S. 1 GKG LSA können einem Zweckverband lediglich Aufgaben des übertragenen Wirkungskreises übertragen werden.
29 *Schmidt*, in: Ehlers/Fehling/Pünder (Hrsg.), BesVerwR, Bd. III, § 65, Rn. 30 ff.
30 § 1 S. 2 GKZ BW; Art. 1 Abs. 4 BayKommZG; § 1 Abs. 2 BbgGKG; § 1 S. 2 HessKGG; § 1 Abs. 1 S. 2 GkG NW; § 1 Abs. 1 S. 2 RhPfKomZG; § 1 Abs. 1 S. 2 SaarlKGG; § 1 SächsKomZG; § 1 S. 2 GKG LSA; § 1 Abs. 4 ThürKGG.
31 *Schmidt*, in: Ehlers/Fehling/Pünder (Hrsg.), BesVerwR, Bd. III, § 65, Rn. 33, 34; siehe aber auch *Lange*, KomR, Kap. 19, Rn. 19 mit dem Hinweis, dass wesentliche Entscheidungen den Gemeinden vorbehalten bleiben müssten, „technische Abläufe" aber gleichwohl gemeinsam wahrgenommen werden könnten.
32 Ausführlich dazu Teil 2, § 7, Rn. 47.
33 VGH BW, NVwZ-RR 1990, 215 (216).
34 Art. 17 Abs. 3 BayKommZG; § 36 Abs. 1 HessKGG; § 4 Abs. 3 GkG NW; § 21 Abs. 1 GkZ SH; § 16 Abs. 3 ThürKGG.
35 VO (EG) 1082/2006 des Europäischen Parlamentes und des Rates vom 5.7.2006, Abl. EU 2006, L 210/19; dazu *Krzymuski/Kubicki*, NVwZ 2014, 1338 ff.
36 BVerwGE 87, 237 ff.

14 Oftmals erfolgt grenzüberschreitende kommunale Zusammenarbeit indes auf der Grundlage staatsvertraglicher Regelungen.[37] Die zwischen den (benachbarten) Bundesländern geschlossenen Staatsverträge bestimmen regelmäßig, dass für die Bildung von Zweckverbänden und Arbeitsgemeinschaften dasjenige Landesrecht zur Anwendung gelangt, in dem diese ihren Sitz haben; auf öffentlich-rechtliche Vereinbarungen findet das Landesrecht Anwendung, in dem der mit der Wahrnehmung von Aufgaben betraute Beteiligte seinen Sitz hat.[38] Die bundesgrenzüberschreitende kommunale Zusammenarbeit regeln etwa das Isselburger Übereinkommen zwischen dem Land Nordrhein-Westfalen, dem Land Niedersachsen, der Bundesrepublik Deutschland und dem Königreich der Niederlande[39] oder das Karlsruher Übereinkommen zwischen der Französischen Republik, der Bundesrepublik Deutschland, dem Großherzogtum Luxemburg und der Schweiz.[40] Die Abkommen enthalten Regelungen zur Bildung von Zweckverbänden, zum Abschluss öffentlich-rechtlicher Vereinbarungen sowie zur Bildung kommunaler Arbeitsgemeinschaften – auch insoweit richtet sich das anwendbare Recht nach dem jeweiligen Sitz. Allerdings sind insbesondere Zweckverbände regelmäßig nicht berechtigt, Dritten durch Rechtsnorm oder Verwaltungsakt Verpflichtungen aufzuerlegen.

II. Rechtsformen kommunaler Zusammenarbeit

1. Zweckverband

15 Kommunale Zusammenarbeit erfolgt zuvörderst in Gestalt von Zweckverbänden: Gemeinden können zur gemeinsamen Aufgabenwahrnehmung Körperschaften des öffentlichen Rechts bilden.[41] Dazu können sie im Bereich der Pflichtaufgaben – auch des eigenen Wirkungskreises – oftmals im Wege der Rechtsaufsicht auch verpflichtet werden.[42] Mit der Bildung von Zweckverbänden gehen das Recht und die Pflicht zur Aufgabenerfüllung auf die Zweckverbände über.[43] Obwohl diesen grundsätzlich auch zusammenhängende Aufgaben übertragen werden können,[44] besteht die Möglichkeit der Aufgabenübertragung nicht grenzenlos: Zweckverbände können aus Gründen der

---

37 Siehe dazu *Oebbecke*, in: Mann/Püttner (Hrsg.), HKWP, Bd. I, § 29, Rn. 25 ff.
38 Ausführlich *Schmidt*, Kommunale Kooperation, 577 ff.
39 Abkommen zwischen dem Land Nordrhein-Westfalen, dem Land Niedersachsen, der Bundesrepublik Deutschland und dem Königreich der Niederlande über grenzüberschreitende Zusammenarbeit zwischen Gebietskörperschaften und anderen öffentlichen Stellen vom 23. Mai 1991, NdsGVBl. 1992, 69, GVBl. NW 1991, 530.
40 Übereinkommen zwischen der Regierung der Französischen Republik, der Regierung der Bundesrepublik Deutschland, der Regierung des Großherzogtums Luxemburg und dem schweizerischen Bundesrat, handelnd im Namen der Kantone Solothurn, Basel-Stadt, Basel-Landschaft, Aargau und Jura, über die grenzüberschreitende Zusammenarbeit zwischen Gebietskörperschaften und örtlichen öffentlichen Stellen vom 23. Januar 1996, BGBl. II 1997, 1159.
41 § 2 Abs. 1 GKZ BW; Art. 17 Abs. 1 BayKommZG; § 10 Abs. 1 BbgGKG; § 5 Abs. 1 HessKGG; § 150 Abs. 2 S. 1 KV M-V; § 7 Abs. 1 S. 1 NKomZG; § 4 Abs. 1 GkG NW; § 4 Abs. 1 S. 1 RhPfKomZG; § 2 Abs. 1 SaarlKGG; § 44 Abs. 1 S. 1 SächsKomZG; § 6 Abs. 1 S. 1 GKG LSA; § 2 Abs. 1 S. 1 GkZ SH; § 16 Abs. 1 ThürKGG.
42 § 11 Abs. 2 S. 1 GKZ BW; Art. 28 Abs. 1 BayKommZG; § 43 Abs. 2 Nr. 3 bis 6 BbgGKG; § 13 Abs. 1 HessKGG; § 150 Abs. 3 S. 1 KV M-V; § 13 Abs. 2 S. 1 NKomZG; § 4 Abs. 3 S. 1 RhPfKomZG; § 12 Abs. 2 S. 1 SaarlKGG; § 50 Abs. 2 S. 1 SächsKomZG; § 8b Abs. 2 S. 1 GKG LSA; § 25 Abs. 2 S. 1 ThürKGG; ferner besteht die Möglichkeit der Bildung von Zweckverbänden unmittelbar durch Gesetz, siehe etwa § 22 GkG NW; dazu *Oebbecke*, in: Mann/Püttner (Hrsg.), HKWP, Bd. I, § 29, Rn. 34, 39.
43 Ausdrücklich § 4 Abs. 1 GKZ BW; § 22 Abs. 1, 2 BayKommZG; § 8 Abs. 1 HessKGG; § 151 Abs. 1, 2 KV M-V; § 2 Abs. 3 NKomZG; § 6 Abs. 1 GkG NW; § 4 Abs. 1 SaarlKGG; § 46 SächsKomZG; § 9 Abs. 1 S. 1 GKG LSA; § 3 Abs. 1 S. 1 GkZ SH; § 20 Abs. 1 ThürKGG; siehe auch § 3 S. 1 RhPfKomZG.
44 Ausdrücklich Art. 17 Abs. 1 BayKommZG; § 6 Abs. 2 S. 1 GKG LSA; § 2 Abs. 1 S. 1 GkZ SH; § 16 Abs. 1 ThürKGG.

Rechtsstaatlichkeit lediglich im Einzelnen genau bestimmte Aufgaben wahrnehmen.[45] Dass Zweckverbände innerhalb dieser Grenzen zur Aufgabenwahrnehmung berechtigt und verpflichtet sind, hat regelmäßig zur Folge, dass sie die zur Aufgabenwahrnehmung notwendigen Befugnisse ausüben können. Ihnen obliegt etwa der Erlass von Verwaltungsakten[46] und (sofern dies landesrechtlich vorgesehen ist) von Satzungen.[47] Spiegelbildlich dazu richten sich Ansprüche von Bürgern und Einwohnern infolge der Aufgabenübertragung gegen die Zweckverbände und nicht länger gegen deren Mitgliedsgemeinden.

a) Mitgliedschaft und Zweckverbandsbildung

Zweckverbände sind keine Kooperationsform, die ausschließlich von Gemeinden (und Gemeindeverbänden) zur gemeinsamen Aufgabenwahrnehmung vereinbart wird. An der Gründung von Zweckverbänden muss wenigstens eine Gemeinde beteiligt sein, im Übrigen können Mitglieder von Zweckverbänden auch andere Körperschaften des öffentlichen Rechts sein. Gleiches gilt für natürliche oder juristische Personen des Privatrechts, wenn die Aufgabenerfüllung dadurch gefördert wird und Gründe des öffentlichen Wohles nicht entgegenstehen;[48] vereinzelt wird diesbezüglich allerdings festgeschrieben, dass die Mitgliedsgemeinden stets über die Entscheidungsmehrheit verfügen müssen.[49] Zur Bildung von Zweckverbänden vereinbaren die Beteiligten eine Verbandssatzung (vereinzelt wird auch ausdrücklich der Abschluss eines öffentlich-rechtlichen Vertrages vorausgesetzt, dessen Gegenstand die Verbandssatzung ist) mit bestimmten Mindestinhalten.[50] Zuständig dürfte die Gemeindevertretung sein, für das Außenverhältnis gelten hingegen die Vorschriften über die Vertretung der Gemeinde.[51]

16

Als koordinationsrechtlicher öffentlich-rechtlicher Vertrag bedarf die Verbandssatzung gemäß § 57 VwVfG der Schriftform. Sie muss wegen der mit der Gründung von Zweckverbänden einhergehenden Verpflichtungen der Mitgliedsgemeinden überdies den gemeinderechtlichen Anforderungen für Verpflichtungsgeschäfte genügen.[52] Regelmäßig muss die Verbandssatzung zudem von der Aufsichtsbehörde genehmigt und bekannt gemacht werden.[53] Versagungsgründe sind dabei lediglich selten ausdrücklich

17

---

45 *Oebbecke*, NVwZ 2010, 665 (666).
46 *Schmidt*, in: Ehlers/Fehling/Pünder (Hrsg.), BesVerwR, Bd. III, § 65, Rn. 71.
47 § 5 Abs. 3 S. 1 GKZ BW; Art. 22 Abs. 2 BayKommZG; § 8 Abs. 1 S. 2 HessKGG; § 151 Abs. 2 KV M-V; § 2 Abs. 3 NKomZG; § 8 Abs. 4 GkG NW; § 3 Abs. 3 S. 1 SaarlKGG; § 9 Abs. 1 S. 2 GKG LSA; § 3 Abs. 1 S. 1 GkZ SH; § 20 Abs. 2 ThürKGG.
48 § 2 Abs. 2 GKZ BW; Art. 17 Abs. 2 BayKommZG; § 11 Abs. 1 BbgGKG; § 5 Abs. 2 HessKGG; § 150 Abs. 2 S. 2, 3 KV M-V; § 4 Abs. 2 GkG NW; § 2 Abs. 2 RhPfKomZG; § 2 Abs. 2, 3 SaarlKGG; § 44 Abs. 2 SächsKomZG; § 2 Abs. 2 GkZ SH; § 16 Abs. 2 ThürKGG; siehe auch § 7 Abs. 3 Nr. 4 NKomZG, wonach eine Beteiligung Privater nur zulässig ist, wenn bei einer Aufgabenerfüllung durch die Verbandsmitglieder selbst eine solche Beteiligung zulässig wäre; nach § 6 Abs. 1 S. 2, 3 GKG LSA muss deren Mitwirkung für die Erreichung des Zwecks von besonderer Bedeutung sein.
49 § 7 Abs. 3 Nr. 1 NKomZG; § 15 Abs. 1 S. 3 GkG NW; § 2 Abs. 2 S. 2 RhPfKomZG; § 6 Abs. 2 KGK LSA; ähnlich ThürKGG.
50 § 6 GKZ BW; Art. 18 f. BayKommZG; § 13 Abs. 1, 2 BbgGKG; § 9 HessKGG; § 152 Abs. 2, 3 KV M-V; § 9 Abs. 1, 2 NKomZG; § 9 Abs. 1 S. 1, Abs. 2 GkG NW; §§ 5, 6 RhPfKomZG; § 3 Abs. 1 SaarlKGG; § 48 Abs. 1 S. 1 SächsKomZG; § 8 Abs. 1, 2 GKG LSA; § 5 Abs. 3, 4 GkZ SH; § 17 Abs. 1, 2 ThürKGG; siehe ferner §§ 4 Abs. 2 S. 1, 6 Abs. 1 RhPfKomZG, wonach Zweckverbände von der Aufsichtsbehörde errichtet werden und die Gemeinden lediglich den Entwurf einer Zweckverbandssatzung erarbeiten.
51 Dazu *Schmidt*, in: Ehlers/Fehling/Pünder (Hrsg.), BesVerwR, Bd. III, § 65, Rn. 63.
52 *Oebbecke*, in: Mann/Püttner (Hrsg.), HKWP, Bd. I, § 29, Rn. 35.
53 §§ 7 Abs. 1 S. 1, 8 Abs. 1 S. 1 GKZ BW; Art. 20 Abs. 1 S. 1, 21 Abs. 1 S. 1 BayKommZG; § 41 Abs. 3 Nr. 3, 4 BbgGKG §§ 10 Abs. 1 S. 1, 11 S. 1 HessKGG; §§ 10 Abs. 1 S. 1, 11 Abs. 1 S. 1 GkG NW; §§ 7 Abs. 1 S. 1, 8 Abs. 1 SaarlKGG; § 8

normiert,⁵⁴ mangels solcher ausdrücklicher Regelungen wird bezugnehmend auf die verfassungsrechtlich gewährleistete Kooperationshoheit lediglich eine Versagung im Falle rechtswidriger Verbandssatzungen für zulässig erachtet.⁵⁵ Erfüllen Zweckverbände demgegenüber Aufgaben des übertragenen Wirkungskreises, steht die Genehmigung oftmals ausdrücklich im Ermessen der Aufsichtsbehörde;⁵⁶ dadurch wird die kommunale Kooperationshoheit im Gegensatz zur kommunalen Organisationshoheit⁵⁷ anscheinend auf den eigenen Wirkungskreis beschränkt. Schließlich hat der Bundesgerichtshof abseits vereinzelter Regelungen zur fehlgeschlagenen Verbandsgründung⁵⁸ festgestellt, dass ein im Gründungsstadium befindlicher oder verharrender, nichtrechtsfähiger Zweckverband privatrechtliche Rechte und Pflichten haben kann, insbesondere Partei eines privatrechtlichen Vertrages sein kann. Anwendung sollen – nach dem Grad der Verselbstständigung – entweder das Recht der Gesellschaft bürgerlichen Rechts oder des nichtrechtsfähigen wirtschaftlichen Vereins finden.⁵⁹ Aus öffentlich-rechtlicher Perspektive werden fehlerhafte Zweckverbände demgegenüber als nicht rechtsfähige Verbände mit körperschaftlicher Struktur – als öffentlich-rechtliche Verbände eigener Art, die lediglich für die Rückabwicklung noch nicht bestandskräftig abgeschlossener Rechtsverhältnisse teilrechtsfähig sind – qualifiziert.⁶⁰

b) Ausscheiden von Mitgliedern und Auflösung von Zweckverbänden

18 Des Weiteren enthalten die landesrechtlichen Regelungen unterschiedliche Vorgaben zum Ausscheiden und zum Ausschluss von Mitgliedern aus Zweckverbänden. Oftmals ist eine von bestimmten Mehrheiten abhängige Änderung der Verbandssatzung einschließlich deren Genehmigung durch die Aufsichtsbehörde vorgeschrieben.⁶¹ Gleiches gilt für die Auflösung von Zweckverbänden.⁶² Vereinzelt sehen die landesrechtlichen Vorschriften aber auch die Möglichkeit zur Kündigung (aus wichtigem Grund) vor.⁶³ Abseits derartiger Regelungen hat die Rechtsprechung darauf verwiesen, dass das Ausscheiden aus Zweckverbänden wegen der Auswirkungen auf deren Organisations-

---

Abs. 4, 5 S. 1 GKG LSA; §§ 18 Abs. 1 S. 1, 19 Abs. 1 S. 1 ThürKGG; siehe auch § 14 Abs. 1 S. 1 BbgGKG; § 152 Abs. 4 S. 2, 3 KV M-V; § 49 Abs. 1 S. 1 SächsKomZG; § 5 Abs. 5 GkZ SH.
54 Siehe etwa Art. 20 Abs. 1 S. 2 BayKommZG; ferner § 7 Abs. 1 S. 2 GKZ BW; § 49 Abs. 1 S. 2 SächsKomZG; § 18 Abs. 1 S. 2 ThürKGG.
55 Allgemein *Schmidt*, in: Ehlers/Fehling/Pünder (Hrsg.), BesVerwR, Bd. III, § 65, Rn. 48, 64, der überdies einen Anspruch auf Erteilung der Genehmigung annimmt; in diesem Sinne auch § 7 Abs. 1 S. 2 GKZ BW.
56 § 7 Abs. 1 S. 1 GKZ BW; Art. 20 Abs. 1 S. 3 BayKommZG; § 49 Abs. 1 S. 3 SächsKomZG; § 18 Abs. 1 S. 3 ThürKGG.
57 Dazu nochmals Teil 2, § 1, Rn. 12 ff.
58 Siehe § 170a KV M-V; § 8a GKG LSA; ferner § 47 BbgGKG, §§ 1 ff. BbgZwVerbSG; Art. 2 SächsVwVbdOrdG; § 19 Abs. 1 S. 4 ThürKGG; dazu *Oebbecke*, in: Mann/Püttner (Hrsg.), HKWP, Bd. I, § 29, Rn. 61 ff.; ferner *Saugier*, Der fehlerhafte Zweckverband, 2001, passim; *Schmidt*, Kommunale Kooperation, 259 ff.
59 BGH, NJW 2001, 748 ff.
60 Siehe OVG Weimar, DVBl. 2015, 440 ff.; ferner auch OVG Bautzen, SächsVBl. 2002, 298 ff. mit dem Hinweis, ein unwirksam gegründeter Zweckverband könne Verwaltungsakte erlassen, die in Bestandskraft erwachsen könnten; dazu *Aschke*, NVwZ 2003, 917 ff.
61 § 21 Abs. 2 S. 1, Abs. 5, 6 GKZ BW; §§ 44 Abs. 1 S. 1, 48 Abs. 1 S. 1 Nr. 1, 2 BayKommZG; § 32 Abs. 5 S. 1 BgbGKG; § 21 Abs. 1 S. 1, Abs. 3 S. 1, Abs. 5 HessKGG; § 163 Abs. 1 S. 1, 3 KV M-V; § 20 Abs. 1 S. 1, Abs. 4 S. 1 GkG NW; § 10 Abs. 1 S. 1, Abs. 3 S. 1 SaarlKGG; § 62 Abs. 1, Abs. 2 S. 1 SächsKomZG; § 14 Abs. 1, 2 GKG LSA; § 16 GkZ SH; § 38 Abs. 1 S. 1 ThürKGG; § 17 Abs. 1 S. 1, Abs. 2, Abs. 3 S. 1 NKomZG sieht die Möglichkeit der Bestimmung einer qualifizierten Mehrheit vor; ferner § 6 Abs. 4 S. 1 RhPfKomZG.
62 § 21 Abs. 2 S. 1, Abs. 5, 6 GKZ BW; Art. 46 Abs. 1 S. 1, Art. Abs. S. 1 Nr. 3 BayKommZG; § 33 Abs. 1 S. 1 BbgGKG; § 21 Abs. 1 S. 1, Abs. 3 S. 1, Abs. 5 HessKGG; § 164 Abs. 1 KV M-V; § 17 Abs. 1 S. 1, Abs. 2, Abs. 3 S. 1 NKomZG; § 20 Abs. 1 S. 1, Abs. 4 S. 1 GkG NW; § 11 Abs. 1 S. 1 RhPfKomZG; § 10 Abs. 1 S. 1, Abs. 3 S. 1 SaarlKGG; § 62 Abs. 1, Abs. 2 S. 1, 2 SächsKomZG; § 14 Abs. 1, 2 GKG LSA; § 17 Abs. 1 GkZ SH; § 40 Abs. 1 S. 1 ThürKGG.
63 Art. 44 Abs. 3 BayKommZG; § 32 Abs. 6 S. 1 BbgGKG; § 21 Abs. 2 S. 1 HessKGG; § 38 Abs. 5 ThürKGG.

struktur gerade nicht im Wege der einseitigen Kündigung bewirkt werden könne.[64] Ausnahmsweise hat die Rechtsprechung mit Blick auf § 60 VwVfG eine Kündigung für möglich erachtet – nämlich wenn die Mitgliedschaft zu nicht vorhersehbaren unzumutbaren Folgen führt. An die Unzumutbarkeit sind nach der Rechtsprechung jedoch hohe Anforderungen zu stellen, eine Kündigung komme in der Regel nur dann in Betracht, wenn die Existenz der Mitglieder oder deren Aufgabenerfüllung gefährdet werden und alle Möglichkeiten des Interessenausgleichs, insbesondere über die Verbandsversammlung, ausgeschöpft sind.[65] Verfassungsrechtlich wird (ausgehend von der negativen Kooperationshoheit) ganz in diesem Sinne lediglich eine grundsätzliche Möglichkeit zum Ausscheiden aus Zweckverbänden für erforderlich gehalten.[66]

c) Vorgaben für die zweckverbandliche Organisationsstruktur

Neben den landesrechtlichen Vorschriften über Zweckverbände sind ergänzend die gemeinderechtlichen Vorschriften anwendbar.[67] Trotz dieser vermeintlich eindeutigen Festlegung ist die Anwendung gemeinderechtlicher Vorschriften oftmals mit Unsicherheiten verknüpft – die Durchführung von Bürgerbegehren und Bürgerentscheiden wurde etwa mit Blick auf Zweckverbände für unzulässig erachtet.[68] Vorrangige Bedeutung erlangt der Verweis auf das Gemeinderecht für das Zusammenwirken der Organe des Zweckverbandes: Das Recht der kommunalen Zusammenarbeit selbst regelt nämlich oftmals nur, dass Zweckverbände eine Verbandsversammlung und einen Verbandsvorsitzenden haben müssen.[69] Die Verbandsversammlung besteht dabei aus Vertretern der Mitglieder. In einigen Bundesländern werden die Vertreter von der Gemeindevertretung bestellt,[70] meist finden sich allerdings Bestimmungen, wonach die Bürgermeister kraft Amtes der Verbandsversammlung angehören.[71] Die Gemeinde kann auf ihre Vertreter durch Weisungen Einfluss nehmen,[72] teilweise ist allerdings ausdrücklich vorgeschrieben, dass weisungswidriges Verhalten die Gültigkeit von Entscheidungen der Verbandsversammlung nicht berührt.[73] Der Verbandsversammlung obliegen zentrale Aufgaben, oftmals insbesondere – sofern mit den Aufgaben auch eine entsprechende Be-

19

---

64 OVG Koblenz, NVwZ-RR 1994, 685 f.
65 VGH BW, NVwZ-RR 1990, 215 ff.
66 *Oebbecke*, in: Mann/Püttner (Hrsg.), HKWP, Bd. I, § 29, Rn. 55.
67 § 5 Abs. 2 S. 1 GKZ BW; Art. 26 Abs. 1 S. 1 BayKommZG; § 12 Abs. 1 S. 1 BbgGKG; § 7 Abs. 2 HessKGG; § 154 KV M-V; § 18 Abs. 1 S. 1 NKomZG; § 8 Abs. 1 GkG NW; § 7 Abs. 1 S. 1 RhPfKomZG; § 3 Abs. 2 SaarlKGG; § 47 Abs. 2 S. 1 i.V.m. § 5 Abs. 3 S. 1 SächsKomZG; § 16 Abs. 1 S. 1 GKG LSA; § 5 Abs. 6 GkZ SH; § 23 Abs. 1 S. 1 ThürKGG.
68 BayVGH, NVwZ 1997, 309 f.
69 § 12 Abs. 1 GKZ BW; Art. 29 S. 1 BayKommZG; § 17 S. 1 BbgGKG; § 14 S. 1 HessKGG; § 155 KV M-V; § 10 S. 1 NKomZG; § 14 GkG NW; §§ 8, 9 RhPfKomZG; § 13 Abs. 1 SaarlKGG; § 51 Abs. 1 SächsKomZG; § 10 GKG LSA; § 8 GkZ SH; § 26 S. 1 ThürKGG.
70 § 15 Abs. 2 S. 2 HessKGG; § 15 Abs. 2 S. 1 GkG NW; § 11 Abs. 2 S. 1 GKG LSA.
71 § 13 Abs. 4 S. 1 GKZ BW; Art. 31 Abs. 2 S. 1 BayKommZG; § 19 Abs. 3 S. 1 BbgGKG; § 156 Abs. 2 S. 1 KV M-V; § 11 Abs. 1 NKomZG; § 52 Abs. 3 S. 1 GkG NW; § 9 Abs. 1 S. 1 GkZ SH; § 28 Abs. 1 S. 1 ThürKGG; ferner § 8 Abs. 2 S. 3 RhPfGemO i.V.m. § 88 Abs. 1 S. 1 RhPfGemO; § 13 Abs. 3 SaarlKGG i.V.m. § 114 Abs. 1 S. 1 SaarlKSVG.
72 § 13 Abs. 5 GKZ BW; Art. 33 Abs. 2 S. 4 BayKommZG; § 19 Abs. 7 S. 1 BbgGKG; § 8 Abs. 2 S. 3 RhPfGemO i.V.m. § 88 Abs. 1 S. 6 RhPfGemO; § 13 Abs. 3 SaarlKGG i.V.m. § 114 Abs. 4 SaarlKSVG; § 52 Abs. 4 SächsKomZG; ferner § 11 Abs. 3 S. 1 GKG LSA; § 9 Abs. 6 S. 1, 2 GKZ SH gewährleistet demgegenüber ein grundsätzlich freies Mandat und beschränkt das Weisungsrecht auf bestimmte Angelegenheiten – Grenzen des Weisungsrechts sollen sich aus der Pflicht der Beteiligten zu verbandsfreundlichem Verhalten ergeben, siehe *Lange*, KomR, Kap. 19, Rn. 52.
73 Siehe Art. 33 Abs. 2 S. 5 BayKommZG.

fugnis übergeht[74] – der Erlass von Satzungen.[75] Angesichts der ergänzenden Anwendbarkeit gemeinderechtlicher Vorschriften dürfte die Verbandsversammlung indes ohnehin für alle Angelegenheiten zuständig sein, die nicht dem Verbandsvorsitzenden obliegen.[76] Der Verbandsvorsitzende wird von der Verbandsversammlung gewählt.[77] Regelmäßig führt er insbesondere die laufenden Geschäfte sowie die übrige Verwaltung des Zweckverbandes. Er ist oftmals auch für die Erledigung der dem Zweckverband obliegenden Aufgaben des übertragenen Wirkungskreises zuständig und vertritt den Zweckverband.[78]

2. Kommunale Anstalten des öffentlichen Rechts

20   Neben Zweckverbänden können in einigen Bundesländern als weitere Körperschaften des öffentlichen Rechts kommunale Anstalten (teilweise werden diese auch als gemeinsame Kommunalunternehmen bezeichnet[79]) gebildet werden.[80] Solche rechtsfähigen Anstalten des öffentlichen Rechts können die Gemeinden zuvörderst im Rahmen ihrer wirtschaftlichen Betätigung gründen;[81] das Recht der kommunalen Zusammenarbeit eröffnet den Gemeinden darüber hinaus die Möglichkeit zur Bildung gemeinsamer Anstalten im Interesse der gemeinsamen Aufgabenerfüllung. Die Regelungen des Gemeinderechts zur Anstalt des öffentlichen Rechts gelten dabei grundsätzlich entsprechend.[82] Voraussetzung der Gründung von gemeinsamen Anstalten ist eine Anstaltssatzung mit bestimmten Mindestinhalten,[83] die ihrerseits oftmals einer Genehmigung durch die Aufsichtsbehörde bedarf.[84] Zulässig ist des Weiteren der Beitritt zu bestehenden Anstalten des öffentlichen Rechts, sofern die Anstaltssatzungen entsprechend geändert werden.[85] Schließlich enthalten die landesrechtlichen Regelungen verschiedene Mög-

---

74   Siehe Teil 2, § 11, Rn. 15.
75   Siehe § 13 Abs. 1 GKZ BW; § 34 BayKommZG; § 18 S. 1 BbgGKG; § 15 Abs. 1 S. 2 HessKGG; § 157 Abs. 2 S. 1 KV M-V; § 13 S. 1 NKomZG; § 53 S. 2 SächsKomZG; § 10 S. 1 GKG SH; § 31 Abs. 1 ThürKGG.
76   Ausdrücklich etwa Art. 34 Abs. 1 BayKommZG; § 18 S. 1 BbgGKG; § 157 Abs. 2 S. 1 KV M-V; § 53 S. 2 SächsKomZG; § 31 Abs. 1 ThürKGG.
77   Siehe § 16 Abs. 3 S. 1 GKZ BW; Art. 35 Abs. 1 S. 1 BayKommZG; § 21 Abs. 1 S. 1 BbgGKG; § 159 Abs. 1 S. 1 KV M-V; § 15 Abs. 1 S. 1 NKomZG; § 16 Abs. 1 S. 1 GkG NW; § 9 Abs. 1 S. 1 RhPfKomZG; § 56 Abs. 1 S. 1 SächsKomZG; § 12 Abs. 2 S. 1 GKG LSA; § 12 Abs. 1 S. 1 GKG SH; § 32 Abs. 1 S. 1 ThürKGG.
78   Siehe dazu – trotz der ohnehin angeordneten Geltung der Vorschriften des Gemeinderechts – § 16 Abs. 1 S. 2, Abs. 2 GKZ BW; Art. 36 Abs. 1, 2 BayKommZG; § 16 Abs. 2 HessKGG; §§ 158 Abs. 1, 159 Abs. 5 KV M-V; § 15 Abs. 2 S. 1 NKomZG; § 16 Abs. 2 S. 1 GkG NW; § 13 Abs. 5 S. 1 SaarlKGG; § 56 Abs. 3 SächsKomZG; § 12 Abs. 1 GKG LSA; §§ 11 Abs. 1, 12 Abs. 3 GKG SH; § 33 Abs. 1, 2 ThürKGG; siehe aber auch § 9 Abs. 2 RhPfKomZG.
79   Art. 49 Abs. 1 BayKommZG; § 167a KV M-V; § 27 Abs. 1 GkG NW; § 19b GkzZ SH.
80   § 37 Abs. 1 BbgGKG; § 29a Abs. 1 S. 1 HessKGG; § 3 Abs. 1 NKomZG; § 14a Abs. 1 S. 1 RhPfKomZG; § 43 Abs. 1 S. 1 ThürKGG.
81   Dazu Teil 2, § 8, Rn. 36 f.
82   Art. 50 Abs. 1 BayKommZG; § 38 Abs. 1 BbgGKG; § 29b Abs. 1 S. 1 HessKGG; § 167b Abs. 2 KV M-V; § 3 Abs. 2 NKomZG; § 27 Abs. 1 S. 2 GkG NW; § 14b Abs. 1 S. 1 RhPfKomZG; § 19d Abs. 1 GkZ SH; § 44 Abs. 1 ThürKGG.
83   Art. 49 Abs. 1 S. 1, 50 Abs. 2 S. 1 BayKommZG; §§ 37 Abs. 2 Nr. 1, 39 Abs. 1 BbgGKG; §§ 29a Abs. 2 Nr. 1, 29b Abs. 2 S. 4 HessKGG; § 167b Abs. 1 Nr. 1, Abs. 3 S. 3 KV M-V; § 3 Abs. 1 Nr. 1, Abs. 3 S. 3 NKomZG; §§ 27 Abs. 2 S. 1, 28 Abs. 1 S. 1 GkG NW; §§ 14a Abs. 1 S. 2 Nr. 1, 14b Abs. 2 S. 2 RhPfKomZG; §§ 19c Abs. 1 S. 1, 19d Abs. 2 S. 2 GkZ SH; §§ 43 Abs. 1 S. 1, 44 Abs. 2 ThürKGG.
84   § 41 Abs. 3 Nr. 3 BbgGKG; § 29a Abs. 4 S. 1 HessKGG; § 27 Abs. 4 S. 1 GkG NW; § 14a Abs. 3 RhPfKomZG normiert eine Anzeigepflicht.
85   Art. 49 Abs. 1 S. 2 BayKommZG; § 37 Abs. 2 Nr. 2 BbgGKG; § 29a Abs. 2 Nr. 2 HessKGG; § 167b Abs. 1 Nr. 2 KV M-V; § 3 Abs. 1 Nr. 2 NKomZG; § 27 Abs. 1 S. 2 GkG NW; § 14a Abs. 1 S. 2 Nr. 2 RhPfKomZG; § 19c Abs. 1 S. 2 GkZ SH; § 43 Abs. 1 S. 2 ThürKGG.

§ 11 Kommunale Zusammenarbeit

lichkeiten zur Verschmelzung und Umwandlung von Regie- oder Eigenbetrieben zu gemeinsamen kommunalen Anstalten des öffentlichen Rechts.[86]

3. Arbeitsgemeinschaften

Den Gemeinden steht des Weiteren überwiegend die Möglichkeit offen, sich – ohne eine Körperschaft des öffentlichen Rechts zu bilden – in kommunalen Arbeitsgemeinschaften zusammenzuschließen.[87] Andere Körperschaften, Anstalten und Stiftungen des öffentlichen Rechts sowie natürliche Personen und juristische Personen des Privatrechts können sich lediglich an derartigen Arbeitsgemeinschaften beteiligen.[88] Die Funktion von Arbeitsgemeinschaften lässt sich wie folgt auf den Punkt bringen: Sie beraten vornehmlich „Angelegenheiten, die ihre Mitglieder gemeinsam berühren; sie stimmen Planungen der einzelnen Mitglieder für diese Angelegenheiten und die Tätigkeit von Einrichtungen ihrer Mitglieder aufeinander ab; sie leiten Gemeinschaftslösungen ein, um eine möglichst wirtschaftliche und zweckmäßige Erfüllung der Aufgaben in einem größeren nachbarlichen Gebiet sicherzustellen."[89] Grundsätzlich fassen Arbeitsgemeinschaften dabei keine verbindlichen Beschlüsse – die Zuständigkeiten ihrer Mitglieder bleiben unberührt und eine Übertragung von Aufgaben findet nicht statt.[90] Vereinzelt bestimmen landesrechtliche Regelungen allerdings, dass neben einfachen auch besondere Arbeitsgemeinschaften vereinbart werden können, an deren Beschlüsse die Beteiligten gebunden sind, sofern die zuständigen Organe aller Beteiligten diesen Beschlüssen zugestimmt haben.[91]

21

4. Öffentlich-rechtliche Vereinbarungen

Als besondere Form koordinationsrechtlicher öffentlich-rechtlicher Verträge im Sinne der §§ 54 ff VwVfG[92] können Gemeinden schließlich öffentlich-rechtliche Vereinbarungen (landesrechtliche Regelungen verwenden häufig auch den Begriff der Zweckvereinbarung[93]) schließen.[94] Durch entsprechende Vereinbarungen wird ein Beteiligter grundsätzlich ermächtigt und verpflichtet, einzelne Aufgaben für die anderen Beteiligten wahrzunehmen. Beteiligte können zuvörderst Gemeinden (sowie Kreise) sein[95] – überdies nach dem Landesrecht einiger Bundesländer auch andere Gemeindeverbände

22

---

86 Art. 49 Abs. 1 S. 4, Abs. 2 BayKommZG; § 37 Abs. 2 Nr. 4 BbgGKG; § 29a Abs. 2 Nr. 3, Abs. 3 S. 2 HessKGG; § 167b Abs. 1 Nr. 3 KV M-V; § 3 Abs. 1 Nr. 3 NKomZG; § 27 Abs. 2 S. 3, Abs. 3 GkG NW; § 14a Abs. 1 Nr. 3, Abs. 2 RhPfKomZG; § 19c Abs. 1 S. 4, Abs. 2, 4 GkZ SH; § 43 Abs. 2, 3 ThürKGG.
87 Art. 4 ff. BayKommZG; § 4 BbgGKG; § 3 f. HessKGG; § 2 f. GkG NW; § 14 RhPfKomZG; § 21 SaarlKGG; § 73a SächsKomZG; § 4 ff. ThürKGG; sofern landesgesetzliche Regelungen fehlen, soll eine inhaltliche Abstimmung der Gemeinden außerhalb von Arbeitsgemeinschaften ebenfalls möglich sein, siehe *Oebbecke*, in: Mann/Püttner (Hrsg.), HKWP, Bd. I, § 29, Rn. 82.
88 Art. 4 Abs. 1 BayKommZG; § 4 Abs. 1 BbgGKG; § 4 Abs. 1 HessKGG; § 2 Abs. 1 GkG NW; § 14 Abs. 1 RhPfKomZG; § 21 Abs. 1 SaarlKGG; § 73a Abs. 1 SächsKomZG; § 4 Abs. 1 ThürKGG; nach § 73a Abs. 1 SächsKomZG können sich auch Verwaltungsverbände und Zweckverbände zu einer Arbeitsgemeinschaft zusammenschließen.
89 § 2 Abs. 2 GkG NW; ferner Art. 4 Abs. 2 BayKommZG; § 4 Abs. 2 BbgGKG; § 3 Abs. 3 HessKGG; § 14 Abs. 1 S. 1 RhPfKomZG; § 21 Abs. 2 SaarlKGG; § 73a Abs. 2 SächsKomZG; § 4 Abs. 2 ThürKGG.
90 Art. 4 Abs. 3 BayKommZG; § 4 Abs. 3 BbgGKG; § 3 Abs. 2 HessKGG; § 3 Abs. 1 GkG NW; § 21 Abs. 2 SaarlKGG; § 73a Abs. 3 SächsKomZG; § 4 Abs. 3 ThürKGG; ferner § 14 Abs. 2 RhPfKomZG.
91 Art. 5 BayKommZG; § 4 Abs. 1 S. 2 ThürKGG; § 5 ThürKGG.
92 *Schmidt*, in: Ehlers/Fehling/Pünder (Hrsg.), BesVerwR, Bd. III, § 65, Rn. 52.
93 Art. 7 BayKommZG; § 5 f. NKomZG; § 12 RhPfKomZG; § 71 SächsKomZG; § 3 ff. GKG LSA; § 7 ff. ThürKGG.
94 § 25 ff. GKZ BW; § 5 ff. BbgGKG; § 24 ff. HessKGG; § 165 f. KV M-V; § 23 ff. GkG NW; § 17 ff. SaarlKGG; § 18 f. GkZ SH.
95 § 25 Abs. 1 S. 1 GKZ BW; § 24 Abs. 1 HessKGG; § 7 Abs. 1 ThürKGG.

sowie weitere (kommunale) Körperschaften des öffentlichen Rechts;[96] natürliche Personen und juristische Personen des Privatrechts können an öffentlich-rechtlichen Vereinbarungen hingegen lediglich beteiligt werden – teilweise unter der einschränkenden Voraussetzung, dass, sofern die Gemeinden die Aufgabe selbst erfüllten, Private beteiligt werden dürften, und im Wege der Zweckvereinbarung keine öffentlichen Aufgaben auf diese übertragen werden.[97] Voraussetzung für den Abschluss öffentlich-rechtlicher Vereinbarungen ist grundsätzlich die sachliche Zuständigkeit der Beteiligten, letztlich wird durch öffentlich-rechtliche Vereinbarungen also allein die örtliche Zuständigkeit desjenigen Beteiligten erweitert, der die Aufgaben wahrnehmen soll.[98]

23 Inhaltlich können die Beteiligten vereinbaren, dass ein Vertragspartner eine Aufgabe der übrigen Vertragspartner in seine Zuständigkeit übernimmt, so dass das Recht und die Pflicht zur Erfüllung der Aufgabe auf ihn übergehen (delegierende Vereinbarung). Oftmals findet sich dabei der hervorhebende Zusatz, dass insbesondere gestattet werden kann, dass andere Beteiligte eine Einrichtung mitbenutzen dürfen.[99] Alternativ kann sich in einigen Bundesländern einer der Beteiligten auch lediglich verpflichten, eine Aufgabe für die übrigen Beteiligten durchzuführen – deren Rechte und Pflichten als Träger der Aufgabe bleiben dann unberührt (mandatierende Vereinbarung).[100] Mit der delegierenden Vereinbarung gehen nicht nur das Recht und die Pflicht zur Aufgabenerfüllung, sondern oftmals auch die Befugnis zum Erlass von Satzungen sowie Verordnungen über. Zumindest kann ein entsprechender Übergang vertraglich vereinbart werden.[101] Hinsichtlich der übertragbaren Aufgaben findet sich allenfalls eine Eingrenzung dahingehend, dass es sich um einzelne oder zusammenhängende Aufgaben handeln muss.[102] Inhaltliche Grenzen zieht das Landesrecht hingegen nicht. Ebenso wie beim Zweckverband wird allerdings verlangt, dass es sich um bestimmte Aufgaben handeln muss.[103] Oftmals bestimmten die Regelungen zur öffentlich-rechtlichen Vereinbarung überdies, dass eine angemessene Entschädigung vertraglich geregelt werden soll.[104] Des Weiteren kann den übrigen Beteiligten auch ein Mitwirkungsrecht bei der

---

96 Art. 7 Abs. 1 BayKommZG; §§ 5 Abs. 1, 6 Abs. 1 BbgGKG; § 165 Abs. 1 KV M-V; § 5 Abs. 1, 2 NKomZG; § 23 Abs. 1 GkG NW; § 12 Abs. 1 S. 1 RhPfKomZG; § 17 Abs. 1 SaarlKGG; § 71 Abs. S. 1 SächsKomZG; § 3 Abs. 1 S. 1 GKG LSA; § 18 Abs. 1 S. 1 GkZ SH.
97 § 6 Abs. 1 BbgGKG; § 5 Abs. 2 NKomZG; § 12 Abs. 1 S. 2 RhPfKomZG.
98 *Oebbecke*, in: Mann/Püttner (Hrsg.), HKWP, Bd. I, § 29, Rn. 65.
99 § 25 Abs. 1 GKZ BW; Art. 7 Abs. 2 S. 1 BayKommZG; § 5 Abs. 1 BbgGKG; § 24 Abs. 1 HessKGG; § 165 Abs. 1 S. 1 KV M-V; § 5 Abs. 1 S. 1 NKomZG; § 23 Abs. 1 GkG NW; § 12 Abs. 1 S. 1 RhPfKomZG; § 17 Abs. 1 SaarlKGG; § 71 Abs. 1 S. 1 SächsKomZG; § 3 Abs. 2 S. 1 GKG LSA; § 18 Abs. 1 S. 1 GkZ SH; § 7 Abs. 2 ThürKGG.
100 § 5 Abs. 1 BbgGKG; § 25 Abs. 2 HessKGG; § 5 Abs. 1 NKomZG; § 23 Abs. 2 S. 1 GkG NW; § 17 Abs. 1 SaarlKGG; § 71 Abs. 2 SächsKomZG; § 3 Abs. 2 S. 2 GKG LSA; Art. 7 Abs. 3 BayKommZG sieht die Möglichkeit einer gemeinschaftlichen Aufgabenwahrnehmung vor; dazu auch § 71 Abs. 2 SächsKomZG; § 7 Abs. 3 ThürKGG.
101 § 26 Abs. 1 GKZ BW; Art. 11 Abs. 1 S. 1 BayKommZG; § 25 Abs. 1 S. 2 HessKGG; § 166 Abs. 1 KV M-V; § 2 Abs. 1 S. 1 NKomZG Nr. 1, Abs. 3 S. 1 NKomZG; § 25 Abs. 1 GkG NW; § 19 Abs. 1 S. 1 SaarlKGG; § 19 Abs. 1 S. 1 GkZ SH; § 10 Abs. 1 S. 1 ThürKGG; zum Ganzen *Lange*, KomR, Kap. 19, Rn. 76, der davon ausgeht, dass mit der Aufgabenübertragung ganz grundsätzlich auch die Befugnisse übergehen, und die bloße Möglichkeit zur Übertragung der Satzungsbefugnis als Einschränkung interpretiert; in diese Richtung wohl auch § 13 Abs. 2 RhPfKomZG; § 4 Abs. 2 S. 1 GKG LSA; ferner § 7 Abs. 2 BbgGKG, wonach bestimmt werden kann, dass das Satzungsrecht bei der übertragenden Gemeinde verbleibt.
102 Art. 7 Abs. 2 S. 1 BayKommZG; § 5 Abs. 1 S. 1 BbgGKG; § 24 Abs. 1 HessKGG; § 165 Abs. 1 S. 1 KV M-V; § 5 Abs. 1 S. 1 NKomZG; § 23 Abs. 1 GkG NW; § 17 Abs. 1 SaarlKGG; § 18 Abs. 1 S. 1 GkZ SH; § 7 Abs. 2 ThürKGG.
103 Siehe auch § 25 Abs. 1 S. 1 GKZ BW; § 71 Abs. 1 S. 1 SächsKomZG; § 3 Abs. 1 S. 1 GKG LSA; dazu *Lange*, KomR, Kap. 19, Rn. 75.
104 Art. 10 Abs. 3 BayKommZG; § 7 Abs. 4 BbgGKG; § 5 Abs. 5 NKomZG; § 23 Abs. 4 GkG NW; § 17 Abs. 2 SaarlKGG; § 9 Abs. 3 ThürKGG.

Aufgabenwahrnehmung eingeräumt werden.[105] Schließlich findet sich die normative Vorgabe, dass vertraglich geregelt werden muss, wie unbefristet geschlossene öffentlich-rechtliche Vereinbarungen abseits des § 60 VwVfG gekündigt werden können.[106]

Öffentlich-rechtliche Vereinbarungen bedürfen schon nach § 57 VwVfG der Schriftform, vereinzelt wiederholen landesrechtliche Bestimmungen dieses Schriftformerfordernis ausdrücklich.[107] Sofern öffentlich-rechtliche Vereinbarungen Regelungen zur Kostentragung enthalten, handelt es sich überdies um Verpflichtungsgeschäfte, weswegen die diesbezüglichen Regelungen des Gemeinderechts zur Anwendung gelangen.[108] Vorausgesetzt wird ferner oftmals eine Genehmigung delegierender öffentlich-rechtlicher Vereinbarungen durch die Aufsichtsbehörde; mandatierende öffentlich-rechtliche Vereinbarungen sind hingegen regelmäßig lediglich anzeigepflichtig.[109] Angesichts der Auswirkungen öffentlich-rechtlicher Vereinbarungen auf die örtliche Zuständigkeit soll die aufsichtsbehördliche Prüfung dabei trotz verfassungsrechtlich gewährleisteter Kooperationshoheit über eine bloße Rechtmäßigkeitskontrolle hinausgehen. Vereinbarungen, die sich auf die örtliche Zuständigkeit der Gemeinden auswirkten, könnten – so die Argumentation – nicht verfassungsrechtlich gewährleistet sein.[110] Schließlich sind öffentlich-rechtliche Vereinbarungen regelmäßig auch als Pflichtvereinbarung gesetzlich vorgesehen. Die Aufsichtsbehörden können dann Vorgaben formulieren, die öffentlich-rechtlichen Vereinbarungen entsprechen, sofern dies aus Gründen des öffentlichen Wohls dringend geboten ist.[111]

24

5. Gemeindeverwaltungsverbände und Verwaltungsgemeinschaften

Unter den Stichwörtern „Gemeindeverwaltungsverbände" und „Verwaltungsgemeinschaften" werden begrifflich übereinstimmend unterschiedliche Formen der kommunalen Zusammenarbeit zusammengefasst. Eine besondere Form der öffentlich-rechtlichen

25

---

105 § 25 Abs. 2 S. 2 GKZ BW; Art. 10 Abs. 2 BayKommZG; § 7 Abs. 3 BbgGKG; § 24 Abs. 2 HessKGG; § 165 Abs. 3 KV M-V; § 5 Abs. 4 NKomZG; § 23 Abs. 3 GkG NW; § 13 Abs. 2 RhPfKomZG; § 72 Abs. 2 S. 1 SächsKomZG; § 18 Abs. 2 GkZ SH; § 9 Abs. 2 ThürKGG.
106 Art. 25 Abs. 3 GKZ BW; Art. 14 Abs. 3 BayKommZG, wonach ein außerordentliches Kündigungsrecht von Gesetzes wegen besteht; § 7 Abs. 5 S. 2 BbgGKG; § 24 Abs. 3 HessKGG; § 165 Abs. 6 S. 1 KV M-V; § 5 GkG NW; § 13 Abs. 3 S. 1 RhPfKomZG; § 17 Abs. 3 SaarlKGG; § 5 Abs. 1 GkG LSA; § 18 Abs. 3 S. 1 GkZ SH; § 13 Abs. 3 ThürKGG, der ebenfalls ein außerordentliches Kündigungsrecht normiert; ferner § 6 Abs. 2 NKomZG; siehe dazu auch *Oebbecke*, in: Mann/Püttner (Hrsg.), HKWP, Bd. I, § 29, Rn. 77 ff., der auf die fehlende personelle demokratische Legitimation des die Aufgabe übernehmenden Beteiligten hinweist, die angesichts der langen Laufzeiten entsprechender Vereinbarungen nicht durch die Entscheidung der demokratisch legitimierten Organe zur Aufgabenübertragung kompensiert und allenfalls im Wege von Mitwirkungsrechten aufgefangen werden könne.
107 § 24 Abs. 4 S. 2 HessKGG; § 24 Abs. 1 S. 1 GkG NW; § 18 Abs. 1 S. 1 SaarlKGG; § 72 Abs. 1 S. 1 SächsKomZG.
108 *Oebbecke*, in: Mann/Püttner (Hrsg.), HKWP, Bd. I, § 29, Rn. 69.
109 § 25 Abs. 4 S. 1 GKZ BW; Art. 12 Abs. 1, 2 BayKommZG; § 41 Abs. 3 Nr. 1, 2 BbgGKG; § 26 HessKGG; § 165 Abs. 5 S. 2 KV M-V; § 2 Abs. 5 NKomZG; § 24 Abs. 2 GkG NW; § 18 Abs. 1 S. 2, 3 SaarlKGG; § 72 Abs. 1 S. 3 SächsKomZG; § 3 Abs. 3 GKG LSA; § 11 Abs. 1, 2 ThürKGG.
110 *Oebbecke*, in: Mann/Püttner (Hrsg.), HKWP, Bd. I, § 29, Rn. 71; anders *Schmidt*, in: Ehlers/Fehling/Pünder (Hrsg.), BesVerwR, Bd. III, § 65, Rn. 48 – § 2 Abs. 5 S. 3 NKomZG bestimmt diesbezüglich, dass die Genehmigung zu erteilen ist, wenn die Vereinbarung lediglich Aufgaben des eigenen Wirkungskreises betrifft und nicht gegen Rechtsvorschriften verstößt, im Übrigen die Aufsichtsbehörde hingegen nach pflichtgemäßem Ermessen entscheidet; ähnlich § 41 Abs. 5 BbgGKG; § 3 Abs. 3 S. 2 GKG LSA; oftmals wird auch bestimmt, dass die Genehmigung nur versagt werden kann, wenn Gründe des öffentlichen Wohls entgegenstehen, der Abschluss der Vereinbarung nicht zulässig ist oder die Vereinbarung den gesetzlichen Vorschriften nicht entspricht, siehe Art. 12 Abs. 2 S. 2 BayKommZG; § 72 Abs. 1 S. 4 SächsKomZG; § 11 Abs. 2 S. 2 ThürKGG.
111 § 27 GKZ BW; Art. 16 BayKommZG; § 43 Abs. 2 Nr. 1, 2 BbgGKG; § 29 HessKGG; § 26 GkG NW; § 12 Abs. 3 RhPfKomZG; § 20 SaarlKGG; § 73 SächsKomZG; § 15 ThürKGG.

Vereinbarung regelt etwa § 167 Abs. 1 KV M-V, wonach Gemeinden durch öffentlich-rechtlichen Vertrag vereinbaren können, dass ein Beteiligter zur Erfüllung seiner Aufgaben die Verwaltung eines anderen Beteiligten in Anspruch nimmt. Eine ähnliche Regelung enthält § 19a Abs. 1 GkZ SH, wonach Gemeinden ebenfalls die Möglichkeit haben, durch öffentlich-rechtlichen Vertrag zu vereinbaren, dass ein Beteiligter zur Erfüllung seiner Aufgaben die Verwaltung eines anderen Beteiligten in Anspruch nimmt oder den übrigen Beteiligten die Mitbenutzung einer Einrichtung gestattet.

26 § 59 GemO BW regelt dagegen nicht lediglich eine besondere Form der öffentlich-rechtlichen Vereinbarung – nach dieser Vorschrift können Gemeinden vielmehr sowohl Gemeindeverwaltungsverbände bilden als auch vereinbaren, dass eine Gemeinde (erfüllende Gemeinde) die Aufgaben eines Gemeindeverwaltungsverbandes erfüllt (vereinbarte Verwaltungsgemeinschaft). Nach § 60 Abs. 1 GemO BW gelten die Vorschriften des Gesetzes über kommunale Zusammenarbeit – für Gemeindeverwaltungsverbände diejenigen über Zweckverbände und für vereinbarte Verwaltungsgemeinschaften diejenigen über öffentlich-rechtliche Vereinbarungen.[112] § 30 Abs. 2 HessKGG bestimmt ebenfalls, dass für Gemeindeverwaltungsverbände die Vorschriften über Zweckverbände gelten; auf die Gründung von Verwaltungsgemeinschaften finden nach § 33 S. 2 HessKGG dagegen die Vorschriften über die öffentlich-rechtliche Vereinbarung Anwendung. Des Weiteren können Gemeinden gemäß § 34 S. 1 HessKGG zudem auch zu Gemeindeverwaltungsverbänden oder Verwaltungsgemeinschaften zusammengeschlossen werden, wenn die Verwaltungskraft nicht ausreicht, um insbesondere der Geschäfte der laufenden Verwaltung ordnungsmäßig zu erledigen.

27 Nach § 46 Abs. 1 ThürKO werden Gemeindeverwaltungsverbände als Körperschaften des öffentlichen Rechts demgegenüber durch Gesetz gebildet, geändert, erweitert oder aufgelöst, sofern Gründe des öffentlichen Wohls nicht entgegenstehen. Sie nehmen gemäß § 47 ThürKO alle Angelegenheiten des übertragenen Wirkungskreises der Mitgliedsgemeinden wahr. Die Mitgliedsgemeinden bleiben hingegen für die Aufgaben des eigenen Wirkungskreises zuständig, die Verwaltungsgemeinschaften führen diese lediglich als Behörde der Mitgliedsgemeinden nach deren Weisung aus. Einzelne Aufgaben des eigenen Wirkungskreises können überdies auf die Verwaltungsgemeinschaften übertragen werden. Diese Maßgaben gelten nach § 51 ThürKO entsprechend für die Vereinbarung von Gemeinden, dass eine Gemeinde die Aufgaben der Verwaltungsgemeinschaft wahrnimmt (erfüllende Gemeinde). Auch das bayerische Landesrecht enthält Regelungen über Verwaltungsgemeinschaften – die allerdings nicht mit den vereinbarten Verwaltungsgemeinschaften anderer Bundesländer, sondern vielmehr mit Gemeindeverwaltungsverbänden vergleichbar sind: Gemäß Art. 1 BayVGemO sind Verwaltungsgemeinschaften Zusammenschlüsse selbstständiger Gemeinden und ihrerseits Körperschaften des öffentlichen Rechts. Diese können gemäß Art. 2 Abs. 1 BayVGemO freiwillig oder gegen den Willen der Gemeinden gebildet werden, wenn Gründe des öffentlichen Wohls vorliegen. Verwaltungsgemeinschaften nehmen gemäß Art. 4 Abs. 1 BayVGemO alle Angelegenheiten des übertragenen Wirkungskreises ihrer Mitgliedsgemeinden wahr; durch Zweckvereinbarung können die Mitgliedsgemeinden

---

[112] Gern, DtKomR, Rn. 949; hinsichtlich der für den Zweckverband geltenden und auf den Gemeindeverwaltungsverband entsprechend anwendbaren Regelungen über Genehmigungen der Rechtsaufsichtsbehörde bestimmt § 60 Abs. 2 S. 2 GemO BW, dass diese über alle erforderlichen Genehmigungen nach pflichtgemäßem Ermessen entscheidet.

§ 11 Kommunale Zusammenarbeit

überdies einzelne Aufgaben des eigenen Wirkungskreises auf die Verwaltungsgemeinschaften übertragen.

Das Sächsische Gesetz über kommunale Zusammenarbeit enthält die wohl detailliertesten Regelungen über Gemeindeverwaltungsverbände und Verwaltungsgemeinschaften – vereinzelt verweisen sogar die Regelungen über Zweckverbände auf diejenigen über Gemeindeverwaltungsverbände. Gemäß § 3 Abs. 1 SächsKomZG bestehen Verwaltungsverbände (die nach § 2 Abs. 1 Nr. 2 SächsKomZG allerdings lediglich bis zum 17. November 2012 gegründet werden konnten) aus rechtlich selbstständigen Gemeinden, die sich zur Stärkung der Leistungs- und Verwaltungskraft zusammengeschlossen haben (Freiverband) oder zusammengeschlossen worden sind (Pflichtverband). Verwaltungsverbände sind dabei gemäß § 5 Abs. 1 SächsKomZG rechtsfähige Körperschaften des öffentlichen Rechts, ihre Gründung setzt die Vereinbarung einer Verbandssatzung voraus, die nach § 12 Abs. 1 SächsKomZG einer Genehmigung der Rechtsaufsichtsbehörde bedarf. § 7 SächsKomZG regelt den Übergang bestimmter Aufgaben auf Verwaltungsverbände, die Mitgliedsgemeinden können ihnen weitere Aufgaben durch öffentlich-rechtlichen Vertrag übertragen. Überdies erledigen Verwaltungsverbände gemäß § 8 SächsKomZG bestimmte Aufgaben der Mitgliedsgemeinden nach deren Weisung; auch insoweit besteht die Möglichkeit, durch öffentlich-rechtlichen Vertrag die Erledigung weiterer Aufgaben zu übertragen. Hinsichtlich der Auflösung von Verwaltungsverbänden bestimmt § 32 SächsKomZG, dass diese und ihre Mitgliedsgemeinden vereinbaren können, sich zu einer kreisangehörigen Gemeinde zusammenzuschließen; auch diese Umwandlung bedarf der Genehmigung der Rechtsaufsichtsbehörde. Zahlreiche Vorschriften über den Verwaltungsverband gelten schließlich für Verwaltungsgemeinschaften entsprechend: Gemeinden können gemäß § 36 Abs. 1 SächsKomZG eine Vereinbarung schließen, wonach ein Beteiligter (erfüllende Gemeinde) für die anderen Beteiligten die Aufgaben eines Verwaltungsverbandes übernimmt.

▶ **LÖSUNG FALL 29:** Die kommunale Verfassungsbeschwerde ist zulässig, auch Rechtsverordnungen können mit ihrer Hilfe angegriffen werden; sie scheitert insbesondere auch nicht am Grundsatz der Subsidiarität – sofern die landesverfassungsgerichtliche Kontrolle auf formelle Gesetze beschränkt ist, entstünde eine Rechtsschutzlücke, wenn auch der Weg zum Bundesverfassungsgericht versperrt bliebe. Allerdings ist die Gemeinde nicht in ihrem Selbstverwaltungsrecht aus Art. 28 Abs. 2 S. 1 GG verletzt. Die zwangsweise Zuordnung der Gemeinde zu einer Verwaltungsgemeinschaft genügt nämlich den Anforderungen an diesbezügliche Eingriffe. Die Universalität des gemeindlichen Wirkungskreises bleibt den Mitgliedsgemeinden einer Verwaltungsgemeinschaft zunächst erhalten. Das Schwergewicht der Zuständigkeiten der Verwaltungsgemeinschaften liegt auf verwaltungstechnischem Gebiet und auf den ihnen kraft Gesetzes übertragenen staatlichen Aufgaben. Im Bereich der Selbstverwaltungsangelegenheiten nehmen sie lediglich bei freiwilliger Übertragung Aufgaben des eigenen Wirkungskreises wahr. Dieser Aufgabenbereich wird von der Verwaltungsgemeinschaft zudem grundsätzlich nur besorgt, die Verwaltungsgemeinschaft handelt im Namen und im Auftrag der Mitgliedsgemeinden. Auch mit Blick auf die Eigenverantwortlichkeit der Aufgabenwahrnehmung werden die Mitgliedsgemeinden daher nicht zu einer staatlich fremdgesteuerten Verwaltungseinheit. Sie haben weiterhin das Entscheidungs- und Weisungsrecht. Der Verwaltungsgemeinschaft sind nur im Bereich der Finanzhoheit und bei der Vorbereitung von Beschlüssen der Gemeindevertretung sowie ihrer Ausschüsse Mitwirkungsrechte eingeräumt. Die damit verbundenen Beeinträchtigungen können in Anbetracht des Widerstreits zwischen einer möglichst bürgernahen und einer möglichst wirtschaftlichen Selbstverwaltung indes gerechtfertigt werden. ◀

30 ▶ **Lösung Fall 30:** Die Mitgliedsgemeinde ist weiterhin Mitglied des Zweckverbands. Der Zweckverband ist zunächst wirksam als Körperschaft des öffentlichen Rechts entstanden. Die Gründungserfordernisse – die Vereinbarung einer Verbandssatzung mit bestimmten Mindestinhalten sowie deren Genehmigung und Bekanntmachung durch die Aufsichtsbehörde – sind gegeben. Ein Verstoß gegen Art. 28 Abs. 2 S. 1 GG liegt darin ebenfalls nicht, wegen der Freiwilligkeit der Übertragung und des geringen Umfangs der übertragenen Selbstverwaltungsaufgaben wird weder der Schutzbereich der Selbstverwaltungsgarantie betroffen, noch haben sich die Mitgliedsgemeinden des Kernbereichs ihrer eigenverantwortlichen Betätigung begeben. Des Weiteren ist die Kündigung der Mitgliedsgemeinde unwirksam, weil es (vorbehaltlich ausdrücklicher landesrechtlicher Regelungen) überhaupt nur ein begrenztes Kündigungsrecht gibt. Grundsätzlich ist die Kündigung der Mitgliedschaft im Zweckverband nicht gesetzlich normiert. Vorgesehen ist oftmals lediglich das Ausscheiden eines Mitglieds aufgrund eines Beschlusses der Verbandsversammlung. Diese Systematik darf nicht durch einen Rückgriff auf die privatrechtlichen Grundsätze über die Kündigung aus wichtigem Grund oder den Wegfall der Geschäftsgrundlage unterlaufen werden. Anzuerkennen ist lediglich eine eingeschränkte Anwendung des § 60 VwVfG – hierfür besteht jedenfalls dann ein Bedürfnis, wenn die Mitgliedschaft im Zweckverband zu nicht vorhersehbaren unzumutbaren Folgen für eine Mitgliedsgemeinde führt. An die Unzumutbarkeit sind indes hohe Anforderungen zu stellen, denn es besteht ein schutzwürdiges Vertrauen der übrigen Mitgliedsgemeinden in die Dauerhaftigkeit des Zweckverbandes. Mehrheitlich gefasste Beschlüsse über Aufgabenänderungen stellen deshalb regelmäßig keinen anzuerkennenden Grund für ein Ausscheiden aus einem Zweckverband dar. Eine Lösung vom Zweckverband kommt allenfalls dann in Betracht, wenn die Existenz einer Mitgliedsgemeinde oder ihre Aufgabenerfüllung gefährdet würden und alle Möglichkeiten des Interessenausgleichs ausgeschöpft sind. Da die Bildung des Zweckverbands auf freiwilliger Basis erfolgt und ein, wenn auch unter erschwerten Voraussetzungen mögliches, Lösungsrecht vom Verband anerkannt wird, ist auch im Hinblick auf Art. 28 Abs. 2 S. 1 GG ein weitergehendes Kündigungsrecht nicht erforderlich. ◀

31 ### III. Wiederholungs- und Vertiefungsfragen

1. Welche Vorteile und Nachteile werden kommunaler Zusammenarbeit zugeschrieben?
2. Welche verfassungsrechtlichen Bezüge der kommunalen Zusammenarbeit kennen Sie?
3. Was setzt die Gründung eines Zweckverbandes voraus und welche Besonderheiten gelten für die Kündigung von Mitgliedern?
4. Auf welche Weise können Zweckverbände die Möglichkeiten der kommunalen Zusammenarbeit nutzbar machen?
5. In welchem Kontext stehen gemeinsame Anstalten des öffentlichen Rechts vornehmlich?
6. Welche Funktion haben kommunale Arbeitsgemeinschaften?
7. Welche Herausforderungen sind mit öffentlich-rechtlichen Vereinbarungen verbunden?

IV. Weiterführende Literatur

Brüning, Rechtliche Grundlagen der interkommunalen Zusammenarbeit, VBlBW 2011, 46 ff.; *Ehlers*, Interkommunale Zusammenarbeit in Gesellschaftsform, DVBl. 1997, 137 ff.; *Oebbecke*, Zweckverbandsbildung und Selbstverwaltungsgarantie, 1982; *Paulick*, Ausgewählte Haftungsfragen im Recht des Zweckverbands, DÖV 2009, 110 ff.; *Schmidt*, Kommunale Kooperation. Der Zweckverband als Nukleus des öffentlichrechtlichen Gesellschaftsrechts, 2005; *ders.*, Die Finanzierung der Zweckverbände, KommJur 2010, 41 ff.; *Schroeder*, Wozu noch Zweckverbände?, DV 34 (2001), 205 ff.; *Storck*, Private in Zweckverbänden und Demokratieprinzip, DVBl. 2011, 69 ff.; *ders.*, Interkommunale Zusammenarbeit und mehrstufige Aufgabenwahrnehmung, 2012; *Suerbaum*, Verfassungsrechtliche Grundlagen kommunaler Kooperation, in: Oebbecke/Ehlers/Klein/Diemert (Hrsg.), Zwischen kommunaler Kooperation und Verwaltungsvereinfachung, 2006, 49 ff.

Definitionen

Begriff	Definition
Allzuständigkeit (der Gemeindevertretung)	Grundsatz, wonach (mit Ausnahme von Brandenburg und Niedersachsen) die Gemeindevertretung grundsätzlich zur Entscheidung berufen ist, sofern das Gemeinderecht nicht etwas anderes bestimmt
Angelegenheiten der örtlichen Gemeinschaft	diejenigen Bedürfnisse und Interessen, die in der örtlichen Gemeinschaft wurzeln oder auf sie einen spezifischen Bezug haben, die also den Gemeindeeinwohnern gerade als solchen gemeinsam sind, indem sie das Zusammenleben und -wohnen der Menschen in der (politischen) Gemeinde betreffen
Anschluss- und Benutzungszwang	durch Satzung begründeter Zwang, sich an eine öffentliche Einrichtung (z. B. an die Wasserversorgung) anzuschließen (Anschlusszwang) und/oder diese Einrichtung auch tatsächlich ausschließlich zu benutzen (Benutzungszwang)
Aufgabenübertragungsverbot	verfassungsrechtlicher Grundsatz (Art. 84 Abs. 1 S. 7, 85 Abs. 1 S. 2 GG), wonach durch Bundesgesetz Gemeinden und Gemeindeverbänden Aufgaben nicht übertragen werden dürfen
Aufwandsteuern	Steuern, die auf die in der Vermögens- und Einkommensverwendung für den persönlichen Lebensbedarf zum Ausdruck kommende besondere wirtschaftliche Leistungsfähigkeit zielen, welche durch den Gebrauch von Gütern, das Halten eines Gegenstandes oder die Inanspruchnahme von Dienstleistungen vermutet wird
Ausschüsse	beratende oder beschließende Untergliederungen der Gemeindevertretung, die regelmäßig für einzelne Aufgabengebiete eingerichtet werden
Befangenheit (persönliche Beteiligung)	mangelnde Fähigkeit (der Mitglieder der Gemeindevertretung), eine unabhängige Entscheidung zu treffen, da diese den Mitgliedern selbst oder bestimmten anderen Personen einen unmittelbaren Vor- oder Nachteil bringen kann
Beigeordnete (zweite und dritte Bürgermeister, Stadträte und leitende Beamte auf Zeit)	kommunale Wahlbeamte, die für Aufgabengebiete der Kommunalverwaltung selbstständig zuständig sind und zudem als allgemeine Stellvertreter des Bürgermeisters fungieren
Beiträge	Geldleistungen, die für die Möglichkeit der Inanspruchnahme von öffentlichen Einrichtungen erhoben werden und der Finanzierung ihrer Herstellung, Anschaffung und Erweiterung dienen
Benutzungsgebühren	Geldleistungen für die – nicht zwingend willentliche – Inanspruchnahme öffentlicher Einrichtungen, die die tatsächliche Inanspruchnahme betreffen und der fortlaufenden Kostendeckung dienen
Beschlussfähigkeit	Zustand der Gemeindevertretung, bei dem eine bestimmte Anzahl von Mitgliedern der Gemeindevertretung anwesend (und stimmberechtigt) ist
Bürgerbegehren	Verfahren, das einem Bürgerentscheid vorausgeht und auf dessen Durchführung gerichtet ist

Definitionen

Begriff	Definition
Bürgerentscheid	Entscheidung der Gemeindebürger anstelle der Gemeindevertretung (die nach dem Gemeinderecht einiger Bundesländer auch ohne vorangegangenes Bürgerbegehren auf Veranlassung der Gemeindevertretung herbeigeführt werden kann)
Bürgermeister	Verwaltungsorgan der Gemeinde, das (außer in Hessen) die Gemeindeverwaltung leitet, regelmäßig für die Angelegenheiten der laufenden Verwaltung und darüber hinaus für die Vorbereitung, den Vollzug und die Kontrolle von Beschlüssen der Gemeindevertretung zuständig ist und gesetzlicher Vertreter der Gemeinde ist
Eigenbetriebe	wirtschaftliche Unternehmen (der Gemeinde) ohne eigene Rechtspersönlichkeit
eigener Wirkungskreis (= weisungsfreie Angelegenheiten)	kommunale Aufgaben, bei deren Erfüllung der Kommune ein Selbstverwaltungsrecht zukommt und bei denen sie nur der Rechtsaufsicht des Staates unterliegt (bei Gemeinden identisch mit den Angelegenheiten der örtlichen Gemeinschaft) – abzugrenzen vom übertragenenen Wikungskreis (= Pflichtaufgaben nach Weisung)
Eigengesellschaften	Unternehmen (der Gemeinde) in Pivatrechtsform, deren Anteile sich vollständig in ihrer Hand befinden
Eigenverantwortlichkeit	verfassungsrechtlich gewährleistete Befugnis der Gemeinden und Gemeindeverbände, ihre Angelegenheiten grundsätzlich frei von staatlicher Einflussnahme zu erledigen
Einrichtungen	nichtwirtschaftliche Unternehmen (der Gemeinde)
Fachaufsicht	staatliche Aufsicht über die Rechtmäßigkeit (einschließlich der Ermessensfehler) und die Zweckmäßigkeit des Handelns einer Kommune; gegen fachaufsichtliche Einzelfallentscheidungen bzw. Weisungen ist die Anfechtungsklage regelmäßig unstatthaft
Finanzausgleich	Weiterleitung eines von der Landesgesetzgebung zu bestimmenden Hundertsatzes vom Länderanteil am Gesamtaufkommen der Gemeinschaftsteuern an die Gemeinden und Gemeindeverbände auf der Grundlage des Art. 106 Abs. 7 S. 1 GG sowie eines Aufkommens der Landessteuern nach Art. 106 Abs. 7 S. 2 GG
Fraktionen	freiwillige Zusammenschlüsse von Mitgliedern der Gemeindevertretung, die sich auf der Grundlage grundsätzlicher politischer Übereinstimmung zu möglichst gleichgerichtetem Wirken bilden
freiwillige Aufgaben	kommunale Aufgaben des eigenen Wirkungskreises, bei denen die Kommune frei in der Entscheidung darüber ist, ob sie sich der Aufgabe annimmt, und wie sie dies tut
Gebietskörperschaften	mitgliedschaftlich strukturierte juristische Personen des öffentlichen Rechts, bei denen sich die Mitgliedschaft nach der Ansässigkeit in einer bestimmten ortsbezogenen Gemeinschaft richtet (im Gegensatz zu Personalkörperschaften, bei denen die Mitgliedschaft von bestimmten persönlichen Eigenschaften abhängt)
Gebühren	Geldleistungen, die aus Anlass individuell zurechenbarer, öffentlicher Leistungen dem Gebührenschuldner durch eine öffentlich-rechtliche Norm oder sonstige hoheitliche Maßnahme auferlegt werden und dazu bestimmt sind, in Anknüpfung an diese Leistung deren Kosten ganz oder teilweise zu decken

Definitionen

Begriff	Definition
Gemeinde	demokratisch im Sinne des Art. 28 Abs. 1 S. 2 GG verfasste, rechtlich selbstständige und gemäß Art. 28 Abs. 2 S. 1 GG mit Selbstverwaltungsrechten ausgestattete Gebietskörperschaft
Gemeindeangehörige	nicht nur Gemeindebürger, sondern alle natürlichen Personen, die einen Wohnsitz im Gemeindegebiet haben
Gemeindebezirke	rechtlich unselbstständige Untergliederungen der Gemeinden (Stadtbezirke kreisfreier oder anderer Städte, Ortschaften der Gemeinden)
Gemeindebürger	diejenigen, die in ihrer Gemeinde das Recht besitzen, an den Gemeindewahlen teilzunehmen
Gemeindehoheiten	Rechte der Gemeinde, die deren Selbstverwaltungsrecht, in örtlichen Angelegenheiten in besonderer Weise ausformen (im Einzelnen: Gebietshoheit, Personalhoheit, Organisationshoheit, Planungshoheit, Finanz- und Abgabenhoheit, Kulturhoheit und Satzungshoheit)
Gemeindelasten	von der Gemeinde festgelegte öffentliche Abgaben- (Gebühren, Beiträge sowie örtliche Verbrauchs- und Aufwandssteuern nach den Kommunalabgabengesetzen) und Dienstpflichten (z. B. Hand- und Spanndienste)
Gemeindeverbände	kommunale Gebietskörperschaften oberhalb der Gemeindeebene (insbesondere Landkreise), die für ihr Gebiet alle ihnen gesetzlich zugewiesenen Aufgaben erfüllen – abzugrenzen von (vorwiegend) vertraglich begründeten Kooperationsformen kommunaler Gebietskörperschaften zur Erledigung einer begrenzten Zahl an Aufgaben (z. B. Verwaltungsgemeinschaften)
Gemeindevertretung (Stadtverordnetenversammlung, Gemeinderat, Stadtrat, Rat)	aus allgemeinen, unmittelbaren, freien, gleichen und geheimen Wahlen hervorgegangene Volksvertretung auf Gemeindeebene im Sinne des Art. 28 Abs. 1 S. 2 GG
gemischt-wirtschaftliche Unternehmen	Unternehmen, die von der Gemeinde gemeinsam mit Privaten betrieben werden
Gleichartigkeitsverbot	Gebot im Sinne des Art. 105 Abs. 2a GG, wonach Steuern nicht denselben Belastungsgrund haben dürfen wie eine Bundessteuer, sich also in Gegenstand, Bemessungsgrundlage, Erhebungstechnik und wirtschaftlicher Auswirkung von den Bundessteuern unterscheiden müssen
Gruppen	Zusammenschlüsse von Mitgliedern der Gemeindevertretung, die nicht den Anforderungen an Fraktionen genügen
Hauptausschuss (in Brandenburg und Niedersachsen)	Organ der Gemeinde (neben der Gemeindevertretung und dem Bürgermeister), das den Grundsatz der Allzuständigkeit der Gemeindevertretung durchbricht und über diejenigen Angelegenheiten entscheidet, die nicht in die Zuständigkeit der Gemeindevertretung fallen und für die nicht der Bürgermeister zuständig ist
Haushaltssicherungskonzept	Maßnahme zur Haushaltskonsolidierung, mit der im Rahmen einer geordneten Haushaltswirtschaft die künftige, dauernde Leistungsfähigkeit (der Gemeinde) erreicht werden soll

Definitionen

Begriff	Definition
Inkompatibilität	Grundsatz, wonach Mitglieder der Gemeindevertretung nicht gleichzeitig bestimmte andere Funktionen (für die Gemeinde) wahrnehmen können
Kommune	Sammelbezeichnung für Gemeinden und Gemeindeverbände
Kommunalaufsicht	Oberbegriff für die Rechtsaufsicht und die Fachaufsicht über Kommunen
Kommunalunternehmen	wirtschaftliche sowie nichtwirtschaftliche Unternehmen (der Gemeinde) in der Rechtsform einer rechtsfähigen Anstalt des öffentlichen Rechts
Kommunalverfassungsstreit	organschaftliche Streitigkeit zwischen zwei Organen einer Kommune (sog. Interorganstreit, z. B. Gemeinderat gegen Bürgermeister) oder zwischen einem Organ einer Kommune und einem Organmitglied (sog. Intraorganstreit, z. B. Gemeinderatsmitglied gegen Gemeinderat)
Konnexitätsprinzip	aufgabenbezogener und finanzkraftunabhängiger Mehrbelastungsausgleich der Gemeinden und Gemeindeverbände
Kreistag	aus allgemeinen, unmittelbaren, freien, gleichen und geheimen Wahlen hervorgegangene Volksvertretung auf Kreisebene im Sinne des Art. 28 Abs. 1 S. 2 GG
Kreisumlage	Umlage der kreisangehörigen Gemeinden zur Deckung des für die Aufgabenwahrnehmung notwendigen Finanzbedarfs der Kreise
kumulieren	Möglichkeit der Wahlberechtigten, bei Kommunalwahlen mehrere Stimmen auf einen Wahlbewerber zu vereinigen
(Land)Kreise	demokratisch im Sinne des Art. 28 Abs. 1 S. 2 GG verfasste, rechtlich selbstständige und gemäß Art. 28 Abs. 2 S. 2 GG mit Selbstverwaltungsrechten ausgestattete Gebietskörperschaften zwischen Gemeinden und Land
Landrat	Verwaltungsorgan der Kreise und (mit Ausnahme von Niedersachsen, Sachsen und Sachsen-Anhalt, in einigen Bundesländern wird insoweit das Landratsamt herangezogen) untere staatliche Verwaltungsbehörde (im Wege der Organleihe)
laufende Angelegenheiten	kommunale Angelegenheiten, die für die Kommune keine grundsätzliche Bedeutung haben und keine erheblichen Verpflichtungen erwarten lassen und die deshalb das Verwaltungsorgan (z. B. der Bürgermeister) in eigener Zuständigkeit erledigt
Magistrat (Gemeindevorstand)	Verwaltungsorgan der Gemeinde in Hessen, das im Gegensatz zu den übrigen Bundesländern kollegial strukturiert ist und vom Bürgermeister als Vorsitzendem und den Beigeordneten gebildet wird
öffentliche Einrichtungen	alle personellen und sachlichen Mittel in kommunaler Verfügungsgewalt, deren Unterhaltung, Durchführung oder Errichtung im öffentlichen Interesse liegt, die für die Nutzung durch die Allgemeinheit gewidmet (durch kommunale Satzung oder Allgemeinverfügung) und dieser tatsächlich zur Verfügung gestellt werden – öffentliche Einrichtungen sind abzugrenzen von Verwaltungseinrichtungen (z. B. Rathaus) und Einrichtungen in Gemeingebrauch (z. B. Straßen)

Definitionen

Begriff	Definition
Öffentlichkeit	Grundsatz, wonach Sitzungen der Gemeindevertretung für jedermann während der gesamten Sitzung als Zuhörer zugänglich sein müssen
Organzuständigkeit	Bezeichnung für die Zuständigkeitsverteilung innerhalb der Gemeinden und Gemeindeverbände (insbesondere zwischen Gemeindevertretung und Bügermeister)
panaschieren	Möglichkeit der Wahlberechtigten, bei Kommunalwahlen mehrere Stimmen auf unterschiedliche Wahlbewerber zu verteilen
Pflichtaufgaben	kommunale Aufgaben des eigenen (= weisungsfreie Pflichtaufgaben) oder des übertragenen Wirkungskreises (= Pflichtaufgaben nach Weisung), zu deren Erledigung eine Kommune gesetzlich verpflichtet ist und deren Nichterfüllung einen Rechtsverstoß darstellt, weshalb die Erfüllung rechtsaufsichtlich erzwungen werden kann
Randnutzung	Nebenleistungen im Rahmen der wirtschaftlichen Betätigung (der Gemeinde), die üblicherweise zusammen mit der Hauptleistung angeboten werden (oder als unternehmensfremde Geschäfte eine Ergänzung oder Abrundung der einem öffentlichen Zweck dienenden Hauptleistung darstellen) und den öffentlichen Hauptzweck nicht beeinträchtigen oder der Ausnutzung bestehender, sonst brachliegender Kapazitäten dienen
Rathausparteien	Wählervereinigungen, die ausschließlich auf kommunaler Ebene tätig werden
Rechtsaufsicht	Staatsaufsicht lediglich über die Rechtmäßigkeit (einschließlich der Ermessensfehler) des Handelns einer Kommune; gegen rechtsaufsichtliche Einzelfallentscheidungen ist die Anfechtungsklage regelmäßig statthaft
Regiebetriebe	kommunale Unternehmen, die als Einrichtungen innerhalb der allgemeinen (Gemeinde)Verwaltung betrieben werden
Satzung	von einer Kommune erlassene Rechtsnorm, die – soweit sie in Grundrechte eingreift – einer formell-gesetzlichen Grundlage bedarf und regelmäßig nur im eigenen Wirkungskreis zulässig ist
Selbstverwaltung	Recht der Kommunen, für ihr Gebiet Angelegenheiten in eigener Verantwortung (insbesondere mit eigener Behördenstruktur) und in eigenem Namen zu erledigen
Unternehmen (der Gemeinde)	wirtschaftliche und nichtwirtschaftliche Unternehmen, die öffentlich-rechtlich oder privatrechtlich organisiert sein können
übertragener Wirkungskreis (= Pflichtaufgaben nach Weisung)	ursprünglich staatliche Aufgaben, zu deren Erledigung eine Kommune durch Gesetz verpflichtet wurde und bei deren Erledigung sie den fachaufsichtlichen Weisungen des Staates unterliegt; abzugrenzen vom eigenen Wirkungskreis (= weisungsfreie Aufgaben)
Universalzuständigkeit (Allzuständigkeit der Gemeinde)	Grundsatz, wonach die Gemeinde zur Regelung aller Angelegenheiten der örtlichen Gemeinschaft im Sinne des Art. 28 Abs. 2 S. 1 GG berufen ist
Verbandszuständigkeit	Bezeichnung für die Zuständigkeit der Gemeinde oder des Gemeindeverbandes unabhängig von der jeweiligen Organzuständigkeit

Definitionen

Begriff	Definition
Verbrauchsteuern	Warensteuern, die den Verbrauch vertretbarer, regelmäßig zum baldigen Verzehr oder kurzfristigen Verbrauch bestimmter Güter des ständigen Bedarfs belasten
Vertretungsverbot	Grundsatz, wonach Mitglieder der Gemeindevertretung Ansprüche oder Interessen Dritter gegen die Gemeinde nicht geltend machen dürfen, es sei denn, dass sie als gesetzliche Vertreter handeln
Verwaltungsgebühren	Geldleistungen als Gegenleistung für besondere Amtshandlungen oder sonstige Tätigkeiten
Widmung	rechtlich nicht formalisierter Rechtsakt, durch den die Zweckbestimmung einer öffentlichen Einrichtung festgelegt und ihre Benutzung durch die Allgemeinheit geregelt wird
Wirtschaftsbetätigung	Betrieb von Unternehmen (mit Ausnahme von Brandenburg und Hessen), die als Hersteller, Anbieter oder Verteiler von Gütern oder Dienstleistungen am Markt tätig werden (mit Ausnahme von Bayern), sofern die Leistung ihrer Art nach auch von einem Privaten mit der Absicht der Gewinnerzielung erbracht werden könnte
Zweckverbände	Körperschaften des öffentlichen Rechts, die im Rahmen der interkommunalen Kooperation zur gemeinsamen Aufgabenwahrnehmung gebildet werden und an denen neben wenigstens einer Gemeinde auch andere Körperschaften des öffentlichen Rechts sowie natürliche oder juristische Personen des Privatrechts beteiligt werden können

Stichwortverzeichnis

Die Angaben verweisen auf die Teile des Buches (*kursive Zahlen*), die Paragrafen (**fette Zahlen**) sowie die Randnummern innerhalb der einzelnen Paragrafen (magere Zahlen). Beispiel: Teil 1 § 9 Rn. 10 = *1* **9** 10

Abgaben *2* **9** 30 ff
- Rechtsschutz *2* **9** 53
- Verfahren der Erhebung *2* **9** 52

Akteneinsichtsrecht *2* **4** 24

Allzuständigkeit (der Gemeindevertretung) *2* **4** 15 ff

Ämter *1* **1** 15; *2* **4** 58, 90 ff, **11** 9

Anfechtungsklage *1* **3** 63

Angelegenheiten der laufenden Verwaltung *2* **4** 17, 63 f, 87, 113

Anschluss- und Benutzungszwang *2* **7** 60 ff
- Ausnahmen und Befreiungen *2* **7** 66
- Begriff *2* **7** 61
- Beurteilungsspielraum *2* **7** 65
- Eigentumsgrundrecht *2* **7** 67
- Einrichtungen *2* **7** 62
- Klimaschutz *2* **7** 64, 75
- öffentliches Bedürfnis *2* **7** 63
- Verhältnismäßigkeit *2* **7** 66 f
- Voraussetzungen *2* **7** 62 ff

Anspruch auf angemessene Finanzausstattung *2* **9** 9 ff, 59
- freie Spitze *2* **9** 14
- Gleichbehandlungsgrundsatz *2* **9** 13
- Leistungsfähigkeit *2* **9** 11
- Proceduralisierung *2* **9** 15 f, 59
- Verteilungssymmetrie *2* **9** 12

Anstalt *1* **1** 5

Äquivalenzprinzip *2* **9** 42, 47, 61

Arbeitsgemeinschaften *2* **11** 21

Aufgabenentzug *2* **11** 7

Aufgabenfindungsrecht *1* **3** 12

Aufgabenübertragungsverbot *2* **9** 19, 25

Aufsicht *2* **10** 1 ff

Aufwandsentschädigung *2* **4** 32

Auskunftsanspruch *2* **4** 22 f

Auslagenersatz *2* **4** 31

Ausländerbeirat *2* **7** 12

Ausschüsse (der Gemeindevertretung) *2* **4** 17, 40 ff
- beratende Ausschüsse *2* **4** 41
- beschließende Ausschüsse *2* **4** 41
- Besetzung *2* **4** 42 ff, 111

- Pflichtausschüsse *2* **4** 41
- sachkundige Mitglieder *2* **4** 46
- Spiegelbildlichkeit *2* **4** 42 ff

Beamte *2* **1** 11

Befangenheit *2* **5** 22 ff, 52

Beigeordnete *2* **4** 77 ff

Beihilfenrecht *2* **8** 45 f

Beiträge *2* **9** 40 ff, 50 f

Bekanntmachungssatzung *2* **3** 9

Benutzungsgebühren *2* **9** 46 ff, 61

Beschlussfähigkeit *2* **5** 20 f

Beteiligungsfähigkeit *1* **2** 8 f

Bezeichnungen *1* **2** 13

Bezirke *1* **1** 13; *2* **4** 105

Binnenorganisation *2* **4** 1 ff

Bürger *2* **7** 1 ff
- aktives Wahlrecht *2* **7** 6 f
- passives Wahlrecht *2* **7** 8
- Unionsbürger *2* **7** 4
- Wahlrecht *2* **7** 3 f, 5 ff
- Wohnsitz *2* **7** 6 f

Bürgerbegehren (und Bürgerentscheid) *2* **7** 13 ff
- Bauleitpläne *2* **7** 30
- Begriff *2* **7** 40
- Begründung *2* **7** 17
- Benutzung *2* **7** 39
- Bürgerentscheid *2* **7** 34 ff
- Entscheidung über die Zulässigkeit *2* **7** 31 ff
- Fragestellung *2* **7** 26 f
- kassatorisches Bürgerbegehren *2* **7** 24 f
- Kostendeckungsvorschlag *2* **7** 18 f
- Negativkataloge *2* **7** 29, 73
- Rechtsschutz *2* **7** 36 f
- Schriftform *2* **7** 16
- Sperrfrist *2* **7** 25
- Sperrwirkung *2* **7** 32 f
- Unionsbürger *2* **7** 14
- Unterschriftenquorum *2* **7** 23
- Vertreter *2* **7** 20 ff, 36 f
- Voraussetzungen *2* **7** 15 ff
- Widmung *2* **7** 41
- zulässige Gegenstände *2* **7** 28 ff, 73

Stichwortverzeichnis

Bürgerdarlehen 2 9 4
Bürgermeister 2 4 57 ff
- amtliche Äußerungen 2 4 67
- Angelegenheiten der laufenden Verwaltung 2 4 63 f
- Aufgaben des übertragenen Wirkungskreises 2 4 65
- Aufstellen der Tagesordnung der Gemeindevertretung 2 5 9, 50
- Beanstandung und Widerspruch 2 4 69
- Eilentscheidungen 2 4 66
- Hausrecht 2 4 82, 5 37 f
- Kompetenzen 2 4 62 ff
- Leitung der Sitzung der Gemeindevertretung 2 5 19
- Mitglied der Gemeindevertretung 2 4 39
- Neutralitätsgebot 2 4 60
- Rechtsstellung 2 4 58
- Verpflichtungserklärungen 2 4 73 ff
- Vertretung der Gemeinde 2 4 70 ff
- Vorbereitung, Vollzug und Kontrolle von Beschlüssen der Gemeindevertretung 2 4 68 f
- Vorsitzender der Gemeindevertretung 2 4 39, 5 6
- Wahlfehler 2 4 60
- Wahlkampfäußerungen 2 4 60
- Wahl und Abwahl 2 4 58 ff, 7 9
Bürger- und Einwohnerantrag 2 7 11
Bürger- und Einwohnerbefragungen 2 7 11

Cross-Border-Leasing 2 9 4

Deliktsfähigkeit 1 2 6
Demokratieprinzip 1 3 7, 20, 42; 2 10 2
Dienstherrnfähigkeit 1 2 14; 2 1 11
Diskontinuität 2 4 7, 5 2
Doppelbesteuerung 2 9 39
Doppik 2 9 55 f
Drittschutz (im Kommunalwirtschaftsrecht) 2 8 28 f, 50

Ehrenamtliche Tätigkeit 2 7 68
Eigenbetrieb 2 8 34 f
Eigengesellschaften 2 8 38
Eingemeindung 1 3 23
Einsitzklauseln 2 4 10
Einwohner 2 7 1 ff
Entschuldungsfonds 2 9 2
EU-Recht 1 4 1 ff
- Anwendungsvorrang 1 4 4

- Ausschuss der Regionen 1 4 10
- Beihilfenrecht 1 4 6
- Grundfreiheiten 1 4 5
- Grundrechtsschutz 1 4 7
- Rechtsschutz 1 4 12
- Rechtsstellung der Kommunen 1 4 8 ff
- Unionstreue 1 4 3
Europäische Charta der kommunalen Selbstverwaltung 1 4 13 ff
Experimentierklauseln 2 4 4

Feuerwehrdienstpflicht 2 7 70
Finanzausgleich 2 9 7
Finanzausgleichsumlagen 2 9 2
Finanzhilfen 1 3 38
Finanz- und Abgabenhoheit 2 1 20 ff, 9 17 f
Fraktionen 2 4 47 ff
- Besetzung der Ausschüsse der Gemeindevertretung 2 4 42 ff
- Bildung 2 4 50 f
- Funktion und Bedeutung 2 4 48
- innere Ordnung 2 4 54
- Mindeststärke 2 4 52
- Mitglieder 2 4 54
- politische Übereinstimmung 2 4 51
- Rechte und Pflichten 2 4 53
- Rechtscharakter 2 4 49
Fraktionsausschluss 2 4 55, 112
Fraktionsdisziplin 2 4 54
Fraktionsgeschäftsordnung 2 4 54
Fraktionszwang 2 4 54

Gebietshoheit 2 1 2 ff
- Gebietsänderungen 2 1 6 f
- gemeindefreie Gebiete 2 1 4
Gebühren 2 9 40 ff
Geldgeschäfte 2 9 54
Gemeinde
- Auflösung 1 3 23
- Begriff 1 1 9
Gemeindebezirke 2 4 83 f
Gemeindeverbände
- Begriff 1 3 24
- Binnenorganisation 2 4 90 ff
- Einrichtungsgarantie 1 3 26
- Selbstverwaltungsrecht 1 3 25
Gemeindeverfassungsrecht 2 4 1 ff
Gemeindeversammlung 2 4 7

Stichwortverzeichnis

Gemeindevertretung 2 4 5 ff
- Akteneinsichtsrecht 2 4 24
- Allzuständigkeit 2 4 15 ff
- Aufgabenübertragung 2 4 17
- Auskunftsanspruch 2 4 22 f
- Ausschluss der Öffentlichkeit 2 5 17 f
- Ausschluss von Mitgliedern 2 7 72
- Ausschüsse 2 4 17, 40 ff
- Behörde i.S.d. § 35 S. 1 VwVfG 2 4 20, 7 32
- Beschlüsse und Wahlen 2 5 40 ff
- Beschlussfähigkeit 2 5 20 f
- Einberufung 2 4 53, 68, 5 11
- Entscheidung über die Zulässigkeit von Bürgerbegehren 2 7 31 ff
- Ergänzung der Tagesordnung 2 5 13
- Film- und Tonaufnahmen 2 5 39
- geheime Abstimmungen 2 5 41, 44
- Geschäftsordnung 2 3 10, 5 2 ff
- Inkompatibilität 2 4 26 f
- Kompetenzen 2 4 15 ff
- Kontrolle der Beschlüsse 2 4 69
- Kontrollfunktion 2 4 21 ff
- Leitung der Sitzung 2 5 19
- Mehrheitsprinzip 2 5 42, 45
- Mitglieder 2 4 25 ff
- Öffentlichkeit der Sitzung 2 5 15 ff, 51
- Ordnungsruf und Sitzungsausschluss 2 5 33 ff
- rechtswidrige Beschlüsse und Wahlen 2 5 46
- Sitzungen 2 5 1 ff
- Sitzungsordnung und Ordnungsmaßnahmen 2 5 30 ff
- Tagesordnung 2 4 53, 68, 5 8 ff, 12
- unübertragbare Aufgaben 2 4 18 ff
- Vollzug der Beschlüsse 2 4 68
- Vorbereitung der Beschlüsse 2 4 68
- Wahl der Gemeindevertretung 2 4 6 ff, 7 5 ff
- Wahlfehler 2 4 12 ff
- Wahlprüfung 2 4 12 ff
- Wahlrechtsgrundsätze 2 4 9
- Wahlsystem 2 4 9 ff
- Wahltermin 2 4 8
- Wahlvorbereitung 2 4 8

Gemeindeverwaltungsverbände 2 11 9, 25 ff
Gemischt-wirtschaftliche Unternehmen 2 8 38
Gesetzgebungskompetenz 1 1 48
Gewerbesteuer 2 9 6, 33

Gewinnerzielung 2 8 10, 16, 51
Gleichartigkeitsverbot 2 9 38, 60
Grenzüberschreitende kommunale Zusammenarbeit 2 11 13 f
Große kreisangehörige Stadt 1 1 14; 2 2 21 ff
Große Kreisstadt 1 1 14; 2 2 21 ff
Große selbständige Stadt 1 1 14
Grundlagen der finanziellen Eigenverantwortung 1 3 37 ff
Grundrechtsfähigkeit 1 3 49 ff
Grundsteuer 2 9 6, 33

Haftung 1 2 6 f
Hand- und Spanndienste 2 7 71
Hauptausschuss 2 4 16, 107
Hauptsatzung 2 3 16 f, 17
Haushaltsausgleich 2 9 57
Haushaltsgrundsätze 2 9 57 f
Haushaltsplan 2 9 55 f
Haushaltsrecht 2 9 54 ff
Haushaltssatzung 2 3 6, 9 55 f
Haushaltssicherungskonzept 2 9 57
Hausrecht 2 4 82, 5 37 f
Hebesatzrecht 2 9 3, 33
Historische Entwicklung 1 1 18 ff
- DDR 1 1 36 ff
- Deutsche Gemeindeordnung 1 1 29
- Entwicklung seit der Wiedervereinigung 1 1 39 ff
- Nationalsozialismus 1 1 27 ff
- Paulskirchenverfassung 1 1 21
- preußische Städteordnung 1 1 19 f
- Verfassung von 1871 1 1 22
- Weimarer Reichsverfassung 1 1 24 ff
- Weinheimer Entwurf 1 1 30
Hochzonung 1 3 28 ff
Hoheitszeichen 1 2 13
Höhere Gemeindeverbände 2 4 105

Inkompatibilität 2 4 26 f
Insolvenzfähigkeit 1 2 15

Kameralistik 2 9 55 f
KGSt 1 1 42
Kindergartengebühren 2 9 43
Kommunale Aufgaben 2 2 1 ff
- Besonderheiten auf Kreisebene 2 2 17 ff
- dualistisches Modell 2 2 2 ff

337

Stichwortverzeichnis

- eigener Wirkungskreis 2 2 3 ff
- freiwillige Aufgaben 2 2 7 ff
- monistisches Modell 2 2 2 ff
- Organleihe 2 2 24 f
- Pflichtaufgaben 2 2 7 ff
- Pflichtaufgaben nach Weisung 2 2 10 ff
- Privatisierung 2 2 9
- Staatsaufsicht 2 2 15 ff
- übertragener Wirkungskreis 2 2 10 ff
- Übertragung 2 2 20
- und Verwaltungsprozessrecht 2 2 26 ff
- weisungsfreie Aufgaben 2 2 3 ff

Kommunale Gebietskörperschaft
- Begriff 1 1 4 ff
- Mitgliedschaft 1 1 6

Kommunale Hoheiten 2 1 1 ff

Kommunale Spitzenverbände 1 1 7

Kommunale Zusammenarbeit 2 11 1 ff

Kommunalunternehmen 2 8 36 f, 11 20

Kommunalverfassungsbeschwerde 1 3 54 ff
- Begründetheit 1 3 61
- Zulässigkeit 1 3 55 ff

Kommunalverfassungsstreit 2 6 1 ff
- Begründetheit 2 6 24 ff
- Beteiligten- und Prozessfähigkeit 2 6 20 ff
- Klagebefugnis 2 6 16 ff
- Klagegegner 2 6 23
- Rechtsschutzbedürfnis 2 6 16 ff
- statthafte Klageart 2 6 8
- und Außenrechtsstreit 2 6 3
- verwaltungsprozessuale Probleme 2 6 4 ff
- Verwaltungsrechtsweg 2 6 6 f

Kommunalverwaltung 2 4 76 ff

Kommunalwahlen 1 3 44; 2 4 6 ff, 58 ff, 7 5 ff

Kommunalwissenschaften 1 1 3

Kommunen
- im Föderalismus 1 3 1 ff, 47
- und mittelbare Staatsverwaltung 1 3 3

Konnexitätsprinzip 1 1 41, 47, 3 41; 2 9 19 ff

Kontrolle der Verwaltung 2 4 21 ff

Kooperationshoheit 2 1 14, 11 6 f

Kostendeckungsprinzip 2 9 43, 47

Kredite und Kassenkredite 2 9 54

Kreisausschuss 2 4 87, 109

Kreise
- Begriff 1 1 9

- Binnenorganisation 2 4 85 ff

Kreisfreie Stadt 1 1 10 f; 2 2 21 ff

Kreistag 2 4 86

Kreisumlage 2 9 26 ff

Kreisverwaltungsbehörde 2 2 18

Kulturhoheit 2 1 18 f

Kultur- und Tourismusförderabgabe 2 9 36, 60

Kumulieren 2 4 10

Kur- oder Fremdenverkehrsbeiträge 2 9 50

Landesverfassungsrecht 1 1 46, 3 46 ff

Landrat 2 4 87
- Doppelfunktion 2 4 88 f
- Landratsamt 2 2 18

Magistrat 2 4 57, 108

Magistratsverfassung 1 1 33; 2 4 3 f

Mandatsrelevanz 2 4 14

Markterkundungsverfahren 2 8 22

Mehrheitsprinzip 2 4 43

Mitglieder der Gemeindevertretung 2 4 25 ff
- Ausschluss aus der Gemeindevertretung 2 7 72
- Befangenheit 2 5 22 ff, 52
- ehrenamtliche Tätigkeit 2 7 69
- freies Mandat 2 4 28
- Freistellungsanspruch 2 4 28
- Inkompatibilität 2 4 26 f
- Meinungsfreiheit 2 5 34
- Mitgliedschaftsrechte 2 4 31 f
- Mitwirkungsrechte 2 4 29 f, 111, 5 5
- Mitwirkungsverbot (wegen Befangenheit) 2 5 27 ff
- Pflichten 2 4 33 ff
- Sanktionen 2 5 5
- Störungsbeseitigungsanspruch 2 5 36, 53

Mittelstadt 1 1 14

Modellkommune 1 1 14

Montgelas 1 1 22

Namensrecht 1 2 11

Neues Steuerungsmodell 1 1 3, 42; 2 4 4, 9 55

Neutralitätsgebot 2 4 60

Nichtwirtschaftliche Unternehmen 2 8 5 f, 10, 39

Norddeutsche Ratsverfassung 1 1 32; 2 4 3

Normenkontrolle 1 3 64; 2 3 28 ff

Stichwortverzeichnis

Öffentliche Einrichtung 2 7 38 ff, 9 50
- Anspruch auf Schaffung 2 7 46
- Anspruch auf Zulassung 2 7 48 ff
- Benutzung 2 7 46, 54 ff
- Einwirkungs- und Verschaffungsanspruch 2 7 49
- Gefährdung der öffentlichen Sicherheit oder Ordnung 2 7 51
- Grundrechte 2 7 56
- Kapazitätsgrenzen 2 7 52
- Organisationsformen 2 7 45
- politische Parteien 2 7 50, 74
- Privatisierung 2 7 47
- Rechtsschutz 2 7 53
- Verwaltungsprivatrecht 2 7 55
- Zuständigkeit der Gemeindevertretung 2 7 44, 52, 74
- Zwei-Stufen-Theorie 2 7 45, 49, 53

Öffentlichkeit (der Sitzung der Gemeindevertretung) 2 5 15 ff, 51
Öffentlichkeitsarbeit 2 4 60
Öffentlich-rechtliche Handlungsformen 2 3 1 ff
Öffentlich-rechtlicher Vertrag 2 3 34 f
Organisationshoheit 2 1 13 ff
Organleihe 2 4 88 f

Panaschieren 2 4 10
Passivlegitimation 2 2 26 ff
Personalhoheit 2 1 9 ff
Planungshoheit 2 1 16 f
Privatisierung 2 2 9
Prozessfähigkeit 1 2 8 ff

Querzonung 1 3 28

Randnutzung 2 8 17 ff, 51, 52
Rastede-Entscheidung 1 3 14
Realsteuern 1 3 40
Rechtsaufsicht 2 10 11 ff
Rechtsfähigkeit 1 2 4 f
Rechtsquellen 1 1 44 ff
Rechtssetzung 2 3 2 ff
Rechtsverordnung 2 3 14, 15, 31
Regiebetrieb 2 8 33
Regierung 1 1 13
Regierungspräsidium 1 1 13
Rekommunalisierung 2 8 13
Rheinische Bürgermeisterverfassung 1 1 34; 2 4 3

Sachkundige Ausschussmitglieder 2 4 46
Samtgemeinde 1 1 15; 2 4 58, 90 ff, 11 9
Satzung 2 3 2 ff, 4 5
- Anzeige- und Genehmigungspflicht 2 3 23 f
- Arten 2 3 15 ff
- Ausfertigung und Verkündung 2 3 25 f
- Begriff 2 3 5
- formelle Rechtmäßigkeit 2 3 14, 18 ff
- interne Kontrolle 2 3 27
- materielle Rechtmäßigkeit 2 3 12 ff
- Pflichtsatzungen 2 3 16
- Rechtsgrundlagen 2 3 8 ff
- verwaltungsgerichtliche Kontrolle 2 3 28 ff

Satzungsautonomie
- Grenzen 2 3 12 ff
- Grundlagen 2 3 4 ff
Satzungshoheit 2 1 24 f
Selbstverwaltung
- Begriff 1 3 5 ff
- funktionale 1 3 8
- und Staatsverwaltung 1 3 7
Selbstverwaltungsrecht 1 3 4 ff
- als subjektives Recht 1 3 12 ff, 22
- Beschränkungen 1 3 27 ff
- Eigenverantwortlichkeit 1 3 20
- Eingriffe 1 3 21
- Gemeinden 1 3 11 ff
- Gemeindeverbände 1 3 35
- Kernbereich 1 3 34
- objektiv-rechtliche Seite 1 3 23
- örtliche Angelegenheiten 1 3 13 ff
- und Kompetenzordnung 1 3 18
- verfassungsgerichtlicher Rechtsschutz 1 3 53 ff
- verwaltungsgerichtlicher Rechtsschutz 1 3 63 f

Sitzungen der Gemeindevertretung 2 5 1 ff
Sitzungsausschluss 2 5 33 ff
Sitzungsordnung 2 5 30 ff
Spekulationsgeschäfte 2 9 4
Sperrklauseln 2 4 11
Staatsaufsicht 2 10 1 ff
- Arten 2 10 5 ff
- Auflösung von Organen 2 10 33 f
- Beanstandung 2 10 23 ff
- Befugnisse der Fachaufsicht 2 10 39 f
- Befugnisse der Rechtsaufsicht 2 10 20 ff
- Bestellung eines Beauftragten 2 10 31 f
- Ersatzvornahme 2 10 29 f

339

Stichwortverzeichnis

- Fachaufsicht 2 10 35 ff
- Fachaufsichtsbehörden 2 10 38
- Haftung 2 10 52
- Informationsrecht 2 10 21 f
- präventive 2 10 6
- Rechtsaufsicht 2 10 11 ff
- Rechtsaufsichtsbehörden 2 10 14 ff
- Rechtsmäßigkeit und Zweckmäßigkeit 2 10 12
- Rechtsschutz 2 10 41 ff
- Sinn und Zweck 2 10 8
- und Selbstverwaltungsrecht 2 10 10
- verfassungsrechtliche Vorgaben 2 10 2 ff

Stadtkreis 1 1 10 f; 2 2 21 ff

Stadtstaaten 1 1 17

Stadt-Umland-Probleme 2 11 4

Stadt-Umland-Verband 1 1 16

Steuerfindungsrecht 2 9 34

Steuern 2 9 33 ff

Stiftung 1 1 5

Störungsbeseitigungsanspruch (der Mitglieder der Gemeindevertretung) 2 5 36, 53

Straßen(um)benennung 2 4 20

Stuttgart 21 1 1 43

Süddeutsche Ratsverfassung 1 1 31 ff, 35, 40; 2 4 3 f

Treuepflicht 2 4 34

Unionsbürger 2 7 4
Universalzuständigkeit (Allzuständigkeit der Gemeinde) 1 3 12
Untere staatliche Verwaltungsbehörde 2 2 18
Unternehmen (der Gemeinden) 2 8 30 ff
- Aktiengesellschaft 2 8 42
- Eigengesellschaften 2 8 38
- Einflussnahmemöglichkeiten 2 8 41
- Formenwahlfreiheit 2 8 31
- Fortführung 2 8 40
- gemischt-wirtschaftliche Unternehmen 2 8 38
- Gesellschaftsvertrag 2 8 41
- Gründung und Beteiligung 2 8 39
- Haftung der Gemeinde 2 8 42
- öffentlicher Zweck 2 8 41
- öffentlich-rechtliche Organisationsformen 2 8 32 ff
- privatrechtliche Organisationsformen 2 8 38 ff
- Subsidiarität privatrechtlicher Organisationsformen 2 8 30
- Vertretung der Gemeinden 2 8 43
- Vorrang öffentlich-rechtlicher Organisationsformen 2 8 31
- Weisungsgebundenheit von Vertretern 2 8 43

Veräußerung von Vermögen 2 9 54

Verbandsgemeinden 2 4 58, 90 ff, 11 9

Verbrauch- und Aufwandsteuern 2 9 6, 34 ff, 60

Verdienstausfall 2 4 31 f

Vergaberecht 2 8 47 ff

Verpflichtungserklärungen 2 4 73 ff

Verpflichtungsklage 1 3 63

Vertretung der Gemeinde 2 4 70 ff

Vertretungsverbot 2 4 37 f

Verwaltungsakt 2 3 32 f

Verwaltungsgebühren 2 9 44 f

Verwaltungsgemeinschaften 2 11 9, 25 ff, 29

Verwaltungsorgan 2 4 56 ff

Vorratsbeschlüsse 2 4 19

Wahl der Gemeindevertretung 2 4 6 ff, 7 5 ff

Wahl des Bürgermeisters 2 4 58 ff, 7 9

Wahlrecht 2 7 3 f, 5 ff

Wahlrechtsgrundsätze 2 4 9, 110, 7 72

Wahrscheinlichkeitsmaßstab 2 9 48 f, 61

Wettbewerbsrecht 2 8 9

Wirklichkeitsmaßstab 2 9 48

Wirkungskreise 2 2 1 ff

Wirtschaftlichkeit und Sparsamkeit 2 9 57

Wirtschaftsbetätigung (der Gemeinden) 2 8 1 ff
- außerhalb des Gemeindegebiets 2 8 24 ff
- Begriff 2 8 3 ff
- Betrieb von Unternehmen 2 8 3
- Daseinsvorsorge 2 8 23
- Errichtung, Übernahme, Erweiterung von Unternehmen 2 8 12
- Gewinnerzielung 2 8 10, 16, 51
- Herstellen, Anbieten oder Verteilen von Leistungen 2 8 4
- Leistungsfähigkeit 2 8 20
- Markterkundungsverfahren 2 8 22
- nichtwirtschaftliche Unternehmen 2 8 5 f, 10, 39

Stichwortverzeichnis

- öffentlicher Zweck 2 8 14 ff, 50 f
- Privatisierungszwang 2 8 12
- Randnutzung 2 8 17 ff, 51, 52
- Rechtsschutz 2 8 28 f, 50
- Rekommunalisierung 2 8 13
- Schrankentrias 2 8 7 ff
- Subsidiarität 2 8 21
- Unternehmen (der Gemeinden) 2 8 30 ff
- Wettbewerbsrecht 2 8 9

Zählgemeinschaften 2 4 43 f

Zuwendungen und Sicherheiten zugunsten Dritter 2 9 54

Zweckverbände 2 11 8, 11, 15 ff
- Auflösung 2 11 18
- Ausscheiden von Mitgliedern 2 11 18, 30
- Beteiligung Privater 2 11 16
- Binnenorganisation 2 11 19
- fehlgeschlagene Verbandsgründung 2 11 17
- öffentlich-rechtlicher Vertrag 2 11 17
- Verbandssatzung 2 11 16 f
- Zweckverbandsbildung 2 11 16

Zweckvereinbarung 2 11 22 ff
- delegierende Vereinbarung 2 11 23
- mandatierende Vereinbarung 2 11 23
- Schriftform 2 11 24
- Verpflichtungsgeschäft 2 11 24

Zwei-Stufen-Theorie 2 7 45, 49, 53

Zweitwohnungssteuer 2 9 60

Für den Erfolg im Öffentlichen Recht

Allgemeines Verwaltungsrecht
mit Verwaltungsprozess- und Staatshaftungsrecht
Von Prof. Dr. Wilfried Erbguth
8., überarbeitete und erweiterte Auflage 2015,
ca. 620 S., brosch., ca. 24,– €
ISBN 978-3-8487-2577-9
Erscheint ca. Oktober 2015
www.nomos-shop.de/25396

»Die Darstellung ist jeweils präzise, schnörkellos, auf das Wesentliche konzentriert, ohne staccatoartig und atemlos das ‚Allgemeine Verwaltungsrecht' zu durchfahren, vielmehr verweilend dort, wo es nötig ist. Mithin ein meinungsbildendes Lehrbuch im besten Sinne, in dem nachzusehen sich immer lohnen wird.«
Prof. Dr. Dr. Jörg Berkemann, DVBl 9/15

Klausurtraining Besonderes Verwaltungsrecht
Von PD Dr. Markus Winkler
2012, 183 S., brosch., 24,– €,
ISBN 978-3-8329-6388-0
www.nomos-shop.de/13368

Das Besondere Verwaltungsrecht wirkt aufgrund seiner Regelungsvielfalt zunächst unübersichtlich. Allerdings zeigen sich bei einer näheren Betrachtung rasch gemeinsame Grundstrukturen und typische Problemkonstellationen, die bei der Lösung von Übungs- und Examensfällen helfen. Das Klausurtraining stellt die Bezüge her und ermöglicht eine optimale Vorbereitung.

Polizei- und Ordnungsrecht
Von Prof. Dr. Dr. Markus Thiel
2. Auflage 2014,
282 S., brosch., 22,– €
ISBN 978-3-8487-0659-4
www.nomos-shop.de/21283

Das Lehrbuch erörtert grundlagen- und prüfungsorientiert das Gefahrenabwehrrecht. Mit seinen Wiederholungs- und Vertiefungsfragen, Fallbeispielen und Definitionen eignet es sich insbesondere zur Examensvorbereitung. Jüngste Änderungen im Recht der inneren Sicherheit einschließlich der Rechtsprechung wurden vollständig eingearbeitet.

Bestellen Sie jetzt telefonisch unter 07221/2104-37.
Portofreie Buch-Bestellungen unter www.nomos-shop.de
Alle Preise inkl. Mehrwertsteuer

Nomos